KB266888

# 조선 초·중기 양반가문 연구 1

# 조선 초·중기 양반가문 연구 1

한충희 지음

혜안

서언

조선 초·중기의 양반가문은 이 시기 정치제도와 정치운영의 모태가 되었기에 조선초기의 정치제도와 정치운영을 지속적이고도 집중적으로 연구한 나에게는 늘 관심의 대상이 되는 주제였다.

그런데 지금까지의 가계에 대한 연구를 보면 1933년 藤田亮策이 慶源李氏家門을 고구한[1] 이후 현재까지 많은 연구가 행해지면서 1) 고려는 貴族社會였고,[2] 2) 조선후기 鄕吏는 그 신분이 변동되지 않았으며,[3] 3) 조선후기의 譯官家門의 계승은 譯科와 밀접히 연관되었음 등이 규명되었다. 또 특정 가문을 대상으로 한 연구는 아니지만 '15세기 전반의 거족',[4] '조선후기의

---

1) 藤田亮策, 1933·1934, 「李子淵과 그의 家系」, 『靑丘學叢』 13·15.

2) 그 대표적인 연구는 다음과 같다.
閔賢九, 1976·1977, 「趙仁規와 그의 家門」, 『震檀學報』 42 ; 朴龍雲, 1977, 「高麗時代의 海州崔氏와 坡平尹氏 家門 分析」, 『白山學報』 23 ; 朴龍雲, 1982, 「高麗時代의 定安任氏·鐵原崔氏·孔巖許氏 家門 分析」, 『韓國史論叢』 3 ; 朴龍雲, 1987, 「高麗時代 樹州崔氏 家門 分析」, 『史叢』 26 ; 朴龍雲, 1987, 「高麗時代 茂松庾氏 家門 分析」, 『李丙燾博士九旬記念 韓國史學論叢』, 知識産業社 ; 李萬烈, 1981, 「高麗 慶源李氏 家門의 展開過程」, 『韓國學報』 21 ; 金蓮玉, 1982, 「高麗時代 慶州金氏의 家系」, 『淑大史論』 11·12합호.

3) 崔承熙, 1983, 「朝鮮後期 鄕吏身分變動與否考-鄕吏家門 古文書에 의한 事例研究-」, 『金哲埈博士華甲記念 史學論叢』, 지식산업사 ; 1983, 「조선후기 향리신분변동여부고(2)-草溪卞氏 鄕吏家門 古文書에 의한 事例研究-」, 『韓國文化』 4.

4) 李泰鎭은 「15世紀 後半期의 '鉅族'과 名族意識」(1976, 『韓國史論』)에서 15세기에 다수의

벌열가문'5)의 연구를 통하여 수십여 양반가문의 가계가 개괄적으로 제시되는 괄목할 만한 성과가 있었다.

본서는 이러한 家系研究에 자극되고, 또 조선초기에는 가문을 주제로 한 연구가 적을 뿐만 아니라 가장 유력하였던 '양반가문연구'를 통하여 유력 양반가문의 出仕路, 陞資·除授·遞職 등의 인사행정, 通婚圈과 家系意識, 가문의 성쇠배경, 유력가문이 정치에 끼친 영향 등을 조명할 수 있다는 생각에서 시도되었다.

이와 관련되어 연구되고 발표된 저자의 최초 연구는 1995년에 발표된 「朝鮮初期 淸州韓氏 永矴(~1417이전, 知郡事贈領議政)系 家系研究-歷官傾向과 通婚圈을 중심으로-」(『啓明史學』 6)였고, 이후 2010년까지 5편이 추가되었다 (1편은 조선후기).6)

---

공신과 재상을 배출한 34 유력가문을 개관하였다. 그 가문은 다음과 같다.
본문 : 6가문
파평윤씨(陟系), 청주한씨(渥), 청송심씨(德符), 廣州이씨(集), 창녕성씨(汝完), 한산이씨(穡).
부표 : 28가문
용인이씨(士渭), 양성이씨(春富계), 영산신씨(原慶), 하양허씨(貴龍), 성주이씨(仁敏), 고성이씨(岡), 고령신씨(德隣), 진주강씨(蓍), 의령남씨(天老), 무송윤씨(澤), 장수황씨(君瑞), 함종어씨(淵), 하양허씨(錦), 교하노씨(閈), 서산유씨(淑), 덕수이씨(仁範), 신창맹씨(裕), 창녕조씨(遇禧), 거창신씨(以衷), 반남박씨(尙衷), 순천박씨(淑貞), 화순최씨(元之), 평산신씨(仲明), 배천조씨(胖), 제주고씨(智鳳), 강릉함씨(傅霖), 평양조씨(仁規), 평산신씨(仲明).

5) 車長燮은 『朝鮮後期閥閱家門研究』(1997, 일조각) 부록에서 조선후기에 위세를 떨쳤던 57 가문의 가계도를 제시하였다. 그 가문은 다음과 같다(〈파조〉, 게재순).
신안동김(生海), 전주이(郁), 풍산홍(履祥), 전주이(克綱), 경주김(萬鈞), 반남박(紹), 덕수이(舜臣), 능성구(淳), 연안김(悌男), 연안이(廷華), 대구서(渻), 평산신(華國), 경주김(積), 우봉이(之文), 경주이(岩), 동래정(光弼), 풍양조(希輔), 한산이(增), 평산신(永錫), 은진송(遙秊), 남양홍(春卿), 용인이(盡忠), 청송심(鋼), 경주이(恒福), 全州柳(儀), 해평윤(忭), 풍양조(廷機), 전의이(濟臣), 廣州李(浚慶), 연일정(瑄), 여흥민(齊仁), 진주유(珩), 청주한(應仁), 청송심(光彦), 한산이(希伯), 光州金(繼輝), 기계유(汝霖), 의령남(琥), 청송심(자), 안동권(攝), 전의이(眞卿), 파평윤(暾), 청풍김(維), 은진송(順年), 양천허(憪), 연안이(廷龜), 해주오(定邦), 덕수이(宜茂), 전주이(蔚), 양주조(有性), 전주이(秀光), 구안동김(地四), 연일정(澈), 풍산홍(霙), 풍천임(明弼), 청풍김(埔), 羅州林(復).

6

또 『조선초기 관인 연구』와7) 『조선초기 관인 이력』,8) 조선초기 정치기구·관직·정치운영과 관련된 논문을 발표할 때마다9) 수십 가문의 족보를 검토하면서 양반가문 전반에 대한 가세를 파악하고 자료를 축적하면서 이해를 높여 왔다.

이에 2005년경부터 지금까지의 연구한 가문에 새로이 중앙과 지방의 십여 양반가문을 덧붙이면서 '조선 초·중기의 양반가문과 정치'라는 주제로 단행본을 낼 구상을 하였다. 그리하여 몇 가문에 대해서는 초안을 잡기도 하였으나 마무리를 하지 못하여 발표하지 못하였다.10)

---

6) 한충희, 1995, 「조선 세조대(1455~1468) 종친연구」, 『(계명대)한국학논총』 22 ; 1997, 「조선초기 한산이씨 색(-종덕, 종학, 종선)계 가계연구」, 『계명사학』 8 ; 1999, 「조선초·중기 광주이씨 울파 가계연구」, 『조선사연구』 8 ; 2003, 「조선전기 진주강씨 계용파 가계연구」, 『조선사연구』 12 ; 2010, 「조선후기 상곡마씨가문연구」, 『조선사연구』 19.

7) 2024, 도서출판 혜안에서 논급된 양반가문은 다음과 같다.
청주한씨(永矴계), 廣州李(集), 한산이(穡), 청주경(習), 현풍곽(璉玉), 봉화금(遇工), 선산김(起), 풍산홍씨(龜).

8) 2020, 도서출판 혜안에서 조선초기에 각종 관찬사료에서 확인되거나 추측된 관인 16,500여 명을 생몰년, 본관, 부·조 최고 관직, 출사로와 출사년, 관력을 표로서 제시하였는데 이 중 본관이 확인된 13,00여 명이 110성씨 511본관으로 정리되었다.

9) 수십의 본관이 논급된 대표적인 연구는 다음과 같다.
1980·1981, 「조선초기 의정부연구」상·하, 『한국사연구』 31·32.
1987, 「조선초기 승정원연구」, 『한국사연구』 59.
1988, 『조선초기 육조와 통치체계』, 계명대학교출판부.
1995, 「조선초기 음서의 실제와 역할-추요직역임자와 거족출신 사관자의 역관 분석을 중심으로-」, 『한국사연구』 91.
2000, 「조선 태종대(정종 2년~세종 4년) 총제연구」, 『李樹健교수정년기념 한국중세사논총』.
2002, 「조선 성종대 삼사관원의 성분·관력과 지위-당상관직과 정품직을 중심으로-」, 『조선의 정치와 사회』, 집문당.
2007, 「조선초기 집현전관연구」, 『조선사연구』 16.
2008, 『조선초기 관직과 정치』, 계명대학교출판부.
2011, 『조선전기의 의정부와 정치』, 계명대학교출판부.
2014, 『조선의 패왕 태종』, 계명대학교출판부.

10) '조선 초·중기 일선(선산)김씨 가문연구', '조선 초·중기 청주곽씨 가문연구', '조선초기

최근에 들어와 본격적으로 정리하려고 제목과 목차에 따른 내용을 검토해 보니 가문이 번창한 '거족'은 1, 2계파에 그 가문에서 배출된 많은 공신·의정·판서 등 추요직과 당하관 이하가 집중되면서 그 대부분의 통혼가문이 확인되었다.[11] 그러나 '거족'이 아닌 양반가문의 대부분은 가문 전체에서 배출된 관인 수는 상당하지만 1, 2계파에 집중된 관인은 수도 적고 통혼가문도 대부분이 불명하다.[12]

이점에서 '거족양반가문'과 '거족'이 아닌 양반가문을 같이 다루기보다는 '거족양반가문'과 '비거족양반가문'을 따로 검토하는 것이 합당하겠다고 생각하게 되었다.

이 책『조선 초·중기 양반가문 연구 1』은 지금까지 발표한 5편의 연구와 새로이 쓴 7편을 단행본의 체제로 종합하여 정리한 것이다.

돌이켜 생각하니 정치제도와 그 운영이 정치를 운영한 실체이고 주체라면 '양반가문'은 그 실체와 주체의 모태가 된다고 하겠다. 동시에 이 책은 2020년에 발간한『조선초기 관인 이력』(도서출판 혜안), 2024년에 발간한『조선초기 관인 연구』(도서출판 혜안)와 함께 유력양반가문(鉅族)의 성쇠, 통혼, 조선중·후기 정치운영과의 관계 등을 종합적이고도 깊이 이해할 수 있는 한 토대가 된다고 생각한다.

끝으로 책을 간행하도록 건강과 지혜를 주신 하나님께 감사를 드리고, 오늘에 이르기까지 연구자의 길을 걷도록 학은을 베풀어 주신 최승희 은사님과 상업성 없는 졸저를 계속하여 간행하고 편집과 교정에 공들여 준 도서출판 혜안 오일주 사장님과 편집진에게 재삼 감사의 말씀을 드린다.

---

파평윤씨 가문연구' 외.

11) 예컨대 파평윤씨는 陟系, 청주한씨는 渥系, 진주강씨는 啓庸系, 광주이씨는 蔚系, 한산이씨는 穡系였다(이들 가문의 상세세계는 본서 2, 3, 4, 7, 8장 참조).

12) 예컨대 현풍곽씨, 봉화금씨, 선산김씨, 풍산홍씨가 그러하다(이들 가문의 배출관인과 통혼가문은 졸저, 2024,『조선초기 관인 연구』, 도서출판 혜안, 제10장 참조).

# 제3장 淸州韓氏(渥系) ············································· 111



# 제3부 鉅族家門의 展開

# 제4장 晉州姜氏(啓庸系) ·········································· 183

## 제4부 兩班家門의 通婚과 經濟

# 제5부 兩班家門과 人事行政·政治

# 표 차례

## 부록

## 부록

# 서장 : 기존 연구와 연구방향

　　조선 초·중기의 양반가문은 이 시기 정치제도와 정치운영의 모태가 되었기에 조선초기의 정치제도와 정치운영을 지속적이고도 집중적으로 연구한 나에게는 늘 관심이 대상이 되는 주제였다.

　　이와 관련된 그간의 가문 연구를 검토하니 고려와 조선후기의 가문은 연구가 많이 되었지만[1] 조선전기의 가문은 거의 연구되지 않았다. 이에서 1995년에「朝鮮初期 淸州韓氏 永矴(~1417이전, 知郡事贈領議政)系 家系硏究-歷官傾向과 通婚圈을 중심으로-」(『啓明史學』 6)를 발표하였고, 이후 2010년까지 5편을 추가로 발표하였다(1편은 조선후기).[2] 또 1995년에 조선초기 음서의 실제와 역할을 발표하면서 그 일부로 조선초기에 가장 번성하였던 5성씨(청주한, 파평윤, 안동권, 광주이, 진주강씨)의[3] 사관자와 음서를 고찰하였다.

　　이 책은 이러한 연구를 토대로 조선초기 가문, 인사행정, 정치운영 등

---

1) 고려시대와 조선후기의 대표적인 가문연구는 다음과 같다.
　　민현구, 1974,「고려후기 권문세족의 성립」,『호남문화연구』 6 ; 민현구, 1976·1977,「조인규와 그의 가문」,『진단학보』 42·43 ; 황운룡, 1977,「고려벌족고」,『부산사학』 1 ; 박용운, 1978,「고려시대의 정안임씨·철원최씨·공암허씨 가문 분석」,『한국사논총』 3 ; 박용운, 1982,「고려시대 수주최씨가문 분석」,『사총』 26 ; 2003,『고려사회와 문벌귀족가문』, 경인문화사 ; 이만열, 1980,「고려 경원이씨가문의 전개과정」,『한국학보』 21 ; 김연옥, 1982,「고려시대 경주김씨의 가계」,『숙대사론』 11·12합 ; 김광철, 1991,『고려후기세족층연구』, 동아대출판부 ; 차장섭, 1993,「조선후기의 문벌」,『조선사연구』 2 ; 1997,『조선후기 벌열연구』, 일조각 ; 장필기, 2004,『조선후기 무반벌족가문 연구』, 집문당.
2) 발표 논고는 서언 주6) 참조.
3) 이들 5성관이 조선초기(태조 1~성종 25)에 배출한 공신·왕비·의정 등 주요직과 각 관직이 점하는 비중은 뒤 주6) 참조.

관련 연구와 『조선왕조실록』, 『靑邱氏譜』·『淸州韓氏大同譜』 등 족보, 졸저, 『조선
초기 관인 이력』(2020, 도서출판 혜안), 『朝鮮初期의 政治制度와 政治』(2006,
계명대학교출판부), 『조선초기 관인 연구』(2024, 도서출판 혜안)를 참고하면서
조선 초·중기에 가장 번창하였던 척족가문인 淸州韓·坡平尹氏,[4] 거족가문인
晉州姜·昌寧成·高寧申·廣州李·韓山李氏 등 7가문의 태조~중종대까지 활동한 5세
대를 표집하고[5] 양반과 양반·거족가문의 형성, 가문의 전개, 통혼·경제, 인사행
정·정치운영과의 관계 등을 서장, 본문 4부 12장, 결어, 부록으로 정리한다.

서장에서는 저자의 가문관계 연구를 제시하고 연구방향을 제시한다.

제1부(제1장) '양반과 양반·거족가문의 형성'은 양반과 양반가문의 형성,
거족가문의 형성과 전개의 2절로 나누어 1절에서는 양반연구를 참고하면서
양반을 정의하고 양반가문의 형성과정을 정리할 것이다. 2절에서는 거족가문
연구와 졸저, 『조선초기 관인 연구』 제4장 관인과 관인부조 관력을 참고하면
서 15세기 鉅族姓貫-有力姓貫의 실체를 정리할 것이다.

---

4) 조선초기(태조~성종대)의 척족에는 다음과 같이 청주한씨 등 8성관이 있다. 그러나
   청주한·파평윤씨를 제외한 6성관은 왕후의 부가 사후에 부원군에 추증(태조비 신의·
   신덕왕후, 정종비 정안왕후, 문종비 현덕왕후, 성종계비 폐비)되거나 정치상황과
   관련되어 몰락(태종비 원경왕후, 세종비 소헌왕후, 단종비 정순왕후)하였기에 외척으
   로 위세를 누린 가문은 청주한씨와 파평윤씨 뿐이다.
   태조 : 청주한씨(신의왕후)          단종 : 여산송씨(정순왕후)
         신천강씨(신덕왕후)          세조 : 파평윤씨(정현왕후)
   정종 : 경주김씨(정안왕후)          덕종 : 청주한씨(소혜왕후, 인수대비)
   태종 : 여흥민씨(원경왕후)          예종 : 청주한씨(장순, 안순왕후)
   세종 : 청송심씨(소헌왕후)          성종 : 청주한씨(공혜왕후),
   문종 : 안동권씨(현덕왕후, 추증)           파평윤씨(폐비,정현왕후)
5) 조선초기(1392, 태조 1~1494, 성종 25)를 통해 가장 번창한 가문은 『용재총화』 등에
   '鉅族'으로 적기된 89성 중 진주강씨 등 70여 성관과 '거족'에는 적기되지 않았지만
   '거족'에 못지 않게 다수의 당상관과 관인을 배출한 청주곽씨 등 10여 성관이다.
   이 80여 성관 중에서도 가장 번성하였던 성씨가 표집한 7가문과 안동권씨 등인데,
   안동권씨는 조선초기에 번창한 계파가 많고 사관자가 많아 서술분량이 많기도 하지만
   체계적으로 정리하기가 어려운 관계로 부득이 표집에서 제외하였다(조선초기에
   번창한 80성관은 뒤 〈표 1-1〉 참조).

　제2부 '척족가문의 전개'에서는 조선초기의 대표적인 척족가문인 청주한씨와 파평윤씨를 기존의 연구를 참고하고 보충하면서 2장으로 정리할 것이다. 제2장 파평윤씨가문에서는 핵심계파인 鈴平君 陟의 자~5대손의 전개, 통혼, 경제, 인사행정·정치에 끼친 영향력 등을 정리할 것이다. 제3장 청주한씨가문은 졸고, 「조선초기 청주한씨 영정(?~1417이전, 지군사증영의정)계 가계연구」에 脩-尙質·尙敬系, 理-承舜系, 休-季復系를 덧붙이면서 渥(10세) 증손~7대손의 전개, 관력, 혼인, 경제, 인사행정·정치운영에 끼친 영향력을 정리할 것이다.

　제3부 '鉅族가문의 전개'에서는 척족가문인 파평윤·청주한씨와 함께 조선개국초부터 번창하고 『용재총화』등에 거족성씨로 기재된 5가문-진주강·창녕성·고령신·광주이·한산이씨를 5장으로 정리할 것이다. 제4장 진주강씨가문은 자손이 번성하고 고관을 많이 배출하면서 중심이 되었던 季庸(중시조)의 6~10대손을 표집하여 가문의 전개, 관력, 통혼, 경제, 인사행정·정치운영에 끼친 영향 등을 졸고, 「조선초기 진주강씨 계용파 가계연구」를 전재하면서 정리할 것이다. 제5장 창녕성씨가문은 가문의 핵심이 되었던 汝完(5세)의 자~5대손을 표집하여 『창녕성씨대동보』와 관련연구를 참고하면서 가문의 전개, 관력, 통혼, 경제, 인사행정·정치운영에 끼친 영향 등을 정리할 것이다. 제6장 고령신씨가문은 가문의 핵심계파가 되었던 包翅(6세) 자~5대손을 표집하여 관련문헌과 『고령신씨대동보』 등을 분석하면서 가문의 전개, 관력, 통혼, 경제, 인사행정·정치운영에 끼친 영향 등을 정리할 것이다. 제7장 廣州李氏가문은 가문의 핵심계파가 된 蔚(3세)손~5대손을 표집하여 졸고, 「조선초기 광주이씨 울파 가계연구」를 전재하면서 정리할 것이다. 제8장 한산이씨가문은 가문의 핵심 계파가 된 穡(7세)의 자~5대손을 표집하여 졸고, 「조선전기 한산이씨 색(-종덕, 종학, 종선)계 가계연구」를 전재하면서 가문의 몰락과 재흥, 가문의 전개, 관력과 인사행정, 통혼권과 가문의식을 정리할 것이다.

　제4부 '양반가문의 통혼과 경제'에서는 통혼과 경제의 2장으로 구분하여 제9장 '양반가문의 통혼'에서는 지금까지 살핀 척족·거족 7가문에 이들 가문

과 대등한 성세를 누렸던 안동권씨·광산김씨·문화유씨·전의이씨[6] 관인의 통혼가문을 추가하여 종합하면서 통혼가문과 가문의식을 정리할 것이다. 제10장 '양반가문의 경제'에서는 졸저, 『조선초기 관인 연구』(2024, 도서출판 혜안)에 수록된 서술을 참고하면서 2척족가문과 5거족가문 등 유력가문의 경제기반과 이 경제가 가문의 융성에 끼친 영향을 정리할 것이다.

제5부 '양반가문과 인사행정·정치'에서는 양반가문과 인사행정, 양반가문과 정치의 2장으로 구분하고 제11장 '양반가문과 인사행정'에서는 지금까지 살핀 7가문에 안동권씨·광산김씨·문화유씨·전의이씨를 덧붙이면서 양반가문과 인사행정과의 관계를 정리할 것이다. 제12장 '양반가문과 추요직·정치'에서는 지금까지 살핀 7가문에 안동권씨 등 4가문을 덧붙이면서 양반가문의 추요직 점유상과 정치에 끼친 영향력을 정리할 것이다.

---

6) 조선초기(태조 1~성종 25)에 2~8장에 서술된 청주한씨 등 7성관과 추가한 안동권씨 등 4 성관이 배출한 공신·왕비·추요직과 추요직 등이 점하는 비중은 다음과 같다(숫자는 명/순위, 졸저, 2020, 『조선초기 관인 이력』, 도서출판 혜안, 각 성관조(공신·승지) ; 2011, 『조선전기 의정부와 정치』, 계명대학교 출판부, 부록 〈별표 1, 2〉(의정·찬성) ; 1998, 『조선초기 육조와 통치체계』, 계명대학교출판부, 부록 〈별표 1, 2〉(판서·참판)에서 종합.

| 가문 | 공신 | 의정 | 찬성 | 판서 | 참판 | 승지 | 문과자 | 왕비 | 비고 |
|---|---|---|---|---|---|---|---|---|---|
| 청주한씨 | 18/1 | 4/1 | 4/2 | 9/1 | 6/ | 13/1 | 9/ | 4/1 | 척족거족 |
| 파평윤씨 | 10/3 | 4/1 | 3/4 | 8/4 | 9/3 | 13/1 | 22/8 | 2/2 | 척족거족 |
| 안동권씨 | 11/2 | 1/ | 4/2 | 9/1 | 10/2 | 13/1 | 51/1 |  | 거족 |
| 광주이씨 | 4/ | 1/ | 1/ | 7/5 | 8/4 | 9/5 | 25/6 |  | 거족 |
| 진주강씨 | 2/ | 1/ | 2/ | 1/ | 4/ | 5/ | 30/2 |  | 거족 |
| 광산김씨 | 3/ | 1/ | 2/ | 4/ | 4/ | 3/ | 24/7 |  | 거족 |
| 창녕성씨 | 3/ | 2/4 | 1/ | 9/1 | 11/1 | 9/5 | 26/5 |  | 거족 |
| 고령신씨 | 3/ | 1/ | 1/ | 2/ | 3/ | 5/ | 13/ |  | 거족 |
| 문화유씨 | 6/4 | 3/3 | 3/4 | 6/ | 2/ | 5/ | 28/3 |  | 거족 |
| 전의이씨 | 4/ | 0/ | 0/ | 1/ | 3/ | 2/ | 27/4 |  | 거족 |
| 한산이씨 | 3/ | 0/ | 2/ | 7/5 | 7/5 | 7/7 | 16/ |  | 거족 |
| 합계/총수 | 67/251[*1] | 18/67 | 23/80 | 63/227 | 67/315 | 84/274 | 271/1,815 | 6/8[*2] |  |

*1 관직을 역임하지 않은 친왕자 제외.
*2 외척이 유명무실하였던 태조비 신덕왕후, 정종비 정안왕후, 문종비 현덕왕후, 단종비 정순왕후, 성종폐비 윤씨 제외.

결어에서는 지금까지 고찰한 5부 12장의 내용을 종합하면서 상위유력 11성관의 출사로, 관력, 통혼, 경제를 정리하고, 이들 11성관이 조선왕조에서 점한 정치적 위상과 가문의 특징을 제시할 것이다.

부록에는 졸고, 「조선 세조대(1455~1468) 종친연구」(1995, 『(계명대)한국학논집』22)를 전재한다. 또 15세기 거족가문을 포함한 유력가문과 조선초기 주요 관아·관직을 표로 제시하고, 여말선초의 관직 중 관제정비와 함께 개정·혁거된 관직은 독자의 이해를 증진시키기 위해 그 과정을 주로 제시하였다.

이 연구를 통하여 조선초기의 유력 양반가문이 조선후기의 閥閱家門과 어떻게 연관되는가가 규명되고, 조선초기에 유력 양반가문이 정치·사회에서 점하는 비중 등 조선초기 정치와 사회를 천착하는 한 토대가 될 것으로 생각한다. 나아가 후속 가문연구가 이어지면서 조선왕조가 소수의 유력양반 가문을 토대로 운영되고 존속되었음이 보다 명확해지기를 바란다.

이 책의 정리의 토대가 된 졸저와 졸고는 다음과 같다.


1995, 「조선초기 淸州韓氏 永矴(~1417이전, 知郡事贈領議政)系 가계연구」, 『계명사학』6(2장 부분게재).

2003, 「조선초기 晉州姜氏 啓庸派 가계연구」, 『조선사연구』12(5장 전재).

1999, 「조선초기 廣州李氏 蔚派 가계연구」, 『조선사연구』8(8장 전재).

1997, 「조선초기 韓山李氏 穡(-種德, 種學, 種善)계 가계연구」, 『계명사학』8(9장 전재).

1995, 「조선초기 蔭敍의 실제와 역할-樞要職역임자와 鉅族出身사관자의 역관분석을 중심으로-」, 『한국사연구』91(2, 5, 8, 9장 참고).

2006, 『조선초기의 정치제도와 정치』, 계명대학교출판부(12, 13장 참고).

2020, 『조선초기 관인이력』, 도서출판 혜안(2~8장 참고).

2024. 『조선초기 관인연구』, 도서출판 혜안(1~9장 참고).

1995, 「조선 世祖代(1455~1468) 종친연구」, 『한국학논집』22(부록, 전재).

제1부

兩班과 兩班·鉅族家門의 形成

# 제1장 兩班·兩班家門의 形成과 定着

## 1. 兩班과 兩班家門의 形成

### 1) 兩班의 定意

兩班에는 두 뜻이 있다. 하나는 官人이 朝會시 북쪽 御座에 앉아 남쪽을 향한 왕에 대하여 동쪽에 서는 班列을 東班, 서쪽에 서는 반열을 西班이라 한 데서 비롯되었는데, 동반은 정치를 담당하는 문관들의 반열이었기에 文班, 서반은 군사를 담당하는 무관들의 반열이었기에 武班이라고도 부른 동반(문관)·서반(무관)의 통칭이다.[1] 다른 하나는 정치·경제·사회·문화적 특권을 누린 최상층 신분계층으로서의 양반이다.[2]

동반과 서반의 두 반열을 의미하는 양반은 우리나라에서는 문헌상으로는

---

[1] 박용운, 2012,『고려시대사(증보판 5쇄)』, 일지사, 290~291쪽 ; 이성무, 1980,『조선초기 양반연구』, 일조각, 4~5쪽.

[2] 양반이 中人·良人과 구분되는 특권신분층이 된 시기에 있어서는 이성무 등의 '조선초기설'과 한영우 등의 '조선중기설'의 이견이 있다. 이성무에 의하면 양반은 조선초부터 제특권을 누린 신분층이 되었고, 그 특권에는 과거와 교육 및 관직의 독점, 군역의 면제, 우월한 토지소유 등이 있다고 하였다(1983,『조선초기 양반연구』, 일조각, 42~395쪽). 이성무 등과 한영우 등의 양반성립시기에 대한 연구는 다음과 같다. 이성무, 1976,「조선전기의 신분제도」,『동아문화』 13 ; 1985,『조선초기양반연구』, 일조각 ; 송준호, 1976,「조선시대의 과거와 양반 및 양인」,『역사학보』 69, 외 ; 한영우, 1971,「조선초기 상급서리 성중관」,『동아문화』 10 ; 1983,『조선전기 사회사상연구』, 지식산업사 ; 유승원, 1973,「조선초기의 신량역천계층」,『한국사론』 1 ; 1987,『조선초기 신분제연구』 외.

976년(고려 경종 1)에 田柴科를 반포하면서 당시의 관계를 기준으로 모든 현직자와 散官(官階者)을 관인이 입는 官服의 색깔에 따라 紫衫·丹衫·翡衫·綠衫의 4단계로 나누고 자삼층을 제외한 단삼·비삼·녹삼층을 文班·武班·雜業으로 구분한 후 자삼층을 18品, 문반의 단삼층을 10品·비삼층을 8品·녹삼층을 10品, 무반의 단삼층을 5品, 잡업의 단삼층을 10品·비삼층을 8品·녹삼층을 10品으로 나누어 各 品마다 일정하게 곡식이 생산되는 토지(田地)와 땔감(숯)이 나는 임야(柴地)를 지급한 데서 비롯되었다.3) 이때부터 사용된 동반과 서반을 통칭하는 양반이 이후 고려일대로 계승되었고, 조선의 개창과 함께 계승되어 변동 없이 후대로 계승되었다.

　최고 신분계층으로서의 양반은 고려초(光宗~成宗대)에4) 문·무반을 중심한 문·무산계 정비,5) 전시과제정, 과거제실시 등 통치체제의 정비와 함께 문·무관리와 그 가족, 가문까지를 포함하는 지배신분층을 뜻하게 된 데서 비롯되었다.6) 이후 이 양반이 고려전기(목종~문종)에 蔭敍制, 功蔭田柴科의 실시 등과 함께 정치, 경제적 특권을 보장받으면서 신분계층으로서의 의미가 보다 짙게 되었으며, 이것이 조선개국초까지 계승되었다.

---

3) 이성무, 위 책, 5쪽.

4) 태조의 아들이고 정종의 동생으로 정종의 선위를 받아 949년 제4대왕으로 즉위하여 27년간 재위하면서 과거제를 실시하고, 지방에 雄據한 豪族을 대대적으로 숙청하며, 백관의 公服을 제정하는 등 왕권을 강화하면서 새로운 국가체제와 정치질서의 확립에 기여하였다. 성종은 태조의 아들인 戴宗(추존) 旭의 아들로서 981년 5대왕 景宗(975~981)의 선위를 받아 6대왕으로 즉위하여 17년간 재위하면서 경외 정치제도를 정비하고 교육을 장려하여 400년간 지속된 왕조의 토대를 마련하였다.

5) 고려의 文散階와 武散階는 994년(성종 14) 이전에 실시되어 성종 14년에 조정된 후 1076년(문종 30)에 일단 정비되었고, 이후 1372년(공민왕 21)까지 元의 지배와 관련되어 수시로 개변되면서 운영되다가 재정비되어 조선으로 계승되었다. 그러나 그 내용을 보면 조선의 문산계와 무산계가 문반과 무반의 관계로서 문반과 무반, 즉 양반제도의 토대가 되었음과는 달리 문산계는 문반과 무반의 관계였고, 무산계는 향리와 귀화한 여진추장 등에게 적용된 관계였다. 성종 14년 이전과 성종 14년에 사용되거나 정비된 문, 무산계는 다음의 표와 같다(졸저, 2006, 『조선초기의 정치제도와 정치』, 계명대학교출판부, 37~38쪽 〈표 2-2〉, 48쪽 〈표 2-4〉에서 종합)

조선은 개창과 함께 고려말의 모든 정치, 경제, 사회, 문화가 계승되는 가운데 신분제도에 있어서는 법제적으로는 '良賤制'가 표방되면서 양반이 양인에 포괄되었지만,[7] 양반은 관인의 지위에 수반된 정치, 경제, 군사적인 특권의 향유와[8] 함께 15세기 후반에는 양인과 구분되는 최상층 신분으로 정착되었다.[9]

### 2) 兩班家門의 形成

家門은 語義로는 '집을 출입하는 문'이고, 일반적으로는 '한 조상의 직계 자손들이 이루는 큰 가족'을 의미한다.[10] 가문은 先秦時代(진 통일, BC 221년 이전)에 중국에서 사용되었음에 비추어[11] 우리나라에서도 이보다 멀지 않은

|  | 문산계 | | 무산계 |  | 문산계 | | 무산계 |
|---|---|---|---|---|---|---|---|
|  | 성종14이전 | 성종14 | 성종14 |  | 성종14이전 | 성종14 | 성종14 |
| 종1품 |  | 開府儀同三司 | 驃騎大將軍 | 정6하 |  |  | 輝武副尉 |
| 정2 |  | 特進 | 輔國大將軍 | 종6상 | 奉議郎 | → | 振威校尉 |
| 종2 | 光祿大夫 | 興祿大夫 | 鎭國大將軍 | 종6하 | 通直郎 | → | 振威副尉 |
| 정3 |  | 金紫光祿大夫 | 冠軍大將軍 | 정7상 |  | 朝請郎 | 致果校尉 |
| 종3 | 銀靑光祿大夫 | → | 雲麾大將軍 | 정7하 |  | 宣德郎 | 致果副尉 |
| 정4 |  | 正義大夫 | 中武將軍, 將武將軍 | 종7 |  | 宣議郎 | 翊麾校尉, 翊麾副尉 |
| 종4상 |  | 大中大夫 | 宣威將軍 | 종8 |  | 宣務郎 | 禦侮校尉, 禦侮副尉 |
| 종4하 | 中大夫 | → | 明威將軍 | 정9상 | 儒林郎 | → | 仁勇校尉 |
| 정5상 |  | 中散大夫 | 定遠將軍 | 정9하 |  | 登仕郎 | 仁勇副尉 |
| 정5하 |  | 朝議大夫 | 寧遠將軍 | 종9상 | 文林郎 | → | 陪戎校尉 |
| 종5상 |  | 朝請大夫 | 遊騎將軍 | 종9하 |  | 將仕郎 | 陪戎副尉 |
| 정6상 |  |  | 輝武校尉 | 계 |  |  |  |
| 종5하 |  | 朝散大夫 | 遊擊將軍 |  |  |  |  |

6) 이성무, 위 책, 5~13쪽.
7) 이성무, 위 책, 3~4쪽(성종실록, 권189, 성종 17년 3월 무진 我國人物 非良(人)則賤(人) 只有二途耳).
8) 이성무, 앞 책.
9) 위 책, 30~40쪽.
10) 연세대학교 언어정보연구개발원, 1998, 『연세 한국어사전』, 두산동아.
11) 『춘추좌전』.

시기부터 사용된 것으로 추측되고, 고려초기 귀족이 본관을 칭하게 되면서는 광범하게 사용되었다. 이후 '가문'은 고려일대를 거쳐 조선으로 계승된 후 신분계층을 뜻하는 양반과 합칭되면서 양반가문으로 전화되어 통용되었다.

## 2. 鉅族家門의 形成과 定着

### 1) 鉅族家門의 形成

鉅族의 '鉅'는 그 뜻이 '크다(大)'[12]이니 거족은 곧 세력이 큰 집안을 일컫는 말이라고 하겠다. 조선에 세력이 큰 집안을 '鉅族'이라고 지칭한 것은 成俔 (1439, 세종 21~1504, 연산군 10)이 저술한 『傭齋叢話』에서 비롯되어, 이후 후대로 답습되며 사용되었다.

성현은 『용재총화』에서 '我國鉅族'은 대개 州郡의 土姓에서 나왔다고 전제하고 "지난날에 성하다가 지금은 쇠한 것(성씨), 지난날에 한미하였으나 지금 성한 것(성씨) 모두를 아울러 적는다"고 하면서 파평윤씨 등 총 75개 성씨를 적기하였다.[13]

### 2) 鉅族家門의 定着

성현이 적기한 이 거족을 두고 李泰鎭이 『新增東國輿地勝覽』 본조 인물항에 3인 이상 적기된 성씨와 관련시켜 15세기 후반기에 족세가 번창한 파평윤씨 등 58개 성씨를 거족성관으로 재분류하면서 가계와 통혼권을 분석하였다.[14]

---

12) 장삼식편, 1964, 『대한한사전』, 성문사.

13) 『용재총화』 권10(말미).

14) 이태진, 1985, 「15세기 후반기 '거족'과 명족의식-『동국여지승람』 인물조의 분석을

이처럼 '거족'이 용례로 사용된 것은 15세기 후반부터인데, 그 토대가 된 것은 1453년(단종 1) 정변으로 집권한 首陽大君 李瑈(세조)가 집권과 함께 책록한 靖難功臣으로부터 1471년(성종 2)까지 실시된 5차에 걸친 공신책록, 공신의 파격적인 등용과 공신 중심의 정치운영 등으로 다수의 가문이 번창한 것에서 기인되었다.[15]

그런데 15세기 전반(1400, 정종 2~1452, 문종 2) 에 5명이상의 정1~정3품당상관(공신·의정 등 포함) 을 배출하면서 번창한 양반가문을 보면 33명을 배출한 安東權氏 등 40여 가문이 있는데[16] 이들 가문 중 南平文氏 등 4성관을 제외한 모두가『용재총화』나『신증동국여지승람』本朝(조선) 인물 항에 2인 이상이 적기되었듯이 15세기 후반에도 성세가 계속되었다. 그리고 남평문씨 등 4성관도『용재총화』등에는 적기되지 못하였지만 15세기 후반기에도 다수의 공신·의정 이하 당상관을 배출하면서 번창하였다.[17]

한편 조선초기의 양반가문은 종족 구성원의 기록을 공유함으로써 종족의식의 확산과 공동체를 유지하기 위하여 족보를 발간하였다.[18] 1401년(태종 1) 海州吳氏의 족보발간을 시작으로 15세기를 통해 20여 가문에서 족보를

---

통하여-」,『한국사론』3.
15) 졸고, 2024,『조선초기 관인연구』, 도서출판 혜안, 75~79쪽.
16) 위 책, 쪽 〈표 13-1〉. 그 가문은 다음과 같다(배출자 수).
　　『용재총화』·『신증동국여지승람』(*)과 용이나 신동 적기성관
　　진주강(7*), 제주고(8*), 청주곽(5), 안동권(33*), 경주김(5*), 광산김(8*), 안동김(10*),
　　연안김(9), 의령남(6*), 여흥민(18), 밀양박(6*), 순천박(6), 죽산박(7), 창녕성(18),
　　평산신(5), 영산신(6), 청송심(8), 순흥안(17), 단양우(5), 문화류(12), 파평윤(15*),
　　경주이(11*), 고성이(5), 성주이(12*), 양성이(6*), 전주이(23*), 한산이(8*), 동래정(5*),
　　영일정(6), 배천조(7*), 양주조(5), 평양조(5*), 한양조(18*), 전주최(8), 진양하(6*),
　　청주한(13*), 하양허(8*), 남양홍씨(10*).
　　그외 성관
　　남평문(7), 함양박(6), 진주유(6), 청주이씨(7).
17) 주 16)에 적기된 가문을 포함한 정종 2년~성종25년에 다수의 공신, 의정, 판서 등을 배출하면서 번창한 가문은 뒤 부록 2-1 표 참조.
18) 최양규, 2011,『한국족보발달사』, 도서출판 혜안, 11쪽.

발간하였고, 16세기 이후에 족보발간이 성행하면서 조선말까지 150여 성 730여 성관이 족보를 발간하였다.[19] 족보는 그 발간 목적과 관련되어 양반가문의 전통과 인적토대가 되면서 양반가문과 조선사회를 존속시키는 한 토대가 되었다.

이에서 '거족'은 15세기 후반에 출현하였다기 보다는 15세기 초 이래로 번창한 양반가문에서 기원되어 1453년 이후의 수차에 걸친 공신책록과 공신이 중심이 된 정치 등으로 다수의 성씨가 번창하면서 정착되었다고 하겠다. 15세기에 번창한 유력 양반가문을 제시하면 다음 표와 같다.

〈표 1-1〉 조선초기(정종 2~연산군 12) 유력 양반가문[20]

| | 신동 | 용총 | 이태진 | 저자 | | 신 | 용 | 이태진 | 저자 |
|---|---|---|---|---|---|---|---|---|---|
| 신천강 | * | * | * | | 서산유 | * | | * | 거 |
| 진주강 | * | * | * | 거족 | 영광유 | * | | * | |
| 청주경 | | * | * | 거 | 진주유 | | | | 유 |
| 개성고 | * | | * | | 옥천육 | | * | * | |
| 청주곽 | | | | 유력가문 | 무장윤(무송) | * | | * | 거 |
| 제주고 | * | * | * | 거 | 칠원윤 | | * | * | |
| 능성구 | | * | * | 거 | 파평윤 | * | * | * | 거 |
| 안동권 | * | * | * | 거 | 해평윤 | | | | 유 |
| 행주기 | * | | * | | 경주이 | * | * | * | 거 |
| 강릉김 | * | | * | 거 | 고성이 | * | | * | 거 |
| 경주김 | * | * | * | 거 | 廣州이 | * | * | * | 거 |
| 광산김 | * | * | * | 거 | 덕수이 | * | * | * | |
| 김해김 | * | * | * | 거 | 성주이 | * | * | * | 거 |

---

19) 족보를 발간한 150여 성 730여 성관은 최양규, 위 책, 244~255쪽 〈부록 1~3〉 참조. 그 중 15세기에 간행된 족보는 다음과 같다(같은 책, 250~255쪽 〈부록 3〉에서 발췌, 발간 순).

| 성관 | 발간 년도 | 비고(유-유 력성관) | 성관 | 발간 년도 | 비고 | 성관 | 발간 년도 | 비고 |
|---|---|---|---|---|---|---|---|---|
| 해주오 | 1401 | | 원주원 | 1457 | 유 | 남원양 | 1482 | 유 |
| 여흥민 | 1417 | 유 | 흥해최 | 1458 | | 양성이 | 1483 | 유 |
| 영산신 | 1427 | 유 | 성주이 | 1464 | 유 | 하음봉 | 1493 | 유 |
| 원주변 | 1435 | 유 | 충주박 | 1474 | | 창녕성 | 1493 | 유 |
| 장흥고 | 1450 | | 안동권 | 1476 | 유 | 16성관 | | 유력성관 12 |
| 진양하 | 1451 | 유 | 전의이 | 1476 | 유 | | | |

| | | | | | | | | | |
|---|---|---|---|---|---|---|---|---|---|
| 상주김 | * | * | * | 거 | 양성이 | * | * | * | 거 |
| 선산김 | * | * | * | 거 | 여주이 | | | | 유 |
| 안동김 | * | * | * | 거 | 연안이 | * | * | * | 거 |
| 연안김 | * | | * | 거 | 영천이 | * | | * | 거 |
| 의성김 | * | | * | 거 | 용인이 | * | | * | 거 |
| 청풍김 | | | | 유 | 인천이 | | * | * | 거 |
| 의령남 | * | * | * | 거 | 전의이 | * | * | * | 거 |
| 교하노 | * | * | * | 거 | 전주이 | * | * | * | 거 |
| 신창맹 | * | * | * | | 한산이 | * | * | * | 거 |
| 남평문 | | | | 유 | 흥양이 | * | | * | |
| 여흥민 | | * | * | 거 | 풍천任 | | * | * | 거 |
| 고령박 | * | | * | | 동래정 | * | * | * | 거 |
| 나주박(반남) | | | | 거 | 봉화정 | * | * | * | 거 |
| 밀양박 | * | * | * | 거 | 靈光丁 | | * | * | |
| 순천박 | * | | * | 거 | 영일정 | | * | * | 거 |
| 죽산박 | | * | * | 거 | 청주정 | * | | * | |
| 함양박 | | | | 유 | 초계정 | | | | 유 |
| 성산배 | * | | * | | 하동정 | * | * | * | 거 |
| 원주변 | | | | 유 | 해주정 | | | | 유 |
| 강화봉 | | * | * | | 배천조 | * | * | * | 거 |
| 이천서 | | * | * | 거 | 양주조 | * | | * | 거 |
| 창녕성 | * | | * | 거 | 평양조 | * | * | * | 거 |
| 밀양손 | | * | * | | 한양조 | * | * | * | 거 |
| 여산송 | * | | * | 거 | 창녕曺 | * | * | * | 거 |
| 진천송 | | * | * | | 강릉최 | * | * | * | 거 |
| 거창신 | * | | * | 거 | 수원최 | * | | * | |
| 고령신 | * | | * | 거 | 전주최 | * | | * | 거 |
| 평산신 | * | | * | 거 | 해주최 | | * | * | |
| 靈山辛 | * | | * | 거 | 화순최 | * | | * | 거 |
| 청송심 | * | | * | 거 | 진양하 | * | * | * | 거 |
| 순흥안 | * | | * | 거 | 청주한 | * | * | * | 거 |
| 죽산안 | * | | * | 거 | 강릉함 | * | * | * | |
| 南原梁 | * | | * | 거 | 양천허 | * | * | * | 거 |
| 淸州楊 | | | | 유 | 하양허 | * | * | * | 거 |
| 함종어 | * | | * | | 남양홍 | * | * | * | 거 |
| 단양우 | | * | * | 거 | 장수황 | * | * | * | 거 |
| 원주원 | | * | * | 거 | 합계(89) | 71 | 57 | 85 | 80(거족 69, 유력가문 11) |
| 문화유 | * | | * | 거 | | | | | |

---

20) 졸저, 2024, 『조선초기 관인연구』, 도서출판 혜안, 〈별표 6〉에서 전재(유력 양반가문
선정배경은 같은 책, 75~76쪽 참조).

제2부

# 戚族家門의 展開

# 제2장 坡平尹氏(陟系)

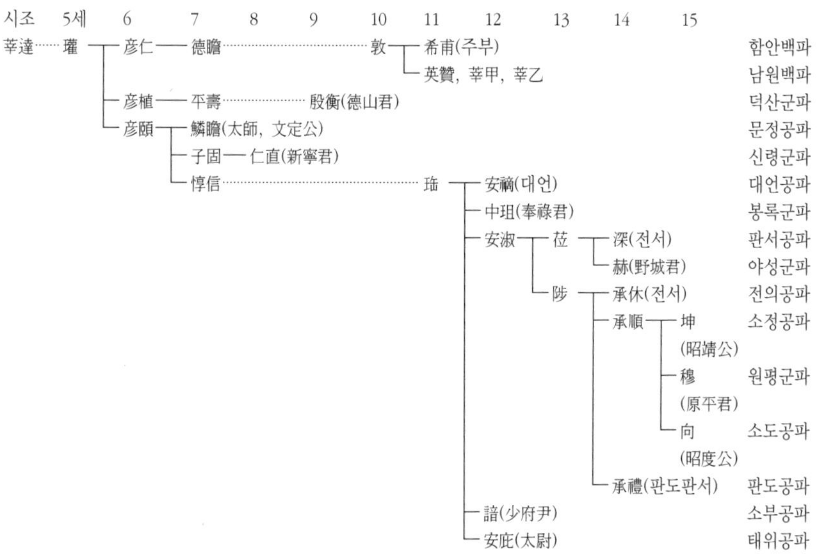

〈도 2-1〉 파평윤씨 16파 분파도[1]

坡平尹氏는 고려 태조를 도와 삼한통일에 기여하고 壁上三韓翊贊功臣三重大匡太師에[2] 제수된 莘達을 시조로 하여 성립된 가문이고, 고손인 瓘이 예종

---

1) 『파평윤씨대동보』(한국족보편찬위원회, 2011), 7~9쪽.
2) 왕건은 통일에 기여한 신하와 각지의 유력 豪族 5,000여 명 공신(開國功臣 2,000여,

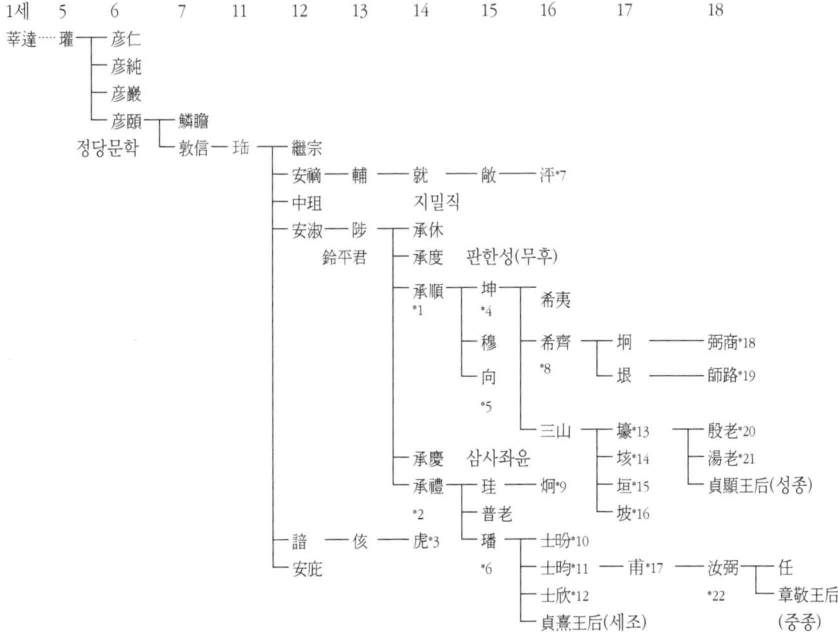

〈도 2-2〉 조선초기 파평윤씨 상세(1~18세) 세계[3]



때에 여진정벌에 공을 세우고 推忠佐理平戎拓地鎭國功臣에 책봉되고 門下侍中兼判尙書吏部事知軍國重事에 제수되고 그의 아들과 자손이 현달하면서 귀족가문으로 정착되었다. 고려후기~조선초기에는 〈도 2-1〉의 세계도와 같이 瓘의 후손이 16파로 분파되면서 번창하였다.

이 16파 중 조선초기에는 〈도 2-2〉 가계도와 같이 瓘의 5남 彦頤의 7세손인 判開城府事鈴平君 陟의 손~고손이 대거 공신에 책봉되고 당상관직을 역임하

---

三韓功臣 3,000여)에 책봉하고 太師 등의 관직과 三重大匡 등의 관계를 수여하였다. 고려개국 초에 태사 등의 관직과 삼중대광 등의 관계가 관제로 실시되었는가는 불명하나 후대의 관제를 보면 태사는 太尉·太保와 함께 三師의 1직으로 정1품의 명예직이고, 삼중대광은 문산계 정1품의 관계이다. 고려초에 성립된 가문의 시조의 관직은 대부분이 이 관직과 관계이다.

3) 앞 『파평윤씨대동보』에서 종합.

고 증손녀가 세조비(貞熹王后)가[4] 되면서 鉅族, 戚族家門으로 정착되었다.

이 장에서는 이러한 鈐平君 陟 후손의 번창과 관련하여 鈐平君 陟의 손~5대 손(15~19세)을 대상으로 관련연구와 『조선왕조실록』, 『파평윤씨대동보』, 『尹坤行狀』, 『尹師路碑銘』, 『조선초기 관인이력』[5] 등을 참고하면서 가문의 전개, 관력과 인사행정, 통혼권과 가계의식, 정치운영과의 관계 등을 살펴본다.


## 1. 陟(-承休, 承順, 承禮)系의 展開

### 1) 陟-承休系

시조 莘達의 13대손인 14세 承休는 淑人 최씨와 珀 등 4남과 진주유씨 興 등에게 출가한 4남 4녀를 두었다.[6]

15세 璣는 楊洲尹氏로 분파한 도첨의정승 崇을 두었고, 종은 岡·호군 珥·玉을 두었다.

16세 珥는 孝仁·孝良·孝誠·孝呂를 두었다.

17세 孝誠은 賢·仲·司業同正 伯을 두었고, 孝呂는 북병사 末孫을 두었다.

18세 伯은 연안차씨 첨지중추 軸의 딸과 臣甫를 두었고, 末孫은 영산신씨 允文의 딸과 元浩를 두었다.[7] 척-승휴계의 가계를 재정리하면 다음의 가계도

---

4) 정희왕후는 군기시판관 璠의 딸로 1428년(세종 11) 세종 2남 晉平大君과 결혼하고 樂浪郡大夫人에 책봉되었고, 1455년 세조가 즉위하자 왕비에 책봉되었다. 세조에 이어 예종이 즉위하자 韓明澮·申叔舟 등 세조대 훈구대신과 협조하면서 왕권을 안정시켰다. 이어 예종이 재위 1년에 급서하지 한명회·신숙주 등과 협조하여 13세인 懿敬世子 의 2남 乽山君을 옹립하여 계위시키고(성종) 성종이 성년이 되기까지 수렴청정하면서 院相인 한명회 등 훈구대신과 함께 왕권을 안정시키면서 정국운영을 주도하였다.

5) 한충희, 2020, 도서출판 혜안.

6) 생략된 아들과 딸(사위)는 뒤 〈표 2-8〉 참조(뒤의 2) 승순계와 3) 승례계도 같다).

7) 파보편찬위원회, 1989, 『파평윤씨연안공파보』, 대보사, 7~9쪽에서 종합.

와 같다.

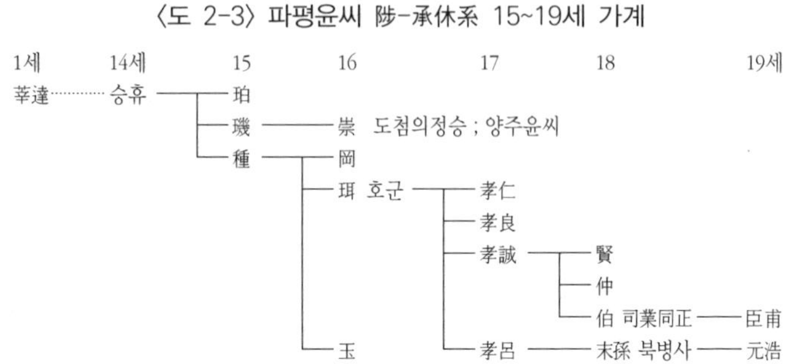

〈도 2-3〉 파평윤씨 陟-承休系 15~19세 가계

2) 陟-承順系[8]

시조 莘達의 13대손인 14세 고려 門下評理 承順은 단양이씨 판도판서 居敬의
딸과 좌명공신이조판서 坤·좌명공신원평군 穆(피화)[9]·병조판서 向의 3남을
두었다.

15세 坤은 흥양유씨 고려 도첨의시중 濯의 딸과 공신도감부사 希夷·판한성
부사 希齊, 계실 청주한씨 예문관대제학 尙質의 딸과 첨정 三山의 3남을
두었다. 穆은 之仁과 之義를 두었다. 向은 남양홍씨 南陽君 吉旼의 딸과 敬童·감
찰 孝童·태종부마 鈴平尉 季童을 두었다.

16세 希夷는 한양조씨 개국공신좌찬성 溫의 딸과 첨지중추 利·통정재령군
수 貞·병절교위 善·이조좌랑 信의 3남과 李思剛에게 출가한 딸을 두었다.

---

8) 위, 『파보』, 앞 『대동보』에서 종합. 문목 42.

9) 1400년(정종 2) 前中軍將軍으로서 靖安君 李芳遠을 도와 芳幹의 난 평정에 참여하였고,
   그 공로로 1401년(태종 1)에 익대좌명공신4등에 책록되었으며, 동년 4월에 판삼군부
   사 李茂의 추천으로 知陝州事에 제수되었다. 1403년 종2품에 승자하면서 原平君에
   봉작되었고, 1405년 천추사로 명에 다녀왔으며, 1407년 평양부윤이 되었다. 1409년(태
   종 9) 사은부사로 명에 다녀왔고, 동년 10월 태종의 외척제거에 따른 '閔無咎·閔無疾獄
   事'에 연루되어 泗川으로 유배되었다가 다음 해 유배지에서 사사되었다.

希齊는 남양홍씨 檢校參贊 潛의 딸과 白川군수 坰·참의 垠·副使 增·장령 培·파
주목사 壃·堪의 6남과 경주김씨 閔姜 등에게 출가한 3녀를[10] 두었다. 三山은
고성이씨 좌의정 原의 딸과 선공부정 塢·사재주부 塘·우의정 壕·참판 垓·정국
공신판돈령 垣·동지중추 坡의 6남을 두었다.

지인은 강화최씨 만호 崔壽生의 딸과 溫·良·恭·儉의 4남을 두었다. 지의는
충주지씨 교위[11] 宗漢의 딸과 訓練院習讀 繼와 禹成 등에게 출가한 5녀를
두었다.

경동은 菊山과 孟枝를 두었다. 효동은 문화유씨 목사 柳恂의 딸과 순흥안씨
誼에게 출가한 딸을 두었다. 계동은 태종의 딸과 현감 三元과 한산이씨
참찬 坡에게 출가한 딸을 두었다.

17세 이는 현감 成仁과 별제 尹俊·趙文琚에게 출가한 1남·2녀와 손 대호군
榮과 손녀 金椀, 정은 사과 成璧·介同 및 權宗孫 등에게 출가한 3녀와 사과
洽 등 7손자, 선은 昌孫·어모장군 性孫과 손자 호군 慶·林桂榮에게 출가한
손녀, 신은 호군 繼舞 등 4남과 호군 禮 등 11손자·李信孫 등에게 출가한
3손녀를 두었다(생략된 자녀, 손·손녀와 관직은 뒤 〈표 2-4·8〉 참조, 이하
동).

坰은 적개공신영의정 弼商 등 4남·許軸 등에게 출가한 3녀와 호조참의
侃·좌부승지 傲·예조참의 保 등 16손자·郭承球 등에게 출가한 11손녀, 垠은
좌익공신영천부원군 師路·집의 師晳 등 10남 및 金彦愼·金琚에게 각각 출가한
딸과 영천군 磻·동지중추 確 등 38손·대사간 李允藩 등에게 출가한 14손녀,
培는 춘천부사 師商 등 3남·직장 皇甫欽 등에게 출가한 4녀와 부윤 倬 등
7손자·李起 등에게 출가한 5손녀, 壃은 호군 師點 등 4남·南孝溫 등에게
출가한 2녀와 銀贊 등 7손자를 두었다(오·당·호·해·원파, 온·계, 맹지·삼원

---



10) 뒤 〈표 2-8〉에서 종합(생략된 딸(배우자)과 아들은 뒤 〈표 2-8〉 참조. 이하의 15세와
    16~19세도 같다).

11) 교위는 무관에게 수여된 무산계 정5품상 果毅校尉~종6품하 秉節校尉의 통칭이다.

의 자·손 관직과 여·손녀는 뒤 53~60쪽 〈표 2-4〉, 76~97쪽 〈표 2-8〉 참조).

지금까지 살핀 척-승순(-희제, 삼산)계의 후손을 주요 관직자를 중심으로 재정리하면 다음의 도와 같다.

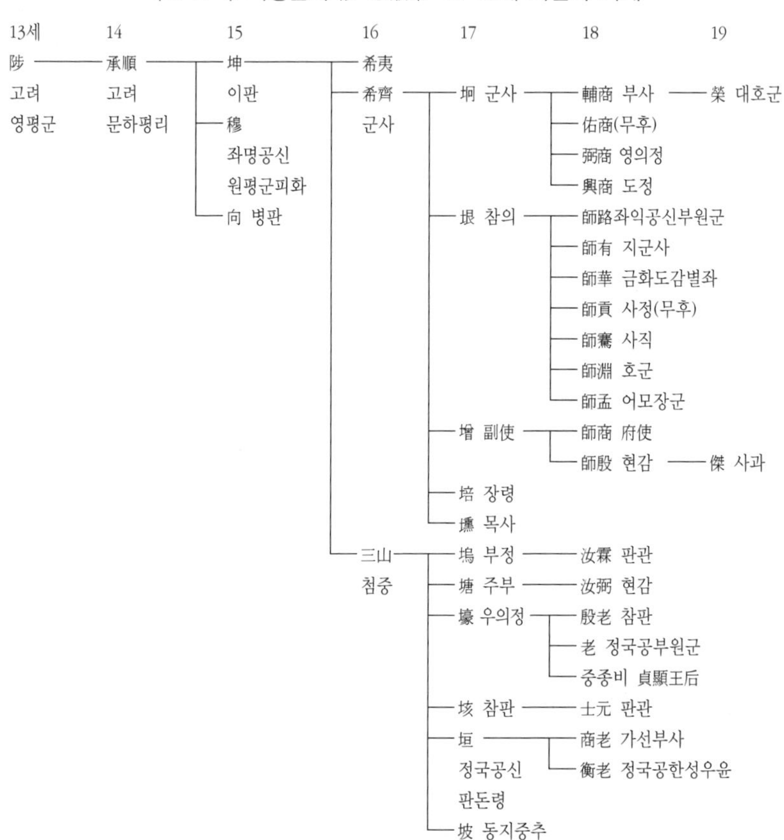

〈도 2-4〉 파평윤씨 陟-承順系 15~19세 사관자 가계



## 3) 陟-承禮系

시조 莘達의 13대손인 14세 고려 版圖判書 承禮는 창녕성씨 문하시중 汝完의 딸과 보문각대제학[12] 珪(불사조선)·부윤 普老·成均祭酒[13] 珹(무후)·판중추

원사 璠의 4남을 두었다.

15세 珪는 합천이씨 부사 元禰의 딸과 고양군수 煥·좌참찬 炯·선공직장 熺의 3남을 두었다. 普老는 해평윤씨 판밀직 可觀의 딸과 지사간 須彌·생원 太山의 2남을 두었다. 전은 西原廉氏 제학 興邦의 딸과 興義를 두었다. 璠은 인천이씨 참찬 文和의 딸과 좌의정 士昐·정난공신예조판서 士昫·좌리공신우의정 士昕의 3남과 남양홍씨 江寧君 元用·창녕성씨 좌의정 奉祖·경주이씨 참판 延孫·청주한씨 좌찬성 繼美·세조(貞熹王后) 등에게 출가한 8녀를 두었다. 지성은 明生 등 4남을 두었다.

16세 환은 司禦 暉 등 3남과 평산한씨 可堅 등에게 출가한 3녀, 형은 청주곽씨 奉常寺少卿[14] 恂의 딸과 형판 贊·군수 提 등 7남과 안성나씨 裕善 등에게 출가한 3녀, 희는 평산신씨 典農寺尹[15] 丁道의 딸과 집의 龜山 등 5남을 두었다.

수미는 문화유씨 판한성 思訥의 딸과 坡城尉 愚·한성좌윤 慈·대사헌 敏 등의 6남과 해평윤씨 부사 處信 등에게 출가한 3녀, 태산은 안동김씨 공안부윤

---

12) 보문각은 1116년(고려 예종 11) 국왕에게 경서를 강론하는 관아로 설치되었고, 대제학은 종2품직인데, 1314년(충숙왕 1) 大學士가 개칭되면서 성립되어 이후 대학사(1356, 공민왕 5), 대제학(공민왕 11), 대학사(공민왕 18), 대제학(공민왕 21)으로 개칭되면서 존치되다가 1390년(고려 공양왕 2) 관아가 경연으로 개칭될 때 지경연사로 개칭되면서 계승되었다(최정환, 2006, 『역주『고려사』백관지』, 경인문화사, 242~244쪽).

13) 성균관은 고려 성종 때 귀족자제에게 유학을 가르치는 최고 교육기관인 國子監이 國學(1275, 충렬왕 1), 成均監(충렬왕 24)으로 개칭되면서 운영되다가 충렬왕 34년 성균관으로 개칭되면서 성립되었고, 제주는 차관직인 종3품직이다. 이후 관아의 개칭에 따라 국자감제주(1356, 공민왕 5), 성균관제주(공민왕 11)로 운영되다가 공민왕 18년 成均館司成으로 개칭되면서 후대로 계승되었다(최정환, 위 책, 247~250쪽).

14) 봉상시는 종묘의 제향 등을 관장하는 관아이고 소경은 判事(정3), 卿(종3)에 이은 3위의 종4품 관직이다. 조선개창과 함께 고려말의 관제가 계승되면서 설치되었고, 1406년(태종6)경 경을 윤, 소경을 소윤으로 개칭할 때 소윤으로 개칭되면서 소멸하였다(졸저, 앞 책(2006), 231쪽).

15) 1409년(태종 9) 개국 이래의 봉상시가 개칭되면서 성립될때 판사에 이은 종3품 차관직으로 설치되어 1420년(세종 2) 다시 봉상시로 개칭될 때까지 존속되었다(위 책, 231쪽).

肅의 딸과 참판 岺·파평군 巖을 두었다.

사분은 덕수장씨 경력 安之의 딸과 欽과 希年을 두었다. 사윤은 수원최씨 검교참의 義儉의 딸과 공조참판 甫와 李繼命·평창이씨 이조판서 季男에게 출가한 딸, 사흔은 경주김씨 병조정랑 自溫의 딸과 叔謙·형판 繼謙과 용인이씨 吉甫에게 출가한 딸을 두었다.

17세 휘는 현감 愼德 등 4남·군수 睦哲成 등에게 출사한 3녀와 온양군수 滂등 6손·尹繼祐 등에게 출가한 3손녀, 훤은 사맹 有德 등 3남·吳致仁 등에게 출가한 2녀, 첨정 士卿 등 5손자·李昌智에게 출가한 손녀를 두었다. 찬은 현감 墀 등 12남·趙賢範 등에게 출가한 2녀와 돈령도정 錫立 등 22손자·공조참의 金訢 등에게 출가한 10손녀, 제는 사과 鐔 등 4남과 鈴原君 萬慶 등 3손자, 임은 감찰 壽生·한성윤 韓巘 등에게 출가한 2녀와 첨사 鵬등 손·손녀, 진은 사용 倫 등 2남·李吉從 등에게 출가한 2녀와 珍 등 5손자·金摯 등에게 출가한 4손녀, 근은 興莘 등 3남·충청병사 孟碩欽 등에게 출가한 3녀와 壽福 등 4손자, 우는 군수 堞 등 2남·鄭溙에게 출가한 딸과 군수 貞臣 등 4손자·成熹 등에게 출가한 7손녀를 두었다.

구산은 세자시직 雲孫 등 4남·李奇 등에게 출가한 3녀와 珝 등 12손자·懷陽正 李禮 등에게 출가한 6손녀, 구수는 첨지중추 鳳孫 등 3남·朴檣에게 출가한 딸과 鵬 등 3손자, 구령은 湯佐 등 3남·兪賢孫 등에게 출가한 2녀와 참봉 明 등 6손자·李彦誠에게 출가한 손녀, 구령은 진사 湯輔와 손자 5위부장 滉, 구몽은 현감 季孫 등 4남·1녀와 좌의정 漑등 6손자·文城正 李湘 등에게 출가한 3손녀를 두었다(이상에서 생략된 자·손의 관직과 손·손녀, 서술하지 아니한 우·자·서·유·혜·민, 잠·암, 흠·희년·보·계겸·유의·유례·유지·영동·종년·말치·도치의 자·손 관직과 손·손녀는 뒤 〈표 2-4·8〉 참조).

지금까지 살핀 척-승례계 15~19세 관인의 가계를 재정리하면 다음의 가계도와 같다.

〈도 2-5〉 파평윤씨 척-승례계 15~19세 주요 관직자 가계

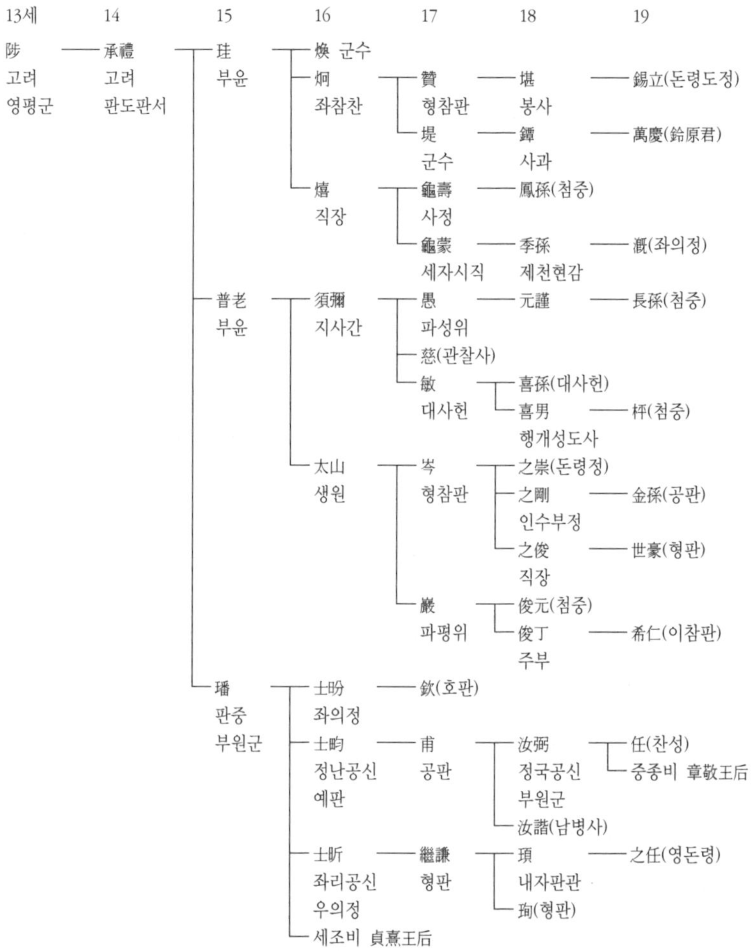



　이상에서 파평윤씨는 고려중기에 윤관과 그 자손의 현달로 문벌귀족이 되었고, 이후 고려후기와 조선전기까지 족세가 번창하였으며, 이 중 세조~명종대에는 척족가문이면서 당시의 대표적인 거족가문이 되었다. 조선전기에는 파평윤씨 중에서도 영평군 척의 자손이 다수의 왕비와 공신, 의정·판서 등을 배출하면서 중심계파가 되었다. 지금까지 살펴본 영평군 척의 손(15)~6

대손(19세)을 세대별과 남·여계로 구분하여 재정리하여 제시하면 다음의
표와 같다.

〈표 2-1〉 파평윤씨 척계 15~19세 남/여계 자손[16]

|  | 15세 | 16 | 17 | 18 | 19 | 계 |
|---|---|---|---|---|---|---|
| 승휴계 | 3/0/3 | 9/3/12 | 17/5/22 | 26/2?/28 | 5?/1?/6 | 60/11/71 |
| 승순계 | 3/4/7 | 11/?/11 | 27/16/43 | 50/28/78 | 148/65/213 | 239/113/352 |
| 승례계 | 5/2/7 | 14/10/24 | 36/13/49 | 101/46/147 | 153/78/231 | 309/149/458 |
| 합계 | 11/6/17 | 34/13/47 | 80/34/114 | 177/76/253 | 306/144/450 | 608/273/881 |

## 2. 陟(-承休, 承順, 承禮)系의 官歷과 人事行政

### 1) 出仕路

파평윤씨 척계 15~19세 287명의 출사로는 뒤의 〈표 2-2〉에서와 같이
승휴계는 15~19세를 합해 문과는 없고 음서가 1명이고 무과가 2명(17·18세
각1)이며,[17] 기타가 18명이다.

승순계는 15세 3명은 문과가 1명이고 음서(추정 포함, 이하 동)가 2명이며,
16세 6명은 음서가 5명이고 기타가 1명이다. 17세 20명은 문과가 1명이고,
무과가 2명이고, 음서가 13명이며(음서후 문과자 1명 포함), 기타가 20명이다.
18세 37명은 문과가 2명이고, 음서가 19명이며(음서후 무과 1명 포함), 기타가
16명이다. 19세 48명은 문과와 무과가 각각 2명이고, 음서가 13명이며, 기타가
31명이다. 15~19세 116명은 문과가 6명 5%이고, 무과가 6명 5%이고, 음서가

---

16) 뒤 〈표 2-8〉에서 종합.

17) 음서자는 관찬사료나 족보 등에 음서자로 기록된 경우는 물론, 부·조의 관력이
    탁음자의 자격을 갖춘 공신·당상관의 경우에 음서로 추측하여 파악한다. 물론 이
    경우 정확성은 떨어지지만 대체를 파악하는 데는 부득이하다고 생각된다(졸저, 2006, 『조선초기 정치제도와 정치』,
    440~441쪽 〈표 11-3〉에서 전재).

<표 2-2> 파평윤씨 척계 15~19세 출사로와 출사율[18]

| | 15세 | | | | 16 | | | | | 17 | | | | | 18 | | | | |
|---|---|---|---|---|---|---|---|---|---|---|---|---|---|---|---|---|---|---|---|
| | 문과 | 음서 | 기타 | 계 | 문 | 무 | 음 | 기 | 계 | 문 | 무 | 음 | 기 | 계 | 문 | 무 | 음 | 기 | 계 |
| 승휴계 | 0 | 0 | 1 | 1 | 0 | 0 | 0 | 6 | 6 | 0 | 1 | 0 | 7 | 8 | 0 | 1 | 1 | 1 | 3 |
| 승순계 | 1 | 2 | 0 | 3 | 0 | 0 | 5 | 1 | 6 | 1 | 2 | 13 | 4 | 20 | 2 | 0 | 19 | 16 | 37 |
| 승례계 | 2 | 2 | 0 | 4 | 1 | 1 | 6 | 2 | 10 | 4 | 1 | 9 | 10 | 24 | 1 | 2 | 32 | 17 | 52 |
| 합계 | 3 | 4 | 1 | 8 | 1 | 1 | 11 | 9 | 22 | 5 | 4 | 22 | 21 | 52 | 3 | 3 | 52 | 34 | 92 |

| | 19 | | | | | 합계 | | | | | 미출사자[*1] | 총계(/출사율) |
|---|---|---|---|---|---|---|---|---|---|---|---|---|
| | 문 | 무 | 음 | 기 | 계 | 문 | 무 | 음 | 기 | 계 | | |
| 승휴계 | 0 | 0 | 0 | 3 | 3 | 0 | 2 | 1 | 19 | 22 | 38 | 60/36% |
| 승순계 | 2 | 2 | 13 | 31 | 48 | 6 | 6 | 52 | 52 | 116 | 123 | 239/48% |
| 승례계 | 1 | 4 | 0 | 27 | 32 | 9 | 8 | 49 | 91 | 157 | 152 | 309/51% |
| 합계 | 3 | 6 | 13 | 61 | 83 | 15 | 16 | 102 | 162 | 295 | 314 | 608/49% |

52명 49%이며, 기타가 52명 45%이다.

　승례계는 15세 4명은 문과와 음서가 각각 2명이고, 16세 10명은 문과와 무과가 각각 1명이고, 음서가 6명이며, 기타가 2명이다. 17세 24명은 문과가

| | 태조 1년 | 6<br>(경제6전) | 태종 13년경<br>(속6전) | 세종 11 | 15경 | 27경 |
|---|---|---|---|---|---|---|
| 승음 자격 | 實職3品 이상[*1] 子나 孫(長子有故時 次子나 長孫) | → | 공신[*2]과 2품이상[*3] 자·손·제·질(a), 실직3품[*4]자·손(b), 대간·政曹역임자 子(c) | → | → | →, 原從功臣[*5] 子·孫(d) |
| 초직 | 1품長子(정·종7품), 장손·차자(강1등,이하동), 2품장자(정·종8품), 3품장자(정·종9품) | → | 사온직장동정(종7, a), 사온부직장동정(종8, b·c) | → | → | → |
| 취재 시기와 절차 | | 不定期, 講經書1(능통자 미실시) | 부정기, 조·부·백숙부·형제·대소관천거→예문관, 1경시험 | → | → | → |
| 입사 연령 | | 18세 이상 (미실시) | 20세 이상 | 25세 이상 | 20세 이상 | → |

18) 『조선왕조실록』 태조 1~세종 5년조, 『국조문과방목』, 『국조인물고』 성석린 행장, 『독곡집』연보 등에서 종합(음서후에 문과와 무과에 급제한 경우는 음서에 포함시켰고, 기타는 천거와 사로불명자 등이다. 뒤의 3~8장도 같다).

4명, 무과가 1명, 음서가 9명, 기타가 10명이며, 18세 52명은 문과가 1명, 무과가 2명, 음서가 32명, 기타가 17명이다. 19세 32명은 문과가 1명, 무과가 4명, 기타가 27명이다.

승휴·승순·승례계를 합해서는 세대별로는 문과가 0(16세)~6%(19세)이고, 무과가 0(15·16·18세)~6%(19세)이고, 음서가 9(19세)~55%(18세)이며, 기타가 13(15세)~73%(19세)이다. 또 이와 관련시켜 출사율을 보면 15~19세를 합해서는 승휴계가 35%(21/60명)이고, 승순계가 49%(116/239)이며, 승례계가 51%(157/309)이다.

이를 볼 때 주목되는 것은 자손이 적고 사관자의 대부분이 참하관인 승휴계를 제외하면 음서비율이 승순계는 45%(52/116명)이고 승례계는 31%(49/157)에 달하였다(문·무과는 10%〈19/287〉에 불과). 이것은 뒤 〈표 2-4〉와 같이 자·손과 자에게 음서의 혜택을 줄 수 있는 당상관과 정3~정6품 청요직 역임자가 많기도 하였지만[19] 세조가 1466년(세조 10) 이조에 전지하여

(왕비)윤씨 족친으로서 사관하지 아니한 모든 자제를 서용하라.[20]

고 한 예와 같이 세조의 척족 우대에서 크게 기인된 것으로 추측된다. 지금까지 고찰한 파평윤씨 척계 15~19세 출사로와 출사율을 계파별로 재정리하여

---

19) 15~18세 공신과 당상관의 수를 보면 승순계는 7명과 20명(1~2품 17, 정3품당상 3)이고, 승례계는 명과 22명(1~2품 20, 3상 2)이며(뒤 〈표 2-3〉), 청요직인 의정부·6조 낭관과 사헌부·사간원·홍문관 당하관 이하는 그 수를 매거하기 어렵다(뒤 〈표 2-3〉 주23)에서 종합).

20) 『세조실록』 권32, 10년 2월 병술 傳于吏曹曰 尹氏族親 今皆錄用. 이때 서용된 인원은 알 수 없지만 친족에는 "성종 17년 성종이 세종비 昭憲王后 심씨의 4촌 이상 친척, 세조비 貞熹王后 윤씨·덕종비 仁壽王后·예종비 仁惠王后의 6촌 이상 친척을 宣政殿에 초치하여 연회를 베풀었다(『성종실록』 권196, 17년 10월 임오)고 하였음에서 6촌 이상이 포함되었다고 하겠다. 그런데 당시에 정희왕후의 족친은 자손이 번창하면서 그 수가 많았다(뒤 〈표 2-3〉 참조). 이점에서 이때 서용된 인원은 수십 명을 상회하였을 것으로 추측된다.

제시하면 앞의 표와 같다.

### 2) 官歷

#### (1) 최고관직

승휴계 15~19세 사관자 22명의 최고관직은 다음의 〈표 2-3〉과 같이 종2·정3품 당상관이 각 1명이고, 정3~종6품관이 12명이며, 정7~종9품관이 8명이다. 그런데 정3~종9품관 모두가 군직으로 그 관직이 대동소이하고,[21] 『新譜』(2010)에만 실려 있어 사관여부가 명확하지 못하지만 일단 사관자로 파악한다.

〈표 2-3〉 파평윤씨 척계 15~19세 사관자 최고관직[22]

|  | 15세 | | | | | 16 | | | | | 17 | | | | |
|---|---|---|---|---|---|---|---|---|---|---|---|---|---|---|---|
|  | 1-2 | 3상 | 3-6 | 기타 | 계 | 1-2 | 3상 | 3-6 | 기타 | 계 | 1-2 | 3상 | 3-6 | 기타 | 계 |
| 승휴계 | 0 | 0 | 0 | 1 | 1 | 0 | 0 | 2 | 4 | 6 | 0 | 0 | 7 | 2 | 9 |
| 승순 | 3 | 0 | 0 | 0 | 3 | 3 | 0 | 2 | 1 | 6 | 5 | 2 | 12 | 1 | 20 |
| 승례 | 3 | 0 | 1 | 0 | 4 | 4 | 0 | 3 | 3 | 10 | 9 | 0 | 12 | 3 | 24 |
| 계 | 6 | 0 | 1 | 1 | 8 | 7 | 0 | 7 | 8 | 22 | 14 | 2 | 31 | 6 | 53 |

|  | 18세 | | | | | 19세 | | | | | 합계 | | | | |
|---|---|---|---|---|---|---|---|---|---|---|---|---|---|---|---|
|  | 1-2 | 3상 | 3-6 | 기타 | 계 | 1-2 | 3상 | 3-6 | 기타 | 계 | 1-2 | 3상 | 3-6 | 기타 | 계 |
| 승휴계 | 1 | 0 | 1 | 1 | 3 | 0 | 1 | 2 | 0 | 3 | 1 | 1 | 12 | 8 | 22 |
| 승순 | 6 | 1 | 28 | 3 | 38 | 3 | 5 | 36 | 5 | 49 | 20 | 8 | 78 | 10 | 116 |
| 승례 | 4 | 3 | 35 | 10 | 52 | 7 | 6 | 7 | 57 | 67 | 27 | 9 | 58 | 63 | 157 |
| 계 | 11 | 4 | 64 | 14 | 93 | 10 | 12 | 45 | 62 | 199 | 48 | 18 | 148 | 81 | 295 |

승순계 사관자 116명은 15세가 3명이고, 16세가 6명, 17세가 20명, 18세가 38명이며, 19세가 49명이다. 각 세대별 1~2품·3상·3~6품·기타 관직자를

---

21) 19명 중 직장·전의판사 각1명과 사업동정 1명을 제외한 16명이 군직이다. 그 관직은 다음과 같다.
   종3 대호군 1, 정4 호군 1, 종4 만호 1, 정5 사직 3, 종5 부장 1,
   정6 사과 4, 정7 사정 3, 정9 사용 2.

22) 졸저, 2020, 『조선초기 관인이력』, 〈표 2-4〉에서 종합.

보면 각각 15세는 3·0·1·0명, 16세는 3·0·2·1명, 17세는 5·2·12·1명, 18세는 6·1·27·3명, 19세는 3·5·36·5명이다. 5세대를 합해서는 정1~종2품직(관계)이 20(/115)명 17%, 정3품당상관직(관계)이 8명 7%, 정3~종6품직이 78명 68%이고, 정7~종9품직·불명이 9명 8%이다.

승례계 사관자 157명은 15세가 4명이고, 16세가 10명이고, 17세가 24명이고, 18세가 52명이며, 19세가 67명이다. 각 세대별 1~2품·3상·3~6품·기타 관직자를 보면 각각 15세 3·0·1·0명, 16세는 4·0·3·3명, 17세는 9·0·12·3명, 18세는 4·3·35·10명, 19세는 7·6·7·57명이다. 5세대를 합해서는 정1~종2품 직(관계)이 27(/157)명 17%이고, 정3품당상관직(관계)가 9명 6%이고, 정3~종6품직이 58명 37%이고, 정7~종9품·불명이 63명 43%이다.

또 척-승휴·승순·승례계 15~19세 사관자 295명은 정1~종2품직(관계)이 48명 16%, 정3품당상관직(관계)이 18명 6%, 정3~종6품직이 148명 50%, 정7~종9품·불명이 81명 27%이다. 사관자 수는 15세가 8(/295)명 3%, 16세가 22명 7%, 17세가 53명 18%, 18세가 93명 32%, 19세가 119명 40%였다. 즉, 당상관·사관자 모두 17~19세에 집중되어 있다.

그런데 승순계 17세 壕의 딸이 성종계비 貞顯王后였고, 승례계 16세 璠의 딸이 세조비 정희왕후였고, 승순·승례계 당상관의 대부분이 세조·예종·성종 이 척족인 파평윤·청주한씨를 중용하여 왕권을 안정·행사한 등과 관련되어 대거 공신에 책록되고 의정·판서·승지 등에 발탁되었다.[23] 이점에서 조선초

---

23) 단종 1~성종 25년에 공신책록자와 의정·판서·승지 재직자는 다음의 표와 같다(*은 중복제외. 에서 종합. 졸저(2020), 『조선초기 관인이력』과 뒤 〈표 2-5〉에서 종합).

| | 공신 | | | | | | 정1~종2관과 승지 | | | | | 합계 |
|---|---|---|---|---|---|---|---|---|---|---|---|---|
| | 정난 | 좌익 | 적개 | 익대 | 좌리 | 계 | 의정 | 판서 | 승지 | 정1~종2 | 계 | |
| 단종 | 1 | | | | | 1 | | | 1 | 3 | 4 | 4* |
| 세조 | | 4 | 1 | | | 5 | 1 | 2 | 5 | 13 | 13 | 13* |
| 예종 | | | | 1 | | 1 | | | 1 | 9 | 9 | 9* |
| 성종 | | | | | 3 | 3 | 3 | 2 | 3 | 15 | 16 | 16* |
| 계 | 1 | 4 | 1 | 1 | 3 | 7* | 4 | 3 | 8 | 24이상 | 25* | 25* |

기 파평윤씨 척계는 세조·성종의 외척가문이 되면서 수십명이 당상관에 승진하고 수백명이 사관하면서 15세기 후반을 대표하는 유력가문이 되었다고 하겠다.

파평윤씨 척(-승휴, 승순, 승순)계 15~19세 사관자의 가계와 최고 관직은 다음의 표와 같다.

<표 2-4> 파평윤씨 척계 15~19세 사관자 가계와 관직[24]

| 성명 | 생몰년 | 출사로 | 가계(부/조) | 최고 관직 | 비고(*『파평윤씨대동보』) |
|---|---|---|---|---|---|
| 珀 | | 불명 | 寺事 承休/鈴平君 陟 | 直長同正 | 척-승휴계15세 |
| 璣 | | | | 미사 | |
| 種 | | | | 미사 | |
| 岀明 | | 불 | 직장 박/ | 사정 | 16 |
| 峰明 | | 불 | | 사정 | |
| 崇 | | 불 | 기/ | 사직 | |
| 嵋 | | 불 | | 사직 | |
| 垓 | | 불 | | 사정 | |
| 峙 | | 불 | | 사용 | |
| 岡 | | | 종/ | 미사 | |
| 珥 | | | | 미사 | |
| 玉 | | | | 미사 | |
| 嚴 | | 불 | 사정 수명/ | 대호군 | 17 |
| 德方 | | 불 | 사직 숭/ | 전의판사 | |
| 玉童 | | 불 | 강/ | 사직 | |
| 福童 | | 불 | | 사과 | |
| 有文 | | 불 | | 사과 | |
| 孝仁 | | 불 | 가선대호군 이/ | 사과 | |
| 孝良 | | 무과 | | 사과 | |
| 孝誠 | | 불 | | 불명 | *관찰사 |
| 寬孫 | | 불 | 옥/ | 사용 | |
| 壽 | | 불 | 판사 덕방/ | 법성포만호 | 18 |
| 齡 | | 불 | 엄/ | 통덕랑 | |
| 伯 | ?~1501 | 음? | 감사 효성/ | 사업동정 | |
| 末孫 | | 무과 | 효려/ | 북병사 | |
| 巖 | | 불 | 통덕랑 령/ | 부장 | 19 |
| 崗 | | 불 | | 첨지중추 | |
| 臣輔 | | 불 | 동정 백/ | 부호군 | |
| 坤 | ?~1422 | 문(고려) | 문하평리 | 숭정우참찬 | 승순계, 15 |

| | | | 承順/鈴平君 陟 | | |
|---|---|---|---|---|---|
| 穆 | ?~1410 | 음? | | 原平君피화 | |
| 向 | 1374~1418 | 음? | | 병판 | |
| 希夷 | | 음? | 이판 곤/ | 상호군 | 16 |
| 希齊 | 1380~1467 | 음? | | 판한성 | |
| 三山 | | 음? | | 첨중, 파평군 | |
| 之仁 | | 음? | 원평군 목/ | 사용 | |
| 之義 | | | | 展力副尉 | |
| 敬童 | | | 병판 향/ | 미사 | |
| 孝童 | | 음? | | 감찰 | |
| 季童 | | 기(부마) | | 鈴平尉(태종부마) | |
| 利 | | 불 | 상호군 희이/ | 첨지중 | 17 |
| 貞 | | 불 | | 통정재령군수 | |
| 信 | ?~1484 | 불 | | 이좌랑 | 김종직문인 |
| 坰 | 1403~1470 | 음? | 판한성 희제/ | 白川군수 | |
| 垠 | | 음? | | 가선첨중 | |
| 增 | | 음? | | 副使 | |
| 培 | | 음, 문(세종23) | | 장령 | |
| 憮 | | 음? | | 파주목사 | |
| 塢 | | 음? | 첨중 삼산/ | 선공부정 | |
| 塘 | | 음? | | 사재주부 | |
| 壕 | 1424~1496 | 문(성종3) | | 우의정 | |
| 垓 | | 음? | | 참판 | |
| 坦 | | 음? | | 판돈령 | |
| 坡 | | 음? | | 동지중추 | |
| 溫 | | 무과 | 사용 지인/ | 부사과 | |
| 良 | | 음/ | | 사복첨정 | |
| 恭 | | 음? | | 사직 | |
| 繼 | | 무과 | 전력부위 지의/ | 훈련습독 | |
| 孟枝 | | 불 | 경동/ | 군수 | |
| 三元 | | 음? | 영평위 계동/ | 현감 | |
| 成仁 | 1452~1514 | 음? | 첨중 이/ | 현감 | 18 |
| 成璧 | | 불 | 통정군수 정/ | 사과 | |
| 性孫 | | | 선/희이 | 어모장군 | |
| 繼舞 | | 불 | 좌랑 신/ | 호군 | |
| 繼韶 | | 불 | | 부호군?통덕랑 | |
| 輔商 | 1421~1495 | 불 | 군수 경/ | 연안부사 | |
| 佑商 | 1426~? | 불 | | 한성판관 | |
| 弼商 | 1427~1504 | 문(문종즉) | | 영의정 | |
| 興商 | 1430~1509 | 음? | | 돈령도정 | |
| 師路 | 1423~1463 | 음? | 참의 은/ | 영중추 | |
| 師晢 | | 유일 | | 집의 | |

| 師有 | 1427~? | 음? | | 영월군수 | *예참판 |
| 師華 | | 음? | | 금화별좌 | *행이참의 |
| 師貢 | 1434~1496 | 음? | | 사정 | |
| 師夏 | 1436~1493 | 학행천 | | 좌통례 | |
| 師騫 | | 음? | | 사직 | |
| 師淵 | ?~1498 | 음? | | 충좌부호군 | |
| 師孟 | | 음? | | 행사과 | |
| 師商 | | 음? | 장령 배/ | 춘천부사 | |
| 師殷 | 1439~1487 | 음? | | 곡성현감 | |
| 師點 | 1431~1490 | 불 | 목사 훈/ | 호군 | |
| 汝霖 | | 불 | 선공부정 오/ | 한성판관 | *돈령도정 |
| 汝弼 | | 불 | 주부 당/ | 행군위현감 | |
| 殷老 | | 음 | 우의정 호/ | 참판 | 매 정현왕후 |
| 湯老 | | 음, 무 | | 행판중, 부원군 | |
| 士元 | | 음? | 참판 해/ | 판관 | |
| 商老 | | 음? | 판돈령 원/ | 가선철원부사 | |
| 衡老 | 1456~1507 | 음(성19) | | 한성우윤 | *병판 |
| 易老 | | | | 판중 | |
| 莘老 | | 음/ | 동중 파/ | 행부사 | |
| 崇老 | | 음? | | 현령 | |
| 磻老 | | 음? | | 현령 | |
| 平孫 | | 불 | 부사과 온/ | 사과 | |
| 俟聘 | | 불 | 첨정 양/ | 훈련습독 | |
| 孝莘 | | 불 | 훈련습독 계조/ | 부사? | |
| 孝聘 | 1469~1534 | 문(연산2) | | 수찬 | |
| 熙 | | 불 | 군수 맹지/ | 사직 | |
| 埈 | | 불 | 현감 삼원/ | 현감 | |
| 峋 | | 불 | | 사재직장 | |
| 榮 | 1474~1535 | 불 | 현감 성인/ | 대호군 | 19 *병사 |
| 洽 | | 불 | 사과 성벽/ | 사과 | |
| 慶 | | 불 | 어모장군 성손/ | 호군 | |
| 禮 | | 불 | 호군 계무/ | 상의첨정 | |
| 耦莘 | | 불 | 부호군 繼韶/ | 홍문교리 | |
| 英 | | 불 | 府使 보상/ | 별좌 | |
| 覺 | | | | 불명 | *이참판 |
| 侃 | 1452~1503 | 음(남대) | 영의정 필상/ | 호참의 | |
| 傲 | | 음? | | 좌부승지 | |
| 傅 | 1460~1544 | 음? | 돈령도정 興商/ | 장령 | |
| 佌 | | 음? | | 군수 | |
| 佶 | | 음? | | 대호군 | |
| 保 | | 음? | | 예참의 | |
| 德源 | | 음? | | 첨지중추? | |

| | | | | | |
|---|---|---|---|---|---|
| 佲 | | 음? | | 동부참봉 | |
| 璠 | | 음? | 영중추 사로/ | 鈴川君 | |
| 磷 | | 음? | | 사복부정 | |
| 碘 | | 불 | 집의 사석/ | 보은현감? | |
| 磺 | | 불 | | 사과? | |
| 礎 | | 불 | 군수 사유/ | 호군? | |
| 確 | 1472~1545 | 불 | 별좌 사화/ | 동지중추 | |
| 砥 | | 불 | | 별좌? | |
| 礭 | | 불 | | 현감? | |
| 磧 | | 불 | | 금화별좌 | |
| 礛 | | 불 | 우통례 사하/ | 군수 | |
| 礧 | | 불 | | 과천현감? | |
| 砆 | | 불 | | 부정? | |
| 宕 | | 문(중종2) | | 상주목사 | |
| 研 | | 불 | 사직 사건/ | 증승지 | 생부 사하 |
| 礦 | | 불 | 어모장군사맹/ | 나주목사 | |
| 瑝 | 1414~? | 불 | 부사 사상/ | 예정랑 | |
| 儝 | | 무과 | 현감 사은/ | 행사과 | |
| 倬 | 1472~1534 | 문(연산7) | | 부윤 | |
| 瑊 | | 불 | 판관? 여림/ | 행부사용 | |
| 琮 | | 불 | 현감 여필/ | 행사과 | |
| 珩 | | 음? | 참판 은로/ | 부사맹 | 생부 오 |
| 琮 | | | | 생원 | *좌랑 |
| 珍 | 1498~1545 | 음? | 판중 탕로/ | 돈령도정 | |
| 璉 | | 불 | 부사 상로/ | 행판관 | |
| 仁厚 | | 불 | | 군수? | |
| 奎 | | 음? | 우윤 형로/ | 현감 | |
| 璿 | | 불 | 부사 신로/ | 참봉? | |
| 璲 | | 불 | | 구령만호 | |
| 珉 | | 불 | 현령 숭로/ | 형정랑 | |
| 巖 | | 불 | 사과 평손/ | 훈련습독 | |
| 璜 | | 불 | 훈련습독 사빙/ | 행군수 | |
| 宣 | | 불 | 수찬 효빙/ | 참봉 | |
| 壽禧 | | 불 | 현감 준/ | 선전관 | |
| 世英 | | 불 | 직장 순/ | 광흥주부 | |
| 世興 | 1450~1494 | 무과 | | 부사과 | |
| 世貞 | | 불 | | 참봉 | |
| 珍 | | | 판중 역로/ | | |
| 珪 | 1365~1414 | 문(고려우왕9) | 판도판서<br>承禮/鈴平君 陟 | 경승부윤, 불사조선 | 승례계, 15 |
| 普老 | | 음? | | 인수부윤 | |
| 瑛 | | 문(고려) | | 성균제주 | |

| | | | | | 여 세조비 貞熹王后 |
|---|---|---|---|---|---|
| 璠 | 1384~1448 | 음? | | 판중부원군 | |
| 之成 | | | | 미사 | |
| 煥 | | 음? | 제학 규/ | 고양군수 | 16 |
| 炯 | 1388~1453 | 음, 문(세종2) | | 좌참찬 | |
| 熺 | 1401~1443 | 음? | | 선공직장 | 불사조선 |
| 須彌 | 1392~1441 | 음? | 부윤 보로/ | 지사간 | |
| 太山 | | | | 생원 | |
| 士昐 | 1401~1471 | 음 | 판중 번/ | 좌의정 | |
| 士昀 | 1409~? | 문(세종18) | | 예판 | |
| 士昕 | 1422~1485 | 음 | | 우의정 | |
| 明生 | | 불 | 지성/ | 전수 | |
| 希壽 | | 무과 | | 부사용 | |
| 明壽 | | 불 | | 사용 | |
| 暉 | | 불 | 군수 환/ | 사어 | 17 |
| 暄 | | | | 사직 | |
| 義 | | 불 | | 사과 | |
| 贊 | | 음? | 좌참찬 형/ | 형참판 | *판서 |
| 堤 | | 음? | | 군수 | |
| 任 | | 음? | | 사선서령 | |
| 進 | | 음? | | 행사맹 | |
| 瑾 | | 음? | | 군수 | |
| 遇 | | 음? | | 행군기주부 | |
| 龜山 | | 유일 | 직장 희/ | 집의 | |
| 龜壽 | | 불 | | 사정 | |
| 龜齡 | | 불 | | 현령 | |
| 龜年 | | 불 | | 사도첨정 | |
| 龜蒙 | | 음 | | 세자시직 | |
| 愚 | | 기(부마) | 상호군 수미/ | 坡城尉(태종부마) | |
| 慈 | | 문(세종29) | | 관찰사 | |
| 恕 | | 문(26) | | 정언 | |
| 愈 | | 불 | | 은진현감 | |
| 惠 | ?~? | 불 | | 지평 | |
| 敏 | | 문(단종1) | | 대사헌 | |
| 岑 | | 문(문종즉) | 생원 태산/ | 참판 | |
| 巖 | 1420~1494 | 기(부마) | | 파평군(태종부마) | |
| 欽 | 1432~1485 | 음, 문(문종즉) | 좌의정 사분/ | 호판 | |
| 甫 | ?~1494 | 음 | 예판 사윤/ | 공참판 | |
| 繼謙 | 1442~1483 | 음 | 우의정 사흔/ | 형판 | |
| 愼德 | | 불 | 사어 휘/ | 현감 | 18 |
| 謹德 | | 불 | | 사과? | |
| 大德 | | 불 | | 사정 | *호군 |
| 由德 | | 불 | 사직 훤/ | 사맹? | |

| | | | | | |
|---|---|---|---|---|---|
| 墀 | | 음? | 형판 찬/ | 평강현감 | |
| 堡 | | 음? | | 판관 | |
| 坻 | | 음? | | 사정부정? | |
| 垤 | | 음? | | 희릉참봉 | |
| 壋 | | 음? | | 고양군수 | |
| 堪 | | 무과 | | 돈령봉사 | |
| 仁同 | | | | 미사 | |
| 鐔 | | 불 | 군수 제/ | 사과 | |
| 壽生 | 1456~1531 | 불 | 서령 임/ | 감찰참판? | |
| 倫 | | 불 | 행사맹 진/ | 사용 | |
| 埰 | | 불 | 행주부 우/ | 현감 | |
| 堞 | | 불 | | 군수 | |
| 雲孫 | | 불 | 집의 구산/ | 세자시직 | |
| 來孫 | | 불 | | 감찰 | |
| 晜孫 | | 불 | | 찰방 | |
| 麟孫 | | 불 | 사정 귀수/ | 사직 | |
| 鳳孫 | | 불 | | 첨지중추 | |
| 湯佐 | | 불 | 사도첨정 귀년/ | 미사 | |
| 湯輔 | | 불 | | 진사 | |
| 季孫 | | 불 | 시직 구몽/ | 제천현감 | |
| 椿孫 | | 불 | | 감역 | |
| 根孫 | | 불 | | 참봉 | |
| 元謹 | | 음? | 파성위 우/ | 행주부 | |
| 伯熅 | | 음? | 한성윤 자/ | 현감 | |
| 伯焞 | | 음? | | 군수 | |
| 仲鈞 | | 음? | 정언 서/ | 사정 | |
| 彭壽 | | 음? | 현감 유/ | 사직 | |
| 哲明 | | | 지평 혜/ | 미사 | |
| 喜孫 | | 문(성종7) | 대사헌 민/ | 대사헌 | |
| 喜男 | | 음? | | 행개성도사 | |
| 之崑 | | 음? | 형참판 잠/ | 사직 | |
| 之岡 | | 음? | | 인수부승? | |
| 之崙 | 1443~1486 | 음? | | 군자봉사 | |
| 之峻 | | 음? | | 직장 | |
| 之崇 | | 음? | | 돈령정 | |
| 之岜 | | 음? | | 사맹 | |
| 之嶸 | | 음? | | 사직 | |
| 俊元 | | 음? | 파평군 암/ | 첨지중 | |
| 俊童 | | 음? | | 사직 | |
| 俊生 | | 음? | | 사직 | |
| 俊丁 | 1445~1468 | 음? | | 사섬주부 | |
| 俊民 | | 음? | | 사복주부 | |

| 俊文 | | 음? | | 사직 | |
|---|---|---|---|---|---|
| 適孫 | 1442~1487 | 음? | 호판 흠/ | 배천군수 | |
| 汝弼 | 1466~1547 | 음 | 참판 보/ | 영돈령 | |
| 汝佑 | 1470~1498 | 음 | | 참봉 | |
| 汝諧 | 1480~1546 | 무과 | | 함경병사 | 을사피화 |
| 頊 | 1459~1485 | 음? | 형판 계겸/ | 내자판관 | |
| 瑄 | | 음? | | 사과 | |
| 珣 | | 음, 문(연산7) | | 형판 | |
| 霖 | 1472~1528 | 음? | | 사의 | |
| 斌 | 1474~1539 | 음? | | 삭령군수 | |
| 沆 | | 불 | 현감 신덕/ | 사용 | 19 |
| 滂 | | 불 | | 온양군수 | |
| 沱 | | 무과 | | 사과 | |
| 孟卿 | | 불 | 사맹 유덕/ | 감찰 | |
| 仲卿 | | 불 | | 만호 | |
| 士卿 | | 무과 | | 첨정 | |
| 鈷 | | 불 | 현감 지/ | 사용 | *판한성 |
| 鍊 | | 불 | 판관 보/ | 평강현감 | |
| 錘 | | 불 | | 사과 | |
| 思和 | | 무과 | | 사과 | |
| 錦 | | 불 | 군수 양/ | 행부호군 | |
| 錫立 | 1491~1553 | 불 | 봉사 감/ | 돈령도정 | |
| 恕寬 | | 불 | 인동/ | 사복 | |
| 萬慶 | | 불 | 사과 심/ | 鈴原君 | |
| 同孫 | | 무과 | 현감 채/ | 사과 | |
| 貞臣 | | 불 | 군수 첩/ | 군수 | |
| 珇 | | 불 | 세자시직 운손/ | 사옹봉사 | |
| 斑 | | 불 | | 감역 | |
| 瑱 | | 불 | 감찰 내손/ | 참봉 | |
| 瑞 | | 불 | 찰방 곤손/ | 찰방 | |
| 鵬 | | 불 | 사직 인손/ | 첨사 | |
| 景祚 | | 불 | 첨지중 봉손/ | 우후 | |
| 景址 | | 불 | | 현령 | |
| 明 | | 불 | 생원 탕좌/ | 참봉 | *만호 |
| 滉 | | 불 | 진사 탕보/ | 부장 | |
| 澮 | | 불 | 현감 계손/ | 첨정 | |
| 漑 | 1494~1566 | 문(중종11) | | 좌의정 | 모재문인 |
| 湧 | | 불 | | 첨정 | |
| 溥 | | 불 | 감역 춘손/ | 내금위 | |
| 元 | | 불 | 참봉 근손/ | 상호군? | |
| 長孫 | | 불 | 주부 원근/ | 첨지중추 | |
| 亨孫 | | 무과 | | 사과 | |

| | | | | | |
|---|---|---|---|---|---|
| 潁 | | 불 | 현감 백온/ | 현감 | 생부 백형 |
| 顯 | | 불 | 군수 백형/ | 사맹 | |
| 世禎 | | 불 | 사정 중균/ | 정언? | *문과 |
| 琪 | | 불 | 사직 팽수/ | 통정현감 | |
| 僑 | | 불 | 생원 철명/ | 훈련부정 | |
| 樞 | | 음? | 대사헌 희손/ | 신령현감 | |
| 枰 | | 불 | 개성도사 희남/ | 첨지중추 | |
| 震孫 | | 불 | 사직 지곤/ | 부장 | |
| 金孫 | | 문(성종22) | 仁壽副正 지강/ | 공판 | |
| 三孫 | | 불 | 봉사 지륜/ | 장악직장 | |
| 世賢 | | 불 | 직장 지준/ | 경력 | |
| 世達 | | 불 | | 군수 | |
| 世傑 | ?~1504 | 불 | | 금정찰방 | |
| 世豪 | | 문(연산9) | | 형판 | |
| 世光 | 1474~1545 | 불 | | 연원찰방 | |
| 世霖 | 1476~? | 문(세종16) | 돈령정 지숭/ | 사간 | |
| 廷霖 | 1486~1550 | 불 | | 이성현감 | |
| 世紀 | | 불 | 사맹 지수/ | 만호 | |
| 世沈 | | 문(중종26) | 사직 지영/ | 지평 | |
| 壽彭 | | 불 | 첨중 준원/ | 호군 | |
| 壽弘 | | 불 | | 불명 | *병참판 |
| 壽松 | | 불 | 사직 준동/ | 직장 | |
| 壽義 | | 불 | 사직 준생/ | 동복현감 | |
| 希仁 | | 문(중종1) | 사섬주부 준정/ | 이참판 | |
| 坡童 | | 불 | 사복주부 준민/ | 돈령판관 | |
| 壽仁 | | 불 | 사직 준문/ | 부호군 | |
| 慶仁 | | 불 | 군수 적손/ | 통정부사 | |
| 慶義 | | 불 | | 주부 | |
| 慶禮 | | 불 | | 강계부사 | |
| 任 | 1487~1545 | 무과 | 영돈령 여필/ | 찬성 | 을사피화 |
| 侹 | | 불 | 함길병사 여해/ | 장원별좌 | |
| 健 | ?~1592 | 불 | | 회양부사 | |
| 之任 | 1475~1534 | 음 | 내자판관 욱/ | 영돈령 | |
| 克仁 | | 문(중종11) | 사의 림/ | 정자 | |
| 安仁 | 1490~1538 | 문(중종11) | | 이참의 | |
| 復仁 | | 불 | 삭령군수 무/ | 첨정 | |
| 敦仁 | 1509~1587 | 불 | | 통정부사 | |
| 居仁 | | 불 | | 판관 | |

24) 최고 관직은 졸저, 『조선초기 관인이력』(2020, 도서출판혜안), 『만성대동보』·『청구씨보』, 『파평윤씨대동보』(2011, 파평윤씨대종회), 『파평윤씨연안공파세보』(1989, 대보사), 『파평윤씨 상호군파세보』(1983, 농경출판사) 등에서 종합하였다. 각 족보에서

## (2) 당상관 역관경향

파평윤씨는 척(-승휴, 승순, 승례)계 15~19세는 조선초기에 총 66명이 당상관직(계)에 올랐는데 이 중 당상관 추요직인 의정, 찬성, 판서, 승지를 역임한 15세 坤~18세 熹孫 등 25명의 역관경향을 살펴본다(당상관 재직시기가 중종대 이후인 19세와 부마 제외).

15세는 ① 尹坤은 고려말 문과에 급제하고 출사하여 1398년(태조 7) 대장군이 되었고, 1401년(태종 1) 좌군동지총제로서 좌명3등공신에 책록되었다. 이어 총제, 파평군, 계림안동도병마도절제사 등을 역임하고 1417년(태종 17) 파평군 재직 중 의정부참찬에 승진하였다. 이후 평안관찰서, 공조판서, 숭정대부우참찬을 역임하고 파평군에 체직된 후 졸하였다. ② 尹向은 고려말에 부음으로 출사하여 1406년(태종 6) 동부승지에 제수되었고, 이어 우부승지, 이조참의를 역임하고 1407년 종2품에 승진하면서 전라도관찰사로 파견되었으며, 1409년 정2품에 승진하면서 참지의정부사에 제수되었다. 이후 경상좌도병마도절제사겸계림부윤, 황해도관찰사를 역임하고 형조판서에 제수되었다가 재직중에 졸하였다. ③ 尹普老는 고려말 부음으로 출사하여 1396년(태조 5) 中軍將軍이 되었고, 이어 사재감, 의흥위대호군을 역임하고 1419년(세종 1) 당상관에 승진하면서 첨총제에 제수되었다. 1420년 종2품에 승진하면서 判晉州牧事로 파견되었고, 1422년 파직되었다가 1429년(세종 11) 인순부윤에 복직된 후 재직 중에 졸하였다. ④ 尹璠은 태종 말에 부음으로 출사하여 1424년 신천현감이 되었고, 1428년 군기판관 재직 중 딸이 首陽大君 李珬(세조)

---

상이한 관직은 『조선초기 관인이력』, 『만성대동보』 등 통보, 출판연도 순으로 참작하여 확정하였다. 족보 간에 상이한 관직의 출전제시는 번다함을 피해 생략하고[예컨대 覺(이조참판, 부 부사 輔商, 조 군수 坰)·壽弘(병조참판, 부 첨지중추 俊元/조 파평군 巖) 등과 璜(문종1 문과)·湯輔(연산2 문과) 등이다.] 또 사관하지 못한 인물의 경우 그 자손이 사관하였을 경우는 가계의 파악과 관련하여 제시한다(뒤의 3~8, 11장도 같다).

에게 출가함에 따라 군기부정에 승진하였고, 1432년(세종 14) 당상관에
승진하면서 공조우참의에 제수되었다. 이어 이조우, 좌참의를 역임하고 1436
년(세종 18) 종2품에 승진하면서 공조우참판에 제수되었다. 이후 호조우,
호, 공, 이조참판, 대사헌을 거쳐 1440년(세종 22) 정2품에 승진하면서 우참찬
이 되었고, 공조판서, 첨지중추를 역임하고 1447년(세종 29) 종1품에 승진하
면서 판중추부사에 제수된 후 재직 중에 졸하였다. 1455년(세조 1) 딸이
왕비(貞熹王后)에 책봉되면서 領議政府事坡平府院君에 추봉되었다.

16세는 ⑤ 尹炯은 1411년 부음으로 출사하여 1420년(세종 2) 군자감직장으
로서 문과에 급제한 후 승문원박사에 승진하였으며, 이어 주서, 감찰, 좌헌납,
이, 병조좌랑, 장령, 사재부정, 의정부사인, 지사간 등을 역임하고 1432년(세
종 14) 당상관에 승진하면서 동부승지에 제수되었다. 이어 우부, 좌부, 우승지,
충청도관찰사, 예조참의를 역임하고 1438년(세종 19) 종2품에 승진하면서
예문관제학에 제수되었으며, 예조참판, 경기관찰사, 형조참판 등을 역임하고
1446년(세종 28) 정2품에 승진하면서 판한성부사에 제수되었다. 이후 형판,
대사헌, 공, 호판, 좌참찬을 거쳐 예문관대제학에 제수된 후 재직중에 졸하였
다. ⑥ 尹士昐은 1426년(세종 8) 부음으로 출사하여 감찰, 호조좌랑, 한성판관
을 거쳐 刑曹都官正郎이 되었다가 계유정변으로 집권한 매부 수양대군에
의해 정3품 당하관인 예빈시판사에 승진하였고, 1455년(세조 1) 다시 당상관
에 승진하면서 첨지중추에 제수되었다. 이어 세조원종1등공신에 책록되었
고, 1458년(세조 4) 종2품에 승진하면서 인수부윤에 제수되었으며, 익년
공조참판을 거쳐 정2품에 승진하면서 중추부사에 제수되었다. 1461년(세조
7) 중추사로서 종1품에 승진하면서 판중추에 제수되었고, 좌찬성을 거쳐
1468년(세조 14) 정1품에 승진하면서 우의정에 등용되었으며, 이후 지중추를
거쳐 영돈령부사가 되었다가 졸하였다. ⑦ 尹士昀은 세종초에 부음으로 출사
하여 1436년(세종 18) 副司正으로서 문과에 급제한 후 참상관에 승진하였고,
1438년(세종 20) 우정언이 되었으며, 우, 좌헌납, 장령, 군자정을 역임하고

1453년(단종 1) 성균사예로서 계유정변으로 집권한 매부 수양대군에 의해
정난2등공신에 책록되었으며, 익년 당상관에 승진하면서 우사간에 제수되었
다. 이어 좌사간, 첨지중추를 거쳐 1455년(세조 1) 형조참의로서 좌익3등공신
에 책록되고 곧 종2품에 승진하면서 藝文館提學坡城君에 제수되었으며, 예조
참판을 거쳐 1459년(세조 5) 정2품에 승진하면서 공조판서에 제수된 후
졸하였다. ⑧ 尹士昕은 세종말에 부음으로 출사하였고, 1455년(세조 1) 정랑으
로서 원종1등공신에 책록되었고, 군기소윤, 副知通禮門事를 거쳐 1459년(세
조 5) 당상관에 승진하면서 형조참의에 제수되었으며, 곧 동부승지를 거쳐
종2품에 승진하면서 호조참판에 제수되었다. 이어 이, 호조참판, 인순부윤,
중추사 등을 역임하고 1465년(세조 11) 정2품에 승진하면서 공조판서에
제수되었으며, 지중추를 거쳐 1469년(성종 즉) 정1품계인 大匡輔國崇祿大夫
에 승진하였다. 1471년(성종 2) 佐理2等功臣坡川府院君에 책봉되었고, 곧
영중추부사에 제수되었으며, 1475년(성종 6) 우의정에 등용되고 익년에 파천
부원군에 제수된 후 졸하였다.

　17세는 ⑨ 尹垠은 세종대에 부음으로 출사하였고, 1455년(세조 1) 判事로서
원종1등공신에 책록되었으며, 1457년에 당상관에 승진하면서 공조참의에
제수되었다. 이후 형, 공, 형조참의와 첨지중추를 역임하고 1459년(세조
5) 종2품에 승진한 후 판공주목사로서 졸하였다. ⑩ 尹壕는 세종말에 부음으로
출사하였고, 1455년(세조 1) 行丞으로서 원종3등공신에 책록되었으며, 1472
년(성종 3) 목사로서 문과에 급제하고 당상관에 승진하면서 양주목사에
제수되었다. 이어 兵曹參知를 거쳐 1475년 종2품에 승진하면서 경상관찰사에
제수되었고, 공조참판, 경기관찰사, 병조참판을 역임하고 1481년(성종 12)
딸이 왕비(貞顯王后)에 책봉됨에 따라 大匡輔國崇祿大夫領敦寧府事에 제수되
었다. 이후 1494년(성종 25) 우의정에 등용되었다가 곧 영돈령부사에 체직된
후 졸하였다. ⑪ 尹垣은 세조말에 부음으로 출사하여 1470년(성종 1) 이전에
五衛副司果에 승진하였고, 이어 선전관, 우통례를 역임하고 1489년(성종 20)

당상관에 승진한 후 동부승지에 제수되었다. 이후 우부승지, 형조참의, 좌부, 우부승지를 역임하고 1492년(성종 23) 종2품에 승진하면서 한성부윤에 제수되었으며, 1506년(중종 1) 靖國功臣에 책록되고 판돈령부사로서 졸하였다. ⑫ 尹贊은 세종중기에 부음으로 출사하여 1443년(세종 23) 감찰에 승진하였고, 1455년(세조 1) 정랑으로서 원종3등공신에 책록되었으며, 1462년 당상관에 승진하면서 첨지중추에 제수되었다. 이후 知兵曹事를 역임하고 1464년(세조 10) 종2품에 승진하면서 刑曹參判坡城君에 제수되었으며, 공조참판을 역임하고 파성군으로 졸하였다. ⑬ 尹慈는 1447년(세종 29) 문과에 급제하고 출사하여 1455년(단종 3) 지평에 승진하였으며, 1455년(세조 1) 원종3등공신에 책록되었다. 이후 집의, 내자시판사를 역임하고 당상관에 승진하면서 지병조사에 제수되었고, 1467년(세조 13) 종2품에 승진하면서 경기관찰사에 제수되었으며, 한성좌윤, 경상관찰사, 한성좌윤을 역임하고 졸하였다. ⑭ 尹敏은 1453년(단종 1) 副尉로서 문과에 급제하고 예문관검열에 제수되었고, 1455년(세조 1) 원종2등공신에 책록되었으며, 군자감정, 집의를 역임하고 1487년 당상관에 승진하면서 호조참의에 제수되었다. 이후 병조참지, 황해도관찰사, 예조참의를 역임하고 1489년(성종 20) 종2품에 승진하면서 병조참판에 제수되었으며, 경상우도수군절도사를 역임하고 졸하였다. ⑮ 尹岉은 세종후반에 부음으로 출사하여 1452년(문종 2) 형조도관좌랑에 승진하였고, 1455년(세조 1) 정랑으로서 원종3등공신에 책록되었으며, 1443년(세조 9) 당상관에 승진하면서 우승지에 제수되었다. 이후 첨지중추, 공조참의를 역임하고 1467년(세조 13) 종2품에 승진하면서 형조참판에 제수되었으며, 강원관찰사를 역임하고 졸하였다. ⑯ 尹欽은 세종말에 부음으로 남부녹사에 제수되었고, 1450년(세종 32) 문과에 급제하고 감찰에 승진하였으며, 지평을 거쳐 1455년(세조 1) 同副知敦寧으로서 원종2등공신에 책록되었다. 이어 내섬시소윤, 선공감정을 거쳐 1461년(세조 7) 당상관에 승진하면서 동부승지에 제수되었고, 우부, 좌부, 우승지를 거쳐 1464년(세조 10) 종2품에 승진하면서 경상도관

찰사에 제수되었으며, 동지중추, 중추부사, 훈련도정, 병조참판, 충청도병마
도절제사를 역임하고 1469년(예종 즉) 정2품에 승진하면서 坡平君兼五衛都摠
管에 제수되었다. 이후 지중추, 경기관찰사, 판한성, 호조판서 등을 역임하고
지돈령으로 졸하였다. ⑰ 尹甫는 세조대에 부음으로 출사하였고, 1468년(세
조 14) 종2품에 승진하면서 파릉군을 습봉하였으며, 이후 공조참판을 역임하
고 파릉군으로 졸하였다. ⑱ 尹繼謙은 1457년(세조 3) 부음으로 世子翊衛司右
參軍에 제수되었고, 호조정랑, 의빈부경력을 역임하고 1467년 당상관에 오르
면서 동부승지에 제수되었다. 이어 우부, 좌승지를 거쳐 1470년 종2품에
승진하면서 호조참판에 제수되었고, 1471년 강원관찰사로서 좌리3등공신에
책록되었으며, 경기관찰사, 공, 이조참판을 거쳐 정2품에 승진하면서 대사헌
에 제수되었다. 이후 형판, 경상관찰사, 공판 등을 역임하고 영평군으로
졸하였다.

  18세는 ⑲ 尹弼商은 1450년(문종 즉)에 문과에 급제하고 출사하여 1453년
승문원저작에 승진하였고, 1455년(세조 1) 좌랑으로서 원종2등공신에 책록
되고 곧 문과중시에 급제하였으며, 세자시강원보덕을 거쳐 1463년(세조
9) 당상관에 승진하면서 동부승지에 제수되었다. 이어 좌부, 좌승지를 거쳐
1467년(세조 13) 도승지로서 정2품에 승진하면서 우참찬겸도승지에 제수되
었고, 동년 적개1등공신에 책록되면서 右參贊坡城君에 제수되었으며, 1470년
(성종 1) 종1품에 승진하면서 우찬성에 제수되었다. 이후 1471년(성종 2)
좌리4등공신에 책록되면서 右贊成坡平君에 제수되었고, 우찬성겸경기관찰
사, 右贊成兼判吏曹事,25) 좌찬성 등을 역임하고 1478년 정1품에 승진하면서
영중추부사에 제수되었으며, 1478년 우의정에 등용되고 이어 좌의정, 좌의정

---

25) 판이조사는 대개 의정 이하 정1~종1품관의 겸직으로서 판병, 호, 예조사 등과 함께
    서정을 분장한 6조 장관인 판서의 상위에서 해 조사를 지휘하였는데 특히 이조의
    직장과 관련하여 문관의 인사를 총관한 요직이었다(판이, 병조사 등의 운영과 기능은
    졸고, 1985,「朝鮮初期 判吏·兵曹事硏究」,『(계명대)韓國學論集』11 참조).

겸북정도원수, 영의정을 거쳐 1493년(성종 24) 鈴平府院君에 체직되었다가 1504년(연산군 10) 갑자사화 때 유배된 후 사사되었다. ⑳ 尹師路는 1435년(세종 17) 태종녀 貞顯翁主의 부마가 되면서 鈴川君에 제수되었고, 1445년 정2품 通憲大夫에 승진하면서 鈴川尉에 改授되었으며, 문종수릉관 재직 중에 종1품 崇德大夫에 승진하였다. 이후 1454년(단종2) 興德大夫에 승진하였고, 1455년 (세조 1) 좌익1등공신에 책록되면서 鈴川君에 제수되었으며, 이후 좌찬성, 영중추를 거쳐 영천부원군에 체직된 후 졸하였다. ㉑ 尹殷老는 성종초에 부음으로 사관하여 1482년(성종 13) 이전에 호조좌랑에 승진하였고, 장령을 거쳐 1485년(성종 16) 당상관에 승진하면서 동부승지에 제수되었으며, 좌부, 우, 좌승지를 거쳐 1487년(성종 18) 종2품에 승진하면서 공조참판에 제수되었다. 이후 한성부 우, 좌윤, 이조참판, 동지중추 등을 역임하고 졸하였다. ㉒ 尹湯老는 성종전기에 부음으로 출사하여 1483년(성종 14) 돈령부봉사에 승진하였고, 1476년 무과에 급제하였으며, 1490년(성종 21) 충훈부경력에 승진하였다. 이후 훈련부정, 內乘 등을 역임하였고, 1506년(중종 1) 정국3등공신에 책록되었으며, 판중추를 역임하고 졸하였다.

위 坤 등의 역관을 볼 때 20여명 모두가 조기에 당상관에 승진하면서 승지에 발탁되었고, 이후 조기에 종2~정1품관에 승진하였으며, 재직기간의 대부분을 국정운영의 중추가 된 의정부·육조 당상관직에 근무하였다.

그런데 이들은 尹弼商과 같이 일부가 국난시에 큰 공을 세우기도 하였지만[26] 대부분은 세조비 貞熹王后와 성종계비 貞顯王后의 근친이었다.[27] 또 척계 15~19세 사관자 부조의 관직을 보면 다음의 표와 승휴계는 미미하지만 승순계는 사관자 116명 중 부나 조가 정1~종2품관이 60명 52%(이 중 부·조는

---

26) 앞 65~66쪽 참조(1467년(세조 13) 도승지로서 李施愛亂의 토벌에 기여하고 적개1등공신에 책록되었고, 1478년(성종 9) 좌의정으로서 北征都元帥가되어 서북야인토벌을 총령하였으며, 이후 성종 24년까지 15년간 좌, 영의정에 재직하였다).

27) 이들과 왕실과의 관계는 앞 〈도 2-4, 5〉와 뒤 〈표 2-6〉 참조.

21명 18%)였고, 정3품 당상관이 24명 18%였으며, 정3~종6품이 20명 17%인
등 115명 99%(정1~정3 당상관은 84명 72%)가 관직자였다. 승례계는 사관자
157명 중 부나 조가 정1~종2품관이 113명 72%(이 중 부·조는 28명 18%)였고,
정3품 당상관이 5명 3%였으며, 정3~종6품이 35명 22%인 등 157명 모두(정1~
정3 당상관은 118명 75%)가 관직자였다.

<표 2-5> 파평윤씨 척계 15~19세 사관자 부조 최고관직[28]

| | 승휴계 | | | | | | 승순계 | | | | | |
|---|---|---|---|---|---|---|---|---|---|---|---|---|
| | 15 | 16 | 17 | 18 | 19 | 계 | 15 | 16 | 17 | 18 | 19 | 계 |
| 정1~종2품 (부·조) | 1 | | 3 | 2 | | 6 | 3 (3) | 6 (6) | 14 (9) | 29 | 18 (3) | 60 (21) |
| 당상 | | | | | | 1 | | | 6 | 3 | 15 | 24 |
| 참상 | | | 2 | 1 | 1 | 4 | | | | 4 | 16 | 20 |
| 참하 | | 2 | | | | 2 | | | | 1 | | 1 |
| 불명·미사 | | 4 | 4 | | 2 | 10 | | | | | 1 | 1 |
| 합계 | 1 | 6 | 9 | 4 | 3 | 22 | 3 | 6 | 20 | 37 | 50 | 116 |

| | 승례계 | | | | | | 합계 | | | | | |
|---|---|---|---|---|---|---|---|---|---|---|---|---|
| | 15 | 16 | 17 | 18 | 19 | 계 | 15 | 16 | 17 | 18 | 19 | 계 |
| 정1~종2품 (부·조) | 4 | 7 | 24 (9) | 38 (15) | 40 (4) | 113 (28) | 8 (5) | 13 (6) | 41 (18) | 69 (15) | 58 (7) | 189 (31) |
| 정3당상 | | 3 | | | 2 | 5 | 0 | 3 | 6 | 3 | 17 | 29 |
| 참상 | | | | 13 | 22 | 35 | 0 | 0 | 2 | 18 | 39 | 59 |
| 참하 | | | | 2 | 2 | 4 | 0 | 2 | 0 | 3 | 2 | 7 |
| 기타 | | | | | | 0 | 0 | 4 | 4 | 0 | 3 | 11 |
| 합계 | 4 | 10 | 24 | 53 | 66 | 157 | 8 | 22 | 53 | 93 | 119 | 295(31) |

그 외에도 척계 사관자 처 부조의 관직을 보면 승휴계는 미미하지만 승순계
와 승례계는 116명과 157명 중 정1~종2품·정3당상관이 각각 60명(국왕 2포
함) 52%·24명 21%와 116명(국왕 1명 포함) 74%와 5명 3%였다. 이 중에는
승순·승례계를 합해 재직시 정치에 큰 영향력을 발휘하였던 李原·韓尙敬·皇甫
仁·鄭昌孫·韓明澮·金國光·鄭佸·韓繼美·韓繼禧 등을 포함한 30여 명의 의정·찬

---

28) 『조선왕조실록』, 『국조인물고』, 『국조문과방목』, 『파평윤씨대동보』, 『청구씨보』,
　　〈표 2-4〉 등에서 종합.

성·판서가 망라되었다.[29] 승순·승례계 처 조부의 이러한 역관은 비록 친가 부조의 역관과는 차이가 있지만 고려 말 이래로 당시까지 계승된 '壻留夫家制'의 혼속과 관련되어[30] 처부와 처조부는 사위와 외손의 사관과 승자·승직에 상당한 영향력을 발휘하였다.[31]

이점에서 파평윤씨 척계 16~19세가 대거 당상관에 승진하고 의정부·육조·승정원 등의 추요직을 역임한 것은 왕실과의 관계(외척가문)를 토대로 대거 부조가 정3품 이상의 당상관에 오르고 정치에 큰 영향력을 발휘한 의정·판서·승지직을 역임한 것에서 기인되었다고 하겠다.

세조~성종대 당상관 중 의정부, 육조, 승정원직을 역임한 인물의 역관과 왕실과의 관계를 정리하여 제시하면 다음의 표와 같다.

〈표 2-6〉 파평윤씨 척계 15~19세 당상관 주요 관력[32]

| 성명 | 의정부 | | | 육조 | | | 승정원 | | 기타 |
| | 의정 | 찬성 | 참찬 | 판서 | 참판 | 참의 | 도승지 | 제승지 | (왕실과의 관계) |
|---|---|---|---|---|---|---|---|---|---|
| 坤 | | | 태종17, 세종1 | 세종1 | | | | | 15세 |
| 向 | | | 태종9~10 | 17~18 | | 7 | | 6~7 | |
| 璠 | | | 세종22 | 23 | 18, 21 | 14~18 | | | 16세, 여 세조비 |
| 炯 | | | 단종즉 | 세종28, 31, | 22, 24, 26 | 19 | | | 종매 세조비 |
| 士昐 | 세조14 | 10 | | | 5 | | | | 매 세조비 |
| 士昀 | | | | 세조5, 7 | 4~5 | 1 | | | 매 세조비 |

---

29) 뒤 〈표 2-8〉에서 발췌.

30) '서유부가제'는 신랑은 혼인과 함께 처가에서 처부모를 부모처럼 여기고 科業準備를 하고 사관하며, 자녀를 낳고 자녀가 성장한 후까지 살다가 본가로 귀환하는 제도였다 (그 구체적인 내용과 의의는 최재석, 1994, 「가족제도」, 『한국사』 25, 258쪽 ; 졸저, 2024, 『조선초기 관인연구』, 도서출판혜안, 227~228쪽 참조).

31) 申從濩(1456~1497)는 세조~성종대에 의정 등으로서 정치에 큰 영향력을 발휘한 한명회의 외손자인데 1475년(성종6)까지 부 봉례 澍와 조부 영의정 叔舟를 여의었음에도 불구하고 과업에 전념하여 1480년(성종 11) 문과에 급제하고 곧 바로 정6품 홍문관수찬에 제수되고, 이후 중시(성종 18)에 급제하기도 하였지만 사관한 지 8년만에 당상관에 승진하면서 홍문관직제학에서 부제학에 승직된 것이 그 예이다(졸저, 앞 책(2020), 한명회, 신숙주·신주·신종호항).

| | | | | | | | | | |
|---|---|---|---|---|---|---|---|---|---|
| 士昕 | 성종6~7 | | | 세조11 | 5~6 | 5 | | 5 | 매 세조비 |
| 垠 | | | | | | 세조3~5 | | | 17세, 종질녀 성종계비 |
| 壕 | 성종25 | | | | 7, 10~12 | 3 | | | 여 성종계비 |
| 垣 | | | | | | 20 | | 20, 22~23 | 질녀 성종계비 |
| 贊 | | | | | 세조10~11 | 9 | | | 종고모 세조비 |
| 敏 | | | | | 세조20~21 | 18~19 | | | 종고모 세조비 |
| 岑 | | | | | 세조13 | 11 | | | 종고모 세조비 |
| 欽 | | | | | 성종8~10 | 세조13 | | 7~9 | 고모 세조비 |
| 甫 | | | | | 성종16 | | | | 고모 세조비 |
| 繼謙 | | | | 성종8, 12~13 | 1~2, 3, 5 | | | 세조13~ 성종1 | 고모 세조비 |
| 彌商 | 성종 9~24 | 1~9 | 세조13 | | | | 세조13 | 9~13 | 18세, 종매 성종비 |
| 師老 | | 세조 2~4 | | | | | | | 종매 성종비, 장인 세조 |
| 殷老 | | | | | 성종18, 20~21 | | | 14~18 | 매 성종계비 |
| 계 | 4 | 3 | 4 | 7 | 13 | 12 | 1 | 7 | |

## 3) 陟系 15~19세 官歷과 家系

척계 15세~19세 사관자의 가계를 보면 앞의 〈표 2-5〉에서와 같이 승순계는 15~19세를 합해 22명 중 6명이 부나 조가 1~2품관이고, 정3품 당상관이 1명이고, 참상~참하가 6명이며, 미사가 10명이었다.

승순계 사관자는 15세 3명과 16세 6명은 모두 부·조가 1~2품관이고, 17세 20명은 모두가 부·조나 부나 조가 1~2품관과 정3품 당상관(이하 3상관)이었다. 18세는 37명 중 32명이 부나 조가 1~2품관이거나 정3당상관이고 5명이 참상~참하관이며, 19세 50명은 33명이 부나 조가 1~2품관과 3상관이고, 16명이 참상관이었다(미사 1명). 15~19세를 합해서는 116명 중 21명 18%가 부·조가 1~2품관, 49명 42%가 부나 조가 1~2품관, 24명 21%가 부나 조가 3상관인 등 94명

---

32) 졸저, 앞 책(2020), 파평윤씨조에서 종합.

81%가 당상관이고, 21명 18%가 참상~참하관이었다(미사 1명).

승례계 사관자는 15세 4명은 모두 부나 조가 1~2품관이고, 16세 10명은 7명이 부나 조가 1~2품관, 3명이 정3품 당상관이고, 17세 24명은 9명이 부·조가 1~2품관, 15명이 부나 조가 1~2품관이었다. 18세 53명은 15명이 부·조가 1~2품관, 23명이 부나 조가 1~2품, 15명이 참상~참하관이고, 19세 66명은 4명이 부·조 1~2품관, 35명이 부나 조 1~2품관, 2명이 3상관, 22명이 참상~참하관이었다. 15~19세를 합해서는 157명 중 28명 18%가 부·조 1~2품관, 85명 54%가 부나 조 1~2품관, 5명 3%가 3상관, 35명 22%가 참상~참하관인 등 113명 72%가 부·조와 부나 조가 당시의 정치(인사)에 큰 영향을 끼칠 수 있는 1~2품관이었다.

이를 볼 때 조선초기 척계 15~19세의 사관과 역관에서 부조가 사관(음서), 승자·승직, 청요직제수, 조기에 당상관 등의 인사에 끼친 영향력은 승휴계는 미미하였지만 승순·승례계는 지대하였다고 하겠다.


4) 陟系 15~19세 官歷과 人事行政


조선초기의 인사행정을 보면 관료예비자는 문과·무과·음서·천거 등을 통하여 출사하고, 정3품 당하관 이하는 근무일수·고과 등을 통해 가자되고[33] 파직·체직(平遷)·승직되며, 무록관인과 파직자는 만 1년과 2년이 경과된 후에 실직이나 무록·녹직에 서용되도록 규정되었다.[34]

또 세조~성종대의 실제 인사를 보면 백관을 대상으로 하거나 수십명 이상을 대상으로 한 가자가 빈번하게 실시되면서 관계자가 양산되고 관인의 고계화가 일반화되었다.[35] 그리하여 수백 명에 달하는 당상관이 녹봉을 타기 위하여 참하관의 군직에 행직제수 되는[36] 등 행직제수가 만연하였고,[37]

---

33) 관인의 가자와 백신의 관계획득 규정은 다음의 표와 같다(위 책, 130~131쪽 〈표 6-3〉에서 발췌).

| | | 문·무과 | | | 음서 | | |
| --- | --- | --- | --- | --- | --- | --- | --- |
| | | 갑과 | 을과 | 병과 | 공신, 1~2품 자손 등 | 현직 3품 자손 | 청요직[*1] 역임자 자 |
| 문관 | | 4~3계 | 2계 | 1계 | | | |
| 무관 | | 4~3계 | 2계 | 1계 | | | |
| 백신 | | | | | 종7 同正職[*2] | 종8 동정직 | → |
| 관계자 | 당상관 | | | | | | |
| | 정3당하 | 준직(정3계), 당상(準職[*3]) | → | → | 정3품직 | → | → |
| | 종3~종6 | 4~5계 | 2~3 | 1~2 | 종3~종6직 | → | → |
| | 정7~종9 | 4~5계 | 2~3 | 1~2 | 정7~종9직 | | |
| | 당상관 | | | | | | |
| | 정3품 | 준직(정3계), 당상(준직) | → | → | | | |
| | 종3~종6 | 4~5계 | 2~3 | 1~2 | | | |
| | 정7~종9 | 4~5계 | 2~3 | 1~2 | | | |

| | | 군공등제 | | | 代加[*4] | 백관 가자 | 고과 | 근무 일수[*5] | 기타(특지등[*6]) |
| --- | --- | --- | --- | --- | --- | --- | --- | --- | --- |
| | | 1등 | 2등 | 3등 | | | | | |
| 백신 | | 3계 | 2계 | 1계 | 1계이상 | | | 1계 | 제수 |
| 관계자 | 당상 | 대가 | 대가 | 대가 | | | | | 제수등[*7] |
| | 정3당하 | 대가 | 대가 | 대가 | | | | | 제수등 |
| | 종3~6 | 3계 | 2계 | 1계 | 1계이상 | | | 1계 | 제수등 |
| | 정7~9 | 3계 | 2계 | 1계 | 1계이상 | | | 1계 | 제수등 |
| 현직자 | 당상 | 대가 | 대가 | 대가 | | 대가1계 | | | 승자등[*8] |
| | 정3당하 | 대가 | 대가 | 대가 | | 대가1계 | 승당상관 | | 승자등 |
| | 종3~6 | 3계 | 2계 | 1계 | 1계이상 | 1계 | 1계 | 1계 | 승자등 |
| | 정7~9 | 3계 | 2계 | 1계 | 1계이상 | 계 | 1계 | 1계 | 승자등 |

[*1] 청요직은 淸職과 要職의 합칭인데 청직은 언론을 관장한 홍문관·사헌부·사간원의 정3~종6품 관이고, 요직은 문·무반의 인사를 관장한 이·병조 정랑·좌랑과 군령을 총관한 5위도총부의 부장 및 왕측근에서 시종한 선전관이다(『경국대전』 권1, 이전 음서).

[*2] 동정직은 직함만 있고 직사가 없는 無祿의 관직인데, 음서자는 이 관직을 역임하고 문·무반 정직에 제수되었다. 종7품직에는 司醞直長同正이고, 종8품직에는 司醞副直長同正이 있다.

[*3] 준직은 관계와 관직이 일치되는 일치되는 관직인데, 이 경우는 정3품직인 承文院判校, 通禮院左通禮, 奉常寺正, 訓練院正이다.

[*4] 대가는 본인이 받을 加資를 자·손·제·질·서 등에게 대신 받게하는 제도인데, 탁음자가 중복될 경우는 2계 이상을 받았다(대가제는 최승희, 1985, 「조선시대 대가제」, 『진단학보』 60 참조).

[*5] 5위에 소속된 제종 군사는 근무일수 39일(忠贊衛)~1,080일(彭排)이 차면 백신은 무산계 종9품 展力副尉를 획득하였고, 산계자는 1계가 가자되었다(『경국대전』, 권4, 병전 番次都目).

[*6] 특지 등은 특지는 국왕이 대간의 서경에 구애되지 않고 자의로 행하는 인사이다. 그 외에도 변란, 외교 등에 공로가 있거나 척족우대에 따라 가자가 행해졌다.

[*7] 제수 등은 제수가 중심이 되지만 가자도 행해진 경우이다.

[*8] 승자 등은 승자가 중심이 되지만 제수도 행해진 경우이다.

34) 정3품 당하관~종9품관의 파직, 체직, 승직규정은 다음의 표와 같다(『경국대전』 권1,

도 대부분 정해진 기간에 많이 경과된 후에 서용되거나 서용되지 못하고 졸하는 경우가 많았다.[38]

그러나 파평윤씨 척-승순계 16~19세는 세조비 정희왕후, 척-승례계 는 성종비 정현왕후 등과 관련되어[39] ① 士昀·士欣·殷·濩·垣·慈·敏·岑·欽·甫·繼

이전 경관직, 포폄에서 종합).

| | | | 파직 | 체직 | | | 복직<br>(실직제수*) |
| | | | | 좌천 | 평천 | 승직 | |
|---|---|---|---|---|---|---|---|
| 경관 | 실직 | 당상관 | 피죄·탄핵(①) | | | 특지·공로(⑧), 座目*2 | |
| | | 정3 | ①, 10考[*1]3中(②)·5고2중(③) | 10고2중(⑤) | 5고3상(⑥)이상 | ⑧, 문·무과, 중시급제(⑨) | |
| | | 종3~종6 | ①~③ | ⑤ | ⑥(의정부·6조관 외) | ⑥(의정부·6조), ⑧, ⑨ | |
| | | 정7~종9 | ①, 3고1중(④) | | 3고2상(⑦) | 주서(⑦~⑨), 삼관(次次遷轉[*3],⑧~⑨), 그 외(⑧~⑨) | |
| | 무록관(3~6) | | ①~③ | | ⑦ | | 특지(⑩), 만1년경과(*) |
| 외관 | 당상관 | | ①, 2고1중, 1고1중 | | | | |
| | 정3 | | ①~③ | | ⑥이상 | ⑧, ⑨ | |
| | 종3~종6 | | ①~③ | | ⑥이상 | ⑧, ⑨, 10고10상 | |
| | 종7~종9 | | ①, ④ | | | ⑧, ⑨ | |
| 파직자 | 언관 | | ①, 언론 | | | | ⑩, 불구기한 |
| | 그외 | | | | | | ⑩, 만2년경과 |

*1  考는 관원의 염근과 선정을 보장하기 위하여 실시된 고과포폄제의 일환으로 경외관에게 매6개월마다 해조 당상관·제조와 관찰사가 실시하는 근무평가이다.
*2  좌목은 당상관의 서열인데, 각급 관계의 승진순으로 매겨진다.
*3  차차천전은 상위관에 결원이 생기면 차하위자가 차례차례로 승진하는 제도인데, 그 관직은 정7품직인 성균관·승문원·교서관박사 이하이다.

35) 수천명을 대상으로 실시된 가자의 경우 세종 31, 문종 1, 단종 즉위, 세조 1·3·7·10·11·12·13, 예종 즉위, 성종 즉위·6·7·12·16·25년 등 20여 차에 달하였다. 이때 종3품계 이하는 1계가 가자(원할 씨는 代加 가능)되었고, 정3품계 이상자는 자손 중의 1인이 대신(대가) 1계를 받았다(가자배경과 그 외 수백~2,000여명을 대상으로 한 가자실시는 졸저, 2006, 『조선초기의 정치제도와 정치』, 계명대학교출판부, 453쪽, 〈표 11-6〉, 2024/『조선초기 관인연구』, 도서출판혜안, 121쪽, 〈표 6-1〉 참조).

36) 『성종실록』 권33, 4년 8월 계해 외.

37) 『세조실록』~『성종실록』 수찬관~기사관과 세조 1~성종 25년 의정부·중추부·육조·삼사 등 당하관의 경우 행직 제수자의 비율이 46~89%와 5~36%였다(구체적인 내용은 앞 졸저(2024), 145~146쪽 〈표 6-8, 9〉 참조).

38) 위 책, 146~149쪽.

謙·弼商·殷老·湯老 등은 인사규정에 구애되지 않고 加資(超資)·陞職을 거듭하면서 출사한 지 7(호)~20여년(사균)에 정3품 당상관에 승자·제수되었고, 이후 다시 단기간에 승자·승직을 거듭하면서 종2~정1품직에까지 승진하였다.[40]

② 堡[41]와 慈[42]·師殷[43]·湯老[44]·垓[45]는 피핵되거나 피국된 후 파직되어야 하나 동품직에 체직되거나 불문에 부쳐지면서 잉임되었다.

③ 愼德은 부사정에서 파직된 후 곧 무록관인 상정소 낭관에 제수되었고, 다시 2개월이 되지 않아 실직인 하동현감에 서용되었다.[46]

④ 欽[47]과 三山[48]·殷老[49]·嵩[50]은 파직된 후 곧 동품직과 상위직에 서용되

---

39) 위에 예시된 인물의 왕실과의 관계는 앞 〈표 2-6〉 참조(그 외의 주요 당상직 역임자는 뒤 〈표 2-7〉 참조).

40) 앞 61~66쪽, 뒤 〈표 2-7〉 참조.

41) 성종 3년 7월 수령 재직중 향리에게 남형을 가한 일로 피핵되어 '永不敍用'에 처해져야 했으나 원주판관에 체직되었다(『성종실록』 권143, 13년 7월 기축 ; 권145, 13년 윤8월 신미).

42) 세조 7년 내자판사 재직 중 交年에 진선을 올리지 않고 흥천사불공시에 제물을 올리지 않은 일로 피국되었으나 처벌되지 않고 仍任된 후 곧 지병조사에 승직되었으며, 12년에 경기관찰사 재직 중 백성의 청원을 무시한 일로 피핵되었으나 처벌되지 않았다(命勿論, 『세조실록』 권26, 7년 12월 임진 ; 권39, 12년 9월 계유).

43) 성종 14년 곡성현감 재직중 朴從愚의 孽庶이니 수령에 적합하지 않다고 피핵되었으나 교체되지 않고 잉임되었다(『성종실록』 권156, 14년 7월 병신).

44) 성종 25년 內乘 재직 중 內廐馬調習에 태만한 일로 피국되고 笞刑을 받고 파직되어야 했지만 처벌되지 않았다(『성종실록』 권287, 25년 2월 경신 ; 291, 25년 6월 경오·무인).

45) 성종 20년 경주부윤 재직 중 정병을 私役시킨 일로 피핵되어 태형을 받고 파직되어야 했지만 처벌되지 않고 還任되었다(『성종실록』 권235, 20년 12월 신축·을사).

46) 『세조실록』 권31, 9년 12월 계묘 ; 권32, 10년 2월 병신 ; 권33, 10년 5월 기미 ; 권40, 12년 11월 무인.

47) 세조 9년 좌승지 재직 중 관렵 중에 태만한 일로 파직되었으나 곧 첨지중추에 서용되었다(『세조실록』 권31, 9년 9월 계유 : 12월 정유).

48) 세조 2년 판통례문사 재직 중 황보인의 姻哑라 하여 파직되었으나 곧 지병조사에 복직되었다(『세조실록』 권4, 2년 7월 갑오 ; 권5, 2년 12월 경술).

49) 성종 14년 장령 재직 중 송영탄핵사로 파직되었으나 곧 복직되었다(『성종실록』 권158, 14년 9월 임진 ; 권169, 15년 8월 경신).

50) 세조 11년 공조참의 재직 중 직전 황해도관찰사 때에 한명회 등에게 회뢰한 일로 파직되었으나 곧 복직되었다(『세조실록』 권36, 11년 7월 기유 ; 권42, 13년 4월 을사).

었다.

⑤ 당상관은 물론 당하관 이하도 행직제수가 일반화되었지만 그 대부분이 준직, 소수가 행직에 제수되었는데, 행직 제수된 당상관의 경우도 관계와 직질의 차이가 크지 않았다.[51]

⑶ 앞 쪽에서 서술된 坤 등이 정3품 당상관 이상에 진출하였을 때의 연령이나 출사로부터 정3품 당상관직 이상에 오르는데 소요된 기간을 보면 다음의 표에서와 같이 대개 23세와 출사한 후 34~51년만에 정3품~정1품직에 승진하였다. 그런데 세조대 이후에 당상관에 승진한 인물의 경우 계겸, 호, 필상, 사흔은 25~37세에 정3품, 27~41세에 종2품, 33~43세에 정2품, 41~44세에 종1품, 41~47세에 정1품이 되는 등 동기의 여타 당상관보다 조기에 승진하였다. 이들의 이러한 조기 승진은 자질도 영향을 끼쳤겠지만 주로는 종매가 세조비 정희왕후와 성종계비 정현왕후인 왕실과의 관계에서[52] 기인된 것이라고 하겠다.

또 척-승휴·승순·승례계 자손의 장인과 사위의 父도 50여명이 2품관 이상에 재직하였는데[53] 의정·찬성·판서 등을 역임한 20여 명은 그 직장을[54] 볼 때 정치·군사에 큰 영향력을 발휘하였을 것이라고 추측되고, 실제로 李原·皇甫仁·韓明澮·鄭佸·金勵石 등은 정치·군사에 큰 영향력을 발휘하였다.[55] 이점에서 의정, 판서 등에 재직한 척계 15~19세 사관자 처부와 처조부도 사위와 외손의 사관과 승진에 한 보탬이 되었다고 하겠다.

이상에서 파평윤씨 척계 15~19세 사관자 중 16~19세는 왕실과의 관계를

---

51) 앞 쪽 ⑥ 윤사분~㉑ 윤은로 참조(앞 〈표 2-4〉에 제시된 사관자 중 관찬사료 확인자는 졸저, 앞(2020)『조선초기 관인이력』참조)
52) 앞 〈표 2-6〉 참조.
53) 뒤 〈표 2-10〉 참조.
54) 백관을 거느리면서 국정을 총관한 의정부의 장관이고, 찬성은 의정부의 차관이며, 판서는 국정을 분장한 육조의 장관이다(이들 관직의 구체적인 기능은 졸저, 2011, 『조선전기의 의정부와 정치』, 계명대학교출판부, 301~314쪽 ; 1998,『조선초기 육조와 통치체계』, 계명대학교출판부, 72~81쪽 참조).
55) 위『조선전기의 의정부와 정치』, 234쪽(황보인), 236·237쪽·韓明澮碑銘(한명회), 외.

토대로 대거 당상관 이상에 진출하였고, 다시 음서를 통해 그 자손을 대거 사관시키면서 크게 번창하였다고 하계다. 척계 15~19세 사관자 중 정종~성종 대에 주요한 당상관직을 역임한 坤 등 21명의 출사연령, 당상관 승진소요기간을 재정리하면 다음의 표와 같다.

〈표 2-7〉 파평윤씨 척계 15~19세 당상관승진 소요기간과 연령[56]

| 성명 | 생년 | 출사연령 | 당상관 승진 연령 | | | | | |
| --- | --- | --- | --- | --- | --- | --- | --- | --- |
| | | | 정3 | 종2 | 정2 | 종1 | 정1 | 비고 |
| 坤 | ? | | 정종2 | 태종1 | 13 | 세종1 | | |
| 向 | 1374 | | 32 | 33 | 34 | | | |
| 普老 | ? | | 세종1 | 11 | | | | |
| 璠 | 1386 | | 36 | 38 | 44 | 51 | | 세조국구 |
| 炯 | 1391 | | 31 | 33 | 39 | | | |
| 士昐 | 1401 | 26 | 54 | 57 | 57 | 60 | 69 | |
| 士昀 | 1409 | | 44 | 46 | 50 | | | |
| 士昕 | 1422 | | 37 | 38 | 43 | 44 | 47 | |
| 垠 | ? | | 세조3 | 5 | | | | |
| 濠 | 1424 | | 31 | 41 | | | 47 | 성종국구 |
| 垣 | ? | | 성20 | 23 | | | | |
| 贊 | ? | | 세8 | 10 | | | | |
| 慈 | ? | | 세조9 | 11 | | | | |
| 敏 | | | 성18 | 21 | | | | |
| 岎 | | | 세9 | 13 | | | | |
| 欽 | 1418 | 28전 | 43 | 46 | 51 | | | |
| 甫 | ? | | | 세14 | | | | |
| 繼謙 | 1442 | 15 | 25 | 27 | 33 | | | |
| 弼商 | 1427 | 23 | 36 | 37 | 38 | 43 | 41 | |
| 師路 | 1422 | 13 | | | 13 | 28 | 30 | 세종부마 |
| 殷老 | ? | | 성16 | 18 | | | | |
| 평균[*1] | | 23 | 34.2 | 39.6 | 43.26 | 49.5 | 51 | |
| 5공신[*2] | | | /38.1 | /41.1 | /45.4 | /51 | | |

*1 부마인 師路 제외
*2 정난(단종1)·좌익(세조1)·적개(13)·익대(예종1)·좌리(성종2)

---

56) 졸저(앞『조선초기 관인이력』), 졸고, 1985,「조선 세조~성종대의 가자남발에 대하여」,『(계명대)한국학논집』 12, 191쪽 주158)에서 종합).

# 3. 陟(-承休·承舜·承禮)系의 通婚家門과 家系意識

## 1) 通婚家門

### (1) 承休系

승휴계 15~19세의 통혼가문은 다음의 표와 같이 15세 3명은 모두 불명이고, 16세 13명은 12명은 불명이고 1명이 개성왕씨이며, 17세 22명은 21명이 불명이고 1명이 나주임씨이다. 18세 28명은 26명이 불명이고 연안차·영산신씨가 각1명이고, 19세 6명은 3명이 불명이고 개성김·전주최·순흥안씨가 각1명이다.

〈표 2-8〉 파평윤씨 척계 15~19세 배우자 가계와 관력[57]

| 성명 | 부(/남편) | 배우자 가계 | | | | 비고 |
|---|---|---|---|---|---|---|
| | | 본관 | 부 | 조 | 기타 | |
| 珀 | 전의판사 承休 | 한양 | 부사직 趙盧 | 현령 文璉 | | 승휴계 15세 |
| 璣 | | 불 | | | | |
| 種 | | 불 | | | | |
| 甾明 | 直長同正[58] 박 | 불 | | | | 16 |
| 峰明 | | 불 | | | | |
| 1녀 | /權强 | 불 | | | | |
| 2녀 | 崔光淇 | 불 | | | | |
| 3녀 | 尹佐信 | 불 | | | | |
| 崇 | 기 | 불 | | | | |
| 崎 | | 불 | | | | |
| 峻 | | 불 | | | | |
| 峙 | | 불 | | | | |
| 여 | /朴孟孫 | 불 | | | | |
| 岡 | 종 | 불 | | | | |
| 珥 | | 개성 | 南平君 王和 | | | |
| 玉 | | 불 | | | | |
| 珊 | 사정 수명 | 청풍 | 金萬連 | 益泰 | | 17 |
| 巖 | | 불 | | | | |
| 德方 | | | | | | |

| | | | | | |
|---|---|---|---|---|---|
| 自莘 | 사직 숭 | 불 | | | |
| 自濱 | | 불 | | | |
| 右同 | 사직 쟁 | 불 | | | |
| 萬童 | 사정 준 | 불 | | | |
| 千年 | | 불 | | | |
| 晚同 | 사용 치 | 불 | | | |
| 玉童 | 강 | 불 | | | |
| 福童 | | 불 | | | |
| 有文 | | 불 | | | |
| 1녀 | /金直千 | 불 | | | |
| 2녀 | 金克紹 | 불 | | | |
| 孝仁 | 가선대호군 이 | 불 | | | |
| 孝良 | | 불 | | | |
| 孝誠 | | 나주 | 생원 林先和 | | |
| 孝呂 | | 불 | | | |
| 孝淨 | | 불 | | | |
| 寬孫 | 옥 | 불 | | | |
| 1녀 | 崔涵 | 불 | | | |
| 2녀 | 洪孝義 | 불 | | | |
| 3녀 | 崔慶源 | 불 | | | |
| 壽 | 판사 덕방 | 목천 | 尚廷道 | 元中 | 18 |
| 齡 | 대호군 엄 | 불 | | | |
| 歸商 | 자신 | 불 | | | |
| 歸譔 | 자번 | 불 | | | |
| 保孫 | 만동 | 불 | | | |
| 剛孫 | | 불 | | | |
| 龍 | 천년 | 불 | | | |
| 渥 | | 불 | | | |
| 漢 | | 불 | | | |
| 殷 | 옥동 | 불 | | | |
| 夏 | | 불 | | | |
| 詮 | 복동 | 불 | | | |
| 鐵丁 | 유문 | 불 | | | |
| 鐵鏡 | | 불 | | | |
| 大年 | 효인 | 불 | | | |
| 千年 | | 불 | | | |
| 宗 | 효량 | 불 | | | |
| 麟 | | 불 | | | |
| 1녀 | /李永林 | 불 | | | |
| 2녀 | 崔潤讚 | 불 | | | |
| 賢 | 효성 | 불 | | | |
| 仲 | | 불 | | | |

| | | | | | | |
|---|---|---|---|---|---|---|
| 伯 | | 연안 | 첨중 車軾 | | | |
| 萬同 | | 불 | | | | |
| 末孫 | 효려 | 영산 | 辛允文 | | | |
| 善同 | 효정 | 불 | | | | |
| 銀 | 관손 | 불 | | | | |
| 錫 | | 불 | | | | |
| 檢碩 | 현수 | 개성 | 金有弼 | | | 19 |
| 巖 | 통덕랑 령 | 불 | | | | |
| 崗 | | 불 | | | | |
| 여 | 중/陳應祿 | 불 | | | | |
| 臣輔 | 동정 백 | 전주 | 호군 崔承原 | | | |
| 元浩 | 말손 | 순흥 | 安斗汲 | | | |
| 坤 | 문하평리 承舜 | 흥양 | 시중 柳濯 | 판밀직 有奇 | | 승순계15세 |
| 穆 | | 경주 | 전객령 鄭進 | 삼사좌사 乙鱗 | | |
| 向 | | 남양 | 남양군 洪吉旼 | 추밀부사 普賢 | | |
| 1녀 | 한성윤 韓尙桓 | 청주 | 判厚德府事 脩 | 淸城君 公義 | | |
| 2녀 | 王璽 | 불 | | | | |
| 3녀 | 부사 朴剛生 | 밀양 | 부사 忱 | 판서 思敬 | 여 태종후궁<br>莊懿宮主 | |
| 4녀 | 찬성사 鄭矩 | 동래 | 감찰대부 良生 | 대사헌 瑚 | | |
| 希夷 | 승정우참찬 곤 | 한양 | 좌찬성 趙溫 | 부원군 仁璧 | | 16 |
| 希齊 | | 남양 | 검교참찬 洪瀋 | | | |
| 三山 | | 고성 | 좌의정 李原 | 제학 岡 | | |
| 石老 | | 불 | | | | |
| 加老 | | 불 | | | | |
| 石年 | | 불 | | | | |
| 之仁 | 原平君 목 | 강화 | 만호 崔壽生 | 목사 有江 | | |
| 之義 | | 불 | 김씨 | | | |
| 敬童 | 병판 향 | 불 | | | | |
| 孝童 | | 문화 | 목사 柳恂 | | | |
| 季童 | | 종실 | 태종(정신옹주) | | | |
| 利 | 상호군 희이 | 강릉 | 劉在達 | | | 17 |
| 貞 | | 불명 | | | | |
| 善 | | 전주 | 이씨 | | | |
| 信 | | 단양 | 지평 李暮 | | | |
| 여 | /李思剛 | 불 | | | | |
| 坰 | 판한성 희제 | 한산 | 지태주사 李霖 | | | |
| 垠 | | 용인 | 판관 李守常 | 감사 伯持 | | |
| 增 | | 평창 | 현감 李文道 | | | |
| 培 | | 평양 | 사인 趙雅 | 좌찬성 瑚 | | |
| 撫 | | 영산 | 판관 辛孟和 | 부원군 克禮 | | |
| 堪 | | 경주 | 통정대부 金建 | | | |

| | | | | | |
|---|---|---|---|---|---|
| 1녀 | /金閔姜 | 경주 | | | |
| 2녀 | 한성윤 李皎然 | 고성 | 사헌중승 璁 | 판사 云老 | |
| 3녀 | 鄭宗禹 | 光州 | | | |
| 塢 | 僉知中樞 삼산 | 종실 | 함령군 李裀 | 태종 | |
| 塘 | | 영천 | 영의정 皇甫仁 | 지중추 琳 | |
| 濠 | | 연안 | 副丞 田孝薦 | | |
| 垓 | | 단양 | 우씨 | | |
| 垣 | | 전의 | 감사 李孝長 | 한성윤 士寬 | |
| 坡 | | 전의 | 참의 李淳伯 | 대호군 士欽 | |
| 1녀 | /朴栅 | 밀양 | | | |
| 2녀 | 西林正 李泚 | 종실 | | | |
| 3녀 | 淸原正 李霖 | 종실 | | | |
| 4녀 | 黃琳 | 창원 | | | |
| 5녀 | 朴安世 | 밀양 | | | |
| 碩中 | 석로 | 불 | | | |
| 碩崇 | | 불 | | | |
| 碩同 | | 불 | | | |
| 溫 | 司勇 지인 | 김해 | 호군 金處經 | | |
| 良 | | 불 | | | |
| 恭 | | 불 | | | |
| 儉 | | 충주 | 교위 池宗漢 | | |
| 繼 | 展力副尉 지의 | 충주 | 교위 지종한 | | |
| 1녀 | /禹成 | 불 | | | |
| 2녀 | 朴以衍 | 불 | | | |
| 3녀 | 鄭汝川 | 불 | | | |
| 4녀 | 張孟達 | 불 | | | |
| 5녀 | 鄭楷 | 불 | | | |
| 菊山 | 경동 | 불 | | | |
| 孟枝 | | 영천 | 현감 李宗讓 | | |
| 여 | 감찰 효동/부사 安誼 | 순흥 | 참찬 崇善 | 찬성 純 | |
| 三元 | 鈴平君 계동 | 원주 | 현감 邊尙仝 | 총제 頤 | |
| 여 | /참찬 李坡 | 한산 | 영중추 季甸 | 지중추 種善 | |
| 成仁 | 첨중 이 | 장수 | 黃均 | | 18 |
| 1녀 | /별제 尹俊 | 불 | | | |
| 2녀 | 趙文琚 | 한양 | | | |
| 成璧 | 통정군수 정 | 일직 | 부윤 孫有文 | | |
| 介同 | | 불 | | | |
| 1녀 | /權宗孫 | 안동 | | | |
| 2녀 | 柳良孫 | 문화 | | | |
| 3녀 | 玄升德 | 창원 | | | |
| 昌孫 | 선 | 불 | | | |
| 性孫 | | 강릉 | 김씨 | | |

| | | | | | |
|---|---|---|---|---|---|
| 繼舞 | 좌랑 신 | 불 | | | |
| 繼韶 | | 강릉 | 김씨 | | |
| 繼祥 | | 불 | | | |
| 輔商 | 군수 경 | 보주 | 윤씨 | | |
| 佑商 | | 개성 | 高剛 | | |
| 弼商 | | 창녕 | 판관 成栩 | | |
| 興商 | | 언양 | 현감 金尚一 | | |
| 1녀 | /許軸 | 불 | | | |
| 2녀 | 辛自鋥 | 영산 | | | |
| 3녀 | 李嗣宗 | 불 | | | |
| 師路 | 참의 은 | 종실 | 세종(정현옹주) | | |
| 師晳 | | 충주 | 사정 朴忠誠 | | |
| 師有 | | 전주 | 승지 李世後 | | |
| 師華 | | 함양 | 참판 朴信童 | | |
| 師貢 | | 불 | | | |
| 師夏 | | 강릉 | 사 金埴 봉 | | |
| 師騫 | | 진주 | 사직 姜許孫 | | |
| 師淵 | | 기계 | 직강 兪牧老 | | |
| 師孟 | | 전주 | 副尉 李淑昌 | | |
| 1녀 | /金彦愼 | 풍덕 | | | |
| 2녀 | 金琚 | 광산 | | | |
| 師商 | 장령 배 | 평양 | 판결사 趙得仁 | 공조정랑 乘 | |
| 師殷 | | 운봉 | 부원군 朴從愚 | 찬성사 信 | |
| 師周 | | 청주 | 韓大元 | | |
| 1녀 | /직장 皇甫欽 | 영천 | 영의정 仁 | 밀직사 琳 | |
| 2녀 | 李楫 | 불 | | | |
| 3녀 | 金童孫 | 불 | | | |
| 4녀 | 金濟 | 광산 | | | |
| 師點 | 목사 훈 | 밀양 | 孫繼重 | | |
| 乭未 | | 불 | | | |
| 文山 | | 불 | | | |
| 俙丁 | | 불 | | | |
| 1녀 | /金俑 | 경주 | | | |
| 2녀 | 南孝溫 | 의령 | 진사 恮 | 감찰 俊 | |
| 汝霖 | 선공부정 오 | 팔계 | 군수 陳克忠 | | |
| 哲同 | | 불 | | | |
| 玉同 | | 불 | | | |
| 1녀 | /예참판 李孟賢 | 재령 | 介智 | 생원 午 | |
| 2녀 | 李盇 | 양성 | | | |
| 3녀 | 교리 成希曾 | 창녕 | 판관 瓚 | 직장 孝然 | |
| 汝弼 | 주부 당 | 경주 | 첨정 李崇壽 | | |
| 慶男 | | 불 | | | |

| | | | | | |
|---|---|---|---|---|---|
| 慶同 | | 불 | | | |
| 允同 | | 불 | | | |
| 貴男 | | 불 | | | |
| 여 | /權士彬 | 안동 | | | |
| 殷老 | 우의정 壕 | 불 | | | |
| 湯老 | | 불 | | | |
| 여 | 세조(貞顯王后) | 종친 | 세종 | | |
| 士元 | 참판 해 | 불 | | | |
| 1녀 | /金孟珍 | 불 | | | |
| 2녀 | 柳濱 | 문화 | | | |
| 3녀 | 奉禔 | 하음 | | | |
| 商老 | 판돈령 원 | 불 | | | |
| 衡老 | | 불 | | | |
| 易老 | | 불 | | | |
| 1녀 | /任孟瑛 | 풍천 | | | |
| 2녀 | 安顯 | 충주 | | | |
| 莘老 | 동지중추 파 | 불 | | | |
| 崇老 | | 불 | | | |
| 磻老 | | 불 | | | |
| 多勿 | | 불 | | | |
| 1녀 | /權鱗 | 안동 | | | |
| 2녀 | 홍문교리 李寬 | 전의 | 仁錫 | 三奇 | |
| 平孫 | 부사과 은 | | | | |
| 俟聘 | 첨정 양 | | | | |
| 孝莘 | 훈련습독 계 | 불 | | | |
| 孝聘 | | 불 | | | |
| 孝掌 | | 불 | | | |
| 孝服 | | 불 | | | |
| 熙 | 군수 맹지 | | | | |
| 埈 | | | | | |
| 峋 | | | | | |
| 榮 | 현감 성인 | 양성 | 李承有 | | 19 |
| 여 | /金椀 | 불 | | | |
| 治 | 사과 성벽 | 불 | | | |
| 孝東 | | 불 | | | |
| 仲東 | | 불 | | | |
| 莫丁 | | 불 | | | |
| 衡輔 | 개동 | 불 | | | |
| 衡輶 | | 불 | | | |
| 衡輕 | | 불 | | | |
| 鐵石 | 창손 | 불 | | | |
| 禮石 | | 불 | | | |

| | | | | | |
|---|---|---|---|---|---|
| 末石 | | 불 | | | |
| 回石 | | 불 | | | |
| 慶 | 어모장군 성손 | 불 | | | |
| 여 | /林桂榮 | 불 | | | |
| 禮 | 호군 계무 | 불 | | | |
| 智 | | 불 | | | |
| 賢孫 | | 불 | | | |
| 希孫 | | 불 | | | |
| 終孫 | | 불 | | | |
| 耦莘 | 부호군 繼韶 | 흥해 | 개성유수 崔賀 | | |
| 耕莘 | | 전주 | 이씨 | | |
| 籽莘 | | 불 | | | |
| 四同 | 계흥 | 불 | | | |
| 1녀 | /李信孫 | 불 | | | |
| 2녀 | 太亨元 | 불 | | | |
| 溫 | 계상 | 불 | | | |
| 輔 | | 불 | | | |
| 여 | /崔宗虎 | 불 | | | |
| 英 | 부사 보상 | 불 | | | |
| 覺 | | 불 | | | |
| 1녀 | /郭承球 | 불 | | | |
| 2녀 | 禹順宗 | 단양 | | | |
| 3녀 | 邊希俊 | 원주 | | | |
| 4녀 | 趙穎哲 | 불 | | | |
| 5녀 | 李季衡 | 불 | | | |
| 6녀 | 金潔 | 안동 | | | |
| 觀 | 우상 | 경주 | 金梓福 | 聆 | |
| 侃 | 영의정 弼商 | 평양 | 군수 趙忠老 | 平川君 石山 | 증조 狷 |
| 傲 | | 하음 | 지군사 奉珪 | | |
| 仲 | | 진양 | 정씨 | | |
| 佸 | | 불 | | | |
| 1녀 | /辛祖義 | 영산 | | | |
| 2녀 | 金震 | 광산 | | | |
| 3녀 | 池浚 | 불 | | | |
| 仁 | 돈령도정 홍상 | 연안 | 金梅 | | |
| 傳 | | 한양 | 군수 趙成益 | | |
| 佀 | | 하동 | 참판 鄭汝玉 | | |
| 佶 | | 경주 | 金惟安 | | |
| 保 | | 무송 | 현감 尹漬 | 목사 子粲 | |
| 傔 | | 남양 | 홍씨 | | |
| 佲 | | 불 | | | |
| 俊 | | 한양 | 진사 趙義俊 | | |

| | | | | | |
|---|---|---|---|---|---|
| 信 | | 원주 | 원씨 | | |
| 傳 | | 흥양 | 선전관 柳宅中 | | |
| 德陽 | | 불 | | | |
| 德源 | | 전주 | 李時秀 | | |
| 1녀 | 延宏宇 | 불 | | | |
| 2녀 | 吳聖周 | 불 | | | |
| 璠 | 영중추 師路 | 청주 | 영의정 韓明澮 | 감찰 起 | |
| 磷 | | 진주 | 감정 柳塤 | 지돈령 自俀 | |
| 儌 | 집의 사석 | 인천 | 군수 蔡申錫 | 필선 倫 | |
| 磧 | | 경주 | 김씨 | | |
| 磧 | | 불 | | | |
| 1녀 | /尹就殷 | 함안 | | | |
| 2녀 | 趙珏 | 불 | | | |
| 3녀 | 金碩珪 | 불 | | | |
| 礎 | 군수 사유 | 삭령 | 생원 崔哲拳 | | |
| 碩 | | 한산 | 이씨 | | |
| 1녀 | /朴筠 | 반남 | | | |
| 2녀 | 孫洞 | 밀양 | | | |
| 3녀 | 郭有池 | 현풍 | | | |
| 確 | 별좌 사화 | 보성 | 감찰 宣崇烈 | 판관 希慶 | |
| 砥 | | 불 | | | |
| 礑 | | 불 | | | |
| 磌 | | 연안 | 찬성? 李致達 | | |
| 碻 | 사공 | 완산 | 장악정 李承院 | | |
| 礁 | 우통례 사하 | 창원 | 필선 孔孝老 | 서령 俶 | |
| 礧 | | 청주 | 韓裕 | | |
| 砍 | | 풍천 | 임씨 | | |
| 宕 | | 용궁 | 장령 全永齡 | | |
| 여 | /趙長孫 | 불 | | | |
| 硏 | 사직 사건 | 진양 | 호군 姜季昌 | 濚 | 생부 사하 |
| 夢龍 | 사연 | 진주 | 鄭泰敏 | | |
| 致宗 | | 불 | | | |
| 1녀 | /대사간 李允藩 | 한산 | 부사정 渭 | 판사 衍基 | |
| 2녀 | 閔希連 | 불 | | | |
| 磄 | 어모장군 사맹 | 남양 | 사직 洪玉和 | 군수 禹祉 | |
| 礦 | | 거창 | 신씨 | | |
| 莘童 | 종상 | 불 | | | |
| 莘兒 | | 불 | | | |
| 莘孩 | | 불 | | | |
| 壇 | 부사 사상 | 여흥 | 호군 閔信소 | 판중추 發 | |
| 尌 | | 종실 | 高林正 李薰 | 서원군 친 | 증조 효령대군 보 |

| | | | | | |
|---|---|---|---|---|---|
| 瑅 | | 청주 | 찬성 韓繼美 | 관찰사 惠 | |
| 1녀 | /李起 | 불 | | | |
| 2녀 | 姜自渭 | 불 | | | |
| 3녀 | 延玄齡 | 곡산 | | | |
| 傑 | 현감 사은 | 선산 | 군수 金承慶 | | |
| 倬 | | 청주 | 현령 韓士信 | 찬성 繼禧 | |
| 여 | 黃詮 | 불 | | | |
| 俊 | 사주 | 경주 | 昔元明 | | |
| 俸 | | 남양 | 홍씨 | | |
| 여 | 李公遇 | 전의 | | | |
| 殷贊 | 사점 | 밀양 | 부제학 孫比長 | 順祖 | |
| 瓛 | | 불 | | | |
| 瑗 | | 평산 | 현감 申處陽 | | |
| 璞 | | 청풍 | 金世亮 | | |
| 琯 | | 불 | | | |
| 璉 | | 불 | | | |
| 琠 | | 불 | | | |
| 砒 | 발췌 | 불 | | | |
| 磁 | | 불 | | | |
| 砒 | | 불 | | | |
| 延文 | | 전의 | 李承琯 | | |
| 珹 | 판관 여림 | 종실 | 鎭江副正 李攢 | 玉山君 躋 | 고조 태종 |
| 1녀 | /柳琳 | 불 | | | |
| 2녀 | 唐城正 李磻 | 종실 | | | |
| 3녀 | 李守誾 | 불 | | | |
| 4녀 | 班城守 李玉貞 | 종실 | | | |
| 5녀 | 鄭仁英 | 불 | | | |
| 允亨 | 철동 | 불 | | | |
| 靑童 | 옥동 | 불 | | | |
| 靑石 | | 불 | | | |
| 琮 | 현감 여필 | 문화 | 장령 柳廷秀 | 현감 霍 | |
| 貴孫 | | 불 | | | |
| 終孫 | | 불 | | | |
| 1녀 | /秦公亮 | 불 | | | |
| 2녀 | 朴文煥 | 불 | | | |
| 眉壽 | 경남 | 불 | | | |
| 珩 | 참판 은로 | 선산 | 직장 金秀賢 | | 생부 여림 |
| 琮 | | 전의 | 참판 李鳳適 | | |
| 珍 | 판중추 탕로 | 광산 | 참판 金克愷 | 좌의정 國光 | |
| 錫 | | 불 | | | |
| 蘭同 | | 불 | | | |
| 여 | /李昌仁 | 전주 | | | |

| | | | | | | |
|---|---|---|---|---|---|---|
| 球 | 사원 | 전의 | 이씨 | | | |
| 1녀 | /黃自淳 | 불 | | | | |
| 2녀 | 成守琛 | 창녕 | 대사헌 勢?純 | 현감 忠達 | | |
| 璉 | 부사 상로 | 나주 | 부사 金鳳瑞 | 敬近 | | |
| 瑠 | | 진주 | 상장군 姜謙世 | | | |
| 仁厚 | | 여주 | 李炳漢 | | | |
| 1녀 | /朴氏 | 고령 | | | | |
| 2녀 | 柳秀濡 | 문화 | | | | |
| 3녀 | 金壽增 | 안동 | | | | |
| 奎 | 한성우윤 형로 | 경주 | 庫令 李孝長 | 첨정 石堅 | | |
| 參 | | 불 | | | | |
| 張 | | 불 | | | | |
| 璿 | 부사 신로 | 불 | | | | |
| 璣 | | 불 | | | | |
| 璥 | | 풍산 | 홍씨 | | | |
| 여 | /趙佑 | 불 | | | | |
| 瑜 | 현령 숭로 | 남양 | 洪淳模 | | | |
| 珉 | | 불 | | | | |
| 1녀 | /金希說 | 불 | | | | |
| 2녀 | 朴世炯 | 죽산 | | | | |
| 璣 | 번로 | 여흥 | 閔億年 | | | |
| 嚴 | 사과 평손 | 진주 | 직장 姜繼孫 | | | |
| 嶔 | | 불 | | | | |
| 崗 | | 불 | | | | |
| 여 | /姜智學 | 불 | | | | |
| 球 | 훈련습독[59] 사빙 | 불 | | | | |
| 璜 | | 불 | | | | |
| 琛 | | 전주 | 선전관 李愛民 | | | |
| 瑜 | | 불 | | | | |
| 1녀 | /陳義範 | 불 | | | | |
| 2녀 | 陳禹範 | 불 | | | | |
| 琳 | 혜빙 | 불 | | | | |
| 瑚 | | 나주 | 임씨 | | | |
| 貞壽 | 처빙 | 불 | | | | |
| 富英 | 승빙 | 불 | | | | |
| 여 | /成應龍 | 불 | | | | |
| 耘 | 희빙 | 불 | | | | |
| 耔 | | 불 | | | | |
| 여 | /姜希瑞 | 진주 | | | | |
| 寰 | 탕빙 | 안동 | 권씨 | | | |
| 宜 | | 불 | | | | |
| 謇 | | 불 | | | | |

| | | | | | |
|---|---|---|---|---|---|
| 塞 | | 불 | | | |
| 應梅 | 복 | 불 | | | |
| 여 | /權士敏 | 불 | | | |
| 憲 | 효신 | 불 | | | |
| 守 | | 불 | | | |
| 宇 | | 불 | | | |
| 1녀 | /姜龜瑞 | 불 | | | |
| 2녀 | 蔡元輔 | 불 | | | |
| 3녀 | 河浚卿 | 불 | | | |
| 宣 | 수찬 효빙 | 해평 | 尹琦 | | |
| 寧 | | 불 | | | |
| 阿庶 | | 불 | | | |
| 여 | /姜溧 | 진주 | | | |
| 完 | 효상 | 불 | | | |
| 寧 | 효은 | 불 | | | |
| 1녀 | 희/禹成 | 단양 | | | |
| 2녀 | 李澮 | 한산 | | | |
| 壽福 | 현감 준 | 전의 | 부정 李益禧 | 현감 宏植 | |
| 壽佑 | | 현풍 | 郭宗儀 | 사직 隍 | |
| 壽禧 | | 불 | | | |
| 1녀 | /三岐守 李壽命 | 종실 | | | |
| 2녀 | 余世弘 | 함양 | | | |
| 3녀 | 尹滂 | 남원 | | | |
| 世賢 | 직장 순 | 불 | | | |
| 世英 | | 단성 | 文崇 | 安 | |
| 世興 | | 한산 | 李季疇 | | |
| 世貞 | | 기계 | 참봉 兪賢孫 | | |
| 1녀 | /尹時豪 | 남원 | | | |
| 2녀 | 金光渙 | 불 | | | |
| 世溫 | 완 | 불 | | | |
| 世良 | | 불 | | | |
| 世恭 | | 불 | | | |
| 1녀 | /盧侃 | 불 | | | |
| 2녀 | 姜坤壽 | 불 | | | |
| 3녀 | 黃湜 | 불 | | | |
| 世勛 | 올미 | 불 | | | |
| 珪 | 판도판서 승례 | 합천 | 부사 李元척 | | 승례계 15세 |
| 普老 | | 해평 | 판밀직 尹可觀 | 호군 寶 | |
| 瑛 | | 서원 | 제학 廉興邦 | 좌정승 悌臣 | |
| 璠 | | 인천 | 李文和 참찬 | 판서 深 | |
| 之成 | | 불 | | | |
| 1녀 | /金邁卿 | 광주 | | | |

| | | | | | |
|---|---|---|---|---|---|
| 2녀 | 柳怡 | 진주 | | | |
| 煥 | 제학 규 | 불 | | | 16 |
| 炯 | | 청주 | 봉상소경 郭恂 | 찬성 樞 | |
| 熹 | | 평산 | 전농윤 申丁道 | 전농판사 彛 | |
| 須彌 | 부윤 보로 | 문화 | 판한성 柳思訥 | 전농정 臨 | |
| 太山 | | 안동 | 공안부윤 權肅 | 지밀직 重貴 | |
| 1녀 | /李士信 | 전의 | | | |
| 2녀 | 鄭孝順 | 영일 | | | |
| 興義 | 成均祭酒[60] 전 | 불 | | | |
| 士昐 | 판중추 번 | 덕수 | 경력 張安之 | | |
| 士昀 | | 수원 | 검참의 崔義儉 | 종부령 文凱 | |
| 士昕 | | 경주 | 병정 金自溫 | 목사 玘 | |
| 懼 | | 불 | | | |
| 1녀 | /강령군 洪元用 | 남양 | 이판 汝方 | 판서 吉旼 | |
| 2녀 | 成奉祖 좌의정 | 창녕 | 지중추 揜 | 예판 石珚 | |
| 3녀 | 李延孫 참판 | 경주 | 판관 昇 | 지주사 元善 | |
| 4녀 | 李念義 | 아산 | | | |
| 5녀 | 盧德基 | 광주 | 판관 處和 | 지군사 尙仁 | |
| 6녀 | 韓繼美 찬성 | 청주 | 감사 惠 | 영의정 尙敬 | |
| 7녀 | 세조(貞熹王后) | 종실 | 세종 | 태종 | |
| 8녀 | 丁嗣宗 | 창원 | | | |
| 明生 | 지성 | 불 | | | |
| 希壽 | | 불 | | | |
| 明壽 | | 불 | | | |
| 熙貞 | | 불 | | | |
| 暉 | 군수 환 | 光州 | 현감 金節 | 직제학 若時 | 17 |
| 喧 | | 불 | | | |
| 義 | | 불 | | | |
| 1녀 | /韓可堅 | 평산 | | | |
| 2녀 | 李坤 | 고성 | | | |
| 3녀 | 李淳叔 | 전의 | | | |
| 贊 | 좌참찬 형 | 영천 | 장흥고사 李巖 | | |
| 堤 | | | | | |
| 任 | | 고성 | 좌정승 李原 | 밀직부사 岡 | |
| 進 | | 창녕 | 副丞 丁旱雨 | | |
| 瑾 | | 강릉 | 대사간 金得禮 | 孝廉 | |
| 終生 | | 남양 | 사정 洪興善 | | |
| 遇 | | 안동 | 검참의 金仲廉 | 사간 顧 | |
| 1녀 | /羅裕善 | 안성 | | | |
| 2녀 | 호참판 柳子煥 | 영광 | 지중추 規 | 대언 斗明 | |
| 3녀 | 宋遲 | 불 | | | |
| 4녀 | 鄭希咸 | 불 | | | |

| | | | | | | |
|---|---|---|---|---|---|---|
| 龜山 | 직장 희 | 고령 | 생원 朴旋一 | | | |
| 龜壽 | | 남양 | 사정 洪克治 | | | |
| 龜齡 | | 문화 | 현령 柳自湄 | | | |
| 龜年 | | 동래 | 장령 鄭綸 | 교도 之周 | | |
| 龜蒙 | | 장수 | 감정 李繼信 | | | |
| 愚 | 상호군 수미 | 불 | | | | |
| 慈 | | 죽산 | 만호 朴石山 | | | |
| 恕 | | 불 | 朴順山 | | | |
| 愈 | | 불 | | | | |
| 惠 | | 해평 | 부사 尹處信 | 참판 思修 | | |
| 敏 | | 고령 | 현감 朴仁 | 종묘령 眞言 | | |
| 1녀 | /? | 진주 | 영의정 姜孟卿 | 지돈령 碩德 | | |
| 2녀 | | 전주 | 柳義孫 | | | |
| 3녀 | | 한양 | 趙詮 | | | |
| 岑 | 생원 태산 | 한산 | 지돈령 李叔畝 | 동지밀직 種學 | | |
| 巖 | | 종실 | 태종(숙경옹주) | | | |
| 欽 | 우의정 士昐 | 양천 | 밀직사 許邃 | | | |
| 希年 | | 불 | | | | |
| 甫 | 예판 士昀 | 종실 | 영천군 李定 | 효령대군 補 | | |
| 1녀 | /李繼命 | 불 | | | | |
| 2녀 | 이판 李季男 | 평창 | 집현교리 永瑞 | 敦寧承判 宗美 | | |
| 叔謙 | 우의정 士昕 | 불 | | | | |
| 繼謙 | | 김해 | 교리 金震孫 | 부사 孝芬 | | |
| 由義 | | 불 | | | | |
| 由禮 | | 불 | | | | |
| 由智 | | 불 | | | | |
| 여 | 감사 李吉甫 | 용인 | 통정부사 孝儉 | 주부 守領 | | |
| 孝祖 | 명생 | 불 | | | | |
| 榮童 | 희수 | 불 | | | | |
| 今孫 | | 불 | | | | |
| 終年 | | 불 | | | | |
| 末致 | 명수 | 불 | | | | |
| 都致 | | 불 | | | | |
| 碩顯 | 희정 | 불 | | | | |
| 愼德 | 사어 휘 | 나주 | 감찰 丁承賢 | | | 18 |
| 謹德 | | 불 | 白仲信 | | | |
| 大德 | | 선산 | 참판 金吉德 | | | |
| 敬德 | | 불 | | | | |
| 彌乃 | | 불 | | | | |
| 1녀 | /金適孫 | 언양 | | | | |
| 2녀 | 군수 睦哲成 | 사천 | 군수 寶男 | 참판 進恭 | | |
| 3녀 | 판관 柳壕 | 문화 | 참의 原汶 | 지중추 江 | | |

| | | | | | | |
|---|---|---|---|---|---|---|
| 由德 | 사직 훤 | 불 | | | | |
| 厠同 | | 불 | | | | |
| 厠山 | | 불 | | | | |
| 1녀 | /吳致仁 | 해주 | | | | |
| 2녀 | 李源達 | 전의 | | | | |
| 墀 | 형판 찬 | 죽산 | 사정 朴孟熙 | | | |
| 堡 | | 풍천 | 현감 任鍒 | 부사 龜年 | | |
| 坻 | | 불 | | | | |
| 埼 | | 불 | | | | |
| 垤 | | 진주 | 유씨 | | | |
| � | | 순창 | 부사 薛仲康 | 소윤 成林 | | |
| 堪 | | 전주 | 李植 | 목사 洙 | | |
| 四同 | | 불 | | | | |
| 九同 | | 불 | | | | |
| 八同 | | 불 | | | | |
| 義同 | | 불 | | | | |
| 仁同 | | 불 | | | | |
| 1녀 | /趙賢範 | 풍양 | | | | |
| 2녀 | 金允毅 | 불 | | | | |
| 鐔 | 군수 제 | 불 | | | | |
| 銓 | | 불 | | | | |
| 鏘 | | 불 | | | | |
| 倫 | | 불 | | | | |
| 壽生 | 서령 임 | 불 | | | | |
| 1녀 | /한성윤 韓曦 | 청주 | 영중추 繼美 | 영의정 尙敬 | | |
| 2녀 | 柳澤 | 문화 | | | | |
| 倫 | 행사맹 진 | 불 | | | | |
| 儀 | | 불 | | | | |
| 1녀 | /李吉從 | 불 | | | | |
| 2녀 | 柳子哲 | 불 | | | | |
| 興莘 | 근 | 고흥 | 柳歸淵 | | | |
| 起莘 | | 한산 | 참판 李義堅 | 첨지중추 增 | | |
| 玉石 | | 불 | | | | |
| 1녀 | /충청병사 孟碩欽 | 신창 | | | | |
| 2녀 | 申命壽 | 불 | | | | |
| 3녀 | 權信孫 | 안동 | | | | |
| 垛 | 행주부 우 | 밀양 | 朴承翰 | | | |
| 堞 | | 동래 | 좌의정 鄭佸 | 영의정 昌孫 | | |
| 여 | /鄭溱 | 영일 | | | | |
| 雲孫 | 집의 구산 | 종실 | 道開正 李孝長 | 義平君 義生 | 증 정종 | |
| 仍孫 | | 불 | | | | |
| 來孫 | | 문화 | 판관 柳仲孫 | 참찬 洙 | | |

| | | | | | |
|---|---|---|---|---|---|
| 暠孫 | | 전의 | 현감 李承烈 | 목사 世珤 | |
| 1녀 | /李奇 | 경주 | | | |
| 2녀 | 張俊 | 불 | | | |
| 3녀 | 南世衡 | 의령 | | | |
| 麒孫 | 사정 구수 | 불 | | | |
| 麟孫 | | 불 | | | |
| 鳳孫 | | 종실 | 기계정 李孝祖 | 大臨都正 剛 | |
| 여 | /朴櫓 | 반남 | | | |
| 湯佐 | 구령 | 경주 | 李承文 | | |
| 湯佑 | | 불 | | | |
| 湯祚 | | 불 | | | |
| 1녀 | /兪賢孫 | 기계 | | | |
| 2녀 | 梁繼盧 | 불 | | | |
| 湯輔 | 사도첨정 구년 | 동래 | 호군 鄭禮耘 | 東平君 種 | |
| 季孫 | 世子侍直61) 구몽 | 무송 | 현감 尹伯涓 | 생원 深 | |
| 椿孫 | | 불 | | | |
| 根孫 | | 불 | | | |
| 從孫 | | 불 | | | |
| 여 | /河陽令 李玉荊 | 종실 | | | |
| 元謹 | 坡城尉 愚 | 불 | | | |
| 여 | /宋鐵山 | 여산 | | | |
| 伯熅 | 자 | 불 | | | |
| 伯焞 | | 불 | | | |
| 1녀 | /河伯達 | 진주 | | | |
| 2녀 | 朴崇文 | 반남 | | | |
| 3녀 | 趙祉 | 평양 | | | |
| 4녀 | 奇允濬 | 행주 | | | |
| 仲鈞 | 정언 서 | 불 | | | |
| 仲鉉 | | 불 | | | |
| 1녀 | /兪渾 | 기계 | | | |
| 2녀 | 군수 周允昌 | 상주 | 정 尙彬 | 瑜 | |
| 彭壽 | 현감 유 | 불 | | | |
| 延壽 | | 불 | | | |
| 哲明 | 혜 | 불 | | | |
| 1녀 | /辛伯粹 | 불 | | | |
| 2녀 | 楊希洙 | 청주 | | | |
| 喜孫 | 대사헌 민 | 은풍 | 사의 申應之 | | |
| 喜男 | | 진주 | 참군 柳彭壽 | | |
| 春同 | | 불 | | | |
| 晚同 | | 불 | | | |
| 1녀 | /金逢 | 청풍 | | | |
| 2녀 | 홍문전한 柳軾 | 문화 | 陵直 仲之 | 목사 衛 | |

| | | | | | |
|---|---|---|---|---|---|
| 3녀 | 李公綽 | 불 | | | |
| 之昆 | 형조참판 잠 | 종실 | 보성군 峇 | 효령대군 補 | |
| 之岡 | | 함종 | 판중추 魚孝瞻 | 직제학 變甲 | |
| 之崟 | | 전의 | 정 李仁全 | 절제사 承幹 | |
| 之峻 | | 한양 | 호군 趙增 | 지중추 琓 | |
| 之崇 | | 성주 | 지돈령 李繼昌 | 부윤 師元 | |
| 之峀 | | 여흥 | 현감 閔忠達 | 대사헌 騫 | |
| 之嶸 | | 종실 | 茂林君 李善生 | 정종 | |
| 여 | /申濚 감사 | 고령 | 영의정 叔舟 | 참판 檣 | |
| 俊元 | 坡平君 암 | 평산 | 감사 申自準 | 좌의정 槩 | |
| 俊童 | | 원주 | 지중추 金連枝 | 중부 乙辛 | |
| 俊生 | | 전주 | 현감 崔濟 | | |
| 俊丁 | | 덕수 | 봉례 李孝祖 | 영중추 邊 | |
| 俊民 | | 경주 | 감사 崔漢卿 | 대사헌 文孫 | |
| 俊文 | | 경주 | 李碩孫 | 이참의 廳 | |
| 여 | /부정 申從洽 | 고령 | 봉례 澍 | 영의정 叔舟 | 외조 明澮 |
| 適孫 | 호판 흠 | 한산 | 병사 李瑾 | | |
| 堅孫 | | 불 | | | |
| 여 | /돈령정 李壽稚 | 전의 | 참판 誠長 | 한성윤 士寬 | |
| 石只 | 희년 | 불 | | | |
| 山 | | 불 | | | |
| 億丁 | | 불 | | | |
| 億年 | | 불 | | | |
| 汝弼 | 참판 보 | 순천 | 판돈령 朴仲善 | 지돈령 去疎 | |
| 汝佑 | | 전주 | 李世英 | | |
| 汝諧 | | 광주 | 판중 李世佐 | 형판 克堪 | |
| 1녀 | /成世源 | 창녕 | | | |
| 2녀 | 현감 具崇璟 | 능성 | 부원군 壽永 | 지중 致洪 | |
| 3녀 | 金祉 | 광산 | | | |
| 項 | 형판 繼謙 | 영일 | 감찰 鄭齊 | | |
| 瑄 | | 불 | | | |
| 珦 | | 능성 | 전첨 具長孫 | 진사 慶 | |
| 霖 | | 광주 | 형판 金礪石 | 부사 洙 | |
| 斌 | | 전의 | 부사 李允粹 | 대사헌 恕長 | |
| 1녀 | /직장 安舜齡 | 순흥 | | | |
| 2녀 | 許聘 | 양천 | | | |
| 3녀 | 선전관 洪祉 | 남양 | | | 공신적장 |
| 4녀 | 梁泂 | 남원 | | | |
| 5녀 | 李繼金 | 한산 | | | |
| 6녀 | 金昭胤 | 광산 | | | |
| 元亨 | 유의 | 불 | | | |
| 元年 | | 불 | | | |

| | | | | | |
|---|---|---|---|---|---|
| 綱 | 유례 | 불 | | | |
| 維 | | 불 | | | |
| 細 | | 불 | | | |
| 摩 | 유지 | 불 | | | |
| 莘德 | 영동 | 불 | | | |
| 瑜 | 종년 | 불 | | | |
| 琛 | | 불 | | | |
| 珎 | | 불 | | | |
| 自濱 | 말치 | 불 | | | |
| 碩文 | 도치 | 불 | | | |
| 碩武 | | 불 | | | |
| 碩環 | | 불 | | | |
| 沆 | 현감 신덕 | 불 | | | 19 |
| 滂 | | 성주 | 수사 李永蕢 | 예참판 師純 | 증 稷 |
| 沱 | | 한양 | 판관 趙云明 | 憐 | 증조 涓 |
| 여 | /尹繼祐 | 남원 | | | |
| 科 | 근덕 | 반남 | 부윤 朴承元 | | |
| 言善 | | 강릉 | 최씨 | | |
| 孝信 | 경덕 | 창녕 | 조씨 | | |
| 1녀 | /沈光佑 | 불 | | | |
| 2녀 | 吳滉 | 보성 | | | |
| 孟卿 | 사맹 유덕 | 불 | | | |
| 仲卿 | | 불 | | | |
| 世卿 | | 불 | | | |
| 叔卿 | | 불 | | | |
| 士卿 | | 안동 | 권씨 | | |
| 여 | /李昌智 | 불 | | | |
| 鉐 | 현감 지 | 충주 | 도사 崔榮 | 첨사 德露 | |
| 1녀 | /공참의 金訢 | 연안 | 지중 友臣 | 내자윤 俀 | |
| 2녀 | 金承宗 | 불 | | | |
| 鍊 | 판관 보 | 동래 | 정씨 | | |
| 鈞 | | 제주 | 진사 高士任 | | |
| 錘 | | 불 | | | |
| 1녀 | /金瑞孫 | 불 | | | |
| 2녀 | 직장 李孝祖 | 덕수 | 영중추 邊 | 판사 公晉 | |
| 珍 | 저 | 불 | | | |
| 여 | 기/尹宣 | 불 | | | |
| 思和 | 질 | 행주 | 응교 奇齊遵 | 응교 欑 | |
| 汝翼 | | 곡산 | 韓必成 | | |
| 七同 | | 불 | | | |
| 鋸 | 군수 양 | 불 | | | |
| 鏑 | | 불 | | | |

| 眞山 |  | 불 |  |  |  |
|---|---|---|---|---|---|
| 1녀 | /金漢榮 | 불 |  |  |  |
| 2녀 | 閔四老 | 여흥 |  |  |  |
| 3녀 | 許祥 | 불 |  |  |  |
| 義賢 | 봉사 감 | 목천 | 副尉 馬羽東 | 사정 智 |  |
| 義山 |  | 순천 | 현령 李鼎祚 |  |  |
| 錫立 |  | 안동 | 군수 金時敬 |  |  |
| 長孫 | 사동 | 불 |  |  |  |
| 仲孫 |  | 불 |  |  |  |
| 宗孫 |  | 불 |  |  |  |
| 稷 | 구동 | 불 |  |  |  |
| 貞 |  | 불 |  |  |  |
| 여 | 팔동/韓玉環 | 불 |  |  |  |
| 莫山 | 의동 | 불 |  |  |  |
| 恕寬 | 인동 | 불 |  |  |  |
| 恕弘 |  | 불 |  |  |  |
| 여 | /金壽積 | 불 |  |  |  |
| 萬慶 | 사과 심 | 안동 | 金鳴國 |  |  |
| 熙淳 | 전 | 불 |  |  |  |
| 熙溫 |  | 불 |  |  |  |
| 輔錫 | 수생 | 나주 | 정씨 |  |  |
| 여 | /監正 李允亨 | 용인 | 군수 崇儉 | 부사 守綱 |  |
| 珍 | 룬 | 여흥 | 첨정 閔昀 | 우후 亨孫 |  |
| 琚 |  | 불 |  |  |  |
| 瓊 |  | 불 |  |  |  |
| 박 |  | 불 |  |  |  |
| 1녀 | /金摯 | 불 |  |  |  |
| 2녀 | 安克詮 | 불 |  |  |  |
| 3녀 | 柳植 | 불 |  |  |  |
| 4녀 | 梁允精 | 남원 |  |  |  |
| 珹 | 의 | 불 |  |  |  |
| 琮 |  | 불 |  |  |  |
| 여 | 흥신/懷陽正 李禮 | 종실 |  |  |  |
| 壽福 | 기신 | 불 |  |  |  |
| 壽德 |  | 불 |  |  |  |
| 壽眉 |  | 불 |  |  |  |
| 千同 |  | 불 |  |  |  |
| 敬孫 | 현감 채 | 불 |  |  |  |
| 同孫 |  | 불 |  |  |  |
| 仁孫 |  | 불 |  |  |  |
| 貞臣 | 첩 | 불 |  |  |  |
| 1녀 | /成熹 | 창녕 |  |  |  |

| | | | | | |
|---|---|---|---|---|---|
| 2녀 | 李忱 | 종실 | | | |
| 3녀 | 鄭裕 | 光州 | | | |
| 4녀 | 柳光源 | 진주 | | | |
| 5녀 | 朴文璣 | 밀양 | | | |
| 6녀 | 池漢輔 | 충주 | | | |
| 7녀 | 李鳳壽 | 불 | | | |
| 瑂 | 세자시직 운손 | 남양 | 홍씨 | | |
| 珽 | | 불 | | | |
| 瑛 | | 안동 | 김씨 | | |
| 여 | /淮陽正 李軾 | 종실 | | | |
| 璩 | 잉손 | 흥덕 | 張治平 | 참봉 允升 | |
| 理 | | 불 | | | |
| 瑜 | | 불 | | | |
| 여 | /潘俊 | 불 | | | |
| 瑜 | 찰방 내손 | 불 | | | |
| 璧 | | 불 | | | |
| 塡 | | 불 | | | |
| 1녀 | /權祺 | 불 | | | |
| 2녀 | 李文傑 | 불 | | | |
| 瑞 | 찰방 곤손 | 불 | | | |
| 瑋 | | 불 | | | |
| 璟 | | 불 | | | |
| 여 | /申國衡 | 평산 | | | |
| 여 | 李賢佑 | 불 | | | |
| 鵬 | 기손 | 불 | | | |
| 鶴 | 사직 인손 | 해평 | 첨지중추 尹浩 | | |
| 鷺 | | 불 | | | |
| 鳩 | | 불 | | | |
| 여 | /李景春 | 불 | | | |
| 景祥 | 첨지중추 봉손 | 불 | | | |
| 景祉 | | 종실 | 栗津令 李琳 | | |
| 여 | /文川守 李龜福 | 종실 | | | |
| 明 | 생원 탕좌 | 성주 | 裵尙文 | | |
| 晴 | | 김해 | 진사 金泰碩 | | |
| 晟 | | 창녕 | 성씨 | | |
| 吉甫 | 탕우 | 불 | | | |
| 福慶 | | 불 | | | |
| 壽億 | | 불 | | | |
| 여 | /李彦諴 | 불 | | | |
| 滉 | 진사 탕보 | 청송 | 승문교리 沈大觀 | | |
| 澮 | 현감 계손 | 남평 | 文應奎 | | |
| 漑 | | 종실 | 永春君 李仁 | 寧海君 瑭 | 증 세종 |

| 湧 | | 청풍 | 군수 金潭 | | |
|---|---|---|---|---|---|
| 1녀 | /兪三壽 | 불 | | | |
| 2녀 | 鄭公淸 | 불 | | | |
| 3녀 | /文城正 李湘 | 종실 | | | |
| 鴻 | 감역 춘손 | 단양 | 우씨 | | |
| 溥 | | 불 | | | |
| 1녀 | /徐龜壽 | 불 | | | |
| 2녀 | 朴騫 | 반남 | | | |
| 元 | 참봉 근손 | 불 | | | |
| 長孫 | 주부 원근 | 불 | | | |
| 亨孫 | | 안동 | 도사 權恬 | 참판 攀 | |
| 潁 | 현감 백온 | 종실 | 始安君 李擢 | 효령대군 補 | 증 태종 |
| 顥 | 현감 백형 | 안동 | 현감 金季誠 | | |
| 顗 | | 종실 | 薪谷守 李富丁 | | |
| 1녀 | /崔潤文 | 불 | | | |
| 2녀 | 鄭侊 | 불 | | | |
| 3녀 | 李光興 | 불 | | | |
| 4녀 | 安子文 | 불 | | | |
| 世楨 | 사직 중균 | 불 | | | |
| 여 | 朴巨源 | 불 | | | |
| 瑛 | 사직 팽수 | 전주 | 이씨 | | |
| 璉 | | 불 | | | |
| 琬 | | 불 | | | |
| 琦 | | 불 | | | |
| 瑠 | | 불 | | | |
| 玕 | | 불 | | | |
| 여 | /李禮順 | 불 | | | |
| 僑 | 생원 철명 | 불 | | | |
| 壽貞 | | 전주 | 헌납 李景㙫 | 현감 孝産 | |
| 樞 | 대사헌 희손 | 은진 | 진사 宋汝翼 | 정랑 順年 | |
| 桓 | | 예안 | 현감 李輔幹 | 찰방 愼 | |
| 朴 | | 불 | | | |
| 格 | | 불 | | | |
| 1녀 | /趙元禎 | 불 | | | |
| 2녀 | 金台傑 | 연안 | | | |
| 3녀 | 宋世信 | 여산 | | | |
| 枰 | 개성도사 희남 | 부안 | 주부 林俊 | 만호 芷 | |
| 橋 | | 불 | | | |
| 1녀 | /柳潑 | 불 | | | |
| 2녀 | 權堯臣 | 안동 | | | |
| 栢 | 준동 | 불 | | | |
| 根 | 만동 | 불 | | | |

| 震孫 | 사직 지곤 | 전의 | 사복정 李世芬 | 부사 季孫 | |
|---|---|---|---|---|---|
| 金孫 | 인수부정 지강 | 경주 | 목사 金泰卿 | 지중추 新民 | |
| 1녀 | /始安君 李擢 | 종실 | | | |
| 2녀 | 직장 閔孝孫 | 여흥 | 군수 亨 | 참군 澄源 | |
| 三孫 | 봉사 지륜 | 예안 | 이참의 李首孫 | 장령 新 | |
| 世賢 | 직장 지준 | 불 | | | |
| 世達 | | 선산 | 군수 金淙 | | |
| 世傑 | | 부여 | 참군 徐致中 | 鳳壽 | |
| 世豪 | | 강릉 | 우후 崔宗淑 | 진사 庇 | |
| 世霖 | | 불 | | | |
| 世光 | | 연안 | 印哲衡 | | |
| 世欽 | | 불 | | | |
| 1녀 | /金瑞 | 불 | | | |
| 2녀 | 돈령도정 韓碩 | 청주 | 현감 士信 | 좌찬성 繼禧 | |
| 世霖 | 돈령정 지승 | 공주 | 호군 李宗林 | | |
| 廷霖 | | 언양 | 현감金期壽 | 현령 效震 | |
| 1녀 | /黃諄 | 불 | | | |
| 2녀 | 許伯瑛 | 양천 | | | |
| 3녀 | 李公楫 | 성주 | | | |
| 世紀 | 사맹 지수 | 기계 | 참봉 兪欽 | | |
| 1녀 | /許評 | 불 | | | |
| 2녀 | 별제 韓世琛 | 청주 | 판관 俶 | 이참의 忠智 | |
| 世愼 | 사직 지영 | 고성 | 이씨 | | |
| 世沈 | | 함안 | 현감 李時應 | 이참판 季通 | |
| 1녀 | /黃原正 李敷 | 종실 | | | |
| 2녀 | 安處明 | 불 | | | |
| 壽千 | 첨지중추 준원 | 전주 | 사직 柳季潼 | 참판 義孫 | |
| 壽彭 | | 불 | | | |
| 壽弘 | | 불 | | | |
| 여 | /부사 奇襸 | 행주 | 부사 軸 | 판중 虔 | |
| 壽松 | 사직 준동 | 순흥 | 진사 安志遠 | | |
| 壽栢 | | 불 | | | |
| 壽椿 | | 불 | | | |
| 여 | /부사용 朴承燧 | 밀양 | 부원군 楗 | 참찬 仲林 | |
| 壽義 | 사직 준생 | 풍천 | 판서 任有謙 | 군수 漢 | |
| 希仁 | 사섬주부 준정 | 진주 | 현감 柳義濕 | 첨지중 均 | |
| 坡童 | 사복주부 준민 | 경주 | 감사 崔漢卿 | 대사헌 文孫 | |
| 壽仁 | 사직 준문 | 남양 | 승지 洪湜 | 수사 貴海 | |
| 慶仁 | 군수 적손 | 불 | | | |
| 慶義 | | 한산 | 생원 李東白 | | |
| 慶禮 | | 인천 | 참봉 李東華 | | |
| 慶禎 | | 불 | | | |

| | | | | | |
|---|---|---|---|---|---|
| 慶祥 | | 불 | | | |
| 慶終 | | 불 | | | |
| 任 | 영돈령 여필 | 여흥 | /첨지중 李佛 | /별좌 師衍 | |
| 1녀 | /중종(章敬王后) | 종실 | 성종 | 덕종 | |
| 2녀 | 德豊君 李岷 | 종실 | | | |
| 3녀 | 八溪君 李淨 | 종실 | 敏 | 근령군 裀 | 증조 태종 |
| 4녀 | 金渾 | 강릉 | | | |
| 5녀 | 高陽正 李億孫 | 종실 | | | |
| 偪 | 여우 | 일선 | 정언 金義和 | | |
| 仁 | 함경병사 여해 | 영일 | 판결사 鄭洵 | | |
| 從 | | 전주 | 현감 李孝舜 | 堅孫/江城正 | |
| 健 | | 청송 | 영의정 沈連源 | 사인 順門 | |
| 1녀 | /李誠 | 성주 | | | |
| 2녀 | 安汝敬 | 廣州 | | | |
| 之任 | 내자판관 욱 | 전의 | 홍제학 李德崇 | 감사 愼孝 | |
| 李宗 | 선 | 단양 | 제검 禹桓 | | |
| 李孫 | | 성주 | 판서 李自健 | 湊 | 고조 潑 |
| 여 | 순/成謹 | 창녕 | | | |
| 克仁 | 장례사의 림 | 廣州 | 첨지중 李世傑 | 이판 克堪 | 증조 仁孫 |
| 安仁 | | 하동 | 참봉 鄭汝寬 | | |
| 近仁 | | 불 | | | |
| 1녀 | /金舜鳳 | 연안 | | | |
| 2녀 | 韓鏞 | 청주 | | | |
| 復仁 | 삭령군수 무 | 안동 | 부장 權勵 | | |
| 敦仁 | | 광주 | 진사 金夢巖 | 참봉 浙 | |
| 居仁 | | 불 | | | |
| 1녀 | /申仁淑 | 불 | | | |
| 2녀 | 朴亨胤 | 밀양 | | | |
| 3녀 | 현감 韓克明 | 청주 | 참판 屾 | 이판 世桓 | |
| 乾源 | 유씨 | 불 | | | |
| 坤源 | | 불 | | | |
| 海源 | | 불 | | | |
| 長源 | | 불 | | | |
| 河源 | | 불 | | | |

---

57) 졸저, 『조선초기 관인이력』(2020, 도서출판혜안), 『국조문과방목』, 『만성대동보』, 『청구씨보』, 『파평윤씨대동보』(2011, 파평윤씨대종회), 『파평윤씨연안공파세보』(1989, 대보사), 『파평윤씨 상호군파세보』(1983, 농경출판사) 등에서 종합. 각 족보에서 상이한 관직은 『조선초기 관인이력』, 『만성대동보』 등 통보, 출판연도 순으로 참작하여 확정하였다.

58) 뒤 〈표 2-8〉에서 종합.

## (2) 承順系

승순계의 통혼가문은 15세 7명(불명 제외, 이하 동)은 위의 표와 같이 종실과 가장 현창하였던 청주한씨 등 10유력성관(이하 상위 성관으로 표기)이 1명, 전주이씨 등 70여 유력성관(이하 유력성관으로 표기)이 4명, 그 외 성관(이하 일반성관으로 표기)이 2명이다. 16세 6명은 상위 성관이 2명, 유력성관이 3명, 일반성관이 1명이고, 17세 28명은 상위 유력성관이 7명, 유력성관이 13명, 그 외 성관이 8명이고, 18세 44명은 상위 성관이 14명, 유력성관이 17명, 일반성관이 13명이며, 19세 89명은 상위 성관이 26명, 유력성관이 41명, 일반성관이 22명이다. 15~19세 173명은 상위 성관이 50명 29%, 유력성관이 77명 45%, 일반성관이 46명 27%이다(성관의 세대별 통혼자 수는 뒤 〈표 2-12〉 참조, 이하 동).

## (3) 承禮系

승례계의 통혼가문은 15세 6명은 상위 성관이 1명, 유력성관이 3명, 일반성관이 2명, 16세 17명은 상위 성관이 6명, 유력성관이 7명, 일반성관이 4명, 17세 30명은 상위 성관이 9명, 유력성관이 16명, 일반성관이 5명, 18세 77명은 상위 성관이 25명, 유력성관이 35명, 일반성관이 17명이며, 19세 111명은 상위 성관이 33명, 유력성관이 53명, 일반성관이 26명이다. 15~19세 241명은 상위 성관이 74명 31%, 유력성관이 114명 48%, 일반성관이 54명 22%이다.[62]

승휴·승순·승례계 15~19세를 합한 406명 중 상위 성관이 104명 26%,

---

59) 동상.
60) 동상.
61) 동상.
62) 상위유력 11성관과 유력 70여 성관의 선정기준과 성관명은 앞 32~34쪽 참조.

유력성관이 196명 48%, 일반성관이 105명 26%이며, 상위 성관·유력성관을 합한 80여 유력성관이 301명 74%이다.

파평윤씨 척계 15~19세 통혼가문의 이러한 경향은 조선초기의 혼속이

> 고려말의 혼풍이 계승되면서 '壻留夫家制' 즉, 혼인과 함께 부부가 장기간에 걸쳐 처가에서 처부모를 부모처럼 여기고 살다가 자녀를 낳고 자녀가 성장한 후에 남편의 집으로 이주하여 사는 것이 관행이었다.[63]

라고 하였듯이 예비관인인 사위는 장인의 집에 살면서 과업을 준비함은 물론 급제하고 출사한 뒤에도 상당기간 거주하였기에 그 정리가 부모에 못지않았다. 또 이러한 정리에서 장인이 고관(당상관)인 경우에는 사위는 물론 외손의 관력에까지 큰 도움이 되었다.[64] 이러한 조선초의 혼속은 양반가 가 그들과 가격이 높거나 비등한 가문과 혼인하게 하였다. 실제로도 위에서 분석된 파평윤씨 척계 15~19세의 통혼가문이 그들과 가격이 비슷한 상위유력 가문 25%를 포함한 유력가문이 74%이고, 일반가문이 26%인 것은 이러한 경향을 잘 보여준다고 하겠다.

지금까지 고찰한 척-승휴·승순·승례계의 통혼가문을 계파와 대수별로 재정리하면 다음의 표와 같다.

---

63) 최재석, 1994, 「가족제도」, 『한국사』 25, 258쪽(『태종실록』 권27, 14년 1월 기묘 ; 『성종실록』, 권206, 18년 8월 계유, 외).

64) 韓亨允(1470~1532)은 1492년(성종 23) 문과에 급제하고 출사하여 예문검열, 주서 등을 거쳐 1497년(연산군 3) 예조좌랑으로서 중시에 급제하였으며, 사관한 지 11년만 인 1503년(연산 9) 당상관에 승진하면서 이조참의에 제수되고 곧 종2품에 승진하면서 이조참판에 승직하였다. 형윤은 조가 좌찬성 韓繼美(1420~1471)이고 부 甿이 사섬부정 이며 외조가 영의정 成俊이다. 성준은 1495년(연산 1) 병조판서를 거쳐 우찬성이 되고 1498년(연산 5) 우의정이 되고 좌의정을 거쳐 영의정이 되었다가 1504년(연산 10) 갑자사화 때 사사되었음에서 형윤의 파격적인 승자·승직은 외조 성준의 영향력에 크게 기인된 것으로 추측된다(『조선왕조실록』 성종 23~연산군 10년조에서 종합).

<표 2-9> 파평윤씨 척(-승휴·승순·승례)계 15~19세 通婚家門[65]

| | | 승휴계 | | | | | | 승순계 | | | | | | 승례계 | | | | | |
|---|---|---|---|---|---|---|---|---|---|---|---|---|---|---|---|---|---|---|---|
| | | 15 | 16 | 17 | 18 | 19 | 계 | 15 | 16 | 17 | 18 | 19 | 계 | 15 | 16 | 17 | 18 | 19 | 계 |
| 상위유력성관·유력성관 | 진주강씨 | 0 | 0 | 0 | 0 | 0 | 0 | 0 | 0 | 0 | 1 | 4 | 5 | 0 | 0 | 1 | 0 | 0 | 1 |
| | 안동권 | 0 | 0 | 0 | 0 | 0 | 0 | 0 | 0 | 0 | 3 | 1 | 4 | 0 | 1 | 0 | 1 | 5 | 7 |
| | 광산김 | 0 | 0 | 0 | 0 | 0 | 0 | 0 | 0 | 0 | 2 | 1 | 3 | 1 | 0 | 1 | 3 | 1 | 6 |
| | 창녕성 | 0 | 0 | 0 | 0 | 0 | 0 | 0 | 0 | 0 | 2 | 0 | 2 | 0 | 1 | 0 | 1 | 3 | 5 |
| | 고령신 | 0 | 0 | 0 | 0 | 0 | 0 | 0 | 0 | 0 | 0 | 0 | 0 | 0 | 0 | 0 | 2 | 0 | 2 |
| | 문화유 | 0 | 0 | 0 | 0 | 0 | 0 | 0 | 1 | 0 | 2 | 2 | 5 | 0 | 1 | 1 | 4 | 0 | 6 |
| | 광주이 | 0 | 0 | 0 | 0 | 0 | 0 | 0 | 0 | 0 | 0 | 0 | 0 | 0 | 0 | 0 | 1 | 1 | 2 |
| | 전의이 | 0 | 0 | 0 | 0 | 0 | 0 | 0 | 0 | 2 | 2 | 5 | 9 | 0 | 1 | 2 | 5 | 2 | 10 |
| | 한산이 | 0 | 0 | 0 | 0 | 0 | 0 | 0 | 0 | 2 | 0 | 4 | 6 | 0 | 0 | 1 | 3 | 1 | 5 |
| | 청주한 | 0 | 0 | 0 | 0 | 0 | 0 | 1 | 0 | 0 | 1 | 4 | 6 | 0 | 1 | 1 | 1 | 5 | 8 |
| | 종친 | 0 | 0 | 0 | 0 | 0 | 0 | 0 | 1 | 3 | 1 | 5 | 10 | 0 | 1 | 2 | 4 | 15 | 22 |
| | 소계 | 0 | 0 | 0 | 0 | 0 | 0 | 1 | 2 | 7 | 14 | 26 | 50 | 1 | 6 | 9 | 25 | 33 | 74 |
| | 전주이씨등 8성관 14~6명 | 1 | 0 | 0 | 0 | 0 | 1 | 2 | 3 | 6 | 4 | 20 | 35 | 0 | 2 | 5 | 9 | 18 | 34 |
| | 평산신씨등 36성관 5~2명 | 0 | 0 | 0 | 1 | 1 | 2 | 1 | 0 | 7 | 10 | 18 | 36 | 3 | 4 | 10 | 20 | 33 | 70 |
| | 개성고씨등 18성관 1명 | 0 | 0 | 0 | 0 | 1 | 1 | 0 | 0 | 0 | 3 | 3 | 6 | 0 | 1 | 1 | 6 | 3 | 11 |
| | 소계 | 1 | 0 | 0 | 1 | 2 | 4 | 3 | 3 | 13 | 17 | 41 | 77 | 3 | 7 | 16 | 35 | 53 | 114 |
| | 합계 | 1 | 0 | 0 | 1 | 2 | 4 | 4 | 5 | 20 | 31 | 67 | 127 | 4 | 13 | 25 | 60 | 86 | 187 |
| 일반성관 | | 0 | 1 | 1 | 2 | 1 | 5 | 2 | 1 | 8 | 13 | 22 | 46 | 2 | 4 | 5 | 17 | 26 | 54 |
| 성관불명 | | 2 | 12 | 16 | 25 | 3 | 58 | 1 | 5 | 13 | 34 | 123 | 176 | 1 | 7 | 19 | 119 | 124 | 270 |
| 총계 | | 3 | 13 | 17 | 28 | 6 | 67 | 7 | 11 | 41 | 78 | 212 | 349 | 7 | 24 | 49 | 196 | 235 | 511 |

| | | 합계 | | | | | | 비고 |
|---|---|---|---|---|---|---|---|---|
| | | 15 | 16 | 17 | 18 | 19 | 계 | |
| 유력성관 | 진주강씨 | 0 | 0 | 1 | 1 | 4 | 6 | |
| | 안동권 | 0 | 1 | 1 | 4 | 6 | 11 | |
| | 광산김 | 1 | 0 | 1 | 5 | 2 | 9 | |
| | 창녕성 | 0 | 1 | 0 | 3 | 3 | 7 | |
| | 고령신 | 0 | 0 | 0 | 0 | 2 | 2 | |
| | 문화유 | 0 | 2 | 1 | 6 | 2 | 11 | |
| | 광주이 | 0 | 0 | 0 | 0 | 1 | 2 | |
| | 전의이 | 0 | 1 | 4 | 7 | 7 | 19 | |
| | 한산이 | 0 | 0 | 3 | 3 | 5 | 11 | |
| | 청주한 | 1 | 1 | 1 | 2 | 9 | 14 | |
| | 종친 | 0 | 2 | 4 | 1 | 5 | 12 | |

| | | | | | | | |
|---|---|---|---|---|---|---|---|
| | 소계 | 2 | 8 | 16 | 33 | 46 | 104 | |
| | 전주이씨등 8성관 14~6명* | 3 | 5 | 11 | 13 | 36 | 68 | *14명-전주이씨, 12-남양홍, 9-경주김, 8-밀양박·한양조, 7-안동김, 6-여흥민·고성이. |
| | 평산신씨씨등 36성관 5~2명* | 4 | 4 | 17 | 31 | 54 | 110 | *5명-평산신·단양우·성주이·동래정, 4-강릉김·선산김·순흥안·해평윤·풍천임·영일정, 3-행주기·연안김·죽산박·진주유·용인이·평양조·양천허, 2-능성구·김해김·청풍김·의령남·원주변·밀양손·영산신·청송심·남원양·무장윤·경주이·덕수이·양성이·연안이·영천이·인천이·하동정·강릉최·수원최. |
| | 개성고씨등 18성관 1명* | 0 | 1 | 1 | 9 | 7 | 18 | 개성고·제주고·청주곽·남평문·순천박·함양박·성산배·여산송·거창신·창주양·함종어·원주원·영광유·여주이·창녕조·전주최·진양하·장수황. |
| | 소계 | 7 | 10 | 29 | 53 | 97 | 196 | |
| | 합계 | 9 | 18 | 45 | 86 | 143 | 301 | |
| 그 외 성관 | | 4 | 6 | 14 | 32 | 49 | 105 | |
| 성관불명 | | 4 | 24 | 47 | 178 | 248 | 501 | |
| 총계 | | 17 | 48 | 106 | 296 | 440 | 907 | |

    그런데 척계 15~19세와 3명 이상 통혼한 성씨의 통혼자간의 관계를 보면 대부분이 가장 현달한 계파에 속하면서 8촌(고조가 같은 친족) 내외의 근친이었다. 즉, 종실인 22명 모두는 8촌 이내이고,[66] 진주강씨는 3명 중 2명이 8촌이고 1명이 9촌이며,[67] 광주이씨는 6명 모두가 直의 고손이니 8촌이다.[68] 전의이씨 등은 다음의 가계도와 같이 전의이씨는 10명이 阡의

---

65) 앞 〈표 2-8〉에서 종합.

66) 종친은 왕이 사망하였을 때 상복을 입는 8촌(盡親) 이내인 왕의 친족이고, 그 부조와의 관계(촌수)·모의 신분에 따라 종친부 정6품 監(천첩출신 왕자군 증손)~종1품 君(대군승습적장자)에 제수되어 제수기간이나 특지에 의해 상위직에 승직되었다. 종5품 부령~정2품 군의 제수자격은 다음의 표와 같다(경국대전 권1, 이전 경관직·종친부).

| 직품 | 관직 | 제수자격 | 직품 | 관직 |
|---|---|---|---|---|
| 정2품 | 군 | 세자중자, 대군승습적장손, 왕자군승습 적장자 | 정4 | 守 |
| 종2 | 군 | 세자중손, 대군중자승습 적장증손, 왕자군승습 적장손 | 종4 | 副守 |
| 정3당상 | 도정 | | 정5 | 令 |
| 정3하 | 정 | 세자중증손, 대군증손, 왕자군중자승습 적장증손 | 종5 | 副令 |
| 종3 | 부정 | 대군중증손, 왕자군증손 | | |

67) 4장 〈도 4-2〉 참조.

후손이고 그 중 9명이 龜·思安·丘直의 손~고손이고 1명이 5대손이다. 청주한
씨는 9명이 渥의 후손이고 그 모두가 상질·영정의 자~고손이다. 문화유씨는
6명 모두가 陞의 후손인데 그중 4명이 蔓殊·孝良의 자~고손이고, 2명이
만수와 8·11촌이다. 광산김씨는 4명 모두가 鼎의 후손인데 8촌 이내가
3명이고 9촌이 1명이다. 한산이씨는 6명 모두가 穡의 자~고손이었으니 8촌
이내였다. 창녕성씨는 5명 모두가 汝完의 후손인데 3명이 石璿·石珚의 손~고손이
고, 2명이 5대손이다.

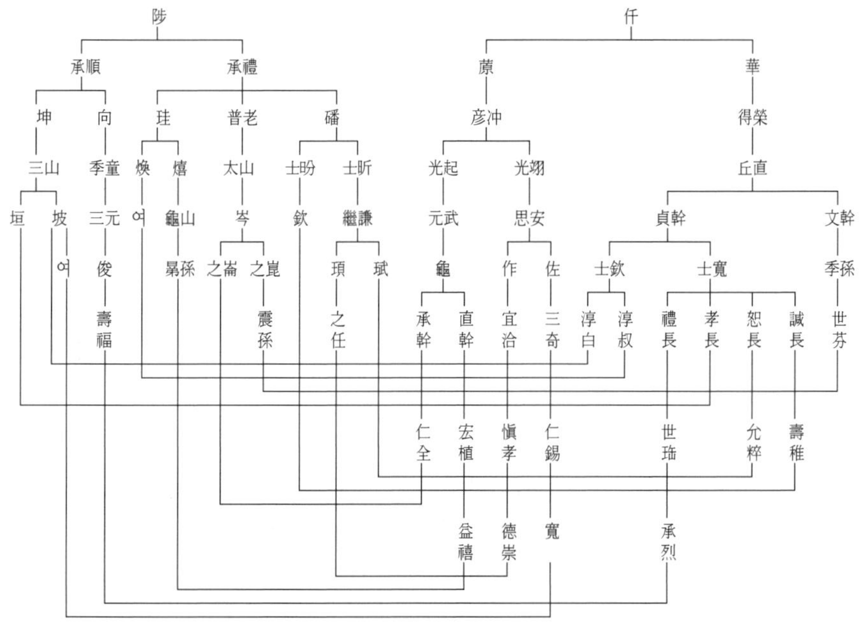

〈도 2-6〉 파평윤씨 陞系와 전의이씨 阡系 통혼자 가계[69]

---


(68) 7장 〈도 7-4〉 참조.
(69) 앞 〈표 2-8〉, 『전의예안이씨대동보』에서 종합.

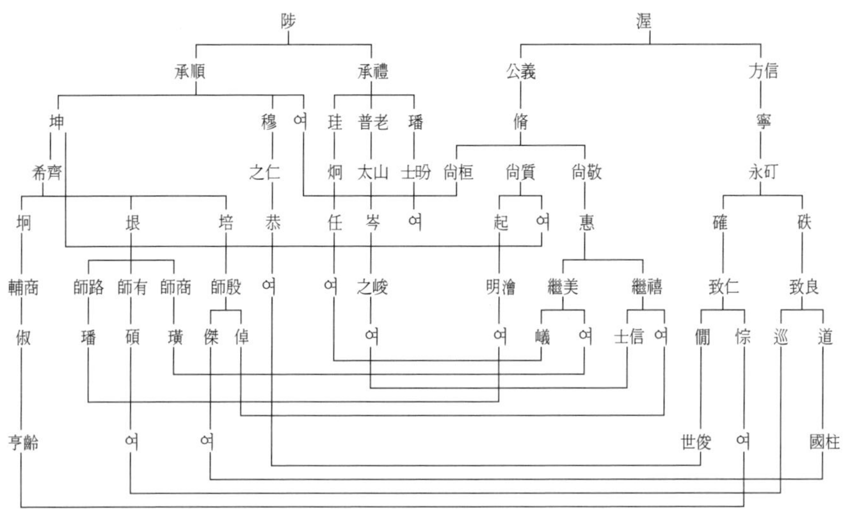

〈도 2-7〉 파평윤씨 척계와 청주한씨 악계 통혼자 가계[70]

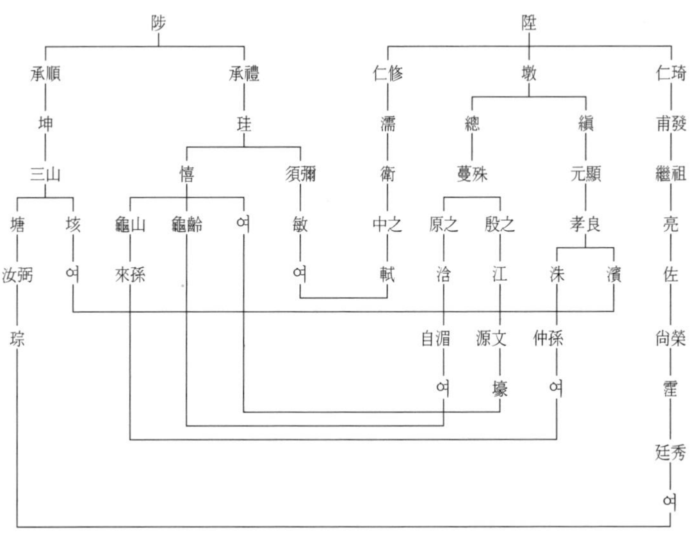

〈도 2-8〉 파평윤씨 척계와 문화유씨 승계 통혼자 가계[71]

---

70) 앞 〈표 2-8〉, 『청주한씨대동보』에서 종합.
71) 앞 〈표 2-8〉, 『문화유씨대동보』에서 종합.

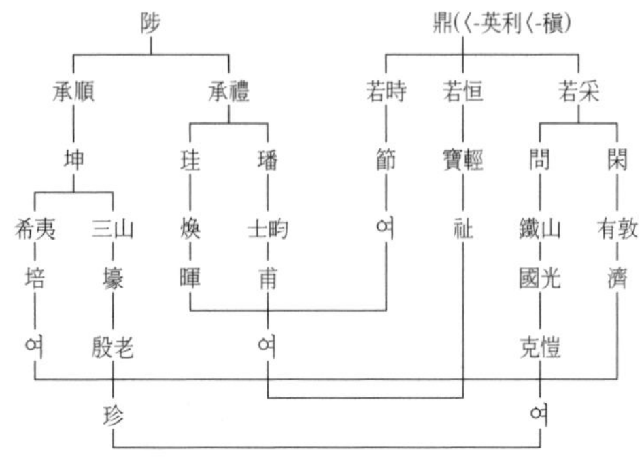

〈도 2-9〉 파평윤씨 척계와 광산김씨 정계 통혼자 가계[72]

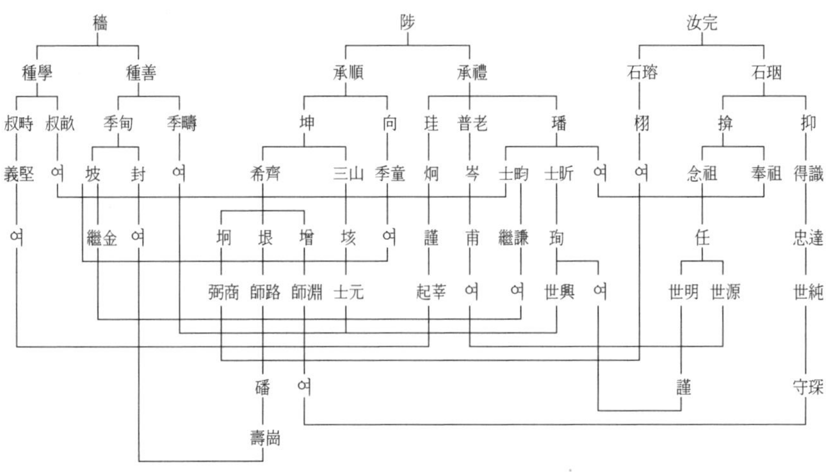

〈도 2-10〉 파평윤씨 척계와 한산이·창녕성씨 통혼자 가계[73]

## 2) 陟系의 通婚圈과 家系意識

### (1) 배우자 부 최고 관직

承休系 15~19세 사관자의 처부의 관직은 그 관력과 관련되어 22명 중

---

72) 앞 〈표 2-8〉, 『광산김씨양간공파보』에서 종합.
73) 앞 〈표 2-8〉, 『한산이씨문양공파세보』·『창녕성씨문숙공파세보』등에서 종합.

3명만이 확인되고 그나마 당상관이 1명(첨중)일 뿐 2명은 참상관이다.

承舜系 사관자 처부 116명은 관직자가 63명 54%이고 불명·미사가 53명 46%이다. 관직자 63명은 국왕(태종·세종)이 2명 3%, 정1품이 5명 8%, 종1~종2품이 13명 21%, 정3당상이 3명 5%, 정3~종6품이 34명 54%이고, 정7~종9품이 6명 10%이다. 세대별로 정1~정3당상관(국왕포함)을 보면 15세는 2명 67%, 16세는 5명 83%, 17세는 4명 20%, 18세는 6명의 16%이고, 19세는 7명 14%이다.

承禮系 사관자 처부 157명은 관직자가 96명 61%이고 불명·미사가 61명 39%이다. 관직자 96명은 국왕(태종)이 1명 1%, 정1품이 2명 2%, 종1~종2품이 25명 26%, 정3상이 8명 9%, 정3~종6품이 52명 54%이고, 정7~종9품이 8명 9%이다. 세대별로 정1~정3당상관(국왕포함)을 보면 15세는 3명 75%, 16세는 3명 10%, 17세는 5명 25%, 18세는 13명 52%이고, 19세는 16명 16%이다.

전체 295명은 1~2품이 49(국왕 3 포함)명 17%, 정3품당상 12명 4%, 정3~정9품 105명 36%이고, 미사·불명이 129명 44%이다. 그런데 이를 승휴·승순·승례계 15~19세 사관자 부의 최고 관직과 비교해 보면 전체 295명 중 1~2품이 46명 16%, 정3품당상 19명 6%, 정3~종9품 214명 73%이고, 미사·불명이 23명 8%이다.[74] 즉 정1~정3품 당상관은 수와 비율이 비슷하고, 정3~종9품은 부가 처부보다 수와 비중이 높으며, 미사·불명은 부가 처부 보다 수와 비중이 낮다. 이점은 파평윤씨가 통혼가문에 비해 다소나마 가격이 높았음을 시사해 준다고 하겠다.

이를 볼 때 파평윤씨 척계 15~19세 사관자는 그 대부분이 부(부조)와 처부(조부)의 관력이 비슷하고 가격이 비슷한 유력가문과 딸(손녀)을 배우자로 맞았다고 하겠다.

파평윤씨 척계 15~19세 사관자 처부의 최고 관직을 계파·세대·역관별로 정리하면 다음의 표와 같다.

---

74) 앞 〈표 2-4〉 참조.

<표 2-10> 파평윤씨 척계 15~19세 사관자 처부 최고 관직[75]

| | 승휴계 | | | | | | 승순계 | | | | | | 승례계 | | | | | |
|---|---|---|---|---|---|---|---|---|---|---|---|---|---|---|---|---|---|---|
| | 15 | 16 | 17 | 18 | 19 | 계 | 15 | 16 | 17 | 18 | 19 | 계 | 15 | 16 | 17 | 18 | 19 | 계 |
| 국왕 | | | | | | | | 1*1 | | 1*2 | | 2 | | | 1*3 | | | 1 |
| 정1 | | | | | | | 1 | 1 | 1 | 1 | 1 | 5 | | | | 1 | 1 | 2 |
| 종1~2품* | | | 1 | 0 | 0 | 1 | 1 | 2 | 2 | 2 | 6 | 13 | 3 | 2 | 3 | 12 | 5 | 25 |
| 당상 | | | 1 | | | 1 | | | 1 | 2 | | 3 | | 1 | 2 | | 5 | 8 |
| 참상 | 1 | | 1 | | 1 | 3 | 1 | 2 | 10 | 6 | 15 | 34 | 1 | 5 | 8 | 18 | 20 | 52 |
| 참하 | | 1 | 1 | | | 2 | | | 1 | 2 | 3 | 6 | | | 2 | 2 | 4 | 8 |
| 불명·미사 | 0 | 5 | 6 | 2 | 2 | 15 | | | 5 | 23 | 25 | 53 | | 2 | 8 | 20 | 34 | 64 |
| 합계 | 1 | 6 | 9 | 3 | 3 | 22 | 3 | 6 | 20 | 37 | 55 | 116 | 4 | 10 | 24 | 53 | 69 | 160 |

| | 합계 | | | | | | 비고 |
|---|---|---|---|---|---|---|---|
| | 15 | 16 | 17 | 18 | 19 | 계 | |
| 국왕 | 0 | 1 | 1 | 1 | 0 | 3 | * 1태종, 2 세종, 3 태종 |
| 정1 | 1 | 1 | 1 | 2 | 2 | 7 | |
| 종1~2품* | 4 | 4 | 6 | 14 | 11 | 39 | * 종친포함 |
| 정3당상 | 0 | 1 | 3 | 3 | 5 | 12 | |
| 참상 | 3 | 7 | 19 | 24 | 36 | 89 | |
| 참하 | 0 | 1 | 4 | 4 | 7 | 16 | |
| 기타 | 0 | 7 | 18 | 44 | 60 | 129 | |
| 합계 | 8 | 22 | 52 | 92 | 121 | 295 | |

　또 사관자 처부의 2품 이상 재직기간과 관직을 보면 다음의 표와 같이 정종~태종대에는 태종과 李原 등 4명이 의정·찬성·판서 등에, 세종대~문종대에는 상왕인 태종과 이원 등 6명이 의정·찬성·판서 등에, 세조~예종대에는 韓明澮 등 4명이 의정·판서 등에, 성종대는 한명회 등 4명이 의정·찬성·판서 등에, 연산군초에는 鄭佸이 의정겸원상에 각각 재직하였다.

　그런데 이 중에서도 李原·皇甫仁·韓明澮 등은 학식·경륜과 국왕의 신임을 토대로 국정전반에 강력한 정치력을 발휘하였다.[76] 이점에서 이원 등은 물론 그 외의 趙溫 등도 개인적인 차이는 있겠지만 希夷 등의 출사와 승자·승직에 직·간접으로 영향을 끼쳤을 것으로 추측된다.

---

75) 앞 <표 2-8>에서 종합.
76) 졸저, 2011, 『조선전기의 의정부와 정치』, 계명대학교출판부, 232~238쪽.

〈표 2-11〉 파평윤씨 척계 15~19세 처부 정1~정2품관 주요직 재직기간
(국왕포함, 고려말 재직자·종친 제외)[77]

| 성명 | 최고관직 | 2품 이상관 재직기간 | | | | | 비고(사위) |
|---|---|---|---|---|---|---|---|
| | | 정종~태종 | 세종~단종 | 세조~예종 | 성종 | 연산군 이후 | |
| 趙溫 | 부원군 | 참찬(정종1~2, 태종1), 판서(6), 찬성(6~7) | | | | | 希夷 |
| 李原 | 좌의정 | 참지의정(6), 판한성(6), 판서(15~16), 찬성(17), 의정(18~) | 의정(~세종8) | | | | 三山 |
| 太宗 | | 왕(1~18) | 상왕(세종1~4) | | | | 季童, 巖 |
| 皇甫仁 | 영의정 | | 참판(세종14~17), 판서(18~21), 참찬(22~26),찬성(27~28),의정(29~단종1) | | | | 塘 |
| 朴從愚 (태종부마) | 부원군 | | 판서(세종24~26, 29), 찬성(29), 체찰사(31,단종2) | | | | 師殷 |
| 韓明澮 | 영의정 | | | 판서(세조3~7), 도체찰사(5), 의정(8~12), 의정겸원상(13~14) | 의정겸원상(즉~5) | | 磻 |
| 李文和 | 참찬 | 참찬(2, 14), 판서(5~9) | | | | | 璠 |
| 柳思訥 | 판한성 | 감사(태종18~세종5) | 총제(세종10), 예문대제학(10, 21~22), 판한성(17) | | | | 須彌 |
| 李叔畝 | 판서 | | 감사(세종1), 동지총제(2~5),참판(6, 16), 총제(11), 판서(17), 판한성(18) | | | | 씀 |
| 鄭佸 | 좌의정 | | | | 감사(8~9),대사헌(11), 참판(13),판서(13, 16, 20), 찬성(16) | 의정겸원상(1) | 堞 |
| 魚孝瞻 | 판서 | | | 참판(세조2~4,5), 대사헌(4), 한성윤(4), 판서(9) | | | 之岡 |
| 金連枝 | 판한성 | | 참판(단종2), 개성유수(3) | 감사(1, 5), 참판(3), 대사헌(3, 6), 한성윤(3~4), 판한성(8) | | | 俊童 |
| 朴仲善 | 판중추 | | | 참판(12~13), 판서(13, 예종즉), 병사(세조14, 예종1) | 병사(2), 감사(8), 판서(9) | | 汝弼 |
| 金勳石 | 판서 | | | | 감사(18, 19~20), 참판(21~23), 판서(24) | | 霖 |
| 합계 | 14 | 5 | 7 | 4 | 4 | 1 | |

## (2) 歷官傾向과 通婚家門

척계 사관자의 역관경향은 정1~정3품당상관이 승휴계는 2(21)명 10%에 불과하였지만 승순계는 28(/114)명 25%였고, 승례계는 36(/122)명 30%였다.[78]

척계의 통혼가문 또한 종친·유력성관이 승휴계는 4(/67)명 6%에 불과하였지만 승순계는 127(/349)명 36%였고, 승순계는 187(/511)명 37%였다.[79]

또 척계 15~19세 사관자 부조와 처 조부의 관력을 대비시켜 보면 정1~정3품 당상관이 승휴계는 1(/21)명 5%와 0명였고, 승순계는 45명(/138) 33%와 21명 155였으며, 승례계는 78명(/160) 49%와 27%였다.

이점에서 승휴, 승순, 승례계 15~19세 사관자의 관력과 통혼가문, 부조와 처 부조의 관력은 밀접히 연관되었다고 하겠다. 척계사관자 15~19세의 역관 경향과 통혼가문을 정리하면 〈표 2-12〉와 같다.

〈표 2-12〉 파평윤씨 척계 15~19세 사관자 역관경향과 통혼가문[80]

| | | 본인 역관 | | | | | 통혼가문 | | | | | | |
| | | 1~2품 | 3상 | 3~6 | 기타 | 계 | 종친(국왕포함) | 상위11성관[*2] | 그 외 성관[*3] | 소계 | 일반성관 | 성관불명 | 합계 |
|---|---|---|---|---|---|---|---|---|---|---|---|---|---|
| 15세 | 승휴계 | 0 | 0 | 0 | 1 | 1 | 0 | 0 | 1 | 1 | 0 | 2 | 3 |
| | 승순계 | 3 | 0 | 0 | 0 | 3 | 0 | 1 | 3 | 4 | 2 | 1 | 7 |
| | 승례계 | 3 | 0 | 1 | 0 | 4 | 0 | 1 | 3 | 4 | 1 | 1 | 7 |
| | 계 | 6 | 0 | 1 | 1 | 8 | 0 | 2 | 7 | 9 | 3 | 4 | 17 |
| 16 | 승휴 | 0 | 0 | 2 | 4 | 6 | 0 | 0 | 0 | 0 | 1 | 12 | 13 |
| | 승순 | 3 | 0 | 2 | 1 | 6 | 1 | 2 | 3 | 6 | 1 | 5 | 11 |
| | 승례[*] | 4 | 0 | 3 | 3 | 10 | 1 | 5 | 7 | 13 | 7 | 7 | 24 |
| | 계 | 7 | 0 | 7 | 8 | 22 | 2 | 7 | 10 | 19 | 9 | 24 | 48 |
| 17 | 승휴 | 0 | 0 | 7 | 1 | 8 | 0 | 0 | 0 | 0 | 1 | 16 | 17 |
| | 승순 | 5 | 2 | 12 | 1 | 20 | 3 | 4 | 13 | 20 | 8 | 13 | 41 |
| | 승례 | 9 | 0 | 12 | 3 | 24 | 2 | 7 | 16 | 25 | 19 | 19 | 49 |

유력성관[*1]

77) 앞 〈표 2-8〉, 앞 졸저(2020), 조온 등 관력에서 종합.

78) 앞 〈표 2-3〉.

79) 앞 〈표 2-9〉.

| | | | | | | | | | | | | | |
|---|---|---|---|---|---|---|---|---|---|---|---|---|---|
| | 계 | 14 | 2 | 31 | 5 | 52 | 5 | 11 | 29 | 45 | 28 | 48 | 107 |
| 18 | 승휴 | 1 | 0 | 1 | 1 | 3 | 0 | 0 | 1 | 1 | 2 | 24 | 28 |
| | 승순* | 6 | 1 | 27 | 3 | 37 | 1 | 13 | 17 | 31 | 13 | 34 | 78 |
| | 승례 | 4 | 3 | 35 | 10 | 52 | 4 | 21 | 35 | 60 | 119 | 119 | 196 |
| | 계 | 11 | 4 | 63 | 14 | 92 | 5 | 34 | 53 | 92 | 134 | 177 | 202 |
| 19 | 승휴 | 0 | 1 | 2 | 0 | 3 | 0 | 0 | 2 | 2 | 1 | 3 | 6 |
| | 승순 | 3 | 5 | 35 | 5 | 48 | 5 | 21 | 41 | 67 | 22 | 123 | 212 |
| | 승례 | 7 | 6 | 7 | 12 | 32 | 15 | 18 | 60 | 86 | 124 | 124 | 235 |
| | 계 | 10 | 12 | 44 | 17 | 83 | 20 | 49 | 103 | 155 | 147 | 250 | 453 |
| 합계 | 승휴 | 1 | 1 | 12 | 7 | 21 | 0 | 0 | 4 | 4 | 5 | 58 | 67 |
| | 승순 | 20 | 8 | 76 | 10 | 114 | 10 | 40 | 77 | 127 | 46 | 176 | 349 |
| | 승례 | 27 | 9 | 58 | 28 | 122 | 22 | 52 | 86 | 187 | 270 | 270 | 511 |
| | 계 | 48 | 18 | 146 | 45 | 257 | 32 | 92 | 167 | 318 | 321 | 504 | 927 |

| | | 조부와 처조부 관력(조부/처조부) | | | | | 비고 |
|---|---|---|---|---|---|---|---|
| | | 1~2 | 3상 | 3~9 | 불명·미사 | 계 | |
| 15세 | 승휴계 | 1/0 | 0/0 | 0/1 | 0/0 | 1 | |
| | 승순계 | 3/2 | 0/0 | 0/1 | 0/0 | 3 | |
| | 승례계 | 4/3 | 0/0 | 0/1 | 0/2 | 4 | |
| | 계 | 8/5 | 0/0 | 0/3 | 0/2 | 8 | |
| 16 | 승휴 | 0/1 | 0/0 | 2/0 | 4/5 | 6 | |
| | 승순 | 6/3 | 0/0 | 0/2 | 0/1* | 6 | * 태종 |
| | 승례 | 7/0 | 3/0 | 0/0 | 0/0 | 10 | * 세조비 정희왕후 |
| | 계 | 13/4 | 3/0 | 2/2 | 4/6 | 22 | |
| 17 | 승휴 | 2/0 | 0/0 | 2/0 | 4/8 | 8 | |
| | 승순 | 9/3 | 6/1 | 0/11 | 0/5 | 20 | |
| | 승례 | 24/3 | 0/2 | 0/10 | 0/9* | 24 | * 1은 태종 |
| | 계 | 35/6 | 6/3 | 2/21 | 4/22 | 52 | |
| 18 | 승휴 | 2/0 | 0/1 | 1/0 | 0/2 | 3 | |
| | 승순*1 | 0/3 | 3/2 | 5/8 | 0/24*2 | 37 | *1 성종비 정현왕후, *2 1은 세종 |
| | 승례 | 38/13 | 0/0 | 15/20 | 0/19 | 53 | |
| | 계 | 40/16 | 3/3 | 24/28 | 0/35 | 93 | |
| 19 | 승휴 | 0/0 | 0/0 | 1/0 | 2/3 | 3 | |
| | 승순 | 3/7 | 15/0 | 16/18 | 1/25 | 50 | |
| | 승례 | 0/6 | 2/5 | 24/24 | 0/34 | 69 | |
| | 계 | 3/10 | 17/5 | 41/42 | 3/62 | 122 | |
| 합계 | 승휴 | 5/0 | 0/1 | 6/2 | 10/17 | 21 | |
| | 승순 | 21/18 | 24/3 | 21/40 | 0/66 | 138 | |
| | 승례 | 73/35 | 5/8 | 39/60 | 0/66 | 160 | |
| | 계 | 99/41 | 29/11 | 10/96 | 11/157 | 295 | |

---

80) 앞 〈표 2-3, 5, 8, 9〉에서 종합.

　이상에서 파평윤씨 척계 15~16세는 대부분이 그들의 부조와 관력이 비슷한 유력성관의 자녀와 통혼하였고, 그 중에서도 근친과의 통혼을 선호하였다고 하겠다.

# 제3장  淸州韓氏(渥系)

  淸州韓氏는 羅末麗初의  三韓開國壁上功臣三重大匡門下太尉  蘭[1]을  시조로
성립된 가문이다.  청주한씨는 고려 충렬왕대(1274~1308)까지는 크게 떨치지
못하였고,[2] 충선왕 즉위년(1308)에 공포된 왕실과 혼인을 할 수 있는 宰相之宗
15가문에도 들지 못하였다.[3]  그러나 난의 6대손인 康(1228~1303)이 충렬왕
대에 都僉議中贊判典理司事를 역임하고, 그 후손인 渥(1274~1365, 강손)과
大淳(?~1355)·公義(1307~1365)·仲禮(?~?)·公衍(?~?)·方信(?~?)·方道
(?~1374)(모두 악자), 蕆(?~?, 대순자)·脩(1338~1384)·理(?~1392)(공의자)가
모두 재상이 됨으로써[4] 크게 현달하였다.

---

1)  韓相鎭撰  始祖(蘭)遺基敍事碑文(청주 방정리 소재).

2)  원종대(1259~74)까지 생존한 2~6세를 보면 다음과 같이 6대 광윤을 제외하고는
     모두 미관이었다(『청주한씨족보』(1827년본, 계명대학교도서관 소장. 이하에서는
     『한씨족보』로 약칭한다).

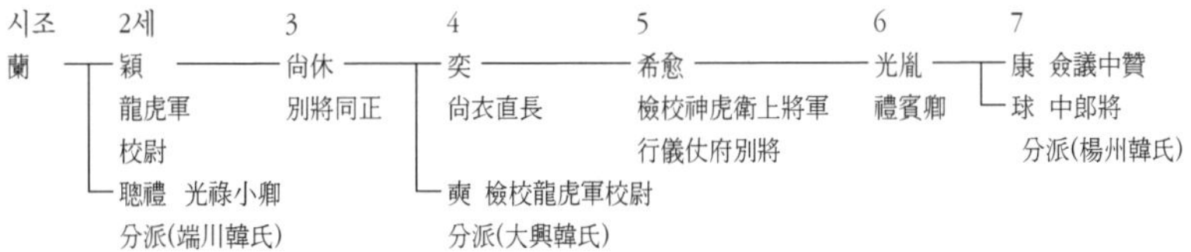



   그러나 2대 聰禮(영제)에서 분파된 端川韓氏는 彦恭(940~1004, 총례자)는 侍中, 祚(언공
   자)는 정종의 국구로서 知西京留守使, 安仁(?~1122)은 中書侍郎平章事를 각각 역임하면
   서 번창하였다. 또 7대 球에서 분파된 楊州韓氏는 蘭卿은 성종대에 평장사를 역임하였
   고, 4대 奭에서 분파된 大興韓氏는 惟忠(?~1146)과 文俊(?~1190, 유충자)이 각각 평장사
   를 역임하는 등으로 현달하였다.(『족보』 참조)

3) 『고려사』 권33, 충선왕 즉위년 11월 신미. '재상지종'에 대해서는 閔賢九, 「高麗後期의
     權門世族」(『한국사』 8, 1974) 27~30쪽 참조.

4) 『고려사』 권107, 한강열전 및 같은 책 권38~44, 공민왕세가 참조. 악 등의 최고

고려말~조선 성종대에는 方信의 2남인 安이 공민왕시해사건으로 賜死되고5) 蕆·理가 조선개국에 불복함에 따라6) 한 때는 위축되었다. 그러나 조선의 개국과 함께 卿의 딸이 太祖節妃에 追封되고,7) 尙質(부 脩)이 조선의 국호를 청하는 奏聞使로 入明하여 이를 성공적으로 수행하며,8) 尙敬(상질제)이 開國3 등공신에 책록되고 領議政府事까지 승진함에 따라9) 이전의 성세가 회복되었다. 이어 단종~세조대에 確(방신 증손, 永矴자)과 明澮(상경손)가 각각 수차의 공신에 책록 및 좌의정과 영의정을 역임하고,10) 이들의 후광으로 다음의 〈도 3-1〉에서와 같이 조선초기에 承旨-13명(전체 274명) 參判-14(315) 判書 -9(227) 贊成-4(80) 議政-4(67) 府院君-4(13) 및 功臣-26(375)을 배출하는 등 극성하였다.11) 이에서 청주한씨는 成俔의『傭齋叢話』(권10)에는 당시(성종대)의 대표적인 명문-鉅族으로 기술되었다.

그런데 連~卿派는 현재 청주한씨와 구별하여 谷山韓氏로 표기하고 있다. 이에서 이 장에서는 조선전기에 가장 극성하였던 악의 손자 수, 이, 제, 휴, 영의 자~5대손의 出仕路 歷官 通婚圈 家系意識을『朝鮮王朝實錄』,『韓氏族譜』, 『萬姓大同譜』,『國朝人物考』,『國朝文科榜目』등의 기사를 통하여 살피기로 한다.

---

관직은 다음과 같다.

| | | |
|---|---|---|
| 악 : 僉議右政丞上黨府阮君 | 공연 : 政堂文學 | 수 : 右文館大提學淸城君 |
| 대순 : 知都僉議使司 | 방신 : 僉議贊成事西城君 | 이 : 吏部判書 |
| 공의 : 戶部尙書淸城君 | 방도 : 西海道副元帥 | |
| 중례 : 政堂文學繼城君 | 천 : 藝文館提學 | |

5) 『고려사절요』권29, 공민왕 23년 9월조.

6) 『한씨족보』천·이항조.

7) 『태조실록』권15, 태조 7년 11월 계미 追尊皇妣節妃韓氏爲神懿王后.

8) 『정종실록』권3, 정종 2년 1월 을해 졸기.

9) 『세종실록』권19, 세종 5년 3월 무자 졸기.

10) 『국조인물고』한확 및 한명회 비명.

11) 졸고, 1987,「朝鮮初期 六曹硏究 添補」(『大丘史學』33, 4~5쪽, 1987 및「朝鮮初期 承政院硏究」(『韓國史硏究』59, 38~49쪽, 鄭杜熙, 1983,『朝鮮初期 政治支配勢力硏究』(一潮閣) 9~42쪽과 198~244쪽에서 종합.

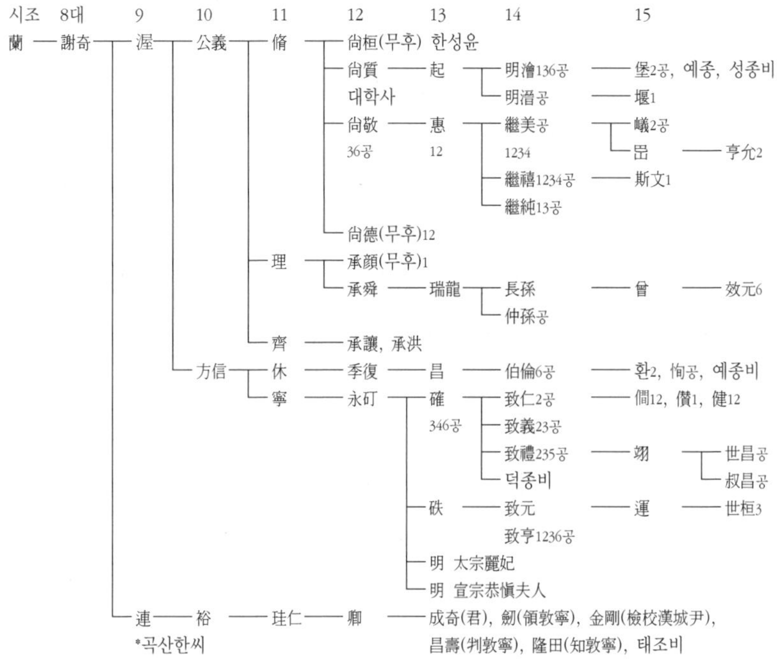



# 1. 家門의 展開

## 1) 渥-公義-脩, 理系

### (1) 脩-尙質, 尙卿系

#### 가) 脩-尙質系

시조 蘭의 11대손인 12세 尙質은 경주이씨 문하시중 成林·청주송씨 청풍군

---

12) 『조선왕조실록』, 『국조인물고』, 앞 졸저(2020), 『한씨족보』 등에서 종합. 뒤 〈도 3-2, 3, 4〉의 출전도 같다.

사 臣議의 딸과 감찰 起와 진주강씨 좌랑 策·파평윤씨 파평군 坤·창녕성씨 첨지중추 扱에게 출가한 3녀를 두었다.

13세 기는 여주이씨 예문관직제학 遜의 딸과 영의정 明澮·전구서승 明溍의 2남과 생원 宋秀琳에게 출가한 딸을 두었다.

14세 명회는 좌리공신도총관 堡·봉례 澍·鈐川君 磻·예종(章順王后)·성종(恭惠王后)에게 출가한 4녀, 성종부마 淸寧尉 등 6손자·정자 李光 등에게 출가한 3손녀를 두었다.[13] 명진은 이조참판 堰·첨정 金孟誠에게 출가한 1녀, 통례원사 弘潤 등 4손자·정랑 李守謙 등에게 출가한 4손녀를 두었다.


나) 脩-尙敬系

시조 난의 11대손인 12세 尙敬은 해주오씨 판도판서 俊良의 딸과 함길도관찰사 惠와 전의이씨 한성부판윤 土寬 등에게 출가한 2녀를 두었다.

13세인 혜는 성주이씨 동지총제 穗·창녕성씨 판중추 達生의 딸과 영중추 繼美·좌찬성 繼禧·행이판 繼純 등 5남과 진주유씨 첨지중추 均·거창신씨 첨중 先庚·예조정랑 李永瑞에게 출가한 3녀를 두었다.

14세 繼胤은 형조정랑 埈 등 3남과 달성서씨 徐赳 등에게 출가한 3녀, 손자 대호군 承乾·승문참교 承坤을 두었다.[14]

계미는 좌리공신판한성 巇 등 3남과 安川君 權彰 등에게 출가한 3녀, 한성판윤 亨榮 등 4손자와 사섬정 洪士俯 등에게 출가한 2손녀를 두었다.

계희는 정국공신공판 斯文 등 6남과 부사 文禧에게 출가한 딸, 예조참판 胤昌 등 15손자와 사복정 許紳 등에게 출가한 7손녀를 두었다.

계선은 연기현감 斑 등 4남과 南悌 등에게 출가한 3녀, 검교참판 孝孫

---

13) 서술의 번다함을 피하여 대표적인 아들과 사위에 한정하여 서술한다(생략된 아들과 사위는 뒤 〈표 3-13〉 참조. 이하 3~8장도 같다).

14) 서술의 번다함을 피하여 대표적인 아들과 사위에 한정하여 서술한다(생략된 아들과 사위는 뒤 〈표 3-13〉 참조. 이하 3~8장도 같다).

등 9손자와 柳偉 등에게 출가한 2손녀를 두었다.

계순은 상호군 崑 등 2남과 盧聆 등에게 출가한 4녀, 상호군 鍾壽 등 5손자를 두었다.

지금까지 살핀 수 상질·상경계 12~16세 가계를 주요 관직자를 중심으로 정리하면 다음과 같다.

〈도 3-2〉 청주한씨 수-상질·상경계 12~16세 주요관직자 가계[15]

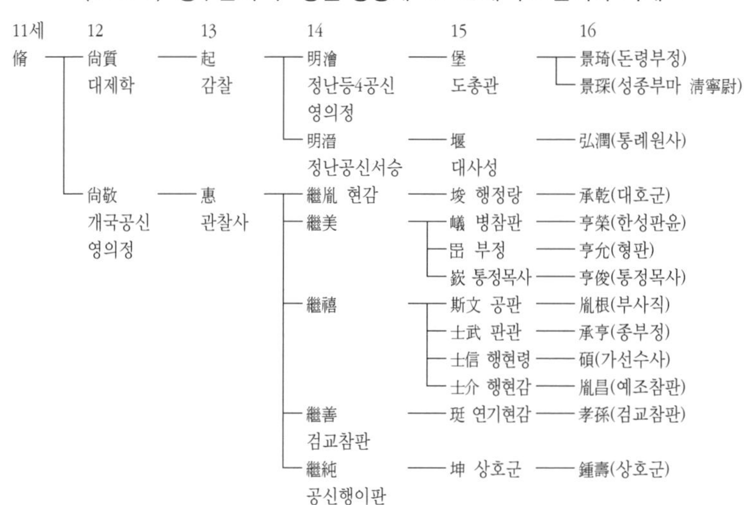


## (2) 理-承舜系

시조 난의 11대손인 12세 承舜은 고성이씨 판중추 勳·해풍장씨 판황주목사 대유의 딸과 지중추 瑞龍·이조정랑 瑞鳳·청원군 瑞龜의 3남과 인천이씨 청풍 군사 繼忠·예조정랑 심문 등에게 출가한 5녀를 두었다.

13세 서룡은 청도김씨 참찬 漸의 딸과 내자정 長孫·병마우후 仲孫·좌익공신 병참판 終孫·첨지 千孫·병사 萬孫의 5남과 지중추 金永濡 등에게 출가한

---

15) 뒤 〈표 3-12〉에서 종합(뒤의 〈도 3-4~5〉도 같다).

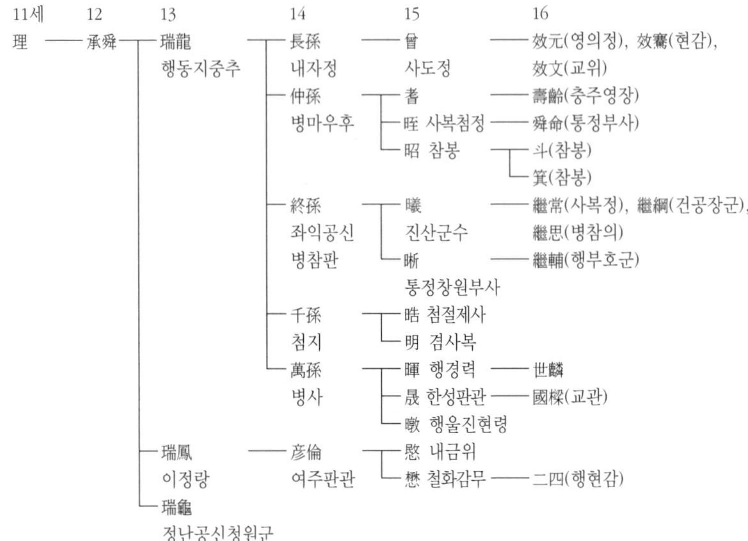

〈도 3-3〉 청주한씨 理-承舜계 12~16세 사관자 가계

3녀를 두었다. 서봉은 여주판관 彦倫과 우의정 琮 등에게 출가한 3녀를 두었다. 서구는 正倫과 戊辰을 두었다.

14세 장손은 철원부사 曾·지평 昫(무후)의 2남, 영의정 效元 등 3손자와 군수 安潤福 등에게 출가한 6손녀를 두었다.[16]

중손은 의금부도사 晤 등 4손자와 봉례 崔淑信 등 에게 출가한 3녀, 사복첨정 旺 등 4손자와 孫洧 등에게 출가한 7손녀를 두었다.

종손은 진산군수 曦·통정창원부사 晰과 안산김씨 金孟眸에게 출가한 딸, 사복정 繼常 등 4손자와 주부 申磧 등에게 출가한 4손녀를 두었다.

천손은 첨사 晧·明(무후), 손자 仁과 주부 申鑄 등에게 출가한 2손녀를 두었다.

만손은 한성판관 晟 등 4남과 柳承濵등에게 출가한 4녀, 경력 世麟 등

---

16) 서술의 번다함을 피하여 대표적인 아들과 사위에 한정하여 서술한다(생략된 아들과 사위는 뒤 〈표 3-13〉 참조. 이하 3~8장도 같다).

4손자와 판결사 辛宗胤 등에게 출가한 2손녀를 두었다.

언륜은 내금위 愍·현감 懋, 興祚 등 3손자와 판관 尹文亨 등에게 출가한 3손녀를 두었다.

지금까지 살핀 이승순계 12~16세 가계를 주요 관직자를 중심으로 정리하면 〈도 3-3〉과 같다.

### 2) 渥-公義-齊-承讓系

승양계는 12~16세를 합해 확인된 자손이 16명이고 사관자가 5명에 불과하기에 큰 의미가 없지만 그 가계의 전개를 보면 다음과 같다.

난의 11대손인 12세 낭장 承讓은 전서 瑞鵬과 瑞迪을 두었고, 13세 서붕은 전주이씨와 감찰 乙富 등 4남을 두었다.[17]

14세 인부는 義禮와 선문 등 2손자, 을부는 참봉 安禮 등 2남과 부사직 節文 등 2손자를 두었다.

### 3) 渥-方信-休-季復, 寧系

### (1) 休-季復系

시조 난의 11대손인 12세 季復은 곡성염씨 대사헌 廷秀의 딸과 강원관찰사 昌·첨지 黎·부사맹 茂·사직 發의 4남과 주부 文承宥·현감 朴秀林에게 출가한 2녀를 두었다.

13세 창은 우의정 伯倫·현령 叔倫과 호군 元淳 등에게 출가한 4녀, 첨지 黎는 敍倫·有倫, 부사직 茂는 金有全 등에게 출가한 2녀, 사직 發은 厚倫·謹倫과

---

17) 서술의 번다함을 피하여 대표적인 아들과 사위에 한정하여 서술한다(생략된 아들과 사위는 뒤 〈표 3-13〉 참조. 이하 3~8장도 같다).

李智文 등에게 출가한 2녀를 두었다.

14세 백륜은 참판 懽 등 4남과 예종·전주이씨 龜城君 李浚 등에게 출가한 5녀, 호판 慶錫 등 6손자와 伊城君 李壽剛 등에게 출가한 4손녀를 두었다.[18] 숙륜은 별좌 忻·감찰 忭과 지군사 尹仁著에게 출가한 딸, 군수 慶道 등 5손자와 柳邦英 등에게 출가한 3손녀를 두었다.

지금까지 살핀 휴-계복계 12~16세 가계를 주요 관직자를 중심으로 정리하면 다음과 같다.

〈도 3-4〉 휴-계복계 12~16세 주요 관직자 가계

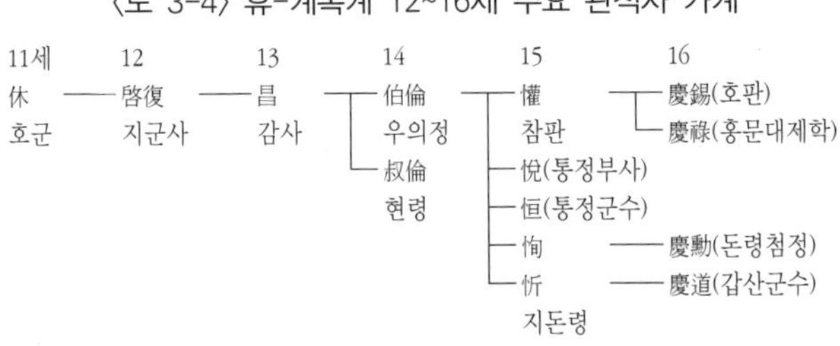


## (2) 休-寧(-永矴-確, 碤, 砆)系

가) 永矴-確系

시조 蘭의 11대손인 12세 지군사 永矴은 佐命3等功臣兵曹參判義城君 金英烈의 딸과의 사이에 좌의정 確·호조참의 碤·공조정랑 질의 3남과 明에 貢女로 들어가 明太宗麗妃와 明宣宗恭愼夫人이[19] 된 2녀를 두었다.

13세 確은 吏判 洪汝方의 딸과 죄리공신판돈령 致仁·좌리공신병판 致義·좌리공신영돈령 致禮의 3남과 德宗(桃原君, 성종생부)·桂陽君 李增 등에게 출가

---

18) 서술의 번다함을 피하여 대표적인 아들과 사위에 한정하여 서술한다(생략된 아들과 사위는 뒤 〈표 3-13〉 참조. 이하 3~8장도 같다).

19) 貴妃는 정1품 후궁인데, 황후 다음의 서열로 후궁 중에서는 가장 지위가 높다. 부인은 2품이다.

한 6녀를 두었다.[20)

14세 致仁은 형참판 僩·이참판 健 등 4남과 牧使 李承元 등에게 출가한 3녀, 부정 世傑 11손자와 高川君 申永洪 등에게 출가한 4손녀를 두었다.

致義는 지중추 偉·군수 偉과 의 2남, 호조정랑 守道 등 8손자와 현감 鄭龜年 등에게 출가한 3손녀를 두었다.

致禮는 공조정랑 翊과 목사 李文植 등에게 출가한 2녀, 손자 정국공신 첨지중추 世昌·정국공신가선판결사 叔昌을 두었다.


나) 永矴-磾系

시조 난의 12대손인 13세 磾은 가선대부수사 忠仁·이조참의 忠智 등 7남과 이판 成健에게 출가한 딸을 두었다.

14세 충인은 첨정 謹 등 3남과 좌의정 愼守勤 등에게 출가한 3녀, 호조참판 鵬 등 5손자와 정 鄭浣 등에게 출가한 3손녀를 두었다.[21)

忠義는 직장 伯과 수사 金克愧 등에게 출가한 3녀, 손자 직장 鶴과 감찰 朴守緯 등에게 출가한 2손녀를 두었다.

忠禮는 이조참의 汲 등 3남과 목사 金俶·德津君 李藏에게 출가한 딸, 왕자사부 世熙 등 10손자와 仁昌令 李存亨 등에게 출가한 2손녀를 두었다.

충지는 만호 俊 등 5남과 鄭永孫에게 출가한 딸, 조지서별제 世琛 등 5손자와 봉례 洪澍 등에게 출가한 5손녀를 두었다.

忠信은 정언 讚과 손자 부사과 鳴을 두었다.

忠常은 별좌 澮 등 3남과 군수 李克昌 등에게 출가한 3녀, 世立 등 3손자와 豊原監 李億貞 등에게 출가한 3손녀를 두었다.

---

20) 서술의 번다함을 피하여 대표적인 아들과 사위에 한정하여 서술한다(생략된 아들과 사위는 뒤 〈표 3-13〉 참조. 이하 3~8장도 같다).

21) 서술의 번다함을 피하여 대표적인 아들과 사위에 한정하여 서술한다(생략된 아들과 사위는 뒤 〈표 3-13〉 참조. 이하 3~8장도 같다).

忠順은 무과급제 樞 등 3남과 金世卿에게 출가한 딸, 敬등 3손자와 군수 李寅坤 등에게 출가한 4손녀를 두었다.


다) 永矴-砆系

시조 난의 12대손인 13세 질은 摠制 趙敍의 딸과의 사이에 군자첨정 致元·영의정 致亨·좌통례 致良·봉사 致美를 두었다.

14세 致元은 별좌 達 등 5남, 좌참찬 世恒 등 9손자와 李承叔 등에게 출가한 5손녀를 두었다.[22] 치형은 현감 迹과 현감 朴有琛에게 출가한 딸, 주부 崔至誠 등에게 출가한 3손녀를 두었다. 치량은 군수 禹昌 등 4남, 사직서령 湑 등 5손자를 두었다. 치미는 아들 從孫과 손자 良遜을 두었다.

지금까지 고찰한 영정(-확, 전, 질)계 12~16세 주요 관직자 가계를 정리하면 다음 〈도 3-5〉와 같다.

그런데 위에서의 이러한 내용을 13대-16대별로 보면 13대는 3명 모두가 사관하였다. 14대의 13명은 12명이 사관하였고, 특히 좌의정을 역임한 확의 3아들과 장인이 양녕대군 李禔인 치형은 판서 이상을 역임하였다. 15대의 33명은 23명이 사관하였는데, 확계는 7명 모두가 2품관(4명)과 4품 이상(당하관 2, 4품 1)을 역임하였음에 비하여, 진과 질계는 반수 정도가 당상관(2품 1 정3 당상 1)과 4품이하(4품 4, 5품 이하 9)였다. 16대와 17대는 확계의 경우에 16대는 21명 중 14명, 17대는 51명 중 26명이 각각 사관하고 사관자는 모두 정3품 이하를 역임함에 그쳤다.

이를 볼 때 확·진·질계는 같은 영정계지만 부·조 등의 역관과 관련되어 출사·역관에 차이가 있었고, 가장 현달한 확계에 있어서도 확의 자·손대까지는 성세를 유지하였으나 증손대 이후는 많이 약화되었음을 알 수 있다.

이상에서 청주한씨는 고려후기(원지배기)에 僉議中贊 康과 그 자손의 현달

---

22) 서술의 번다함을 피하여 대표적인 아들과 사위에 한정하여 서술한다(생략된 아들과 사위는 뒤 〈표 3-13〉 참조. 이하 3~8장도 같다).

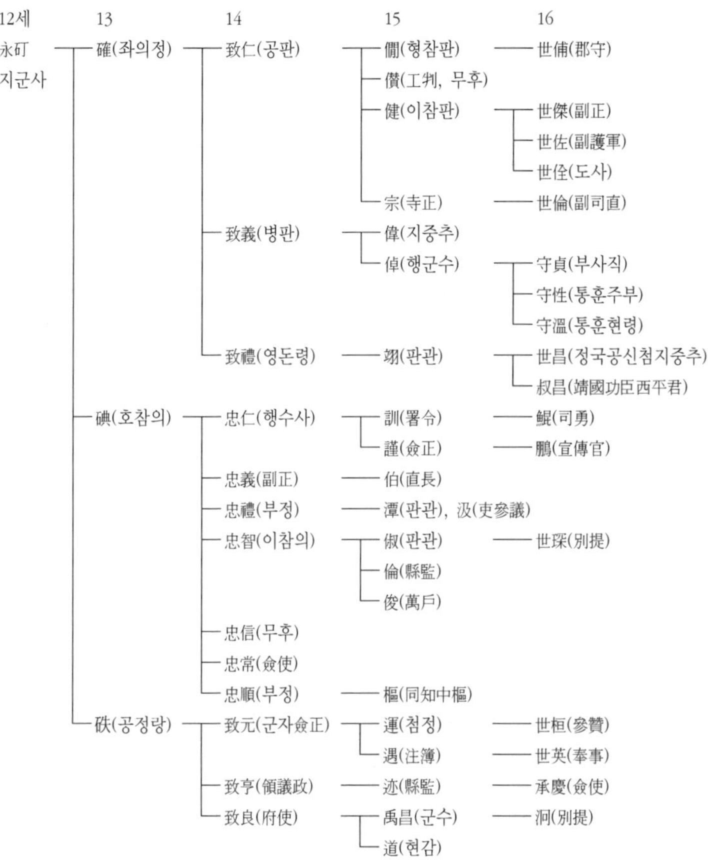



로 유력한 귀족가문이 되었고, 이후 고려말과 조선전기까지 족세가 번창하였
으며, 이 중 세조~성종대에는 척족가문이면서 당시의 대표적인 거족가문이
되었다. 조선전기에는 청주한씨 중에서도 9세 僉議右政丞 渥의 자손이 다수의
왕비와 공신, 의정·판서 등을 배출하면서 중심계파가 되었다.

지금까지 살펴본 악의 3대손(12세)~7대손(16세)을 세대별과 남·여계로
구분하여 재정리하여 제시하면 다음 〈표 3-1〉과 같다.

〈표 3-1〉 청주한씨 악계 12~16세 남/여계 자손[23]

| | 12세 | 13 | 14 | 15 | 16 | 계 |
|---|---|---|---|---|---|---|
| 상질계 | 1/0/1 | 1/3/4 | 2/1/3 | 2/5/7 | 10/7/17 | 16/16/32 |
| 상경계 | 1/0/1 | 1/2/3 | 5/3/8 | 18/14/32 | 39/15/54 | 64/34/98 |
| 승순계 | 1/0/1 | 3/5/8 | 8/6/14 | 16/8/24 | 25/32/57 | 53/51/104 |
| 승양계 | 1/1/2 | 2/?/2 | 4/?/4 | 3/?/3 | 4/?/4 | 14/1/15 |
| 계복계 | 1/0/1 | 4/2/6 | 6/8/14 | 6/6/12 | 11/7/18 | 28/23/51 |
| 영정계 | 1/0/1 | 3/2/5 | 12/5/17 | 36/19/55 | 65/35/100 | 117/61/178 |
| 합계 | 6/1/7 | 14/14/28 | 37/23/60 | 81/52/133 | 154/96/250 | 292/186/478 |

# 2. 渥(-公義, 方信)系의 歷官과 人事行政

## 1) 出仕路

청주한씨 악계 12~16세의 출사로는 다음의 표와 같이 상질계는 12~16세를 합해 문과가 2명이고, 무과가 1명이고, 음서가[24] 9명(13세-1, 14세-2, 16세-6)이며, 기타가 1명이다.

상경계는 12세는 문과가 1명이고, 13세는 음서와 기타가 각1명이고, 14세는 문과가 1명이고 음서가 4명이며, 15세는 음서가 15명이고, 16세는 문과가 3명이고 무과가 1명이고 음서가 24명이며 기타가 17명이다. 12~16세 47명은 문과가 5명이고, 무과가 1명이고, 음서가 24명이며, 기타가 17명이다.

---

23) 뒤 〈표 3-13〉에서 종합(승홍계 제외).

24) 관찬사료에서 확인된 음서자는 소수에 불과하다. 이 장에서는 『청주한씨족보』에 음서가 적기된 인물과 음서규정·사관자 부조의 관력을 볼 때 음서로 추측되는 경우도 포함하여 파악한다(음서규정과 사관자의 부조 관력은 앞 2장 주17)과 뒤 〈표 3-12〉 참조). 『조선왕조실록』등 관찬사료와 『청주한씨족보』에서 확인된 음서자는 다음과 같다.
관찬사료 : 계미, 계순, 명진, 명회, 백륜, 보, 사계, 사문, 사신, 위, 익, 의, 치의, 치인, 치형.
족보 : 사개, 서룡, 석, 숙륜, 증, 절, 질, 희.

<표 3-2> 청주한씨 악계 12~16세 출사로와 출사율[25]

| | 12세 | | | | | 13 | | | | 14 | | | | | 15 | | | | |
|---|---|---|---|---|---|---|---|---|---|---|---|---|---|---|---|---|---|---|---|
| | 문과 | 무과 | 음서 | 기타 | 계 | 문 | 음 | 기 | 계 | 문 | 무 | 음 | 기 | 계 | 문 | 무 | 음 | 기 | 계 |
| 상질계 | 1 | | | | 1 | | 1 | | 1 | | | 2 | | 2 | 1 | 1 | | | 2 |
| 상경계 | 1 | | | | 1 | | 1 | | 1 | 1 | | 4 | | 5 | | | 15 | | 15 |
| 승순계 | | 1 | | | 1 | | 3 | | 3 | 4 | 1 | 1 | | 6 | | 1 | 3 | 8 | 12 |
| 제계 | | | 1 | | 1 | 1 | | | 1 | | | 1 | | 1 | | | | 1 | 1 |
| 계복계 | | | 1 | | 1 | | | 4 | 4 | | | 2 | | 2 | | | | 4 | 4 |
| 영정계 | | | | 1 | 1 | | 3 | | 3 | 2 | 4 | 8 | | 14 | 2 | 2 | 11 | 10 | 25 |
| 합계 | 2 | 1 | 2 | 1 | 6 | 1 | 8 | 4 | 13 | 1 | 6 | 14 | 9 | 30 | 3 | 4 | 33 | 19 | 59 |

| | 16 | | | | | 합계 | | | | | 미출사자[1] | 총계(/출사율) |
|---|---|---|---|---|---|---|---|---|---|---|---|---|
| | 문 | 무 | 음 | 기 | 계 | 문 | 무 | 음 | 기 | 계 | | |
| 상질계 | | | 6 | 1 | 7 | 2 | 1 | 9 | 1 | 13 | 3 | 16/81% |
| 상경계 | 3 | 1 | 5 | 17 | 26 | 5 | 1 | 24 | 17 | 47 | 27 | 64/73 |
| 승순계 | 1 | 3 | 3 | 7 | 14 | 1 | 9 | 10 | 16 | 36 | 27 | 53/72 |
| 제계 | | | | 1 | 1 | 1 | 0 | 2 | 2 | 5 | 7 | 12/42 |
| 계복계 | | | 4 | 2 | 6 | 0 | 0 | 11 | 6 | 17 | 11 | 28/61 |
| 영정계 | 1 | 2 | 14 | 14 | 31 | 3 | 6 | 32 | 33 | 74 | 41 | 115/68 |
| 합계 | 5 | 6 | 32 | 42 | 85 | 12 | 17 | 88 | 75 | 192 | 96 | 288/69 |

*1 뒤 <표 2-> 에서 종합.

승순계는 12세는 무과가 1명이고, 13세는 음서가 3명이고, 14세는 무과가 4명이고 음서와 기타가 각1명이며, 15세는 무과가 1명이고 음서가 3명이고 기타가 8명이며, 16세는 문과가 1명이고 무과와 음서가 각각 3명이고 기타가 7명이다. 12~16세 36명은 문과가 1명이고, 무과가 9명이고, 음서가 10명이며, 기타가 16명이다.

제계 12~16세 5명은 문과가 1명이고, 음서와 기타가 각2명이다(무과는 없다).

계복계 12~16세 11명은 문과와 무과는 없고, 음서가 11명이며, 기타가 6명이다.

---

25) 『조선왕조실록』태조 1~세종 5년조, 『국조문과방목』, 『국조인물고』 成石璘 행장, 『獨谷集』연보 등에서 종합(음서후에 문과와 무과에 급제한 경우는 음서에 포함시켰고, 기타는 천거와 사로불명자 등이다. 뒤의 3~8장도 같다).

영정계는 12세는 기타가 1명이고, 13세는 음서가 3명이고, 14세는 무과가 2명이고 음서가 4명이고 기타가 8명이며(문과는 없다), 15세는 문과와 무과가 각각 2명이고, 음서가 11명이고, 기타가 10명이며, 16세는 문과가 1명이고, 무과가 2명이고, 음서와 기타가 각각 14명이다. 12~16세 74명은 문과가 3명이고, 무과가 6명이며, 음서가 32명이며, 기타가 33명이다.

세대별로는 12세는 6명 중 문과와 음서가 각각 2명 33%이고 무과와 기타가 각각 1명 17%이며, 13세는 13명은 문과가 1명 8%이고 음서가 8명 62%이고 기타가 4명 31%이며, 14세 30명은 문과가 1명 3%이고 무과가 6명 20%이고 음서가 14명 47%이고 기타가 9명 30%이며, 15세 59명은 문과가 3명 5%이고 무과가 6명 10%이고 음서가 33명 56%이고, 기타가 19명 32%이며, 16세 85명은 문과가 5명 6%이고 무과가 6명 7%이고 음서가 32명 38%이고 기타가 42명 49%이다. 출사로 별로는 192명 중 문과가 12명 6%이고, 무과가 17명 9%이고, 음서가 88명 46%이며, 기타가 75명 39%이다.

또 이와 관련시켜 출사율을 보면 세대별로는 각각 12세는 100%(6/6명), 13세는 93%(13/14), 14세는 81%(30/37), 15세는 74%(59/80), 16세는 56%(85/153)이며, 12~16세를 합해서는 66%(192/290)이다. 계파별로는 상질계가 81%(13/16명)이고, 상경계가 73%(47/64)이고, 승순계가 72%(36/53)이고, 제계가 42%(7/12)이고, 계복계가 61%(17/28)이며, 영정계가 68%(74/115)이다.

이를 볼 때 자손이 적고 최고 관직이 정3품 당상관 이하인 제계를 제외하면 문과와 무과가 6%와 9%에 불과한 반면 음서와 기타는 46%와 39%에 달하였다. 이중 음서는 계파별로는 28(승순)~65%(계복)였고, 세대별로는 33(12세)~62%(13)였다. 문, 무과와 음서의 이러한 비율은 척족에 대한 세조와 성종의 우대, 이와 관련된 수십 명의 공신·당상관 등 진출과[26] 관련하여

---

26) 청주한씨가 극성한 시기(세조가 집권한 단종 1년으로부터 성종 25년)에 한명회 등 15명이 공신에 책록되었고, 한확 등 30여 명이 정1~종2품관직(관계)에 재직하거나 승진하였다. 이 중 공신은 다음과 같다(뒤 〈표 3-3, 12〉에서 종합).

자손에게 음서의 혜택을 줄 수 있는 관직자가 많았음에서 기인되었다고 하겠다. 또 청주한씨 악계 13~16세의 출사는 주로 음서에 의하였고,[27] 소수가 문과와 무과에 의하였다고 하겠다. 즉 조선초기 청주한씨는 왕실의 비호, 음서를 통한 출사와 수십명의 공신·당상관을 배출하면서 정치에 큰 영향력을 발휘하면서 세조~성종대의 대표적인 양반-유력척족가문으로 정착되고 계승되었다고 하겠다.

### 2) 官歷

#### (1) 최고 관직

악계 12~16세 출사자 93명의 최고 관직을 보면 다음의 표와 같이 대별로는 12세 6명은 정1~종2품관과 정3~종6품관이 각각 3명이었다. 13세 13명은 1~2품이 4명이고, 정3품당상이 3명이고, 3~6품이 5명이다. 14세 30명은 1~2품이 14명이고, 정3당상이 3명이고, 3~6품이 11명이며, 기타(7~9품·불명)가 2명이다. 15세 59명은 1~2품이 9명이고, 정3당상이 7명이고, 3~6품이 53명이며, 기타가 7명이다. 16세 83명은 1~2품이 10명이고, 정3당상이 7명이고, 3~6품이 53명이며, 기타가 13명이다. 12~16세 190명은 1~2품이 41명 21%이고, 정3당상이 20명 11%이고, 3~6품이 107명 56%이며, 기타(7~9품·불

---

| | | |
|---|---|---|
| 계미(좌익·적개3, 좌리2), | 백륜(익대3, 좌리2), | 치레(좌리4), |
| 계순(익대1, 좌리3), | 보(좌리4), | 치의(좌리4), |
| 계희(익대3, 좌리2), | 서구(정난3), | 치인(좌리4), |
| 명진(정난3), | 의(좌리4), | 치형(좌리4), |
| 명회(정난·좌익·익대·좌리1), | 종손(좌익3), | 확(정난·좌익1). |

27) 예컨대 영정계의 경우에 악의 후손인 여러 계파 중에서도 번창하였지만 備·佸·住·洞·俊·侑·儐·億·夢祥·倜·瀕·頊·顯·顗·叢·坌·顒·慈·蕙·胤宗·洽 등 21명은 6대, 世備·世佑·世任·世傑·世佐·世佺·世儉·世倫·守善·守貞·守性·守溫·世昌·叔昌·鯤·鵬·世琛·世英·承慶·泂 등 20명은 5대, 僴 등 21명은 4대, 致仁 등 12명은 3대였다.

명)가 22명 12%이다.

〈표 3-3〉 청주한씨 악계 12~16세 최고관직[28)

|  | 12세 | | | | | 13 | | | | | 14 | | | | |
|---|---|---|---|---|---|---|---|---|---|---|---|---|---|---|---|
|  | 1-2 | 3상 | 3-6 | 기타 | 계 | 1-2 | 3상 | 3-6 | 기 | 계 | 1-2 | 3상 | 3-6 | 기 | 계 |
| 상질계 | 1 | 0 | 0 | 0 | 1 | 0 | 0 | 1 | 0 | 1 | 1 | 0 | 0 | 1 | 2 |
| 상경 | 1 | 0 | 0 | 0 | 1 | 1 | 0 | 0 | 0 | 1 | 4 | 0 | 1 | 0 | 5 |
| 승순 | 1 | 0 | 0 | 0 | 1 | 2 | 0 | 1 | 0 | 3 | 2 | 1 | 3 | 0 | 6 |
| 제 | 0 | 0 | 1 | 0 | 1 | 0 | 1 | 0 | 0 | 1 | 0 | 0 | 1 | 0 | 1 |
| 계복 | 0 | 0 | 1 | 0 | 1 | 1 | 1 | 2 | 0 | 4 | 1 | 0 | 1 | 0 | 2 |
| 영정 | 0 | 0 | 1 | 0 | 1 | 1 | 1 | 1 | 0 | 3 | 6 | 2 | 5 | 1 | 14 |
| 합계 | 3 | 0 | 3 | 0 | 6 | 4 | 3 | 5 | 0 | 13 | 14 | 3 | 11 | 2 | 30 |

|  | 15 | | | | | 16 | | | | | 합계 | | | | |
|---|---|---|---|---|---|---|---|---|---|---|---|---|---|---|---|
|  | 1-2 | 3상 | 3-6 | 기타 | 계 | 1-2 | 3상 | 3-6 | 기 | 계 | 1-2 | 3상 | 3-6 | 기 | 계 |
| 상질계 | 1 | 1 | 0 | 0 | 2 | 1 | 0 | 5 | 1 | 7 | 4 | 1 | 6 | 2 | 13 |
| 상경 | 2 | 2 | 10 | 0 | 14 | 5 | 2 | 18 | 1 | 26 | 13 | 4 | 29 | 1 | 47 |
| 승순 | 0 | 1 | 9 | 2 | 12 | 1 | 3 | 5 | 3 | 12 | 6 | 5 | 18 | 7 | 36 |
| 제 | 0 | 0 | 0 | 1 | 1 | 0 | 0 | 1 | 0 | 1 | 0 | 1 | 3 | 1 | 5 |
| 계복 | 2 | 2 | 0 | 0 | 4 | 0 | 0 | 4 | 2 | 6 | 4 | 3 | 8 | 2 | 17 |
| 영정 | 4 | 1 | 17 | 4 | 26 | 3 | 2 | 20 | 6 | 31 | 14 | 6 | 43 | 11 | 74 |
| 합계 | 9 | 7 | 36 | 7 | 59 | 10 | 7 | 53 | 13 | 83 | 41 | 20 | 107 | 24 | 192 |

계별로는 상질계 13명은 정1~종2품이 4명이고, 정3당상이 1명이고, 정3~종6품이 6명이며, 기타(정7~종9·불명)가 2명이다. 상경계 47명은 정1~종2품이 13명이고, 정3당상이 4명이고, 정3~종6품이 29명이며, 기타가 1명이다. 승순계 36명은 정1~종2품이 6명이고, 정3당상이 5명이고, 정3~종6품이 18명이며, 기타가 5명이다. 제계는 그 인원이 적어 의미는 없지만 정3당상이 1명이고, 정3~종6품이 3명이며, 기타가 1명이다. 계복계 17명은 정1~종2품이 4명이고, 정3당상이 3명이고, 정3~종6품이 8명이며, 기타가 2명이다. 영정계 74명은 정1~종2품이 14명이고, 정3당상이 6명이고, 정3~종6품이 43명이며, 기타가 11명이다. 12~16세 정1~정3품 당상관 61명은 상질계가 5명 8%이고, 상경계가 17명 28%이고, 승순계가 11명 18%이고, 제계가 1명 2%이고, 계복계가 7명

---

28) 뒤 〈표 3-12〉에서 종합.

11%이며, 영정계가 20명 33%이다.

또 악~상질·상경·승순·승양·계복·영정계 12~16세 사관자를 합해서 보면 정1~종2품직(관계)이 41명(/190) 22%, 정3품 당상관이 20명 11%, 정3~종6품관이 107명 56%, 정7~종9품관·불명이 22명 12%였다. 사관자와 당상관을 세대별로 보면 12세는 6명(/190) 3%와 39명(/190) 2%, 13세는 13명 7%와 8명 4%, 14세는 30명 16%와 17명 9%, 15세는 59명 31%와 16명 8%, 16세는 83명 44%와 17명 9%였다.

그런데 국초에 尙敬이 개국공신에 책록되고 영의정까지 역임하였지만,[29] 태종대 이후에 確(13세)·明澮(14)·伯倫(14)이 정난공신 등 수차의 공신에 책록되고 의정까지 역임함은 물론 그 누이와 딸 6명이 명 황제의 후궁이 되고 왕비가 되었다.[30] 이러한 가계와 함께 세조·예종·성종이 척족인 파평윤·청주한씨를 중용하여 왕권을 안정·행사한 등과 관련되어 확·명회·백륜의 자·손이 대거 공신에 책록되고 의정·판서·승지 등에 발탁되었다.

이점에서 15세기 후반 청주한씨 악계는 세조·예종·성종의 외척가문이 되고 왕권행사에 적극 참여하면서 악계 14~15세가 중심이 된 2백여 명이 사관하고 60여 명이 공신에 책록되고 당상관에 승진하면서 가장 번창한 유력가문이 되었다고 하겠다.


(2) 당상관 관력


악계 12~16세 정1~정3품 당상관 62명 중 40여 명은 그 관력이 구체적으로

---

29) 뒤 ③ 한상경 관력 참조.
30) 確·明澮·伯倫의 딸과 명·조선왕실과의 관계는 다음과 같다.

```
1세        9      10      11      12      13      14      15
蘭 ………… 渥 ┬ 公義 ── 脩 ── 尙質 ── 起 ── 明澮 ── 예종비 章順王后, 성종비 恭惠王后
           └ 方信 ┬ 休 ── 季復 ── 昌 ── 伯倫 ── 예종계비 安順王后
                  └ 寧 ── 永矴 ┬ 確 ── 德宗妃 仁粹大妃
                              └ 명 太宗麗妃, 명 宣宗恭愼夫人
```

확인된다. 여기에서는 이 중 영의정 상경 등 30여 명의 역관을 세대별로 구분하면서 살펴본다(당상관력이 연산군대 이후인 16세와 부마 제외).

12세는 ① 韓尙桓(?~1433)은 고려말에 부 脩의 음으로 출사하여 1406년(태종 6) 이전에 한성부윤을 역임하였으며, 1406년(태종 6)에 폐서인이 되었다가 복권된 후 졸하였다. ② 韓尙質(?~?)은 공민왕말에 부 脩의 음으로 출사하고 1380년(우왕 6) 좌랑으로서 문과에 급제하였으며, 고려말까지 종3품관에 승진하였다. 1392년(태조 1) 예문관학사로서 국호를 청하는 奏請使가 되어 명을 다녀오고 익년 僉書中樞副使에 제수되었으며, 楊廣道觀察使를[31] 거쳐 1396년(태조 5) 정2품에 승진하면서 정당문학에 제수되었다. 이후 경상도관찰사(태조 5), 예문춘추관대학사(6)를 역임하고 졸하였다. ③ 韓尙敬(1360~1423)은 1376년(우왕 2) 부 脩의 음으로 출사하였고, 익년 사선서령으로 문과에 급제하였으며, 고려말 工曹摠郎에[32] 이르렀다. 1392년(태조 1) 조선 개국과 함께 당상관에 승진하면서 우승지에 제수되었고, 곧 개국 3등공신에 책록되었으며, 도승지(태조 2)를 역임하고 1395년(태조 4) 종2품에 승진하면서 西原君에 책봉되고 세자좌부빈객에 제수되었다. 이어 僉書中樞(태조 4),[33]

---

31) 楊廣道는 역내의 가장 큰 고을(界首官)인 楊洲牧과 廣州牧에서 연유된 도명이다. 양광도는 1392년(태조 1) 조선개국과 함께 고려말의 도제를 계승하여 남방에 경기좌·우, 경상, 전라, 양광, 강릉교주, 서해도의 7도, 북방에 동북·서북면의 2면을 둔 데서 비롯되었고, 1395년(태조 4) 도제를 개편할 때 충청도로 개칭된 후 후대로 계승되었다. 관찰사는 종2품직으로 도내의 정치·군사·사법을 총관하는 장관이다(이수건, 1989, 『조선시대 지방행정사』, 민음사, 37~43쪽).

32) 총랑은 1362년(고려 공민왕 11)에 공민왕이 6년전의 반원독립정책 때 6부의 정4품 차관직인 議郎을 개정하여 설치한 侍郎을 다시 개정하면서 성립되었고, 이후 직질은 그대로 계승되었지만 관직명은 의랑(공민왕 18)→ 총랑(21)으로 개정되면서 운영되다가 1392년(태조 1) 조선 개창과 함께 의랑으로 개칭되면서 소멸되었다(의랑은 1405년(태종 5) 6조의 관아지위를 정2품아문으로 승격시키면서 정분장·정책기관으로 개편할 때 장관에 정2품의 判書 1인, 차관에 정3품 당상의 左·右參議 각1직을 둠에 따라 장관인 典書(정3당상)와 함께 혁거되었다(졸저, 1998, 『조선초기 육조와 통치체계』, 계명대학교출판부, 33쪽 〈표 4〉, 65쪽 〈표 10〉).

33) 첨서중추는 조선왕조 개창과 함께 관제를 반포할 때 고려 중추부 첨서사를 계승하여

충청도관찰사(5), 경기좌도관찰사(정종 2)를 역임하고 1401년(태종 1) 정2품
에 승진하면서 參知議政府事에34) 제수되었으며, 곧 서원군에 체직되고 중군
총제(태종 2),35) 豊海道와36) 강원도관찰사(3~5), 공조판서(5), 知議政府事37)
兼大司憲(6)을 역임하였다. 1406년(태종 6) 종1품에 승진하면서 判承寧府事
에38) 제수되었고, 이후 西川君으로서 세자좌빈객(태종 8)과 승문원제조(9)를
겸대, 호조판서겸좌빈객(12), 의정부좌참찬겸좌빈객(13), 이조판서(13)를 역
임하였다. 1415년(태종 15) 정1품에 승진하면서 서원부원군에 제수되었고,

---

　　중추부 종2품직으로 설치되었다가 1400년(정종 2) 의정부의 설치에 따른 관제개혁으
　　로 中樞府를 삼군부로 개칭될 때 혁거되었고, 1430년(세종 12) 中樞院의 복설과 함께
　　정3품 당상관직인 僉知中樞로, 1466년(세조 12)『경국대전』의 편찬과 관련된 대대적인
　　관제정비 때 중추원이 개칭된 충추부 첨지중추로 계승되었다(앞 졸저(2006), 250,
　　254, 591쪽).

34) 참지의정부사는 1401년(태종 1)에 고려의 관제를 계승하여 운영하던 문하부 知門下府
　　事(정2, 1직)를 의정부제의 정비와 관련하여 의정부에 소속된 문하부를 혁거하고
　　문하부 때의 관직명을 개칭하면서 성립되었고, 동년 12월에 2직으로 증원되었다가
　　1414년(태종 14) 육조를 중심한 국정을 운영(六曹直啓制)하면서 의정부 기능을 약화시
　　킬 때 폐지되면서 소멸되었다(졸저, 2011,『조선전기의 의정부와 정치』, 계명대학교출
　　판부, 59~65쪽).

35) 총제는 태종대 중앙 중추군사기구로서 정2품아문인 3군(중·좌·우군)도총제부 등의
　　장관인 정2품 도총제(1~2직) 다음의 종2품 차관직(2~5직)이다. 1400년(정종 2) 삼군부
　　의 성립과 함께 설치되었고, 이후 소속 관아는 承樞府(태종1~)→ 3군도총제부(3~14)로
　　개칭되었지만 정원이 3→3→4→5직으로 증치되면서 계승되다가 1432년(세종 14)
　　유명무실한 군령기관인 3군도총제부를 혁거하고 종1품 서반 무임소아문인 중추원을
　　설치할 때 同知中樞院事로 계승되면서 소멸되었다(『세종실록』권55, 14년 3월 을해,
　　졸저, 2008,『관직과 정치』, 계명대학교출판부, 213쪽〈표 6-2〉).

36) 풍해도는 계수관인 豊州牧과 海州牧에서 유래되었다. 1395년(태조 4)에 고려말 이래의
　　西海道를 개칭하면서 성립되었다가 1417년(태종 17) 계수관을 黃州牧과 해주목으로
　　개정함에 따라 황해도로 개칭되면서 계승되었다(졸저(2006), 324~325쪽).

37) 지의정부사는 의정부의 정2품 관직이다. 1401년(태종 1) 議政府文學이 개칭되면서
　　비롯되어 1414년(태종 14) 육조를 중심한 국정운영에 따라 의정부의 기능을 약화시킬
　　때 參知議政府事와 함께 혁거되었다(졸고, 1980,「조선초기 의정부연구」상,『한국사연
　　구』31, 101~103쪽).

38) 승령부는 1400년(정종 2) 태상왕인 태조를 지대하기 위하여 설치되어 1408년(태종
　　8) 태조의 훙서와 함께 유명무실해졌다가 1411년(태종 11) 典農寺에 병합되면서
　　혁거된 정2품 관아이고, 판사는 장관이다(정2, 1직, 졸저, 앞 책(2006), 225~226쪽).

익년에 우의정, 1418년(태종 18)에 영의정이 되었다가 동년 서원부원군에
체직된 후 졸하였다. ④ 韓尙德(?~1434)은 1385년(고려 우왕 11) 문과에
급제하고 출사하였다. 1409년(태종 9) 知司諫院事에[39] 제수되었고, 곧 집의에
체직되었다가 우정승 李茂를 탄핵한 일로 면직되었다. 1411년(태종 11) 판전
사시사에 제수되었고, 곧 당상관에 승진하면서 동부승지에 제수되었다. 이후
우부, 우승지를 거쳐 1416년(태종 16) 좌승지 재직 중 權緩의 蘇合油納入事에
연루되어 파직되었다가 2년 후 종2품에 승진하면서 인수부윤에 제수되었으
며, 1419년(세종 1) 강원관찰사 재직 중 모병으로 사직하였다. 1425년(세종
7) 좌군총제에 제수되었고, 정조사(세종 8)로 명을 다녀왔으며, 1427년(세종
9) 호조참판을 역임하고 퇴직한 후 졸하였다. ⑤ 韓承顔(?~1421)은 1396년(태
조 5) 문과에 급제하고 출사하였다. 1401년(태종 1) 사간원우헌납에 제수되었
고, 이후 사헌부장령(태종 4)을 거쳐 1410년(태종 10) 상서사소윤으로서
강무에 수종하였다가 曾歆한 일로 파직되었다가 2년후 사헌집의에 제수되었
다. 1416년(태종 16) 당상관에 승진하면서 우부승지에 제수되었다가 익년에
속공노비결절사로 파직되었고, 그 후 복직되고 종2품에 승진하였으며, 1421
년(세종 3) 좌군총제 재직중에 졸하였다. ⑥ 韓承舜(?~1448)은 태종초에
출사하였고(출사로 불명), 1416년(태종 16) 知白川軍事[40] 재직 중 農政에
소홀한 일로 파직되었다. 그 후 복직되었고, 1427년(세종 9) 상호군에 제수되
었으며, 濟州按撫使(세종 19)를[41] 역임하고 1439년(세종 21) 당상관에 승진하

---

39) 지사간원사는 1401년(태종 1) 의정부제의 정비에 따라 의정부에 소속된 문하부를
혁파하고 문하부(낭사)에 소속된 左·右散騎常侍 이하를 사간원으로 독립시킬 때
종3품 直門下가 개칭되면서(직질은 계승) 성립되었고, 1466년(세조 12)『경국대전』의
편찬과 관련된 대대적인 관제개편 때 장관인 大司諫에 이은 차관직인 종3품 司諫으로
계승되면서 소멸되었다(졸저, 앞 책(2006), 248~249쪽).
40) 지군사는 군의 장관인 종4품직이다. 1018년(고려 현종 9)에 4都護8牧56知州郡의 설치
때 성립되었고, 이후 조선초까지 운영되다가 1466년(세조 12)『경국대전』의 편찬
때 군수(직질은 계승)로 개칭되면서 계승되었다.
41) 안무사는 고려 초로부터 조선시대까지 당하관이 임시로 외방에 파견되어 백성들의

면서 첨지중추에 제수되었다. 이어 경상우도수군절도사(세종 21)를 역임하고 1440년(세종 22) 종2품에 승진하면서 전주부윤에 제수되었으며, 1447년(세종 29) 중추부사에 제수된 후 졸하였다.

13세는 ① 韓惠(1391~1431)는 태종초에 부 尙敬의 음으로 출사하였고, 1413년(태종 13) 종묘서령으로서 문과에 급제하고 전사시소윤에 승진하였으며, 지사간원사(세종 1)를 거쳐 1420년(세종 2) 당상관에 승진하면서 동부승지에 제수되었다. 이후 우부(세종 3), 우승지(4)를 거쳐 좌승지(5)가 된 후 부상을 당하였으며, 1426년(세종 6) 상기를 마치고 병조참의에 제수되었다. 1428년(세종 10) 종2품에 승진하면서 예조참판에 제수되었고, 이어 좌군동지총제(세종 10), 전라도관찰사(11), 함흥부윤(12)을 역임하고 1431년(세종 13) 함길도관찰사 재임중에 졸하였다. ② 韓昌(?~?)은 세종초에 사관하여(출사로 불명) 三登縣令, 평양소윤을 역임하고 1444년(세종 26) 사헌부장령에 제수되었다. 그 후 봉상시판사(단종 2)를 거쳐 1455년(세조 1) 세조원종3등공신에 책록되었고, 익년에 당상관에 승진하면서 첨지중추에 제수되었으며, 1457년(세조 3) 첨지중추겸충청도관찰사에 제수되었다. ③ 韓確(1400~1456)은 1417년(태종 17) 14세에 누이(명 태종 麗妃)가 明에 選入될 때에 종7품 副司正에 제수되고 進獻副使가 되어 入明하였다가 정5품 光祿寺少卿을[42] 제수받고 귀국하였다. 세종 즉위년에 明의 청으로 入明하였다가 익년에 세종을 책봉하는 명의 冊封正使가 되어 귀환하고, 1425년(세종 7) 이전에 明 太宗麗妃의[43] 후광으로 종2품에 超資되고 掌軍節制使에 제수되었는데, 이때 대간이 부정한 행실을 탄핵하자 세종이 "此人 非我所得而罪之者也"[44]라고 할 정도의 위세를 누렸다. 세종 17년 정2품에 오르면서 지중추부사에 제수되고, 桂陽君

---

고통을 묻고 수령들의 근무상황을 살핀 관직이다.

42) 광록시는 제향과 주연에 쓸 술·단술·고기·음식을 관장하는 관아이고 소경은 장관인 종3품 卿 다음의 차관직이다.

43) 비(황비)는 황후 다음의 내명부 정1품직이다.

44) 『세종실록』 권29, 세종 7년 9월 갑자.

李璔(세종자)을 사위로 맞았으며, 판한성부사, 병판, 함길도관찰사, 지중추겸
판병조사,[45] 이판을 두루 역임한 후 세종 28년 종1품에 오르면서 판중추에
제수되었다. 이어 평안관찰사(곧 절도사를 겸임), 판중추를 역임하고 1451년
(단종 1)에 좌찬성으로서 靖難1등공신에 책록되며, 곧 우의정에 발탁되었다.
1455년(세조 1) 좌의정에 승진하고 재차 佐翼1등공신에 책록되며, 익년 사은
사로 입명하였다가 귀국 도중에 54세로 졸하였다.[46] ④ 韓碩(1415~1447)은
1419년(세종 1) 15세에 명 태종여비의 후광으로 종5품 義盈庫丞에 서용되었고,
호군을 거쳐 1439년(세종 21) 당상관에 오르면서 공조참의에 제수되었다.
이어 형조참의를 거쳐 세종 24년 황해도관찰사에 제수되었다가 대간으로부
터 "황해도는 사신의 영접 등 일이 많아 행정에 경험이 적은 인물은 그
직임을 수행할 수 없다"는 탄핵을 받았으나 처부 申丁理의 종형인 좌의정
槩와 세종의 옹호로 부임하였다.[47] 그 후 형조와 호조의 참의를 역임하고
세종 29년에 졸하였고, 세조 3년에 원종2등공신에 추록되었다.

14세는 ① 韓明澮(1415~1487)는 1450년(문종 2) 조 尙質의 음으로 景德宮
職[48]에 제수되면서 출사하였다. 1453년(단종 1) 군기시녹사로서 首陽大君의
막료가 되어 계유정변을 성공시키고 정난1등공신에 책록되고 사복시소윤에
발탁되었다. 1454년(단종 1) 당상관에 승진하면서 동부승지에 제수되었고,
우부승지를 거쳐 1455년(세조 1) 좌부승지로서 좌익1등공신에 책록되었으며,
우부(세조 1), 우(1), 도승지(1~3)를 역임하였다. 1457년(세조 3) 정2품에
승진하면서 吏曹判書上堂君에 제수되었고, 병조판서(세조4), 황해평안함길

---

45) 판병조사는 판서의 상위에서 그 조의 정사를 지휘하는 정1~정2품 정직의 겸직인데,
   병조의 직장과 관련되어 판이조사와 함께 당시의 정치에 큰 영향력을 발휘한 요직이었
   다(판이·병조의 운영기간과 그 겸직자는 졸고, 1985, 「조선초기 판이·병조사연구」,
   『(계명대)한국학논집』 11 참조).
46) 『세조실록』 권5, 세조 2년 9월 무인 졸기,『국조인물고』비명,『조선왕조실록』 등에서
   종합. 이하 碩~沃에 관련된 출전제시는 특별한 경우를 제외하고는 생략한다.
47) 『세종실록』 권98, 세종 24년 11월 갑자.
48) 궁직은 음서자의 초직으로 품계와 녹이 없는 관직이다.

강원4도도체찰사(5)를 역임하고 1461년(세조 7) 정1품에 승진하면서 상당부원군에 책봉되었으며, 1462년(세조 8) 우의정에 제수되었다. 이후 좌의정(세조9), 영의정(세조 12, 예종 1), 원상(세조 14~성종 5), 익대1등공신상당부원군(예종 즉), 영의정겸판병조사(성종 즉~5), 좌리1등공신(성종 2), 상당부원군(성종 5)을 역임하고 상당부원군으로서 졸하였다. ② 韓繼美(1420~1471)는 1438년(세종 20) 부 惠의 음으로 5위사용에 제수되면서 출사하였고, 나주판관, 부사직겸사헌감찰을 역임하고 1449년(문종 1) 刑曹都官佐郞에[49] 제수되었다. 이어 군자감판관(단종 1), 사복시소윤(2)을 역임하고 1455년(세조 1) 좌익3등공신에 책록되었으며, 1456년(세조 2) 무반 당상관에 승진하면서 호분위대호군에 제수되었다. 다시 지사간(세조 2), 동부~좌부승지(2~4)를 역임하고 우승지(4) 재직 중 부상으로 사직하였고, 상기를 마치고 1461년(세조 7) 복직하면서 종2품에 승진하면서 평안황해강원사민안집도순찰사로 파견되었으며, 귀환과 함께 형조참판에 제수되었다. 곧 서원군을 제수되었다가 1462년(세조 8) 평안황해강원도도순문사로 파견되었고, 1464년(세조 10) 정2품에 오르면서 이조판서에 제수되었으며, 1466년(세조 12) 종1품에 승진하면서 서원군에 제수되었다. 1467년(세조 13) 평안도절도사로 파견되었고, 이후 적개3등공신(세조 13), 의정부우찬성(13), 우찬성겸오위도총관(13), 우찬성겸판이조사(예종 1), 좌찬성(1), 좌찬성겸오위도총관(1), 좌찬성겸판이조사(1)를 역임하였으며, 1470년(성종 1) 정1품에 승진하면서 행좌찬성에 제수되었다. 이후 판돈령(성종 1), 좌리2등공신(2)을 거쳐 1471년(성종 2) 영중추에 제수되었다가 재직중에 졸하였다. 계미는 동서가 세조였으니, 세조 즉위 이후의 공신책록과 파격적인 승직 및 주요 당상직 역임은 세조의 후원도

---

49) 형조도관은 노비와 藏獲 등을 관장하는 아문이고 좌랑은 정6품직으로 정원이 2직이다. 1392년(태조 1) 조선개국과 함께 고려말의 관제를 계승하면서 성립되었고, 세조대 『경국대전』의 편찬시에 관아명이 辨定院(12), 掌隷院(13)으로 개칭될 때 정랑과 함께 司評·司議 각1직으로 계승되었다.

크게 작용하였을 것으로 추측된다. ③ 韓繼禧(1423~1482)는 1420년(세종 2) 문과에 급제하고 집현전정자에 제수되면서 출사하였다. 1453년(단종 1) 집현전수찬에 제수되었고, 이어 집현전교리겸시강원문학(세조 1), 세종원종1등공신(1), 세자시강원좌필선(2), 사헌집의(2), 집현전직제학(3), 시강원우보덕(3)에 제수되었고, 1458년(세조 4) 당상관에 승진하면서 좌보덕에 제수되고 곧 지병조사에 제수되었으며, 이어 병조참의(세조 4), 부상(4), 우(6), 좌승지(7)를 거쳐 종2품에 승진하면서 공조참판에 제수되었다. 이후 중추부사(세조 7), 이조참판(8), 인순부윤(9)에 제수되었고, 1465년(세조 11) 정2품에 승진하면서 이조판서에 제수되었으며, 익년 종1품에 승진하였다. 이후 중추부사(세조 13), 翊戴3等功臣西平君(예종 즉), 소격서제조(예종 1), 佐理2등공신의정부좌찬성(성종 2), 약방제조(7)를 역임하고 서평군으로 졸하였다. 계희는『성종실록』졸기에

世祖嘗評論群臣曰 精微第一 待之甚親昵 常呼官而不名爲吏判銓衡人物 一出至公 人無間言 又起施愛之亂時常居帷幄謀議 (하략)[50]

라고 평가되었듯이 세조의 신임을 받으면서 조기에 당상관에 승직되고 추요직을 역임하였는데, 이것은 그의 능력이 출중하기도 하였지만 형이 세조의 동서인 繼美였음도 한 요인이 되었을 것으로 추측된다. ④ 韓繼純 1431~1486)은 세조초에 부 惠의 음으로 출사하였고, 세자우세마, 통례원봉례랑, 사헌감찰을 역임하고 1464년(세조 10) 공조정랑에 제수되었다. 사재첨정(세조 11)을 거쳐 1467년 당상관에 승진하면서 동부승지에 제수되었고, 1468년(예종 즉) 우부승지로서 익대1등공신에 책록되었으며, 이어 좌부~좌승지(예종 즉~성종 2)를 역임하고 1471년(성종 2) 정2품에 승진하면서 공조판서에 제수되었다. 이후 좌리3등공신淸陽君(성종 2), 충청도관찰사(3), 이조판서(4), 지중추

---

50)『성종실록』권145, 13년 윤8월 을유.

(4), 淸平君(10)을 역임하고 1484년(성종 16) 종1품에 승진하면서 청평군에
제수된 후 졸하였다. ⑤ 韓終孫(?~1467)은 세종 전반에 부 瑞龍의 음으로
출사하고 무과에 급제하였으며, 1453년(단종 1) 知訓練院事에[51] 제수되었다.
1455년(세조 1) 당상관에 승진하면서 知兵曹事에 제수되었고, 첨지중추겸지
병조사(세조 2), 병조참의(2), 첨지중추(5)를 역임하고 1459년(세조 5) 종2품
에 승진하면서 행첨지중추에 제수되었다. 이후 경상좌도수군처치사, 첨지중
추, 오위상호군을 역임하고 1464년(세조 12) 위장에 제수되었으며, 청성군으
로서 졸하였다. ⑥ 韓伯倫(1427~1474)은 세조초에 부 旵의 음으로 司醞直長同
正에[52] 제수되면서 출사하였고, 1466년(세조 12) 의빈부도사에 제수되었다.
1468년(예종 즉위) 정랑으로서 예종의 즉위와 함께 國舅가 되면서 정1품
輔國崇祿大夫淸川君에 제수되었다. 이후 익대3등공신(예종 즉위)에 책록되었
고, 청천군겸오위도총관(1)을 거쳐 우의정(성종 1)에 제수되었으며, 1471년
좌리3등공신에 책록되면서 청천부원군에 제수된 후 졸하였다. ⑦ 韓致仁
(1421~1477)은 1442년(세종 26) 부 確의 음으로 동정직이 아닌 정7품 실직인
世子翊衛司右洗馬에 초수되고, 이후 공조좌랑, 廣興倉副使를[53] 거쳐 단종
1년에 부 확의 위세로 守工曹正郎에 승진하였다. 세조 1년에 다시 임기가
차지 않았으나 예빈소윤에 승진되면서 대간의 탄핵을 받았으나 세조의 옹호
로 보임되고,[54] 원종2등공신에 책록되며, 사재감정을 거쳐 세조 8년 당상관에
오르면서 공조참의에 제수되었다. 세조 13년 종2품에 오르면서 西川君을

---

51) 1417년(태종 17)경 조선개국 이래의 軍諮祭酒(종3)가 개칭되면서 성립되었다가 1466
    년(세조 12)『경국대전』편찬 때 6조속아문 관직의 직명을 '正(종3)-副正(종3)-첨정(종
    4) 이하' 체제로 통일할 때 부정으로 개칭되었다.
52) 1품관직의 장손·차자와 2품관의 장자가 음서로 제수되는 종8품 관직이고, 동정직은
    직사와 녹봉이 없는 관직인데 음서자는 이 관직을 역임하고 문무관 정직에 제수되었다.
53) 1392년(태조 1) 조선개국과 함께 고려의 관제를 계승하여 장관인 使(종5) 다음의
    차관직(종6)이 설치되어 후대로 계승되다가 1466년(세조 12)『경국대전』편찬 때
    정4품직으로 승격·개칭된 守와 함께 종6품 主簿로 개칭되면서 소멸되었다.
54)『세조실록』권1, 세조 1년 7월 경진.

襲封하고,55) 곧 호조참판에 체직되며, 성종 1년 정2품에 오르면서 西城君에 개수되었다. 성종 2년 佐理4등공신에 책록되고, 지돈령부사를 거쳐 성종 6년 판돈령에 승진하였다가 성종 8년에 57세로 졸하였다. ⑧ 韓致義(1440~1473)는 1455년(세조 1) 부 確의 음으로 정7품의 司正兼尙瑞錄事에56) 서용되고, 이후 통례문봉례, 군기감부정을 역임하며, 세조 12년 안동부사 때 당상관에 승진하였다. 곧 첨지중추에 체직되고, 세조 14년 훈련도정으로서 종2품에 승진하며, 이후 경상좌도절도사 한성좌윤을 역임하였다. 성종 2년 호조참판 재직중에 좌리4등공신에 책록되고, 익년 정2품에 오르면서 병판에 발탁되며, 곧 지돈령에 체직되었다가 성종 4년 34세에 淸陽君으로 졸하였다. ⑨ 韓致禮(1441~1499)는 1455년(세조 1)경 부 確의 음으로 출사하고, 세조 14년 28세에 通訓大夫守兵曹參知로서 당상관에 오르면서 첨지중추에 제수되며, 1469년(예종 1) 종2품에 오르면서 동지중추에 제수되었다. 1471년(성종 2) 좌리4등공신에 책록되고, 성종 6년 병조참판으로서 정2품에 승진하며, 이후 호판, 西城君, 좌참찬을 역임하였다. 성종 13년 이판 재직중에 대간으로부터 "내관의 청에 따라 崔淡을 무단히 회양교수에 제수하였다"고 탄핵되었으나 성종의 옹호로 仍任되고,57) 다시 종1품에 오르면서 西陵君에 제수되었다. 이후 좌참찬, 판중추 호판, 병판, 공판, 판돈령을 역임하고, 연산군 5년에 졸하였다. ⑩ 韓忠仁(?~1504)은 세종말에 부 磧의 음으로 출사하였고, 1473년(성종 4)까지 충청수사, 전라수사를 역임하고 행호군에 체직되었다. 이후 대간으로부터 빈번히 "生長豪靡 性又狂悖 不學無知 不合臨民之任"58)이라고 탄핵되었으나

---

55) 습봉은 종2품 이상의 친공신이 졸한 후에 장자가 종2품관에 승진하면 부의 군호를 상속받는 제도이다(『경국대전』 권 1, 이전 경관직).

56) 조선개국과 함께 고려의 관제를 계승하여 정8품직으로 설치되었고, 후대로 계승되다가 1466년(세조 12) 『경국대전』 편찬 때 관아명이 상서사에서 尙瑞院, 관직인 尹이하가 正 이하로 개칭될 때 종8품 副直長으로 개칭되면서 소멸하였다.

57) 『성종실록』 권141, 성종 13년 5월 갑술.

58) 『성종실록』 권119, 성종 11년 7월 갑신·기축·을미·병오 ; 권250, 22년 2월 무진 ;『연산군일기』 권27, 연산군 3년 9월 정사.

성종의 비호를 받으면서 강릉부사, 첨지중추, 창원부사, 경상좌수사, 정주목사 등을 역임하였다. 1497년(연산군 3) 경상좌수사로서 종2품에 승진하고, 전라절도사를 거쳐 연산군 10년 70세에 자 訓이 연산군에 直諫한 일로 伏誅될 때에 이에 연루되어 사사되었다.[59] ⑪ 韓致亨(1434~1502)은 1453년(단종 1)에 장인인 讓寧大君 李禔의 음으로 종7품의 司醞署直長에 서용되고, 세조 1년 副丞으로서 원종3등공신에 책록되었다. 장령을 역임하고 세조 13년 34세에 당상관에 오르면서 장예원판결사에 제수되며, 곧 좌부승지에 발탁되었다. 이어 우, 좌승지를 역임하고 이조참판에 승진하며, 호참판 동지중추겸 도총관 대사헌을 역임하였다. 성종 2년 좌리3등공신에 책록되고, 곧 守刑判에 승진하며, 성종 4년 정2품에 오르면서 개성부유수에 제수되었다. 淸城君兼京畿觀察使 지중추 한성판윤 공판 등을 역임하고, 성종 12년 호판으로서 고모인 明宣宗恭愼夫人의 청을 받은 明帝의 명으로 종1품에 승진하고 좌참찬에 제수되었다. 이때 대간으로부터 "부당하다"는 탄핵을 받았으나 성종의 옹호로 보임되고,[60] 청성군, 한성판윤, 형판, 경상관찰사, 병판, 좌찬성 등을 역임한 후 1496년(연산군 2) 우의정에 승진하고 좌의정을 거쳐 영의정에 올랐다가 연산군 8년에 졸하였다.

15세는 ① 韓堡(1446~1522)는 1458년(세조 4) 13세에 부 明澮의 음으로 용양위사정에 제수되면서 출사하였고, 1465년(세조 11) 무반 당상관에 승진하면서 의흥위섭호군겸판통례문사에[61] 제수되었으며, 첨지중추를 거쳐

---

59) 『연산군일기』 권54, 10년 6월 을유. 훈은 성종 25년 문과에 급제하고 출사하여 1504년 (연산 10) 홍문관수찬으로서 연산군의 亂政을 언론하고 이에 격분한 연산군의 명으로 사사되었다.

60) 『성종실록』 권136, 성종 12년 12월 갑자·을축·병인·정묘.

61) 의흥위는 정3품아문으로 중앙기간부대인 5위 중의 하나이고, 섭호군은 세종 18년에 정4품직인 호군 다음의 종4품직으로 설치되어 세조 5년 부호군으로 개칭되면서 소멸되었다. 그런데 겸판통례문사는 1405년(태종 5)에 閤門이 개칭되면서 성립된 통례문의 장관인 판통례문사와 같은 정3품직이었다가 1466년(세조 12) 『경국대전』 편찬 때 정3품직인 통례문좌통례로 개칭된 판통례문사와 함께 右通禮로 개칭되면서

1469년(예종 1) 종2품에 승진하면서 琅城君을 습봉하였다. 이후 좌리4등공신 (성종 2), 한성우윤(3), 공조참판(6)을 역임하고 1476년(성종 7) 정2품에 승진하면서 낭성군에 제수되었으며, 2년 후 낭성군겸오위부총관에 제수되었다. 1480년(성종 11) 양모에게 불순한 일로 파직되었다가 익년 행오위부사직으로 복직하였고,[62] 이후 낭성군(성종 21), 경연특진관을 거쳐 종1품에 승진하면서 낭성군에 제수된 후 琅城君奉朝賀로[63] 졸하였다. ② 韓斯文(1446~1507)은 1462년(세조 8) 부 繼禧의 음으로 문소전직장에 제수되면서 출사하였고, 1468년(예종 즉) 군기판관 재직 중 위사의 무장을 검찰하지 못한 일로 수금되었다가 곧 방면되었고,[64] 1472년(성종 3) 호조정랑에 제수되었다. 이어 군기시의 첨정(성종 9)과 부정(9), 부평부사(11), 사헌부집의(18)를 역임하고 1492년(성종 23) 당상관에 승진하면서 동부승지에 제수되었으며, 우승지(25), 西川君, 개성유수, 한성좌윤, 동지중추, 대사헌, 병조와 공조참판을 역임하였다. 1500년(연산 6) 정2품에 승진하면서 공조판서겸오위도총관에 제수되었고, 이어 함길도관찰사겸함흥부윤, 정국4등공신, 함길도관찰사를 역임하고 졸하였다.[65] ③ 韓懽(?~?)은 1468년(예종 즉위)에 부 伯倫의 음으로 출사하였고, 곧 사복판관에 승진하였으며, 1471년(성종 2) 당상관에 승진하면서 공조참의에 제수되었다가 곧 돈령부도정에 체직되었다. 1477년

---

소멸되었다.

62) 『성종실록』 권114, 성종 11년 2월 병자 ; 권128, 12년 4월 무진.

63) 70세가 되어 퇴직(致仕)한 정1~정3품당상 공신·관인을 우대하기 위하여 설치하고 녹을 준 관직인데 정3당하~정9품직까지 15직이 있었다. 봉조하 제수자격은 다음과 같다(『경국대전』 권1 이전 경관직 봉조하).
정1품실직 : 정3품당하(공신) 종4(공신적장, 그 외)
종1품실직 : 종3(공신), 종5(공신적장), 정7(그 외)
정2품실직 : 정4(공신), 정6(공신적장), 종7(그 외)
종2품실직 : 종4(공신), 정6(공신적장), 종8(그 외)
정3당상실직 : 정5(공신), 정7(공신적장), 정9(그 외)

64) 『예종실록』 권2, 즉위년 12월 임인·계묘.

65) 『조선왕조실록』 연산군 즉위~중종 2년조.

(성종 8) 상중에 간음한 일로 파직되었다가 곧 복직되었고,[66] 1485년(성종 16) 이전에 종2품에 승진하면서 淸川君에 제수되었으며, 성종 16년에 사복시 제조가 되었다. 이후 충청도병마절도사(성종 18), 한성우윤(18), 공조참판(18), 청천군(20), 1491년(성종 20) 로 유배되었다가 연산군초에 사면된 후 청천군으로 졸하였다. ④ 韓僩(?~?)은 1468년(세조 14) 이전에 부음으로 출사하고, 1469년(예종 1) 특지로 사재첨정에 승직되며, 1481년(성종 2) 당상관에 승진하고 곧 敦寧都正에 제수되었다. 行司直을 거쳐 1475년(성종 6) 동부승지에 발탁되었고, 이어 우부~우승지(성종 6~8), 병(8), 이조참의(19), 장예원판결사(11)를 역임하였다. 1482년(성종 13) 종2품에 승진하면서 형조참판에 제수되었으며, 경상도관찰사(성종 14)를 거쳐 서원군(17)에 제수된 후 졸하였다. ⑤ 韓償(?~?)은 1472년(성종 3) 이전에 출사하고, 공조정랑, 행집의를 역임하며, 성종 11년 대고모인 명 宣宗恭愼夫人의 청에 따라 堂下準職에 제수되었다.[67] 1483년(성종 14) 다시 공신부인의 청에 따라 聖節使로 파견되면서 守同知中樞에 승직되고 익년에 또다시 고모인 仁壽大妃로 인해 동부승지에 발탁되며,[68] 이어 우부, 좌부, 우승지를 역임하였다. 성종 16년 종2품에 오르면서 동지중추에 제수되었다. 이후 한성좌윤, 호조참판, 평안관찰사 등을 역임하고, 1509년(중종 4) 정2품에 오르면서 지중추에 제수되며, 공판을 거쳐 중종 10년 지돈령으로서 졸하였다. ⑥ 韓健(?~1493)은 1479년(성종

---

66) 『성종실록』 권84, 8년 9월 정축·을유·병술.

67) 『성종실록』 권118, 11년 6월 계유 ; 권119, 11년 7월 신사. 공신부인(1410~1483)은 확의 누이동생인데 1426년(세조 8) 황비인 언니 여비가 태종을 따라 순사한 후 익년 명의 요청에 따라 입명하여 2품 후궁인 선종공신부인에 책봉되었고, 이후 사망하는 1483년(성종 14)까지 명과 조선 외교의 가교 역할을 하기도 하였으나 부인의 청에 따라 수차의 성절사에 족친인 한씨가 파견되고 그때마다 부인에게 별공을 진헌하는 등 조선에 많은 피해를 끼쳤다. 한씨족친이 파견된 성절사는 다음과 같다(부인과의 관계, 『조선왕조실록』 성종 14~18년조).
한찬(종제) : 성종 14.8~15.1, 16.8~12, 18.8~12.
한치형(질) : 성종 15.8~12.

68) 『성종실록』 권167, 15년 6월 병진.

10) 이전에 음서로 출사하고, 지평을 거쳐 1487년(성종 18) 정랑재직 1년 미만에 특지로 첨정에 승진되었는데 이때 의정부로부터 "부당하다"는 논박을 받았으나 성종의 옹호로 보임하였다.[69] 1488년(성종 19) 仁壽大妃의 질병을 위로하려는 성종의 뜻에 따라 당상관에 오르면서 동부승지에 발탁되고,[70] 우부~좌승지를 역임하고 1489년(성종 20) 도승지 재직 중에 從弟인 偉의 인사에 개입한 일로 탄핵되었으나 성종의 옹호로 仍任되었다.[71] 익년 종2품에 오르면서 한성좌윤에 승진하고, 이후 대간으로부터 빈번히 "放蕩自恣하여 六曹職에 부적하다"[72]는 탄핵을 받았으나 성종의 옹호를 받으면서 이, 형조참판을 역임하고 성종 24년 공참판으로서 졸하였다. ⑦ 韓偉는 1484년(성종 15) 이전에 음서로 출사하고, 성종 16년 특지로 武職의 사과에서 試才없이 문직의 동부주부에 체직되었다. 이때 대간의 탄핵이 있었지만 성종의 옹호로 보임되고,[73] 감찰과 사복주부를 거쳐 1489년(성종 20) 종형인 都承旨 健의 작용으로 다시 강화도사에 승진하였다가 대간의 탄핵을 받았으나 성종의 옹호로 보임하였다.[74] 이어 군자판관, 사복첨정, 상례를 역임하고, 1500년(연산군 6) 강화부사 재직 중 병중인 인수대비를 위로하려는 연산군에 의하여 당상관에 오르면서 공조참의에 제수되었다.[75] 이후 동부, 우부, 우, 좌승지를 거쳐 1503년(연산군 9) 한성우윤에 승진하고, 同知中樞淸原君과 仁壽大妃守陵官을 거쳐 1508년(중종 3) 정2품에 오르면서 淸原君兼五衛都摠管에 제수되었

---

69)『성종실록』권199, 성종 18년 1월 갑진.

70)『성종실록』권220, 성종 19년 9월 정축.

71)『성종실록』권233, 성종 20년 10월 기축·계사·경자. 성종은 '若曰 韓偉以韓健從弟之故 得拜都事云 則偉於予亦從弟也 然則予亦有情歟'라면서 강변하고, 익년에는 다시 한성좌윤을 거쳐 형조참판에 승진시켰다.

72)『성종실록』권242, 21년 7월 무인 ; 권252, 22년 4월 신미 ; 권256, 22년 8월 병인 ; 권257, 22년 9월 경진.

73)『성종실록』권176, 성종 16년 3월 신축·임인.

74) 앞 주71) 참조.

75)『연산군일기』권39, 6년 9월 병자.

〈표 3-4〉 청주한씨 악계 13~16세 1~2품관(의빈포함) 관력과 가계[76)]

| 성명 | 가계 | | 관력 | | 명황실과의 관계 | 조선왕실과의 관계 | 비고(계파) |
|---|---|---|---|---|---|---|---|
| | 부 | 조 | 1~2품 재직기간 | 최고 관직 | | | |
| 明澮 | 감찰 起 | 대제학 尙質 | 세조~성종대 | 靖難·佐翼·翊戴·佐理功臣領議政 | | 예종·성종 국구 | 상질계 |
| 堡 | 영의정 명회 | | | 좌리공신낭성군(종1) | | 예종·성종 처남 | |
| 景琛 | 도총관 보 | | | 淸寧尉 | | 예종·성종 처조카 | |
| 惠 | 영의정 尙敬 | 판부사 脩 | | 예참판 | | | 상경계 |
| 繼美 | 감사 혜 | | | 적개·좌리공신 영중 | | 세조동서 | |
| 繼禧 | 감사 혜 | | | 익대·좌리공신 영중 | | | |
| 繼純 | 감사 혜 | | | 익대·좌리공신 청평군(종1) | | | |
| 巘 | 영중추 계미 | | | 좌리공신서양군(정2) | | 세조 이질 | |
| 斯文 | 좌찬성 계희 | | | 정국공신함경관(정2) | | | |
| 亨榮 | 병참판 의 | | | 한성판윤 | | | |
| 亨允 | 부정 昍 | | | 형판 | | | |
| 瑞龍 | 중부 承順 | 첨의평리 理 | | 중추사 | | | 승순계 |
| 瑞龜 | 중부 승순 | | | 정난공신동중 | | | |
| 終孫 | 행동중 서룡 | | | 좌익공신위장 | | | |
| 萬孫 | 서룡 | | | 병사 | | | |
| 效元 | 사도정 曾 | 내자정 長孫 | | 영의정 | | | |
| 伯倫 | 감사 昌 | 군사 季復 | | 우의정 | | 예종국구 | 계복계 |
| 懽 | 우의정 백륜 | 감사 창 | | 공참판 | | 예종처남 | |
| 恂 | 백륜 | | | 정국공신지돈령 | | 예종비조카 | |
| 確 | 지군사 永矴 | 녹사 寧 | | 정난·좌익공신 좌의정 | 누이 여비·공신부인 | 성종외조 | 영정계 |
| 致仁 | 좌의정 확 | | | 좌리공신판돈령 | 고모여비·공신부인 | 덕종비제 | |
| 致義 | 확 | | | 좌리공신병판 | 동상 | 동상 | |
| 致禮 | 확 | | | 좌리공신부원군 | 동상 | 동상 | |
| 忠仁 | 호참의 碘 | 군사 영정 | | 종2수사 | | 덕종비종제 | |
| 致亨 | 공정랑 질 | 영정 | | 좌리공신영의정 | | 동상 | |
| 倜 | 판돈령 치인 | 좌의정 확 | | 형참판 | | 덕종비질 | |
| 儧 | 치인 | | | 동중 | | 동상 | |
| 健 | 치인 | | | 공참판 | | 동상 | |

| 偉 | 병판 치의 | 확 | | 지중 | | 덕종비종질 | |
|---|---|---|---|---|---|---|---|
| 계 | 29명 | | | 의정5, 영중1, 부원군1, 판서2,기타19 | | 왕 비 부 3 , 제5, 질6, 종제2, 종질1 | 상질계 3, 상경계 8, 승순계 5, 계복계 3, 영정계 10 |

으며, 중종 6년 지중추로서 졸하였다.

위에 살핀 尙敬 등 38명 중 태종대 이후에 사관한 악계 13~16세 30여 명의 역관을 볼 때 韓明澮는 세조즉위를 주도하고 세조~성종의 왕권을 뒷받침한 공로가 토대가 되었지만[77] 그 외의 대부분은 다음의 표에 제시된 바와 같이 명황실·조선왕실과의 관계를 토대로 다수가 친공신에 책록되고 정1~정3당상관에 승진된 이들의 영향력에서 기인되었다. 공신책록자와 정1~정3품 당상관의 가계와 명황실·조선왕실과의 관계를 보면 다음의 표와 같이 29명 중 18명, 즉 확·치인·치의·치례의 4명은 황실과 조선왕실의 외척이었고, 명회·보·경침·백륜·환·순·충인·치형·간·찬·건·위의 12명은 조선왕실의 외척이었으며, 계미·의는 세조의 동서이고 이질이었다.

한편 악계 12~16세 사관자 192명의 부조 중 정치에 큰 영향력을 끼칠 수 있는 정1~종2품관이 105명(상질계 8, 상경계 45, 승순계 15, 계복계 13, 영정계 34)이고, 그중에서도 의정·찬성·판서 역임자와 공신이 13명(중복 6제외)과 15명이었다.[78] 또 악계 사관자의 인사에 영향을 줄 수 있는 처 부·조의 관직도[79] 국왕·친왕자가 5명이고 정1~종2품관이 70명인데, 그 중

---

76) 앞 131~141쪽에서 종합.
77) 『성종실록』 권209, 18년 11월 무신 한명회졸기, 앞 쪽 ① 한명회조.
78) 의정 등 역임자는 다음과 같다(중종대 관직자와 공신 제외, 뒤 〈표 3-9〉에서 종합).
　　의정 : 상경, 확, 백륜, 명회, 치형.
　　찬성 : 확, 계미, 계희, 치형.
　　판서 : 상경, 확, 명회, 계미, 계희, 치의, 치례, 치형, 계순, 사문.
　　공신 : 상경, 확, 명회, 명진, 백륜, 계미, 계희, 계순, 치의, 치인, 치례, 치형, 보, 서구, 종손.
79) 조선초기의 혼속인 '婿留夫家制'에 따라 처 부·조는 부·조와 다름이 없었고, 대가

의정·찬성·판서가 18명이고 공신이 3명이었다.[80]

이를 볼 때 악계 13~16세 사관자가 대부분 출사하고 조기에 승자·승직을 거듭하면서 백여명 이상이 정3품 당상관 이상에 진출한 것은 근본적으로는 명황실·조선왕실의 후원, 이와 관련되어 공신에 책록되고 정3품 이상에까지 진출한 부조, 부차적으로는 처 부·조인 의정·찬성·판서·공신의 영향력에서 기인되었다고 하겠다. 특히 계파 중에서도 확의 후손이 중심이 된 영정(-확, 전, 질)계가 가장 번창하였는데, 이것은 명 태종여비·공신부인과 성종생모로서 성종~연산군대의 정치에 큰 영향력을 발휘한 인수대비(덕종비)와 성종의 후원에서 기인되었다.

이상에서 영정계의 출사와 누대적인 관인신분의 획득, 파격적인 승자·승직, 다수의 공신·당상관 배출은 가계적인 요소에서 기인되었다고 하겠다. 그리고 사관자의 대부분이 음서에 의하였음에서 지금까지 탁음자의 범위를 토대로 "조선시대의 음서가 관인의 출사로에서 점하는 비율은 고려시대에 비하여 크게 약화되었고, 과거가 관인의 지배적인 출사로였다"[81]고 한 것과는 달리 조선초기에는 음서가 과거에 못지 않은 중요한 출사로였음을 시사한다

---

등의 혜택을 줄 수 있었다(혼속과 그 의의는 99쪽 주63) 참조).

80) 의정 등 역임자는 다음과 같다(뒤 〈표 3-10〉에서 종합).
　　　의정 : 趙英茂, 成俊, 具致寬, 金礩, 朴誾
　　　찬성 : 李勛, 權近, 權踶, 權擥, 尹炯, 金堪
　　　판서 : 李崇元, 李湜, 洪汝方, 朴仲善, 呂自信, 安純, 許暎
　　　공신 : 具文信, 朴薑, 宋益孫
　　　기타 : 성종(부마 景琛), 桂陽君 李璔(세종 자), 讓寧大君 李褆(태종 자)

81) 이점은 이미 졸고, 1987, 「朝鮮初期 六曹硏究 添補」, 『大丘史學』 33, 3~4쪽에서 참판과 판서 역임자의 초입사로 분석을 통하여 개진되었다. 조선시대에는 고려시대에 비하여 음서가 축소되었다고 파악한 대표적인 논저는 다음과 같다.
변태섭, 1987, 『개정판 한국사통론』, 삼영사 ; 한우근, 1987, 『개정판 한국통사』, 을유문화사 ; 이기백, 1990, 『한국사신론 신수판』, 일조각 ; 이성무, 1980, 『조선초기 양반연구』, 일조각. 이들 논저는 모두 음서범위를 들어 조선시대에 음서가 축소되었다고 하였는데, 고려와 조선초기의 음서범위를 비교하여 보면 음서가 축소되었다고 보기 어렵다(구체적인 내용은 위 논문 3~4쪽 주9) 참조).

고 하겠다.

### 3) 官歷과 家系

악계 12~16세 사관자 부나 조(부·조포함)의 최고 관직(관품)을 보면 뒤의 〈표 3-9〉에서와 같이 정1~종2품관과 정3품 당상관이 상질계는 13명 중 8명과 4명 등 당상관이 12명 92%였다. 상질계는 47명 중 정1~종2품관이 98%였다. 승순계는 36명 중 정1~종1품관이 26명 72%였다. 영정계는 75명 중 정1~종2품관이 34명 45%이고 정3당상관이 22명 29%인 등 당상관이 66명 88%였다. 4계파를 합해서는 정1~종2품관이 126명 67%고 정3품 당상관이 26명 14%인 등 당상관이 152명 81%였다. 즉 악계 사관자의 67~81%가 당시의 정치에 큰 영향을 발휘하면서 음서·대가 등을 통해 자손을 사관시키고 승자·승직시킬 수 있었다.

한편 확의 누이·누이동생이 명 태종 여비·선종 공신부인이고 딸이 성종생모인 인수대비(덕종비)이며, 한명회의 딸이 예종비 장순왕후·성종비 공혜왕후이고, 백륜의 딸이 예종계비 안순왕후였다. 이 중 명의 태종 여비·선종 공신부인은 조명외교에 큰 영향력을 발휘하였고, 인수대비는 성종~연산군대의 정치에 큰 영향력을 발휘하였다. 또 세조는 척족인 윤번·한명회·한확·한백륜의 자제를 중용하면서 왕권행사의 토대로 삼았고, 성종도 윤번·한확의 근친을 우대하고 중용하였다.

이러한 상황과 관련되어 악계 14~16세 사관자는 영정계의 역관경향이 이들의 가계 및 당시의 인사행정과 어떻게 연관되었는가를 살펴본다.

먼저 위에 서술된 13~15세 당상관 22명의 역관경향과 가계와의 관계를 보면 틈(13세)을 제외한 혜·확·전·질(13세), 명회·계미·계희·계순·백륜·치인·치의·치례·충인·치형(14세), 보·사문·환·간 찬·건·위(15) 등 21명의 初仕職, 加資·超資, 除授·陞職·遞職, 당상관 이상에로의 진출[82] 등 역관은 가계적인 요인과 밀접히 연관되었다. 그 외의 사관자에 있어서도 영정계의 자손인 충순·급·륜·세보·세환 등은 직접으로 가계와 역관과의 관계가 언급되지는 않았지만 이들이 仕官한 시기는 영정계가 크게 현달한 시기이고, 부·형·제의 역관이 가계와 밀접히 연관된 등에서 역관과 가계가 밀접히 연관되었다고 추측된다. 실제로도 충순 등은 다음과 같이 가계와 관련되어 超資되고 陞職되었다.

忠順은 성종 25년~연산군 1년의 1년만에 종4품 첨정에서 3계가 超資되면서 종3품 相禮에 陞職되었다가 다시 2계가 초자되면서 정3품 군기정에 승직되었다. 汲은 연산군 9~11년의 2년만에 정9품 權知承文正字에서 정4품 장령에까지 초자·승직되었다. 倫은 연산군 7~8년의 1년만에 종6품에서 종5품에 초자·승직되었다. 世備는 연산군 8~9년의 1년만에 종5품직인 판관에서 종3품의 상례에 승진되었다가 종4품 군수에 行職除授 및 경직에 換差되었다. 世桓은 출사후 12년만에 당상관에까지 승진하고 특지로서 함길도관찰사에 제수되었다.

倬 등에 있어서도 倬은 인수대비로 인해 특지로 取才試驗 없이 참봉에 제수되고, 대간의 탄핵을 받았으나 이에 구애되지 않았다.[83] 翊은 명 선종공신 부인으로 인해 서용되고, 졸하는 29세까지 奉列大夫(정4)軍器寺判官에 승진하였다.[84] 倧은 성종 11년 공신부인의 청에 따라 가자되고, 성종 22년 연소한 나이에 정3품 通訓大夫에까지 승진하였다

다음으로 악계 12~16세 사관자의 처 부·조를 보면 그 부·조의 현달로 인한 통혼과 관련되어 대부분이 명문이면서 정1~정3품 당상관이었다.[85] 성종 18년에 成健의 용사를 두고 史官이

---

82) 앞 128~141쪽 참조.
83) 『성종실록』 권178, 성종 16년 윤4월 정유.
84) 『성종실록』 권149, 성종 13년 12월 무자 및 앞 『청주한씨족보』 참조.
85) 뒤 〈표 3-13〉에서 종합. 파평윤씨 등 왕실·유력성관이 60여 가문 56%(234/421명)였고, 당상관이 80명 43%(왕실 3, 정1~종2품이 70명 37%)였다. 정1~종2품관 중 18명과 3명이 의정·찬성·판서역임자와 공신책록자였다(그 성명과 관직은 앞 주78) 참조).

成健無子妻韓氏 族聯宮掖 因緣出入 桂城君(성종자)經年避寓其家 由是依附宮掖
趨勢之徒 輻輳門外[86]

라고 하였듯이 확 등의 역관은 외가나 처가의 가계와도 연관되었다고 추측된
다. 실제로도 진이 세종 24년에 황해도관찰사에 부임한 것은 처부의 종형인
좌의정 申槪와 관련되고, 致亨의 사관과 당하관 이하의 역관은 처부인 양녕대
군에 크게 영향되었으며,[87] 世昌·叔昌은 외사촌 朴元宗으로 인해 靖國3등공신
에 책록된 등 이들의 역관은 처가 외가의 가계와 연관되었다. 致仁은 부가
좌의정을 역임한 확이기는 하나 처부가 승지와 병조참판을 역임하고 지중추
로 졸한 趙瑞安이고 처백부가 세종의 신임을 받으면서 승지, 이참판 등을
역임한 瑞老, 瑞康이었다. 訓은 매부가 연산군의 총애를 받으면서 用事한
愼守勤이고, 潭은 처부가 성종대에 병조참판과 공·병판을 역임한 呂自新이며,
承權은 처부가 중종후기에 형·공·호·병판과 좌참찬·우찬성을 역임하고 판중
추로 졸한 曹繼商이었다. 慈·蕙·薀은 매부 金有孚의 부가 중종후기에 예·병판·
좌참찬·찬성을 역임한 金安國이고, 두는 매부 李元福의 부가 중종중기에
이판·우참찬과 우·좌찬성을 역임한 荇인 등에서 이들의 역관과 처부나 처가
등의 가계가 연관되었다고 추측된다.

그외에 確 등의 역임관직을 보면 軍職 行職除授는 진·충인·간 등의 몇
예에 불과하고, 대부분은 6조·대간 등 중요관아의 관직을 역임 및 관계와
관직이 대응되며, 치인·치례·치형 등은 守職除授되었다. 또 확·진·치의·치례
·치형 간·찬·건·위·세환 등이 40세 미만에 당상관에 승진되거나 승지에
발탁되고, 치인·치의·치례·치형·세창·숙창이 佐理공신과 靖國공신에 책록
된 것 등은 모두 가계에서 기인되었다.

---

86)『성종실록』 권206, 성종 18년 8월 무진.
87) 부 碔의 조서로 백부인 確에게서 양육된 만큼(『세조실록』 권19, 세조 2년 3월 무자
    한확졸기) 확의 영향도 상정되나, 처부인 양녕대군이 세조의 우대를 받았음에서
    양녕대군의 혜택을 받았다고 생각된다.

## 4) 官歷과 人事行政

確 등의 관력과 역관경향을 연관시켜 보면 다음의 설명과 같이 확 등은 음서규정에 구애되지 않고 조기에 파격적인 관직에 제수되고(①), 대부분이 加資·陞職규정에 구애되지 않고 가자·승직(②) 및 제수·체직되며(③), 부당한 人事·職務에 대한 대간의 탄핵에 구애되지 않고 補任·在職하였다(④).

① 음서 출사자 중 출사연령과 관직이 확인된 繼美·明澮·垡·斯文·巘·磧·致仁·致義·致仁·致亨 등 10명의 출사연령과 초사직을 보면 명회를 제외한 모두가 동정직이 아닌 실직, 동정직 직질 보다 높은 직질의 실직, 규정된 연령 보다 적은 연령으로 제수되는[88] 등 외척가문과 그 부조에 대한 국왕의 신임에서 규정된 연령과 관직을 초월하여 제수되었다.

② 당하관 이하 관인이 가자되고 체직·승직되기 위하여는 근무일수를 채우고 의정부·육조에 재직하여야만 했지만[89] 질·치인·간·건·위 등은 이에

---

88) 음서규정과 계미 등의 출사연령, 초사직을 대비시켜 보면 다음의 표와 같다(음서제의 정비과정은 앞 2장 주17) 참조).

| 성명 | 부/조와 관직 | 음서연령/연도와 관직/직질 | | 법제적 초수관직과 제수연령 및 관품 | | | 비고 |
|---|---|---|---|---|---|---|---|
| 繼美* | 졸감사 惠/ 의정 尙敬 | 19/세종20 | 사용/정9 | 사온직장 동정 | 종7 | 20세 이상 | *동서 세조 |
| 明澮 | /졸정당문학 尙質 | 36/문종2 | 宮直/품외 | 동상 | 동상 | 동상 | |
| 垡 | 병판 明澮 | 13/세조4 | 사정/정7 | 동상 | 동상 | 동상 | |
| 斯文 | 이참판 繼禧 | 17/세조8 | 직장/종7 | 동상 | 동상 | 동상 | |
| 巘 | 전승지 繼美* | 17/세조5 | 典廐署錄事/ 정8 | 사온부직 장동정 | 종8 | 동상 | *동서 세조 |
| 磧 | 형 明光祿寺小卿 確* | 14/세종1 | 義盈庫丞/종8 | 사온직장 동정 | 종7 | 18세 이상 | *준 2품직 |
| 致義 | 우의정 確 | 16/단종3 | 사정/정7 | 동상 | 동상 | 2 0 세 이상 | |
| 致仁 | 졸좌의정 확 | 24/세종26 | 세자우세마/ 정9 | 동상 | 동상 | 동상 | |
| 致亨 | 장인 양녕대군 李提 | 22/세조1 | 副丞/정9 | 동상 | 동상 | 동상 | |

89) 정3~종9품관의 가자·체직·승직규정은 앞 2장 주33·34) 참조.

구애되지 않고 가자 체직 승직되었다. 또 당상관에 승진하기 위하여는 資窮(통훈대부, 어모장군)→ 準職(承文院判校, 通禮院左通禮, 奉常寺正, 訓練阮正)을 거치거나 자궁계로서 문·무과(중시)에 합격하여야 했으나[90] 확·전·치의·치형·건·위 등은 이에 구애되지 않고 당상관에 승진하였다. 그 외에 종3품과 정5품 이하의 관인이 정3품과 4품에 승진하기 위하여는 守令을 역임하도록 규정되나,[91] 전·치인·치의·치례·치형·간·찬 건 등은 이에 구애되지 않고 승진하였다.

③ 세조~성종대는 공신의 빈삭한 책록, 가자의 남발 및 제인사행정의 문란과 함께 관인의 高階化가 촉진되면서[92] 다수의 당상관이 8, 9품의 군직에 행직제수 되는[93] 등 인사가 많이 적체되었다. 그러나 치형·간·찬·건·위 등은 仁壽大妃, 成宗, 明 宣宗恭愼夫人의 위세와 관련되어 특지 등으로 체직 또는 가자(초자)되면서 관계에 대응되는 관직에 승직되었다.

④ 성종대에는 대간의 언론활동이 활발히 전개되면서 인사·직사에 대한 탄핵활동이 많고 대부분이 피죄되었지만,[94] 치례·충인·치형·건·위 등은 가자, 체직·승직 등으로 탄핵되었으나 가계를 토대로 국왕의 옹호를 받으면서 補任·仍任되었다.

이와 같이 역관이 구체적으로 파악된 악계 13~16세 사관자는 당상관은 물론 당하관 이하도 대부분이 초사직, 가자, 체직·승직, 조기에 당상관 이상으로 승진한 것은 명의 태종여비·선종공신부인, 인수대비나 이들과 관련하여 현달한 조 부 등의 가계에 크게 영향되었다. 특히 영정계 14~16세 사관자는 그 경향이 현저하였다.

---

90) 『경국대전』 권1, 이전 제과조 ;『성종실록』 권4, 1년 3월 경자 ; 권62, 6년 12월 임인.
91) 『세종실록』 권89, 22년 5월 무오.
92) 졸고, 1985, 「世祖-成宗代의 加資濫發에 대하여」,『韓國學論集』12, 187~193쪽 참조.
93) 『성종실록』 권33, 성종 4년 8월 계해.
94) 鄭杜熙, 1986, 「朝鮮 成宗代 臺諫의 彈劾活動」,『歷史學報』109, 6~17쪽 참조.

　이상에서 청주한씨 악계 12~16세 사관자는 명황실·조선왕실과의 관계를
토대로 각종 특전을 받으면서 수십명이 정치에 큰 영향력을 끼친 의정·찬성·
판서 등의 당상관에 승진하고, 다시 그 자손을 출사시키고 파격적으로 승자·
승직시켰다고 하겠다. 악계 12~16세 사관자 중 정종~성종대에 추요 당상직을
역임한 尙敬 등 26명의 당상관 재직기간과 출사연령, 당상관 승진 소요기간을
재정리하면 다음 〈표 3-5〉와 같다.

〈표 3-5〉 청주한씨 악계 12~16세 당상관 추요직 재직기간[95]

| 성명 | 의정부 | | | 육조 | | | 승정원 | | 기타 |
|---|---|---|---|---|---|---|---|---|---|
| | 의정 | 찬성 | 참찬 | 판서 | 참판 | 참의 | 도승지 | 제승지 | |
| 尙質 | | | | | | | | | 12세, 태조5 정당문학 |
| 尙敬 | 태종16~18 | | 1, 6, 13 | 5, 12~13 | | | 태조2~4 | | |
| 尙德 | | | | | 세종9 | | | 태종11~16 | |
| 承顔 | | | | | | | | 태종16~17 | |
| 惠 | | | | | 세종10 | 8~9 | | 2~5 | 13 |
| 確 | 단종1~ 세조2 | 문종2~ 단종1 | | 세종22, 26~28 | | | | | |
| 磧 | | | | | | 세종22~23, 26~29 | | | |
| 明澮 | 세조8~ 예종즉 1~ 성종5 | | | 세조 3~6 | | | 세조 1~2 | 단종2~ 세조1 | 14 |
| 繼美 | | 세조13~ 성종1 | | 세조10~11 | 7 | | | 세2~4 | 성종2 영중추 |
| 繼禧 | | 성종2~? | | 세조11~12 | 7~8 | 4 | | 6~7 | |
| 繼純 | | | | 성종 2, 4 | | | | 예종즉~성2 | |
| 千孫 | | | | | | 성종10~12 | | | |
| 伯倫 | 성종1~2 | | | | | | | | |
| 致仁 | | | | | 예종1 | 세조8 | | | |
| 致義 | | | | | 성종3 | 2 | | | |
| 致禮 | | | 성종12~15 | 10~11, 19~22 | 4~6 | 세조14 | | | |
| 致亨 | 연산 | 성종24~ 연산 | 성종 12~14 | 2, 12, 17, 22~23 | | | | 세조13~14 | |
| 堡 | | | | | 성종6~7 | | | | 15 |
| 堰 | | | | | 성종21 | 11~12 | | 18~20 | |
| 嶬 | | | | | 성종1~2 | 예종즉~ 성1 | | | |
| 斯文 | | | | | 연산 | 연산 | | 성종23~25 | |

| 懂 |  |  |  |  | 성종18~19 |  |  |  |  |
|---|---|---|---|---|---|---|---|---|---|
| 個 |  |  |  |  | 성13 | 8~12 |  | 6~8 |  |
| 償 |  |  |  |  |  |  |  | 성15~16 |  |
| 健 |  |  |  |  | 성1~24 |  | 20 | 13~20 |  |
| 偉 |  |  |  |  |  | 연산6 |  | 6~8 |  |
| 합계 | 5 | 4 | 3 | 8 | 14 | 13 | 3 | 15 |  |

또 악계 12~16세 사관자 부조의 최고 관직을 보면 다음의 표와 같이 세대별로 보면 상질계 13명 중 12세 1명은 부조나 부나 조 1~2품관(이하 1~2품으로 약기), 13세 1명은 1~2품, 14세 2명은 1~2품, 15세 2명은 1~2품 1·부나 조 정3~종6품관(이하 3~6품으로 약기) 1명이고, 16세 7명은 1~2품 3·정3품 당상관(이하 3상으로 약기) 4명이다. 전체 13명은 1~2품이 8명 62%이고, 3상이 4명 31%이며, 3~6품이 8%이다.

〈표 3-6〉 청주한씨 악계 12~16세 사관자 부조 최고 관직[96]

| | 상질계 | | | | | | 상경계 | | | | | | 승순계 | | | | | |
|---|---|---|---|---|---|---|---|---|---|---|---|---|---|---|---|---|---|---|
| | 12 | 13 | 14 | 15 | 16 | 계 | 12 | 13 | 14 | 15 | 16 | 계 | 12 | 13 | 14 | 15 | 16 | 계 |
| 부·조1~2품 | 1 | 1 |  |  | 3 | 5 | 1 | 1 | 5 | 13 | 4 | 24 | 1 | 3 | 5 | 6 | 0 | 15 |
| 부나조1~2 | 0 | 0 | 2 | 1 | 0 | 3 | 0 | 0 | 0 | 1 | 20 | 21 | 0 | 0 | 1 | 4 | 6 | 11 |
| 부나조당상 | 0 | 0 | 0 | 0 | 4 | 4 | 0 | 0 | 0 | 0 | 0 | 0 | 0 | 0 | 0 | 0 | 0 | 0 |
| 부나조참상 | 0 | 0 | 0 | 1 | 0 | 1 | 0 | 0 | 0 | 0 | 2 | 2 | 0 | 0 | 0 | 2 | 6 | 8 |
| 부나조참하 | 0 | 0 | 0 | 0 | 0 | 0 | 0 | 0 | 0 | 0 | 0 | 0 | 0 | 0 | 0 | 0 | 2 | 2 |
| 합계 | 1 | 1 | 2 | 2 | 7 | 13 | 1 | 1 | 5 | 14 | 26 | 47 | 1 | 3 | 6 | 12 | 14 | 36 |

| | 계복계 | | | | | | 영정계 | | | | | | 합계 | | | | | |
|---|---|---|---|---|---|---|---|---|---|---|---|---|---|---|---|---|---|---|
| | 12 | 13 | 14 | 15 | 16 | 계 | 12 | 13 | 14 | 15 | 16 | 계 | 12 | 13 | 14 | 15 | 16 | 계 |
| 부·조1~2품 | 0 | 0 | 0 | 0 | 1 | 1 | 0 | 0 | 0 | 7 | 8 | 15 | 3 | 5 | 10 | 26 | 16 | 60 |
| 부나조1~2 | 1 | 0 | 2 | 4 | 5 | 12 | 0 | 0 | 3 | 5 | 11 | 19 | 1 | 0 | 8 | 15 | 42 | 66 |
| 부나조당상 | 0 | 0 | 0 | 0 | 0 | 0 | 0 | 0 | 7 | 12 | 3 | 22 | 0 | 0 | 7 | 12 | 7 | 26 |
| 부나조참상 | 0 | 4 | 0 | 0 | 0 | 4 | 1 | 3 | 4 | 2 | 9 | 19 | 1 | 7 | 4 | 5 | 17 | 34 |
| 부나조참하 | 0 | 0 | 0 | 0 | 0 | 0 | 0 | 0 | 0 | 0 | 0 | 0 | 0 | 0 | 0 | 0 | 2 | 2 |
| 합계 | 1 | 4 | 2 | 4 | 6 | 17 | 1 | 3 | 14 | 26 | 31 | 75 | 5 | 12 | 32 | 58 | 90 | 188 |

상경계 47명 중 12세 1명, 13세 1명, 14세 5명, 15세 14명은 모두가 1~2품이

---

95) 앞 128~141쪽, 졸저, 앞 책(2020), 청주한씨에서 종합.
96) 뒤 〈표 3-12〉에서 종합.

고, 16세 26명은 24명이 1~2품이고 2명이 3~6품이다. 전체로는 1~2품이 45명 96%이고, 3~6품이 2명 4%이다.

승순계 36명 중 12세 1명, 13세 1명, 14세 6명은 모두 1~2품이고, 15세 12명은 1~2품 10·3~6품 2명이고, 16세 14명은 1~2품 6·3~6품 6·정7~종9품 (이하 7~9품으로 약기) 2명이다. 전체로는 1~2품이 26명 72%이고, 3~6품이 8명 22%이며, 7~9품이 2명 6%이다.

계복계 17명 중 12세 1명은 1~2품, 13세 4명은 3~6품이고, 14세 2·15세 4·16세 6명은 모두 1~2품이다. 정체로는 1~2품이 13명 76%이고, 3~6품이 4명 24%이다.

영정계 75명 중 12세 1·13세 3명은 3~6품이고, 14세 10명은 1~2품 3·3상 7·3~6품 4명, 15세 26명은 1~2품 12·3상 12·3~6품 2명이고, 16세 31명은 1~2품 19·3상 3·3~6품 9명이다. 전체로는 1~2품이 34명 45%이고, 3상이 22명 29%이며, 3~6품이 19명 25%이다.

전체 192명은 세대별로는 12세 5명은 1~2품 4명 80%·3~6품 1명 20%, 13세 12명은 1~2품 5명 42%·3~6품 7명 58%, 14세 32명은 1~2품 18명 56%·3상 7명 22%·3~6품 4명 13%, 15세 58명은 1~2품 41명 71%·3상 12명 21%·3~6품 5명 9%이고, 16세 90명은 1~2품 58명 64%·3상 7명 8%·3~6품 19%·7~9품 2명 2%이다. 품관별로는 1~2품이 126명 67%, 3상 26명 14%, 3~6품 34명 18%이고, 7~9품이 2명 1%이다.

이처럼 악계 12~16세 사관자 192명의 부조(부나 조)는 계파별과 세대별로 다소의 차이는 있지만 정1~종2품관(관계)이 66%(126/192명)나 되었다.

그 외에도 악계 12~16세 사관자 처부조와 처부의 최고관직을 보면 70여 명과 40여 명 이상이 2품관 이상에 재직하였듯이[97] 당시의 정치·군사에 큰 영향력을 발휘하였다.[98]

---

97) 뒤 〈표 3-9·10〉 참조.

98) 그 대표적인 인물이 權踶(찬성), 成俊(영의정), 權覽(좌의정), 李褆(양녕대군), 朴仲善

<표 3-7> 청주한씨 악계 12~16세 당상관승진 소요기간과 연령[99]

| 성명 | 생년 | 출사연령 | 당상관 승진 연령 | | | | | 성명 | 생년 | 출사연령 | 당상관 승진 연령(기간/연령) | | | | |
|---|---|---|---|---|---|---|---|---|---|---|---|---|---|---|---|
| | | | 정3 | 종2 | 정2 | 종1 | 정1 | | | | 정3 | 종2 | 정2 | 종1 | 정1 |
| 尙質 | ? | ? | | 태조2 | 5 | | | 伯倫 | 1427 | ? | | | | | 43 |
| 尙敬 | 1360 | 18 | 태조1 | 4 | 태종1 | 6 | 15 | 致仁 | 1421 | 24 | 42 | 47 | 50 | 56 | |
| 尙德 | ? | 우왕11 | 태종11 | 18 | | | | 致義 | 1440 | 16 | 26 | 29 | 32 | | |
| 承顔 | ? | 태조5 | 태종16 | 세종1 | | | | 致禮 | 1441 | ? | 26 | 29 | 35 | 40 | |
| 承順 | ? | ? | 세종21 | 22 | | | | 致亨 | 1434 | 22 | 34 | 34 | 35 | 43 | 45 |
| 惠 | 1391 | ? | 30 | 38 | | | | 堡 | 1446 | 13 | 20 | 23 | 26 | | |
| 瑞龜 | ? | ? | 세종7 | 10 | | | | 堰 | 1448 | ? | 성종11 | 20 | | | |
| 確 | 1403 | 15 | ? | 23 | 33 | 43 | 51 | 巘 | 1443 | 17 | 26 | 28 | 33 | | |
| 碝 | 1406? | 세종1 | 22 | | | | | 斯文 | 1446 | 27 | 47 | | | | |
| 明澮 | 1415 | 36 | 38 | | 41 | | 45 | 懽 | ? | ? | 성2 | 16 | | | |
| 繼美 | 1420 | 29 | 37 | 42 | 45 | 47 | 51 | 僴 | ? | ? | 성2 | 13 | | | |
| 繼禧 | 1423 | 26 | 37 | 40 | 44 | 45 | | 儹 | ? | ? | 성14 | 16 | | | |
| 繼純 | 1431 | ? | 27 | | 42 | 55 | | 健 | ? | ? | 성19 | 21 | | | |
| 終孫 | ? | ? | 세조1 | 5 | | | | 계 | | 22세 | 14.5/33.5 | 17.7/42.3 | 16.1/38.5 | 23.6/47.5 | 22.8/ |
| 千孫 | ? | ? | 성종2 | 13 | | | | 5공신[*1] | | | /38.1 | /41.1 | /45.4 | /51 | |

*1 정난(단종1), 좌익(세조1), 적개(세조13), 익대(예종1), 좌리공신(성종2)

    (3) 상덕 등이 정3품 당상관 이상에 진출하였을 때의 연령이나 출사로부터 정3품 당상관직 이상에 오르는데 소요된 기간을 보면 다음의 표에서와 같이 20~55세와 출사한 후 3~34년만에 정3품~정1품직에 승진하였다. 즉 상경·명회·계미·계희·치인·치의·치형과 혜·계순·치례·보·의는 출사후 3~20년 이전이나 23~30세에 정3품 당상관에 승진하였다. 상경·계미·계희·치의·치례 등과 확·치례·의 등은 출사후 13~20년 미만이나 23~30세 미만에 종2품으로 승진하였다. 명회·계미·계희·치의·치형·의 등과 확·치례·보 등은 출사후 6~20년 미만이나 26~35세 미만에 정2품에 승진하였다. 계미·계희·치의·치형 등과 상경·확·치례 등은 17~22년 미만이나 40~47세에 종1품에 승진하였다. 명회·계희·치형과 상경·확·백륜은 10~24년만이나 43~56세에 정1품에

---

    (판중) 등이다.

99) 졸저, 앞 책(2020), 청주한씨에서 종합.

승진하였다. 악계 13~16세의 이와 같은 당상관 승진기간은 단종~성종대의
정치를 주도한 5공신의[100] 당상관 승진연령과 비교해 볼 때도 그 기간이
짧았으니 이들의 승진이 얼마나 빨랐는가를 알 수 있다.

이상에서 조선초기, 특히 단종~성종대 청주한씨 악계 13~16세는 파평윤씨
와 함께 척족가문의 위세를 누림은 물론 이를 토대로 세조·성종과 성종대의
정치를 주도한 인수대비의 전폭적인 후원을 받았다. 이리하여 남계의 과반수
이상이 출사하고 출사자의 대부분이 조기에 승자·승직되면서 수십 명이
정1~종2품직(관계)에 진출하였고, 그 결과 당시의 정치에 큰 영향력을 발휘함
은 물론 당시를 대표하는 유력가문이 되었다고 하겠다.


## 3. 渥(-公義, 方信)系의 通婚圈과 家系意識

조선초기 청주한씨 渥-公義·方信계 12~16세는 尙質·尙敬·承舜·承讓·季復·
永矴系의 6계파로 분기되면서 전개되었고, 남계 292명 여계 186명 총 478명이
확인되었다. 이 절에서는 이 중 자손수가 적고(15명) 그 배우자도 대부분이
성관만 확인되고 부조가 불명한[101] 승양계를 제외한 상경계 등 5계파 463명
(남계 278, 여계 185)을 대상으로 배우자의 가문을 상위 유력성관·유력성관·
그 외 성관,[102] 성관불명으로 구분하여 보고, 이와 관련시켜 악계의 가계의식
을 고찰한다.

---

100) 5공신의 정치에 끼친 영향력은 졸저, 2024, 『조선초기 관인연구』, 도서출판 혜안,
263~271쪽 참조.
101) 15명 중 2명만 성관과 배우자의 가계가 확인되나, 9명은 성관만 확인되고 5명은
성관불명이다(뒤 〈표 3-12〉).
102) 상위 유력 성관, 유력성관, 그 외 성관의 분류기준은 앞 32~34쪽 참조.

## 1) 渥系 12~16세 通婚家門

악계 12~16세의 통혼가문을 보면 상질계 자손의 배우자는 뒤의 〈표 3-8〉과 같이 12세 1명은 유력성관이 1명이다. 13세 4명은 상위 유력성관(이하 상위성관으로 약칭)이 3명이고 유력성관이 1명이다. 14세 3명은 상위 성관이 1명이고, 유력성관이 1명이며, 성관불명(이하 불명)이 1명이다. 15세 7명은 상위성관이 5명이고 유력성관이 2명이다. 16세 17명은 상위성관이 4명, 유력성관이 3명, 그 외 성관(그 외로 약칭)이 3명이며, 불명이 7명이다. 12~16세 32명은 상위성관이 13명 41%, 유력성관이 8명 25%, 그 외가 3명 9%이며, 불명이 8명 25%이다.

상경계는 12세 1명은 유력성관이 1명이다. 13세 3명은 상위성관이 1명이고 유력성관이 2명이다. 14세 8명은 상위성관이 1명이고, 유력성관이 5명이며, 그외가 2명이다. 15세 32명은 상위성관이 8명, 유력성관이 12명, 그 외가 4명이며, 불명이 8명이다. 16세 54명은 상위성관이 9명, 유력성관이 25명, 그 외가 10명이다. 12~16세 98명은 상위성관이 19명 20%, 유력성관이 21명 21%, 그 외가 19명 20%이며, 불명이 8명 8%이다.

승순계는 12세 1명은 유력성관이 1명이다. 13세 8명은 상위성관이 1명이고 유력성관이 5명이며, 그 외가 2명이다. 14세 14명은 상위성관이 1명이고, 유력성관이 8명, 그외가 2명이며, 불명이 3명이다. 15세 24명은 상위성관이 4명, 유력성관이 9명, 그 외가 2명이며, 불명이 9명이다. 16세 57명은 상위성관이 2명, 유력성관이 21명, 그 외가 6명이며, 불명이 28명이다. 12~16세 104명은 상위성관이 8명 8%, 유력성관이 44명 42%, 그 외가 12명 12%이며, 불명이 40명 38%이다.

계복계는 12세 1명은 그 외가 1명이다. 13세 6명은 상위성관이 1명, 그 외가 1명이며, 불명이 4명이다. 14세 14명은 유력성관이 4명, 그외가 1명이며, 불명이 9명이다. 15세 12명은 상위성관이 2명, 유력성관이 4명, 그 외가

<표 3-8> 청주한씨 악계 12~16세 配偶者 家門[103]

왼쪽 세로 구분: 상위유력성관·유력성관 (진주강씨~소계), 유력성관 (전주이씨등~합계)

| 구분 | 상질계 | | | | | | 상경계 | | | | | | 승순계 | | | | | |
|---|---|---|---|---|---|---|---|---|---|---|---|---|---|---|---|---|---|---|
| | 12 | 13 | 14 | 15 | 16 | 계 | 12 | 13 | 14 | 15 | 16 | 계 | 12 | 13 | 14 | 15 | 16 | 계 |
| 진주강씨 | | 1 | 0 | 0 | 0 | 1 | 0 | 0 | 0 | 0 | 0 | 0 | 0 | 0 | 0 | 0 | 0 | 0 |
| 안동권 | 0 | 0 | 1 | 0 | 1 | 2 | 0 | 0 | 0 | 0 | 1 | 2 | 0 | 1 | 0 | 1 | 0 | 2 |
| 광산김 | 0 | 0 | 0 | 0 | 0 | 0 | 0 | 0 | 0 | 0 | 2 | 2 | 0 | 0 | 1 | 0 | 1 | 2 |
| 창녕성 | | 1 | | 0 | 0 | 1 | | | | 1 | | 1 | | | | | | |
| 고령신 | | | | 1 | 0 | 1 | | | | | | | | | | | | |
| 문화유 | | | | | 1 | 1 | | | | 3 | 1 | 4 | | | | | | |
| 파평윤 | | 1 | | 1 | | 2 | | | 1 | 1 | 2 | 3 | | | | 1 | 1 | 2 |
| 전의이 | | | | | | | | 1 | | 1 | 1 | 3 | | | | 2 | | 2 |
| 한산이 | | | | 1 | | 1 | | | | | 1 | 1 | | | | | | |
| 종친 | | | | 2 | 2 | 4 | | | | 1 | 2 | 3 | | | | | | |
| 기타 | | | | | | | | | | | | | | | | | | |
| 소계 | 0 | 3 | 1 | 5 | 4 | 13 | 0 | 1 | 1 | 8 | 9 | 19 | 0 | 1 | 1 | 4 | 2 | 8 |
| 전주이씨등 9성관 10~6명*1 | | | | | | | | | | | | | | | | | | |
| 청풍김씨등 25성관 5~2명*2 | | | | | | | | | | | | | | | | | | |
| 상주김씨등 14성관 1명*3 | | | | | | | | | | | | | | | | | | |
| 소계 | 1 | 1 | 1 | 2 | 3 | 8 | 1 | 2 | 5 | 12 | 25 | 21 | 1 | 5 | 8 | 9 | 21 | 44 |
| 합계 | 1 | 4 | 2 | 7 | 7 | 21 | 1 | 3 | 6 | 20 | 34 | 74 | 1 | 6 | 9 | 13 | 23 | 52 |
| 그 외 성관 | | | | | 3 | 3 | | | 2 | 4 | 10 | 16 | 0 | 2 | 2 | 2 | 6 | 12 |
| 성관불명 | 0 | 0 | 1 | 0 | 7 | 8 | 0 | 0 | 0 | 8 | 0 | 8 | 0 | 0 | 3 | 9 | 28 | 40 |
| 총계 | 1 | 4 | 3 | 7 | 17 | 32 | 1 | 3 | 8 | 32 | 54 | 98 | 1 | 8 | 14 | 24 | 57 | 104 |

| 구분 | 계복계 | | | | | | 영정계 | | | | | | 합계 | | | | | |
|---|---|---|---|---|---|---|---|---|---|---|---|---|---|---|---|---|---|---|
| | 12 | 13 | 14 | 15 | 16 | 계 | 12 | 13 | 14 | 15 | 16 | 계 | 12 | 13 | 14 | 15 | 16 | 계 |
| 진주강씨 | | | | | | | | | | | 3 | 3 | 0 | 1 | 0 | 0 | 3 | 4 |
| 안동권 | | | | | | | | | 2 | 2 | 2 | 6 | 0 | 1 | 3 | 3 | 3 | 10 |
| 광산김 | | | | | | | | | | 1 | 0 | 1 | 0 | 0 | 1 | 1 | 3 | 5 |
| 창녕성 | | | | | | | | | 1 | 1 | 0 | 2 | 0 | 1 | 1 | 2 | 0 | 4 |
| 고령신 | | | | | | | | | | 1 | 1 | 2 | 0 | 0 | 0 | 2 | 1 | 3 |
| 문화유 | | | | | | | | | | | 1 | 1 | 0 | 0 | 0 | 3 | 3 | 6 |
| 파평윤 | | | | 1 | | 1 | | | | 1 | 3 | 4 | 0 | 1 | 1 | 3 | 6 | 11 |
| 전의이 | | 1 | | | | 1 | | | 1 | 1 | 0 | 2 | 0 | 2 | 1 | 4 | 1 | 8 |
| 한산이 | | | | | | | | | | | 4 | 4 | 0 | 0 | 0 | 1 | 5 | 6 |
| 종친 | | | | 2 | 1 | 3 | 0 | 0 | 3 | 3 | 3 | 9 | 0 | 0 | 5 | 6 | 8 | 19 |
| 명황실 | | | | | | | | | 2 | | | 2 | 2 | | | | | 2 |
| 소계 | 0 | 1 | 0 | 2 | 2 | 5 | 0 | 2 | 7 | 10 | 17 | 36 | 0 | 8 | 12 | 25 | 33 | 78 |
| 전주이씨등 9성관 10~6명*1 | | | | | | | | | | | | | | | | | | |

| | | | | | | | | | | | | | | | | | | |
|---|---|---|---|---|---|---|---|---|---|---|---|---|---|---|---|---|---|---|
| 청풍김씨등 25성관 5~2명[*2] | | | | | | | | | | | | | | | | | | |
| 청주곽씨등 14성관 1명[*3] | | | | | | | | | | | | | | | | | | |
| 소계 | 0 | 0 | 4 | 4 | 7 | 15 | 1 | 3 | 11 | 10 | 25 | 56 | 4 | 11 | 23 | 37 | 81 | 156 |
| 합계 | 0 | 1 | 4 | 6 | 9 | 20 | 1 | 5 | 18 | 20 | 42 | 86 | 4 | 17 | 38 | 60 | 115 | 234 |
| 그 외 성관 | 1 | 1 | 1 | 3 | 2 | 8 | 0 | 0 | 2 | 3 | 9 | 14 | 1 | 3 | 7 | 12 | 30 | 53 |
| 성관불명 | 0 | 4 | 9 | 3 | 7 | 23 | 0 | 0 | 0 | 21 | 47 | 68 | 0 | 4 | 13 | 41 | 89 | 147 |
| 총계 | 1 | 6 | 14 | 12 | 18 | 51 | 1 | 5 | 20 | 54 | 98 | 178 | 5 | 26 | 59 | 129 | 244 | 463 |

*1 전주이 10, 안동김·남양홍 8, 여흥민·평산신 7, 경주김·연안김·경주이·전주최 6.
*2 의령남·청풍김·원주원·풍천임·영일정·한양조 5, 의령남·밀양박·원주변·영산신·
　　순흥안·성주이 4, 순천박·여산송·거창신·단양우·고성이·양천허 3, 상주김·의성김·
　　남평문·여주이·연안이·동래정 2.
*3 청주곽·능성구·함양박·죽산안·덕수이·배천조·양주조·창녕조·진양하 1.

3명이며, 불명이 3명이다. 16세 18명은 상위성관이 2명, 유력성관이 7명, 그 외가 2명이며, 불명이 7명이다. 12~16세 51명은 상위성관이 5명 10%, 유력성관이 15명 29%, 그 외가 8명 16%이며, 불명이 23명 45%이다.

영정계는 12세 1명은 유력성관이 1명이다. 13세 5명은 상위성관이 2명이고 유력성관이 3명이다. 14세 20명은 상위성관이 7명, 유력성관이 11명이며, 그외가 2명이다. 15세 54명은 상위성관이 10명, 유력성관이 10명, 그 외가 3명이며, 불명이 21명이다. 16세 98명은 상위성관이 17명, 유력성관이 25명, 그 외가 9명이며, 불명이 47명이다. 12~16세 178명은 상위성관이 36명 20%, 유력성관이 56명 31%, 그 외가 14명 8%이며, 불명이 68명 38%이다.

악계 12~16세를 합해서는 12세 5명은 유력성관이 4명 80%이고 그 외가 1명 20%이다. 13세 26명은 상위성관이 8명 31%, 유력성관이 11명 42%, 그 외가 3명 12%이며, 불명이 4명 15%이다. 14세 59명은 상위성관이 12명 20%, 유력성관이 11명 19%, 그 외가 7명 12%, 불명이 13명 22%이다. 15세 129명은 상위성관이 24명 19%, 유력성관이 37명 29%, 그 외가 12명 9%, 불명이 41명 32%이다. 16세 244명은 상위성관이 33명 14%, 유력성관이

---

103) 뒤 〈표 3-12〉에서 종합.

37명 15%, 그 외가 30명 12%, 불명이 89명 36%이다. 12~16세 463명은
상위성관이 77명 17%, 유력성관이 156명 34%, 그 외가 53명 11%이며, 불명이
147명 32%였다.

또 악계 12~16세 배우자와 2명 이상 통혼한 가문 인물의 가계를 보면
종친은 19명 모두가 8촌 이내였고,[104] 파평윤씨와 한산이씨는 11명과
4명 모두가 8촌 이내였다.[105] 안동권씨와 전의이씨는 다음의 가계도와
같이 각각 7명 모두가 8촌 이내였다. 문화유씨는 3명 중 2명이 8촌 이내였고,
광산김씨는 2명이 9촌간이었다. 안동권씨 등 통혼자의 가계는 다음과
같다.

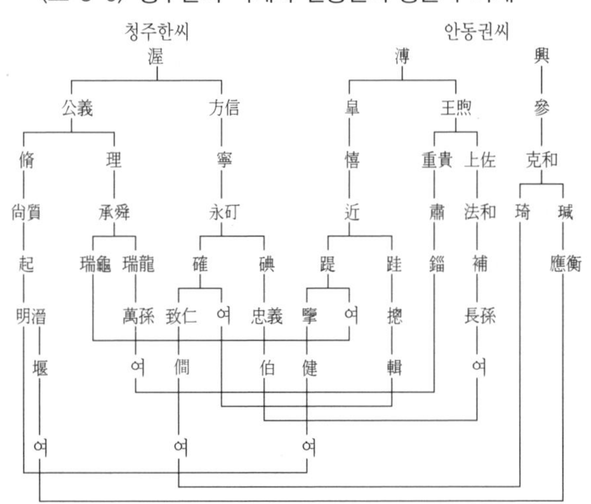

〈도 3-6〉 청주한씨 악계와 안동권씨 통혼자 가계[106]

---

104) 앞 101쪽 주66).
105) 앞 2장 〈도 2-7〉, 뒤 8장 〈도 8-8〉.
106) 뒤 〈표 3-12〉, 앞 『청주한씨대동보』, 『안동권씨추밀공파세보』(1980, 보전출판사),
    『청구씨보』 등에서 종합.

〈도 3-7〉 청주한씨 악계와 전의이씨 천계 통혼자 가계[107)

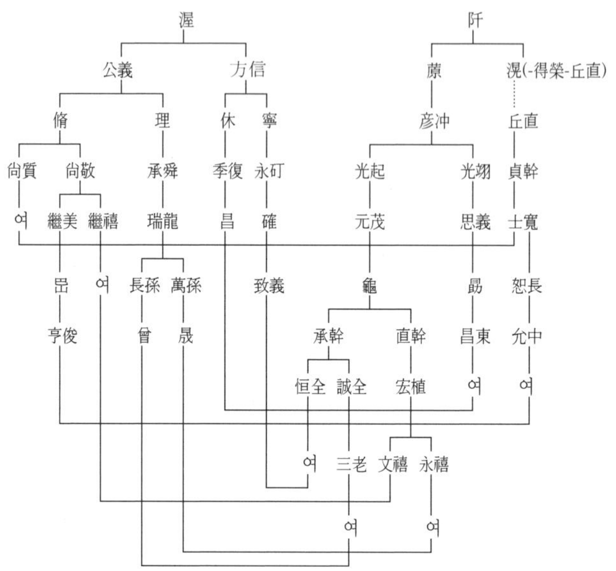

또 2명이상 통혼한 성관에 있어서도 영정계의 경우 영정계와 3명이상 통혼한 진주강씨 등 10성씨의 경우에 밀양박씨는 14명과 3명 모두, 창녕성씨(4명)·고령신씨(3)·평산신씨(4)는 대개 13촌 이내에 속하였다.[108) 진주강씨 등 8성관은 진주강씨는(4명) 위의 처와 탁의 사위가 3촌간이고, 안동권씨(4)는 확의 사위 집과 기의 처는 9촌간이고 간의 사위와 수선의 처는 4촌간이며, 경주김씨(3)는 형제간인 세걸·세검의 처는 4촌간이고, 동래정씨(3)는 치인의 사위와 탁의 사위가 10촌간이었다.[109) 또 2명씩의 통혼자를 낸 언양김씨 등 12성관에 있어서

---

107) 뒤 〈표 3-12〉, 앞 『청주한씨대동보』, 『전의이씨예안파대동보』, 『청구씨보』 등에서 종합

108) 총의 처인 성희의 딸과 두의 처인 성몽정의 딸, 경의 처인 신숙근의 딸과 종의 처인 신영석의 딸이 각각 13촌간이었다. 세창의 사위인 수한, 수선의 사위인 율온의 처인 문천정의 딸 숙창의 사위인 당, 치인의 사위인 승원, 원의 처인 니성군의 딸이 각각 11촌간 이었다(4-10촌은 생략). 확의 사위인 덕종과 계양군은 3촌간이고, 치형의 처인 양녕대군의 딸과 확의 사위인 계양군은 4촌간이었다.

109) 이들의 가계는 졸고, 1995, 「조선초기 청주한씨 영정(~1417이전, 지군사증영의정)계

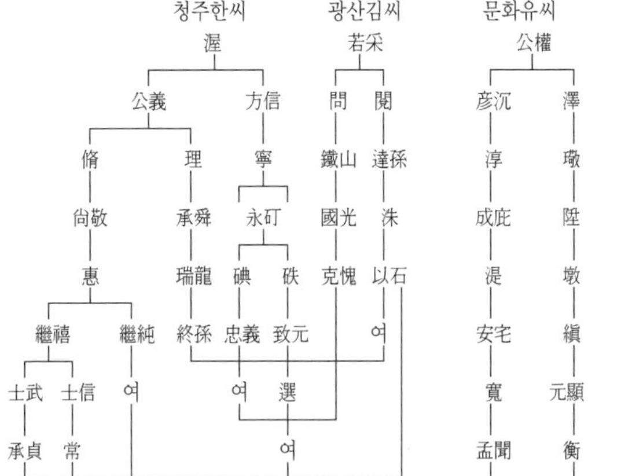

〈도 3-8〉 청주한씨 악계와 광산김·문화유씨 통혼자 가계[110]



도 순천박씨는 의의 처와 결의 처는 5촌간이고, 거창신씨는 충인의 사위 수근과 수량의 처는 4촌간이고, 창녕조씨는 탁의 사위와 승권의 처가 4촌간이었다.[111] 이처럼 청주한씨 악계, 특히 영정계는 통혼가문이 종실을 위시한 유력거족이었음은 물론, 각 가문내에서도 3-13촌에 있는 인물과 중첩적으로 통혼하였다.

## 2) 通婚圈과 家系意識

악계 12~16세 배우자의 통혼성관을 보면 세대별로 차이가 있지만 종친·유력성관이 55%였고, 다수와 통혼한 가문의 통혼자 가계를 보면 상당수가

---

가계연구-역관경향과 통혼권을 중심으로-」,『계명사학』6, 41쪽 〈도 5-ㄴ~ㅁ〉 참조.
110) 뒤 〈표 3-12〉,『문화유씨세보』, 앞『청주한씨대동보』,『광산김씨세보』,『청구씨보』 등에서 종합
111) 이들의 가계는 위 논문, 42쪽 주76)·77) 참조.

<표 3-9> 청주한씨 악계 12~16세 처 부·조 최고 관직[112]

| | 상질계 | | | | | | 상경 | | | | | | 승순 | | | | | |
|---|---|---|---|---|---|---|---|---|---|---|---|---|---|---|---|---|---|---|
| | 12 | 13 | 14 | 15 | 16 | 계 | 12 | 13 | 14 | 15 | 16 | 계 | 12 | 13 | 14 | 15 | 16 | 계 |
| 종실[*1] | | | | | 1 | 1 | | | | 1 | | 1 | | | | | | 0 |
| 부나조1~2[*2] | 1 | 1 | 2 | 2 | 2 | 8 | | 1 | 4 | 7 | 8 | 20 | 1 | 3 | 2 | 5 | | 11 |
| 부나조당상 | | | | | | 0 | 1 | | 1 | | 2 | 4 | | | | | 1 | 1 |
| 부나조참상 | | | 1 | 2 | | 3 | | | 3 | 6 | | 9 | | | 3 | 4 | 2 | 9 |
| 부나조참하 | | | | | | 0 | | | | | 1 | 1 | | | | | | 0 |
| 불명, 기타 | | | | | 2 | 2 | | | | 3 | 8 | 11 | | | 1 | 3 | 10 | 14 |
| 합계 | 1 | 1 | 2 | 3 | 7 | 14 | 1 | 1 | 5 | 14 | 25 | 46 | 1 | 3 | 6 | 12 | 13 | 35 |

| | 계복계 | | | | | | 영정 | | | | | | 합계 | | | | | |
|---|---|---|---|---|---|---|---|---|---|---|---|---|---|---|---|---|---|---|
| | 12 | 13 | 14 | 15 | 16 | 계 | 12 | 13 | 14 | 15 | 16 | 계 | 12 | 13 | 14 | 15 | 16 | 계 |
| 종실[*1] | | | | | | 0 | | | 1 | | | 1 | | | 1 | 1 | 1 | 3 |
| 부나조1~2[*2] | 1 | 1 | | | 2 | 4 | 1 | 2 | 8 | 4 | 10 | 25 | 4 | 8 | 16 | 18 | 24 | 70 |
| 부나조당상 | | | | | 1 | 1 | | | 1 | | | 1 | 1 | | 1 | 1 | 4 | 7 |
| 부나조참상 | | 2 | 2 | 2 | 1 | 7 | | 1 | 2 | 11 | 11 | 25 | | 3 | 7 | 21 | 22 | 53 |
| 부나조참하 | | 1 | | | 1 | 2 | | | | 1 | 1 | 2 | 1 | | | 1 | 3 | 5 |
| 불명, 기타 | | 1 | | 1 | 1 | 3 | | | 3 | 8 | 9 | 20 | 1 | 4 | 15 | 30 | | 50 |
| 합계 | 1 | 5 | 2 | 3 | 6 | 17 | 1 | 3 | 14 | 25 | 31 | 74 | 5 | 13 | 29 | 57 | 84 | 188 |

*1 왕, 친왕자인 대군·군
*2 부·조와 친왕자인 대군·군을 제외한 종친, 의빈 포함.

단일 계파나 10촌 이내였다.[113]

이어서 악계 12~16세 사관자 배우자 부조의 최고 관직을 보면 다음의
표와 상질계 14명은 종실·부나 조 1~2품관(이하 1~2품으로 약기) 9명, 정3~종
6품관(이하 3~6품으로 약기)이 3·불명이 2명이었다. 상경계 46명은 1~품
21·정3품 당상관(이하 3상으로 약기)이 4·3~6품이 9·정7~종9품관(이하 7~9
품으로 약기)이 1·불명 11명이었다. 승순계 35명은 1~2품 11·3상 1·3~6품
9·불명 14명, 계복계 17명은 1~2품 4·3상 1·3~6품 7·7~9품 2·불명 3명이었다.
영정계 74명은 1~2품 26·3상 1·3~6품 25·7~9품 2·불명 20명이었다. 전체로는
1~2품이 71명 38%, 3상 7명 4%, 3~6품 53명 28%, 7~9품 5명 3%, 불명
50명 27%였다. 이러한 사관자 처부의 최고 관직 경향은 악계 12~16세 사관자

---

112) 뒤 <표 3-10>에서 종합.
113) 앞 157~160쪽.

부조의 최고 관직과 비슷하였다.[114]

또 악계 12~16세 사관자 처 부로서 정1~종2품(관계)을 역임한 인물과 악계 부의 관직을 대비시켜 보면 다음의 표와 같이 44명 중 脩 등 25명 57%는 관직과 재직기간이 상응되었고, 19명 43%가 하위직이었다. 즉 악계 사관자 12~16세의 반수 이상이 그들과 지위가 비슷한 관인의 자제와 통혼하였다고 하겠다.

〈표 3-10〉 청주한씨 악계 12~16세 사관자 부와 처부 1~2품 관력과 재직기간[115]

| 성명 | 사위/사돈 | 최고관직 | 2품이상 주요 역관 | 비고 |
|---|---|---|---|---|
| 李成林 | 상질/判府事 脩 | 문하시중 | | 승휴계 |
| 權踶 | 명진*/감찰 起 | 찬성 | 세종8~27 | 조 정당문학 상질 |
| 李塤 | 보/의정 明澮 | 참찬 | 세조8~성종2 | |
| 李穗 | 혜/의정 尙敬 | 동지총제 | 세종12~? | |
| 崔文孫 | 계윤/감사 惠 | 대사헌 | | |
| 尹璠 | 계미/감사 惠 | 판중추 | 세종16~문종2 | |
| 成俊 | 절/찬성 繼美 | 영의정 | 성종13~연산군10 | |
| 李有仁 | 사개/영중추 繼禧 | 예참판 | 성종18~23 | |
| 尹吉生 | 근/검교참판 繼善 | 중추사 | | |
| 李鉉 | 형원/참판 巘 | 호산군 | | |
| 李蓄 | 윤흥/목사 土介 | 해풍군 | | |
| 趙瓊 | 안세/현감 瑾 | 판서 | | |
| 田得路 | 종준/상호군 坤 | 한성윤 | | |
| 李懃 | 승순/계림부윤 理 | 판중추 | | 승순계 |
| 金漸 | 서룡/중추부사 承舜 | 지돈령 | 태종13~세종3 | |
| 金紹 | 서봉/승순 | 판서 | 세종즉~? | |
| 權擥 | 서구/승순 | 좌의정 | 세조1~11 | |
| 李興門 | 만손/중추사 瑞龍 | 대사헌 | 세종말~? | |
| 具文信 | 언륜/정랑 瑞鳳 | 도총관 | 세조5~성종16 | |
| 金舜臣 | 오/병마우후 仲孫 | 동지중추 | | |
| 李崇元 | 희/淸城君 終孫 | 참판 | | |
| 金舜臣 | 절/병마우후 종손 | 동지중추 | | |
| 李湜 | 휘/병사 萬孫 | 이판 | | |
| 廉廷秀 | 계복/호군 休 | 대사헌 | | 계복계 |
| 吳準 | 변/현감 叔倫 | 판서 | | 맹복계 |
| 金勘 | 경록/참판 懽 | 延昌府院君 | 연산?~중종4 | |

---

114) 뒤 〈표 3-12〉에서 종합.

| 金英烈 | 영정/녹사 寧 | 義城君 | | 영정계 |
|---|---|---|---|---|
| 洪汝方 | 확/知郡事 永矸 | 이판 | 태종18~세종20 | |
| 趙瑞 | 질/영정 | 도총제 | 태종8~세종11 | |
| 趙瑞安 | 치인/의정 確 | 지중추 | 세종31~세조3 | |
| 安孟聃 | 치레/의정 확 | 延昌尉(태종부마) | | |
| 金仲淹 | 충인/참의 磧 | 지돈령 | | |
| 金有英 | 충지/전 | 병사 | | |
| 朴薑 | 치원/정랑 砐 | 지중추 | 문종즉~세조6이후 | |
| 李禔 | 치형/질 | 讓寧大君 | | |
| 宋益孫 | 간/판돈령 致仁 | 礪山君 | 세조9~성종3 | |
| 朴仲善 | 익/병판 致義<br>세창/정랑 翊 | 판중추 | 세조12~성종12 | |
| 李澄 | 숙창/익 | 歡城君 | | |
| 呂自信 | 담/상의정 忠禮 | 병판 | 상종6~연산? | |
| 金從舜 | 세걸/참판 健 | 판한성 | 세조8~성종14 | |
| 許混 | 수정/봉사 倬 | 병사 | | |
| 姜文澣 | 수성/탁 | 동지중추 | | |
| 洪永孫 | 붕/ 감역 謹 | 한성판윤 | | |
| 합계<br>(44명) | 정1-5, 종1-3 , 정2-2, 종2-13, 정3이하-21. | 정1-6, 종1-5, 정2-20, 종2-13. | 태종대 , 세종 , 문종, 단종, 세조, 예종, 성종, 연산군 | |

　이처럼 악계 12~16세는 당상관 이상 역임비율과 통혼가문의 가격, 배우자의 시부나 처부로서 1-2품을 역임한 비율이 대부분 일치하였다. 그러면서도 계파별로는 가장 현달한 영정계가 통혼가문의 가격과 배우자의 부나 조가 종실과 1-2품을 역임한 수에서 상징계 등을 압도하였다. 또 악계 12~16세는 종실 및 파평윤씨 등 유력성관 60여 가문과 191명이 통혼하였는데, 그 중 부조 등 가계가 확인되고 2명이상 통혼한 파평윤씨 등 6성관 60여명은 대개 8촌 이내였다. 또 배우자의 시부 처부로서 2품관 이상을 역임한 자와 사돈관계에 있는 악계의 자손도 대부분이 2품관 이상을 역임하였다.

　요컨대 악계 13~15세는 당대와 부, 조의 현달에서 그들의 가문이나 그들의 역관과 상응되는 종실, 명문거족, 유력관인의 자녀와 통혼하며, 동일한 가문과 거듭하여 통혼하였다. 통혼가문의 격과 역임관직은 가장 극성하였던

---

115) 〈표 3-8, 12〉, 졸저, 앞 책(2020) 등에서 종합.

13~15세가 16세 보다 우월하고, 가장 현달한 영정계의 통혼가문이 여타 계파 보다 우월하였음에서 통혼에는 가계의식이 크게 작용하였다고 하겠다.

지금까지 살펴본 청주한씨 악계 12~16세 사관자의 관력, 통혼성관, 부조와 처 부조의 역관을 정리하면 다음의 표와 같다.

〈표 3-11〉 청주한씨 악계 12~16세 관력과 통혼가문[116)]

| | | 본인 역관 | | | | | 통혼가문 | | | | | | 조부와 처조부 관력(조부/처조부) | | | | |
| | | | | | | | 유력성관[*1] | | | 일반성관 | 성관불명 | 합계 | | | | | |
| | | 1~2품 | 3상 | 3~6 | 7~9,불명 | 계 | 상위11성관[*2] | 그 외 성관[*3] | 소계 | | | | 1~2 | 3상 | 3~9 | 불명·미사 | 계 |
|---|---|---|---|---|---|---|---|---|---|---|---|---|---|---|---|---|---|
| 상질계 | 12세 | 1 | | | | 1 | 0 | 1 | 1 | 0 | 0 | 1 | 1 | 0 | 0 | 0 | 1 |
| | 13 | | | 1 | | 1 | 3 | 1 | 4 | 0 | 0 | 4 | 1 | 0 | 0 | 0 | 1 |
| | 14 | 1 | | | 1 | 2 | 1 | 1 | 2 | 0 | 1 | 3 | 2 | 0 | 0 | 0 | 2 |
| | 15 | 1 | 1 | | | 2 | 5 | 2 | 7 | 0 | 0 | 7 | 2 | 0 | 1 | 0 | 3 |
| | 16 | 1 | 0 | 5 | 1 | 7 | 4 | 3 | 7 | 3 | 7 | 17 | 3 | 0 | 2 | 2 | 7 |
| | 계 | 4 | 1 | 6 | 2 | 13 | 13 | 8 | 21 | 3 | 8 | 32 | 9 | 0 | 3 | 2 | 14 |
| 상경계 | 12세 | 1 | | | | 1 | 0 | 1 | 1 | 0 | 0 | 1 | 0 | 1 | 0 | 0 | 1 |
| | 13 | 1 | | | | 1 | 1 | 2 | 3 | 0 | 0 | 3 | 0 | 0 | 0 | 0 | 1 |
| | 14 | 4 | 0 | 1 | 0 | 5 | 1 | 5 | 6 | 2 | 0 | 8 | 1 | 1 | 0 | 0 | 5 |
| | 15 | 2 | 2 | 10 | 0 | 14 | 8 | 12 | 20 | 4 | 8 | 32 | 0 | 0 | 3 | 3 | 14 |
| | 16 | 5 | 2 | 18 | 1 | 26 | 9 | 25 | 34 | 10 | 0 | 54 | 0 | 2 | 7 | 8 | 25 |
| | 계 | 13 | 4 | 29 | 1 | 47 | 19 | 55 | 74 | 16 | 8 | 98 | 1 | 4 | 10 | 11 | 46 |
| 승순계 | 12세 | 1 | | | | 1 | 0 | 1 | 1 | 0 | 0 | 1 | 1 | 0 | 0 | 0 | 1 |
| | 13 | 2 | 0 | 1 | 0 | 3 | 1 | 5 | 6 | 2 | 0 | 8 | 3 | 0 | 0 | 0 | 3 |
| | 14 | 2 | 1 | 3 | 0 | 6 | 1 | 8 | 9 | 2 | 4 | 14 | 2 | 0 | 3 | 1 | 6 |
| | 15 | 0 | 1 | 9 | 2 | 12 | 4 | 9 | 13 | 5 | 5 | 24 | 5 | 0 | 4 | 3 | 12 |
| | 16 | 1 | 3 | 5 | 3 | 12 | 2 | 21 | 23 | 6 | 20 | 49 | 0 | 1 | 2 | 10 | 13 |
| | 계 | 6 | 5 | 18 | 5 | 34 | 8 | 44 | 52 | 15 | 29 | 96 | 11 | 1 | 9 | 14 | 35 |
| 계복계 | 12세 | 0 | 0 | 1 | 0 | 1 | 0 | 0 | 0 | 1 | 0 | 1 | 1 | 0 | 0 | 0 | 1 |
| | 13 | 1 | 1 | 2 | 0 | 4 | 1 | 0 | 1 | 1 | 2 | 4 | 1 | 0 | 3 | 1 | 5 |
| | 14 | 1 | 0 | 1 | 0 | 2 | 0 | 4 | 4 | 1 | 9 | 14 | 0 | 0 | 2 | 0 | 2 |
| | 15 | 2 | 2 | 0 | 0 | 4 | 2 | 4 | 6 | 3 | 3 | 12 | 0 | 0 | 2 | 1 | 3 |
| | 16 | 0 | 0 | 4 | 2 | 6 | 2 | 7 | 9 | 2 | 6 | 17 | 2 | 1 | 2 | 1 | 6 |
| | 계 | 4 | 3 | 8 | 2 | 17 | 5 | 15 | 20 | 8 | 20 | 48 | 4 | 1 | 9 | 3 | 17 |
| 영정계 | 12세 | 0 | 0 | 1 | 0 | 1 | 0 | 1 | 1 | 0 | 0 | 1 | 1 | 0 | 0 | 0 | 1 |
| | 13 | 1 | 1 | 1 | 0 | 3 | 2 | 3 | 5 | 0 | 0 | 5 | 2 | 2 | 1 | 0 | 3 |
| | 14 | 6 | 2 | 5 | 1 | 14 | 7 | 11 | 18 | 2 | 0 | 20 | 9 | 0 | 2 | 3 | 14 |
| | 15 | 4 | 1 | 17 | 4 | 26 | 10 | 10 | 20 | 3 | 21 | 54 | 4 | 1 | 12 | 8 | 25 |
| | 16 | 3 | 2 | 20 | 6 | 31 | 17 | 25 | 42 | 9 | 47 | 98 | 10 | 0 | 12 | 9 | 31 |

| | | | | | | | | | | | | | | | | | |
|---|---|---|---|---|---|---|---|---|---|---|---|---|---|---|---|---|---|
| | 계 | 14 | 6 | 43 | 11 | 74 | 36 | 60 | 86 | 14 | 68 | 178 | 26 | 1 | 27 | 20 | 74 |
| 합계 | 12세 | 3 | 0 | 2 | 0 | 5 | 0 | 4 | 4 | 1 | 0 | 5 | 4 | 1 | 0 | 0 | 5 |
| | 13 | 5 | 2 | 5 | 0 | 12 | 8 | 9 | 17 | 3 | 2 | 22 | 8 | 0 | 4 | 1 | 13 |
| | 14 | 14 | 3 | 10 | 2 | 29 | 12 | 26 | 38 | 7 | 14 | 59 | 17 | 1 | 7 | 4 | 29 |
| | 15 | 9 | 7 | 36 | 6 | 58 | 24 | 36 | 60 | 15 | 37 | 112 | 19 | 1 | 22 | 15 | 57 |
| | 16 | 10 | 7 | 52 | 13 | 82 | 33 | 82 | 115 | 35 | 73 | 223 | 25 | 4 | 25 | 30 | 84 |
| | 계 | 41 | 19 | 104 | 21 | 185 | 77 | 157 | 234 | 61 | 126 | 421 | 73 | 7 | 58 | 50 | 188 |

　끝으로 지금까지 고찰의 토대가 된 청주한씨 악계 13~17세 사관자의 관력과 남녀 배우자의 통혼가문을 제시하면 다음의 표와 같다.

<표 3-12> 청주한씨 악계 12~16세 사관자 가계와 관직[117]

| 성명 | 생몰년 | 출사로와 연대 | 가계(부/조) | 최고관직 | 비고(*신보) |
|---|---|---|---|---|---|
| 尙質 | ?~? | 문(고려우왕6) | 判厚德府事 脩/조 淸城君 公義 | 예문대제학 | 수-상질계12세 |
| 起 | | 음? | 상질/ | 사헌감찰 | 13 |
| 明澮 | 1415~1487 | 음? | 기/ | 영의정 | 14 |
| 明溍 | | 음? | | 전구서승 | |
| 堡 | | 무과 | 명회/ | 5위도총관 | 15 |
| 堰 | | 문(예종1) | 명진/ | 대사성[118] | |
| 景琦 | | 음? | 보/ | 돈령부정 | 16 |
| 景琮 | | 음? | | 참봉 | |
| 景琛 | | 기(성종부마) | | 성종부마 | |
| 弘潤 | | 음? | 언/ | 통례원사 | |
| 弘澤 | | 음? | | 언양현감 | |
| 弘澍 | | 음? | | 선전관 | |
| 弘演 | | 음? | | 5위부장 | |
| 尙敬 | | 문(고려 | 判厚德府事 脩/ 淸城君 公義 | 영의정 | 상경계 12세 |
| 惠 | | 음,문(태종14) | 상경/ | 관찰사 | 13 |
| 繼胤 | | 음? | 혜/ | 천령현감 | 14 |
| 繼美 | | 음 | | 영중추 | |
| 繼禧 | | 문 | | 좌찬성 | |
| 繼善 | | 음? | | 검교호조참의 | |
| 繼純 | | 음? | | 행이판 | |
| 埈 | | 음? | 계윤/ | 행형정랑 | 15 |
| 巘 | | 음? | 계미/ | 병참판 | |
| 㟽 | | 음? | | 사섬부정 | |
| 嶔 | | 음? | | 통정여주목사 | |
| 斯文 | | 음? | 계희/ | 공판 | |

---

116) 외조 성준

| | | | | | |
|---|---|---|---|---|---|
| 士武 | | 음? | | 한성판관 | |
| 士信 | | 음? | | 행삼등현령 | |
| 士介 | | 음 | | 진주목사 | |
| 斑 | | 음? | 계선/ | 행연기현감 | |
| 瑾 | | 음 | | 송화현감 | |
| 价 | | 음? | | 진위현령 | |
| 琛 | | 음? | | 통정찰방 | |
| 崑 | | 음? | 계순/ | 상호군 | |
| 崗 | | 음? | | 부호군 | |
| 承乾 | | 불명 | 준/ | 행대호군 | 16 |
| 承坤 | | 불 | | 행승문참교 | |
| 亨元 | ?~1510 | 음? | 의/ | 종묘직장 | |
| 亨榮 | | 음? | | 한성판윤 | |
| 亨允 | | 문(성종23) | 절/ | 형판 | |
| 亨俊 | | 불 | 흠/ | 통정목사 | |
| 亨信 | | 불 | | 예정랑 | |
| 胤源 | | 음? | 사문/ | 행부사과 | |
| 胤根 | | 음? | | 행부사직 | |
| 承元 | | 음 | 사무/ | 정선군수 | |
| 承亨 | | 문(중종2) | | 종부정 | |
| 承利 | | 불 | | 부사직 | |
| 承貞 | | 불 | | 사간 | |
| 承仁 | | 불 | | 절충부호군 | |
| 永 | | 불 | 사신/ | 행옥천군수 | |
| 碩 | | 무과 | | 행수사 | |
| 胤昌 | | 문(명종4) | 사개/ | 예참판 | |
| 孝孫 | | 불 | 정/ | 검교참판 | |
| 安國 | | 불 | 근/ | 충훈도사 | |
| 安世 | | 불 | | 행부사용 | |
| 世憲 | | 불 | 개/ | 현감 | |
| 安命 | | 불 | 침/ | 주부 | |
| 鍾壽 | | 불 | 곤/ | 상호군 | |
| 鍾俊 | | 불 | | 부사직 | |
| 鍾華 | | 불 | 강/ | 부사직 | |
| 鍾禮 | | 불 | | 별제 | |
| 承舜 | | 무과(태종10) | 도첨의평리 理/ 淸城君 公義 | 중추부사 | 승순파12세 |
| 瑞龍 | | 음 | 승순/ | 행동지중 | 13 |
| 瑞鳳 | 1412~1456 | 음,문(세종29) | | 이정랑 | |
| 瑞龜 | | 음? | | 정난공신청원군 | |
| 長孫 | | 무과(세조6) | 서룡/ | 내자정 | 14 |
| 仲孫 | | 무과 | | 병마우후 | |
| 終孫 | | 음? | | 좌익공신병참판 | |

| 千孫 | | 무과 | | 첨지 | |
|---|---|---|---|---|---|
| 萬孫 | | 무과 | | 병사 | |
| 彦倫 | | 불 | 서봉/ | 여주판관 | |
| 曾 | | 음 | 장손/ | 사도정 | 15 |
| 旺 | | 불 | 중손/ | 사복첨정 | |
| 昭 | | 불 | | 참봉 | |
| 曦 | | 음 | 종손/ | 진산군수 | |
| 晰 | | 음 | | 통정창원부사 | |
| 晧 | | 불 | 천손/ | 첨절제사 | |
| 明 | | 불 | | 겸사복 | |
| 暉 | | 불 | 만손/ | 행경력 | |
| 晟 | | 불 | | 한성판관 | |
| 暾 | | 무과 | | 행울진현령 | |
| 憝 | | 불 | 언륜/ | 내금위 | |
| 懋 | | 불 | | 철화감무 | |
| 效元 | | 문(성종21) | 증/ | 영의정 | 16 |
| 效騫 | | 무과 | | 정읍현감 | |
| 效文 | | 무과 | | 교위? | |
| 壽齡 | | 불 | 기/ | 충주영장? | |
| 舜命 | | 음 | 질/ | 통정부사? | |
| 斗 | | 불 | 소/ | 참봉 | |
| 箕 | | 불 | | 참봉 | |
| 繼常 | | 음 | 희/ | 사복정 | |
| 繼綱 | | 무과 | | 건공장군 | |
| 繼思 | | 음? | | 병참의? | |
| 繼輔 | | 불 | 절/ | 행부호군 | |
| 世麟 | | 불 | 휘/ | 행경력 | |
| 國樑 | | 불 | 성/ | 교관 | |
| 二四 | | 불 | 무/ | 행현감 | |
| 承讓 | | 음? | 고려호판 齊/淸城君 公義 | 낭장 | 제-승양파12세 |
| 瑞鵬 | | 문(고려) | 승양/ | 전서 | 13 |
| 乙富 | | 음? | 서붕/ | 감찰 | 14 |
| 安禮 | | 불 | 을부/ | 참봉 | 15 |
| 節文 | | 불 | 안례/ | 행부사직 | 16 |
| 季復 | | 음? | 감문위호군 休/정당문학 方信 | 지군사 | 계복파12세 |
| 昌 | | 불 | 계복/ | 강원관 | 13 |
| 黎 | | 불 | | 첨지 | |
| 茂 | | 불 | | 부사직 | |
| 發 | | 불 | | 사직 | |
| 伯倫 | | 음 | 창/ | 익대·좌리공우의정 | 14 |
| 叔倫 | | 음 | | 행현령 | |
| 懽 | | 음 | 백륜/ | 참판 | 15 |

| | | | | | |
|---|---|---|---|---|---|
| 悅 | | 음? | | 통정부사 | |
| 恒 | | 음? | | 통정군수 | |
| 恂 | | 음? | | 정국공신지돈령 | |
| 慶雲 | | 음? | 환(생부 항)/ | 충훈경력 | 16 |
| 慶錫 | | 음? | | ? | *호판 |
| 慶祿 | | 음? | | ? | *홍문대제학 |
| 慶勳 | | 음? | 순/ | 돈령첨정 | |
| 慶道 | | 불 | 흔/ | 갑산군수 | |
| 慶綿 | | 불 | | 행감찰 | |
| 永矴 | | 불 | 寧/ | 지군사 | 영정계12세 |
| 確 | | 음 | 영정/ | 정난·좌익공신좌의정 | 13 |
| 磧 | | 음? | | 호참의 | |
| 硤 | | 음? | | 공정랑 | |
| 致仁 | | 음 | 확/ | 좌리공판돈 | 14 |
| 致義 | | 음 | | 좌리공병판 | |
| 致禮 | | 무과 | | 좌리공영돈 | |
| 忠仁 | | 불 | 전/ | 가선수사 | |
| 忠義 | | 불 | | 부정 | |
| 忠禮 | | 무과 | | 부정 | |
| 忠智 | | 불 | | 이참의 | |
| 忠信 | | 불 | | 참판 | |
| 忠常 | | 불 | | 첨절제사 | |
| 忠順 | | 음? | | 돈령도정 | |
| 致元 | | 불 | 질/ | 군자첨정 | |
| 致亨 | | 음 | | 좌리공영의정 | |
| 致良 | | 불 | | 좌통례 | |
| 致美 | | 불 | | 봉사 | |
| 儞 | | 음 | 치인/ | 형참판 | 15 |
| 儧 | | 음 | | 한성우윤 | |
| 健 | | 음 | | 이참판 | |
| 倧 | | 음 | | 사도시정 | |
| 偉 | | 음 | 치의/ | 지중추 | |
| 倬 | | 음 | | 행군수 | |
| 翊 | | 음 | 치례/ | 공정랑 | |
| 訓 | | 문(성종25) | 충인/ | 정언 | |
| 謹 | | 불 | | 첨정 | |
| 謙 | | 불 | | 감역 | |
| 伯 | | 불 | 충의/ | 직장 | |
| 潭 | | 불 | 충례/ | 판관 | |
| 汲 | | 문(연산10) | | 이참의 | |
| 汶 | | 불 | | 부장 | *副將 |

| | | | | | |
|---|---|---|---|---|---|
| 俶 | | 음? | 충지/ | | 내자시판관 | |
| 倫 | | 무과 | | | 현령 | |
| 佐 | | 불 | | | 감역 | |
| 俊 | | 불 | | | 만호 | |
| 讚 | | 음? | 충신/ | | 정언 | |
| 澮 | | 불 | 충상/ | | 별좌 | |
| 樞 | | 무과 | 충순/ | | ? | |
| 機 | | | | | | |
| 運 | | | 치원 | | | |
| 選 | | 불 | | | 별제 | |
| 達 | | 불 | | | 별좌 | |
| 遇 | | | | | | |
| 迹 | | 음 | 치형/ | | 행현감 | 생부 치원 |
| 禹昌 | | 불 | 치량/ | | 행군수 | |
| 道 | | 불 | | | 인제현감 | |
| 世俌 | | 음? | 간/ | | 행군수 | 16 |
| 世佑 | | 음? | | | 선전관 | |
| 世任 | | 음? | | | 소격참봉 | |
| 世傑 | | 음? | 건/ | | 부정 | |
| 世佐 | | 음? | | | 행부호군 | |
| 世佺 | | 음? | | | 의금도사 | |
| 世倫 | | 음? | 종/ | | 부사직 | 생부 간 |
| 守善 | | 음? | 위/ | | 별좌 | |
| 守道 | | 음? | | | 행호정랑 | |
| 守貞 | | 음? | 탁/ | | 부사맹 | |
| 守性 | | 음? | | | 행주부 | |
| 守溫 | | 음 | | | 행현령 | |
| 世昌 | | 음 | 익/ | | 정국공첨중 | |
| 叔昌 | | 음 | | | 정국공신행판결사 | |
| 鯤 | | 불 | 훈/ | | 행사용 | |
| 鵬 | | 무과 | | | 호참판 | |
| 鶴有 | | 무과 | 겸/ | | 호참판? | |
| 鶴 | | 불 | 백/ | | 직장 | |
| 世熙 | | 불 | 담/ | | 왕자사부 | |
| 世琛 | | 불 | 숙/ | | 조지서별제 | |
| 世瓊 | | 불 | 륜/ | | 감역 | |
| 鳴 | | 불 | 찬/ | | 부사과 | |
| 世弼 | | 불 | 기/ | | 현감? | |
| 世恒 | | 문(연산 즉) | 운/ | | 좌참찬 | |
| 承佑 | | 불 | 선/ | | 군수 | |
| 承祚 | | 불 | | | 별제 | |
| 承禎 | | 불 | 달/ | | 주부 | |

| 世英 | | 불 | 우/ | | 예빈시참봉 | |
| 承慶 | | 불 | 적/ | | 절충행첨사 | |
| 泂 | | 불 | 우창/ | | 행예빈별좌 | |
| 涓 | | 불 | | | 사직서령 | |

〈표 3-13〉 청주한씨 악계 12~16세 배우자 가계[119]

| 성명 | 부(/남편) | 배우자 가계 | | | | 비고 |
| --- | --- | --- | --- | --- | --- | --- |
| | | 본관 | 부 및 관력 | 조 및 관력 | 기타 | |
| 尙質 | 판후덕부사 脩 | 월성 | 문하시중 李成林 | 밀직 壽得 | | 수-상질계12세 |
| 起 | 예문대제학 상질 | 여주 | 예문직제학 李逖 | 대제학 行 | | 13 |
| 1녀 | /좌랑 姜策 | 진주 | 봉산군 寶 | | | |
| 2녀 | 파평군 尹坤 | 파평 | 문하평리 承順 | 영평군 陟 | | |
| 3녀 | 僉知 成扱 | 창녕 | 예판 石珚 | 정당문학 汝完 | | |
| 明澮 | 감찰 起 | 여흥 | 중추사 閔大生 | 전리판서 中立 | | 14 |
| 明澮 | | 안동 | 우찬성 權踶 | 찬성사 近 | | |
| 여 | /생원 송수림 | 불 | | | | |
| 堡 | 영의정 명회 | 한산 | 좌찬성 李勛 | 관찰사 蕃 | | 15 |
| 1녀 | /봉례 신주 | 고령 | 영의정 叔舟 | 참판 櫓 | | |
| 2녀 | 판중추 尹璠 | 파평 | 鈴川尉 師路 | 참의 垠 | | |
| 3녀 | 예종 | 종실 | | | | |
| 4녀 | 성종 | 종실 | | | | |
| 堰 | 서승 명진 | 밀양 | 봉례랑 朴仁敬 | 감찰 直 | | |
| 여 | /첨정 金孟誠 | 안동 | 판서 碏 | 동지중추 宗淑 | | |
| 景琦 | 도총관 보 | 종친 | 鶴林君 李頤 | | | 16 |
| 景琮 | | 함종 | 첨사 金淪 | | | |
| 景琛 | | 종친 | 성종(恭愼翁主) | | | |
| 景環 | | 불명 | 불 | | | |
| 景珣 | | 불 | 불 | | | |
| 景城 | | 불 | 불 | | | |
| 1녀 | /정자 李光 | 불 | | | | |
| 2녀 | 趙殷良 | 불 | | | | |
| 3녀 | 李敬孫 | 불 | | | | |
| 弘潤 | 대사성 언 | 원주 | 原州君 邊脩 | | | |
| 弘澤 | | 영일 | 鄭湄 | | | |
| 弘澍 | | 문화 | 군수 柳順行 | | | |
| 弘演 | | 여흥 | 승사랑 閔始生 | | | |
| 1녀 | /정랑 李守謙 | | | | | |

---

117) 『조선왕조실록』, 『국조인물고』, 졸저(2020, 『조선초기 관인이력』), 『한씨족보』, 『만성
대동보』, 『청구씨보』 등에서 종합.

118) 『조선왕조실록』, 『국조인물고』, 『한씨족보』, 『만성대동보』, 『청구씨보』 등에서 종합.

| | | | | | | |
|---|---|---|---|---|---|---|
| 2녀 | 감찰 辛壽堅 | 영월 | | | | |
| 3녀 | 현감 權應衡 | 안동 | 花川君 珹 | 중추사 克和 | | |
| 4녀 | 부사과 李昌義 | 공산 | 목사 承元 | | | |
| 尙敬 | 판후덕부사 脩 | 해주 | 판도판서 吳俊良 | 瓘 | | 수-상경계12세 |
| 惠 | 영의정 상경 | 성주 | 동지총제 李穗 | 문하평리 仁敏 | | 13 |
| 1녀 | /판윤 李士寬 | 전의 | 지중추 貞幹 | 목사 丘直 | | |
| 2녀 | 崔進明 | 전주 | 濬 | | | |
| 繼胤 | 관찰사 혜 | 전주 | 대사헌 崔文孫 | 평장사 添老 | | 14 |
| 繼美 | | 파평 | 판중추 尹璠 | 영중 師路 | | |
| 繼禧 | | 함양 | 좌랑 呂稽 | 도총제 稱 | | |
| 繼善 | | 남평 | 병마단련사 文敍 | 총제 孝孫 | | |
| 繼純 | | 성주 | 검교참의 李啓基 | | | |
| 1녀 | /첨지 柳均 | 진주 | 자돈령 偕 | | | |
| 2녀 | 첨지 愼先庚 | 서창 | 감사 幾 | 도사 以衷 | | |
| 3녀 | 예정랑 李永瑞 | 평창 | 돈령승판 宗美 | 판관 稑 | | |
| 埈 | 천령현감 계운 | 여산 | 생원 宋秀琳 | | 외조 韓起 | 15 |
| 崙 | | 불 | | | | |
| 嵋 | | 불 | | | | |
| 1녀 | /徐한 | 대구 | | | | |
| 2녀 | 鄭錫年 | 하동 | | | | |
| 3녀 | 李壽孫 | 전주 | | | | |
| 嶬 | 영중추 계미 | 파평 | 사선서령 尹任 | 찬성 炯 | | |
| 嵒 | | 창녕 | 영의정 成俊 | 참판 順祖 | | |
| 嶔 | | 종친 | 桂陽君 李增 | 세종 | | |
| 1녀 | /安友參 | 불 | | | | |
| 2녀 | 安川君 權彰 | 안동 | | | | |
| 3녀 | 첨정 辛舜鼎 | 영산 | 판윤 均 | 호판 中善 | | |
| 斯文 | 좌찬성 계희 | 청풍 | 부사 金崇海 | 한성윤 琓之 | | |
| 士武 | | 원주 | 현감 邊保 | 군수 尙聘 | | |
| 士信 | | 경주 | 직장 李廷堅 | 참판 連孫 | | |
| 士介 | | 경주 | 대사헌 李有仁 | 군수 繼蕃 | | |
| 士粹 | | 불 | | | | |
| 士俊 | | 불 | | | | |
| 여 | /府使 李文禧 | 전의 | 현감 宏植 | 정랑 直幹 | | |
| 斑 | 검교참판 계선 | 초계 | 목사 鄭允悼 | | | |
| 瑾 | | 해평 | 중추사 尹吉生 | 靖平公 重貴 | | |
| 价 | | 문화 | 柳繼奭 | | | |
| 琛 | | 전주 | 군수 李誠孝 | | | |
| 1녀 | /南悌 | | | | | |
| 2녀 | 鄭鐵壽 | | | | | |
| 3녀 | 權偉 | | | | | |
| 崑 | 행이판 계순 | 문화 | 유씨 | | | |

| | | | | | |
|---|---|---|---|---|---|
| 崗 | | 경주 | 최씨 | | |
| 1녀 | /盧聆 | 풍천 | | | |
| 2녀 | 柳仲孫 | 진주 | | | |
| 3녀 | 柳仁濠 | 문화 | | | |
| 4녀 | 呂希和 | 함양 | | | |
| 承乾 | 행정랑 준 | 풍천 | 판관 任湛 | | 16 |
| 承坤 | | 청풍 | 절충장군 金鎧 | | |
| 承坎 | 륜 | 불 | 불 | | |
| 亨元 | 병참판 의 | 종친 | 湖山君 李鉉 | 咸陽君 詥 | |
| 亨榮 | | 여흥 | 사직 閔世舜 | | |
| 亨運 | | 광산 | 金泰兼 | | |
| 여 | /尹秀崙 | 파평 | | | |
| 亨允 | 사섬부정 | 전주 | 부사맹 崔挩 | | |
| 여 | /사섬정 洪士俯 | 남양 | | | |
| 亨俊 | 통정목사 흠 | 전의 | 부사 李允中 | 한성윤 恕長 | |
| 亨傑 | | 불 | 최씨 | | |
| 亨信 | | 전주 | 현감 柳軨 | 이참판 季潘 | |
| 1녀 | /부호군 李德符 | 한산 | 판서 封 | 영중추 季甸 | |
| 2녀 | 安定副正 李千壽 | 종친 | | | |
| 3녀 | 曹安元 | 창녕 | | | |
| 4녀 | 참의 閔世瑗 | 여흥 | | | |
| 胤源 | 공판 사문 | 능성 | 전적 具長孫 | 영상 致寬 | |
| 胤根 | | 고성 | 군수 李濕 | 부사 墀 | |
| 胤孫 | | 남양 | 홍씨 | | |
| 1녀 | /元畬 | 원주 | | | |
| 2녀 | 생원 閔希詳 | 여흥 | 군수 寬 | | |
| 承元 | 한성판관 사무 | 안동 | 주부 金禮童 | 좌의정 礩 | |
| 承亨 | | 해주 | 목사 吳澁 | 사용 明禮 | |
| 承利 | | 수양 | 현감 吳光俊 | | |
| 承貞 | | 광산 | 현감 金以石 | 부사 洙 | |
| 承仁 | | 한양 | 생원 趙承宗 | | |
| 承義 | | 의령 | 南계 | | |
| 1녀 | /사과 朴命堅 | 밀양 | | | |
| 2녀 | 현감 鄭繼明 | 동래 | 도사 俣 | 찬성 甲孫 | |
| 3녀 | 사복정 許紳 | 양천 | | | |
| 永 | 삼등현령 사신 | 청풍 | 현령 金琇 | | |
| 碩 | | 파평 | 직장 尹之峻 | 참판 岑 | |
| 常 | | 문화 | 진사 柳希軻 | | |
| 胤熙 | 진주목사 사개 | 경주 | 목사 金瑞 | | |
| 胤昌 | | 의령 | 수사 南孝元 | 진사 恬 | |
| 胤興 | | 덕수 | 海豊君 李蓄 | | |
| 1녀 | /南世則 | 의령 | | | |

| | | | | | |
|---|---|---|---|---|---|
| 2녀 | 진사 李玖 | 재령 | | | |
| 孝孫 | 연기현감 정 | 개성 | 김씨 | | |
| 安國 | 송화현감 근 | 교동 | 印自修 | | |
| 安世 | | 순창 | 판서 趙瓊 | 淳城君 縫 | |
| 安弼 | | 불 | 사과 趙長孫 | | |
| 1녀 | /柳승 | 불 | | | |
| 2녀 | 柳偉 | 불 | | | |
| 世應 | 진위현령 개 | 불 | 찰방 丘達童 | | |
| 世憲 | | 함양 | 朴用利 | | |
| 安命 | 통정찰방 침 | 불 | 이씨 | | |
| 百年 | | 불 | 불 | | |
| 百壽 | | 불 | 불 | | |
| 鍾壽 | 상호군 곤 | 보성 | 宣씨 | | |
| 鍾俊 | | 과천 | 한성윤 田得路 | 가선대부 達雨 | |
| 碩 | 부호군 강 | 수양 | 오씨 | | |
| 鍾華 | | 지평 | 이씨 | | |
| 鍾禮 | | 불 | 이씨 | | |
| 承舜 | 도첨의평리 理 | 고성 | 판중추 李勳 | 固城君 希泌 | 理-承舜계12세 |
| 瑞龍 | 중추부사 승순 | 청도 | 참판 金漸 | 중서사인 濂 | 13 |
| 瑞鳳 | | 안동 | 판서 金紹 | 검교한성윤 祥 | |
| 瑞龜 | | 안동 | 좌의정 權覽 | 찬성사 踶 | |
| 1녀 | /지군사 李繼忠 | 인천 | 한성윤 孝仁 | 참찬 文和 | |
| 2녀 | 첨지 閔孝忻 | 여흥 | 중추사 大生 | 영 中立 | |
| 3녀 | 예조정랑 朴審問 | 밀양 | 참찬 剛生 | 부사 忱 | |
| 4녀 | 감찰 鄭石拳 | 영일 | | | |
| 5녀 | 어모장군 金紐 | 서흥 | | | |
| 長孫 | 행동지중 서룡 | 평택 | 직장 林襜 | 훈련지사 尙陽 | 14 |
| 仲孫 | | 청주 | 사직 郭績 | | |
| 終孫 | | 광산 | 현감 金以石 | 필선 洙 | |
| 千孫 | | 영일 | 鄭鐵券 | | |
| 萬孫 | | 京山 | 대사헌 李興門 | 부사 蕃 | |
| 1녀 | /지중 金永濡 | 경주 | 소윤 根 | 형판 自粹 | |
| 2녀 | 판서 邊大海 | 원주 | 동지중 處厚 | 별좌 克成 | |
| 3녀 | 직장 趙藩 | 양주 | 제학 終生 | 서운정 誼 | |
| 彦倫 | 이조정랑 서봉 | 능성 | 능성군 具文信 | 공판 緒 | |
| 1녀 | /우의정 許琮 | 양천 | 군수 蓀 | 부사 扉 | |
| 2녀 | 사정 金愉 | 불 | | | |
| 3녀 | 李崇孫 | 불 | | | |
| 正倫 | 淸原君 서구 | 불 | 불 | | |
| 戊辰 | | 불 | 불 | | |
| 曾 | 내자정 장손 | 전의 | 돈령부정 李三老 | 부사 誠全 | 15 |
| 昫 | | 평산 | 현감 申允範 | | |

| | | | | | | |
|---|---|---|---|---|---|---|
| 晤 | 병마우후 중손 | 연안 | 동지중 金舜臣 | 중추부사 脩 | | |
| 耆 | | 한양 | 사정 趙崇 | | | |
| 旺 | | 함풍 | 李枝蕃 | 咸城君 克諧 | | |
| 昭 | | 단양 | 진사 禹處儉 | | | |
| 1녀 | /崔淑信 | 전주 | 봉례 安禮 | | | |
| 2녀 | 柳保卿 | 불 | | | | |
| 3녀 | 李淸 | 불 | | | | |
| 曦 | 병조참판 종손 | 연안 | 참찬 李崇元 | 예참판 補丁 | | |
| 晰 | | 연안 | 동지중 金舜臣 | 증부 脩 | | |
| 여 | /金孟眹 | 안산 | 우찬성 漑 | 蓮城君 定卿 | | |
| 晧 | 첨지 천손 | 평산 | 전적 金末平 | 감사 自準 | | |
| 明 | | 불 | 불 | | | |
| 暉 | 병사 만손 | 기장 | 이판 李湜 | | | |
| 晟 | | 전의 | 부사 李永禧 | 현감 宏植 | | |
| 暾 | | 파평 | 상례 尹琓 | | | |
| 暎 | | 불 | 불 | | | |
| 1녀 | /柳承溟 | 전주 | 현감 孝池 | | | |
| 2녀 | 邊紀之 | 밀양 | 판서 宗仁 | 정 禮生 | | |
| 3녀 | 權淑 | 안동 | 첨중 鎦 | | | |
| 4녀 | 梁繼祖 | 불 | | | | |
| 愍 | 여주판관 언륜 | 불 | 불 | | | |
| 懋 | | 고성 | 첨사 李龜河 | 부사 皓然 | | |
| 效元 | 사도정 증 | 상주 | 참봉 金自淑 | 지평 利用 | | 16 |
| 效騫 | | 불 | 불 | | | |
| 效文 | | 광산 | 金璉 | | | |
| 1녀 | /朱曄 | 불 | | | | |
| 2녀 | 李夏臣 | 경주 | | | | |
| 3녀 | 부장 李鐵拳 | 신평 | 文忠 | 직장 晚生 | | |
| 4녀 | 내금위 柳世榮 | 불 | | | | |
| 5녀 | 내금위 安潤福 | 불 | | | | |
| 6녀 | 洪壽孫 | 불 | | | | |
| 永齡 | 오 | 의성 | 金基泰 | | | |
| 여 | /孫洧 | 불 | | | | |
| 延齡 | 기 | 불 | 불 | | | |
| 彭齡 | | 안동 | 金汝伯 | | | |
| 壽齡 | | 원주 | 元京伯 | | | |
| 終齡 | | 불 | 불 | | | |
| 舜年 | 사복첨정 질 | 경주 | 김씨 | | | |
| 舜命 | | 화순 | 진사 洪碩祚 | | | |
| 1녀 | /閔千齡 | 불 | | | | |
| 2녀 | 宋延壽 | 불 | | | | |
| 3녀 | 朴斗精 | 불 | | | | |

| | | | | | | |
|---|---|---|---|---|---|---|
| 斗 | 참봉 소 | 영일 | 정씨 | | | |
| 箕 | | 여산 | 宋彦信 | | | |
| 冑 | | 불 | 불 | | | |
| 1녀 | /尹藝 | 불 | | | | |
| 2녀 | 金世雄 | 불 | | | | |
| 3녀 | 李琦 | 불 | | | | |
| 繼常 | 진산군수 희 | 안동 | 부사 金誠童 | | | |
| 繼綱 | | 언양 | 金世珍 | | | |
| 繼思 | | 파평 | 尹禮誠 | | | |
| 1녀 | /주부 申礩 | 평산 | 판관 承寅 | | | |
| 2녀 | 李麟碩 | 불 | | | | |
| 3녀 | 金世男 | 연안 | | | | |
| 繼輔 | 통정부사 절 | 안동 | 통덕랑 金以遠 | | | |
| 여 | /별제 金順禮 | 연안 | 생원 繼尹 | | | |
| 仁 | 첨절제사 호 | 달성 | 통례랑 徐有 | | | |
| 1녀 | /주부 申鑄 | 평산 | | | | |
| 2녀 | 金漢良 | 불 | | | | |
| 世麟 | 경력 희 | 양산 | 참의 李胤聃 | 孟元 | | |
| 國樑 | 한성판관 | 순흥 | 安憼 | | | |
| 國柱 | 울진현령 | 밀양 | 충순위 朴文琬 | | | |
| 1녀 | /판결사 辛宗胤 | 영산 | 衡 | | | |
| 2녀 | 판관 禹仁秀 | 단양 | 첨사 弼明 | | | |
| 國範 | 영 | 불 | 불 | | | |
| 興祚 | 내금위 민 | 불 | 불 | | | |
| 興緒 | | 불 | 불 | | | |
| 二四 | 철화현감 무 | 불 | 배씨 | | | |
| 1녀 | /현령 趙文璉 | 한양 | 부사 嶔 | 현감 仲發 | | |
| 2녀 | 판관 尹文亨 | 칠원 | 직제학 碩輔 | 思 | | |
| 3녀 | 康紳 | 신천 | 현감 允實 | 사직 冕 | | |
| 承讓 | 판서 齊 | 불 | 불 | | | 齊-승양계12세 |
| 承洪 | | 불 | 불 | | | |
| 여 | /감찰 崔瀋 | | | | | |
| 瑞鵬 | 낭장 승양 | 전주 | 이씨 | | | 13 |
| 瑞迪 | | 불 | 불 | | | |
| 甲富 | 전서 서붕 | 불 | | | | 14 |
| 乙富 | | 해주 | 오씨 | | | |
| 致孫 | | 불 | | | | |
| 仁富 | | 김해 | 김씨 | | | |
| 宣禮 | 인부 | 경주 | 김씨 | | | 15 |
| 安禮 | 감찰 을부 | 함평 | 이씨 | | | |
| 定禮 | | 인천 | 이씨 | | | |
| 善文 | 선례 | 전주 | 이씨 | | | 16 |

| | | | | | | |
|---|---|---|---|---|---|---|
| 弘文 | | 김해 | 김씨 | | | |
| 節文 | 참봉 | 울산 | 朴睿孝 | | | |
| 義文 | 정례 | 경주 | 박씨 | | | |
| 孟復 | 감문위호군 休 | 불 | 불 | | | 休-맹복·계복 계12세 |
| 季復 | | 곡성 | 대사헌 廉廷秀 | | | |
| 여 | 맹복/참판 趙從生 | 양주 | 서운정 誼 | 판사 仁弼 | | 13 |
| 昌 | 지군사 계복 | 전의 | 대사성 李昌東 | 판목사 勗 | | |
| 黎 | | 불 | 박씨 | | | |
| 茂 | | 영산 | 이천군사 辛鴻生 | | | |
| 發 | | 고령 | 副丞 金土忠 | | | |
| 1녀 | /주부 文承宥 | 남평 | 헌납 中庸 | 제학 益漸 | | |
| 2녀 | 현감 朴秀林 | 불 | 도사 持 | | | |
| 伯倫 | 강원감사 창 | 풍천 | 감찰 李柔 | | | 14 |
| 叔倫 | | 진주 | 부호군 蘇辛 | 직장 浩 | | |
| 1녀 | /호군 元淳 | 원주 | 부사 賓 | 판삼사 灝 | | |
| 2녀 | 통찬 曺熹 | 불 | | | | |
| 3녀 | 현감 閔晤 | 여흥 | 판도총제 無疾 | 좌정승 霽 | | |
| 4녀 | 현감 柳茵 | 진주 | 정 自濱 | 호참판 陽植 | | |
| 鈇倫 | 첨지 여 | 불 | 불 | | | |
| 有倫 | | 불 | 불 | | | |
| 1녀 | /金有全 | 불 | 부사직 茂 | | | |
| 2녀 | /洪允澄 | 불 | 부사 有江 | | | |
| 厚倫 | 사직 발 | 불 | 불 | | | |
| 謹倫 | | 불 | 불 | | | |
| 1녀 | /李智文 | 불 | | | | |
| 2녀 | 崔儉孫 | 불 | | | | |
| 懽 | 우의정 백륜 | 불 | 첨지 趙智山 | | | 15 |
| 悅 | | 여주 | 직장 李曾若 | 지돈령 孜 | | |
| 恒 | | 창원 | 사성 黃淑 | | | |
| 恂 | | 풍양 | 진사 趙昌門 | | | |
| 1녀 | /예종(安順王后) | 종친 | 세조 | | | |
| 2녀 | 龜城군 李浚 | 종친 | 臨瀛大君 李璆 | 세종 | | |
| 3녀 | 수사 南孝元 | 의령 | | | | |
| 4녀 | 첨정 元酋 | 원주 | 소윤 孟遜 | 예판 孝然 | | |
| 5녀 | 판서 愼守英 | 거창 | 영의정 承善 | 감사 詮 | | |
| 忻 | 현령 숙륜 | 불 | 불 | | | |
| 忭 | | 영일 | 판서 吳準 | | | |
| 여 | /군사 尹仁著 | 불 | | | | |
| 慶雲 | 참판 환 | 안동 | 봉사 金悌誠 | | | 16 생부 향 |
| 慶錫 | | 나주 | 승지 羅允吉 | 군수 叔聃 | | |
| 慶祿 | | 연안 | 찬성 金勘 | 부사 元臣 | | |

| | | | | | | |
|---|---|---|---|---|---|---|
| 여 | /감역 柳懿成 | 진주 | | | | |
| 慶瑞 | 통정군수 항 | 고성 | 첨지 李龜河 | 부사 皓然 | | |
| 여 | /鄭琳 | 동래 | | | | |
| 慶勳 | 지돈령 순 | 성산 | 동지 李云秬 | | | |
| 1녀 | /진사 李士欽 | 성주 | | | | |
| 2녀 | 伊城君 李壽剛 | 종친 | 完原君 수 | | | |
| 慶遠 | 흔 | 파평 | 尹文碘 | | | |
| 慶道 | | 불 | 불 | | | |
| 慶綿 | 변 | 전주 | 부사 李唯城 | | | |
| 慶延 | | 불 | 불 | | | |
| 慶運 | | 불 | 불 | | | |
| 1녀 | /柳邦英 | 불 | | | | |
| 2녀 | 兪世震 | 불 | | | | |
| 3녀 | 黃瑾 | 불 | | | | |
| 永矴 | 신호위녹사 寧 | 의성 | 義城君 金英烈 | 부원군 紘 | | 영-영정계12세 |
| 確 | 지군사 永矴 | 남양 | 이판 洪汝方 | 남양군 吉旼 | | 13 |
| 磧 | | 평산 | 장령 申丁理 | 시사 霶 | 4촌 의정 槩 | |
| 砆 | | 한양 | 도총제 趙敍 | 우정승 英武 | | |
| 1녀 | 明 太宗(麗妃) | | | | | |
| 2녀 | 明 宣宗(恭愼夫人) | | | | | |
| 致仁 | 좌의정 確 | 白川 | 감사 趙瑞安 | 참찬 胖 | | 14 |
| 致義 | | 전의 | 군사 李恒全 | 도절제사 承幹 | | |
| 致禮 | | 죽산 | 延昌尉 安孟聃 | 관찰사 望之 | | |
| 1녀 | /첨중 李繼寧 | 성주 | 한성판윤 師厚 | 영의정 稷 | | |
| 2녀 | 桂陽君 李璔 | 종친 | 세종 | | | |
| 3녀 | 현령 金自垸 | 안동 | 호조참의 仲舒 | 부사 明理 | | |
| 4녀 | 동중 崔挺 | | | | | |
| 5녀 | 사직 權輯 | 안동 | 중추부사 聰 | 길창군 珪 | | |
| 6녀 | 德宗(昭惠王后) | 종친 | 세조 | | 자 성종 | |
| 忠仁 | 호참의 전 | 안동 | 지돈령 金仲淹 | 총제 五文 | | |
| 忠義 | | 봉화 | 목사 琴以詠 | 감사 桑 | | |
| 忠禮 | | 안동 | 권씨 | | | |
| 忠智 | | 경주 | 병마사 金有榮 | | | |
| 忠信 | | 남양 | 집의 洪演 | 사평 陟 | | |
| 忠常 | | 남양 | 도사 洪瑞 | | | |
| 忠順 | | 전주 | 이씨 | | | |
| 여 | /이판 成健 | 창녕 | 형참판 順祖 | 지중추 撝 | | |
| 致元 | 공조정랑 질 | 반남 | 錦川君 朴薑 | 좌의정 訔 | | |
| 致亨 | | 종친 | 讓寧大君 李褆 | 태종 | | |
| 致良 | | 단양 | 사옹정 禹垓 | 참판 孝剛 | | |
| 致美 | | 전주 | 이씨 | | | |
| 僩 | 판돈령 치인 | 여산 | 礪山君 宋益孫 | 군사 瓊 | | 15 |

| | | | | | | |
|---|---|---|---|---|---|---|
| 償 | | 충주 | 현령 安謹 | | | |
| 健 | | 상주 | 박사 金貞用 | | | |
| 倧 | | 평산 | 감찰 申永錫 | | | |
| 1녀 | /감역 鄭有智 | 동래 | 목사 결 | | | |
| 2녀 | 사과 申永保 | 고령 | 정랑 守福 | | | |
| 3녀 | 목사 李承元 | 종친 | 儒城君 任 | | | |
| 偉 | 병판 치의 | 순흥 | 부사 安友參 | 지평 誼 | | |
| 倬 | | 함평 | 첨지 李桂林 | | | |
| 翊 | 영돈령 치례 | 순천 | 판중추 朴仲善 | 부지돈령 居疏 | | |
| 1녀 | /목사 李文植 | 불 | | | | |
| 2녀 | 兆陽副正 李正鴨 | 종친 | | | | |
| 訓 | 가선수사 충인 | 광주 | 군수 鄭纘禹 | 장령 之夏 | | |
| 謹 | | 예안 | 현령 李敍疇 | 직장 永培 | | |
| 謙 | | 불 | 불 | | | |
| 1녀 | /현감 李彭齡 | 불 | | | | |
| 2녀 | 좌의정 愼守勤 | 거창 | 영의정 承善 | 삼사 詮 | | |
| 3녀 | 좌랑 成仲溫 | 창녕 | 영의정 俊 | 참판 順祖 | | |
| 伯 | 부정 충의 | 안동 | 창수 權長孫 | | | |
| 1녀 | /수사 金克愧 | 광산 | 좌의정 國光 | 감찰 鐵山 | | |
| 2녀 | 교수 申善甫 | 불 | | | | |
| 3녀 | 지평 金熠 | 불 | | | | |
| 潭 | 부정 충례 | 함양 | 병판 呂自信 | 현감 宗胄 | | |
| 汲 | | 불 | 불 | | | |
| 汶 | | 청해 | 李淳禧 | | | |
| 1녀 | /목사 金俶 | 불 | | 汝礪 | | |
| 2녀 | 덕진군 李潡 | 종친 | 昌原君 晟* | | | *생부 德原君 曙 |
| 俶 | 이조참의 충지 | 적성 | 생원 李繼根 | 참의 士侗 | | |
| 佑 | | 불 | 불 | | | |
| 倫 | | 양천 | 사정 이씨 | 판중 純 | | |
| 佐 | | 불 | 불 | | | |
| 俊 | | 불 | 불 | | | |
| 여 | /鄭永孫 | 불 | | | | |
| 讚 | 참판 충신 | 전주 | 도사 崔秀 | | | |
| 여 | /평사 李云柱 | 불 | 成緯 | | | |
| 澮 | 첨절제사 충상 | 전의 | 李謹 | | | |
| 潔 | | 순천 | 朴義溫 | | | |
| 1녀 | /별제 朴承元 | 불 | | | | |
| 2녀 | 군수 李克昌 | 불 | | | | |
| 3녀 | 진사 鄭鶯년 | 영일 | 첨정 涵 | 판결사 自源 | | |
| 樞 | 도령도정 충순 | 불 | 불 | | | |
| 棟 | | 경주 | 李東春 | | | |
| 機 | | 청풍 | 김씨 | | | |

| | | | | | |
|---|---|---|---|---|---|
| 여 | 생원 金世卿 | 불 | 봉사 允离 | | |
| 運 | 군자첨정 치원 | 예안 | 찰방 李愼之 | | |
| 選 | | 연안 | 부사 李允若 | | |
| 達 | | 金山 | 金興善 | | |
| 遇 | | 원주 | 호군 元淳 | 부사 賓 | |
| 迹 | 영의정 致亨 | 전주 | 현감 李近愚 | | 생부치원 |
| 여 | /현감 林有琛 | 불 | | | |
| 禹昌 | 좌통례 치량 | 광주 | 첨지 安克思 | | |
| 巡 | | 파평 | 시정 尹晢 | 부사 繼興 | |
| 迪 | | 불 | 李希 | | |
| 達 | | 불 | 불 | | |
| 道 | | 불 | 李亨竟 | | |
| 從孫 | 봉사 치미 | 안동 | 권씨 | | |
| 世倄 | 형조참판 간 | 언양 | 첨지 金克鍊 | 군수 若欽 | 16 |
| 世佑 | | 풍천 | 任薔 | | |
| 世任 | | 무송 | 현감 尹漬 | | |
| 世俊 | | 파평 | 호군 尹恭 | 부사 洪 | |
| 繼金 | | 해주 | 군수 鄭興慶 | 참의 忱 | |
| 1녀 | /군수 權琦 | 안동 | 참판 克和 | 우사간 參 | |
| 2녀 | 高川君 申永洪 | 고령 | 참판 瀞 | 영의정 叔舟 | |
| 여 | 한성우윤 찬/<br>첨정 盧爕 | 교하 | 영중추 公弼 | 영의정 思愼 | |
| 世傑 | 이조참판 건 | 경주 | 판윤 金從舜 | 季誠 | |
| 世佐 | | 영산 | 첨정 辛舜昇 | | |
| 世信 | | 진주 | 생원 河貴淙 | | |
| 世佺 | | 전주 | 별좌 李元順 | | |
| 世儉 | | 경주 | 직제학 金千齡 | | 증 從舜 |
| 世倫 | 사도정 종 | 남양 | 현감 洪貴孫 | | 생부 간 |
| 1녀 | /훈련정 洪利碩 | 남양 | | | |
| 2녀 | 첨정 尹亨齡 | 파평 | 판결사 俶 | 영의정 弼商 | |
| 3녀 | 安景純 | 순흥 | 사간 彭命 | | |
| 守善 | 지중추 위 | 고령 | 군수 申用灌 | 감사 澌 | 증 叔舟 |
| 守忠 | | 불 | 불 | | |
| 守信 | | 불 | 불 | | |
| 守道 | | 전주 | 판관 崔仁壽 | | |
| 守貞 | 군수 탁 | 양천 | 병사 許混 | 판서 暎 | |
| 守性 | | 진주 | 동지중추 姜文瀚 | | |
| 守溫 | | 풍양 | 趙彭 | 이참판 益貞 | |
| 守良 | | 거창 | 참봉 愼弘佐 | 판서 守謙 | 증 承善 |
| 1녀 | /현감 鄭龜年 | 불 | | | |
| 2녀 | 현감 姜積善 | 진주 | 사예 謙 | 목사 子正 | |
| 3녀 | 판관 曹敬修 | 불 | 첨정 繼虞 | | |

| | | | | | | |
|---|---|---|---|---|---|---|
| 世昌 | 공조정랑 익 | 순천 | 판중추 朴仲善 | 부지돈령 居疏 | | |
| 叔昌 | | 종친 | 歡城君 李澄 | | | |
| 鯤 | 정언 훈 | 남양 | 曺瑞 | | | |
| 鵬 | | 남양 | 한성판윤 洪永孫 | | | |
| 鴻 | 첨정 근 | 전주 | 이씨 | | | |
| 1녀 | /현령 申泰文 | 불 | | | | |
| 2녀 | 별제 李崇根 | 불 | | | | |
| 3녀 | 正 鄭浣 | 불 | | | | |
| 鳳有 | 감역 겸 | 불 | | | | |
| 鶴有 | | 남양 | 한성판윤 洪永孫 | | | |
| 鶴 | 직장 백 | 연안 | 판사 金澍 | 판사 達全 | | |
| 1녀 | /감찰 朴守緯 | 불 | | | | |
| 2녀 | 朴蘋 | 불 | | | | |
| 世雍 | 판관 담 | 한산 | 李允敷 | | | |
| 世熙 | | 불 | 이씨 | | | |
| 世鳴 | 이조참의 급 | 불 | 불 | | | |
| 世忠 | | 불 | 불 | | | |
| 世孝 | | 불 | 불 | | | |
| 世誠 | | 불 | 불 | | | |
| 世溫 | | 불 | 불 | | | |
| 여 | /崔壽峸 | 불 | | | | |
| 世益 | 부장 문 | 불 | 불 | | | |
| 世尹 | | 불 | 불 | | | |
| 世說 | | 불 | 불 | | | |
| 여 | /仁昌令 李存亨 | 종실 | | 加恩君 份 | | |
| 世琛 | 내자판관 숙 | 한산 | 내금위 李灌 | | 증조 孟畇 | |
| 1녀 | 우/직장 李元卿 | 불 | | | | |
| 2녀 | /李從榮 | 불 | | | | |
| 世瓊 | 현령 륜 | 불 | 불 | | | |
| 世璣 | | 불 | 불 | | | |
| 世瑀 | | 불 | 불 | | | |
| 1녀 | /李翼 | 불 | | | | |
| 2녀 | 봉례 洪澍 | 불 | 貴演 | | | |
| 世瑚 | 감역 좌 | 불 | 현감 允琛 | | | |
| 여 | /현감 金添壽 | 불 | | | | |
| 鳴 | 정언 찬 | 풍천 | 부사 任鉉 | | | |
| 世立 | 별좌 회 | 불 | 불 | | | |
| 世建 | | 불 | 불 | | | |
| 여 | /豊原監 李億貞 | 종실 | | | | |
| 三喜 | 결 | 제주 | 梁友池 | | | |
| 1녀 | /판관 郭安邦 | 현풍 | 부사 宗蕃 | 隍 | | |
| 2녀 | 현감 金白湖 | 불 | | | | |

| | | | | | |
|---|---|---|---|---|---|
| 1녀 | 무과 추/진사 安順元 | 순흥 | 직장 嗣全 | | |
| 2녀 | /安順壽 | 불 | | | |
| 敬 | 동 | 영일 | 鄭再興 | | |
| 世弘 | 기 | 불 | 불 | | |
| 世弼 | | 진주 | 찰방 姜斗喆 | | |
| 1녀 | /내금위 金僖 | 불 | | | |
| 2녀 | 군수 李寅坤 | 불 | | | |
| 世恒 | 운 | 경주 | 殿直 李永齡 | | |
| 1녀 | /李承叔 | 불 | | | |
| 2녀 | 羅緝 | 불 | | | |
| 承佑 | 별제 선 | 한양 | 令 趙伯亨 | | |
| 承福 | | 불 | 불 | | |
| 承祚 | | 불 | 생원 趙膺 | | |
| 여 | /鄭世琚 | 불 | | | |
| 金孫 | 별좌 달 | 문화 | 柳燐種 | | |
| 承裕 | | 불 | 金潾 | | |
| 承禎 | | 불 | 불 | | |
| 1녀 | /曹繼祖 | 불 | | | |
| 2녀 | 玄碩獜 | 불 | | | |
| 世英 | 우 | 임피 | 박씨 | | |
| 世雄 | | 전주 | 李延祐 | | |
| 承慶 | 현감 적 | 광주 | 안씨 | | |
| 1녀 | /申守義 | 평산 | | | |
| 2녀 | 주부 崔至誠 | 불 | | | |
| 3녀 | 權鉉 | 불 | | | |
| 洞 | 군수 우창 | 평산 | 부윤 申叔根 | | 증조 槩 |
| 湑 | | 한산 | 부사 李止崗 | 통례 塾 | |
| 德風 | 순 | 불 | 불 | | |
| 德演 | | 불 | 불 | | |
| 國柱 | 인제현감 도 | 파평 | 부사 尹傑 | 현감 師殷 | |
| 良遜 | 종손 | 안동 | 권씨 | | |

119) 『조선왕조실록』, 『국조인물고』, 『조선초기 관인이력』(2020), 『청주한씨대동보(6교 정묘본, 1993)』 상세편, 『청주한씨세보(5교 첨수본, 1920)』 권1, 『만성대동보』, 『청구 씨보』 등에서 종합.

제3부

# 鉅族家門의 展開

# 제4장 晉州姜氏(啓庸系)

晉州姜氏는 고구려 嬰陽王 때 對隋戰에서 크게 활약한 大將軍 以式을 시조로 하고, 고려후기 彰瑞와 甫能의 아들인 啓庸·渭庸·遠庸과 民瞻을 중시조로 하여 성립된 가문이다.[1]

晉州姜氏는 고려후기에 啓庸의 후손인 昌富·璜寶·君寶·蓍·筬가 門下贊成事 이하의 宰樞職을 역임하면서[2] 사대부 가문으로 정착하였고, 조선초에 蓍系 등 13系로 분기되면서 계승되었다.[3] 조선초기(태조 1년~성종 25년)에는 30여 명의 문과급제자를 배출하고[4] 領議政 姜孟卿 등 계용의 6~10代孫 20여 명이 당상관에 진출하면서 대표적인 명문가문-鉅族이 되었다.

본장에서는 자손의 수·사관자와 그 진출관직 등과 관련하여 대체로 太祖~中宗代에 생존하였던 '晉州姜氏 啓庸派'를 대상으로[5] 그 출사로, 관력, 통혼권·가계의식, 그리고 진주강씨 사관자와 당시의 정치운영이 어떻게 연관되었는가를 『朝鮮王朝實錄』, 『國朝人物考』, 『國朝文科榜目』, 『晉州姜氏大同譜』, 『萬姓大東譜』, 『萬家譜』, 『靑邱氏譜』, 『陽村集』 등 개인 문집에 수록된 墓地銘·行狀 등과 『조선초기 관인이력』을[6] 통하여 살피기로 한다.

---

1) 『萬姓大同譜』, 『萬家譜』, 『靑邱氏譜』, 『晉州姜氏大同譜』(光一社, 1994) 등에서 종합.
2) 『진주강씨대동보』 등 참조. 이들의 최고 관력은 다음과 같다.
   창부 精勇衛大將軍晉陽君,　　　　시 商議門下贊成事判都評議使司,
   황보 判密直司事,　　　　　　　　서 門下評理.
   군보 僉議評理
3) 계용, 위용, 원용, 민첨을 중시조로 하여 분기된 조선초 13계의 가계는 다음과 같다(『진주강씨대동보』 등에서 종합).

고찰의 편의상 진주강씨의 여러 파 중에서도 가장 현달하였던 계용파를 대상으로 한 한계는 있지만 조선초기 진주강씨의 실체와 인사행정, 가계의식, 그리고 진주강씨와 당시의 정치가 어떻게 연관되었는가를 규명할 수 있다고 생각한다.

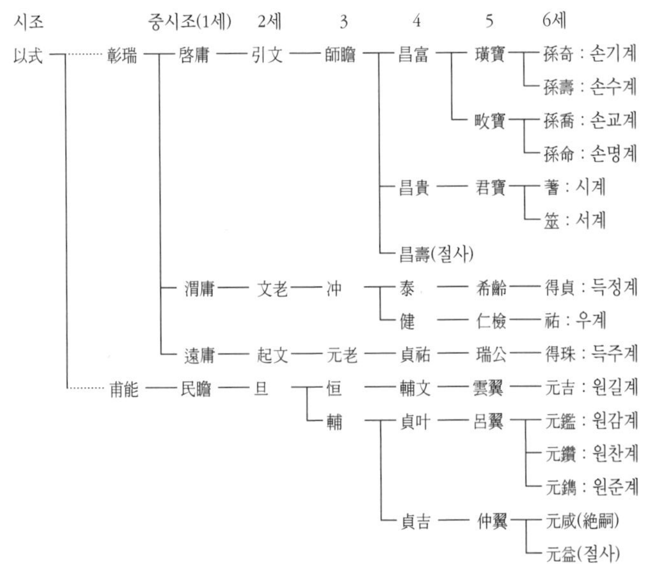


4) 한충희, 1995, 「朝鮮初期 蔭敍의 實際와 役割-樞要職歷任者와 鉅族出身仕官者의 歷官分析을 중심으로-」, 『韓國史研究』91, 62쪽 주10). 안동권씨가 56명으로 가장 많은 문과급제자를 배출하였고, 진주강씨는 그 다음이었다. 구체적인 내용은 『국조문과방목』태조 1년~성종 25년조 참조.

5) 『진주강씨대동보』등 진주강씨를 수록한 족보류를 볼 때 계용파는 타 계파에 비해 구체적인 파악이 가능하고, 또 이와 관련되어 자손의 수, 사관자 수, 당상관에 진출한 수 등에서 타 계파를 압도하였다.

6) 한충희, 2020, 도서출판 혜안, 21~26쪽 외.

〈도 4-1〉 진주강씨 계용계 5~11세 당상관 가계[7]

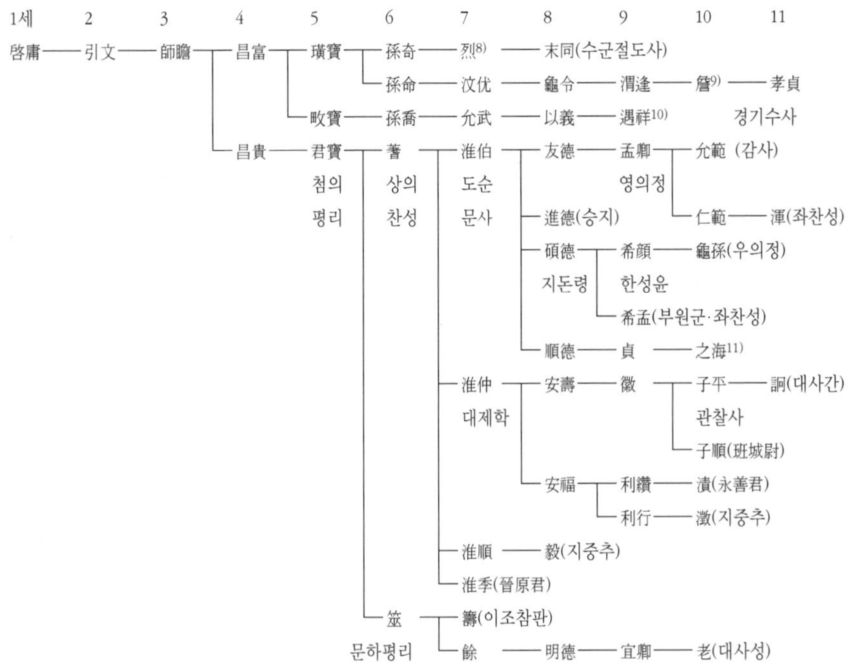



7) 『조선왕조실록』,『국조문과방목』,『국조인물고』,『만성대동보』,『만가보』,『청구씨보』,『진주강씨대동보』,『陽村集』姜著墓誌, 졸저(『조선초기 관인이력』) 등에서 종합(뒤 〈도 4-2~8〉의 출전도 같다).

8) 『진주강씨대동보』와 『한국인의 족보』(1977, 日新閣)에 "세종 17년 문과에 급제하고 출사하여 가선대부판중추원사, 대사간에까지 승진하였다"고 하였다. 그런데 판중추원사는 종1품직이기 때문에 종2품계인 가선대부가 제수될 수 없고,『국조문과방목』에 기재되어 있지 않으며,『세종실록』에 관력이 하나도 확인되지 않았지만, 아들 蒙同은 주부를 역임한 것으로 추측되었다. 이에서 몽동의 사관과 관련시켜 3품관으로 파악한다.

9) 『진주강씨대동보』에는 문과에 급제하고 예조참판을 역임한 것으로 기재되었으나,『국조문과방목』에 등재되지 않았고『왕조실록』에 그 관력이 하나도 확인되지 않았다. 이에 따라 미사로 파악한다.

10) 『진주강씨대동보』에는 승지로 기재되었으나『왕조실록』에 그 관력이 하나도 확인되지 않았고, 위『韓國人의 族譜』에도 수록되지 않았다. 이에서 미사자로 파악한다.

11) 『진주강씨대동보』에는 이조참의로 기재되었으나,『왕조실록』에 관력이 하나도 확인되지 않았고『만성대동보』 등에도 관직이 기재되지 않았다. 이에서 미사로 파악한다.

# 1. 啓庸系의 展開

## 1) 啓庸~璜寶-孫奇系

계용의 5대손인 6세 同正 孫奇는 少監[12] 李乙賢의 딸과 목사 烈과 魚世謙·裴纘·朴致本에게 각각 출가한 3녀를 두었다.

7세 열은 摠郎[13] 盧士謙의 딸과 미사(이하 생략) 敬義·절도사 末同·주부 蒙同과 崔繼童에게 출가한 딸을 두었다.

8세 말동은 敎授 李時馣의 딸과 부사과 賓·부사과 山壽와 李昌祖 등에게 출가한 5녀를 두었다.

9세 빈은 목사 應斗 등 3남·崔澄에게 출가한 딸, 판관 夢祥 등 4손자·郭越 등에게 출가한 7손녀를 두었다. 그 가계를 정리하여 제시하면 다음의 가계도와 같다.

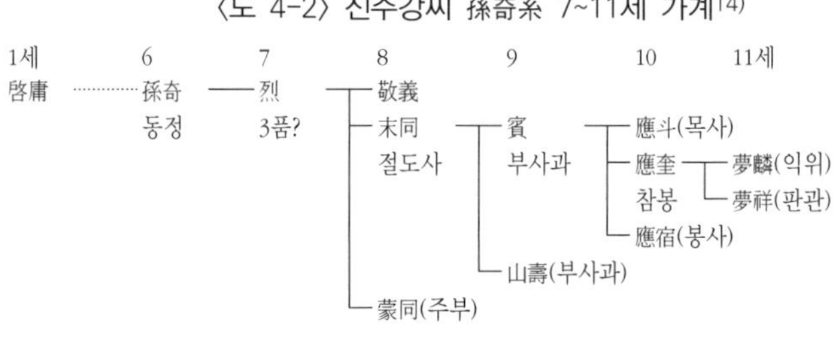

〈도 4-2〉 진주강씨 孫奇系 7~11세 가계[14]

---

12) 소감은 고려초~조선개국초에 운영된 전교·종부·소부·선공·군기시 등의 판사(정3)·감(종3) 다음의 종4품 관직인데, 1414년(태종 14)에 감·소감을 정·부정으로 개칭되면서 소멸되었다(최정환, 2006, 『역주 『고려사』 백관지』, 경인문화사, 250~275쪽, 졸저(2006, 『조선초기의 정치제도와 정치』, 계명대학교 출판부), 264~265쪽, 외. 이하 관직연원은 번다함을 피하여 전거제시를 생략한다).

13) 총랑은 1275년(충렬왕 1)~1392년(공양왕 4)에 운영된 4司·6曹의 장관인 판서(정3) 다음의 차관(정4)직이다. 議郎·侍郎과 교차되면서 운영되다가 1392년(태조 1) 조선개국초 반포할 때 의랑으로 개칭되면서 소멸하였다.

14) 앞 『진주강씨대동보』, 『청구씨보』, 졸저, 2020, 『조선초기 관인이력』, 도서출판 혜안

## 2) 啓庸~璜寶-孫壽系

    계용의 5대손인 6세 현령 孫壽는 밀양박씨와 禮·順·知郡事[15] 洽의 3남을 두었다.

    7세 예는 훈도 承敬·金啓溫에게 출가한 딸, 순은 이씨부인과 僉知[16] 尙義 등 3남·柳游에게 출가한 딸, 흡은 啓佐·현감 啓武를 두었다.

    8세 상제는 이씨부인과 錘·衡와 孫善男에게 출가한 딸, 현감 好智 등 4손자·趙誠元 등에게 출가한 2손녀, 참봉 泓 등 4증손자·李祥에게 출가한 증손녀를 두었다. 계좌는 아들 仲山, 손자 億守, 증손자 福을 두었다.[17] 그 가계를 정리하여 제시하면 다음의 가계도와 같다.

<도 4-3> 진주강씨 孫壽系 7~11세 가계

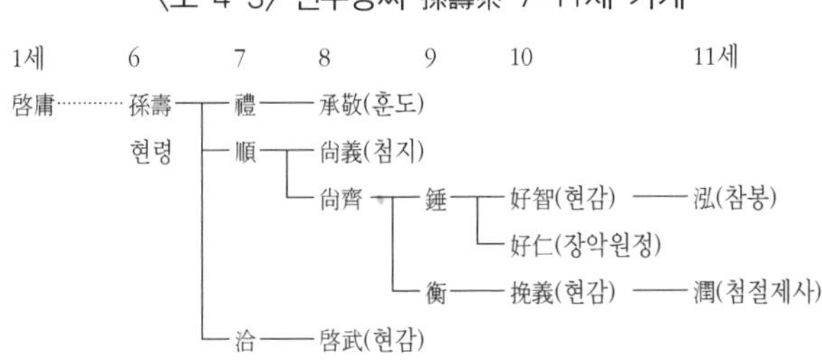


---

에서 종합(뒤 <도 4-3~8>도 같다).

15) 지군사(종4품)는 지방행정구역인 군의 장관인데, 고려초 이래로 조선초기까지 운영되다가 1466년(세조 12) 『경국대전』 편찬 때 군수로 개칭되면서 계승되었다.

16) 첨지는 관직이 아니다. 굳이 관직과 연관시키자면 1432년(세종 14) 삼군도총제부가 개편되면서 설치된 중추원의 僉知中樞院使, 1466년(세조 12)에 중추원이 승격된 중추부 僉知中樞府事의 약칭이라고 하겠는데, 이 경우 첨지중추원사·첨지중추부사 모두 정3품 당상관직이고 약칭도 '僉知中'이나 '僉中'으로 표기됨이 일반이었기에 첨지와 관련시키기 어렵다.

17) 생략된 남계와 여계(배우자) 후손과 관력은 뒤 <표 4-13·14> 참조(뒤 2) 孫壽~6) 筮系도 같다).

### 3) 啓庸~璜寶-孫喬系

계용의 5대손인 6세 孫喬는 允武와 李元良에게 출가한 딸을 두었다.

7세 윤무는 판관 以義·첨절제사 以禮 등 4남과 李盈科·梁大棟에게 출가한
딸을 두었다.

8세 利仁은 아들 秀禎과 孫眞에게 출가한 손녀를 두었고, 이의는 판관
遇福·遇祥과 韓琦 등에게 출가한 3녀, 집의 希喆 등 5손자·鄭麟角에게 출가한
손녀, 참군 舜儉 등 3증손자를 두었다. 이례는 彦邦 등 2남, 遇昌 등 2손자·文繪地
에게 출가한 손녀, 翰 등 2증손자, 利智는 아들 安倫·安瑞와 손자 希文을
두었다. 그 가계를 정리하여 제시하면 다음의 가계도와 같다.

〈도 4-4〉 진주강씨 손교계 7~11세 가계

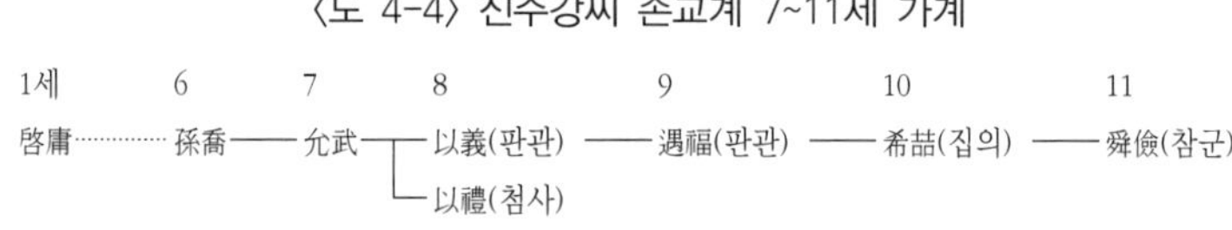


### 4) 啓庸~璜寶-孫命系

계용의 5대손인 6세 孫命은 禮賓卿[18] 汝优와 金天利에게 출가한 딸을 두었고,
7세 문우는 龜令을 두었다. 8세 구령은 渭逢을 두었고, 9세 위봉은 아들
詹과 손자 경기좌수사 孝貞을 두었다.

### 5) 啓庸~君寶-蓍系

계용의 5대손인 6세 찬성 蓍는 河楫의 딸과 都巡問使[19] 准伯·大提學 准仲·사

---

18) 예빈경은 고려중기~조선초에 운영된 예빈시의 장관인 판사(정3) 다음의 차관직이다.
    尹·令과 함께 교차되다가 1406년(태종 6) 이전에 영으로 개칭되면서 소멸되었다.

재소감 准順·함안군사 准叔·晉原君 准季의 5남을 두었다.

## (1) 著-准伯系

7세 회백은 鄭良生·李存性의 딸과 장령 宗德·현감 友德·승지 進德·지돈령부사 碩德·감찰 順德과 金張·南景佑에게 출가한 2녀를 두었다.

종덕은 李廷堅의 딸과 군수 子愼·현감 子儀·子保[20]·부사직 子儉과 鄭禮孫·李承壽에게 출가한 2녀를 두었고, 판관 居仁 등 10손자와 偰致深 등에게 출가한 3손녀를 두었고, 현감 恭世[21] 등 21증손자와 洪湜 등에게 출가한 8증손녀를 두었다.

우덕은 李日詳의 딸과 영의정 孟卿·寺正 叔卿과 曹榮·朴居謙에게 출가한 2녀를 두었고, 경상관찰사 允範 등 6손자와 南曧 등에게 출가한 4손녀를 두었으며, 목사 自明 등 11증손자와 河護 등에게 출가한 4증손녀를 두었다.

진덕은 柳元顯의 딸과 군수 敏·판관 致·美와 鄭祖禹·李貴美·李信儉에게 출가한 3녀를 두었고, 만포첨절제사 貴孫 등 7손자와 吳世昌 등에게 출가한 4손녀를 두었으며, 습독관 繼祖 등 16증손자와 李亨文 등에게 출가한 2증손녀를 두었다. 석덕은 영의정 沈溫의 딸과 한성부윤 希顔·좌찬성 希孟·감찰 希曾과 南俊 등에게 출가한 6녀를 두었고, 우의정 龜孫 등 7손자와 成世明

---

19) 도순문사는 고려초~조선시대에 국난 등 때에 상설직이나 임시직으로 파견되어 일방의 정치·군사를 지휘한 관직이다. 상설직의 경우 조선초에는 동북면과 서북면에 장관으로 파견되어 정치·군사를 총관하였고, 1417년(태종 17) 관제정비 때에 도관찰출척사겸감창안집전수권농관학사제조형옥병마공사(1423, 세종 5 관찰사)로 개칭되면서 계승되었다. 임시직은 경우는 주로 변란시에 해당지역에 파견되어 군정을 총관하였다.

20) 『진주강씨대동보』에는 부사직으로 기재되었으나 『만성대동보』에는 관직이 기재되지 않았다. 후자에 따라 미사자로 파악한다.

21) 『진주강씨대동보』에는 恭世로 기재되고 『만성대동보』 등에는 世恭으로 기재되었다. 전자에 따라 공세로 파악한다.

등에게 출가한 4손녀를 두었으며, 사과 永壽 등 12증손자와 趙仲輝 등에게
출가한 7증손녀를 두었다. 순덕은 좌찬성 李叔蕃의 딸과 현령 希明·貞을
두었고, 彦福 등 3손자와 증손자 萬壽[22]를 두었다. 그 가계를 정리하여 제시하
면 다음과 같다.

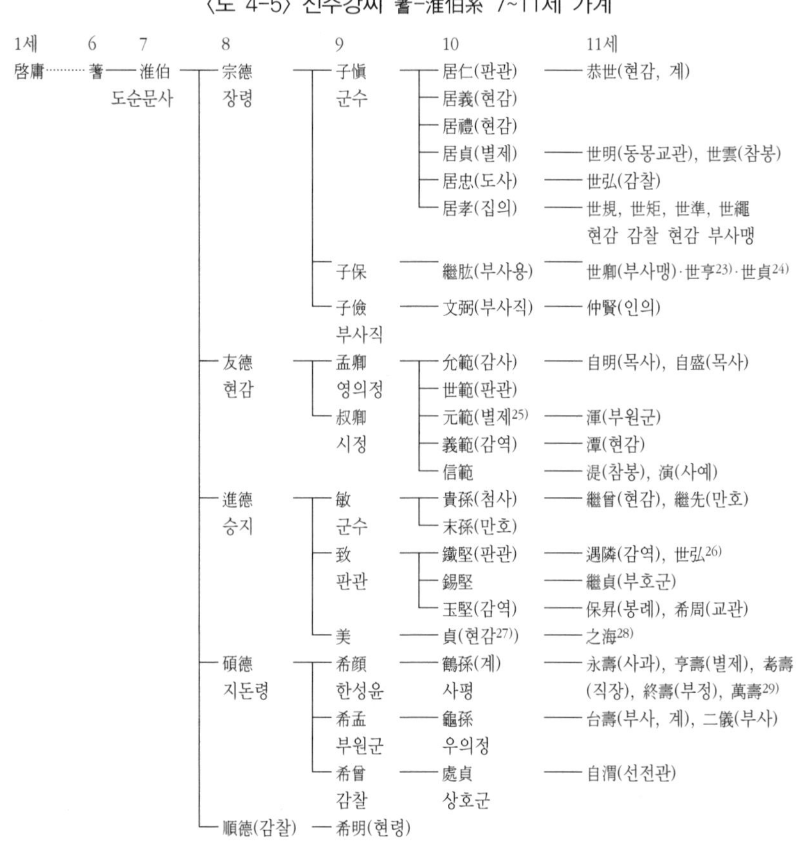

〈도 4-5〉 진주강씨 著-淮伯系 7~11세 가계



---

22) 『진주강씨대동보』에는 동지중추로 기재되었으나 『조선왕조실록』에 관력이 하나도
    확인되지 않았고, 『만성대동보』 등에도 관직이 기재되지 않았다. 이에서 미사자로
    파악한다.
23) 『진주강씨대동보』에는 문과에 급제하고 병판에까지 진출하였다고 기재되었으나,
    『조선왕조실록』에 관력이 하나도 확인되지 않았고 『만성대동보』 등에도 관직이

## (2) 著-淮仲系

7세 회중은 南徵生·李寧의 딸과 少尹[30] 安壽·都官正郎[31] 安福·安命을 두었다.

8세 안수는 洪恕의 딸과 대호군 徽·이조정랑 胤·군수 徯와 溫寧君 李裎에게 출가한 딸을 두었고, 관찰사 子平 등 5손자와 李循 등에게 출가한 4손녀를 두었으며, 대사간 詗 등 9증손자와 李諄 등에게 출가한 4증손녀를 두었다.

안복은 李孝禮의 딸과 정랑 利纘·창원부사 利興 등 8남을 두었고, 永善君 濆 등 26손자와 許揆 등에게 출가한 18손녀를 두었으며, 첨정 世琛 등 52증손자와 趙德期 등에게 출가한 26 증손녀를 두었다.

안명은 安洙의 딸과 상호군 純을 두었고, 손자 부사 昇과 丘生[32] 등 4증손을

---

기재되지 않았다. 이에 따라 미사자로 파악한다.

24) 『진주강씨대동보』에는 內禁衛將으로 기재되었으나 『조선왕조실록』에 관력이 하나도 확인되지 않았고, 『만성대동보』 등에도 관직이 기재되지 않았다. 이에 따라 미사자로 파악한다.

25) 『진주강씨대동보』 등 족보류에는 仁範으로 기재되나 『虛白亭集』 姜元範墓碣銘에 따라 元範으로 파악한다.

26) 『진주강씨대동보』에는 주부로 기재되나 『진주강씨 승지공파세보』에는 관직이 기재되지 않았다. 후자에 따라 미사로 파악한다.

27) 『진주강씨대동보』 등에는 儀貞으로 기재되었지만 『진주강씨 승지공(進德)파세보』에 따라 貞으로 파악한다.

28) 『진주강씨대동보』와 『승지공파세보』에는 이조참의로 기재되었으나 『조선왕조실록』에 관력이 하나도 확인되지 않았고, 『만성대동보』 등에도 기재되지 않았다. 후자에 따라 미사자로 파악한다.

29) 『진주강씨대동보』에는 동지중추로 기재되었으나 『조선왕조실록』에 관력이 하나도 확인되지 않았고 『만성대동보』 등에도 관직이 기재되지 않았다. 후자에 따라 미사자로 파악한다.

30) 소윤은 조선개창과 함께 고려말의 관제를 계승하여 제부·시·감 등에 설치된 종4품 관직이고, 1466년(세조 12) 경국대전 편찬 때 육조속아문의 모든 관직을 정(정3)-부정(종3)-첨정(종4)-판관(종5) 이하로 체계화 할 때 첨정으로 개정되면서 계승되었다.

31) 도관정랑은 1392년(태조 1) 조선개국과 함께 설치된 형조도관의 정5품 관직이고, 1466년(세조 12) 『경국대전』 편찬과 관련된 관제정비 때 刑曹都官이 승격되면서 개칭된 辨定院 正郎으로 계승되었다(졸저, 『조선초기 정치제도와 정치』, 304쪽).

32) 『진주강씨대동보』에는 내금위장으로 기재되었으나 『조선왕조실록』에 관력이 하나

두었다. 그 가계를 정리하여 제시하면 다음과 같다.

〈도 4-6〉 진주강씨 著-准仲系 7~11세 가계

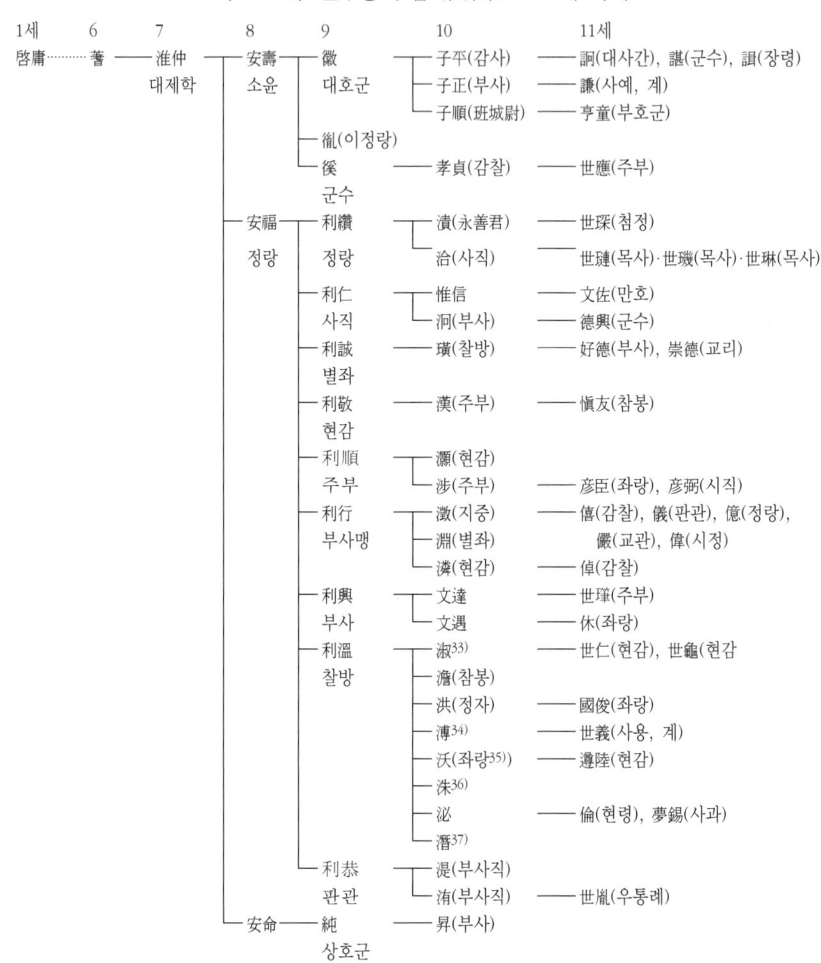


---

도 확인되지 않았고,『만성대동보』등에도 관직이 기재되지 않았다. 이에 따라 미사자
로 파악한다.

33) 『진주강씨대동보』에는 군수로 기재되었으나『만성대동보』에는 진사로 기재되었다.
후자에 따라 미사자로 파악한다.

34) 『진주강씨대동보』에는 예조좌랑으로 기재되었으나『만성대동보』에는 진사로 기재

### (3) 著-淮順系

7세 회순은 全理의 딸과 지중추 毅와 도사 庾江에게 출가한 딸을 두었다.
8세 毅는 전주이씨 부인과의 사이에서 정언 應亨·應貞의 2남, 演麟 등 2손자와 田熙祖 등에게 출가한 4손녀 및 증손 참봉 琨·부장 秀雄을 두었다.

### (4) 著-淮叔系

7세 회숙은 安沼의 딸과 孝孫·孝昆·仲德과 尹汴에게 출가한 딸을 두었다.
8세 효손은 李約東의 딸과 國老[38]·國冲과 鄭愼에게 출가한 딸을 두었고, 손자 판관 浩·有蓍와 증손자 부사 渭建·允建을 두었다.
중덕은 첨사 靖과 金健에게 출가한 딸을 두었고, 손자 貴孫과 증손 부사정 泓을 두었다.

### (5) 著-淮季系

7세 회계는 공양왕의 딸 敬和宮主와의 사이에서 사재령 濂·시랑 胥祐·목사 源[39]·純·浩를 두었다.

---

되었다. 후자에 따라 미사자로 파악한다.
35) 『진주강씨대동보』에는 문과에 급제하고 대사간에까지 진출한 것으로 기재되었다. 그러나 『국조문과방목』에 등재되지 않았고 『조선왕조실록』에 관력이 하나도 확인되지 않았으며, 『만성대동보』에는 좌랑으로 기재되었다. 이에 따라 좌랑으로 파악한다.
36) 『진주강씨대동보』에는 사과로 기재되었으나 『만성대동보』에는 진사로 기재되었다. 후자에 따라 미사자로 파악한다.
37) 『진주강씨대동보』에는 판관으로 기재되었으나 『만성대동보』에는 진사로 기재되었다. 후자에 따라 미사자로 파악한다.
38) 『진주강씨대동보』에는 첨지중추로 기재되었으나 『조선왕조실록』에 관력이 하나도 확인되지 않았고, 『만성대동보』 등에도 관직이 기재되지 않았다. 이에 따라 미사자로 파악한다.

8세 濂은 許徵의 딸과 첨정 福海·호조정랑 巨道를 두었고, 點 등 3손자와 수군첨사 宜弟 등 4증손을 두었다.

서우는 汀·淑을 두었고, 守恭 등 3손자와 夢禎 등 6증손을 두었다.

원은 金漢仁의 딸과 仁周·和周[40]를 두었고 希達[41] 등 4손자와 부사 利用 등 7증손을 두었다.

순은 주부 思敏·思轍을 두었고, 주부 孝貞 등 3손자와 潤 등 4증손을 두었다. 호는 巨海와 巨深을 두었다. 그 가계를 정리하여 제시하면 다음의 가계도와 같다.

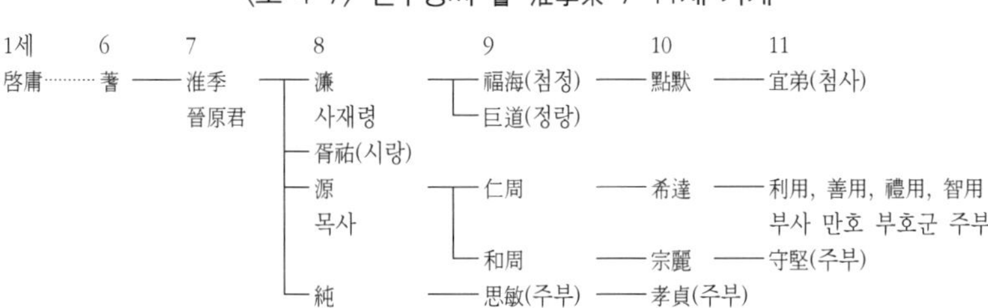

〈도 4-7〉 진주강씨 著-淮季系 7~11세 가계



## 6) 啓庸~君寶-筮系

계용의 5대손인 6세 筮는 시중 李仁任의 딸과 좌랑 策·군수 詮·이조참판 籌·대호군 餘와 찬성 崔士康에게 출가한 딸을 두었다.

---

39) 『진주강씨대동보』에는 형판으로 기재되고『한국인의 족보』에는 목사로 기재되었으나,『조선왕조실록』에는 관력이 하나도 기재되지 않았다.『한국인의 족보』에 따라 목사로 파악한다.

40) 『진주강씨대동보』에는 예조참의로 기재되었으나『조선왕조실록』에 관력이 하나도 확인되지 않았고『만성대동보』등에도 관직이 기재되지 않았다. 이에 따라 미사자로 파악한다.

41) 『진주강씨대동보』에는 호조참의로 기재되었으나『조선왕조실록』에 관력이 하나도 확인되지 않았고,『만성대동보』등에도 관직이 기재되지 않았다. 이에 따라 미사자로 파악한다.

7세 詮은 鄭錫麟의 딸과 집의 信德, 籌는 정당문학 李恬의 딸과 사정 帶生·직장 瑞生, 餘는 李仲明의 딸과 헌납 明德을 두었다.

8세 신덕은 金鑷의 딸과 아들 현령 耋·도사 耆, 좌랑 繼東 등 4손자와 정랑 淑進 등 4증손을 두었다. 대생은 윤씨부인과의 사이에서 아들 昆·崙·사정 巖, 允恭 등 3손자와 상 등 3증손을 두었다.

서생은 繼宗 등 3남, 현감 晉輔 등 3손자와 참봉 純孫 등 4증손을 두었다.

명덕은 金白麟의 딸과 직강 宜卿·宷卿과 李承文 등에게 출가한 5녀를 두었고, 손자 대사성 老와 증손 子仁·有仁을 두었다. 그 가계를 재정리하여 제시하면 다음의 가계도와 같다.

〈도 4-8〉 진주강씨 筬系 7~11세 가계

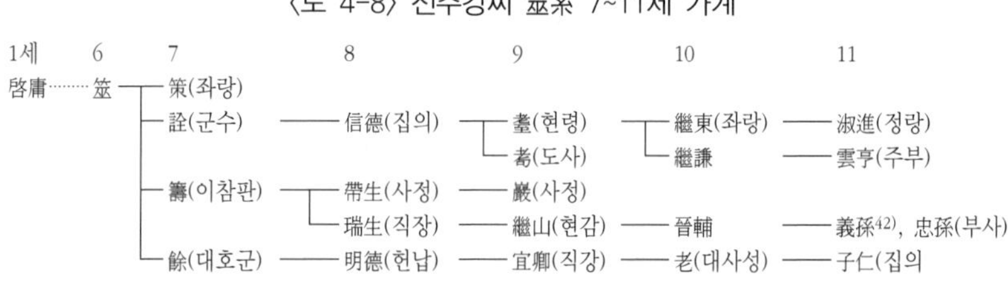



그런데 지금까지 살핀 조선전기 진주강씨 계용계의 전개를 보면, 가장 현달한 蓍系의 경우 그 자손이 크게 많기도 하였지만(아들 5명, 손자 16명, 증손 42명, 고손 83명, 5대손 143명) 淮伯 등 5남이 모두 사관하고 淮伯·淮仲은 정2품에까지 승진하였고, 손자·증손·고손·5대손의 대부분이 사관하고 많은 당상관을 배출하면서 현달하였다.

이상에서 진주강씨 계용계는 고려후기에 사족가문으로 정착하였고, 조선 초기에 계용의 6대손인 淮伯·淮仲·籌, 7대손인 進德·碩德·毅, 8대손인 孟卿·希顔·希孟이 영의정~승지에까지 진출하면서 명문거족이 되었으며, 조선중기에도 9대손인 允範·龜孫·自評·子順·潰·潋·老, 10대손인 渾·詗이 대사성~우의정

---

42) 『진주강씨대동보』에 무과만 기재되고 관직은 기재되지 않았기에 미사자로 파악한다.

에까지 진출하면서 명문거족으로서의 위세를 유지하였다고 하겠다. 지금까지 살펴본 계용계를 계파·세대별과 남·여계로 구분하여 제시하면 다음과 같다.

〈표 4-1〉 진주강씨 계용계 7~11세 남/여계 자손[43]

|  | 7세 | 8 | 9 | 10 | 11 | 합계 |
|---|---|---|---|---|---|---|
| 손기계 | 1/3/4 | 3/1/4 | 2/5/7 | 3/1/4 | 4/7/11 | 13/17/30 |
| 손수계 | 3/0/3 | 6/2/8 | 3/1/4 | 5/2/7 | 5/1/6 | 22/6/28 |
| 손교계 | 1/1/2 | 4/2/6 | 7/3/10 | 8/3/11 | 5/0/5 | 25/9/34 |
| 손명계 | 1/1/2 | 1/0/1 | 1/0/1 | 1/0/1 | 1/01 | 5/1/6 |
| 시계 | 5/0/5 | 17/3/20 | 42/16/58 | 82/44/126 | 154/54/208 | 300/117/417 |
| 서계 | 4/1/5 | 4/0/4 | 10/5/15 | 11/0/11 | 13/0/13 | 42/6/48 |
| 합계 | 15/6/21 | 35/8/43 | 65/30/95 | 110/50/160 | 182/62/244 | 407/156/563 |

## 2. 啓庸系의 官歷과 人事行政

진주강씨 계용계 6~11세의 전개를 볼 때 그들의 출사와 관력에는 부, 조의 관력 등 가계적인 요소가 작용하였을 것이라고 추측된다. 여기에서는 계용계의 사관자를 대상으로 출사로, 관력, 그리고 관력이 가계 및 당시의 인사행정과 어떻게 연관되었는가를 가계별과 7~11세별로 구분하여 살펴본다.

### 1) 出仕路

조선전기에 생존하고 활약한 진주강씨 계용계는 대개 계용의 6~10대손 (7~11세)으로 남계는 총 6계파에 402명이 확인되었고, 다음의 표에서와 같이 이중 52% 209명이 사관한 것으로 추측되고 48% 193명은 사관하지 못한 것으로 추측되었다.

---

43) 뒤 〈표 4-13〉에서 종합.

<표 4-2> 진주강씨 계용계 7~11세 사관자와 미사자(사관자/미사자/계)[44]

| | 7세 | 8 | 9 | 10 | 11 | 합계 |
|---|---|---|---|---|---|---|
| 손기계 | 1/0/1 | 2/1/3 | 2/0/2 | 3/0/3 | 2/2/4 | 10/3/13 |
| 손수계 | 1/2/3 | 3/3/6 | 0/3/3 | 3/2/5 | 3/2/5 | 10/12/22 |
| 손교계 | 0/1/1 | 2/2/4 | 1/6/7 | 1/7/8 | 2/3/5 | 6/19/25 |
| 손명계 | 1/0/1 | 0/1/1 | 0/1/1 | 0/1/1 | 1/0/1 | 2/3/5 |
| 시계 | 5/0/5 | 1/6/17 | 24/13/37 | 44/39/83 | 76/68/144 | 160/135/295 |
| 서계 | 4/0/4 | 4/0/4 | 4/6/10 | 3/8/11 | 6/7/13 | 21/21/42 |
| 합계 | 12/3/15 | 22/13/35 | 31/29/60 | 54/57/111 | 90/82/172 | 209/193/402 |

사관자 209명은 다음의 표와 같이 35% 74명은 사관하였음이 확인되었고,[45] 65% 135명은 『萬姓大同譜』·『萬家譜』·『靑邱氏譜』·『晉州姜氏大同譜』·『韓國人의 族譜』 등의 기사를 종합할 때 仕官한 것으로 추측된다.

<표 4-3> 진주강씨 계용계 7~11세 사관자(확인/추측자/계)[46]

| | 7세 | 8 | 9 | 10 | 11 | 합계 |
|---|---|---|---|---|---|---|
| 손기계 | 0/1/1 | 0/2/2 | 0/2/2 | 0/3/3 | 0/2/2 | 0/10/10 |
| 손수계 | 1/0/1 | 0/3/3 | 0/0/0 | 0/3/3 | 0/3/3 | 1/9/10 |
| 손교계 | 0/0/0 | 1/1/2 | 0/1/1 | 0/1/1 | 0/2/2 | 1/5/6 |
| 손명계 | 0/1/1 | 0/0/0 | 0/0/0 | 0/0/0 | 0/1/1 | 0/2/2 |
| 시계 | 5/0/5 | 7/4/11 | 17/7/24 | 23/21/44 | 14/62/76 | 66/94/160 |
| 서계 | 1/3/4 | 2/2/4 | 1/3/4 | 1/2/3 | 1/5/6 | 6/15/21 |
| 합계 | 7/5/12 | 10/12/22 | 18/14/31 | 24/30/54 | 15/75/90 | 74/135/209 |

출사자 209명의 출사로를 보면 음서규정과[47] 뒤 <표 4-9>를 볼 때 12% 25명 즉, 淮伯 등 17명은 문과, 淮仲 등 7명은 음서(회중 등 6명은 다시 문과에 급제), 叔卿은 遺逸로 출사하였음이 확인되었다. 그 외의 88% 184명은

---

44) 뒤 <표 4-12·13>에서 종합.
45) 흡·회숙·회계 등 71명은 『조선왕조실록』 태조 1년~명종 4년조에 관력이 확인되었고, 회순·회계와 원범은 『陽村集』 姜蓍墓誌와 『虛白亭集』 姜元範墓碣銘에서 관직이 확인되었다.
46) 뒤 <표 4-13>에서 종합.
47) 음서제는 앞 2장 주17) 참조.

출사로가 확인되지는 않았다. 그러나 淮順·淮叔·策·詮·籌·餘 등 48% 100명은 부, 조와 장인·백부·숙부·형 등의 관력을 볼 때 이들이 탁음자격을 구비하였음에서[48] 음서로 출사하였다고 추측된다. 또 末同 등 3% 6명은 『진주강씨대동보』 등의 기록을 볼 때 무과로, 靖 등 2% 4명은 천거 등으로 각각 출사하였다고 추측된다. 烈·洽 등 38% 79명은 그 출사로가 불명하였다.

이렇게 볼 때 조선초기 진주강씨 계용계의 사관자 209명의 출사로는 다음의 표에서와 같이 계파별로는 각각 孫奇系는 무과와 음서가 각각 20%(2/10), 기타·불명이 60%(6/)이다. 孫壽系는 기타·불명이 100%(10/)이고, 孫喬系는 음서가 17%(1/6)이고 기타·불명이 73%(5/)이며, 孫命系는 무과와 음서가 각각 50%(1/2)이다. 著系는 문과가 6%(10/160명), 무과가 1%(2/), 음서가 55%(88/), 음서후 문과가 6%(9/)이며, 기타·불명이 32%(51/)이다. 筮系는 문과가 10%(2/21), 무과가 5%(1/), 음서가 71%(15/)이며, 불명이 14%(3/)였다.

세대별로는 7세는 문과가 8%(1/12), 음서가 58%(7/), 음서후 문과와 불명이 각각 17%(2/)이다. 8세는 문과가 9%(2/22), 무과와 음서후 문과가 각각 8%(1/), 음서가 59%(13/)이며, 불명이 23%(5/)이다. 9세는 무과가 3%(1/37), 음서가 65%(24/), 음서후 문과가 5%(2/)이며, 기타·불명이 16%(6/)였다. 10세는 문과가 7%(4/54)이고 무과와 음서후 문과가 각각 4%(2/)이고 음서가 59%(32/)이고 불명이 26%(14/)이며, 11세는 문과가 6%(5/90)이고 무과와 음서후 문과가 각각 2%(2/)이고 음서가 34%(31/)이고 기타가 35(3/)이며 불명이 52%(47/)였다. 전체로는 문과가 6%(12/209), 무과가 3%(6/), 음서가 56%(116/)(음서후 문과자 포함)이며, 기타·불명이 36%(75/)였다.

또 출사율은 계파별로는 손기계는 77%(10/13), 손수계는 45%(10/22), 손교계는 24%(6/25), 손명계는 40%(2/5), 시계는 54%(160/295)이며, 서계는 50%(21/42)였다. 세대별로는 7세가 80%(12/15), 8세가 63%(22/35), 9세가

---

52%(31/60), 10세가 49%(54/111)였으며, 11세가 52%(90/172)였다. 전체로는 52%(209/402)였다.

<표 4-4> 진주강씨 계용계 7~11세 출사로와 출사율(불명-기타포함)[49]

| | 7세 | | | | | 8 | | | | | | 9 | | | | | | 10세 | | | | | |
|---|---|---|---|---|---|---|---|---|---|---|---|---|---|---|---|---|---|---|---|---|---|---|---|
| | 문과 | 음서 | 음,문 | 불명 | 계 | 문과 | 무과 | 음서 | 음문 | 불명 | 계 | 문과 | 무과 | 음서 | 음문 | 불명 | 계 | 문과 | 무과 | 음서 | 음문 | 불명 | 계 |
| 손기계 | | | | 1 | 1 | | 1 | 1 | | | 2 | | 1 | 1 | | | 2 | | | | | 3 | 3 |
| 손수계 | | | | 1 | 1 | | | | | 3 | 3 | | | | | | 0 | | | | | 3 | 3 |
| 손교계 | | | | | 0 | | | | | 2 | 2 | | | | | 1 | 1 | | | | | 1 | 1 |
| 손명계 | | 1 | | | 1 | | | | | | 0 | | | | | | 0 | | | | | | 0 |
| 시계 | 1 | 2 | 2 | | 5 | 1 | | 9 | 1 | | 11 | | | 20 | 2 | 2 | 24 | 3 | 2 | 30 | 2 | 7 | 44 |
| 서계 | | 4 | | | 4 | 1 | | 3 | | | 4 | | | 3 | | 1 | 4 | 1 | | 2 | | | 3 |
| 합계 | 1 | 7 | 2 | 2 | 12 | 2 | 1 | 13 | 1 | 5 | 22 | 0 | 1 | 24 | 2 | 4 | 31 | 4 | 2 | 32 | 2 | 14 | 54 |

| | 11 | | | | | | 합계 | | | | | | 미사자 | 계 | 출사율 |
|---|---|---|---|---|---|---|---|---|---|---|---|---|---|---|---|
| | 문과 | 무과 | 음서 | 음문 | 불명 | 계 | 문과 | 무과 | 음서 | 음문 | 불명 | 계 | | | |
| 손기계 | | | | | 2 | 2 | 0 | 2 | 2 | 0 | 6 | 10 | 3 | 13 | 77% |
| 손수계 | | | | | 3 | 3 | | | | | 10 | 10 | 12 | 22 | 45 |
| 손교계 | | | 1 | | 1 | 2 | | | 1 | 0 | 5 | 6 | 19 | 25 | 24 |
| 손명계 | | 1 | | | | 1 | 0 | 1 | 1 | 0 | 0 | 2 | 3 | 5 | 40 |
| 시계 | 5 | | 27 | 2 | 42 | 76 | 10 | 2 | 88 | 9 | 51 | 160 | 135 | 300 | 50 |
| 서계 | | 1 | 3 | | 2 | 6 | 2 | 1 | 15 | 0 | 3 | 21 | 21 | 42 | 53 |
| 합계 | 5 | 2 | 31 | 2 | 50 | 90 | 12 | 6 | 107 | 9 | 75 | 209 | 193 | 402 | 52 |

한편 계용계의 정1~정3품 당상관 진출자 21명(앞 <도 4-1>, 조선 개국직전에 혁명파에 의해 살해된 淮季 제외)의 출사로를 보면 문과는 회백 등 8명이고, 음서는 회중 등 10명이고(음서후에 문과에 급제한 회중 등 6명 포함), 무과는 말동·효정이었으며, 기타는 부마 子順이었다. 또 수대에 걸쳐 음서로 관직을 획득한 인물(수)을 보면 詞·諶·諝·亨童·世琛(시계)의 5명은 5대에, 繼祖·繼曾·繼先·自渭·子平·子正·漬·洽·璜·漢·灝·涉·淵·潾·濂·溥·沃·湜·洧(시계)와 繼東(서계)의 20명은 4대에, 居忠·遇·貴孫·末孫·鐵堅·玉堅·處貞·徽·徯·利纘·利仁·利誠·利敬·利順·利行·利興·利溫·利恭·福海(시계)와 耋·耆·巖(서계)의 23명은 3대에, 子愼(시계) 등 24명은 2대에 걸쳐 각각 음서로 사관하거나 사관하

---

49) 뒤 <표 4-12>에서 종합.

였다고 추측되었다.[50]

그런데 사관자 부조의 관력을 보면 뒤의 〈표 4-5·6〉에서와 같이 20여 명 이상이 당상관까지 승진하면서 정치에 큰 영향력을 발휘한 의정부·육조·승정원직을 역임하였다. 이러한 사관자 부조의 최고 관직을 볼 때 계용계 7~11세 사관자의 출사와 누대에 걸친 관인신분의 계승은 그 부조의 역관에서 기인되었다고 하겠다.

이를 볼 때 계용계는 조선초기에 문과급제자를 두 번째로 많이 배출한 진주강씨의 중심 계파였지만 음서에 의해 출사하고 음서에 의해 수대에 걸쳐 관인신분을 계승시켜간 현상이 현저하였다고 하겠다.

그런데 각 파계의 남계 인원을 보면 출사자와 미사자를 합해 蓍系와 筮系가 300명 74%와 42명 13%(합해서는 342명 84%)로서 대부분을 점하였고, 그 외의 손기계 등은 모두가 6~1%에 불과하였다. 이에서 출사율은 손기계가 77%로서 가장 높기는 하나 출사자의 대부분을 점한 시계와 서계, 특히 시계가 중심이 되었다고 하겠다. 따라서 계용계는 50% 이상이 출사하였고, 그 7%가 문과를 거치기는 하나 53%인 음서가 다수를 점하면서 중심이 되는 출사로가 되었다고 하겠다.


2) 官歷


조선전기 啓庸派 사관자 209명의 관력을 보면 洽·淮叔·淮季(7세) 등 45명은 최종 관직이나 한, 둘의 관력이 확인됨에 그쳤다.[51] 그러나 淮伯·淮仲·籌(7세)

---

50) 앞 〈도 3-2~7〉에서 종합. 2대에 걸친 자신 외의 23명은 다음과 같다.
　　시계 : 安壽·安福·濂·胥祐(8세), 子義·子儉·敏·致·希曾·希明(9세), 昇(10세), 世卿·永壽·亨壽·龜壽·終壽·欣壽·坤壽·台壽·二儀(11세).
　　서계 : 信德·帶生·瑞生(8세).
51) 그 외의 45명은 다음과 같다.
　　8세(5명) : 이례, 종덕, 안수, 안복, 의.

등 26명은[52] 상세한 관력을 확인할 수 있었다. 여기에서는 이와 관련하여 출사자 214명의 최고 관직(관계)과 淮伯 등 당상관 진출자 20여 명의 初仕職, 陞資, 陞職, 遞職 등을 살펴본다.

### (1) 최고관직

계용계의 최고관직(관계)을 보면 다음의 표와 같이 2품 이상, 정3품 당상, 3~6품, 7~9품이 계파별로는 각각 손기계는 0(0/10명)·10(1/)·40(4/)·50(5/)%였고, 손수계는 0(0/10명)·0(0/)·70(7/)·30(3/)%였고, 손교계는 0(0/6명)·0(0/)·67(4/)·33(2/)%였으며, 손명계는 0(0/2)·50(1/)·50(1/)·0(0/)%였다. 시계는 9(15/160명)·2(3/)·69(115/)·20(32/)%였으며, 서계는 5(1/21명)·5(1/)·75(15/)·19(4/)%였다.

〈표 4-5〉 진주강씨 계용계 7~11세 최고 관직(관계)[53]

| | 7세 | | | 8 | | | | | 9 | | | | 10 | | | | |
|---|---|---|---|---|---|---|---|---|---|---|---|---|---|---|---|---|---|
| | 1~2 | 3~6 | 계 | 1~2 | 3상 | 3~6 | 7~9 | 계 | 1~2 | 3~6 | 7~9 | 계 | 1~2 | 3상 | 3~6 | 7~9 | 계 |
| 손기계 | | 1 | 1 | | 1 | 1 | | 2 | | | 2 | 2 | | | 1 | 2 | 3 |
| 손수계 | | 1 | 1 | | | 2 | 1 | 3 | | | | 0 | | | 3 | | 3 |
| 손교계 | | 0 | 0 | | | 2 | | 2 | | 1 | | 1 | | | 1 | | 1 |
| 손명계 | | 1 | 1 | | | | | 0 | | | | 0 | | | | | 0 |
| 시계 | 3 | 2 | 5 | 2 | 1 | 8 | | 11 | 3 | 29 | 2 | 24 | 6 | | 30 | 8 | 44 |
| 서계 | 1 | 3 | 4 | | | 3 | 1 | 4 | 0 | 3 | 1 | 4 | | 1 | 2 | | 3 |
| 합계 | 4 | 8 | 12 | 2 | 2 | 16 | 2 | 22 | 3 | 23 | 5 | 31 | 6 | 1 | 37 | 10 | 54 |

| | 11세 | | | | | 합계 | | | | |
|---|---|---|---|---|---|---|---|---|---|---|
| | 1~2 | 3상 | 3~6 | 7~9 | 계 | 1~2 | 3상 | 3~6 | 7~9 | 계 |
| 손기계 | | | 1 | 1 | 2 | 0 | 1 | 4 | 5 | 10 |
| 손수계 | | | 1 | 2 | 3 | 0 | 0 | 7 | 3 | 10 |
| 손교계 | | | | 2 | 2 | 0 | 0 | 4 | 2 | 6 |

---

9(13) : 자산, 자의, 숙경, 민, 치, 휘, 이찬, 이성, 이경, 이순, 이온, 이공, 질.
10세(14) : 거인, 거의, 거례, 거충, 우, 원범, 귀손, 옥견, 처정, 자정, 효정, 한, 숙, 홍.
11(8) : 효정, 담, 계선, 즙, 세침, 희, 세인, 세충.
52) 회백 등 17명은 뒤 ①~⑮ 참조. 그 외의 11명은 順德(8세), 居孝·鶴孫·子順·漬(10세), 演·台壽·謙·崇德·億·偉(11세)이다.

| 손명계 | | 1 | | | 1 | 0 | 1 | 1 | 0 | 2 |
| 시계 | 1 | 2 | 51 | 22 | 76 | 15 | 3 | 110 | 22 | 165 |
| 서계 | | | 4 | 2 | 6 | 1 | 1 | 15 | 4 | 21 |
| 합계 | 1 | 3 | 57 | 29 | 90 | 16 | 6 | 141 | 46 | 209 |

세대별로는 7세는 33(4/12명)·0(0/)·67(8/)·0(0/)%였고, 8세는 9(2/223명)·9(2/)·77(17/)·9(2/)%였고, 9세는 10(3/31명)·0(0/)·74(23/)·16(5/)%였고, 10세는 11(6/54명)·2(1/)·69(37/)·19(10/)%였으며, 11세는 1(1/90명)·3(3/)·63(57/)·32(29/)%였다.

전체 209명은 2품관 이상이 16명 8%이고, 정3품 당상관이 6명 3%이고, 3~6품관이 141명 67%이며, 7~9품관이 46명 22%였다.

그런데 계용계 7~11세의 당상관수를 보면 손기·손수·손교계는 없고 손명계와 서계도 1명과 2명에 불과한 반면에 시계는 18명이었다. 또 출사자도 손기·손수·손교·손명계는 10명 미만이고 서계도 21명인 반면에 시계는 160명이나 되었다. 이점에서 조선초기 진주강씨는 시계가 중심이 되면서 명문가의 위세를 누렸다고 하겠다.

## (2) 당상관 관력

계용계 7~11세 당상관 22명 중 그 관력을 구체적으로 확인할 수 있는 회백 등 20여 명의 출사로, 초직, 승자·승직·체직, 최고 관직 등을 인물별로 보면 다음과 같다.

### ① 姜淮伯(1357~1402)

1376년(고려 우왕 2) 문과를 거쳐 출사하였고, 1391년(고려 공양왕 3)에 정당문학겸대사헌이 되었다. 조선개국과 함께 왕조개창에 반대하였다 하여

---

53) 뒤 〈표 4-12〉에서 종합.

晉陽(현 진주)에 유배되었으나 곧 사면되었다. 1399년(정종 1) 모상 중에 起復되어 鷄林府尹에 제수되었고, 1400년 정2품 正憲大夫에 승자하면서 東北面 都巡問使로 파견되었다가 부상으로 사직하였다. 상중인 1402년(태종 2) 參判 承樞府事에 제수되었으나 취임하지 않았고, 곧 졸하였다.[54]

② 姜淮仲(?~1421)

음서로 출사하였고, 1383년(고려 우왕 8) 문과에 及第하였다. 조선개국 때 왕조개창에 반대한 일로 晉陽에 유배되었으나 곧 사면되었고, 1398년(태조 7) 宮城監役官이 되었다가 다시 유배된 후 사면되었다. 1407년(태종 7) 左司諫 大夫가[55] 되었고, 이어 의주목사를 역임하고 1417년(태종 17) 함길도도순문 사로 파견되었다. 1418년(세종 즉위) 仁壽府尹으로[56] 입조하였고, 이후 한성 부윤, 공조참판, 충청도관찰사를 역임하였으며, 1421년(세종 3) 摠制[57] 재직 중에 졸하였다.[58]

③ 姜籌(?~1441)

음서로 출사하였고, 1423년(세종 5) 상호군이 되었다. 1430년 당상관에 승진하면서 예조참의에 발탁되었고, 이후 吏曹左參議를[59] 역임한 후 1433년

---

54) 『私淑齋集』 강회백행장, 『조선왕조실록』 태조 1년~태종 2년조에서 종합.

55) 조선개국 때 설치된 문하부 좌·우산기상시가 1401년(태종 1) 문하부낭사가 사간원으로 독립될 때 정3품당상관으로 승직되고 좌·우사간으로 개칭되면서 성립되었으며, 1460년 司諫大夫로 통합되었다가 1466년(세조 12) 大司諫으로 개칭되면서 후대로 계승되었다.

56) 인수부윤은 1418년 세종 즉위와 함께 동궁부인 順承府가 개칭되면서 태종을 지대하는 관아로 성립되어 1466년(세조 12)에 혁거된 인수부의 장관(종2)이다.

57) 총제는 조선초에 중앙군인 10~12사를 지휘하는 중·좌·우군도총제부에 설치된 판도 총제(종1), 도총제(정2) 다음의 종2품직이다. 1400년(정종 2)에 설치되어 1432년(세종 14) 중추부 동지중추로 개칭되면서 소멸되었다.

58) 『국조문과방목』, 『조선왕조실록』 태조 1년~세종 3년조.

59) 좌·우참의는 조선초에 국정을 분장한 6조의 판서(정2), 좌·우참판(종2) 다음의 정3품 당상관직이다. 1405년(태종 1) 6조에 판서를 설치하여 정2품아문으로 승격시킬 때 종래의 장관이던 전서가 혁거되면서 설치되었고, 1416년 종2품의 참판을 설치할 때 참의로 통합되었으며, 1432년 참판과 함께 다시 좌·우직으로 분화되었다가 1434년

종2품에 승진하면서 중추부사에 제수되었다. 1434년(세종 16) 吏曹右參判에[60] 발탁되었고, 곧 이조참판이 되었으며, 이어 공조참판, 동지중추부사를 역임하고 인수부윤 재직중에 졸하였다.[61]

④ 姜進德(1387~?)

음서로 출사하였고, 1427년(세종 9) 佐郎으로서 문과에 급제하고 持平에 승직하였고, 이후 兵曹正郎, 掌令을 거쳐 承旨를 역임하고 졸하였다.[62]

⑤ 姜碩德(1395~1459)

음서로 출사하였고,[63] 1416년(태종 16) 경 공조좌랑이 되었다. 1418년(세종 즉위) 장인인 세종국구 沈溫에 연좌되어 파직되었다가 1422년(세종 4) 상왕 태종 사후에[64] 복직되었다. 이후 세종의 애호를 받으면서 1439년경 執義가 되었고, 이어 兼知刑曹事를[65] 거쳐 1441년 右副承旨에 발탁되었다. 이어 좌부, 좌승지를 역임하고 1444년(세종 26) 종2품에 오르면서 戶曹參判에 발탁되었다. 이후 세종대를 통하여 大司憲, 吏, 刑曹參判, 開城留守, 中樞院使, 同知中樞院事를 역임하였다. 1451년(문종 1) 정2품에 승자하면서 知敦寧府事가 되었고, 1455년(세조 1) 世祖原從 2등공신에 책록되었으며, 지돈령부사로서 졸하였다.[66]

---

(세종 16) 다시 참판과 함께 참의로 통합되었다.

60) 동 상조.

61) 『조선왕조실록』 세종 5~23년조.

62) 『세종실록』 2~20년조, 『국조문과방목』 세종 9년방.

63) 『세조실록』 권17, 5년 9월 기축 졸기.

64) 그 시기는 불명하나 전직이 정6품 공조좌랑이었고, 아들인 맹경이 문과에 급제한 뒤 22년 만에 당상관에 승진하였으며, 동서인 세종의 애호를 받으면서 1441년 당상관에 오르면서 동부승지에 발탁되었음 등에서 이보다 5~10여년 뒤로 추측된다.

65) 겸지형조사는 조선초기에 노예의 대장과 재판을 관장한 형조도관의 장관인 종3품직이다. 조선개창과 함께 고려말의 관제를 계승하여 설치되었고, 1466년(세조 12) 『경국대전』 편찬 때 관아가 辨定院으로 개편될 때 정3품 당상직인 判決事로 개칭되면서 소멸하였다.

66) 『조선왕조실록』 태종 16년~세조 5년조.

⑥ 姜孟卿(1410~1461)

1429년(세종 11) 문과에 급제하고 藝文館檢閱에 제수되면서 출사하였고,
1443년(세종 25)경 議政府舍人에 제수되었다. 이어 守知承文院事, 義禁府副鎭
撫, 守執義, 判內資寺事를 역임하였고, 1451년(문종 1) 당상관에 승진하면서
同副承旨에 발탁되었다. 이후 右副, 左副, 右, 都承旨를 두루 역임하였고,
1453년(단종 1) 종2품에 오르면서 吏曹參判에 발탁되었다. 1454년 藝文提學을
거쳐 정2품에 오르면서 漢城判尹에 제수되었고, 이어 右, 左參贊을 역임하고
佐翼2등공신에 책록되었다. 1456년(세조 2) 종1품에 오르면서 左贊成이 되었
고, 1457년 정1품에 오르면서 右議政에 발탁된 후 賀登極使로서 중국을 다녀왔
다. 1458년 좌의정에 승진하였고, 다시 1459년(세조 5) 領議政에 승진하였으
며, 재직중에 졸하였다.[67]

⑦ 姜希顔(1418~1464)

1441년(세종 23) 문과를 거쳐 출사하였고, 敦寧府主簿, 守吏曹正郎을 역임하
고 1452년(단종 즉)경 集賢殿直提學이 되었다. 1455년(세조 1) 집현전직제학
으로서 世祖原從2등공신에 책록되었고, 1456년 成三問 등이 도모한 단종복위
사건에 가담한 혐의를 받았으나 세조의 배려로 죄를 받지 않았다. 1458년
戶曹參議에 제수되었고, 1462년(세조 8) 종2품에 오르면서 仁順府尹이 되었고
謝恩副使가 되어 중국을 다녀왔다. 이후 中樞副使를 거쳐 仁壽府尹이 되었다가
재직중에 졸하였다.[68]

⑧ 姜希孟(1424~1483)

1447년(세종 29) 문과에 급제하고 宗簿寺主簿에 제수되면서 출사하였다.
1455년(세조 1) 集賢殿直殿이 되었고, 이후 兵曹正郎, 집현전직전, 同僉知敦寧

---

67) 『조선왕조실록』 세종 12년~세조 5년, 『국조문과방목』, 『私淑齋集』 강맹경 묘비·비음
　　기·행장.

68) 『조선왕조실록』 세종 26년~세조 10년조, 『국조문과방목』, 『연려실기술』 단종조고사
　　본말.

府事, 判典農寺事, 判通禮門事를 역임하였으며, 1458년(세조 4) 당상관에 오르면서 禮曹參議에 제수되었다. 이어 僉知中樞府事, 예·이조참의를 역임하고 1463년 종2품에 오르면서 中樞副使가 되었고 進賀使가 되어 중국을 다녀왔다. 1464년 工曹參判이 되었고, 이어 仁順府尹, 이·예조참판을 역임하고 1466년 拔英試에 급제하고 정2품에 오르면서 禮曹判書에 발탁되었다. 1467년(세조 13) 종1품에 오르면서 行刑曹判書가 되었고, 1468년(예종 즉위) 翼戴3등공신에 책록되면서 晉山君에 봉군되었다. 1471년(성종 2) 다시 佐理3등공신에 책록되었고, 判敦寧府事兼經筵知事를 거쳐 1473년 行兵曹判書가 되었으며, 1474년 모상으로 사직하였다. 모상을 마치고 1476년 判中樞院事가 되었고, 이어 行吏曹判書, 右贊成을 거쳐 左贊成이 되었다가 재직중에 졸하였다.[69]

⑨ 姜允範(1429~1494)

음서로 출사하였다. 兼判通禮門事를 역임하고 1466년 당상관에 오르면서 刑曹參議가 되었고, 곧 守慶尙道觀察使로 파견되었으며, 1467년(세조 13) 僉知中樞府事로 입조하였다.[70]

⑩ 姜龜孫(1450~1506)

문음으로 종6품직인 軍器主簿에 제수되면서 출사하였고, 1482년(성종 13) 執義가 되었다. 1492년 당상관에 오르면서 掌隷院判決事가 되었고, 1493년(성종 24) 弘文館副提學에 체직되었으며, 이어 吏曹參議를 거쳐 同副承旨가 되었다. 이후 右副·左副·左·都承旨를 역임하고 종2품에 승진하였으며 1497년(연산군 3) 京畿道觀察使가 되었다. 1498년 兵曹參判이 되었고, 곧 大司憲을 거쳐 정2품에 오르면서 刑曹判書에 발탁되었다. 이후 漢城判尹, 五衛都摠府都摠管, 吏曹判書, 晉原君兼知經筵事, 兵曹判書를 역임하였다. 1504년 右贊成에 올랐고, 곧 좌찬성을 거쳐 1505년(연산군 11) 右議政에 발탁되어 賀登極使로서 중국에 가던 도중에 졸하였다.[71]

---

69) 『조선왕조실록』 세종 30년~성종 4년조, 『懶齋集』 강희맹행장, 『국조문과방목』.
70) 『세조실록』 9~13년조.

⑪ 姜子平(1430~?)

음서로 출사하였고, 1455년(세조 1) 敦寧府副丞으로서[72] 世祖原從3등공신에 책록되었으며, 1457년 敦寧府丞으로서 문과에 급제하였다. 掌令을 거쳐 1466년(세조 12) 당상관에 오르면서 동부승지에 발탁되었다. 1469년(예종 1) 大司諫이 되었고, 1470년(성종 1) '權孟禧獄事'에 연루되어 진해로 유배되었다. 1471년 사면되었고, 1473년 軍職에 제수되었으며, 이어 星州牧使와 晉州牧使를 역임하고 1481년 대사간이 되었다. 1482년(성종 13) 우부승지에 발탁되었고, 이어 우승지, 형조참의, 守忠淸道觀察使, 수전라도관찰사, 공조참의, 대사간을 역임하고 졸하였다.[73]

⑫ 姜潰(?~?)

음서로 출사하였고, 1493년(성종 24) 이전에 高山里僉節制使가 되었다. 1507년(중종 1) 靖國3등공신에 책록되면서 永善君에 봉군되었다.[74]

⑬ 姜澂(1466~1536)

1494년(성종 25) 문과에 급제하고 承文院權知에 제수되면서 출사하였고, 곧 藝文檢閱에 올랐으며, 이어 待敎를 거쳐 弘文館에 뽑혀 著作이 되고 이후 8년간 博士, 副修撰, 副校理, 校理, 副應敎를 역임하였다. 1503년(연산 9) 掌令이 되었고, 곧 弘文館直提學에 올랐다. 1504년 당상관에 오르면서 弘文館副提學이 되었고, 곧 동부승지에 발탁되었다. 이어 우부, 좌부승지를 거쳐 1506년(연산 12) 도승지가 되었다. 1507년(중종 1) 강원도관찰사로 파견되었고, 1508년에

---

71) 『조선왕조실록』 성종 13년~연산군 11년조, 『국조문과방목』.

72) 조선초기 직무가 없는 왕·왕비·세자빈의 친족을 지대하던 돈령부의 종8품직이다. 1414년(태종 14) 관아의 설치 때 설치되어 1466년(세조 12) 『경국대전』 편찬 때 당하관 이하의 직제 통일에 따라 종8품 봉사로 개칭되면서 소멸하였다. 그런데 1434년(세종 16)에 경비절감에 따라 군직의 대부분 등을 근무때에만 녹봉을 주는 체아직으로 전환시킬 때 돈령부의 5~9품관도 체아직이 되었으니 이 때는 정직이 아닌 체아직이다.

73) 『조선왕조실록』 세조 1년~성종 16년조 ; 『국조문과방목』.

74) 『성종실록』 권283, 24년 10월 임신 ; 『중종실록』 권1, 1년 9월 갑신.

형조참판으로 입조하였으며, 이후 禮曹參判, 府尹, 黃海道觀察使, 開城留守, 全州府尹, 守知中樞府事, 工曹參判 등을 역임하고 졸하였다.[75]

⑭ 姜老(1426~1479)

1447년(세종 29) 문과에 급제하고 출사하였고, 1455년(세조 1) 宗簿寺少尹으로서 세조원종 2등공신에 책록되었다. 1464년(세조 12)경 水原府使가 되었고, 1470년(성종 1) 당상관에 오르면서 行虎賁衛大護軍이 되었으며, 곧 掌隸院判決事에 옮겼다. 1474년 行司果를 거쳐 成均館大司成이 되었다.[76]

⑮ 姜渾(1464~1519)

1485년(성종 16)경 음서로 출사하였고,[77] 1486년 문과에 급제하고 弘文館校理에 승직하였다. 이후 承政院注書, 直翰林院兼藝文應敎, 經筵說書, 河東縣監 등을 역임하였다. 1498년(연산군 4) 吏曹正郎이 되었다가 사화에 연루되어 유배되었으나 곧 사면되었다. 1500년 복직되면서 홍문관부교리에 제수되었고, 교리를 거쳐 1504년 직제학이 되었고, 곧 당상관에 오르면서 동부승지에 발탁되었다. 이어 탁월한 詩才로 연산군의 총애를 받으면서 좌부, 좌승지를 역임하였다. 1506년(연산군 12) 도승지가 되었고, 동년 中宗反正이 일어나자 도승지로서 즉위하는 중종을 시종하고 그 공로로 靖國2등공신에 책록되면서 晉川君에 봉군되었으며, 곧 吏曹判書에 발탁되었다. 1507년 弘文館大提學이 되었고, 곧 형조판서로 옮겼다. 1508년 종1품에 오르면서 判中樞府事가 되었고, 이어 경상도관찰사, 공조판서, 진천군, 한성판윤, 형조판서, 경기도관찰사, 오위도총관 등을 역임한 후 1518년(중종 13) 병으로 사직하고 향리에 퇴거하였다가 졸하였다.[78]

---

75) 『조선왕조실록』 연산군 1년~중종 22년조 ; 『湖陰雜稿』 강징신도비명, 『국조문과방목』.

76) 『조선왕조실록』 세조 1년~성종 5년조 ; 『국조문과방목』.

77) 『國朝文科榜目』 성종 병오(17년)조에는 자격이 생원으로 기재되어 있으나 『木溪逸稿』(강혼)家狀에 "乙巳(성종16)盧判書公弼 以遠接使 迎上國使於鴨綠 先生與㸃溪兪好仁爲從事 有唱斯和 國人聳觀"하였다고 하였음에서 사관 중이었다고 하겠다.

⑯ 姜詷(1451~1504)

음서로 출사하였고, 平壤判官을 거쳐 1490년 掌隷院司評 재직 중 문과에 급제하고 正言이 되었다. 1493년(성종 24) 持平에 승직되었고, 1495년(연산군 1) 장령이 되었다. 이어 당상관에 오르면서 大司諫이 되었고, 1504년(연산 12) 甲子士禍 때에 전일에 행하였던 언론활동으로 인해 연산군의 격분을 사 세 아들과 함께 죽임을 당하였다.[79]

### 3) 家系와 官歷

계용계 사관자 209명 중 51%인 107명이 음서로 출사하였음에서 그 관력에 는 가계적인 요소가 큰 영향을 끼쳤을 것이라고 추측된다. 그러면 실제로 가계가 계용계의 관력에 끼친 영향은 어떠하였는가?

먼저 가계가 계용계의 관력에 영향을 끼친 사례와 출사로·가계 등을 살펴 본다. 가계가 관력에 영향을 끼친 사례는 다음과 같이 몇 예에 불과하지만 順德·碩德·希顔·叔卿·龜孫·鶴孫의 출사·관력은 가계에서 크게 영향받았고, 希孟·允範의 관력은 가계에서 크게 영향받은 것으로 추측된다.

① 順德이 태종 15년에 장인인 李叔蕃의 위세로 출사한지 다섯 달 사이에 3번이나 超資陞職되면서 종6품의 軍資注簿에 제수되었다.[80]

② 음서로 출사한 碩德이 1416년(태종 16)경에 22세로 정6품직인 工曹佐郎 에 제수되었는데, 젊은 나이에 이처럼 파격적으로 제수된 배경은 불명하지만 忠寧大君 祹(뒤의 세종)가 동서이고 위세를 떨친 李叔蕃이 제 순덕의 장인이었

---

78) 『조선왕조실록』 성종 17년~중종 14년조, 『국조문과방목』, 『木溪逸稿』 강혼 가장·신도 비·묘지명.

79) 『조선왕조실록』 성종 20년~연산군 10년조, 『국조문과방목』, 『연려실기술』 연산군고 사본말. 3남 중 2남은 永叔·茂叔인 듯하다(1남은 불명).

80) 『태종실록』 권30, 15년 7월 임자 姜順德軍資注簿 時(李)叔蕃氣勢赫 故入仕五月間 三遷爲 注簿.

음에서 이러한 가계에서 기인되었을 것이라고 추측된다. 세종 즉위초에 장인인 沈溫에 연좌되어 파직되었다가 태종 사후에 복직되어 동서인 세종의 애호를 받으면서 執義 등을 역임하고 1441년 47세에 당상관에 오르면서 右副承旨에 발탁되었으며, 이어 좌부, 좌승지를 거쳐 1444년(세종 26) 50세에 戶曹參判에 승진하였다.

③ 希顔은 1456년(세조 2) 成三問 등의 '端宗復位事件' 때에 이에 참여했다는 혐의를 받았으나 이종사촌(이모가 세종비 소헌왕후)인 세조의 배려로 피죄되지 않았고, 그 2년 뒤에는 당상관에 승진하면서 호조참의에 제수되었다.

④ 希孟은 1455년(세조 1) 문과에 급제한 지 9년만에 정4품직인 直集賢殿에 제수되었고, 1458년(세조 4)까지 同僉知敦寧(종3)·判典農寺事(정3)를 역임하고 당상관에 승진하는 判通禮門事가 되었다가 당상관에 승진하면서 예조참의에 발탁되었다. 희맹의 이러한 파격적인 승진은 세조가 그의 재능을 두고 "剛明第一이다"[81]라고 하였음에서 그의 줄충한 재능이 토대가 되었겠지만, 세조가 이종 4촌인 가계도 작용된 것으로 추측된다.

⑤ 慶喜殿職인 叔卿은 1452년(단종 즉위)에 형인 吏曹參判 孟卿으로 인해 종8품 承仕郎이 되었고, 익년에는 다시 정8품 通仕郎에 加資되었다.[82]

⑥ 允範은 1461년(세조 7) 33세에 당상관에 승진되는 判通禮門事가 되고 38세에 당상관에 오르면서 예조참의에 제수되었다. 윤범이 조기에 판통례문사에까지 승진한 배경은 불명하나 맹경이 그 직전에 영의정으로 졸하였음에서 그 가계에서 기인된 것으로 추측된다.

⑦ 龜孫은 부 希顔으로 인해 종6품 軍器主簿에 제수되었고, 1482년(성종 13) 33세에 종3품 執義에까지 승진하였다. 조기에 집의에 승진된 배경은 불명하나 부 희안의 가계에서 기인된 것으로 추측된다.

⑧ 鶴孫은 부 希孟의 위세로 출사하였고, 성종 13년 內贍寺主簿시에는

---

81) 『성종실록』 권151, 14년 2월 신사 졸기.
82) 『단종실록』 권7, 1년 8월 신묘.

전일 司評 재직 때에 뇌물을 받은 일을 두고 監察 姜應亨과 언쟁을 벌였는데도
사헌부가 못본 채 하였다.[83]

그러나 다음의 설명과 같이 사관자의 출사로·누대에 걸친 관직진출자(가),
사관자의 가계(나), 당하관 때의 경력·당상관 재직시기(다), 당상관의 가계
(라), 정3품 당상관 이상에 진출하기까지의 소요기간·연령(마) 등을 볼 때
계용계의 가계와 관력은 밀접히 관련된 것으로 추측된다.

가) 계용계 7~11세 사관자 209명의 出仕路를 보면 72%인 150여 명 이상이
蔭敍로 출사하거나 음서로 출사하였다고 추측되었다.[84] 이러한 음서를 토대
로 賓 등 21명이 3대, 應斗 등 25명이 4대, 夢麟 등 35명이 5대에 걸쳐 각각
출사하거나 출사하였다고 추측된다.[85] 또 이들 누대에 걸친 사관자의 가계를
보면 가장 현달한 시계가 각각 3대는 79%(26/33명), 4대는 87%(39/45),
5대는 97%(59/61)였고(2대는 59%〈16/27〉), 시계에 있어서도 중심이 된 회백
·회중계가 대다수를 점하였다(3대는 88%(23/26)이고 4대와 5대는 100%).[86]

(2) 仕官者 209명은 薯系와 筬系가 77% 160명과 10% 21명 등 87% 181명이고
孫奇系 등 4파는 13% 28명이었으며, 11세가 43% 90명이고 10세가 26%
54명이고 9세가 15% 31명이며 7~8세가 16% 34명인[87] 등 가장 현달하였던
시계와 10세의[88] 아들대인 11세가 중심이 되면서 대다수를 점하였다.

다) 정3품 堂上官職 이상에 진출한 末同 등 21명 중 그 관력이 구체적으로
확인된 淮伯 등 16명은 進德·孟卿·希顔·希孟이 正郎·舍人·執義·集賢殿直提學

---

83) 『성종실록』 권42, 13년 6월 임인.

84) 앞 〈표 3-3〉에 의하면 음서나 음서로 출사하였다고 추측된 인물은 114명이었지만(7명
은 다시 문과에 급제) 출사로가 불명한 79명에 있어서도 그 대부분이 음서로 출사하였
을 것으로 추정하여 파악한 수이다.

85) 앞 〈도 3-2〉, 〈도 3-3〉, 〈도 3-4〉, 〈도 3-6ㄱ~ㅁ〉 참조.

86) 동상조.

87) 〈표 4-2·3〉에서 종합.

88) 〈도 3-1〉 참조. 당상관 21명 중 시계가 17명이었고, 10세가 7명이었다.

등을 역임하고 당상관에 승진한 것과 같이 주로 六曹·三司·議政府 등의 淸要職
을[89] 역임하고 당상관에 승진하였다. 또 淮伯·淮仲을 제외한 籌 등 14명이
당상관에 재직한 시기에는 이들의 부·백부·숙부나 형제·종형제 등의[90] 다수
가 다음의 표와 같이 의정부·육조·승정원 등의 각급 당상관 직에 재직하면서
당시의 정치에 큰 영향력을 발휘하였다. 즉, 세종 12년 이후의 세종대에는
碩德·籌가 참판 이하, 進德이 승지를 각각 역임하였고, 문종·단종대에는
碩德과 孟卿이 지돈령과 참찬 이하를 역임하였으며, 세조대에는 孟卿이 의정
이하, 希顔이 인순부윤 이하, 希孟이 판서 이하, 允範이 참의, 子平이 승지를
각각 역임하였다. 성종대에는 希孟이 찬성·판서, 子平이 승지·참의, 老가
대사성, 龜孫이 참의·승지를 각각 역임하였고, 연산군대에는 龜孫이 의정
이하, 澂·渾이 승지·도승지, 詗이 대사간을 각각 역임하였다. 중종대에는
澂이 참의, 渾이 도승지·판서를 각각 역임하였고, 漬가 종2품 永善君에 봉군되
었다. 이중에서도 맹경은 1451(문종 1)~1461년(세조 7)의 11년, 희맹은
1458~1483년(성종 14)의 26년, 구손은 1493(성종 24)~1505년(연산 11)의
13년에 걸쳐 의정과 찬성 이하의 각급 당상관직을 역임하는 등 세조 4~10·성
종 12~14·연산군 10~12년 등에 걸쳐 항상 2~4명이 당상관에 재직하는 위세를
누렸다.[91]

　라) 정3품 당상관직 이상에 진출한 末同 등 21명의 가계를 보면 淮伯
등 17명이 啓庸派에서 자손이 가장 많으면서 현달하였던 著系에 속하고
그 관직도 영의정 이하가 망라되었으나, 그 외는 1~2명 즉, 孫奇系와 孫命系가

---

89) 청요직은 정3품 이하 관직 중에서 가장 핵심이 된 청직과 요직을 합칭하는 말이다.
　　이에 대해서는 한충희, 2003, 「朝鮮初期 '淸職', '要職', '淸要職'의 用例에 대하여」, 『大丘史
　　學』 73호 참조.
90) 석덕이 세종과 동서였던 만큼 석덕의 아들인 희안·희맹은 문종·세조와 이종간이
　　된다.
91) 이들 중 세조, 성종, 연산군대에 활약한 맹경 등 11명의 각급 당상관 재직기간은
　　다음의 표와 같다(-정3상, —종2,~정2, =정·종1, 졸저, 앞 『조선초기 관인이력』에서
　　종합).

<표 4-6> 진주강씨 계용계 7~11세 당상관 주요직 재직기간[92]

| | 의정부 | | | 육조 | | | 승정원 | | 기타 |
|---|---|---|---|---|---|---|---|---|---|
| | 의장 | 찬성 | 참찬등 | 판서 | 참판 | 참의 | 도승지 | 제승지 | |
| 회백 | | | 태조2* | | | | | | *정당문학 겸대사헌 |
| 회중 | | | | | 세종3 | | | | |
| 주 | | | | | 세종16~19 | 세12~15 | | | |
| 진덕 | | | | | | | | 세종말 | |
| 석덕 | | | | | 세26, 28~29 | | | 세23~26 | |
| 맹경 | 세조3~7 | 세조~3 | 단종2~세조2 | | 단1~2 | | 문종2~단1 | 문1~2 | |
| 희안 | | | | | | 세조4~7 | | | |
| 희맹 | | 성종10~14 | | 세조12~14, 성4~5, 8~10 | | | | | |
| 윤범 | | | | | | 세12 | | | |
| 구손 | 연산11 | 연산10 | | 연4~5, 6~8 | 연4 | 성24 | 연2 | 성23~연2 | |
| 자평 | | | | | | 성15~18 | | 세12, 성13~14 | |
| 지 | | | | | | | | | 정국3등 군 |
| 징 | | | | | | 중2~3,7·9·22 | 연12 | 연10~12 | |
| 노 | | | | | | | | | 성5대사성 |
| 혼 | | ? | | 중종2,5,6,9,12 | | | 연12~중1 | 연10~12 | |
| 형 | | | | | | | | | 연10 대사간 |

| | 세조 | | 예종 | 성종 | | 연산군 | | 중종 |
|---|---|---|---|---|---|---|---|---|
| | 1~10 | 11~14 | | 1~20 | 21~25 | 1~10 | 11~12 | 1~12 |
| 맹경 | 단종2〈- -〉2〈~〉3〈=〉7 | | | | | | | |
| 희안 | 4〈-〉8〈—〉10 | | | | | | | |
| 희맹 | 4〈-〉9〈— | 〉12〈 | ~~ | 〉?〈=〉14〉 | | | | |
| 윤범 | | | | 12〈-〉12 | | | | |
| 자평 | | | | 12〈-〉12, 13〈-〉18 | | | | |
| 老 | | | | 1〈-〉5 | | | | |
| 구손 | | | | | 23〈- | -〉2〈~〉10〈=〉11 | | |
| 징 | | | | | | 10〈— | 〉12 | 1〈~〉3, 외 |
| 혼 | | | | | | | 10〈-〉 | 1〈~〉13 |
| 형 | | | | | | 10〈-〉10 | | |
| 지 | | | | | | | | ?〈-〉? |

末同과 孝貞이고 筬系가 籌·老에 불과하고 그 관직도 籌는 참판이지만 그 외는 정3품 당상관에 불과하였다. 또 淮伯系에 있어서는 9명 모두가 즉, 淮伯·進德·碩德·希顔·希孟·龜孫은 부·조가 2품관 이상이었고, 允範과 孟卿·渾은 부와 조가 2품관 이상이었다(그 외의 인물은 淮仲·淮季·籌는 부·조가 2품관 이상이었고, 詗과 毅는 부와 조가 2품관 이상이었다). 또 碩德(지돈령)은 세종의 동서이고 문종·세조의 이모부였고, 希顔(한성윤)·希孟(부원군·찬성)은 세조의 이종4촌이었다.[93]

마) 정3품 당상관직 이상에 진출하기까지의 소요기간·연령은 정3품 당상관은 다음의 표와 같이 希孟·允範·子平·澂과 碩德·孟卿·希顔·龜孫·老·渾은 각각 30대와 40대였고, 詗은 50대였다. 종2품에 승진한 연령은 孟卿·希顔·希孟·龜孫·澂·渾은 40대였고, 碩德은 50대였으며, 淮仲과 籌는 당상관에 오른지 10년과 3년만에 승진하였다. 정2품에 승진한 연령은 淮伯은 30대였고, 孟卿·希孟·龜孫·渾은 40대였으며, 碩德은 50대였다.

〈표 4-7〉 진주강씨 계용계 7~11세 당상관승진 소요기간과 연령[94]

| 성명 | 생년 | 출사연령 | 정3 | 종2 | 정2 | 종1 | 정1 | 성명 | 생년 | 출사연령 | 정3 | 종2 | 정2 | 종1 | 정1 |
|---|---|---|---|---|---|---|---|---|---|---|---|---|---|---|---|
| 회백 | 1357 | 20 | ? | ? | 35세 | | | 윤범 | 1429 | ? | 38 | | | | |
| 회중 | ? | ? | 1407 | 1417 | | | | 자평 | 1430 | (26) | 37 | | | | |
| 주 | ? | ? | 1430 | 1433 | | | | 지 | ? | ? | ? | ? | | | |
| 진덕 | 1387 | ? | ? | | | | | 구손 | 1450 | ? | 43 | 48 | 49 | 55 | 56 |
| 석덕 | 1395 | ? | 47 | 55 | 57 | | | 형 | 1451 | ? | | | | | |
| 맹경 | 1410 | 20 | 42 | 44 | 45 | 57 | 58 | 혼 | 1464 | 20? | 41 | 42 | 43 | 45 | |
| 희안 | 1418 | 24 | 41 | (45) | | | | 징 | 1466 | 29 | 39 | 40 | | | |
| 희맹 | 1424 | 24 | 35 | 40 | 43 | 43 | ? | 평균 | 16명 | 42세 | 46 | 45 | 50 | | |
| 노 | 1426 | 22세 | 45세 | | | | | 5공신* | | 38세 | 41 | 45 | 51 | | |

* 정난(단종1)·좌익(세조1)·적개(세조13)·익대(예종1)·좌리공신(성종2)

---

92) 졸저, 위 책, 진주강씨에서 종합.

93) 앞 185쪽 〈도 4-1〉 참조.

94) 앞 204~211쪽, 졸고, 1985, 「조선 세조~성종대의 가자남발에 대하여」, 『한국학논집』 12, 191쪽 주158)에서 종합.

이와 관련되어 희맹·혼과 맹경·구손은 40대와 50대에 종1품에 올랐고, 다시 맹경·구손은 그 1년 뒤에 정1품에 오르는 등 당상관 승진소요 평균연령이 정3품 42세(〉 38세-5공신, 이하 동), 종2품 46세(〉41), 정2품 45세(〈45), 종1품 50세(〈51)인 등 정3·종2품은 단종~성종대의 정치를 주도한 5공신에 비하여 4~5년이 늦었지만 정2·종1품은 비슷하였다. 이렇듯 당상관 승진소요 기간이 각종 특혜를 받은 5공신과 비슷한 것은 이들의 승진이 초고속이었음을 잘 보여준다고 하겠다.

위의 인물 중에서도 특히 그 승진이 현저하게 빠르거나 의정에까지 승진한 경우에 希孟·允範·碩德·希顔·龜孫은 부·조나 부가 정2품관 이상이었고, 孟卿·希顔·希孟·子平·澂·渾은 문과에 급제하였으며, 碩德(세종)·孟卿(세조)·希孟(세조·성종)·龜孫(연산군) 등은 국왕의 신임과 총애를 받았다. 이에서 석덕·맹경 등은 부·조 등 가계적인 후광, 재식 등 개인적인 자질을 토대로 한 국왕의 신임을 통하여 조기에 당상관에 승진하면서 국정에 큰 영향력을 발휘하였다고 하겠다.

### 4) 官歷과 人事行政

조선초기의 인사규정을 보면 蔭敍者는 부·조 등 托蔭者의 역관과 관련하여 20세 이상이 되면 取才를 거쳐 정7~종9품의 각급 實職이나 同正職 등을 제수받았다.[95] 또 堂下官 이하 관인이 加資, 遞職, 陞職되기 위하여는 근무일수를 채우고 좋은 考課를 받거나, 守令을 역임(4품승진) 및 議政府·六曹에 재직하여야만 했다.[96]

---

95) 음서제의 정비과정과 관직은 앞 2장 주17) 참조.
96) 參下官은 3考2上 이상, 參上官은 5고3상 이상으로 승자하였고, 의정부·육조 당하관은 재직기간이 차면 승자되면서 체직되었지만 그외의 관아는 平遷되었다(졸고, 1985, 「朝鮮 世祖~成宗代의 加資濫發에 대하여」, 『韓國學論集』 12, 166~167쪽 참조).

이러한 인사규정과 관련되면서 운영된 인사행정을 보면 文宗代까지는 인사규정이 비교적 準行되면서 官階와 官職을 相應시켜 제수하는 准職(相當職) 除授가 중심이 되었고, 行·守職除授는 많지 않았다.[97] 이 시기 정3품 당상관~ 정2품에 올랐을 때의 연령을 보면 가장 빨리 진출하였다고 추측된 의정의 경우도 50대에야 정2품에 올랐다.[98] 그러나 단종대 이후에는 加資가 남발되고 이와 관련되어 官人의 高階化가 일반화되면서 堂上官과는 90여 명에 불과하나 堂上官階를 가진 자는 400명을 상회하였다. 그리하여 당상관 100여 명이 8~9품의 軍職에 行職除授되는가 하면, 除授·陞職인사가 크게 적체되었다.[99] 이 시기 靖難·佐翼·敵愾·翊戴·佐理功臣이 정3품 당상~종1품에 승진하였을 때의 평균연령은 각각 38세, 41세, 45세, 50세였다.[100]

그런데 朝鮮初期 啓庸派 仕官者의 관력을 보면 碩德·順德·耋·允範·鶴孫 등은 음서규정에 구애되지 않고 20세 미만에 실직에 제수된 것으로 추측되고,[101] 龜孫은 음서로 종6품직인 軍器主簿에 제수되었고,[102] 鶴孫은 근무기간에 구애되지 않고 陞資·陞職되었으며,[103] 希顔·希孟·居孝·詗 등은 수령을 역임하지 않고 4품에 승진하였다.[104]

---

97) 『성종실록』권83, 성종 8년 8월 계해, 위 논문 187쪽과 189쪽〈표 3-3)ㄷ〉참조.

98) 예컨대 黃喜와 孟思誠은 47세와 48세에 정2품관에 올랐지만, 許稠는 50세, 金宗瑞는 57세, 河演은 55세에 각각 정2품에 올랐다.(『세종실록』에서 종합).

99) 한충희, 앞 논문 191~193쪽 참조.

100) 위 논문, 191쪽 주158) 참조.

101) 석덕은 22세 이전에 정6품직인 공조좌랑, 순덕은 21세에 종6품직인 군자주부, 질은 27세에 종6품직인 靑山縣監, 윤범은 35세에 이전에 정3품직인 겸판통례문사에 각각 제수되었고(『태종실록』권32, 16년 10월 경오 ; 권30, 15년 7월 임자 ;『세종실록』권64, 16년 5월 을미 ;『세조실록』권31, 9년 12월 임인), 학손은 음서시의 연령은 불명하나 "부 희맹의 위세로 사관하였다"(『성종실록』권142, 13년 6월 임인)고 한 등에서 그 모두는 20세 이전에 사관한 것으로 추측하여 파악한다.

102) 『연산군일기』권59, 11년 8월 정축 졸기.

103) 『성종실록』권142, 13년 6월 임인.

104) 앞 207~208쪽 희안·희맹, 『성종실록』9~13년조 ; 권227, 20년 4월 정유.

順德이 1453년(단종 1) 현감 때의 일로 告身을 몰수당하였다가 익년에 고신을 환급받고 복직된[105] 예와 같이 允範·子平 등은 공·사죄로 파면·유배된 후 조기에 복직되었으며,[106] 希顔은 '단종복위사건'에 연좌되었으나 피죄되지 않았다.[107]

仕官者의 역임관직을 보면 태조~문종대는 물론, 단종~중종대에 있어서도 당상관으로서 8~9품의 軍職에 行職除授된 자는 耆(司果)만 확인된 반면에 允範·子平(觀察使) 등은 오히려 守職에 제수되었다.[108] 당하관에 있어서도 행직에 제수된 자는 확인되지 않은 반면에 孟卿과 希顔은 수직의 知承文院事·執義와 吏曹正郎에 제수되었다.[109]

出仕者는 대개 6曹와 三司 등 중요 관아의 관직을 역임하고, 관계와 관직이 대응되면서 제수되었고, 각급 당상관 역임자는 태조~문종대는 물론 단종~중종대에 있어서도 20대(淮伯)·35세(希孟)~43세(希孟·渾)에 정3품 당상~정2품직을 역임하는[110] 등 가장 승진이 빨랐던 靖難·佐翼·敵愾·翊戴·佐理功臣과 비슷한 연령으로 당상관에 승자·승직하였다(孟卿과 龜孫은 58세와 56세에 의정).

계용계 7~11세 사관자가 이와 같이 인사규정에 구애받지 않고 일찍 당상관에 진출한 것은 개인적인 능력과 세종비 소헌왕후의 후광이[111] 토대가 되었겠지만 그들의 부조(부나 조가) 중 정1~정3품 당상관이 87명이고,[112] 배우자의

---

105) 『단종실록』 권5, 1년 1월 무인 ; 권10, 2년 2월 기해.
106) 『세조실록』 권31, 9년 12월 임인 ; 권38, 12년 2월 임진 ;『성종실록』 권2, 1년 1월 정미 ; 권10, 2년 4월 무신 ; 권15, 3년 2월 병자 ; 권33, 4년 8월 갑자.
107) 『세조실록』 권4, 2년 7월 무진.
108) 『성종실록』 권40, 5년 3월 정미 ;『세조실록』 권39, 12년 8월 기유 ;『성종실록』 권178, 16년 윤4월 정미.
109) 『세종실록』 권118, 29년 12월 갑인 ; 권127, 31년 윤1월 임신 ; 권117, 29년 9월 무오.
110) 앞 〈표 4-6〉 참조.
111) 강석덕의 부인이 소헌왕후의 자매이니 강석덕의 아들인 희안·희맹·희증은 세조와 이종4촌이 되고, 희안 등의 아들은 세조의 이종질이 되고 성종의 이7촌이 된다. 석덕의 자손은 세조대는 물론 성종대에도 척족으로서 우대를 받았다.
112) 계용계 7~11세 사관자 부조(부나 조)의 최고 관력은 다음의 표와 같다(뒤 〈표 4-13〉에

조부도 117명이나 되었음에서[113] 그 부조와 처 조부가 직, 간접적으로 영향을 끼쳤을 것이다.[114]

이처럼 啓庸系 사관자는 태조~문종대는 물론 단종~중종대에 있어서도 淮伯 이래로 현달한 조·부·백숙부와 형제·종형제·이종 등의 가계를 토대로 초사직·가자나 초자·제수·승직·체직과 당상관직(계) 이상에로의 승진 등에서 우월한 지위와 혜택을 누렸다.

따라서 조선전기 진주강씨는 계용계 시·서 등의 자·손의 현달을 계기로 당대의 대표적인 명문으로 인식되었고, 다시 그 증손·고손·5대손이 꾸준히 출사하고 당상관이 배출되면서 명문으로서의 지위를 유지하였다고 하겠다.


## 3. 啓庸系의 通婚圈과 家系意識


계용의 6대손으로부터 10대손까지는 남계 402명, 여계 156명의 총 558명이 확인되었다. 이들의 통혼권을 보면 淮伯·淮仲·淮順·淮叔·淮季(시계 7세) 등 359명의 배우자는 본관이 명확하거나, 본관이 명확하면서 부·조와 부나 조의 관력이 명확하였다.[115] 여기에서는 이들의 통혼가문과 통혼권에 나타난 가계의식이 어떠하였는가를 구분하여 살펴본다.

서 종합).

|  | 정1<br>~종2 | 정3<br>상 | 정3<br>~종6 | 기타 | 합계 |  | 정1<br>~종2 | 정3<br>상 | 정3<br>~종6 | 기타 | 합계 |
|---|---|---|---|---|---|---|---|---|---|---|---|
| 손기계 | 6 |  | 2 | 2 | 10 | 시계 | 64 | 5 | 84 | 17 | 170 |
| 손수계 | 3 |  | 3 | 4 | 10 | 서계 | 8 | 1 | 10 | 2 | 21 |
| 손교계 |  |  | 3 | 3 | 6 | 합계 | 81 | 6 | 92 | 28 | 207 |

113) 뒤 〈표 4-12〉 참조.
114) 처 부조는 '婿夫留家制'의 혼속과 함께 부조와 같이 유대가 깊었다(서부유가제의 의의는 앞 99쪽 주64)참조).
115) 뒤 〈표 4-13〉 참조.

조선초기 계용계의 통혼가문을 계파와 상위 유력성관·유력성관·그 외 성관·불명으로 구분하여116) 본다. 다음의 표와 같이 손기계는 7세 4명은 유력성관이 1명, 그 외 성관(이하 그 외로 약기)이 2명이며, 성관불명(이하 불명으로 약기)이 1명이다. 8세 4명은 6세와 같고, 9세 7명은 상위 유력성관(이하 상위 성관으로 약기)이 2명, 유력성관이 2명, 그 외가 2명이며, 불명이 3명이다. 10세 4명은 그 외가 3명이고 불명이 1명이다. 11세 12명은 상위 성관이 2명, 유력성관이 2명, 그 외가 6명이며, 불명이 4명이다. 전체 31명은 상위 성관이 4명 13%, 유력성관이 6명 19%, 그 외가 15명 48%이며, 불명이 10명 32%이다.

〈표 4-8〉 진주강씨 계용계 7~11세 통혼가문(손명계 제외)117)

| | | 손기계 | | | | | | 손수계 | | | | | | 손교계 | | | | | |
|---|---|---|---|---|---|---|---|---|---|---|---|---|---|---|---|---|---|---|---|
| | | 7 | 8 | 9 | 10 | 11 | 계 | 7 | 8 | 9 | 10 | 11 | 계 | 7 | 8 | 9 | 10 | 11 | 계 |
| 상위유력성관·유력성관 | 안동권씨 | | | | | | 0 | | | 2 | | 2 | 4 | | | | | | 0 |
| | 광산김 | | | | | | 0 | | | | | | 0 | | | | | | 0 |
| | 창녕성 | | | | | 2 | 2 | | | | | | 0 | | | | | | 0 |
| | 고령신 | | | | | | 0 | | | | | | 0 | | | | | | 0 |
| | 문화유 | | | | | | 0 | | | | | 1 | 1 | | | | 1 | | 1 |
| | 파평윤 | | | | | | 0 | | | | | | 0 | | | | | 1 | 1 |
| | 광주이 | | | | | | 0 | | | | | | 0 | | | | | | 0 |
| | 전의이 | | | 1 | | | 1 | | | | | | 0 | | | | 1 | | 1 |
| | 한산이 | | | | | | 0 | | | | | | 0 | | | | | | 0 |
| | 청주한 | | | | | | 0 | | | | | | 0 | | | | | | 0 |
| | 종친 | | | 1 | | | 1 | | | | | | 0 | | | | | | 0 |
| | 소계 | 0 | 0 | 2 | 0 | 2 | 4 | 0 | 0 | 2 | 0 | 3 | 5 | 0 | 0 | 1 | 1 | 1 | 3 |
| 유력성관 | 전주이씨등 9성관 19~6명*1 | 1 | 1 | 0 | 0 | 0 | 2 | 0 | 0 | 0 | 1 | 1 | 2 | 0 | 0 | 0 | 1 | 2 | 3 |
| | 전주최씨등21성관 5~2명*2 | | | | | | | 0 | 0 | 0 | 2 | 1 | 3 | 0 | 0 | 0 | 0 | 0 | 0 |
| | 고성이씨등5성관 각1명*3 | 0 | 0 | 0 | 0 | 0 | 0 | 0 | 0 | 0 | 0 | 0 | 0 | 0 | 0 | 0 | 0 | 0 | 0 |

---

116) 그 분류기준과 내용은 앞 2장 32~35쪽 참조.

| | 시계 | | | | | | 서계 | | | | | | 합계 | | | | | |
|---|---|---|---|---|---|---|---|---|---|---|---|---|---|---|---|---|---|---|
| | 7세 | 8 | 9 | 10 | 11 | 계 | 7 | 8 | 9 | 10 | 11 | 계 | 7 | 8 | 9 | 10 | 11 | 계 |
| 소계 | 1 | 1 | 0 | 0 | 0 | 2 | 0 | 0 | 0 | 3 | 2 | 5 | 0 | 0 | 0 | 0 | 2 | 2 |
| 합계 | 1 | 1 | 2 | 0 | 2 | 6 | 0 | 0 | 2 | 3 | 5 | 10 | 0 | 0 | 1 | 1 | 3 | 5 |
| 일반성관 | 2 | 2 | 2 | 3 | 6 | 15 | 2 | 2 | 0 | 3 | 1 | 8 | 0 | 0 | 0 | 2 | 2 | 4 |
| 성관불명 | 1 | 1 | 3 | 1 | 4 | 10 | 2 | 5 | 2 | 1 | 0 | 10 | 2 | 6 | 9 | 8 | 0 | 25 |
| 총계 | 4 | 4 | 7 | 4 | 12 | 31 | 4 | 7 | 4 | 7 | 6 | 28 | 2 | 6 | 10 | 11 | 5 | 34 |

| | | 시계 | | | | | | 서계 | | | | | | 합계 | | | | | |
|---|---|---|---|---|---|---|---|---|---|---|---|---|---|---|---|---|---|---|---|
| | | 7세 | 8 | 9 | 10 | 11 | 계 | 7 | 8 | 9 | 10 | 11 | 계 | 7 | 8 | 9 | 10 | 11 | 계 |
| 유력성관 | 안동권씨 | | | | 3 | 4 | 7 | | | 1 | | 1 | 2 | 0 | 0 | 3 | 3 | 7 | 13 |
| | 광산김 | | | 1 | 2 | 3 | 6 | | 1 | 2 | 0 | 1 | 4 | 0 | 1 | 3 | 2 | 4 | 10 |
| | 창녕성 | | | 1 | 1 | | 2 | | | | | | 0 | | | 1 | 1 | 2 | 4 |
| | 고령신 | | | | 2 | 2 | 4 | | | | | | 0 | | | | 2 | 2 | 4 |
| | 문화유 | | 1 | 0 | 1 | 4 | 6 | | | | | | 0 | | 1 | | 2 | 5 | 8 |
| | 파평윤 | | | | | 1 | 1 | | | | | 1 | 1 | | | | | 3 | 3 |
| | 광주이 | | | 1 | | 2 | 3 | | | | | | 0 | | | 1 | | 2 | 3 |
| | 전의이 | | | 1 | 4 | 2 | 7 | | | 1 | | | 1 | | | 4 | 4 | 2 | 10 |
| | 한산이 | | | | | 1 | 1 | | | | | | 0 | | | | | 1 | 1 |
| | 청주한 | | | | 1 | 4 | 5 | 1 | | | 1 | | 2 | 1 | | | 2 | 4 | 7 |
| | 종친 | | | 1 | 5 | 15 | 21 | | | | | | 0 | | | 2 | 5 | 15 | 22 |
| | 소계 | 0 | 1 | 6 | 20 | 41 | 70 | 1 | 1 | 4 | 1 | 3 | 10 | 1 | 2 | 14 | 21 | 47 | 85 |
| | 전주이씨등 9성관 19~6명[1] | 1 | 3 | 9 | 20 | 39 | 72 | 1 | 2 | 3 | 2 | 2 | 10 | 3 | 6 | 12 | 24 | 44 | 89 |
| | 전주최씨등 21성관 5~2명[2] | 2 | 5 | 12 | 16 | 29 | 64 | 1 | 1 | 1 | 2 | 2 | 7 | 3 | 6 | 13 | 20 | 32 | 74 |
| | 고성이씨등 5성관 각1명[3] | 0 | 0 | 2 | 2 | 0 | 4 | 0 | 0 | 0 | 1 | 0 | 1 | 0 | 0 | 2 | 3 | 0 | 5 |
| | 소계 | 3 | 8 | 23 | 38 | 68 | 140 | 2 | 3 | 4 | 5 | 4 | 18 | 6 | 12 | 27 | 47 | 76 | 168 |
| | 합계 | 3 | 9 | 29 | 58 | 109 | 210 | 3 | 4 | 8 | 6 | 7 | 28 | 7 | 14 | 41 | 68 | 123 | 253 |
| 그 외 성관 | | 1 | 7 | 16 | 39 | 52 | 107 | 2 | 0 | 0 | 4 | 3 | 8 | 7 | 10 | 17 | 51 | 64 | 149 |
| 성관불명 | | 1 | 5 | 13 | 29 | 46 | 94 | 0 | 0 | 7 | 1 | 3 | 12 | 6 | 18 | 36 | 40 | 56 | 156 |
| 총계 | | 5 | 21 | 58 | 126 | 207 | 417 | 5 | 4 | 15 | 11 | 13 | 48 | 20 | 42 | 94 | 159 | 243 | 558 |

[1] 전주이씨 19, 밀양박 12, 남양홍 11, 경주김 10, 김해김·경주이 9, 평산신 7, 성주이·안동김 6.
[2] 전주최·진주하 5, 양천허·고성이·의령남·상주김·해평윤·한양조·양성이·영일정 4, 동래정·고성이·연안김·강릉김·연안이·선산김 3, 해주정·청송심·장수황·용인이·영산신·제주고·나주박·의성김 2.
[3] 덕산이·순흥안·함양박·여산송·순천박 1.

 손수계는 7세 4명은 그 외가 2명이고 불명이 2명이다. 8세 7명은 그 외가 2명이고 불명이 5명이다. 9세 4명은 상위 성관이 2명이고 불명이 2명이다. 10세 7명은 유력성관이 3명, 그 외가 3명이며, 불명이 1명이다. 11세 6명은 상위 성관이 3명, 유력성관이 2명이며, 그 외가 1명이다. 전체 28명은 상위

---

117) 뒤 〈표 4-13〉에서 종합.

성관이 5명 8%, 유력성관이 5명 18%, 그 외가 8명 29%이며, 불명이 10명 36%이다.

손교계는 불명이 대부분이어서 큰 의미가 없다. 그러나 7세 2명은 불명이고, 8세 6명은 불명이다. 9세 10명은 상위 성관이 1명이고 불명이 9명이다. 10세 11명은 상위 성관이 1명, 그 외가 2명이며, 불명이 8명이다. 11세 5명은 상위 성관이 1명, 유력성관이 2명이며, 그 외가 2명이다. 전체 34명은 상위 성관이 3명 9%, 유력성관이 2명 6%, 그 외가 4명 12%이며, 불명이 25명 74%이다.

시계는 7세 5명은 유력성관이 3명, 그 외가 1명이며, 불명이 1명이다. 8세 21명은 상위 성관이 1명, 유력성관이 8명, 그 외가 7명이며, 불명이 5명이다. 9세 58명은 상위 성관이 6명, 유력성관이 23명, 그 외가 16명이며, 불명이 13명이다. 10세 126명은 상위 성관이 20명, 유력성관이 38명, 그 외가 39명이며, 불명이 29명이다. 11세 207명은 상위 성관이 41명, 유력성관이 68명, 그 외가 52명이며, 불명이 46명이다. 전체 417명은 상위 성관이 70명, 유력성관이 140명, 그 외가 107명이며, 불명이 94명이다.

서계는 7세 5명은 상위 성관이 1명, 유력성관이 2명, 그 외가 2명이다. 8세 4명은 상위 성관이 1명이고 유력성관이 3명이다. 9세 15명은 상위 성관이 4명, 유력성관이 4명이며, 불명이 7명이다. 10세 11명은 상위 성관이 1명, 유력성관이 5명, 그 외가 4명이며, 불명이 1명이다. 11세 13명은 상위 성관이 3명, 유력성관이 4명, 그 외가 3명이며, 불명이 3명이다. 전체 48명은 상위 성관이 10명 21%, 유력성관이 18명 43%, 그 외가 8명 19%이며, 불명이 12명 29%이다.

계용계 7~11세를 합해서는 7세 20명은 상위 성관이 1명 5%, 유력성관이 6명 30%, 그 외가 7명 35%이며, 불명이 6명 30%이다. 8세 42명은 상위 성관이 2명 5%, 유력성관이 12명 29%, 그 외가 10명 24%이며, 불명이 18명 43%이다. 9세 94명은 상위 성관이 14명 15%, 유력성관이 27명 29%, 그 외가 17명 18%이며, 불명이 36명 38%이다. 10세 159명은 상위 성관이 21명 13%, 유력성관이 47명 29%, 그 외가 51명 33%이며, 불명이 40명 25%이다. 11세 243명은 상위 성관이 47명 19%, 유력성관이 76명 31%, 그 외가 64명 26%이며, 불명이 56명 23%이다. 전체 558명은 상위 성관이 85명 15%, 유력성관이 168명 30%, 그 외가 149명 27%이며, 불명이 156명 28%이다.

　이와 관련하여 계용계 자손과 2명이상 통혼하고 부조의 가계가 확인된 유력성관 인물의 상호관계를 보면 종친 19명은 모두가 8촌 이내였고,[118] 광주이씨 2명은 10촌이었다.[119] 또 다음에 제시된 가계도에서와 같이 남양홍씨 등 10성관에 있어서도 고령신씨 4명·문화유씨 4명·의령남씨 2명·연일정씨 2명·한양조씨 2명은 모두가 8촌 이내였고, 파평윤·평산신·전주최·남양홍씨는 3명 중 2명이 8촌 이내이고 1명은 9촌 이상이었으며, 광주이·창녕성씨는 2명은 9촌과 13촌간이었다.

〈도 4-9〉 진주강씨와 남양홍·고령신씨 통혼자 가계[120]

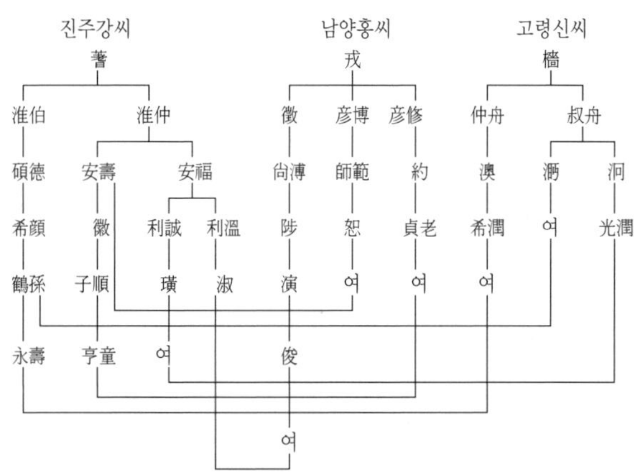

---

118) 앞 2장 주66) 참조.
119) 뒤 7장 〈도 7-8〉.
120) 『진주강씨대동보』와 각성 세보 등에서 종합(뒤 〈도 4-10~12〉의 전거도 같다).

<도 4-10> 진주강씨와 문화유·의령남씨 통혼자 가계

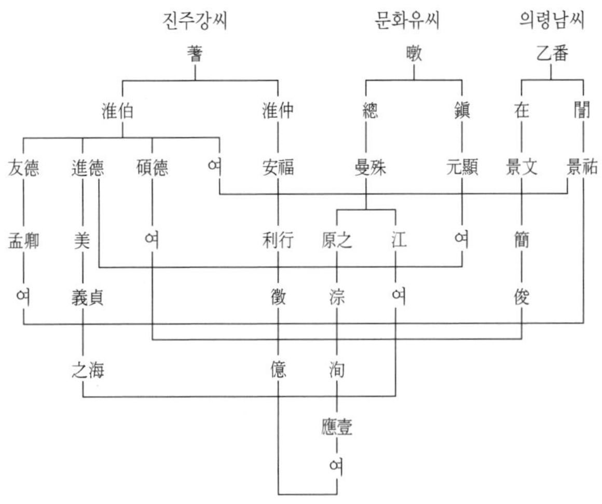

<도 4-11> 진주강씨와 창녕성·평산신씨 통혼자 가계

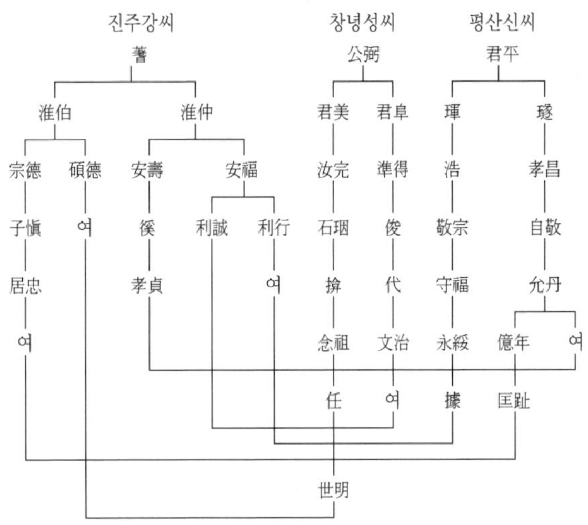

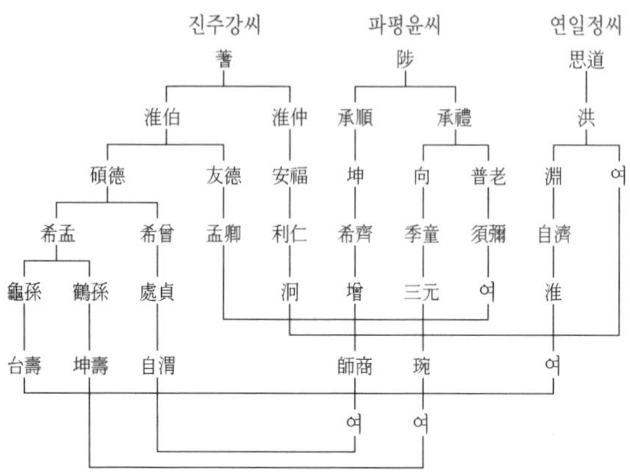

〈도 4-12〉 진주강씨와 파평윤·연일정씨 통혼자 가계

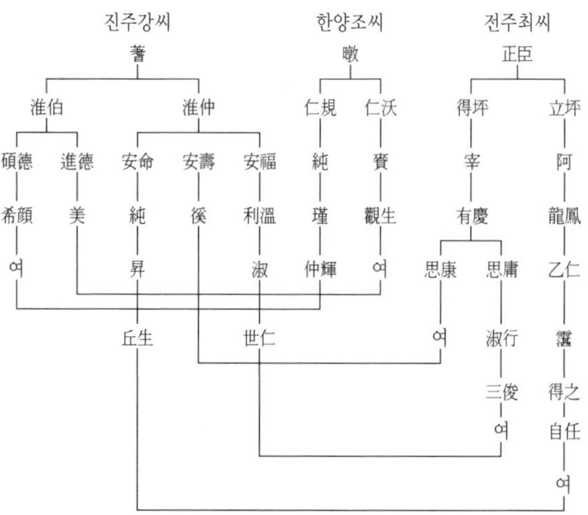

〈도 4-13〉 진주강씨와 한양조·전주최씨 통혼자 가계

　　위에서 언급된 종친은 물론 남양홍씨 등 10성관은 모두 진주강씨와 같은 유력가문이었고, 통혼자 60여 명 중 50여 명이 8촌 이내였고, 10여 명이 10촌 내외였다. 분석된 60여 명(상당수가 제외)이 전체 통혼자 482명(불명제외)의 12%에 불과하기 때문에 일반화하기는 어렵지만 진주강씨 계용계 7~11세는 그들과 가격이 비슷한 성관과 통혼하는 경향이 현저하였다고 하겠다.

다음으로 계용계 배우자 부·조와 부나 조의 최고 관직을 계파별로 보면 다음의 표에서와 같이 종실, 부·조와 부나 조가 2품 이상관·정3품 당상관·정3~종9품관이 孫奇系는 3(1/30명)·7(2/)·0·33(10/)%, 孫壽系는 0·0·0·11(3/28명)%, 孫喬系는 0·0·0·9(3/34명)%, 菁系는 7(31/417명)·15(62/)·3(13/)·25(106/)%였으며, 筮系는 2(1/48명)·13(6/)·2(1/)·8(4)%였다(孫命系는 한 명도 없었다).

〈표 4-9〉 진주강씨 계용계 7~11세 처 부·조 최고 관직(관계)[121]

| | 손기계 | | | | | | 손수계 | | | | | | 손교계 | | | | | |
|---|---|---|---|---|---|---|---|---|---|---|---|---|---|---|---|---|---|---|
| | 7세 | 8 | 9 | 10 | 11 | 계 | 7세 | 8 | 9 | 10 | 11 | 계 | 7세 | 8 | 9 | 10 | 11 | 계 |
| 종실 | | | 1 | | | 1 | | | | | | | | | | | | |
| 부나 조 1~2품 | 1 | | 1 | | | 2 | | | | | | | | | | | | |
| 동 3~6 | 1 | | 2 | 2 | 2 | 7 | | | | 1 | 1 | 2 | | | | 2 | 1 | 3 |
| 동 7~9 | | 1 | | 1 | 1 | 3 | | 1 | | | | 1 | | | | | | |
| 기타·불명 | 2 | 3 | 3 | 1 | 8 | 17 | 3 | 7 | 4 | 6 | 5 | 25 | 2 | 6 | 10 | 9 | 4 | 31 |
| 합계 | 4 | 4 | 7 | 4 | 11 | 30 | 3 | 8 | 4 | 7 | 6 | 28 | 2 | 6 | 10 | 11 | 5 | 34 |

| | 손명계 | | | | | | 시계 | | | | | | 서계 | | | | | |
|---|---|---|---|---|---|---|---|---|---|---|---|---|---|---|---|---|---|---|
| | 7세 | 8 | 9 | 10 | 11 | 계 | 7세 | 8 | 9 | 10 | 11 | 계 | 7세 | 8 | 9 | 10 | 11 | 계 |
| 종실 | | | | | | | | 4 | 8 | 19 | | 31 | 1 | | | | | 1 |
| 부·조 1~2 | | | | | | | 2 | 3 | 5 | 3 | 1 | 14 | 1 | | | | | 1 |
| 부나조 1~2 | | | | | | | | 5 | 9 | 18 | 16 | 48 | 2 | | 2 | 1 | | 5 |
| 부나조 3상 | | | | | | | | 1 | 3 | 4 | 5 | 13 | 1 | | | | | 1 |
| 동 3~6 | | | | | | | 1 | 4 | 14 | 31 | 40 | 90 | | 1 | 1 | | 2 | 4 |
| 동 7~9 | | | | | | | | 1 | 1 | 3 | 11 | 16 | | | | | | |
| 기타·불명 | 2 | 1 | 1 | 1 | 1 | 6 | 2 | 6 | 22 | 59 | 116 | 205 | | 3 | 12 | 10 | 11 | 36 |
| 합계 | 2 | 1 | 1 | 1 | 1 | 6 | 5 | 20 | 58 | 126 | 208 | 417 | 5 | 4 | 15 | 11 | 13 | 48 |

| | 합계 | | | | | |
|---|---|---|---|---|---|---|
| | 7세 | 8 | 9 | 10 | 11 | 계 |
| 종실 | 1 | 0 | 5 | 8 | 19 | 33 |
| 부·조 1~2 | 3 | 3 | 5 | 3 | 1 | 15 |
| 부나조 1~2 | 3 | 5 | 12 | 19 | 16 | 55 |
| 동 3상 | 1 | 1 | 3 | 4 | 5 | 14 |
| 동 3~6 | 2 | 5 | 17 | 36 | 46 | 106 |
| 동 7~9 | 0 | 3 | 1 | 4 | 12 | 20 |
| 기타·불명 | 11 | 26 | 52 | 86 | 140 | 315 |
| 합계 | 21 | 43 | 95 | 160 | 239 | 558 |

세대별로는 7세는 5(1/21명)·29(6/)·5(1/)·10(2/)%였고, 8세는 0·17(8/43

---

121) 뒤 〈표 4-13〉에서 종합.

명)·2(1/)·17(8/0)%였고, 9세는 5(5/95명)·18(17/)·3(3/)·19(18/)%였다. 10
세는 5(8/160명)·14(22/)·3(4/)·25(40/)%였고, 11세는 8(19/244명)·7(17/)·
2(5/)·24(58/)%였다. 전체로는 종실은 6%(33/563명)였고, 부·조와 부나 조가
2품 이상관은 12%(70/)였으며, 동 당상관은 3%(14/)였다. 동 3~9품관은
22%(126/)였고, 기타·불명자가 57%(320/)였다.

10세는 5(8/160명)·14(22/)·3(4/)·25(40/)%였고, 11세는 8(19/244명)·
7(17/)·2(5/)·24(58/)%였다. 전체로는 종실은 6%(33/563명)였고, 부·조와
부나 조가 2품 이상관은 12%(70/)였으며, 동 당상관은 3%(14/)였다. 동
3~9품관은 22%(126/)였고, 기타·불명자가 57%(320/)였다.

이처럼 계용계에서 가장 현달한 시·서계와 9·10세의 아들 10·11세가 종실·
거족과 통혼한 가문 및 배우자의 부·조가 2품관 이상을 역임한 수·비율에서
그 외의 계파·세대 보다 월등히 많았다. 즉, 종실·거족과 통혼한 비중이
시계와 서계는 48%와 42%이고 그 외는 27% 이하였으며, 10세와 11세는
41%와 48%이고 8세와 9세는 28%와 38%였다(수가 적은 7세 제외). 배우자의
부·조가 2품관 이상을 역임한 수·비율도 시계와 서계가 22%와 15%이고
그 외는 10% 이하였으며, 세대별로는 8세와 9세가 17%와 18%였고, 10세와
11세가 14%와 7%였다(수가 적은 7세는 29%). 종실과 부·조 2품관 이상과
통혼한 비율에서 세대별 경향이 종실·거족과 통혼한 가문과는 다소 차이가
있었지만 종실·거족과 통혼한 수, 그 수를 볼 때 8세와 9세가 8명과 22명인데
비하여 10세와 11세는 30명과 36명인 등에서 실제로는 10세와 11세가 중심이
되었다고 하겠다.

이상에서 계용계 7~11세는 가문의 현달을 토대로 40% 이상이 종실·거족가
문과 통혼하고 20% 이상이 정3품 당상관 이상의 자·손과 통혼하는 등 부조의
관직과 대응되거나 높은 관직자와 통혼하는 경향이 현저하였다. 또 사관자와
당상관의 대부분을 점한 서계가 가장 우월하였음은 통혼이 계파의 현달과
직결되었음을 잘 보여주고 있다고 하겠다.

## 2) 通婚圈과 家系意識

계용계의 최고 관직(관계)·통혼가문·그 배우자 조부(조나 부) 등의 최고 관직을 대비시켜 보면 다음의 표에서와 같이 최고 관직이 정3품 당상관 이상·통혼가문이 종실과 유력성관·부조(부나 조) 등이 종실과 정3품 당상관 이상인 수를 계파별과 대수별로 살펴본다.

〈표 4-10〉 진주강씨 계용계 7~11세 역관경향 및 통혼권(손명계 제외)[122]

| | | 손기계 | | | | | | 손수계 | | | | | | 손교계 | | | | | |
|---|---|---|---|---|---|---|---|---|---|---|---|---|---|---|---|---|---|---|---|
| | | 7세 | 8 | 9 | 10 | 11 | 계 | 7세 | 8 | 9 | 10 | 11 | 계 | 7세 | 8 | 9 | 10 | 11 | 계 |
| 본인 최고 관직 | 1~2품 | | | | | | 0 | | | | | | 0 | | | | | | 0 |
| | 정3상 | | 1 | | | | 1 | | | | | | 0 | | | | | | 0 |
| | 3~6 | 1 | 1 | | 1 | 1 | 4 | 1 | 2 | | 3 | 1 | 7 | | 2 | 1 | 1 | | 4 |
| | 기타 | | | 2 | 2 | 1 | 5 | | 1 | | | 2 | 3 | | | | | 2 | 2 |
| | 계 | 1 | 2 | 2 | 3 | 2 | 10 | 1 | 3 | 0 | 3 | 3 | 10 | 0 | 2 | 1 | 1 | 2 | 6 |
| 통혼권 | 종실 | | | 1 | | | 1 | | | | | | 0 | | | | | | 0 |
| | 유력성관 | 1 | 1 | 1 | 0 | 2 | 5 | | | 2 | 3 | 5 | 10 | 0 | 0 | 1 | 1 | 3 | 5 |
| | 그 외 성관 | 2 | 2 | 2 | 3 | 6 | 15 | 2 | 2 | 0 | 3 | 1 | 8 | 0 | 0 | 0 | 2 | 2 | 4 |
| | 불명 | 1 | 1 | 3 | 1 | 4 | 10 | 2 | 5 | 2 | 1 | 0 | 10 | 2 | 6 | 9 | 8 | 0 | 25 |
| | 계 | 4 | 4 | 7 | 4 | 12 | 31 | 4 | 7 | 4 | 7 | 6 | 28 | 2 | 6 | 10 | 11 | 5 | 34 |
| 처부모 최고 관직 | 1~2품[*1] | 1 | | 2 | | | 3 | | | | | | | | | | | | |
| | 정3상 | | | | | | | | | | | | | | | | | | |
| | 3~6 | 1 | | 2 | 2 | 2 | 7 | | | | 1 | 1 | 2 | | | | 2 | 1 | 3 |
| | 기타[*2] | 2 | 4 | 3 | 2 | 10 | 21 | 3 | 8 | 4 | 6 | 5 | 26 | 2 | 6 | 10 | 9 | 4 | 31 |
| | 계 | 4 | 4 | 7 | 4 | 12 | 31 | 3 | 8 | 4 | 7 | 6 | 28 | 2 | 6 | 10 | 11 | 5 | 34 |

| | | 시계 | | | | | | 서계 | | | | | | 합계 | | | | | |
|---|---|---|---|---|---|---|---|---|---|---|---|---|---|---|---|---|---|---|---|
| | | 7세 | 8 | 9 | 10 | 11 | 계 | 7세 | 8 | 9 | 10 | 11 | 계 | 7세 | 8 | 9 | 10 | 11 | 계 |
| 본인 최고 관직 | 1~2품 | 3 | 2 | 3 | 6 | 1 | 15 | 1 | | | | | 1 | 4 | 2 | 3 | 6 | 1 | 16 |
| | 정3상 | | 1 | | | 2 | 3 | | | | 1 | | 1 | 0 | 2 | 0 | 1 | 2 | 5 |
| | 3~6 | 2 | 8 | 29 | 30 | 51 | 120 | 3 | 3 | 3 | 2 | 4 | 15 | 7 | 16 | 23 | 37 | 57 | 140 |
| | 기타 | | | 2 | 8 | 22 | 32 | | 1 | 1 | | 2 | 4 | 0 | 2 | 5 | 10 | 29 | 46 |
| | 계 | 5 | 11 | 34 | 44 | 76 | 170 | 4 | 4 | 4 | 3 | 6 | 21 | 11 | 22 | 31 | 54 | 90 | 207 |
| 통혼권 | 종실 | 0 | 0 | 1 | 5 | 15 | 21 | 0 | 0 | 0 | 0 | 0 | 0 | 0 | 0 | 2 | 5 | 15 | 22 |
| | 유력성관 | 3 | 8 | 22 | 53 | 94 | 189 | 3 | 4 | 8 | 6 | 7 | 28 | 7 | 13 | 40 | 68 | 123 | 251 |
| | 그 외 성관 | 1 | 7 | 16 | 39 | 52 | 107 | 2 | 0 | 0 | 4 | 3 | 8 | 7 | 10 | 17 | 50 | 63 | 147 |
| | 불명 | 1 | 5 | 13 | 29 | 46 | 94 | 0 | 0 | 7 | 1 | 3 | 12 | 4 | 18 | 34 | 25 | 41 | 152 |
| | 계 | 5 | 21 | 58 | 126 | 207 | 417 | 5 | 4 | 15 | 11 | 13 | 48 | 19 | 42 | 94 | 159 | 238 | 552 |
| 처부모 최고 관직 | 1~2품[*1] | 2 | 8 | 18 | 29 | 36 | 93 | 4 | | 2 | 1 | | 7 | 7 | 8 | 22 | 30 | 36 | 103 |
| | 정3상 | 0 | 1 | 3 | 4 | 5 | 13 | 1 | | | | | 1 | 1 | 1 | 3 | 4 | 5 | 14 |
| | 3~6 | 1 | 4 | 14 | 31 | 40 | 90 | | 1 | 1 | 0 | 2 | 4 | 2 | 5 | 17 | 36 | 46 | 106 |
| | 기타[*2] | 2 | 8 | 23 | 62 | 126 | 221 | 0 | 3 | 12 | 10 | 11 | 36 | 8 | 28 | 52 | 89 | 152 | 329 |
| | 계 | 5 | 21 | 58 | 126 | 207 | 417 | 5 | 4 | 15 | 11 | 13 | 48 | 18 | 42 | 94 | 159 | 239 | 552 |

[*1] 종친 포함, [*2] 7~9품·불명.

계파별로는 손기계가 10%(1/10)·23(7/31)·10(3/ 31), 손수계가 0%·36(10/28)·0, 손교계가 0%(0/6)·0·15(5/34), 시계가 11%(18/170)·50(210/417)·25(106/417), 서계가 5%(1/21)·58(28/48)·17(8/48)였다.

세대별로는 7세가 36%(4/11)·39(7/18)·44(8/18), 8세가 18%(4/22)·31(13/42)·21(9/42), 9세가 10%(3/31)·45(42/94)·27(25/94), 10세가 13(7/54)·46(73/159)·21(34/159)%, 11세가 3(3/90)·58(138/239)·17(41/239)%였다.

다음으로 위에 제시된 계용계 배우자 부조(부나 조) 와 계용계 부조 중 정1~정3품 당상관 역임자를 대비시켜 보면 다음의 표와 같이 계파별로는 손기·손수·손교계는 2품 이상관이 없고, 시계가 28명 중 이정견 등 24명이고 서계는 한상덕 등 4명이었다. 세대별로는 7세는 시계가 1명이고 서계가 2명이며, 8세는 5명 모두가 시계이고, 9세는 시계가 7명이고 서계가 2명이며, 10세는 8명 모두가 시계이고, 11세는 3명 모두가 시계였다.[123]

또 계용계 7~11세 사관자 처부의 2품 이상관 재직자와 부의 관직을 비교하면 다음의 표와 같이 부원군 鄭良生 등 11명과는 관직이 대등하거나 별 차이가 없었으나 동지돈령 李孝智 등 18명과는 차이가 있었음에서 관직이 비슷하거나 높은 인물과 통혼하는 경향이 현저하였다고 하겠다. 또 1~2품관인 처부 29명 중 25명이 시계이고 서계는 4명에 불과하였음에서 가계의 현달과 통혼은 직결되었다고 하겠다.

〈표 4-11〉 진주강씨 계용계 7~11세 사관자 처부 2품 이상관 재직기간[124]

| 강씨(사위/사돈) | 처부 | | 비고(강씨-계파, 세대/<br>재직기간, * 조부 ) |
|---|---|---|---|
| | 최고관직 | 재직기간 | |
| 鄭良生 准伯/상의찬성 蓍 | 부원군 | 고려말 | 시계, 7세/고려말 |
| 李廷堅 宗德/도순문사 회백 | 첨서승추 | 태종1~9경 | 8/고려 공양왕1~태종2 |
| 柳元顯 進德/회백 | 판한성 | 여말선초 | 8/공양왕1~태종2 |
| 沈溫 碩德/회백 | 영의정 | 태종8~세종즉 | 8/공양왕1~태종2 |
| 李叔蕃 順德/회백 | 찬성사 | 태종1~16 | 8/공양왕1~태종2 |

122) 앞 〈표 4-5·9·10〉에서 종합.
123) 계용계 부조의 관직은 뒤 〈표 4-12·13〉에서 종합.

| 洪恕 | 安壽/대제학 准仲 | 총제 | 정종1~태종12 | 8/태종17~세종3 |
|---|---|---|---|---|
| 李孝禮 | 安福/회중 | 판서 | 여말선초 | 8/태종17~세종3 |
| 李興濟 | 子儉/장령 宗德 | 도총제 | 태종12~세종3 | 9/세종대 |
| 安崇孝 | 希孟/지돈령 碩德 | 감사 | 단종2~세조6 | 9/세종26~세조5 |
| 李孝智 | 徽/창사 安壽 | 동지돈령 | 세조8~9 | 9/* 대제학 准仲 |
| 崔士康 | 傒/소윤 安壽 | 찬성 | 세종2~25 | 9/* 대제학 회중 |
| 愼後甲 | 利敬/정랑 安福 | 이판 | 세조10~12 | 9/* 대제학 회중 |
| 洪任 | 利恭/안복 | 지돈령 | 성종말~연산초 | 9/* 대제학 회중 |
| 金得仁 | 居正/군수 子愼<br>處貞/감찰 准仲 | 참판? | ? | 10/성종대 |
| 芮承錫 | 居忠/자신 | 감사 | 성종1~7 | 10 |
| 李秩 | 居孝/자신 | 高陽君 | 세종19~21 | 10/종친 |
| 金乙孫 | 繼宏/子保 | 병사 | 세조10~13 | 10/ |
| 郭居仁 | 義貞/판관 致 | 참판? | ? | 10/* 승지 진덕 |
| 李宷 | 子平/대호군徽 | 誼城君 | 세종17~문종대 | 10/종친 |
| 李椀 | 子正/휘 | 全城尉 | 세종12~세조대 | 10/부마 |
| 文宗 | 子順/휘 | | | 10 |
| 李惇仁 | 璜/현감 利誠 | 병사 | 세조10~성종18 | 10 |
| 李坫 | 世矩/집의 居孝 | 한성판윤 | 연산~중종대 | 11 |
| 李承恩 | 世應/주부 孝貞 | 義泉君 | 성종대 | 11/종친 |
| 李興發 | 利用/希達 | 판서 | 태종12~세종21 | 11 |
| 韓尙德 | 策/문하평리 筮 | 정당문학 | 태종18~세종9 | 서계, 7세/ 고려말 |
| 李恬 | 籌/筮 | 정당문학 | 태조1~6 | 7 |
| 朴漢老 | 耊/집의 信德 | 병사 | 연산대 | 9 |
| 趙注 | 耆/신덕 | 관찰사 | 연산대 | 9 |
| 합계 | 28명(문종제외) | | | |

또 계용계와 계용계의 시부나 처부로서 각각 2품관 이상을 역임한 著 등 16명과 韓尙質 등 70여 명(종친 제외) 중에서 혼주 모두 2품 이상을 역임한 최고 관직과 2품 이상 재직기간을 비교하여 본다. 혼주 모두 2품 이상을 역임한 인물은 7사례 21명이 확인되었다(고려말의 시-정양생·공양왕 제외). 재직시기를 보면 다음의 표와 같이 석덕과 안숭효·황수신·박중손, 맹경과 남경우, 희안과 조근·김개·어세겸, 희맹과 성임·김질은 대개 일치하였다. 그 외에 있어서도 鄭道傳亂에 피화된 南誾과 李施愛亂 때 피살된 申澍을 제외할 때 그 대개는 가까운 시기까지 정3품 당상관직 이하에 함께 재직하였다.

---

124) 뒤 〈표 4-12·13〉, 졸저, 앞 책(2020), 각 성관조에서 종합.

그런데 위에서 살펴본 진주강씨 계용계의 통혼가문·배우자 처부나 시부의 최고 관직, 사돈간 2품 이상에 재직한 기간, 그리고 앞장에서 살핀 啓庸派 출사자의 출사율·최고 관직·통혼가문을 동기의 廣州李氏 蔚派·淸州韓氏 永矴派·韓山李氏 穡派의 그것과 대비시켜 보면 그 비율은 다음의 표에서와 같이 진주강씨는 광주이씨와는 출사율·종친과 통혼한 수·1~정3품 당상 사돈 수는 높으나 1~정3품 당상관 수·종친이나 거족과 통혼한 수는 낮았으며, 청주한씨와는 종친만 높았고 그 외는 크게 낮았으며, 한산이씨와는 종친만 높았고 그 외는 모두가 다소 낮았다. 그런데 종친과의 통혼에서도 수적으로는 진주강씨가 청주한씨 등을 압도하였지만 친왕자·왕녀의 수는 진주강씨가 2명(태종자 溫寧君 裎·문종녀 敬淑翁主)이고 청주한씨도 2명(세종자 桂陽君 增·세조자 桃源君 暲, 뒤의 德宗)이었다.[125]

이를 볼 때 진주강씨(계용파)는 조선초·중기를 통하여 다수의 당상관 배출·종친이나 명문거족과의 통혼을 통하여 명문가문으로서의 지위를 누렸고, 그 가격에 있어서도 세조·성종대의 척족인 청주한씨에 비해서는 다소 낮았지만 광주이씨·한산이씨와는 대등한 즉, 청주한씨·광주이씨·한산이씨 등과 함께 가장 우월한 거족가문으로서의 지위를 누렸다고 하겠다.

끝으로 지금까지 고찰의 토대가 된 조선초기 진주강씨 계용파의 7~10 사관자의 생애·출사로·가계·최고 관직, 남·여계 배우자의 가계·관력을 표로 정리하여 제시하면 다음과 같다.

---

125) 뒤 〈표 4-13〉 참조. 진주강씨와 광주이씨·청주한씨·한산이씨 출사율·최고관직·통혼 가문은 다음의 표와 같다(수/%, 광주이씨, 청주한씨, 한산이씨는 한충희, 「조선초·중 기 광주이씨 울파 가계연구」, 45쪽, 〈표 10〉에서 전재).

| | 역관 경향 | | 통혼가문 | | | 사돈 1~2 품자 사례 | 비고 (*출사자 대비율) |
|---|---|---|---|---|---|---|---|
| | 출사율 | 1~정3상* | 종친 | 종친·거족 | 사돈~정3상 | | |
| 진주강씨 계용파 | 53% | 22/10% | 33 | 240/43% | 84/15% | 7례 21명 | |
| 광주이씨 울파 | 48% | 27/28 | 4 | 85/64 | 31/10 | 5례 10명 | |
| 청주한씨 영정파 | 65% | 25/28 | 14 | 95/79 | 50/41 | 10례 16명 | |
| 한산이씨 색파 | 57% | 32/28 | 6 | 137/57 | 83/24 | 10례 12명 | |

〈표 4-12〉晉州姜氏 啓庸계 7~11세 仕官者 가계와 관직[126]

| 성명 | 생몰년 | 출사로와 연대 | 가계 부 | 가계 조 | 가계 처부(한자는 뒤 〈표 4-13〉 참조) | 최고관직 | 비고 |
|---|---|---|---|---|---|---|---|
| 烈 | 1400~1465 | 불명 | 散員 孫寄 | 宰臣 璜寶 | 총랑 노사겸 | 목사 | 손기계7세 |
| 末同 | 1447~1524 | 무과? | | | 교수 이시혹 | 절도사 | 8 |
| 蒙同 | | 음? | | | 미사 최길준 | 주부 | |
| 賓 | 1486~1557 | 무과? | 말동 | | 사용 정윤창 | 부사과 | 9 |
| 山壽 | | 음? | | | | 부사과 | |
| 應斗 | 1501~1558 | 음? | 빈 | | 판관 공도 | 목사 | 10 |
| 應奎 | 1507~1576 | 음? | | | 생원 정환 | 참봉 | |
| 應宿 | 1509~1598 | 음? | | | 훈도 이택인 | 봉사 | |
| 夢麟 | 1524~1583 | 천거? | 응규 | | 참봉 전식 | 익위 | 11 |
| 夢祥 | 1537~1591 | 불 | | | 생원 성세훈 | 판관 | |
| 禮 | | 불 | 현령孫壽 | 황보 | | 부사직 | 손수계7세 |
| 順 | | 불 | | | | 훈련봉사 | |
| 洽 | | 불 | | | | 판관 | |
| 承敬 | | 불 | 예 | | 훈도 김정현 | 훈도 | 8 |
| 尙義 | | 불 | 순 | | 불 | 첨지 | |
| 啓武 | | 불 | 흡 | | 정지익 | 현감 | |
| 好智 | | 불 | 추 | 상제 | 김씨 | 현감 | 10 |
| 好仁 | | 불 | | | 곽씨 | 장악원정 | |
| 挽義 | | 불 | 형 | | 허씨 | 현감 | |
| 泓 | | 불 | 호지 | | 권빈 | 참봉 | 11 |
| 潤 | | 불 | 만의 | | 이씨 | 첨사 | |
| 貴俌 | | 천? | 구연 | | 김백련 | 사어 | |
| 以義 | | 불 | 允武 | 손교 | 불 | 판관 | 손교계8세 |
| 以禮 | | 불 | | | 불 | 첨사 | |
| 遇福 | | 불 | 이의 | | 불 | 원주판관 | 9 |
| 希喆 | | 불 | 우복 | | 불 | 집의 | 10 |
| 舜俆 | | 불 | 희철 | | 현감 김여신 | 참군 | 11 |
| 琛 | | 학행천? | 창서 | 우상 | 김수정 | 참봉 | |
| 汝优 | | 음? | 첨사 孫命 | 낭장畋寶 | | 예빈경 | 손명계7세 |
| 孝貞 | | 무과? | 詹 | 渭逢 | 오씨 | 경기수사 | 11 |
| 淮伯 | 1357~1402 | 문(우왕2) | 시 | | 부원군 정양생 | 정2도순문사 | 시계7세 |
| 淮仲 | ?~1421 | 음,문(우8) | | | 판사 남경생 | 예문대제학 | |
| 淮順 | | 음/ | | | 전리 | 사재소감 | |
| 淮叔 | | 음? | | | 홍세준 | 함안군사 | |
| 淮季 | 1364~1392 | 음,문(창왕1) | | | 공양왕 | 晉原君 | 피화졸 |
| 宗德 | | 음? | 회백 | | 첨서밀직 이정견 | 장령 | 8 |
| 友德 | 1385~1439 | 음? | | | 중랑장 이일상 | 현감 | |
| 進德 | 1387~? | 음,문(세종9) | | | 판한성 유원현 | 승지(방목) | |
| 碩德 | 1396~1459 | 음? | | | 영의정 심온 | 지돈령 | |

| | | | | | | |
|---|---|---|---|---|---|---|
| 順德 | 1398~1459 | 음? | | 찬성사 이숙번 | 감찰 | |
| 安壽 | | 음/ | 회중 | 南陽君 홍서 | 倉使 | |
| 安福 | | 음? | | 판서 이효례 | 세조원3, 도관정랑 | |
| 毅 | | 문(세종11) | 회순 | 이씨 | 지중추 | |
| 濂 | ?~1448 | 음? | 회계 | 현령 허징 | 사재령 | |
| 胥祐 | | 음? | | 불 | 시랑 | |
| 源 | 1382~1464 | 음? | | 상서 김한인 | 목사 | |
| 子愼 | 1397~1454 | | 종덕 | 목사 이반 | 군수 | 9 |
| 子儀 | | | | 판사 신보안 | 세조원2, 현감 | |
| 子儉 | 1436~1513 | | | 도총제 이흥제 | 부사직 | |
| 孟卿 | 1410~1461 | | 우덕 | 사간 윤수미 | 영의정 | |
| 叔卿 | 1428~1481 | | | 현감 김철성 | 寺正 | |
| 敏 | | | 진덕 | 倉丞 노처균 | 군수 | |
| 致 | 1419~1470 | | | 윤씨 | 판관 | |
| 希顔 | 1418~? | | 석덕 | 지통례 이곡 | 한성윤 | |
| 希孟 | 1424~1483 | | | 감사 안승효 | 부원군 | |
| 希曾 | ?~? | | | 불 | 감찰 | |
| 希明 | 1427~1489 | | 순덕 | 선전관 이광국 | 현령 | |
| 徽 | ?~1450 | 음? | 안수 | 동지돈령 이효지 | 세조원, 대호군 | |
| 胤 | ?~? | 문(연산3) | | 직강 최뢰덕 | 이조정랑 | |
| 僕 | 1424~1485 | 음? | | 찬성 최사강 | 군수 | |
| 利續 | ?~1492 | 음? | 안복 | 승지 이문환 | 정랑 | |
| 利仁 | | 음? | | | 사직 | |
| 利誠 | | 음? | | 성문치 | 예빈별좌 | |
| 利敬 | ?~1469 | 음? | | 이판 신후갑 | 현감 | |
| 以順 | ?~1499 | 음? | | 부사 허경 | 주부 | |
| 利行 | | 음? | | 군수 허선 | 부사맹 | |
| 利興 | | 음? | | 판관 박계금 | 창원부사 | |
| 利溫 | ?~1504 | 음? | | 현령 김효진 | 찰방 | |
| 利恭 | | 음/ | | 자돈령 홍임 | 판관 | |
| 純 | | 음? | 안명 | 판서? 조통원 | 상호군 | |
| 居仁 | 1414~? | 불 | 자신 | 丞 진유위 | 평양판관 | 10 |
| 居義 | | 불 | | 김원 | 현감 | |
| 居禮 | | 불 | | 대사헌? 홍사조 | 지현사 | |
| 居貞 | | 불 | | 참판 김득인 | 별제 | |
| 居忠 | | 음? | | 감사 예승석 | 충익도사 | |
| 居孝 | 1437~1490 | 문(예종1) | | 高陽君 이질 | 집의 | |
| 遇 | | 음/ | 자의 | 김씨 | 성주판관 | |
| 繼宏 | | 음? | 자보 | 병사 김을손 | 부사용 | |
| 文弼 | | 불 | 자검 | 별제 이정견 | 부사직 | |
| 允範 | | 음? | 맹경 | 사정 정계우 | 경상관 | |
| 世範 | | 음? | | 불 | 성주판관 | |
| 元範 | 1429~1494 | 천(음)* | 숙경 | 호군 여인보 | 별제 | *묘갈명 |
| 義範 | | 음/ | | 사직 이집 | 감역 | |

| 貴孫 | | 음? | 민 | | 현령 유소 | 만포첨사 | |
|---|---|---|---|---|---|---|---|
| 末孫 | 1448~? | 음/ | | | 이화도 | 군수 | |
| 鐵堅 | | 음? | 치 | | 사정 황윤원 | 판관 | |
| 玉堅 | 1449~? | 음/ | | | 김희순 | 감역 | |
| 貞 | 1438~1492 | 음? | | | 참판 곽거인 | 현감 | |
| 鶴孫 | | 음? | 희안* | | 불 | 장례사평 | * 생부 맹경 |
| 龜孫 | 1450~1506 | 음,문(성10) | 맹경 | | 목사 송요년 | 우의정 | |
| 處貞 | | 음? | 희증 | | 참판 김득인 | 별시위상호군 | |
| 子平 | 1430~1486 | 음,문(세조3) | 휘 | | 誼城君 이채 | 관찰사 | |
| 子正 | | 음? | | | 全城尉 이완 | 평산부사 | |
| 子順 | 1443~? | 기(부마) | | | 문종 | 의빈 | |
| 孝貞 | 1459~1504 | 음? | 혜 | | 봉례 신윤단 | 세조원,감찰 | |
| 潰 | ?~? | 음? | 이찬 | | 군수 박관경 | 정국3, 君 | |
| 洽 | | 음? | | | 불 | 사직 | |
| 泂 | | 무과? | 이인 | | 참의 정홍 | 부사 | |
| 璜 | | 음? | 이성 | | 병사 이돈인 | 찰방 | |
| 漢127) | | 음? | 이경 | | 통판 박유신 | 주부 | |
| 灝 | | 음? | 이순 | | 불 | 현감 | |
| 涉 | | 음? | | | 봉사 홍사위 | 주부 | |
| 徵 | 1466~1536 | 문(성25) | 이행 | | 정미 | 지중추 | |
| 淵 | | 음? | | | 첨지중추 여윤걸 | 별좌 | |
| 潾 | | 음? | | | 낭장 서세녕 | 현감 | |
| 淑 | | 음? | 이온 | | 진사 홍준 | 세조원, 군수 | |
| 澹 | | 음? | | | 현감 유세조 | 참봉 | |
| 洪 | | 문(연8) | | | 부사 김윤관 | 정자 | |
| 沃 | ?~1540 | 음? | | | 이씨 | 좌랑 | |
| 湜 | | 음? | 이공 | | 현감 정순인 | 부사직 | |
| 洧 | 1497~1577 | 음? | | | 사평 이운포 | 부사직 | |
| 昇 | | 음? | | | 사과 최렬 | 부사 | |
| 浩 | 1529~1590 | 음/ | 국로 | 효손 | 김한주 | 함흥판관 | |
| 宗麗 | | 무과? | 이주 | | 전인수 | 주부 | |
| 孝貞 | | 불 | 사민 | | 불 | 주부 | |
| 恭世 | 1477~1558 | 불 | 거인 | 자신 | 현감 손계검 | 현감 | 11 |
| 世明 | | 음? | 거정 | | 감역 권의수 | 동몽교관 | |
| 世雲 | | 불 | | | 선전관 한취도 | 참봉 | |
| 世弘 | | 불 | 거충 | | 주부 이희진 | 감찰 | |
| 世規 | | 음? | 거효 | | 봉사 이구손 | 현감 | |
| 世矩 | | 음? | | | 한성판윤 이점 | 첨정 | |
| 世準 | | 음? | | | 현감 허장손 | 현감 | |
| 世繩 | | 음? | | | 불 | 부사맹 | |
| 世卿 | | 음 | 계굉 | | 참판 정석견 | 부사맹 | |
| 仲賢 | 1503~? | 불 | 문필 | | 참봉 유흠조 | 인의 | |
| 自明 | 1456~1539 | 음 | 윤범 | | 군수 박수종 | 목사 | |
| 自盛 | 1458~? | 음 | | | 감찰 윤은좌 | 목사 | |

| | | | | | | | |
|---|---|---|---|---|---|---|---|
| 渾 | 1464~1519 | 문(성17) | 원범 | | 최웅 | 정국공,부원군 | |
| 潭 | | 불 | 의범 | | 첨정 윤복인 | 현감 | |
| 湜 | | 불 | 신범 | | 훈도 우전 | 참봉 | |
| 演 | ?~1530 | 불 | | | 진사 김경보 | 세조원,사예 | |
| 繼祖 | | 음/ | 귀손 | | 한씨 | 습독관 | |
| 繼曾 | | 음/ | | | 참의 김언침 | 현감 | |
| 繼先 | | 음? | | | 참봉 강언장 | 세조원,만호 | |
| 遇隣 | | 불 | 철견 | | 이씨 | 감역 | |
| 繼貞 | | 불 | 석견 | | 조씨 | 부호군 | |
| 保昇 | 1483~1542 | 불 | 옥견 | | 사인 이득춘 | 봉례 | |
| 希周 | 1493~1568 | 불 | | | 첨정 백규성 | 교관 | |
| 永壽 | 1471~1513 | 음? | 학손 | 희안 | 신희윤 | 사과 | |
| 亨壽 | 1476~1503 | 음? | | | 한조동 | 별제 | |
| 耆壽 | 1484~1546 | 음? | | | 정언필 | 직장 | |
| 終壽 | 1488~1551 | 음? | | | 목사 김서 | 부정 | |
| 欣壽 | 1491~1553 | 음? | | | 이좌랑 권경유 | 가감역 | |
| 坤壽 | 1494~1544 | 음? | | | 윤완 | 참봉 | |
| 台壽 | 1479~1526 | 문(중종6) | 구손 | | 홍문직제학 정회 | 순천부사 | |
| 二儀 | ?~1530 | 음? | | | 주부 정동화 | 부사 | |
| 自渭 | | 음? | 처정 | | 부사 윤사상 | 선전관 | |
| 訥 | 1451~1504 | 음·문(성종21) | 자평 | | 군수 김승경 | 대사간 | |
| 諶 | | 음? | | | 생원 손목종 | 군수 | |
| 諿 | | 음·문(성23) | | | 사직 이창수 | 장령 | |
| 謙 | ?~1504 | 문(성11) | 자정 | | 진사 설갑인 | 사예 | |
| 亨童 | | 음? | 자순 | | 도정 홍정로 | 부호군 | |
| 世應 | 1475~1540 | 음? | 효정 | | 義泉君 이승은 | 주부 | |
| 世琛 | 1486~1541 | 음? | 지 | | 집의 이수언 | 첨정 | |
| 世璉 | | 불 | 瀚 | | 정랑 김이용 | 목사 | |
| 世璞 | | 불 | | | 불 | 목사 | |
| 世琳 | | 불 | | | 불 | 목사 | |
| 文佐 | | 불 | 유신 | | 현감 윤지 | 만호 | |
| 德興 | 1479~? | 불 | 형 | | 수찬 김보국 | 군수 | |
| 好德 | | 불 | 황 | | 부장 박구 | 부사 | |
| 崇德 | | 문(중17) | | | 홍문직제학 윤석보 | 홍문교리 | |
| 允德 | | 불 | | | 서인로 | 참봉 | |
| 愼友 | | 불 | 한 | | 부사 임한량 | 참봉 | |
| 彦臣 | | 불 | 섭 | | 곽씨 | 좌랑 | |
| 彦弼 | | 불 | | | 윤철보 | 시직 | |
| 僖 | 1492~1539 | 음? | 징 | | 寺正 김봉서 | 감찰 | |
| 儀 | | 음? | | | 부사 권세형 | 판관 | |
| 億 | 1498~1554 | 음? | | | 판관 유응일 | 공정랑 | |
| 儼 | | 음? | | | 현감 김효윤 | 동몽교관 | |
| 偉 | | 문(중종34) | | | 현감 신수견 | 寺正 | |
| 倬 | | 불 | 인 | | 김계조 | 감찰 | |

| | | | | | | | |
|---|---|---|---|---|---|---|---|
| 世瑾 | ?~1532 | 불 | 문달 | | 황건 | 주부 | |
| 休 | | 불 | 문우 | | 불 | 좌랑 | |
| 世仁 | | 불 | 숙 | | 부사 최삼준 | 현감 | |
| 世龜 | | 불 | | | 이씨 | 현감 | |
| 國俊 | ?~1540 | 불 | 홍 | | 목사 송근 | 좌랑 | |
| 世義 | ?~1547 | 불 | 부 | | 직장 김부현 | 사용 | |
| 遵陸 | 1525~1557 | 불 | 옥 | | 교관 신강 | 현감 | |
| 倫 | | 불 | 필 | | 이의형 | 현령 | |
| 夢錫 | | 불 | | | 참봉 김효윤 | 사과 | |
| 世胤 | 1521~? | 불 | 유 | | 판사 이예 | 우통례 | |
| 琨 | | 불 | 연린 | | 정조 | 참봉 | |
| 秀雄 | | 불 | 한린 | | 이씨 | 부장 | |
| 渭建 | 1456~? | 불 | 호 | | 찰방 김성주 | 부사 | |
| 泓 | | 불 | 귀손 | | 고원보 | 부사정 | |
| 宜弟 | | 불 | 점 | | 불 | 수군첨사 | |
| 利用 | 1432~1477 | 음? | 희달 | | 판서 이홍발 | 부사 | |
| 善用 | 1433~1484 | 불 | | | 최수생 | 만호 | |
| 禮用 | | 불 | | | 동지? ?팔림 | 부호군 | |
| 智用 | 1438~1489 | 불 | | | 판결사 허연경 | 주부 | |
| 守堅 | 1489~? | 불 | 종려 | | 양씨 | 주부 | |
| 策 | | 음 | 평리 筮 | 시중君寶 | 정당문학 한상덕 | 좌랑 | 서계 7세 |
| 詮 | 1365~1427 | 음? | | | 참의 정석린 | 군수 | |
| 籌 | ?~1441 | 음 | | | 정당문학 이염 | 이조참판 | |
| 餘 | 1370~1404 | 음? | | | 지군사 이중명 | 대호군 | |
| 信德 | ?~1442 | 음? | 전 | | 金譿 | 집의 | 8 |
| 帶生 | | 음? | 주 | | 불 | 사정 | |
| 瑞生 | | 음? | | | 불 | 직장 | |
| 明德 | | 문(태종11) | 회여 | | 부사 김백린 | 헌납 | |
| 蠹 | 1408~1460 | 음 | 신덕 | 전 | 병사 박한로 | 현령 | 9 |
| 耇 | 1412~1470 | 음 | | | 관찰사 조주 | 도사 | |
| 巖 | | 음 | 대생 | 주 | 김치환 | 사정 | |
| 宜卿 | 1408~1463 | 불 | 명덕 | 회여 | 교수 김찬 | 직강 | |
| 繼東 | 1433~1482 | 음? | 질 | 신덕 | 이수근 | 좌랑 | 10 |
| 晉輔 | 1432~? | 음? | 계산 | 서생 | 박문년 | 현감 | |
| 老 | 1426~1479 | 문(세종29) | 의경 | 명덕 | 정의민 | 대사성 | |
| 淑進 | 1459~1510 | 음? | 계동 | 질 | 사간 김국화 | 정랑 | 11 |
| 震亨 | | 음? | 계겸 | | 박이남 | 주부 | |
| 純孫 | 1465~1522 | 불 | 한보 | 계종 | 하씨 | 참봉 | |
| 忠孫 | 1494~? | 무과? | 진보 | 계산 | 사간 홍원규 | 부사 | |
| 元弼 | 1441~1488 | 불 | 응주 | 인옥 | 백수흠 | 참봉 | |
| 子仁 | 1462~1518 | 음? | 노 | 의경 | 심의흠 | 집의 | |

<hr>

126) 『朝鮮王朝實錄』 태조 1년~중종 22년조, 『燃藜室記述』 단종·세조조 고사본말, 『國朝人物
考』, 『國朝文科榜目』, 『陽村集』, 『私淑齋集』, 『懶齋集』, 『湖陰雜稿』, 『木溪逸稿』, 『萬姓大

<표 4-13> 진주강씨 계용계 7~11세 배우자 가계와 관직

| 성명 | 부(/남편) | 배우자 가계 | | | | 비고 |
| --- | --- | --- | --- | --- | --- | --- |
| | | 본관 | 부 및 관력 | 조 및 관력 | 기타 | |
| 烈 | 孫奇 | 불명 | 총랑 盧士謙 | | | 손기계7세 |
| 1녀 | /판윤 魚世謙 | 함종 | 판중추 孝瞻 | 직제학 變甲 | | |
| 2녀 | 군수 裵繢 | 분성 | | | | |
| 3녀 | 감찰 朴致本 | 밀양 | | | | |
| 敬義 | 열 | 불 | | | | 8 |
| 末同 | | 성주 | 교관 李時馟 | | | |
| 蒙同 | | 통천 | 崔台俊 | | | |
| 여 | /군수 崔繼童 | 흥해 | | | | |
| 賓 | 말동 | 진주 | 사용 鄭胤昌 | 부사 夏生 | | 9 |
| 山壽 | | | | | | |
| 1녀 | /사직 李昌祖 | 전의 | 판관 壽佊 | | | |
| 2녀 | 光安守 李博 | 종친 | 부정 廣根 | 양녕대군 禔 | | |
| 3녀 | 찰방 金暄 | 불 | | | | |
| 4녀 | 이좌랑 李希閔 | 합천 | 참판 允儉 | | | |
| 5녀 | 黃季元 | 불 | 불 | | | |
| 應奎 | 빈 | 진주 | 생원 鄭寰 | 군수 山老 | | 10 |
| 應斗 | | 창원 | 판관 孔道一 | 현령 繼孫 | | |
| 應宿 | | 함안 | 훈도 李宅仁 | | | |
| 여 | /崔澄 | 불 | 불 | | | |
| 夢錫 | 응두 | 불 | 불 | | | 11 |
| 1녀 | /관찰사 郭越 | 현풍 | 판사 李枝蕃 | | 자 再祐 | |
| 2녀 | 魚雲起 | 함종 | 불 | | | |
| 夢麟 | 응규 | 담양 | 참봉 田植 | | | |
| 夢祥 | | 창녕 | 생원 成世勳 | | | |
| 1녀 | /이정랑 金麟 | 서흥 | | | | |
| 2녀 | 생원 成讓 | 창녕 | | | | |
| 3녀 | 朴憲 | 고양 | | | | |
| 4녀 | 楊乃成 | 불 | | | | |
| 5녀 | 楊慶前 | 불 | | | | |
| 熙臣 | 응숙 | 남평 | 군수 文大旭 | | | |
| 禮 | 孫壽 | 불 | | | | 손수계7세 |
| 順 | | 영천 | 이씨 | | | |
| 洽 | | 불 | | | | |
| 承敬 | | 원주 | | | | |
| 여 | 예/金啓溫 | 불 | 훈도 金廷賢 | | | |
| 尙義 | 순 | 불 | | | | |

同譜』, 『靑邱氏譜』, 『萬家譜』, 『晉州姜氏大同譜』, 『安東權氏大同譜』 등에서 종합. 뒤 〈표 4-13〉의 출전도 같다.

127) 『萬家譜』 漢, 『萬姓大同譜』 淡, 『靑邱氏譜』, 『晉州姜氏大同譜』 漢.

| | | | | | | |
|---|---|---|---|---|---|---|
| 尙希 | | 불 | | | | |
| 尙齊 | | 성산 | 이씨 | | | |
| 여 | | 불 | | | | |
| 啓佐 | 洽 | 전주 | | | | |
| 啓武 | | 불 | | | | |
| 錘 | 상제 | 안동 | 권씨 | | | 9 |
| 衡 | | 불 | | | | |
| 여 | /孫善男 | 불 | | | | |
| 仲山 | 계좌 | 안동 | 權庚順 | | | |
| 好智 | 추 | 경주 | 김씨 | | | 10 |
| 好仁 | | 현풍 | 곽씨 | | | |
| 挽義 | | 양천 | 하씨 | | | |
| 九淵 | | 해주 | 현감 鄭光弼 | | | |
| 1녀 | /趙誠元 | 괴산 | | | | |
| 2녀 | 金宗哲 | 불 | | | | |
| 億守 | 중산 | 함안 | 趙復琦 | | | |
| 泓 | 호지 | 안동 | 權璸 | | | 11 |
| 友文 | | 문화 | 유씨 | | | |
| 여 | /李祥 | 고성 | | | | |
| 潤 | 만의 | 영천 | 이씨 | | | |
| 貴倩 | 구연 | 김해 | 金百鍊 | | | |
| 福 | 억수 | 안동 | 정랑 權衡立 | | | |
| 允武 | 孫喬 | 불명 | | | | 손교계7세 |
| 여 | /李元良 | 불 | | | | |
| 以仁 | 윤무 | 불 | | | | 8 |
| 以義 | | 불 | | | | |
| 以禮 | | 불 | | | | |
| 以智 | | 불 | | | | |
| 1녀 | /李盈科 | 불 | | | | |
| 2녀 | 楊大棟 | 불 | | | | |
| 秀禎 | 이인 | 불 | | | | 9 |
| 遇福 | 이의 | 불 | | | | |
| 遇祥 | | 전의 | 李春植 | | | |
| 1녀 | /韓琦 | 불 | | | | |
| 2녀 | 權彦邦 | 불 | | | | |
| 3녀 | 黃順弼 | 불 | | | | |
| 彦邦 | 이례 | 불 | | | | |
| 彦章 | | | 정씨 | | | |
| 安倫 | 이지 | | | | | |
| 安瑞 | | | | | | |
| 여 | 수정/판관 孫眞 | | | | | 10 |
| 希輔 | 우복 | | | | | |
| 希贊 | | | | | | |
| 希喆 | | 밀양 | 朴櫟 | | | |

| | | | | | |
|---|---|---|---|---|---|
| 希佐 | | 불 | | | |
| 여 | /만호 鄭麟角 | 하동 | 현감 興仁 | | |
| 昌緖 | 우상 | 문화 | 만호 柳麟祥 | | |
| 遇昌 | 언방 | 불 | | | |
| 渭 | 언장 | 불 | | | |
| 여 | /文繪地 | 불 | | | |
| 希文 | 언륜 | 불 | | | |
| 舜儉 | 희철 | 김해 | 한림 金礪臣 | | 11 |
| 琛 | 창서 | 강양 | 李秀禎 | | |
| 珙 | | 밀양 | 박씨 | | |
| 翰 | 우창 | 불 | | | |
| 應坤 | 위 | 파평 | 윤씨 | | |
| 文优 | 孫命 | 불명 | | | 손명계7세 |
| 여 | /부사 金天利 | 불 | | | |
| 龜令 | 문우 | 김해 | 김씨 | | 8 |
| 渭逢 | 구령 | 평산 | 신씨 | | 9 |
| 詹 | 위봉 | 대구 | 서씨 | | 10 |
| 孝貞 | 첨 | 보성 | 오씨 | | 11 |
| 淮伯 | 蓍 | 동래 | 부원군 鄭良生 | 밀직 瑜 | 시계7세 |
| 淮仲 | | 의령 | 판사 南徵生 | | |
| 淮順 | | 불명 | 全理 | | |
| 淮叔 | | 남양 | 洪世俊 | | |
| 淮季 | | 개성 | 공양왕 | | |
| 宗德 | 회백 | 경주 | 첨서밀직 李廷堅 | | 8 |
| 友德 | | 재령 | 중랑장 李日詳 | | |
| 進德 | | 문화 | 검교한성윤 柳元顯 | | |
| 碩德 | | 청송 | 영의정 沈溫 | 좌정승 德符 | |
| 順德 | | 안성 | 찬성 李叔蕃 | | |
| 1녀 | /정언 金張 | 상주 | 부사 俊 | | |
| 2녀 | 밀직사 南景佑 | 의령 | 판중추 誾 | | |
| 安壽 | 회중 | 남양 | 부원군 洪恕 | | |
| 安福 | | 인천 | 판서 李孝禮 | 찬성사 文和 | 증 彦博 |
| 安命 | | 죽산 | 참봉 安洙 | | |
| 毅 | 회순 | 완산 | 이씨 | | |
| 여 | / | 무송 | 도사 庾江 | | |
| 孝孫 | 회숙 | 벽진 | 지중추 李約東 | | |
| 여 | /尹汴 | 불 | 불 | | |
| 孝昆 | | 장수 | 黃琰 | | |
| 仲德 | | 불 | 불 | | |
| 濂 | 회계 | 양천 | 현령 許徵 | | |
| 胥祐 | | 불 | 불 | | |
| 源 | | 월성 | 상서 金漢仁 | | |
| 純 | | 불 | 불 | | |
| 浩 | | 불 | 불 | | |

| | | | | | | |
|---|---|---|---|---|---|---|
| 子愼 | 종덕 | 경주 | 목사 李蟠 | 개성윤 彰路 | 증 齊賢 | 9 |
| 子儀 | | 영월 | 판사 辛保安 | 판서 云吉 | | |
| 子保 | | 의령 | 사직 余福潤 | 전서 仲淹 | | |
| 子儉 | | 전주 | 도총제 李光 | 부원군 良佑 | | |
| 1녀 | /鄭禮孫 | 불 | | | | |
| 2녀 | 李承壽 | 불 | | | | |
| 孟卿 | 우덕 | 파평 | 사간 尹須彌 | 부사 普老 | | |
| 叔卿 | | 광산 | 현감 金哲城 | | | |
| 1녀 | /참봉 曹榮 | 남평 | 부사 田仁 | | | |
| 2녀 | 지중 朴居謙 | 밀양 | | 참찬 宜中 | | |
| 敏 | 진덕 | 光州 | 倉丞 盧處均 | 군사 相禮 | | |
| 致 | | 해평 | 윤씨 | | | |
| 美 | | 한양 | 봉례 趙觀生 | 지돈령 賓 | 曾 仁沃 | |
| 1녀 | /생원 鄭祖禹 | 光州 | 장령 지夏 | | | |
| 2녀 | 현감 李貴美 | 덕산 | 소윤 師曾 | | | |
| 3녀 | 군수 李信儉 | 용인 | 부사 守綱 | | | |
| 希顔 | 석덕 | 고성 | 지통례 李谷 | 좌의정 原 | | |
| 希孟 | | 순흥 | 감사 安崇孝 | 찬성 純 | | |
| 希曾 | | 불 | 불 | | | |
| 1녀 | /감찰 南俊 | 의령 | 직제학 簡 | | | |
| 2녀 | 辛肅 | 영산 | 健 | | | |
| 3녀 | 金元臣 | 연안 | 감사 修 | | | |
| 4녀 | 黃愼 | 장수 | 영의정 守身 | 영의정 喜 | | |
| 5녀 | 朴楣 | 밀양 | 참찬 仲孫 | | | |
| 6녀 | 安訂 | 불 | 불 | | | |
| 希明 | 순덕 | 전의 | 선전관 李光國 | | | |
| 貞 | | 불 | | | | |
| 徵 | 안수 | 인천 | 동지돈령 李孝智 | 참찬 文和 | | |
| 胤 | | 철원 | 전서 崔貴德 | | 증 瑩 | |
| 徯 | | 전주 | 찬성 崔士康 | 찬성 有慶 | | |
| 여 | /溫寧君 裎 | 전주 | 태종 | | | |
| 以纘 | 안복 | 경주 | 승지 李文煥 | 관찰사 嘻 | | |
| 以仁 | | 전주 | 현감 李潤 | 흥안군 濟 | | |
| 以誠 | | 창녕 | 成文治 | 목사 代 | 증 邉 | |
| 以敬 | | 거창 | 이판 愼後甲 | 참판 幾 | | |
| 以順 | | 하양 | 부사 許敬 | 판사 個 | | |
| 以行 | | 양천 | 군수 許蒣 | 부사 扉 | 증 恍 | |
| 以興 | | 음성 | 판관 朴繼金 | 첨중 昭 | 증 淳 | |
| 以溫 | | 언양 | 현령 金效震 | 감찰 仲行 | | |
| 以恭 | | 남양 | 지돈령 洪任 | 판관 淀 | | |
| 純 | 안명 | 김제 | 판서? 趙通元 | 학사 令晦 | | |
| 應亨 | 의 | 불 | | | | |
| 應貞 | | 상산 | 김씨 | | | |
| 國老 | 효손 | 양성 | 李泰延 | | | |

| | | | | | |
|---|---|---|---|---|---|
| 國冲 | | 불 | | | |
| 여 | /사성 鄭愼 | 영일 | 사예 宗本 | 수시중 夢周 | |
| 靖 | 종덕 | 불 | | | |
| 여 | /金健 | 경주 | | | |
| 福海 | 렴 | 전주 | 병판 李興發 | | |
| 巨道 | | 불 | | | |
| 汀 | 서우 | 불 | | | |
| 淑 | | 불 | | | |
| 仁周 | 원 | 전주 | 金孝範 | | |
| 和周 | | 평해 | 黃誠中 | | |
| 思敏 | 순 | 불 | | | |
| 思轍 | | 불 | | | |
| 巨海 | 호 | 불 | | | |
| 巨深 | | 불 | | | |
| 居仁 | 자신 | 풍기 | 府丞 秦有緯 | | 10 |
| 居義 | | 광산 | 생원 金垣 | 현감 世佑 | |
| 居禮 | | 남양 | 대사헌 洪興 | 한성윤 深 | |
| 居貞 | | 경주 | 감역 金雄 | | |
| 居忠 | | 부계 | 감사 芮承錫 | | |
| 居孝 | | 종친 | 高陽君 李秩 | 경령군 裶 | 증 태종 |
| 1녀 | /偰致深 | 경주 | 불 | | |
| 2녀 | 첨지 孫繼童 | 밀양 | 지현사 奕 | | |
| 遇 | 자의 | 광산 | 김씨 | | |
| 여 | /첨지 李崇壽 | 경주 | 판서 延孫 | | |
| 繼宏 | 자보 | 상산 | 병사 金乙孫 | 참판 尙安 | |
| 文贊 | 자검 | 양성 | 현감 李承召 | | |
| 文弼 | | 전주 | 李廷堅 | | |
| 允範 | 맹경 | 광주 | 鄭繼禹 | 장령 之夏 | |
| 世範 | | 불 | | | |
| 1녀 | /돈령도정 南曘 | 의령 | 판중추 景祐 | | |
| 2녀 | 朴壽長 | 밀양 | | | |
| 仁範 | 숙경 | 상주 | 호군 呂仁甫 | 현령 子方 | 증 文晦 |
| 義範 | | 전의 | 사직 李緝 | 부사 誠全 | |
| 禮範 | | 불 | 盧甲生 | | |
| 信範 | | 불 | 金繼亨 | | |
| 1녀 | /河龜年 | 진주 | 좌랑 淵 | | |
| 2녀 | 참봉 許鍾 | 김해 | 副尉 文孫 | | |
| 貴孫 | 민 | 금성 | 현령 劉昭 | 사정 暾 | |
| 末孫 | | 강양 | 李化道 | | |
| 鐵堅 | 치 | 평해 | 寺正 黃允元 | 참의 坤 | |
| 錫堅 | | 전의 | 李賢興 | | |
| 玉堅 | | 풍산 | 金熙順 | | |
| 1녀 | /동지 吳世昌 | 해주 | 현령 有信 | | |
| 2녀 | 첨지 金壽句 | 김해 | | | |

| | | | | | |
|---|---|---|---|---|---|
| 3녀 | 생원 黃俊 | 평해 | | | |
| 4녀 | 현감 李塾 | 용인 | 병사 信僉 | | |
| 義孫 | 미 | 여흥 | 周白元 | | |
| 義貞 | | 포산 | 참판 郭居仁 | | |
| 鶴孫 | 희안 | 고령 | 관찰사 申澌 | 영의정 叔舟 | |
| 1녀 | /교리 趙仲輝 | 한양 | 관찰사 瑾 | | |
| 2녀 | 좌랑 宋胤鍾 | 진천 | 현감 宣 | | |
| 3녀 | 교감 金孟剛 | 안산 | 참찬 漑 | | |
| 4녀 | 감찰 魚孟濂 | 함종 | 좌의정 世謙 | | |
| 龜孫 | 희맹 | 은진 | 목사 宋遼年 | | |
| 麟孫 | 조졸 | | | | |
| 鶯孫 | 조졸 | | | | |
| 鰲孫 | | 불 | | | |
| 蚕孫 | | 불 | | | |
| 1녀 | /지돈령 成世明 | 창녕 | 대제학 任 | | |
| 2녀 | 동지중 金成童 | 안동 | 좌의정 礩 | | |
| 3녀 | 부사 申濂 | 고령 | 첨정 從洽 | | |
| 4녀 | 權蔓衡 | 안동 | 花川君 珹 | | |
| 處貞 | 희증 | 강릉 | 참판 金得仁 | | |
| 彦福 | 희명 | 불 | | | |
| 善孫 | | 밀양 | 생원 朴世壽 | 판관 聖休 | |
| 之海 | 정 | 불 | | | |
| 子平 | 휘 | 종친 | 義城君 李寀 | 효령대군 補 | |
| 子正 | | 전의 | 全城尉 李椀 | 恭全 | |
| 子順 | | 종친 | 문종 | | |
| 여 | /新豊都正 李循 | 종친 | 寶城君 峇 | 효령대군 補 | |
| 檜 | 윤 | 불 | | | |
| 1녀 | /목사 尹潾 | 파평 | 생원 尹仁蓍 | | |
| 2녀 | 홍문전한 韓忠 | 청주 | 주부 昌 | | |
| 孝貞 | 혜 | 평산 | 봉례 申允丹 | 自敬 | |
| 여 | /達城正 李恒 | 종친 | 義城君 寀 | | |
| 漬 | 이찬 | 무안 | 군수 朴觀卿 | 현감 頤 | |
| 濼 | | 불 | | | |
| 1녀 | /진사 許掞 | 하양 | | | |
| 2녀 | 현령 金熙壽 | 언양 | 현령 效震 | | |
| 惟信 | 이인 | 해주 | 첨지 吳相 | 寺正 明禮 | |
| 泂 | | 영일 | 참의 鄭洪 | | |
| 璜 | 이성 | 양성 | 병사 李惇仁 | 현감 備 | |
| 1녀 | /李弼 | 연안 | | | |
| 2녀 | 河淑 | 진주 | 漢功 | | |
| 漢 | 이경 | 함양 | 통찬 朴聖信 | | |
| 淡 | | 불 | | | |
| 1녀 | /참판 趙玉 | 불 | | | |
| 2녀 | 부사 李繼義 | 불 | | | |

| | | | | | | |
|---|---|---|---|---|---|---|
| 3녀 | 金世幹 | 불 | | | | |
| 4녀 | 첨사 柳亨亮 | 불 | | | | |
| 灝 | 이순 | 평산 | 참봉 申範 | 대사성 自繩 | | |
| 濟 | | 안동 | 참봉 權眉 | 판관 實 | | |
| 涉 | | 남양 | 봉사 洪士偉 | 대사헌 興 | | |
| 濱 | | 해주 | 통례 崔洪胤 | | | |
| 徵 | 이행 | 영일 | 판사 鄭湄 | 군수 自權 | 증 淵 | |
| 淵 | | 함양 | 첨중 呂允傑 | | | |
| 潾 | | 이천 | 부장 徐世寧 | 주부 邁 | | |
| 1녀 | /참의 金世句 | 김해 | 대사헌 永貞 | | | |
| 2녀 | 申據 | 평산 | 첨정 永綏 | | | |
| 文達 | 이홍 | 연안 | 현감 金嵩 | 도사 仍 | 증 自知 | |
| 文遇 | | 불 | | | | |
| 1녀 | /직장 李順元 | 불 | | | | |
| 2녀 | 洪玉堅 | 불 | | | | |
| 3녀 | /登臨守 李愛信 | 종친 | | | | |
| 淑 | 이온 | 남양 | 진사 洪俊 | 집의 演 | | |
| 澹 | | 전주 | 현감 柳世祚 | 감사 養老 | | |
| 洪 | | 순천 | 부사 金允灌 | 상의정 嗣源 | 고 承霍 | |
| 溥 | | 전주 | 군수 李壽命 | | | |
| 沃 | | 전주 | 이씨 | | | |
| 洙 | | 부안 | 진사 金墥 | | | |
| 泌 | | 제주 | 高世亨 | | | |
| 潜 | | 문화 | 군수 柳希汀 | 군수 順行 | | |
| 여 | /군수 陳彰 | 여양 | | | | |
| 混 | 이공 | 光州 | 현감 鄭純仁 | 군수 積禹 | | |
| 洧 | | 성주 | 사평 李云苞 | 찬성 諝 | 증 正寧 | |
| 1녀 | /權光 | 안동 | 현감 洽 | | | |
| 2녀 | 李公柱 | 성주 | | | | |
| 3녀 | 柳渥 | 전주 | | | | |
| 4녀 | 李善根 | 불 | | | | |
| 昇 | 순 | 전주 | 사과 崔洌 | 참의 允亨 | | |
| 여 | 응형/田熙祖 | 담양 | | | | |
| 演麟 | 응정 | 남양 | 홍씨 | | | |
| 翰麟 | | 상주 | 주씨 | | | |
| 1녀 | /宋琥 | 여산 | | | | |
| 2녀 | 李文亨 | 전의 | | | | |
| 3녀 | 金允球 | 함양 | | | | |
| 浩 | 국로 | 천안 | 金漢周 | | | |
| 有蓍 | 국충 | 불 | | | | |
| 貴孫 | 정 | 정선 | 全興敏 | | | |
| 默 | 보 | 불 | | | | |
| 點 | | 불 | | | | |
| 謹 | 거도 | 불 | 황씨 | | | |

| | | | | | |
| --- | --- | --- | --- | --- | --- |
| 守恭 | 정 | 연안 | 李先碩 | | |
| 守儉 | | 불 | | | |
| 益良 | | 불 | | | |
| 希達 | 인주 | 경주 | 참봉 李義孫 | | |
| 定湜 | 희주 | 불 | | | |
| 宗麗 | | 정선 | 全仁壽 | | |
| 宗淸 | | 불 | | | |
| 孝貞 | 사민 | 불 | | | |
| 孝梁 | | 불 | | | |
| 도 | 사철 | 불 | | | |
| 恭世 | 거인 | 밀양 | 현감 孫繼儉 | | 11, 생부 거례 |
| 1녀 | /사직 洪湜 | 남양 | 이판 汝方 | | |
| 2녀 | 南崇年 | 영양 | 진사 致晶 | | |
| 克世 | 거의 | 밀양 | 진사 朴泌 | | |
| 謹世 | 거례 | 불 | | | |
| 世明 | 거정 | 안동 | 감역 權義壽 | | |
| 世雲 | | 청주 | 선전관 韓就都 | | |
| 世弘 | 거충 | 고성 | 주부 李希振 | | 증 云老 |
| 世昌 | | 불 | | | |
| 1녀 | /승지 李夔 | 연안 | | | |
| 2녀 | 참봉 申匡趾 | 평산 | 감찰 檍年 | 찰방 允丹 | |
| 世規 | 거효 | 영천 | 봉사 李龜孫 | | |
| 世矩 | | 廣州 | 한성판윤 李坫 | | |
| 世準 | | 양천 | 현감 許長孫 | 판서 恫 | |
| 世繩 | | 전주 | 대사헌 李拭 | | |
| 1녀 | /慶世昌 | 청주 | | | |
| 2녀 | 宜仁正 李欽 | 종친 | | | |
| 3녀 | 李世淵 | 불 | | | |
| 斗延 | 우 | 선산 | 金浩 | | |
| 斗全 | | 해주 | 현감 吳淳五 | | |
| 斗胤 | | 성주 | 李尙運 | | |
| 斗起 | | 한산 | 李正國 | | |
| 斗尊 | | 불 | | | |
| 여 | /巘陽副正 李嗣祖 | 종친 | 順城君 개 | 양녕대군 褆 | |
| 世卿 | 계굉 | 해주 | 참판 鄭錫堅 | | |
| 世亨 | | 남양 | 홍씨 | | |
| 世貞 | | 나주 | 충의위 朴寅亮 | 부사 林禎 | |
| 여 | /恒陽守 李? | 종친 | | | |
| 齊賢 | 문찬 | 종친 | 花原正 李棟 | 牛山君 踵 | |
| 仲賢 | 문필 | 기계 | 참봉 兪欽祖 | | |
| 自明 | 윤범 | 밀양 | 군수 朴壽宗 | 부사 哲孫 | 증 浩文 |
| 自盛 | | 파평 | 감찰 尹殷佐 | | |
| 自建 | | 해주 | 吳國光 | | |
| 胤建 | 세범 | 불 | | | |

| | | | | | |
|---|---|---|---|---|---|
| 渾 | 인범 | 양천 | 崔雄永 | 사정 浦 | |
| 1녀 | /河護 | 진주 | | | |
| 2녀 | 대사간 魚得江 | 함종 | 훈도 文孫 | | |
| 潭 | 의범 | 파평 | 첨정 尹復仁 | 군수 斌 | |
| 1녀 | /군수 權衡達 | 안동 | | | |
| 2녀 | 현감 崔壎 | 화순 | 관찰사 重弘 | | |
| 浣 | 예범 | 불 | 鄭元昌 | | |
| 浩 | | 불 | | | |
| 湜 | 신범 | 단양 | 훈도 禹筌 | | |
| 演 | | 경주 | 진사 金京寶 | 참의 仁址 | |
| 沄 | | 인천 | 통례 李效年 | | |
| 여 | /참봉 朴希參 | 불 | | | |
| 繼祖 | 귀손 | 청주 | 한씨 | | |
| 繼曾 | | 안동 | 참의 金彦沈 | 호군 濾 | |
| 繼先 | | 신천 | 생원 康彦章 | | |
| 叔隣 | 말손 | 동래 | 정씨 | | |
| 1녀 | /李亨文 | 전의 | | | |
| 2녀 | 참봉 李沉 | 불 | | | |
| 遇隣 | 철견 | 전주 | 이씨 | | |
| 彦璡 | | 밀양 | 박씨 | | |
| 世弘 | | 한양 | 조씨 | | |
| 繼貞 | 석견 | 한양 | 조씨 | | |
| 五星 | | 불 | | | |
| 國慶 | | 안동 | 金河文 | | |
| 士豪 | 옥견 | 양천 | 許璋 | | |
| 保昇 | | 성주 | 사인 李得春 | | |
| 希周 | | 수원 | 첨정 白圭成 | | |
| 守溫 | 의손 | 隋陽 | 최씨 | | |
| 之瀚 | 의정 | 불 | | | |
| 之海 | | 문화 | 지중추 柳江 | 도총제 蔓殊 | |
| 永壽 | 학손 | 고령 | 申希潤 | 澳 | |
| 亨壽 | | 청주 | 韓祚同 | 참봉 仲善 | 증 彜 |
| 期壽 | | 광산 | 김씨 | | |
| 耆壽 | | 영광 | 丁彦弼 | 현감 淑 | 증 克勤 |
| 終壽 | | 경주 | 목사 金瑞 | 참판 承卿 | |
| 欣壽 | | 안동 | 좌랑 權景裕 | 판관 壽 | |
| 坤壽 | | 파평 | 尹琬 | 현감 三元 | 증 季소 |
| 萬壽 | | 불 | | | |
| 億壽 | | 불 | | | |
| 1녀 | /德林君 李孜 | 종친 | | | |
| 2녀 | 호군 金禹鼎 | 경주 | | | |
| 台壽 | 구손 | 영일 | 직제학 鄭淮 | 부윤 自濟 | 증 淵 |
| 二儀 | | 하동 | 주부 鄭東華 | 관찰사 益進 | |
| 여 | /金曒 | 불 | | | |

| | | | | | |
|---|---|---|---|---|---|
| 自渭 | 처정 | 파평 | 부사 尹師商 | | |
| 萬壽 | 선손 | 경주 | 판관 金百鍊 | | |
| 詞 | 자평 | 선산 | 군수 金承慶 | 감역 在亨 | |
| 譜 | | 밀양 | 생원 孫睦宗 | 좌랑 永倫 | |
| 諝 | | 경주 | 사직 李彭壽 | 부사 卜經 | |
| 誠 | | 행주 | 첨중 奇自煥 | | |
| 訢 | | 반남 | 현감 朴樞 | 참판 賁 | 증 玉衡 |
| 1녀 | /定陽君 李淳 | 종친 | 臨瀛大君 璆 | 세종 | |
| 2녀 | 유수 愼守謙 | 거창 | 영의정 承善 | 감사 幾 | |
| 謙 | 자정 | 순창 | 진사 薛甲仁 | | |
| 여 | /淸原君 韓偉 | 청주 | 판서 致義 | 좌의정 確 | |
| 亨童 | 자순 | 남양 | 도정 洪貞老 | 판중추 約 | |
| 여 | /都正 李瀁 | 종친 | 德源君 曙 | | |
| 哲 | 희 | 경주 | 이씨 | | |
| 世應 | 효정 | 종친 | 義泉君 承恩 | 益寧君 袊 | 증 태종 |
| 여 | /幽山正 李敏 | 종친 | 定陽君 淳 | | |
| 世琛 | 지 | 廣州 | 집의 李粹彦 | 찬성사 蔭 | |
| 여 | /찰방 趙德期 | 풍양 | 도사 世獻 | | |
| 世明 | 흡 | 불 | | | |
| 世璉 | | 상주 | 정랑 金以用 | | |
| 世璣 | | 불 | | | |
| 世琳 | | 불 | | | |
| 여 | /무과 孫蘭秀 | 불 | | | |
| 公佐 | 유신 | 무송 | 현감 尹漬 | | |
| 文佐 | | 진주 | 河一澄 | | |
| 여 | /별좌 尹濡 | 무송 | 직학 ? | | |
| 德興 | 형 | 청주 | 수찬 金補國 | | |
| 好德 | 황 | 음성 | 낭장 朴矩 | 대사헌 叔蓁 | |
| 崇德 | | 철원 | 직제학 尹碩輔 | 참의 界 | |
| 允德 | | 이천 | 徐仁老 | | |
| 1녀 | /申潚 | 고령 | 참봉 光潤 | | 고 叔舟 |
| 2녀 | 神堂令 李禎 | 종친 | 仙차정 承孫 | | |
| 3녀 | 盧鈞 | 光州 | 판관 漢輔 | | |
| 愼友 | 한 | 장흥 | 부사 任漢亮 | | |
| 謹友 | | 양성 | 진사 李守仁 | | 증 伯良 |
| 世德 | 호 | 불 | | | |
| 世明 | | 함풍 | 李益英 | | |
| 偁 | | 태안 | 현감 李泗 | | |
| 여 | /豊昌守 李翰 | 종친 | | | |
| 彦臣 | 섭 | 현풍 | 곽씨 | | |
| 彦弼 | | 무송 | 尹哲輔 | | |
| 1녀 | /현감 金安遂 | 연안 | 의정 銓 | | |
| 2녀 | 생원 金懋 | 불 | | | |
| 3녀 | 柳景春 | 불 | | | |

| | | | | | |
|---|---|---|---|---|---|
| 4녀 | 趙應仁 | 평양 | | | |
| 龜老 | 빈 | 평산 | 申俔 | | |
| 1녀 | /부장 李禮孫 | 고성 | 군수 衡 | | |
| 2녀 | 현령 羅世彦 | 나주 | 참봉 孟聃 | | |
| 僖 | 정 | 나주 | 시정 金鳳瑞 | | |
| 儀 | | 안동 | 부사 權世衡 | 의금도사 寬 | |
| 億 | | 문화 | 판관 柳應壹 | 영의정 洵 | |
| 儼 | | 청도 | 현감 金孝胤 | | 증 均 |
| 偉 | | 영산 | 현감 辛壽堅 | | |
| 俊 | | 聞韶 | 김씨 | | |
| 任 | | 문화 | 柳培 | | |
| 偲 | 연 | 이천 | 徐珹 | | |
| 休 | | 장수 | 黃建基 | | |
| 여 | /靑陽守 李萬壽 | 종친 | | | |
| 償 | 린 | 고창 | 吳雲鶴 | | |
| 倬 | | 안동 | 金繼祖 | | |
| 여 | /鄭元男 | 불 | | | |
| 世璹 | 문달 | 불 | | | |
| 世瑾 | | 창원 | 黃健 | | |
| 1녀 | /李允簡 | 불 | | | |
| 2녀 | 정랑 李櫟 | 전주 | 현령 ? | | |
| 世雄 | 문우 | 불 | | | |
| 休 | | 불 | | | |
| 世仁 | 숙 | 전주 | 부사 崔三俊 | 부사 淑行 | 고 有慶 |
| 世智 | 澹 | 의성 | 金穎 | | |
| 世龜 | | 전의 | 이씨 | | |
| 世俊 | | 전주 | 李仁綏 | | |
| 世彦 | | 전주 | 이씨 | | |
| 世豪 | | 광산 | 金友賢 | | |
| 1녀 | /金枰 | 불 | | | |
| 2녀 | 崔湜 | 불 | | | |
| 國俊 | 홍 | 은진 | 목사 宋勳 | 주부 璨 | 증 福山 |
| 1녀 | /선전관 李光 | 불 | | | |
| 2녀 | 蓬城令 李壽賢 | 종친 | | | |
| 3녀 | 李貴枝 | 전주 | | | |
| 世義 | 부 | 의성 | 직장 金傅顯 | | 생부 淑 |
| 遵陸 | 옥 | 평산 | 교관 申綱 | | |
| 遵渚 | | 평산 | 생원 申光弼 | | |
| 遵境 | | 김해 | 金恭淑 | | |
| 여 | /加祚令 李自信 | 종친 | 中山令 碩 | | |
| 丁年 | 수 | 김해 | 김씨 | | |
| 戊年 | | 강릉 | 김씨 | | |
| 淳起 | | 김해 | 金陸三 | | |
| 倫 | 필 | 전주 | 李宜亨 | | |

| | | | | | |
|---|---|---|---|---|---|
| 夢錫 | | 선산 | 참봉 金孝胤 | | |
| 여 | /崔應鸞 | 광주 | 壽煥 | | |
| 應聘 | 잠 | 안동 | 權仁 | | |
| 1녀 | /金瑞 | 불 | | | |
| 2녀 | 寧原君 李仁壽 | 종친 | 瑞興副令 季孫 | | |
| 3녀 | 생원 金琚 | 안동 | 경력 彦浩 | | |
| 義中 | 식 | 광산 | 金建 | | |
| 1녀 | /생원 金興元 | 강릉 | 목사 瑱 | | |
| 2녀 | 趙磻 | 풍양 | 현감 世賛 | | |
| 世胤 | 유 | 전주 | 판사 李藝 | | |
| 여 | /李奇男 | 불 | | | |
| 丘生 | 승 | 전주 | 사정 崔自任 | 소윤 得之 | |
| 池生 | | 불 | | | |
| 堤生 | | 불 | | | |
| 碧生 | | 청산 | 이씨 | | |
| 琨 | 연린 | 하동 | 鄭調 | | 증 麟趾 |
| 秀雄 | 한린 | 함안 | 이씨 | | |
| 渭建 | 호 | 김해 | 찰방 金性柱 | | |
| 允建 | | 전주 | 崔鳳鳴 | | |
| 泓 | 귀손 | 제주 | 高元輔 | | |
| 宜兄 | 목 | 불 | | | 생부 點 |
| 宜弟 | 점 | 불 | | | |
| 顯孫 | 근 | 경주 | 김씨 | | |
| 箕孫 | | 불 | | | |
| 夢禎 | 수공 | 동복 | 吳倫 | | |
| 夢禧 | | 불 | | | |
| 夢祥 | 수검 | 불 | | | |
| 一孫 | 익량 | 불 | | | |
| 二孫 | | 불 | | | |
| 三孫 | | 불 | | | |
| 利用 | 희달 | 전주 | 판서 李興發 | | |
| 善用 | | 강릉 | 崔壽生 | | |
| 禮用 | | 월성 | 동지 李八林 | | |
| 智用 | | 양천 | 판결사 許連庚 | | |
| 信用 | | 불 | | | |
| 守彦 | 정식 | 불 | | | |
| 守堅 | 종려 | 주계 | 양씨 | | |
| 潤 | 효정 | 불 | | | |
| 漢 | | 불 | | | |
| 瑞厚 | 효량 | 불 | | | |
| 翌 | 도 | 불 | | | |
| 策 | 筮 | 청주 | 정당문학 韓尙質 | 밀직부사 脩 | 서계7세 |
| 詮 | | 하동 | 참의 鄭錫麟 | | |
| 籌 | | 수안 | 정당문학 李恬 | 부원군 壽山 | |

| | | | | | | |
|---|---|---|---|---|---|---|
| 餘 | | 전주 | 군사 李仲明 | | | |
| 여 | /찬성 崔士康 | 전주 | 찬성 有慶 | | | |
| 信德 | 전 | 도강 | 金鑴 | | | 8 |
| 帶生 | 주 | 해평 | 윤씨 | | | |
| 瑞生 | | 불 | | | | |
| 明德 | 여 | 광산 | 부사 金白麟 | | | |
| 耋 | 신덕 | 밀양 | 병사 朴漢老 | | | 9 |
| 耆 | | 도강 | 관찰사 趙注 | | | |
| 崑 | 대생 | 하동 | 정씨 | | | |
| 崙 | | 불 | | | | |
| 巖 | | 광산 | 金致煥 | | | |
| 繼宗 | 서생 | 불 | | | | |
| 繼山 | | 풍산 | 유씨 | | | |
| 麟玉 | | 안동 | 권씨 | | | |
| 宜卿 | 명덕 | 광산 | 교수 金璜 | | | |
| 宋卿 | | 불 | | | | |
| 1녀 | /李承文 | 불 | | | | |
| 2녀 | 李允昌 | 불 | | | | |
| 3녀 | 趙逢辰 | 불 | | | | |
| 4녀 | 崔淵 | 불 | | | | |
| 5녀 | 鄭次恭 | 동래 | | | | |
| 繼東 | 질 | 전주 | 李壽根 | | | 10 |
| 繼謙 | | 청주 | 金義東 | | | |
| 繼運 | 구 | 경주 | 李英 | | | |
| 繼時 | | 김해 | 김씨 | | | |
| 允恭 | 곤 | 평해 | 황씨 | | | |
| 允溫 | 암 | 불 | | | | |
| 允良 | | 해평 | 尹詮 | | | |
| 漢輔 | 계종 | 성주 | 李敬一 | | | |
| 晉輔 | 계산 | 순천 | 朴文年 | | | |
| 應周 | 인옥 | 청주 | 판서 韓世佑 | | | |
| 老 | 의경 | 남원 | 鄭宜民 | | | |
| 淑進 | 계동 | 광산 | 사간 金國華 | | | 11 |
| 雲亨 | 계겸 | 밀양 | 朴以南 | | | |
| 碩麟 | 계운 | 해평 | 尹正夏 | | | |
| 孝義 | 계시 | 불 | | | | |
| 霖 | 윤공 | 안동 | 權泰熙 | | | |
| 霖 | 윤량 | 불 | | | | |
| 震 | | 불 | | | | |
| 純孫 | 한보 | 진주 | 하씨 | | | |
| 義孫 | 진보 | 단성 | 김씨 | | | |
| 忠孫 | | 남양 | 사간 洪源圭 | | | |
| 元弼 | 응주 | 수원 | 白守欽 | | | |
| 子仁 | 노 | 청송 | 沈義欽 | | | |
| 有仁 | | 파평 | 尹壽榮 | | | |

# 제5장 昌寧成氏(汝完系)

    창녕성씨는 고려후기에 창녕에 세거한 戶長(中尹)[1] 仁輔를 시조로 하여 성립된 가문으로서 다음의 가계도에서와 같이 여말선초에 시조의 4대손인 汝完과 그의 아들인 石璘·石瑢이 현달하면서 양반가문으로 정착되었고, 이후 가문의 성세가 계속되면서 鉅族家門으로 정착되었다.

---

1) 호장은 983년(고려 성종 2) 군현의 설치와 함께 당시까지 독자적으로 지방을 통치하던 豪族의 관부인 兵部·倉部와 堂大等 이하의 향직을 군현의 부속기관인 司兵·司倉과 호장이하로 편제하면서 성립되었다. 향직은 성종 2년~현종 8년에는 戶長~倉史의 9등, 현종 9년 이후에는 戶長~司獄史의 14등이 있었는데, 호장은 주현 향직의 으뜸이었던 만큼 군현내에서 가장 세력이 큰 자가 제수되었다. 中尹은 고려개국초부터 고려말까지 지방호족·탐라추장·여진귀화인에게 수여한 향직계 1~9품 1~16계 중의 최하위인 9품 16계이다. 성종 2년의 9등과 현종 9년의 14등 향직과 9품 16계 향직계는 다음과 같다(박용운, 2012, 『고려시대사(증보 5판)』, 36·156, 118쪽).
향직 9등과 14등
9등(성종 2) : 戶長, 副戶長, 兵正, 副兵正, 倉正, 副倉正, 史, 兵史, 倉史.
14등(현종 9) : 호장~창사, 公須史, 食祿史, 客舍史, 藥店史, 司獄史.
향직계 9품 16계(등급)
1품 三重大匡(1)·重大匡(2), 2품 大匡(3)·正匡(4), 3품 大丞(5)·佐丞(6), 4품 大相(7)·元甫(8), 5품 正甫(9), 6품 元尹(10)·佐尹(11), 7품 正朝(12)·正位(13), 8품 甫尹(14), 9품 軍尹(15)·中尹(15).

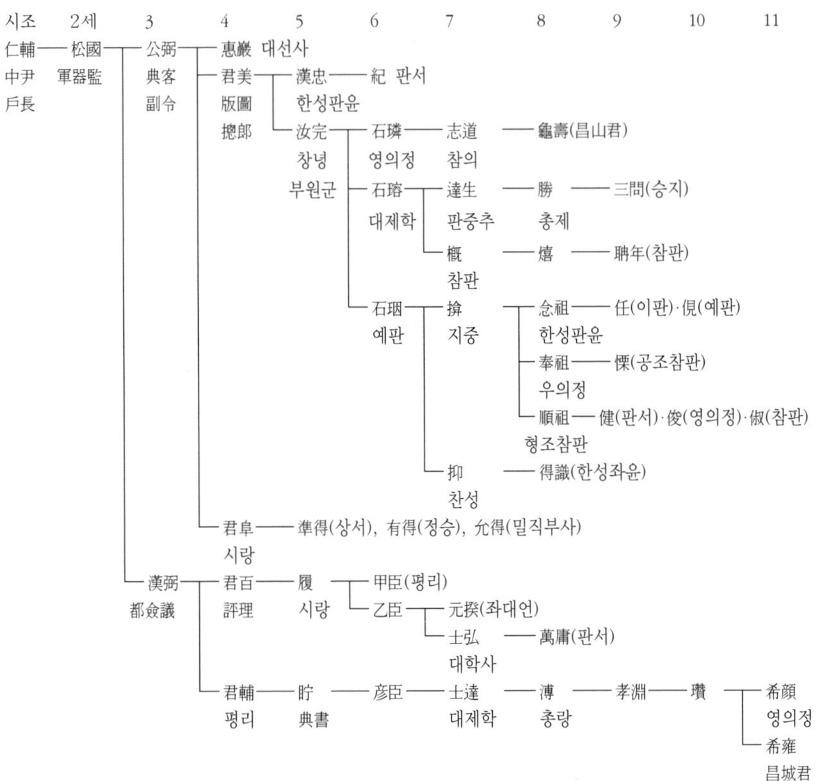

〈도 5-1〉 창녕성씨 상세(1~11세) 주요관직자 가계2)



---


2) 『조선왕조실록』, 『국조문과방목』, 『국조인물고』, 졸저, 『조선초기 관인이력』(2020, 도서출판 혜안), 『청구씨보』, 『昌寧成氏文蕭公(石瑢)派世譜』(1970, 譜典出版社) 등에서 종합(뒤의 〈도 5-2~4〉도 같다).

# 1. 昌寧成氏의 전개

## 1) 公弼·君美-漢忠·汝完系

### (1) 君美-漢忠系

시조 仁輔의 4대손인 5세 한성판윤 漢忠은 판서 紀를 두었다. 6세 기는 철원부사 守恒·연안부사 守良 등 4남과 감무 鄭之夏 등에게 출가한 3녀를 두었다.[3]

7세 수항은 관찰사 敏, 민은 교리 貴智·士智와 사간 柳漢 등에게 출가한 3녀를 두었고, 귀지는 世明을 두었다. 수량은 사직 原과 판서 柳季聞에게 출가한 딸을 두었다.

### (2) 君美-汝完系

시조 인보의 4대손인 5세 昌寧府院君 汝完은 지신사 羅天富의 딸과 영의정부사 石璘·대제학 石璿·예조판서 石珚·낭장 石璠과 尹承禮·金邁卿에게 출가한 딸을 두었다.

6세 석린은 참의 志道·좌참찬 發道, 석용은 판중추 達生·공조참판 槪·공주판관 枏, 석연은 판한성 揜·우찬성 抑·첨지중추 扱과 李審 등에게 출가한 3녀, 석번은 虔·知善州事 彙를 두었다.

7세 지도는 첨지중추 龜壽, 손자와 손녀, 예조참의 世弼 등 증손자와 증손녀를 두었다.

달생은 지중추 勝 등 3남과 참판 韓惠·병사 趙崇文 등에게 출가한 3녀,

---

3) 뒤 〈표 5-10·11〉에서 종합(생략된 자녀의 가계와 관직은 뒤 〈표 5-10·11〉 참조. 뒤의 7~9세와 여완, 준득, 윤득, 이, 저계도 같다).

손자와 손녀, 증손자와 증손녀를 두었다. 개는 승문교리 熺 등 3남과 金景孫·내자소윤 金俟에게 출가한 딸, 손자와 손녀, 증손자와 증손녀를 두었다. 栩는 내금위사직 九淵과 감사 李愼孝·영의정 尹弼商 등에게 출가한 4녀, 손자와 손녀, 증손자와 증손녀를 두었다.

엄은 지중추 念祖·우의정 奉祖·형조참판 順祖, 손자와 손녀, 증손자와 증손녀를 두었다. 억은 한성좌윤 得識·군수 重識 등 4남과 양녕대군 李禔·지중추 吳靖·판관 權孟貞에게 출가한 딸, 손자와 손녀, 증손자와 증손녀를 두었다. 급은 군수 繼性 등 5남, 손자와 손녀, 증손자와 증손녀를 두었다.

휘는 상장군 敍·寬, 손자와 손녀, 증손자와 증손녀를 두었다.

지금까지 서술한 군미-한충·여완계 6~10세 중요 관직 역임자의 가계는 다음과 같다.

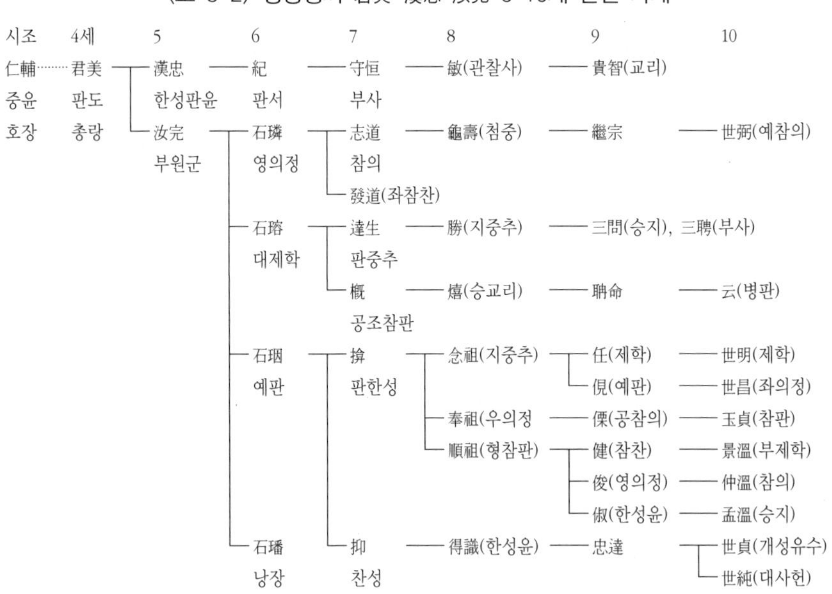

〈도 5-2〉 창녕성씨 君美-漢忠·汝完 6~10세 관인 가계

## 2) 公弼·君皐-準得·有得·允得系

### (1) 君皐-準得系

시조 인보의 4대손인 5세 상서 準得은 판사 連·중서시랑 遵 등 4남과 좌의정 金貴齡·부윤 奇乙忠에게 출가한 딸을 두었다. 6세 연은 부사 孝淳 등 3남과 崔渠에게 출가한 딸, 준은 목사 代와 鄭仁沃 등에게 출가한 3녀를 두었다.

7세 효순은 목사 克仁 등 7남과 權矩·宋壽에게 출가한 딸, 裕 등 9손자와 영의정 尹仁鏡 등에게 출가한 3손녀, 첨절제사 益之·우후 漑 등 7증손을 두었다. 효수는 현감 仲義, 손자 自玉·사간 自潤, 교위 仁山 등 3증손을 두었다. 효덕은 사인 克義·克信, 손자 목사 始生, 증손 첨지 世勳·世積을 두었다.

대는 5위호군 文治 등 3남과 감사 金倫 등에게 출가한 4녀, 瓚 등 3손자, 世仁 등 4증손을 두었다.

### (2) 君皐-有得系

시조 인보의 4대손인 5세 좌정승 有得은 보문각직제학 思齋·議郎 張羽에게 출가한 딸을 두었다. 6세 사제는 낭장 響·칠원현감 杜와 직제학 魚變甲에게 출가한 딸을 두었다.

7세 두는 판관 近禮 등 3남과 李樂山에게 출가한 딸, 군수 自富 등 6손자와 尹輔殷에게 출가한 손녀, 군자감정 世璜 등 11증손자를 두었다.

### (3) 君皐-允得系

시조 인보의 4대손인 5세 밀직부사 允得은 사인 台俊·좌랑 士俊을 두었고,

6세 태준은 진사 澤·漳과 고응길에게 출가한 딸, 사준은 援·極·담을 두었다.

7세 택은 참봉 元紀·元老, 손 萬, 증손 世勳을 두었다. 장은 以進, 손 憲, 증손 世城을 두었다.

원은 元厚, 손 石珠, 증손 府를 두었다. 담은 震, 손자 艸孫, 允溫 등 6증손을 두었다.

지금까지 살핀 군부-준득·유득·윤득계 6~10세 주요 관력자를 정리하면 다음과 같다.

<도 5-3> 창녕성씨 군부-준득·유득·윤득계 6~10세 관인 가계

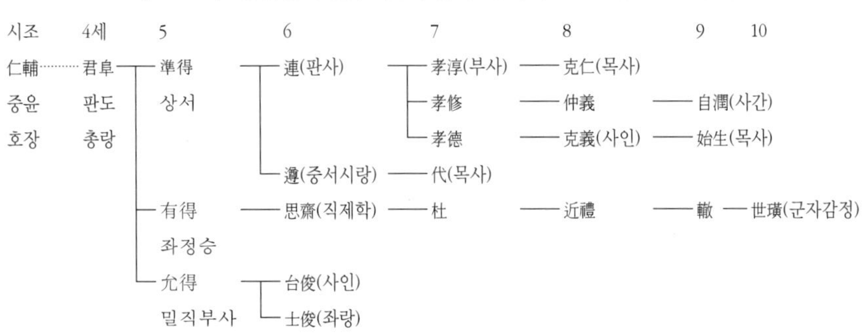

3) 漢弼-君百-履系

시조 인보의 4대손인 5세 검교시랑 履는 문하평리 甲臣·장령 乙臣을 두었다. 6세 갑신은 비서감 禧·밀직제학 朴大升에게 출가한 딸, 을신은 좌대언 元揆·우보궐 元範·집현전태학사 士弘과 대호군 崔直에게 출가한 딸을 두었다.

7세 희는 약용, 손 찰방 達德, 증손 현감 是仁·是智를 두었다. 사홍은 판서 萬庸·직제학 大庸·낭장 同良·전서 仲庸과 金仲乾에게 출가한 딸을 두었다.

사홍은 판서 萬庸·전서 仲庸 등 4남과 金仲乾에게 출가한 딸, 참의 孝先·병사 載 등 8손자, 한성판윤 孝祥·참판 翼之 등 15증손을 두었다.

지금까지 살핀 군미-이계 6~10세 중요 관력자를 정리하면 다음과 같다.

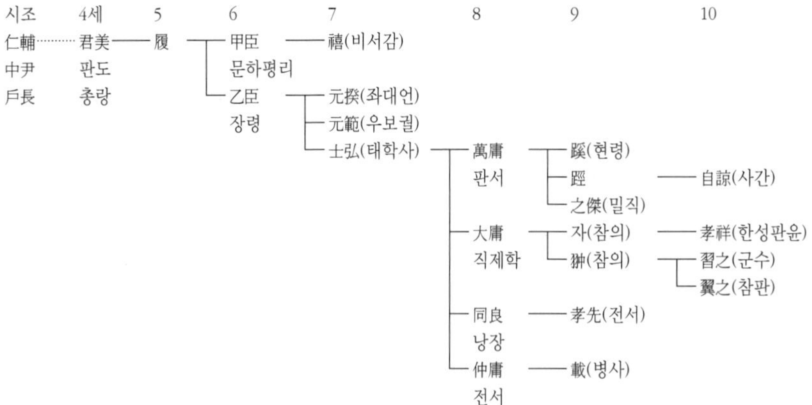

〈도 5-4〉 창녕성씨 군백-이계 6~10세 관인 가계

4) 漢弼-君輔-貯系

시조 인보의 4대손인 5세 밀직사사 貯는 知林州事 彦臣을 두었다. 6세 언신은 예문관대제학 士達, 7세 사달은 총랑 溥, 8세 부는 현감 孝源·직장 孝淵을 두었다. 9세 효원은 첨지 準과 현감 趙克亨·錦川君 朴薑·현감 李寅·부사 安該에게 출가한 딸, 효연은 이조참의 玩을 두었다.

이상에서 창녕성씨는 고려말에 여완이 현달하면서 사족가문으로 정착되었고, 조선초에 여완의 자손이 대거 당상관에 오르면서 거족가문으로 성장하고 성현이 용재총화에서 "당금의 문벌성세로 말할 것 같으면 廣州李氏가 제일이고, 그 다음에는 우리 成氏 만한 성씨가 없다"[4]라고 자평할 정도로 극성하였다.

지금까지 살펴본 창녕성씨 송국계 6~10세를 세대별과 남·여계로 구분하여 재정리하여 제시하면 다음의 표와 같다.

---

4) 『용재총화』 권2 當今門閥之盛 廣州李氏爲最 其次莫如我成氏.

<표 5-1> 창녕성씨 송국계 6~10세 남·여계 자손(남/여/계)[5]

| | 6세 | 7 | 8 | 9 | 10 | 계 |
|---|---|---|---|---|---|---|
| 한충계 | 1/0/1 | 4/?/4 | 3/2/5 | 2/3/5 | 1/0/1 | 11/5/16 |
| 여완계 | 4/2/6 | 10/3/13 | 22/12/34 | 43/8/51 | 50/24/74 | 129/49/178 |
| 준득계 | 2/2/4 | 6/4/10 | 13/6/19 | 22/5/27 | 16/?/16 | 59/17/76 |
| 유득계 | 1/1/2 | 1/1/2 | 3/1/4 | 6/1/7 | 11/?/11 | 22/4/26 |
| 윤득계 | 2/0/2 | 5/1/6 | 6/?/6 | 4/?/4 | 9/?/9 | 26/1?/27? |
| 이계 | 2/0/2 | 4/1/5 | 5/1/6 | 9/?/9 | 17/?/17 | 37/2?/39? |
| 저계 | 1/0/1 | 1/0/1 | 1/0/1 | 2/?/2 | 3/4/7 | 8/4?/12? |
| 합계 | 13/5/18 | 31/10/41 | 63/22/85 | 88/17/105 | 107/24/131 | 292/82?/374? |

# 2. 昌寧成氏의 官歷과 人事行政

## 1) 出仕路

창녕성씨 송국계 6~10세의 사관자의 출사로를 계파와 세대별로 보면 漢忠系는 다음의 표와 같이 6세 1명은 음서,[6] 7세 4명은 문과 1명·음서 3명, 8세 2명은 기타, 9세 1명은 음서이고, 10세 1명은 기타이다. 6~10세를 합해서는 9명 중 문과가 1명 11%, 음서가 5명 55%, 기타가 3명 33%이다.

<표 5-2> 창녕성씨 송국계 6~10세 사관자 출사로와 출사율[7]

| | 6세 | | | | 7 | | | | | 8 | | | | | 9 | | | | |
|---|---|---|---|---|---|---|---|---|---|---|---|---|---|---|---|---|---|---|---|
| | 문 | 음 | 기 | 계 | 문 | 무 | 음 | 기 | 계 | 문 | 무 | 음 | 기 | 계 | 문 | 무 | 음 | 기 | 계 |
| 한충계 | | 1 | | 1 | 1 | | 3 | | 4 | | | | 2 | 2 | | | 1 | | 1 |
| 여완계 | 3 | 0 | | 3 | 1 | | 8 | | 9 | 1 | 1 | 8 | 5 | 14 | 6 | | 13 | 10 | 29 |
| 준득계 | | 2 | | 2 | | | 4 | | 4 | | | 1 | 3 | 4 | | | | 2 | 2 |
| 유득계 | | 1 | | 1 | | | | 1 | 1 | | | | 1 | 1 | | | | 3 | 3 |
| 윤득계 | | 2 | | 2 | | | | | 0 | | | | 1 | 1 | | | | 0 | 0 |
| 이계 | | 0 | 2 | 2 | | | 1 | 3 | 4 | | | | 4 | 4 | | | 5 | 4 | 9 |

---

5) 뒤 <표 5-12>에서 종합.

6) 음서에는 관찬사료에 음서가 확인된 경우는 물론 부조의 관력을 볼 때 음서로 출사하였을 것으로 추측된 경우도 포함하여 파악한다. 탁음관직과 제수관직 등 음서제의 정비과정은 앞 2장 주17) 참조.

| | | | | | | | | | | | | | | | | | | | |
|---|---|---|---|---|---|---|---|---|---|---|---|---|---|---|---|---|---|---|---|
| 저계 | | 1 | | 1 | | | | 1 | 1 | | | 1 | | 1 | | | | 1 | 1 |
| 계 | 3 | 7 | 2 | 12 | 2 | | 12 | 9 | 23 | 1 | 1 | 10 | 16 | 27 | 6 | | 19 | 20 | 45 |

| | 10 | | | | | 합계 | | | | | 미출사 | 총계(/출사율) |
|---|---|---|---|---|---|---|---|---|---|---|---|---|
| | 문 | 무 | 음 | 기 | 계 | 문 | 무 | 음 | 기 | 계 | | |
| 한충계 | | | | 1 | 1 | 1 | 0 | 5 | 3 | 9 | 2 | 11/82% |
| 여완계 | 3 | 1 | 13 | 16 | 33 | 14 | 2 | 43 | 27 | 86 | 43 | 129/67 |
| 준득계 | | | | 4 | 4 | | | 3 | 13 | 16 | 43 | 59/27 |
| 유득계 | | | | 4 | 4 | | | 1 | 9 | 10 | 12 | 22/45 |
| 윤득계 | | | | | 0 | | | 2 | 1 | 3 | 23 | 26/12 |
| 이계 | | | 3 | 7 | 10 | | | 9 | 20 | 29 | 8 | 37/78 |
| 저계 | | | | 2 | 2 | | | 2 | 4 | 6 | 2 | 8/75 |
| 계 | 3 | 1 | 16 | 34 | 54 | 15 | 2 | 65 | 77 | 159 | 133 | 292/54 |

汝完系는 6세 3명은 문과, 7세 9명은 문과 1, 음서 8명이다. 8세 14명은 문과 1, 무과 1, 음서 8, 기타 5명이다. 9세 29명은 문과 6, 음서 13, 기타 10명이다. 10세 33명은 문과 3, 무과 1, 음서 13, 기타 16명이다. 전체 85명은 문과가 14명 16%, 무과가 2명 2%, 음서가 43명 51%, 기타가 25명 29%이다.

準得系는 6세 2명은 음서, 7세 4명은 기타, 8세 4명은 음서 1, 기타 3명이다. 9세 2명은 기타, 10세 4명은 기타이다. 전체 16명은 문과·무과는 없고, 음서가 3명 19%이고 기타가 13명 81%이다.

有得系는 6세 1명은 음서, 7세 1명은 기타, 8세 1명은 기타, 9세 3명은 기타, 10세 4명은 기타이다. 전체로는 10명 모두가 기타이다.

允得系는 6세 2명은 음서, 8세 1명은 기타이다(7·9·10세는 사관자가 없다). 전체로는 그 수가 미미하여 의미가 없지만 음서가 2명 67%이고 기타가 1명 33%이다.

履系는 6세 2명은 음서, 7세 4명은 음서 1·기타 3, 8세 4명은 기타, 9세 9명은 음서 5·기타 4명이고, 10세 10명은 음서 3·기타 7명이다. 전체 29명은 음서가 9명 31%이고 기타가 20명 69%이다(문과와 무과는 없다).

貯系는 6세 1명은 음서, 7세 1명은 기타, 8세 1명은 음서, 9세 2명은 기타,

---

7) 뒤 〈표 5-11〉에서 종합.

10세 2명은 기타이다. 전체 7명은 음서가 2명 29%이고 기타가 5명 71%이다(문과와 무과는 없다).

전체 159명은 세대별로는 6세 12명은 문과 3명 25%, 음서 7명 58%, 기타 2명 17%이다. 7세 23명은 문과 2명 7%, 음서 12명 52%, 기타 9명 39%이다. 8세 27명은 문과 1명 4%, 무과 1명 4%, 음서 10명 37%, 기타 16명 59%이다. 9세 46명은 문과 6명 13%, 음서 19명 41%, 기타 21명 46%이다. 10세 54명은 문과 2명 4%, 무과 1명 2%, 음서 16명 30%, 기타 34명 63%이다. 전체로는 문과가 15명 11%, 무과가 2명 1%, 음서가 66명 42%, 기타가 77명 48%이다.

이를 볼 때 계파별과 세대별로 차이가 있기는 하나 가장 번창한 여완계와 이계 모두 음서가 51%(43/85명)와 31%(9/29), 즉 송국계 6~10세는 음서로 사관하는 경향이 현저하였다. 이것은 뒤의 〈표 5-3·6〉에서와 같이 자·손과 자에게 음서의 혜택을 줄 수 있는 120여 명의 당상관과 정3~정6품 청요직 역임자에서8) 기인되었다고 하겠다.


## 2) 官歷

창녕성씨 松國系 6~10세 사관자의 최고관직은 漢忠系는 다음의 표와 같이 6세 1명은 정3품당상관(이하 3상관으로 약기)이다. 7세 4명은 정3~종6품관(이하 3~6품관으로 약기)이다. 8세 2명은 정1~종2품관(이하 1~2품관으로 약기)이 1명이고 3~6품관이 1명이다. 9세 1명은 3~6품관이다(10세는 사관자가 없다). 전체 8명은 1~2품관이1명, 3상관이 1명이고, 3~6품관이 6명이다.

汝完系는 6세 4명은 1~2품관, 3상관, 3~6품관, 정7~종9품관·역관불명(이하 기타로 약기)이다. 7세 9명은 1~2품관 2, 3상관 2, 3~6품관 2명이다. 8세 15명은 1~2품관 5, 3상관 7, 3~6품관 2, 정7~종9품관·역관불명(이하 기타로

---

8) 정1~정3품 당상관 역임자가 107명이고 정3~정6품 청요직 역임자가 10여 명이다(청요직은 70쪽 주33) 참조).

<표 5-3> 창녕성씨 송국계 6~10세 사관자 최고관직9)

| | 6세 | | | | | 7 | | | | | 8 | | | | |
|---|---|---|---|---|---|---|---|---|---|---|---|---|---|---|---|
| | 1-2 | 3상 | 3-6 | 기타 | 계 | 1-2 | 3상 | 3-6 | 기타 | 계 | 1-2 | 3상 | 3-6 | 기타 | 계 |
| 한충계 | 0 | 0 | 0 | 0 | 1 | 0 | 0 | 4 | 0 | 4 | 1 | - | 1 | 0 | 2 |
| 여완 | 3 | 0 | 1 | 0 | 4 | 5 | 2 | 2 | 0 | 9 | 5 | 1 | 7 | 2 | 15 |
| 준득 | 1 | 0 | 1 | 0 | 2 | 0 | 1 | 3 | 0 | 4 | 0 | 0 | 4 | 0 | 4 |
| 유득 | 0 | 0 | 1 | 0 | 1 | 0 | 0 | 1 | 0 | 1 | 0 | 0 | 1 | 0 | 1 |
| 윤득 | 0 | 0 | 1 | 1 | 2 | 0 | 0 | 0 | 0 | 0 | 0 | 0 | 0 | 1 | 1 |
| 이 | 1 | 1 | 0 | 0 | 2 | 1 | 1 | 2 | 0 | 4 | 0 | 2 | 2 | 0 | 4 |
| 저 | 0 | 0 | 1 | 0 | 1 | 1 | 0 | 0 | 0 | 1 | 0 | 1 | 0 | 0 | 1 |
| 합계 | 5 | 2 | 5 | 1 | 13 | 7 | 4 | 12 | 0 | 23 | 6 | 4 | 15 | 3 | 28 |

| | 9 | | | | | 10 | | | | | 합계 | | | | |
|---|---|---|---|---|---|---|---|---|---|---|---|---|---|---|---|
| | 1-2 | 3상 | 3-6 | 기타 | 계 | 1-2 | 3상 | 3-6 | 기타 | 계 | 1-2 | 3상 | 3-6 | 기타 | 계 |
| 한충계 | 0 | 0 | 1 | 0 | 1 | 0 | 0 | 0 | 0 | 0 | 1 | 1 | 6 | 0 | 8 |
| 여완 | 7 | 2 | 17 | 2 | 28 | 6 | 4 | 20 | 3 | 33 | 26 | 9 | 44 | 7 | 86 |
| 준득 | 0 | 0 | 2 | 0 | 2 | 0 | 1 | 3 | 0 | 4 | 1 | 2 | 13 | 0 | 16 |
| 유득 | 0 | 0 | 2 | 1 | 3 | 0 | 0 | 3 | 1 | 4 | 0 | 0 | 8 | 2 | 10 |
| 윤득 | 0 | 0 | 0 | 0 | 0 | 0 | 0 | 0 | 0 | 0 | 0 | 0 | 1 | 2 | 3 |
| 이 | 2 | 3 | 4 | 0 | 9 | 2 | 0 | 7 | 1 | 10 | 6 | 7 | 15 | 1 | 29 |
| 저 | 0 | 0 | 1 | 1 | 2 | 0 | 0 | 0 | 2 | 2 | 1 | 3 | 2 | 1 | 7 |
| 합계 | 9 | 5 | 27 | 4 | 45 | 8 | 7 | 33 | 5 | 54 | 35 | 22 | 89 | 13 | 159 |

약기) 2명이다. 9세 28명은 1~2품관 7, 3상관 2, 3~6품관 17, 기타 2명이다. 10세 33명은 1~2품관 6, 3상관 4, 3~6품관 20, 기타 3명이다. 전체 89명은 1~2품관 26명 29%, 3상관 9명 10%, 3~6품관 47명 53%, 기타 7명 8%이다.

準得系는 6세 2명은 1~2품관 1, 3~6품관 1명이다. 7세 4명은 3상관 1, 3~6품관 3명이다. 8세 4명은 3~6품관이다. 9세 2명은 3~6품관이다. 10세 4명은 3상관 1, 3~6품관 3명이다. 전체 16명은 1~2품관 1명 6%, 3상관 2명 13%, 3~6품관 13명 81%(기타는 없다)이다.

有得系는 6세 2명은 3~6품관 1, 기타 1명이다. 7세 1명은 3~6품관이다. 8세 1명은 3~6품관이다. 9세 3명은 3~6품관 2, 기타 1명이다. 10세 4명은 3~6품관 3, 기타 1명이다. 전체 10명은 3~6품관 8명 80%, 기타 2명 20%이다 (1~2품관과 3상관은 없다).

---

9) 뒤 〈표 5-11〉에서 종합.

允得系는 6세 2명은 3~6품관 1, 기타 1명이다. 8세 1명은 3~6품관이다. 10세 1명은 3~6품관이다(7세와 9세는 사관자가 없다). 전체로는 3명에 불과하여 의미가 없지만 3~6품관이 1명 33%이고 기타가 2명 67%이다.

履系는 6세 2명은 1~2품관 1, 3상관 1명이다. 7세 4명은 1~2품관 1, 3상관 1, 3~6품관 2명이다. 8세 4명은 3상관 2, 3~6품관 2명이다. 9세 9명은 1~2품관 2, 3상관 3, 3~6품관 4명이다. 10세 10명은 1~2품관 2, , 3~6품관 7, 기타 1명이다. 전체 29명은 1~2품관 6명 21%, 3상관 7명 24%, 3~6품관 15명 52%, 기타 1명 3%이다.

眝系는 6세 1명은 3~6품관이다. 7세 1명은 1~2품관 이다. 8세 1명은 3상관이다. 9세 2명은 3~6품관 1, 기타 1명이다. 10세 2명은 기타이다. 전체 7명은 1~2품관 1명 14%, 3상관 3명 43%, 3~6품관 2명 29%, 기타 1명 14%이다.

이와 관련하여 당상관 57명 중 그 관력이 자세하고 당시의 정치에 큰 영향력을 발휘한 성석린 등 20여 명의 관력을 보면 다음과 같다.[10]

① 成石璘(1338~1423)

1341년(고려 충혜왕 2) 부 汝完의[11] 문음으로 출사하여 司醞丞同正에[12] 제수되었고, 1357년(공민왕 6) 문과에 급제하고 國學直學에[13] 승직되었다.

---


10) 뒤 〈표 5-11〉에서 종합.

11) 여완(1309~1397)은 1336년(고려 충숙왕복위 5) 문과에 급제하고 출사하였고, 1371년 (공민왕 20) 민부상서 재직시에 신돈의 당으로 지목되어 장류되었으며, 1378년(우왕 4) 상의정당문학에 복직되었다. 1389년(공양왕 즉위) 공양왕 옹립에 참여한 아들 석린의 공로로 공신에 책록되었고, 1392년(태조 1) 왕조가 개창되자 포천에 은거하였으며, 태조의 고려구신 회유책에 따라 검교문하시중과 창녕부원군에 제수되었지만 취임하지 않았다(『고려사』, 『고려사절요』, 『조선왕조실록』 태조 1~6년조 등에서 종합).

12) 사온승동정은 고려 문종대 이후에 궐내에 술과 단술을 빚어 공급한 司醞署의 직함만 있고 직사가 없는 정9품직인데, 4품관의 아들이 음서로 제수되었다가 일정기간이 지난 후에 동품 이하의 실직에 제수되었다.

13) 국학은 고려시대에 유학교육을 관장하는 종3품관아인데 1275년(충렬왕 1)에 국자감 이 개칭되면서 성립되어 충렬왕 24년(충선왕 즉위)에 성균감으로 개칭되면서 계승되 었으며, 직학은 종9품직이다.

이후 고려말까지 商議門下贊成事까지[14] 승진하였다.[15]

② 成石璟(?~1403)

1376년(고려 우왕 2) 문과에 급제 출사하였고, 이후 대언·지신사·밀직부사[16] 등을 역임하고 고려말에 밀직제학까지[17] 승진하였다. 1392년(태조 1) 조선개국에 대한 공로로 원종공신에 책록되었다. 1397년(태조 6) 이전에 개성유후에 제수되었고, 부상으로 사직하였으며, 익년 기복되어 대사헌에 제수되었다.

③ 成石珚(?~1414)

1377년(우왕 3) 문과에 급제 출사하였으며, 1403년(태종 3) 강원관찰사가 되었다. 이후 충청관, 우군총제를 역임하고 1407년 대사헌을 거쳐 정2품에 승진하면서 예문관대제학이 되었다. 1408년 형조판서가 되었고, 호판을 거쳐 1414년(태종 14) 예판이 되었다가 재임 중에 졸하였다.

④ 成達生(1376~1444)

1390년(고려 공양왕 2) 부 석용의 음으로 郎將에[18] 제수되면서 출사하였고, 1402년(태종 2) 호군으로서 무과에 급제하고 대호군에 승진하였다. 1407년(태종 7) 興德鎭兵馬僉節制使에[19] 제수되었고, 1410년(태종 10) 무과중시에

---

14) 상의직은 직함만 있고 직사가 없는 관직이고 문하찬성사는 국정을 총관하는 문하부의 장관인 시중 다음의 정2품 차관직이다.

15) 그 외의 역관은 다음과 같다(위, 성석린행장에서 전재).
한림검열(공민왕 6), 삼사도사(10), 전의주부(12), 고공, 예의, 군부, 전리좌랑(12), 군기감승(14), 전교부령(14), 보문각직제학(14), 해주목사(17), 성균사성겸예문관직제학(18), 평안도좌윤(20), 개성윤(22), 진현관제학(22), 고려말 昌原君에 이르렀다.

16) 대언은 왕명을 출납한 밀직사(대언사) 정3품직이고, 지신사는 대언사의 장관이며, 밀직부사는 숙위와 군기를 관장한 밀직사의 정3품직이다. 이 모두는 조선초에 承政院 承旨·都承旨와 中樞副使로 계승되었다.

17) 숙위와 군기를 관장한 밀직사의 정3품직이다.

18) 낭장은 고려시대 중앙군인 2군6위의 정6품직으로 상위직이 정5품 중랑장이고 하위직이 정6품 별장인데, 조선초에 정6품 사과와 종6품 부사과로 개칭·분화되면서 계승되었다.

19) 병마도절제사의 지휘를 받으면서 방어요새인 관내의 군정과 행정을 총관한 무관

급제하고 예빈시판사에 승진하였다. 익년 신무시위사첨절제사에 체직되었
고, 1413년(태종 13) 종2품관에 승진하면서 판성주목사로 파견되었다. 이후
경성절제사(태종 15), 중군동지총제(16), 전라도관찰사겸병마절도사(17)를
역임하였다. 1418년(세종 즉위) 동지총제내금위3번절제사 재직 중 상왕이
동석한 자리에서 佩劍하고 세종을 시위한 일로 파직되었으나 곧 함길도병마
도절제사겸판길주목사에 복직되었고, 이후 중군총제(세종 1), 삼도수군처치
사(1), 좌군동지총제(1), 좌군총제(2, 4), 경상우도수군도절제사(2)를 역임하
고 1422년(세종 4) 정2품관에 승진하면서 평안도관찰사가 되었다. 1423년(세
종 5) 관내 수령의 구휼부실에 연좌되어 파직되었으나 익년 삼군부총제로
복직되었고, 다시 평안도도절제사(세종 7), 공조판서(7), 진응사(9), 도총제부
도총제(10), 함길도도절제사(13, 16), 함길도도절제사겸판길주목사(14)를 역
임하였다. 1435년(세종 17) 종1품관에 승진하면서 행지중추에 제수되었고,
1440(세종 22) 판중추에 제수된 후 재직 중에 졸하였다.

⑤ 成槪(槩, ?~1440)

태종초에 부 석용의 음으로 출사하였고, 1416년(태종 16) 주부로서 문과에
급제하고 정5품직에 승진하였다. 1423년(세종 5) 예조참의에 제수되었고,
이조참의(세종 8)를 거쳐 1425년(세종 8) 종2품관에 승진하면서 동지총제에
제수되었으며, 이후 병조참판(세종 9), 좌군동지총제(10)를 역임하고 사은부
사(10)로서 명에 다녀온 후 모상으로 사직하였다. 1434년(세종 16) 공조우참
판에 제수되고 곧 경기관찰사로 옮겼다가 퇴직한 후 졸하였다.

⑤ 成揜(?~1434)

1400년(정종 2) 문과에 급제하고 사헌부감찰에 제수되었고, 곧 파직되었
다. 1405년(태종 5) 사헌부지평 재직중 파직되었다. 1417년(태종 17) 사헌부
집의에 제수되었고, 익년 당상관에 승진하면서 동부승지에 발탁되었으며,

---

종3품직으로, 세종말~문종대에 南道鎭의 군현화에 따라 도호부사로 계승되었다.

동년 우부~좌승지(태종 18)를 역임하고 종2품관에 승진하면서 형조참판에 제수되었다. 이후 우군동지총제(세종 1, 4), 좌군총제(1), 강원관찰사(1), 한성부윤(2), 호조참판(3), 대사헌(4), 우군동지총제겸황해도관찰사(5), 병조참판(6), 우군총제(7), 이(8), 호(8), 병조참판(9)을 역임하고, 1409년(태종 9) 정2품관에 승진하면서 판한성부사에 승진하였다. 1411년(태종 11) 평안도 관찰사로 파견되었고, 1413년(태종 13) 파직되었다가 익년 우군총제에 복직되었으며, 1414년(태종 14) 동지중추에 제수되었된 후 재직 중에 졸하였다.

  ⑥ 成抑(1386~1448)

  태종초에 부 石珚의 음으로 출사하였고, 공정고주부를 역임하고 1414년(태종 14) 군자감부정 재직 중에 부상으로 사직하였으나 동년 기복되어 대호군에 제수되었다. 1416년(태종 16) 당상관에 오르면서 동부승지에 발탁되었고, 익년 종2품관에 승진하면서 좌군동지총제에 제수되었으며, 이후 경승(태종 18), 순승(18), 경창(세종 1), 경순(3), 인수부윤(3), 좌군총제(5), 전라도관찰사(7), 공조참판(7), 우군총제(8)를 역임하였다. 1427년(세종 9) 정2품에 승진하면서 도총제에 제수되었고, 곧 모상으로 사직하였으며, 1429년(세종 11) 좌군총제에 복직하였다. 1430년(세종 12) 공조판서에 제수되고 곧 도총제로 옮겼으며, 1431년(세종 13) 주문사로 명을 다녀온 후 의정부참찬에 제수되었다. 1433년(세종 15) 성절사로 명을 다녀왔고, 1435년(세종 17) 공조판서를 거쳐 1441년(세종 23) 종1품에 승진하면서 의정부우찬성이 되었다. 이후 중추사(세종 26), 판중추(28, 29), 판중추겸판병조사(28)를 역임하고 판중추 제직중에 졸하였다.

  ⑦ 成勝(?~1456)

  무과에 급제하고 출사하였고, 이후 대호군, 경상병마절제사, 창성진첨절제사, 중추부사, 도진무를 역임하고 1440년(세종 22) 경상도병마절도사가 되었다. 1446년(세종 28) 중추원부사에 제수되었고, 이듬해 성절사로 명에 다녀왔으며, 1451년(문종 1) 정조부사로 다시 명에 다녀왔다. 1453년(단종 1) 의주목사가 되었고, 이후 경상도수군도처치사, 병마도절제사, 중추사, 동지중추원사를 역임하고 지중추가 되었다가 1456년(세조 2) 상왕복위를 도모하다가 피화되었다.

⑧ 成忩祖(1400~1450)

부 揜의 문음으로 출사하였고, 1419년(세종 1) 직장으로서 문과에 급제하고 사헌부감찰에 승진하였다. 이후 사간원정언, 예조좌랑(세종 5), 사헌부지평(6), 이조정랑(9), 사헌부장령(10, 13), 의정부사인(12)을 역임하고 1433년(세종 13) 사헌부집의 재직시 부병으로 사직하였다(부는 곧 졸서). 1437년(세종 19) 상기를 마치고 당상관에 승진하면서 동부승지에 발탁되었고, 이후 우부(20), 좌부(20), 우(20), 좌승지(21)를 역임하였으며, 1431년(세종 23) 종2품에 승진하면서 이조참판에 제수되었다. 동년 하정사로 명에 다녀왔고, 경상관찰사(세종 24), 경창부윤(25)을 역임하고 병으로 사직(25)에 제수되었다. 익년 병조참판에 제수되었고, 1446년(세종 28) 형조참판을 거쳐 정2품에 승진하면서 판한성부사에 제수되었다. 이후 개성유수(세종 29), 사직(29, 질병고), 첨지중추(29), 지중추(32)를 역임하고 졸하였다.

⑨ 成奉祖(1401~1474)

세종초에 부 揜의 음으로 출사하였고, 순승부행수를 거쳐 1429년(세종 11) 한성손윤에 제수되었다. 이어 풍덕군사(세종 12), 사헌부장령(22)을 역임하고 1431년(세종 23) 지사간원사로서 정3품당상관에 승진하면서 동부승지에 발탁되었다. 이후 우부(세종 25), 형조참의(25), 전라도병마절제사(25), 공조참의(25), 형조참의(25, 26), 첨지중추(25), 경상도관찰사(26), 호조참의(26), 충청도관찰사(27)를 역임하였으며, 1437년(세종 29) 종2품에 오르면서 경상도도절제사에 제수되었고, 이후 전라도관찰사(세종 31), 한성부윤(문종 1), 대사헌(2), 중추부사(2), 진하사(2), 형조참판(단종 1), 함길도관찰사(1)를 역임하고 1455년(세조 1) 정2품에 승진하면서 지돈령부사에 제수되었다. 세조 1년 세조원종1등공신에 책록되었고, 종1품에 승진하면서 행지돈령에 제수되었으며, 이후 공(세조 2), 형조판서(2), 의정부우참찬(3), 이조판서(4), 우(5), 좌참찬(9), 의정부우찬성(9), 우찬성겸판호조사(13)를 역임하였다. 1468년(세조 14) 정1품에 승진하면서 영중추부사에 제수되었고, 1471년(성종 2) 좌리3등공신영중추부사창성부원군에 제수되었고, 동년 의정부우의정에 올랐으며, 3년후 창성부원군에 체직된 후 졸하였다.

⑩ 成順祖(?~?)

부 擥의 음으로 출사하였고, 1459년(세조 9) 지사간에 제수되었고, 동년 부사로 파견되고 세조원종3등공신에 책록되었으며, 1461년(세조 7) 당상관에 승진하면서 첨지중추에 제수되었다. 이후 이조참의(예종 1), 강원도관찰사(성종 2)를 역임하였고, 1474년(성종 4) 종2품에 승진하면서 형조참판에 제수되었으며, 동지중추를 역임하고 졸하였다.

⑪ 成三問(1418~1456)

1438년(세종 20) 문과에 급제하고 출사하였고, 1446년(세종 28) 집현전수찬에 제수되었으며, 이어 집현전의 직전(세종 29), 직제학(문종 1)을 거쳐 동년 당상관에 승진하면서 부제학에 제수되었다. 이후 예조참의(단종 2), 동부승지(3) 역임하고 1455년(세조 1) 우부승지가 된 후 좌익2등공신에 책록되었으며, 익년 좌부승지로서 단종복위를 도모하다가 피화되었다.

⑫ 成俔(1439~1504)

1462년(세조 8) 문과에 급제하고 승문원정자에 제수되었고, 이후 겸예문관(성종 10), 예문검열(10), 의정부사록(11), 박사(12), 성균직강(예종 1), 겸예문관(성종 1), 예문관수찬(3), 사헌부지평(5), 한성판관(5)을 역임하였다. 1476년(성종 7) 교리 재직중 문과중시에 급제하고 사옹원정에 승진하였고, 이어 홍문관직제학(성종 8), 승문원판교(9)를 역임하고 당상관에 승진하면서 홍문관부제학에 제수되었다. 이후 대사간(성종 10), 동부~우승지(11~13), 장예원판결사(13), 공조참의(13)를 역임하고 1483년(성종 14) 우승지 재임 중 종2품에 승진하면서 형조참판에 제수되었다. 다시 강원도관찰사(성종 14), 동지중

추(15, 19), 첨지중추(16), 한성부 좌윤(16)과 우윤(17), 평안도관찰사(17),
대사성(20), 겸동지성균관사(21), 대사헌(24), 경상도관찰사(24)를 역임하였
고, 동년 정2품에 승진하면서 예조판서에 제수되었다. 이후 판한성부사,
공조판서겸홍문관대제학, 대사헌을 역임하고 지중추 재직 중에 졸하였다.

⑬ 成俔(?~?)

1455년(세조 1) 부 奉祖의 음으로 행능직에 제수되었고 세조원종3등공신에
책록되었다. 이후 사헌부지평(세조 7), 형조좌랑(9), 사섬시부정(예종)을
역임하고 1469년(예종 1) 당상관에 승진하면서 공조참의에 제수되었다.

⑭ 成健(1438~1495)

세조말에 부 順祖의 음으로 출사하였고, 1468년(세조 14) 참봉으로서 문과
에 급제하고 성균전적에 승진하였다. 이후 구치관종사관(성종 1), 경연시독
관(4), 예문관교리(6), 사헌부지평(6), 성균직강(7), 사복첨정(8, 10), 사헌장
령(10), 사헌집의(13), 홍문관 전한(13)과 직제학(13)을 역임하고 당상관에
승진하면서 홍문관부제학에 제수되었다. 다시 동부~도승지(14~17)를 역임
하고 1486년(성종 17) 종2품에 승진하면서 경기도관찰사에 제수되었고, 예조
와 병조참판(18), 대사헌(18), 첨지중추(18), 동지중추(19), 경연특진관(20)을
역임하고 1489년(성종 20) 정2품에 승진하면서 공조판서에 제수되었다.
이후 형조판서(성종 22), 의정부우참찬(22), 이조판서(22), 예조판서922),
지중추(23)를 거쳐 1493년(성종 24) 형조판서가 되었다가 재임중에 졸하였다.

⑮ 成俶(?~1504)

세조초에 부 順祖의 음으로 출사하였고, 1465년(세조 11) 전호조좌랑으로
서 문과에 급제하였으며, 1469년(예종 1) 의정부사인에 제수되었다. 이후
승문원참교(성종 2), 홍문관직제학(10)을 역임하고 당상관에 승진하면서
홍문관부제학에 제수되었다. 다시 병조참의(성종 12), 대사간(14), 첨지중추
(15, 18), 전라도병마절도사(18), 형조와 호조참의(18)를 역임하고, 1487년
(성종 18) 종2품에 승진하면서 한성부윤에 제수되었다. 이어 경상도관찰사

(성종 19), 황해도관찰사(21), 동지중추(22)를 역임하고 갑자사화 때 피화되었다.

⑯ 成俊(1436~1504)

1559년(세조 5) 문과에 급제하고 승문원권지정자에 제수되었고, 이후 승문원정자(6), 좌랑(세조 10), 장령(예종 1), 세자시강원필선(예종 1), 성균사예(성종 1)를 역임하고 1471년(성종 2) 사간원사간으로서 무반당상관에 행대호군에 제수되었으며, 곧 대사간에 승직되었다. 1473년(성종 4) 파직되었고, 1476년(성종 7) 이조참의에 복직되었으며, 이어 오위사직(성종 8), 이조참의(12), 우부~우승지(12~13)를 역임하고 1482년(성종 13) 종2품에 승진하면서 형조참판에 제수되었고, 1485년(성종 16) 정2품에 승진하면서 형조판서에 제수되었다. 이후 영안도관찰사(성종 17), 대사헌(19), 이조판서(20), 의정부우참찬(21), 영안북도절도사(22), 북정부원수(22)를 역임하고 1482년(성종 23) 종1품에 승진하면서 영안도관찰사에 제수되었다. 이어 1495년(연산 1) 병조판서를 거쳐 의정부우찬성이 되고, 1498년(연산 4) 정1품에 오르면서 우의정에 발탁되었고, 좌의정(연산 6)을 거쳐 영의정(연산 9)이 되었다가 1510년(연산 10) 갑자사화 때 피화되었다.

이들의 관직은 의정이 3명, 찬성이 4명, 판서가 8명, 참판이 10명, 도승지가 2명, 동부~좌승지가 9명이다. 재직시기는 태조~태종대가 4명, 세종대가 5명, 단종~세조대가 4명, 예종~성종대가 7명, 연산대가 1명이다. 이를 볼 때 창녕성씨 송국계 6~10세는 조선초기(태조~연산군)를 통해 지속적으로 다수가 당상 추요직인 의정, 찬성, 판서, 참찬, 승지 등에 재직하면서 정치에 큰 영향력을 발휘하였다고 하겠다.

위에서 살핀 성석린 등의 관력 중 당상관 추요직 재직기간을 재정리하면 다음 표와 같다.

또 당상관 중 생몰년·출사연령이 확인되어 당상관에 승진한 기간을 알 수 있는 성석린 등 15명의 당상관 승진 연령과 소요기간을 보면 다음의

<표 5-4> 창녕성씨 송국계 6~10세 당상관 주요직 재직기간[20]

| | 의정부 | | 육조 | | 승정원 | | 기타 |
|---|---|---|---|---|---|---|---|
| | 의정 | 찬성 | 판서 | 참판 | 도승지 | 제승지 | |
| 石璘 | 태종즉, 2~13, 15~16 | 태조1~2, 정종1 | | | | | 부원군(태종13~14, 16~세종5) |
| 石瑢 | | | | | | | 개성유후, 대사헌 |
| 石珚 | | | 태종8, 9, 14 | | | | |
| 發道 | | | 태종 13~14, 16,17 | | | | 참찬(태종17) |
| 達生 | | | | 세종5~8 | | | 도총제(세종 10~13) |
| 槪 | | | | 세종9, 16 | | | |
| 抑 | | 세종21~23 | 12,17 | | | 태종16~17 | 참찬(세종12, 17) |
| 揜 | | | 세조12, 13~성종5 | 세조8,10,12 | 7 | 5~6 | 참찬(성종13) |
| 念祖 | | | | 세종23, 25~28 | | 19~22 | |
| 奉祖 | 성종2~5 | 세조5~9 | 2, 4 | 단종1 | | 세종23~25 | 참찬(세조3) |
| 允文 | | | | 예종즉~1 | | 세조13~14 | |
| 順祖 | | | | 성종3 | | | |
| 三問 | | | | | | 단종3~세조2 | |
| 俔 | | | 성종24~연산3, 6~7 | | | 성종11~13, 14 | |
| 貴達 | | | | 성종12~13 | | | |
| 健 | | | 성종20~22 | 18 | 17 | 14~16 | 참찬(성종22, 24~연산1) |
| 俊 | 연산4~10 | 2~3 | 성종16, 20 | 13~15 | | 12~13 | 참찬(21) |
| 합계 | 3명 | 4 | 8 | 10 | 2 | 9 | |

표와 같이 정3품 당상관은 연령은 억과 건이 31세와 44세인 등 평균이 38세였고, 소요기간은 개와 석연이 13년과 18년인 등 평균이 15년이었다.

종2품 승진은 성엄과 순조가 정3품 당상관이 된 그 해와 12년후, 억과 건이 32세와 50세인 등 연령이 42.5세였고, 소요기간이 14년 전후였다. 정2품은 석연과 봉조가 종2품관이 된 1년과 12년후, 억과 봉조·건이 42세와 55세인 등 연령이 50세였고, 소요기간이 17년 전후였다. 종1품은 봉조와 억이 정2품관이 된 그 해와 13년후, 억과 준이 55세와 57세인 등 연령이 55세였고, 소요기간이 35년 전후였다(정1품은 그 수(2명)와 관련하여 생략).

---

20) 위 262~269쪽, 졸저(2020), 『조선초기 관인이력』 창녕성씨에서 종합.

〈표 5-5〉 창녕성씨 송국계 6~10세 당상관승진 소요기간과 연령[21]

| 성명 | 생년 | 출사 연령 | 당상관 승진 연령 | | | | | 성명 | 생년 | 출사 연령 | 당상관 승진 연령 | | | | |
|---|---|---|---|---|---|---|---|---|---|---|---|---|---|---|---|
| | | | 정3 | 종2 | 정2 | 종1 | 정1 | | | | 정3 | 종2 | 정2 | 종1 | 정1 |
| 석린 | 1338 | ? | | | | 55 | 63 | 순조 | ? | ? | 세조7 | 성종3 | | | |
| 석연 | ? | 우왕3 | 태종3 | 6 | 7 | | | 삼문 | 1418 | 22 | 36 | | | | |
| 엄 | ? | ? | 태종18 | 18 | 세종9 | | | 현 | 1439 | 24 | 39 | 44 | 54 | | |
| 달생 | 1376 | 26 | 36 | 37 | 46 | | | 건 | 1438 | 30 | 44 | 50 | 55 | | |
| 개 | ? | ? | 세종7 | 9 | | | | 숙 | ? | | 성종11 | 18 | | | |
| 억 | 1386 | ? | 31 | 32 | 42 | 54 | | 준 | 1436 | 22 | 36 | 47 | 54 | 57 | |
| 임 | 1421 | ? | 39 | 41 | 46 | | | 평균 | 15명 | 21세 | /38세 | /42.5 | /50.1 | /55.2 | /65.5 |
| 염조 | 1400 | ? | 40 | 44 | 49 | | | 5공신* | | | /38.1 | /41.1 | /45.4 | /51 | |
| 봉조 | 1401 | ? | 41 | 45 | 55 | 55 | 68 | | | | | | | | |

* 정난(단종 1), 좌익(세조 1), 적개(세조 13), 익대(예종 1), 좌리(2)

이러한 당상관 승진연령은 세조~성종대에 많은 특혜를 받으면서 정치를 주도하였던 5공신의 그것에 비해 정3품당상·종2품관은 비슷하고(38=38· 42.5〉41.1세), 정2품·종1품관은 그 차이가 4~5년(50〉45·55〉51)에 불과하였 으니 이들의 당상관 승진이 매우 신속하였음을 알 수 있다.

그 외에도 송국계 6~10세 배우자의 부조의 최고 관직을 계파별로 보면 부·조와 부나 조가(이하 부조로 약칭) 1~2품·정3품당상(이하 3상)·정3~종6 품(이하 참상관)·정7~종9품과 불명(이하 기타)가 여완계는 다음의 표와 같이 6세 4명은 0·4·0·0명, 7세 9명은 0·0·0·9명, 8세 15명은 14·0·1·0명, 9세 29명은 22·5·2·0명, 10세 33명은 12·11·10·0명인 등 77(/90)명 86%(1~2품 61명 68%, 3상 16명 18%)가 당상관이었다.

준득계는 6세 1·0·1·0, 7세 0·1·3·0, 8세 0·0·4·0, 9세 0·0·2·0, 10세 0·1·3·0인 등 당상관이 3명(1~2품 1·3상 2)이었다. 유득계는 6세 0·0·1·0, 7세 0·0·1·0, 8세 0·0·1·0, 9세 0·0·2·1, 10세 0·0·3·1이다(당상관은 없다). 윤득계는 6세 0·0·1·1, 8세 0·0·0·1이었다(당상관은 없고, 7·9·10세는 사관 자가 없다). 이계는 6세 1·1·0·0, 7세 1·1·2·0, 8세 0·2·2·0, 9세 2·3·4·0,

---

<표 5-6> 창녕성씨 송국계 6~10세 사관자 부, 조 최고 관직[22]

| | 여완계 | | | | | | 준득계 | | | | | | 유득계 | | | | | |
|---|---|---|---|---|---|---|---|---|---|---|---|---|---|---|---|---|---|---|
| | 6세 | 7 | 8 | 9 | 10 | 계 | 6세 | 7 | 8 | 9 | 10 | 계 | 6세 | 7 | 8 | 9 | 10 | 계 |
| 부·조1~2품 | 0 | 9 | 9 | 14 | 0 | 32 | 0 | 0 | 0 | 0 | 0 | 0 | 1 | 1 | 0 | 0 | 0 | 2 |
| 부나조1~2 | 4 | 0 | 5 | 8 | 12 | 29 | 0 | 0 | 1 | 0 | 0 | 1 | 0 | 0 | 0 | 0 | 0 | 0 |
| 부나조당상 | 0 | 0 | 0 | 5 | 11 | 16 | 0 | 0 | 0 | 1 | 0 | 1 | 0 | 0 | 0 | 0 | 0 | 0 |
| 부나조참상 | 0 | 0 | 1 | 2 | 10 | 13 | 2 | 4 | 3 | 1 | 2 | 12 | 0 | 0 | 1 | 4 | 5 | 10 |
| 불명, 기타 | 0 | 0 | 0 | 0 | 0 | 0 | 0 | 0 | 0 | 0 | 2 | 2 | 0 | 0 | 0 | 0 | 0 | 0 |
| 합계 | 4 | 9 | 15 | 29 | 33 | 90 | 2 | 4 | 4 | 2 | 4 | 16 | 1 | 1 | 1 | 4 | 5 | 12 |

| | 이계 | | | | | | 합계 | | | | | |
|---|---|---|---|---|---|---|---|---|---|---|---|---|
| | 6세 | 7 | 8 | 9 | 10 | 계 | 6세 | 7 | 8 | 9 | 10 | 계 |
| 부·조1~2품 | 0 | 0 | 4 | 0 | 0 | 4 | 1 | 10 | 13 | 14 | 0 | 38 |
| 부나조1~2 | 2 | 1 | 0 | 9 | 1 | 13 | 6 | 1 | 6 | 17 | 13 | 43 |
| 부나조당상 | 0 | 0 | 0 | 0 | 9 | 9 | 0 | 0 | 0 | 6 | 20 | 26 |
| 부나조참상 | 0 | 3 | 0 | 0 | 0 | 3 | 2 | 7 | 5 | 7 | 17 | 38 |
| 불명, 기타 | 0 | 0 | 0 | 0 | 0 | 0 | 0 | 0 | 0 | 0 | 2 | 3 |
| 합계 | 2 | 4 | 4 | 9 | 10 | 29 | 9 | 18 | 24 | 44 | 52 | 147 |

10세 2·0·7·1명인 등 당상관이 13명(1~2품 6·3상 7)이었다.

세대별로는 1~2품·3상·참상관·기타가 6세 5·2·5·1, 7세 7·4·12·0, 8세 6·4·15·3, 9세 9·5·27·4, 10세 8·7·33·5명이었다.

전체로는 159명은 1~2품이 35명 22%이고 3상관이 22명 14%인 등 당상관이 57명 36%이고, 3~6품관이 89명 56%이며, 7~9품·불명이 13명 8%였다. 계파별로는 여완계가 중심이 된 여완·이계가 사관자는 72%(115/159명)·당상관은 84%(48/57), 세대별로는 9·10세가 중심이 된 7~10세가 사관자는 92%(146/159)·당상관은 88%(50/57)였다.

그런데 조선초기의 인사행정을 보면 당상관과 청요직 역임자는 자·손과 자에게 음서의 혜택을 주었고,[23] 단종~성종대에는 왕권의 안정·관료의 회유 등과 관련되어 백관이나 수백명을 대상으로 한 수십차의 가자가 실시되면서

---

22) 『조선왕조실록』, 『국조인물고』, 『국조문과방목』, 『창녕성씨문숙공파 세보』, 『청구씨 보』·졸저, 위 책, 광주이씨조 등에서 종합(자손과 사관자가 적은 윤득·저계 제외).
23) 탁음관직과 제수관직은 앞 48쪽 주17) 참조.

매회마다 정3품 당하관 이상은 자·손 등에게 1계(중복시는 2계 이상)의
代加를 주었고, 종3품관 이하는 1계가 가자되었다.[24] 이에 따라 종3품 이하의
관인, 특히 부·조가 당상관인은 가자 때 마다 1계나 2계 이상 가자되면서
단기간에 정3품 당하관계까지 승진하였다.[25]

이러한 단종~성종대의 가자남발은 여완·이계 8~10세 관인이 대거 당상관
에 승진하는 토대가 되었다고 하겠다. 또 이점은 음서제와 함께 여완·이계
자손의 70% 내외가 출사하여 부조의 후원을 받으면서 50여 명 이상이 당상관
에 진출하는 토대가 되었다고 하겠다.

이상에서 조선초기 여완·이계가 중심이 된 창녕성씨 송국계 6~10세는
개인적인 능력·부조의 현달과 후원을 통하여 54%인 159(/292)명이 출사하고,
출사자의 36%인 57(/159)명이 정1~정3품 당상관이 되면서 번창하였다고
하겠다.


## 3. 昌寧成氏의 通婚家門과 家系意識


松國의 5대손으로부터 9대손까지는 남계 292명 여계 78명의 총 370명이
확인되었다. 이들의 통혼권을 보면 石璘·石璔·石珝(여완계 6세) 등 115명의
배우자는 본관이 명확하거나, 본관이 명확하면서 부·조와 부나 조의 관력이
명확하였다.[26] 그런데 漢忠·允得·貯系는 본관자 13명 등 55명에 불과하여
큰 의미가 없다. 이에 따라 여기에서는 한충계 등을 제외하고 汝完·準得·有得·
履系 319명에 한정시켜 이들의 통혼가문과 통혼권에 나타난 가계의식이
어떠하였는가를 구분하여 살펴본다.

---

24) 가자실시 시기와 가자·대가 내용은 앞 71쪽 주33) 참조.
25) 동상조.
26) 뒤 〈표 5-12〉에서 종합.

## 1) 通婚家門

조선초기 松國系 6~10세의 통혼가문을 계파와 상위 유력성관·유력성관·그외 성관·불명으로 구분하여[27] 보면 다음의 표와 같이 汝完系는 6세 6명은 2·1·1·2명, 7세 13명은 1·3·1·9명, 8세 34명은 5·5·2·22명, 9세 51명은 1·11·3·35, 10세 102명은 6·10·9·77명이며, 전체 204명 상위성관이 15명 7%, 유력성관이 29명 14%, 그 외가 17명 8%이며, 불명이 145명 71%이다.

〈표 5-7〉 창녕성씨 송국계 6~10세 통혼가문[28]

| | | 여완계 | | | | | | 준득계 | | | | | | 유득계 | | | | | |
|---|---|---|---|---|---|---|---|---|---|---|---|---|---|---|---|---|---|---|---|
| | | 6세 | 7 | 8 | 9 | 10 | 계 | 6세 | 7 | 8 | 9 | 10 | 계 | 6세 | 7 | 8 | 9 | 10 | 계 |
| 유력성관 | 진주강씨 | | | | | | 0 | | | | | | | | | | | | |
| | 안동권 | | | 1 | | | 1 | | | | | | | | | | | | |
| | 광산김 | 1 | | | | 1 | 2 | | | | | | | | | | | | |
| | 고령신 | | | | | 1 | 1 | | | | | | | | | | 1 | | 1 |
| | 문화유 | | 1 | | 1 | 1 | 3 | | | | | | | | | | | | |
| | 파평윤 | 1 | | 1 | | 1 | 3 | | | | 1 | | 1 | | | | 1 | | 1 |
| | 전의이 | | | 1 | | | 1 | | | | | | | | | | | | |
| | 청주한 | | | 1 | | | 1 | | | | | | | | | | | | |
| | 종친 | | | 1 | | 2 | 3 | | | | | | | | | | | | |
| | 소계 | 2 | 1 | 5 | 1 | 6 | 15 | 0 | 0 | 0 | 1 | 0 | 1 | 0 | 0 | 0 | 2 | 0 | 2 |
| | 연안김 | | | | | | | | | | | | | | | | | | |
| | 순흥안씨 등 9성관 | | | | | | | | | | | | | | | | | | |
| | 행주기씨 등 24성관 | | | | | | | | | | | | | | | | | | |
| | 소계 | 1 | 2 | 5 | 11 | 10 | 29 | 2 | 2 | 2 | 1 | 1 | 8 | 1 | 1 | 0 | 0 | 1 | 3 |
| | 합계 | 3 | 3 | 10 | 12 | 16 | 44 | 2 | 2 | 2 | 2 | 1 | 9 | 1 | 1 | 0 | 2 | 0 | 5 |
| 그 외 성관 | | 1 | 1 | 2 | 4 | 9 | 17 | 0 | 0 | 1 | 1 | 2 | 4 | 1 | 1 | 1 | 2 | 2 | 7 |
| 성관불명 | | 2 | 9 | 22 | 35 | 77 | 145 | 2 | 8 | 16 | 24 | 13 | 63 | 0 | 0 | 4 | 3 | 9 | 16 |
| 총계 | | 6 | 13 | 34 | 51 | 102 | 204 | 4 | 10 | 19 | 27 | 16 | 76 | 2 | 2 | 5 | 7 | 11 | 27 |

| | | 이계 | | | | | | 합계 | | | | | | 비고 |
|---|---|---|---|---|---|---|---|---|---|---|---|---|---|---|
| | | 6서 | 7 | 8 | 9 | 10 | 계 | 6세 | 7 | 8 | 9 | 10 | 계 | |
| 유력성관 | 진주강씨 | | | | | | | | | | | | | |
| | 안동권 | | | | | | | | | 1 | | | 1 | |
| | 광산김 | | | | | 1 | 1 | 1 | | | | 1 | 3 | |

| 성관 | | | | | | | | | | | | 합 | 비고 |
|---|---|---|---|---|---|---|---|---|---|---|---|---|---|
| 고령신 | | | | | | | | | | 1 | | 1 | |
| 문화유 | | | | | 1 | 1 | | 1 | 0 | 1 | 2 | 4 | |
| 파평윤 | | | | | | | 1 | 0 | 1 | 2 | 1 | 5 | |
| 전의이 | | | | | | | | | 1 | | | 1 | |
| 청주한 | | | | | | 1 | | 1 | 1 | 1 | 0 | 2 | |
| 종친 | | | | | | | | | 1 | 0 | 2 | 3 | |
| 소계 | 0 | 0 | 0 | 1 | 2 | 3 | 2 | 1 | 6 | 5 | 7 | 21 | |
| 연안김씨 | | | | | | | | | | | | 4 | |
| 순흥안씨 등 9성관 2~3명* | | | | | | | | | | | | | * 3명-순흥안, 전주이, 2명-죽산박, 거창신, 단양우, 덕수이, 연안이, 수원최, 장수황. |
| 행주기씨 등 24성관 1명* | | | | | | | | | | | | | * 행주기, 강릉·경주·김해·상주·청풍김, 남평문, 고령·순천·함양박, 이천서·밀양손·영산신·청송심·함종어·해평윤, 고성·성주이, 풍천임·초계정·배천조·전주최·장수황. |
| 소계 | 0 | 0 | 1 | 0 | 7 | 8 | 4 | 5 | 8 | 12 | 19 | 48 | |
| 합계 | 0 | 0 | 2 | 3 | 9 | 11 | 6 | 6 | 14 | 17 | 26 | 69 | |
| 그 외 성관 | 1 | 1 | 1 | 1 | 1 | 5 | 3 | 3 | 5 | 8 | 14 | 33 | |
| 성관불명 | 1 | 3 | 4 | 7 | 5 | 20 | 5 | 20 | 46 | 68 | 78 | 217 | |
| 총계 | 2 | 4 | 6 | 9 | 17 | 36 | 14 | 29 | 65 | 93 | 118 | 319 | |

準得系는 6세 4명은 유력성관이 2명, 불명이 2명이다. 7세 10명은 유력성관이 2명, 그 외가 1명, 불명이 8명이다. 8세 19명은 유력성관이 2명, 그 외가 1명, 불명이 16명이다. 9세 27명은 상위 성관이 1명, 유력성관이 1명, 그 외가 1명, 불명이 24명이다. 10세 16명은 유력성관이 1명, 그 외가 2명, 불명이 13명이다. 전체 76명은 상위 성관이 1명 1%, 유력성관이 8명 11%, 그 외가 4명 5%, 불명이 63명 83%이다.

有得系는 6세 2명은 유력성관이 1명, 그 외가 1명이다. 7세 2명은 6세와 같다. 8세 5명은 그 외가 1명, 불명이 4명이다. 9세 7명은 상위 성관이 2명, 그 외가 3명, 불명이 3명이다. 10세 11명은 유력성관이 1명, 그 외가 2명, 불명이 9명이다. 전체 27명은 상위 성관이 2명 7%, 유력성관이 3명 11%, 그 외가 7명 26%, 불명이 16명 59%이다.

履系는 6세 2명은 그 외가 1명, 불명이 1명이다. 7세 4명은 그 외가 1명,

---

28) 뒤 〈표 5-12〉에서 종합.

불명이 3명이다. 8세 6명은 상위 성관이 1명, 유력성관이 1명, 그 외가 1명, 불명이 4명이다. 9세 9명은 상위 성관이 1명, 그 외가 1명, 불명이 7명이다. 10세 17명은 상위 성관이 2명, 유력성관이 7명, 그 외가 1명, 불명이 5명이다. 전체 36명은 상위 성관이 3명 8%, 유력성관이 8명 22%, 그 외가 5명 14%, 불명이 20명 56%이다.

전체 319명은 세대별로는 6세 14명은 상위성관이 2명 14%, 유력성관이 4명 29%, 그 외가 3명 21%, 불명이 5명 36%이다. 7세 29명은 상위 성관이 1명 3%, 유력성관이 5명 17%, 그 외가 3명 10%, 불명이 20명 69%이다. 8세 65명은 상위 성관이 6명 9%, 유력성관이 8명 12%, 그 외가 5명 8%, 불명이 46명 71%이다. 9세 93명은 상위 성관이 5명 5%, 유력성관이 12명 13%, 그 외가 8명 9%, 불명이 68명 73%이다. 10세 144명은 상위 성관이 7명 5%, 유력성관이 19명 13%, 그 외가 14명 10%, 불명이 104명 72%이다. 성관별로는 319명 중 상위 성관이 21명 7%, 유력성관이 48명 15%, 그 외가 33명 10%, 불명이 217명 68%이다.

또 송국계와 다수가 통혼한 인물간의 관계-가계를 보면 종친 3명은 8촌 이내였고,[29] 파평윤씨 5명은 3명이 8촌 이내·2명이 11촌,[30] 진주강씨 2명은 13촌이었으며,[31] 연안김씨는 4명은 4촌 이내였는데 그 중 삼문과 삼고 형제는 잉의 딸 및 손녀와 혼인하는[32] 등 14명 중 10명이 8촌 이내였다.

이에서 창녕성씨 여완·준득·유득·이계 6~10세는 성관자 중 76%(102/135) 가 당시에 가장 번창한 유력가문과 혼인하였고, 그 중 다수가 유력성관의 근친과 혼인하였다고 하겠다.

---

29) 앞 2장 주66).

30) 앞 2장 〈도 2-10〉.

31) 앞 4장 〈도 4-12〉.

32) 창녕성씨 송국계와 연안김씨 통혼자 가계는 다음과 같다(앞 『창녕성씨문숙공파세보』, 『청구씨보』 연안김씨조 등에서 종합).

## 2) 通婚圈과 家系意識

여완·준득·유득·이계 6~10세 사관자 147명의 처 부·조, 부나 조가 역임한
최고 관직(관계)을 보면 각 계파 모두 불명자가 대부분이고 처 부조가 확인된
경우는 41명에 불과하기 때문에 147명 모두의 관직이 확인된 여완계 등과
관직을 비교하기는 어렵다.

그러나 전체 147명과 불명자 106명을 제외한 41명을 보면 다음 표와 같이
전체로는 1~2품관이 16명 11%, 정3품 당상관이 5명 3%(정1~정3품 당상관은
21명 14%), 3~6품관이 17명 12%, 7~9품관이 3명 2%, 불명이 106명 72%이다.
그러나 41명만을 보면 1~2품관이 16명 41%, 정3품 당상관이 5명 12%(정1~정3
품 당상관은 21명 43%), 3~6품관이 17명 47%, 7~9품이 3명 7%이다.

이를 볼 때 확인된 송국계 사관자의 부조와 처 부조의 최고 관직은 대부분이
비슷하고, 당상관이 43%이고 참상관 이상이 90%인 등 대다수가 참상관
이상이었다.

다음으로 송국계 사관자 6~10세 처부중 2품 이상관의 당상관 추요직
재직기간을 보면 다음의 표와 같이 파평윤씨 등 여타 상위 유력성관자와는
달리 그 수가 10여명에 불과하고(종친 제외) 추요직 역임자도 李堅基만이
승지·참판·판서를 역임하였을 뿐이다.

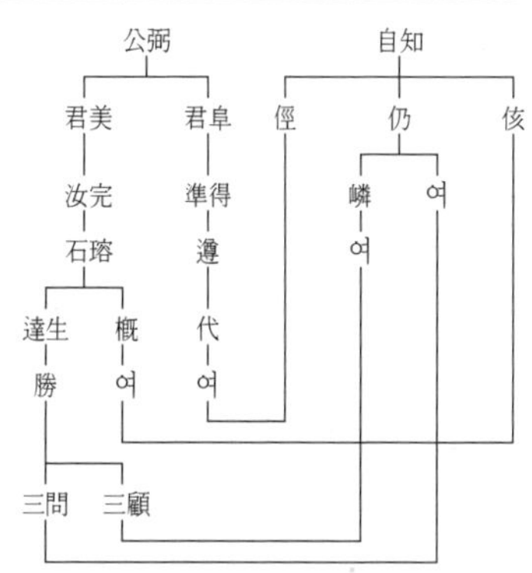

<표 5-8> 창녕성씨 송국계 6~10세 사관자 처 부조와 부조 최고 관직[33]

| | 여완계(처가/본가) | | | | | | 준득계(처가/본가) | | | | | | 유득계(처가/본가) | | | | | |
|---|---|---|---|---|---|---|---|---|---|---|---|---|---|---|---|---|---|---|
| | 6세 | 7 | 8 | 9 | 10 | 계 | 6세 | 7 | 8 | 9 | 10 | 계 | 6세 | 7 | 8 | 9 | 10 | 계 |
| 부·조, 부나 조1~2 | 3/4 | 3/0 | 2/14 | 2/22 | 1/12 | 11/61 | | 2/0 | 0/1 | | | 2/1 | 1/1 | 0/1 | | | | 1/2 |
| 정3당상 | | | | 2/5 | 2/11 | 4/16 | | | | 0/1 | | 0/1 | | | | | | 0 |
| 참상 | | | 2/1 | 3/2 | 7/10 | 12/13 | 0/2 | 0/4 | 1/3 | 0/1 | 1/2 | 2/12 | | | 0/1 | 0/4 | 0/5 | 0/10 |
| 참하 | 1 | | | 1 | | 2 | | | | | | 0 | | | | | 1 | 1 |
| 불명 | | 6/0 | 11/0 | 21/0 | 23/0 | 61/0 | 2/0 | 2/0 | 3/0 | 2/0 | 3/2 | 12/2 | | 1/0 | 1/0 | 4/0 | 4/0 | 10/0 |
| 합계 | 4 | 9 | 15 | 29 | 33 | 90 | 2 | 4 | 4 | 2 | 4 | 16 | 1 | 1 | 1 | 4 | 5 | 12 |

| | 이계(처가/본가) | | | | | | 합계(처가/본가) | | | | | | 비고(비율〈전체·불명제외/본가〉) |
|---|---|---|---|---|---|---|---|---|---|---|---|---|---|
| | 6세 | 7 | 8 | 9 | 10 | 계 | 6세 | 7 | 8 | 9 | 10 | 계 | |
| 부·조, 부나 조1~2 | 0/2 | 1/1 | 1/4 | 0/9 | 0/1 | 2/17 | 4/7 | 6/11 | 3/19 | 2/31 | 1/13 | 16/81 | 11(16/147)·41/55% |
| 정3당상 | | | | | 1/9 | 1/9 | | | | 2/6 | 3/20 | 5/26 | 3·12/18% |
| 참상 | 1/0 | 0/3 | 1/0 | 1/0 | | 3/3 | 1/2 | 0/7 | 4/5 | 4/7 | 8/17 | 17/38 | 12·41/26% |
| 참하 | | | | | 0 | 1/0 | | 1/0 | | 1/0 | 1/0 | 3/0 | 2·7/0% |
| 불명 | 1/0 | 3/0 | 2/0 | 8/0 | 9/0 | 23/0 | 3/0 | 12/0 | 17/0 | 35/0 | 39/2 | 106/2 | 72/1% |
| 합계 | 2 | 4 | 4 | 9 | 10 | 29 | 9 | 18 | 24 | 44 | 52 | 147 | |

<표 5-9> 창녕성씨 송국계 6~10세 처부의 당상관 주요직 재직기간[34]

| | 최고 관직 | 재직기간 | | | | | | 비고(계파, 사위/기타역관) |
|---|---|---|---|---|---|---|---|---|
| | | 의정 | 찬성 | 판서 | 참판 | 도승지 | 제승지 | |
| 趙云介 | 부원군 | | | | | | | 여완계(達生) |
| 朴可實 | 한성판윤 | | | | | | | 槩 / 판한성부사(태종9) |
| 安仲老 | 판서 | | | | | | | 抑 |
| 李堅基 | 참판 | | | 세종29, 31~32, 단종 즉 | 세종20~22, 26 | | 세종15~19 | 爔/판개성부사(28), 참찬(문종 즉) |
| 愼紀 | 감사 | | | | | | | 得識/참의(세종26, 28, 31), 관찰사(27,29) |
| 李明元 | 좌참찬 | | | | | | | 준득계(孝淳) |
| 李隙 | 좌윤 | | | | | | | 代/삼사좌사(태조대) |
| 洪澍 | 감사 | | | | | | | 履系(大庸) |
| 洪徵 | 판밀직 | | | | | | | 眝系(溥) |
| 柳子偕 | 지중추 | | | | | | | 孝源 |
| 합계 | 10 | | | | | | | |

이상에서 창령성씨 송국계의 자손은 출사, 승자, 승직, 당상관 이상에로의

---

33) 『조선왕조실록』, 『국조인물고』, 『국조문과방목』, 『광주이씨대동보』, 『만성대동보』 광주이씨조 등에서 종합.

34) 앞 <표 5-3> 및 『세종실록』·『세조실록』·『성종실록』 등에서 종합.

승진 등은 크게는 본인의 자질과 부조의 관력을 토대로 하였고 부분적으로 처부 등의 관력에서 기인되었다고 하겠다. 송국계 6~10세의 통혼가문, 사관자의 최고관직과 처부조의 관직을 정리하면 다음과 같다.

〈표 5-10〉 창녕성씨 송국계 6~10세 역관경향과 통혼권

| | | 여완계 | | | | | | 준득계 | | | | | | 유득계 | | | | | |
|---|---|---|---|---|---|---|---|---|---|---|---|---|---|---|---|---|---|---|---|
| | | 6세 | 7 | 8 | 9 | 10 | 계 | 6 | 7 | 8 | 9 | 10 | 계 | 6 | 7 | 8 | 9 | 10 | 계 |
| 최고관직 | 1~2품 | 3 | 5 | 5 | 7 | 6 | 26 | 1 | 0 | 0 | 0 | 0 | 1 | 0 | 0 | 0 | 0 | 0 | 0 |
| | 3상 | 0 | 2 | 1 | 2 | 4 | 9 | 0 | 1 | 0 | 0 | 1 | 2 | 0 | 0 | 0 | 0 | 0 | 0 |
| | 3~6 | 1 | 2 | 7 | 17 | 20 | 47 | 1 | 3 | 4 | 2 | 3 | 13 | 1 | 1 | 1 | 2 | 3 | 8 |
| | 기타 | 0 | 0 | 2 | 2 | 3 | 7 | 0 | 0 | 0 | 0 | 0 | 0 | 0 | 0 | 0 | 1 | 1 | 2 |
| | 계 | 4 | 9 | 15 | 28 | 33 | 89 | 2 | 4 | 4 | 2 | 4 | 16 | 1 | 1 | 1 | 3 | 4 | 10 |
| 통혼가문 | 상위유력가문 | 2 | 1 | 5 | 1 | 6 | 15 | 0 | 0 | 0 | 1 | 0 | 1 | 0 | 0 | 0 | 2 | 0 | 2 |
| | 유력가문 | 1 | 2 | 5 | 11 | 10 | 29 | 2 | 2 | 2 | 1 | 1 | 8 | 1 | 1 | 0 | 0 | 1 | 3 |
| | 그 외 | 1 | 1 | 2 | 4 | 9 | 17 | 0 | 0 | 1 | 1 | 2 | 4 | 1 | 1 | 1 | 2 | 2 | 7 |
| | 불명 | 2 | 9 | 22 | 35 | 77 | 145 | 2 | 8 | 16 | 24 | 13 | 63 | 0 | 0 | 4 | 3 | 8 | 15 |
| | 계 | 6 | 13 | 34 | 51 | 102 | 204 | 4 | 10 | 19 | 27 | 16 | 76 | 2 | 2 | 5 | 7 | 11 | 27 |
| 처부조관직 | 1~2품*1 | 3 | 3 | 8 | 6 | 6 | 26 | 2 | 1 | 0 | 0 | 0 | 3 | 1 | 1 | 0 | 0 | 0 | 2 |
| | 3상*2 | 0 | 0 | 1 | 3 | 1 | 5 | 0 | 0 | 0 | 0 | 0 | 0 | 0 | 0 | 0 | 0 | 0 | 0 |
| | 3~6*3 | 0 | 0 | 3 | 4 | 11 | 18 | 0 | 1 | 1 | 1 | 0 | 3 | 0 | 0 | 0 | 2 | 0 | 2 |
| | 기타*4 | 3 | 10 | 22 | 41 | 84 | 160 | 2 | 9 | 18 | 17 | 16 | 62 | 1 | 1 | 5 | 5 | 11 | 23 |
| | 계 | 6 | 13 | 34 | 54 | 102 | 209 | 4 | 11 | 19 | 18 | 18 | 68 | 2 | 2 | 5 | 7 | 11 | 27 |

| | | 이계 | | | | | | 합계 | | | | | | 비고 |
|---|---|---|---|---|---|---|---|---|---|---|---|---|---|---|
| | | 6세 | 7 | 8 | 9 | 10 | 계 | 6 | 7 | 8 | 9 | 10 | 계 | |
| 최고관직 | 1~2품 | 1 | 1 | 0 | 2 | 2 | 6 | 5 | 6 | 5 | 9 | 8 | 33 | |
| | 3상 | 1 | 1 | 2 | 3 | 0 | 7 | 1 | 4 | 3 | 5 | 5 | 18 | |
| | 3~6 | 0 | 2 | 2 | 4 | 7 | 15 | 3 | 8 | 14 | 25 | 33 | 83 | |
| | 기타 | 0 | 0 | 0 | 0 | 1 | 1 | 0 | 0 | 2 | 3 | 5 | 10 | |
| | 계 | 2 | 4 | 4 | 9 | 10 | 29 | 9 | 18 | 24 | 42 | 51 | 144 | |
| 통혼가문 | 상위유력가문 | 0 | 0 | 0 | 1 | 2 | 3 | 2 | 1 | 6 | 5 | 7 | 21 | *종실포함 |
| | 유력가문 | 0 | 0 | 1 | 0 | 7 | 8 | 4 | 5 | 8 | 12 | 19 | 48 | |
| | 그 외 | 1 | 1 | 1 | 1 | 1 | 5 | 3 | 3 | 5 | 8 | 14 | 33 | |
| | 불명 | 1 | 3 | 4 | 7 | 5 | 20 | 5 | 20 | 46 | 68 | 104 | 243 | |
| | 계 | 2 | 4 | 6 | 9 | 17 | 36 | 14 | 29 | 65 | 93 | 144 | 345 | |
| 처부부관직 | 1~2품 | 0 | 1 | 2 | 0 | 2 | 5 | 6 | 6 | 10 | 6 | 8 | 32 | |
| | 3상 | 0 | 0 | 0 | 0 | 1 | 1 | 0 | 0 | 1 | 3 | 2 | 6 | |
| | 3~6 | 1 | 0 | 0 | 1 | 2 | 4 | 1 | 1 | 4 | 8 | 13 | 27 | |
| | 기타* | 1 | 4 | 4 | 8 | 11 | 28 | 6 | 24 | 49 | 81 | 120 | 270 | *정7~종9과 불명 포함 |
| | 계 | 2 | 5 | 6 | 9 | 17 | 39 | 14 | 31 | 64 | 98 | 146 | 343 | |

지금까지 고찰의 토대가 된 창녕성씨 송국계 6~10세 사관자의 가계·관력과 배우자의 통혼가문을 정리하면 다음의 표와 같다.

〈표 5-11〉 창녕성씨 송국(2세)계 6~10세 사관자 가계와 관직[35]

| 성명 | 생몰년 | 출사로 | 가계( 부/조) | 최고관직(관계) | 비고 |
|---|---|---|---|---|---|
| 紀 | | 음? | 한성판윤 漢忠 | 판서 | 한충계 6세 |
| 守恒 | | 문(우왕6) | 판서 기 | 철원부사 | 7 |
| 守文 | | 음? | | 중랑장 | |
| 守量 | | 음? | | 연안부사 | |
| 守敬 | | 음? | | 군수 | |
| 敏 | | 불 | 부사 수항 | 감사 | 8 |
| 原 | | 불 | 부사 수량 | 사직 | |
| 根 | | 불 | 군수 수경 | | |
| 貴智 | | 음? | 감사 민 | 교리 | 9 |
| 世明 | | 불 | 교리 귀지 | | 10 |
| 石璘 | 1338~1423 | 문((공민왕6) | 정당문학 汝完 | 영의정 | 여완계 6세 |
| 石瑢 | ?~1403 | 문(우왕2) | | 대제학 | |
| 石珚 | 1357~1414 | 문(우왕3) | | 예조판서 | |
| 石璠 | | 음? | | 낭장 | |
| 志道 | | 음 | 영의정 석린 | 참의 | 7 |
| 發道 | ?~1418 | 음, 무(태종2) | | 좌참찬 | |
| 達生 | 1376~1444 | 음, 무(태종2) | 보문대제학 석용 | 판중추 | |
| 槪 | ?~1447 | 음(공양20, 문(태종16) | | 공조참판 | |
| 枏 | | 음? | | 공주판관 | |
| 揜 | ?~1434 | 문 | 예판 석연 | 판한성 | |
| 抑 | 1386~1448 | 음 | | 의정부찬성 | |
| 扱 | | 음? | | 첨지중추 | |
| 彙 | | 음? | 낭장 석번/ | 지선주사 | |
| 龜壽 | | 음(조부) | 참의 지도 | 첨지중추 | 8 |
| 勝 | ?~1456 | 무 | 공판 달생 | 지중추 | |
| 腃 | | 음? | ? | | *우참찬 |
| 熺 | ?~1456 | 문(문종즉) | 공조참판 개 | 승문교리 | |
| 照 | ?~1456 | 음 | | 참봉 | |
| 九淵 | | 불 | 판관 후 | 내금위사직 | |
| 念祖 | 1400~1450 | 음,문(세종1) | 지중 엄 | 지중추 | |
| 奉祖 | 1401~1474 | 음 | | 우의정 | |
| 順祖 | | 음 | | 형조참판 | |
| 得識 | | 음 | 찬성 억 | 한성좌윤 | |
| 重識 | | 음 | | 군수 | |
| 繼性 | | 불 | 첨지중추 급 | 군수 | |
| 重性 | | 불 | | 현령 | |
| 孝性 | | 불 | | 낭장 | |

| | | | | | |
|---|---|---|---|---|---|
| 敍 | | 불 | 부사 휘 | 상장군 | |
| 繼曾 | | 음 | 판서 구수 | 군수 | 9세 |
| 繼宗 | | 음 | | 군수 | |
| 三問 | 1418~1456 | 문(세종21) | 지중추 승 | 좌부승지 | |
| 三聘 | ?~1456 | 음? | | 부사 | |
| 三顧 | ?~1456 | 불 | | 將臣 | |
| 三省 | ?~1456 | 음? | | 정랑 | |
| 三錫 | ?~? | 음? | ? 중 | 행한성판관 | |
| 三鉤 | ?~? | 음? | | 봉화현감 | |
| 習之 | | 불 | 사직 구연 | 승문원참교 | |
| 聃年 | 1442~1483 | 문(성종1) | 참의 禧/ | 공조정랑 | |
| 聃仲 | | 불 | | 교관 | |
| 聃老 | | 기타 | | 충순위 | *판윤? |
| 習之 | | 불 | 사직 구연 | 부사 | |
| 任 | | 음? | 지중추 염조 | 제학 | |
| 侃 | 1427~1456 | 문(단종1) | | 집현전교리 | |
| 倪 | 1439~1504 | 문(세조8) | | 예조판서 | |
| 懼 | | 음 | 우의정 봉조 | 직장 | |
| 傑 | | 음 | | 공조참의 | |
| 健 | 1438~1495 | 음,문(세조14) | 참판 순조 | 좌참찬 | |
| 俊 | 1436~1504 | 문(세조5) | | 영의정 | |
| 俶 | ?~1504 | 음,문(세조2) | | 한성부윤 | |
| 忠達 | | 음 | 한성좌윤 득식 | 김포현령 | |
| 貴達 | | 음 | | 이조참판 | |
| 愼仁 | | 불 | 군수 중식 | 정랑 | |
| 愼義 | | 문(성종17) | | 예조정랑 | |
| 愼文 | | 불 | | 별좌 | |
| 軫 | | 불 | 군수 계성 | 별제 | |
| 迪 | | 불 | 현령 중성 | 생원 | |
| 義 | | 불 | 낭장 효성/ | 사직 | |
| 以乾 | | 불 | 상장군 서 | 부사 | |
| 邦彦 | | 기타 | 군수 계증 | 충의위 | 10 |
| 世亨 | | 불 | 진사 계조/ | 참봉 | |
| 世弼 | | 음? | 군수계종/ | 예참의 | |
| 世祐 | | 음? | | 정 | |
| 孝孫 | | 불 | 판관 삼석 | 행현감 | |
| 仲孫 | | 불 | | 행증산현감 | |
| 孟生 | | 불 | 현감 삼구 | 사직 | |
| 仲生 | | 불 | | 의령현감 | |
| 夢宣 | 1467~1507 | 무(성종25) | 정랑 담년 | 장흥부사 | 한좌윤? |
| 夢井 | 1471~? | 문(연산4) | | 의정부검상 | |
| 日謹 | | 불 | | | |
| 日愼 | | 불 | | | |
| 雲 | ?~1527 | 문(연산10) | 이판 담명 | 병판 | |

| | | | | | |
|---|---|---|---|---|---|
| 霖 | | 음 | | 도사 | |
| 需 | 1478~1534 | 유일(연산1) | 담령/ | 도사 | |
| 夢奎 | | 불 | 교관 담중/ | 사직 | |
| 夢箕 | ?~1522 | 불 | | 부사직 | |
| 震 | | 음? | 판윤 담로 | ? | *판서 |
| 世明 | | 음? | 제학 임/ | 제학 | |
| 世勤 | | 불 | 수찬 간 | 정언 | |
| 世亨 | | 음? | 대제학 현 | 현감 | |
| 世昌 | | 음? | | 좌의정 | |
| 玉貞 | | 음? | 참의 율 | 참판 | |
| 孟溫 | | 음? | 판윤 숙 | 승지 | |
| 仲溫 | | 음 | 영의정 준/ | 참의 | |
| 景溫 | | 음? | 좌참찬 건 | 부제학 | 생부 준 |
| 世臣 | | 불 | 현령 충달 | 종묘서령 | |
| 世俊 | | 음, 문(중종2) | | 선공부정 | |
| 世貞 | 1460~1524 | 문(성종20) | | 개성유수 | |
| 世純 | | 음? | | 대사헌 | |
| 修 | | 불 | 별좌 신문/ | 직장 | |
| 世忠 | | 불 | 생원 적 | 우후? | |
| 世功 | | 불 | | 군수 | |
| 世勳 | | 불 | 사직 의 | 군수 | |
| 友仝 | | 불 | 부사 이건/ | 부사과 | |
| 允仝 | | 불 | | 군수 | |
| 連 | | 음? | 총부상서 准得 | 判事 | 준득계 6세 |
| 邉 | | 음? | | 중서시랑 | |
| 孝淳 | | 불 | 판사 연 | 부사 | 7 |
| 孝修 | | 불 | | 선전관 | |
| 孝德 | | 불 | | 첨지 | |
| 代 | | 불 | 시랑 준 | 목사 | |
| 克仁 | | 불 | 부사 효순/ | 목사 | 8 |
| 仲義 | | 불 | 선전관 효수 | 현감 | |
| 克義 | | 음? | 첨지 효덕 | 사인 | |
| 文治 | ?~1455 | 불 | 목사 대 | 5위호군 | |
| 自潤 | | 불 | 현감 중의/ | 사간 | 9 |
| 始生 | | 불 | 사인 극의 | 목사 | |
| 益之 | | 불 | 계손 | 첨절제사 | 10 |
| 漑 | | 불 | 익 | 우후 | |
| 仁山 | | 불 | 사간 자윤 | 교위 | |
| 世勳 | | 불 | 목사 시생 | 첨지 | |
| 思齋 | | 음 | 좌정승 有得 | 보문각직제학 | 유득계 6세 |
| 杜 | | 불 | 직제학 사재 | 칠원현감(불취) | 7 |
| 近禮 | | 불 | 현감 두 | 판관 | 8 |
| 軼 | | 기타 | 판관 근례/ | 충순위 | 9 |
| 軒 | | 불 | | 참봉 | |

| | | | | |
|---|---|---|---|---|
| 轍 | 불 | | 군자감판관 | |
| 自富 | 불 | 선무랑 근신 | 군수 | |
| 世琚 | 불 | 통덕랑 식 | 훈도 | 10 |
| 世珍 | 불 | 참봉 헌 | 호군 | |
| 世璜 | 불 | 판관 철 | 군자감정 | |
| 世球 | 불 | | 교수 | |
| 達中 | 기타 | 군수 자부 | 충순위 | |
| 台俊 | 음? | 밀직부사 允得 | 사인 | 윤득계 6세 |
| 士俊 | 음? | | 좌랑 | |
| 元紀 | 불 | 진사 택 | 참봉 | 8 |
| 甲臣 | 불 | 검교시랑 履 | 평리 | 履계 6세 |
| 乙臣 | 불 | | 장령 | |
| 禧 | 음? | 평리 갑신 | 비서감 | 7 |
| 元揆 | 불 | 장령 을신 | 좌대언(평리?) | |
| 元範 | 불 | | 우보궐 | |
| 士弘 | 불 | | 집현전태학사 | |
| 萬庸 | 음? | 태학사 사홍 | 판서 | 8 |
| 大庸 | 음? | | 직제학 | |
| 同良 | 음? | | 낭장 | |
| 仲庸 | 음? | | 전서 | |
| 達德 | 불 | 약용 | 찰방 | 9 |
| 蹊 | 음? | 판서 만용 | 현령 | |
| 踁 | 음? | | 현감 | |
| 路 | 음? | | 소윤 | |
| 之傑 | 음? | | 밀직 | |
| 耉 | 불 | 직제학 대용 | 참의 | |
| 狪 | 불 | | 참의 | |
| 孝先 | 불 | 낭장 동량 | 전서 | |
| 載 | 음? | 전서 중용 | 병사 | |
| 是仁 | 불 | 찰방 달덕 | 현감 | 10 |
| 寶龜 | 불 | 현령 혜 | 현감 | |
| 三龜 | 불 | | 봉화현감 | |
| 自雅 | 불 | 현감 경 | 찬의 | |
| 自保 | 불 | | 서령 | |
| 自諒 | 불 | | 사간 | |
| 以溫 | 불 | 소윤 로 | 사정 | |
| 孝祥 | 음? | 참의 자 | 판윤 | |
| 習之 | 음? | 참의 충 | 군수 | |
| 翼之 | 음? | | 참판 | |
| 彦臣 | 음? | 밀직사사 貯 | 지임주사 | 貯계 6세 |
| 士達 | 불 | 지군사 언신 | 예문관대제학 | 7 |
| 溥 | 음? | 대제학 사달 | 총랑 | 8 |
| 孝源 | 불 | 총랑 부 | 현감 | 9 |
| 孝淵 | 불 | | ?* | *좌찬성(족보) |

| 성명 | 부(/남편) | 본관 | 부와 관력 | 조와 관력 | 기타 | 비고 |
| --- | --- | --- | --- | --- | --- | --- |
| 準 | | 불 | 현감 효원 | 첨지 | | 10 |
| 玩 | | 불 | ? 효연/ | 이참의 | | |

<표 5-12> 청령성씨 송국(2세)계 6~10세 배우자 가계와 관직

| 성명 | 부(/남편) | 배우자 가계 | | | | 비고 |
| --- | --- | --- | --- | --- | --- | --- |
| | | 본관 | 부와 관력 | 조와 관력 | 기타 | |
| 紀 | 한성판윤 漢忠 | 해주 | 吳延寵 | | | 한충계 6세 |
| 守恒 | 판서 기 | 불 | | | | 7 |
| 守文 | | 불 | | | | |
| 守良 | | 불 | | | | |
| 守敬 | | 불 | | | | |
| 1녀 | /감무 鄭之河 | 불 | | | | |
| 2녀 | 현감 朴允和 | 불 | | | | |
| 3녀 | 曹輊 | 창녕 | 之雲 | | | |
| 敏 | 철원부사 수항 | 불 | | | | 8 |
| 여 | 수량/판서 柳季聞 | 문화 | 우의정 寬 | | | |
| 貴智 | 감사 민 | 불 | | | | 9, 병자피화 |
| 士智 | | 불 | | | | |
| 1녀 | /사간 柳漢 | 성산 | | | | |
| 2녀 | 崔淑 | 불 | | | | |
| 3녀 | 鄭自仁 | 불 | | | | |
| 世明 | 교리 귀지 | 불 | | | | 10 |
| 石璘 | 정당문학 汝完 | 불 | 정당문학 安元崇 | | | 여완계 6세 |
| 石瑢 | | 光州 | 저작 金成利 | | | |
| 石珚 | | 서산 | 밀직부사 柳實 | 찬성사 淑 | | |
| 石璠 | | 불 | | | | |
| 1녀 | 尹承禮/판도판서 | 파평 | 鈴平君 陟 | 寺事 承休 | | |
| 2녀 | /金邁卿 | 불 | | | | |
| 志道 | 영의정 석린 | 불 | | | | 7 |
| 發道 | | 불 | | | | |
| 達生 | 대제학 석용 | 풍양 | 부원군 趙云介 | | | |
| 槩 | | 순천 | 판윤 朴可實 | 부원군 天祥 | | |
| 枏 | | 불 | 최씨 | | | |
| 揜 | 예판 석연 | 불 | | | | |
| 抑 | | 죽산 | 판서 安仲老 | 대제학 克仁 | | |
| 扱 | | 불 | | | | |
| 1녀 | /李蕃 | 불 | | | | |
| 2녀 | 柳汯 | 문화 | | | | |
| 3녀 | 具溶 | | | | | |
| 虔 | 낭장 석번 | | | | | |
| 彙 | | | | | | |

---

35) 『세종실록』·『세조실록』·『성종실록』 등에서 종합.

| | | | | | |
|---|---|---|---|---|---|
| 龜壽 | 참의 지도 | | | | 8 |
| 勝 | 판중추 달생 | 죽산 | 현감 朴憺 | | |
| 睦 | | 함양 | 군수 朴衍 | | |
| 1녀 | 참판 韓惠 | 청주 | 영의정 尙敬 | 판후덕부사 脩 | |
| 2녀 | 殿直 曺桼 | 불 | 부사 由仁 | | |
| 3녀 | 병사 趙崇文 | 순창 | | | |
| 禧 | 공참판 개 | 성주 | 참판 李堅基 | 총제 穗 | |
| 照 | | | | | |
| 然 | | 불 | | | |
| 1녀 | /金景孫 | | | | |
| 2녀 | 내자소윤 金佼 | 연안 | 형판 自知 | 밀직제학 壽 | |
| 九淵 | 공주판관 후 | 불 | | | |
| 1녀 | /金有元 | | | | |
| 2녀 | 洪澤 | | | | |
| 3녀 | 감사 李愼孝 | 전의 | 승지 宜洽 | 집의 作 | |
| 4녀 | 영의정 尹弼商 | 파평 | 군수 坰 | 한성윤 希齊 | |
| 念祖 | 판한성 엄 | | | | |
| 奉祖 | | | | | |
| 順祖 | | | | | |
| 得識 | 찬성 억 | 거창 | 감사 愼紀 | 判利州事 以衷 | |
| 重識 | | | | | |
| 壽老 | | | | | |
| 敬老 | | | | | |
| 信老 | | | | | |
| 1녀 | /誠寧大君 種 | 전주 | 태종 | | |
| 2녀 | 지중 吳靖 | 동복 | 판중추 陞 | 판밀직 仲和 | |
| 3녀 | 판관 權孟貞 | 안동 | 우의정 軫 | 사헌규정 希正 | |
| 繼性 | 첨지중 급 | | | | |
| 重性 | | | | | |
| 順性 | | | | | |
| 孝性 | | | | | |
| 貴性 | | | | | |
| 敍 | 지선주사 휘 | | | | |
| 寬 | | | | | |
| 繼曾 | 첨지중 구수 | | | | 9세 |
| 繼祖 | | | | | |
| 繼宗 | | | | | |
| 繼源 | | | | | |
| 三問 | 지중추 승 | 연안 | 군수 金仍 | 형판 自知 | |
| 三聘 | | 불 | | | |
| 三顧 | | 연안 | 성균학유 金嶙 | 군수 仍 | |
| 三省 | | 불 | | | |
| 三錫 | 목 | 진천 | 첨중 宋翠 | 裳 | |
| 三鉤 | | 광산 | 김씨 | | |

| | | | | | |
|---|---|---|---|---|---|
| 聘壽 | 승문교리 희 | 불 | | | |
| 聘年 | | 동래 | 정씨 | | |
| 聘命 | | 강릉 | 현령 金愊 | | |
| 聘齡 | | 불 | | | |
| 聘仲 | | 해평 | 윤씨 | | |
| 聘老 | | 문화 | 유씨 | | |
| 聘紀 | | 불 | | | |
| 1녀 | /헌납 南椅 | 의령 | 현감 致利 | 사간 珪 | |
| 2녀 | 현감 李恂 | | | | |
| 3녀 | 李廷堅 | | 감사 延宗 | | |
| 4녀 | 사간 李宜茂 | 덕수 | 군사 抽 | 지돈령 明晨 | |
| 5녀 | 생원 崔塘 | | | | |
| 6녀 | 감사 李復善 | 광산 | 헌납 始元 | 제학 興齊 | |
| 習之 | 내금사직 구연 | 달성 | 서씨 | | |
| 任 | 지중추 염조 | | | | |
| 侃 | | | | | |
| 倪 | | | | | |
| 懼 | 우의정 봉조 | | | | |
| 儵 | | | | | |
| 後生 | | | | | |
| 復生 | | | | | |
| 儆 | 형참판 순조 | | | | |
| 俊 | | | | | |
| 健 | | | | | |
| 忠達 | 한성좌윤 득식 | 배천 | 첨지 趙壽 | 지신사 瑞老 | |
| 貴達 | | 여흥 | 민뢰 | 驪城君 無疾 | |
| 1녀 | /사정 金克孝 | 상주 | 영 愼知 | 부제학 尙直 | |
| 2녀 | 부사 李庚 | 고성 | | | |
| 愼仁 | 군수 중식 | 풍천 | 부사 李庚 | 감찰 桑 | |
| 愼義 | | 거창 | 현감 愼楠 | 감사 詮 | |
| 愼文 | | 수원 | 부사 崔漢望 | 직장 承 | |
| 여 | /사예 崔洵 | 강화 | | | |
| 軫 | 군수 계성 | | | | |
| 迪 | 현령 중성 | | | | |
| 命長 | | | | | |
| 命堅 | | | | | |
| 命九 | | | | | |
| 壽孫 | | | | | |
| 敏 | 낭장 효성 | | | | |
| 義 | | | | | |
| 彦 | | | | | |
| 以乾 | 상장군 서 | | | | |
| 以坤 | | | | | |
| 邦彦 | 군수 계증 | | | | 10세 |

| | | | | | |
|---|---|---|---|---|---|
| 世亨 | 계조 | | | | |
| 世精 | | | | | |
| 世彦 | 군수 계종 | | | | |
| 世弼 | | | | | |
| 世祐 | | | | | |
| 元 | 좌부승지 삼문 | | | | 병자피화 |
| 孟瞻 | | 순천 | 좌랑 朴文規 | 부정 安命 | |
| 孟平 | | 불 | | | |
| 孟終 | | 불 | | | |
| 憲 | | 불 | | | |
| 澤 | | 불 | | | |
| 여 | /부사 朴臨卿 | 무안 | 현령 頤 | 군수 亨 | |
| 河 | 부사 삼빙 | 불 | | | |
| 漢 | | 불 | | | |
| 여 | /張孟翰 | 불 | | | |
| 孝孫 | 정랑 삼성 | 경주 | 절제사 李埡 | | |
| 仲孫 | | 순창 | 부사 趙怡 | | |
| 終孫 | | 불 | | | |
| 孟生 | 봉화현감 삼구 | 불 | | | |
| 仲生 | | 불 | | | |
| 1녀 | 담수/진사 金土奇 | 강릉 | 참교 湘昌 | | |
| 2녀 | 문과급제 趙鳳孫 | | | | |
| 3녀 | 李繼宗 | | | | |
| 夢宣 | 공조정랑 조담년 | 평양 | 부사 趙瑞鍾 | | |
| 夢井 | | 불 | | | |
| 日謹 | | 불 | | | |
| 日愼 | | 불 | | | |
| 여 | /介山手 李孝智 | 종친 | | | |
| 雲 | 담명 | 불 | | | |
| 霖 | | 이천 | 현감 徐琇 | 교리 允志 | |
| 여 | /예판 兪汝霖 | 기계 | 부사 起昌 | 진사 解 | |
| 霽 | 담령 | 전주 | 이씨 | | |
| 需 | | 종친 | 璋山副守 稠 | | |
| 1녀 | /洪漢宗 | | | | |
| 2녀 | 申石麟 | | | | |
| 夢斗 | 교관 담중 | 불 | | | |
| 夢奎 | | 문화 | 진사 柳希軻 | | |
| 夢箕 | | 평양 | 건공장군 趙普 | | |
| 夢畢 | | 예안 | 李時儉 | | |
| 여 | /현감 金允沆 | | | | |
| 震 | 충순위 담로 | 전주 | 이씨 | | |
| 1녀 | /文松壽 | | | | |
| 2녀 | 曹世殷 | | | | |
| 叔希 | 담기 | 불 | | | |

| | | | | | |
|---|---|---|---|---|---|
| 甲孫 | 부사 습지 | 전주 | 이씨 | | |
| 여 | 池城正 ? | 종실 | | | |
| 世淳 | 예문제학 임 | | | | |
| 世明 | | | | | |
| 世勻 | | | | | |
| 世源 | | | | | |
| 世勸 | 집현교리 간 | | | | |
| 世德 | | | | | |
| 世亨 | 예판 현 | | | | |
| 世通 | | | | | |
| 世昌 | | | | | |
| 玉貞 | 공참의 율 | | | | |
| 思敏 | | | | | |
| 思行 | | | | | |
| 盟溫 | 한성윤 숙 | | | | |
| 季溫 | 영의정 준 | | | | |
| 仲溫 | | | | | |
| 景溫 | 좌참찬 건 | | | | 생부 준 |
| 世臣 | 김포현령 충달 | 성주 | 사직 李仙軒 | 고조 崇仁 | |
| 世俊 | | 비안 | 대사간 李元 | | |
| 世貞 | | 남양 | 부사 洪永河 | | |
| 世純 | | 光山 | 사복정 金克怩 | 영상 國光 | |
| 여 | /교리 辛季琚 | 영월 | 감사 永孫 | 목사 頤 | |
| 1녀 | 이참판 귀달/현감 張友奎 | | | | |
| 2녀 | /부제학 洪瀚 | 남양 | 수사 貴海 | 동지중 益生 | |
| 績 | 정랑 신인 | 단양 | 부사용 禹瑞敷 | 습독 勘 | |
| 緝 | | 불 | | | |
| 1녀 | /교수 李欽壽 | | | | |
| 2녀 | 군수 鄭嗣宗 | 하동 | | | |
| 憲 | 예정랑 신의 | | | | |
| 1녀 | /첨지 李麟童 | 성산 | | | |
| 2녀 | 현령 崔仁富 | 전주 | | | |
| 佑 | 별좌 신문 | 불 | | | |
| 保 | | 수원 | 최씨 | | |
| 修 | | 고령 | 부사과 申濯 | 참의 復淳 | |
| 1녀 | /호군 尹賢孫 | 파평 | | | |
| 2녀 | 감찰 金允童 | 서흥 | | | |
| 3녀 | 군수 趙玉峴 | | | | |
| 4녀 | 李堪 | | | | |
| 長孫 | 별제 진 | | | | |
| 世休 | 생원 적 | | | | |
| 世忠 | | | | | |
| 世功 | | | | | |
| 世平 | | | | | |

| | | | | | |
|---|---|---|---|---|---|
| 世光 | 민 | | | | |
| 應重 | | | | | |
| 繼重 | | | | | |
| 世勳 | 사직 의 | | | | |
| 世烈 | | | | | |
| 世千 | | | | | |
| 世熙 | | | | | |
| 世 | 언 | | | | |
| 世雲 | | | | | |
| 順仝 | 부사 이건 | | | | |
| 友仝 | | | | | |
| 允仝 | | | | | |
| 連 | 총부상서 准得 | 불 | | | 준득계 6세 |
| 邅 | | 불 | | | |
| 1녀 | /좌의정 李貴齡 | 연안 | 전공판서 元發 | | |
| 2녀 | 부윤 奇乙忠 | 행주 | | | |
| 虔 | 판사 連 | | | | 7 |
| 彙 | | | | | |
| 孝淳 | | 전주 | 좌참찬 李明元 | | |
| 孝修 | | | | | |
| 孝德 | | | | | |
| 여 | /崔渠 | | | | |
| 代 | 중서시랑 邅 | 연안 | 좌윤 李隙 | | |
| 1녀 | /鄭仁沃 | | | | |
| 2녀 | 李彦邦 | | | | |
| 3녀 | 金致知 | | | | |
| 克溫 | 부사 효순 | | | | 8 |
| 克良 | | | | | |
| 克恭 | | | | | |
| 克柔 | | | | | |
| 克儉 | | | | | |
| 克讓 | | | | | |
| 克仁 | | 원주 | 金鍾元 | | |
| 1녀 | /權矩 | | | | |
| 2녀 | 宋壽 | | | | |
| 仲義 | 선전관 효수 | | | | |
| 克義 | 첨지 효덕 | | | | |
| 克信 | | | | | |
| 文治 | 목사 대 | 순흥 | 판사 安玖 | 목사 從約 | |
| 文猷 | | | | | |
| 智山 | | | | | |
| 1녀 | /관찰사 金俓 | 연안 | 형판 自知 | 밀직제학 濤 | |
| 2녀 | 관찰사 金倫 | | | | |
| 3녀 | 黃繼生 | | | | |

| | | | | | |
|---|---|---|---|---|---|
| 4녀 | 權利義 | | | | |
| 裕 | 극온 | | | | 9 |
| 繼元 | 극량 | | | | |
| 紹元 | | | | | |
| 繼孫 | 극공 | | | | |
| 仲孫 | 극유 | | | | |
| 여 | /宋元商 | | | | |
| 翼 | 극양 | | | | |
| 1녀 | /목사 金硨 | | | | |
| 2녀 | 영의정 尹仁鏡 | 파평 | 사정 呴 | 부사 繼興 | |
| 汝輔 | 목사 극인 | | | | |
| 汝弼 | | 순흥 | 安哲熙 | | |
| 汝寧 | | | | | |
| 1녀 | /김세근 | | | | |
| 2녀 | 이순로 | | | | |
| 自玉 | 현감 중의 | | | | |
| 自潤 | | | | | |
| 始生 | 사인 극의 | | | | |
| 璨 | 5위호군 문치 | | | | |
| 瑾 | | | | | |
| 九疇 | 지산 | | | | |
| 興勢 | 유 | 김해 | 참군 金繕 | | 10 |
| 壽文 | 계원 | 영양 | 金克誠 | | |
| 益之 | 계손 | | | | |
| 漑 | 익 | | | | |
| 演 | | | | | |
| 緝 | 여령 | 충주 | 朴益壽 | | |
| 熙 | | | | | |
| 奉孫 | 자옥 | | | | |
| 仁山 | 사간 자윤 | | | | |
| 義山 | | | | | |
| 世勳 | 목사 시생 | | | | |
| 世積 | | | | | |
| 世仁 | 찬 | | | | |
| 世義 | | | | | |
| 世晔 | 근 | | | | |
| 世敬 | | | | | |
| 思齋 | 좌정승 有得 | 성산 | 낭장 李響 | 시중 仁復 | 유득계 6세 |
| 여 | /의랑 張羽 | 덕수 | | | |
| 杜 | 보문직제학 이사제 | 성산 | 이씨 | | 7 |
| 여 | /직제학 魚變甲 | 함종 | 현령 淵 | 판서 孝瞻 | |
| 近禮 | 칠원현감 鄭杜 | 진주 | 정씨 | | 8 |
| 近智 | | 불 | | | |
| 近信 | | 불 | | | |

| | | | | | |
|---|---|---|---|---|---|
| 여 | /李樂山 | | | | |
| 軾 | 판관 근례 | 강양 | 李叢 | | 9 |
| 軼 | | 불 | | | |
| 軒 | | 창녕 | 장씨 | | |
| 轍 | | 창녕 | 현감 成尙誠 | 습독 效信 | |
| 여 | /尹輔殷 | 파평 | 상장군 巖 | 擧 | |
| 璠 | 근지 | | | | |
| 自富 | 근신 | | | | |
| 世琚 | 식 | | | | 10 |
| 世瑀 | | | | | |
| 世琦 | | | | | |
| 世珍 | 참봉 헌 | | | | |
| 世琛 | | | | | |
| 世璘 | | | | | |
| 世瑚 | | | | | |
| 世璉 | | | | | |
| 世璜 | 군자판관 철 | 밀성 | 참봉 楊雄 | 진사 德輝 | |
| 世球 | | 장연 | 盧씨 | | |
| 達中 | 군수 자부 | | | | |
| 台俊 | 밀직부사 允得 | | 정랑 尹享齡 | | 윤득계 6세 |
| 士俊 | | | | | |
| 澤 | 사인 태준 | | | | 7 |
| 漳 | | | | | |
| 여 | /高應吉 | | | | |
| 援 | 좌랑 사준 | | | | |
| 極 | | | | | |
| 掞 | | | | | |
| 元起 | 택 | | | | 8 |
| 元老 | | | | | |
| 以進 | 장 | | | | |
| 以綱 | | | | | |
| 元厚 | 원 | | | | |
| 震 | 담 | | | | |
| 萬 | 참봉 원기 | | | | 9 |
| 憲 | 이진 | | | | |
| 石珠 | 원후 | | | | |
| 舳孫 | 진 | | | | |
| 世勳 | 만 | | | | 10 |
| 世城 | 헌 | | | | |
| 府 | 석주 | | | | |
| 允溫 | 중손 | | | | |
| 允良 | | | | | |
| 允恭 | | | | | |
| 允儉 | | | | | |

| | | | | | |
|---|---|---|---|---|---|
| 允讓 | | | | | |
| 允信 | | | | | |
| 甲臣 | 검교시랑 履 | 불 | | | 履계 6세 |
| 乙臣 | | 益和 | 전법총랑 李仲弘 | | |
| 禧 | 첨의평리 갑신 | 불 | | | 7 |
| 여 | /밀직제학 朴大升 | | | | |
| 元揆 | 장령 을신 | 불 | | | |
| 元範 | | 불 | | | |
| 士弘 | | 철원 | 대호군 崔直 | 부원군 서 | |
| 若庸 | 비서감 희 | 불 | | | 8 |
| 萬庸 | 집현태학사 사홍 | 강양 | 지군사 李屛 | | |
| 大庸 | | 남양 | 감사 洪澍 | 판삼사 戎 | |
| 同良 | | 불 | | | |
| 仲庸 | | 불 | | | |
| 여 | /金仲乾 | | | | |
| 達德 | 약용 | 불 | | | 9 |
| 暌 | 판서 만용 | 불 | | | |
| 踁 | | 함안 | 생원 鄭彦怡 | | |
| 路 | | 함창 | 김씨 | | |
| 之傑 | | 영일 | 최씨 | | |
| 耆 | 직제학 대용 | 청주 | 현령 韓司都 | | |
| 狪 | | 대구 | 서씨 | | |
| 孝先 | 낭장 동량 | 불 | | | |
| 載 | 전서 중용 | 불 | | | |
| 是仁 | 찰방 달덕 | 청송 | 병조참지 沈善宗 | | 10 |
| 是智 | | 월성 | 사직 金自生 | | |
| 寶龜 | 현령 혜 | 불 | | | |
| 福龜 | | 光山 | 김씨 | | |
| 三龜 | | 불 | | | |
| 自雅 | 현감 경 | 창녕 | 봉례 張世實 | | |
| 自佐 | | 단양 | 우씨 | | |
| 自保 | | 밀양 | 孫應祖 | | |
| 自諒 | | 초계 | 鄭悛 | | |
| 自久 | | 문화 | 柳斯密 | | |
| 以溫 | 소윤 로 | 불 | | | |
| 以恭 | | 영산 | 사정 辛禧 | | |
| 以儉 | | 남평 | 소감 文典 | 부윤 世麟 | |
| 湑 | 밀직 지걸 | 불 | | | |
| 孝祥 | 참의 자 | 청풍 | 진사 金相習 | 호판 永坤 | |
| 習之 | 참의 중 | 焉州 | 鄭씨 | | |
| 翼之 | | | | | |
| 彦臣 | 밀직사사 貯 | | | | 貯계 6세 |
| 士達 | 지임주사 언신 | | | | 7 |
| 溥 | 예문대제학 사달 | 남양 | 판밀직 徵 | 삼사좌사 澍 | 8 |

| | | | | | | |
|---|---|---|---|---|---|---|
| 孝源 | 총랑 부 | | 진주 | 지돈령 柳子偕 | | | 9 |
| 孝淵 | | | 영일 | 감찰 鄭保 | 이참의 宗誠 | |
| 準 | 현감 효원 | | 불 | | | | 10 |
| 1녀 | /趙克亨 | | 평양 | 현감 肅 | | |
| 2녀 | 정 朴緇 | | 반남 | 錦川君 薑 | | |
| 3녀 | 李寅 | | 영청 | 좌랑 永弘 | | |
| 4녀 | 부사 安譜 | | 순흥 | | | |
| 瓚 | 효연 | | 종친 | 德川君 厚生 | 정종 | |
| 玩 | | | 전의 | 감찰 李大晟 | 감무 宜 | |

# 제6장 高寧申氏(仁材系)

　고령신씨는 고려후기의 檢校軍器監 成用을 시조로 하여 성립되고 3세에서 仁材派와 仁杞派, 4세에서 思敬派와 思禮派로 분기되면서 계승된 가문이다.

　고령신씨는 여말선초에 仁材의 후손이 다음의 가계도와 같이 손자와 증손자인 德鄰과 包翅가 고려 예의판서와 조선 공조참의를 역임하면서 양반가문으로 정착되었고, 1453년(단종 1) 계유정변 이후에 포시의 손자와 증손자 다수가 공신에 책봉되고 의정·판서 등을 역임하면서 거족으로 정착되었다.

　그러나 仁杞派는 자~6대손에 걸쳐 관직자가 몇 명인데 모두 당하관 이하였고 7대손 이후는 관직자를 거의 배출하지 못하였으며, 대부분의 통혼가문이 불명하다.[1] 따라서 인기파는 고령신씨에 포괄되기는 하나 거족가문으로서의 위상을 갖추지 못하였다.

　본장에서는 인재파와 인기파의 이러한 위상과 관련하여 인재파의 4~8대손 (6~11세)을 대상으로 『고령신씨대동보』, 『청구씨보』, 『조선왕조실록』, 『국조문과방목』, 「신숙주묘지명」, 관련연구 등을 참고하면서 각 계파의 전개, 관력과 인사행정, 통혼과 가계의식, 조선전기 정치운영과의 관계 등을 정리한다.

---

1) 인기계 3~10대손과 관력은 다음의 가계도와 같다.

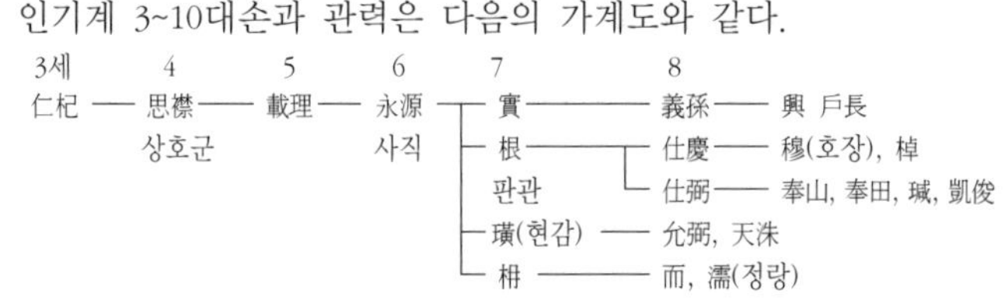

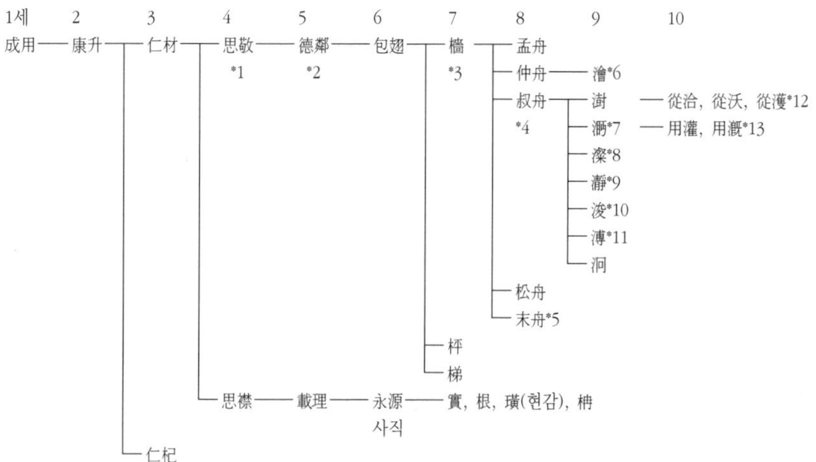

〈도 6-1〉 고령신씨 상세(1~10세) 가계(*당상관)[2]



*1 예의판서, *2 공조좌참의, *3 공조좌참판, *4 정난·좌익·익대·좌리공신·영의정, *5 대사간,
*6 장예원판결사, *7 함길도관찰사, *8 황해도관찰사, *9 좌리공신이조참판, *10 정국공신고양부원군,
*11 강원도관찰사, *12 예조참판, *13 좌의정.

# 1. 仁材系의 전개

## 1) 思敬-德鄰-包翅-檣, 枰, 梯系

### (1) 包翅-檣系

시조 成用의 5대손인 6세 공조참의 包翅는 경주김씨 판서 仲漢의 딸과 공조참판 檣·정언 枰·감찰 梯의 3남과 참판 朴以昌·尹就商·목사 薛繻·李從商에게 출가한 4녀를 두었다. 7세 장은 한성서윤 孟舟·순창군수 仲舟·영의정 叔舟·안동부사 松舟·대사간 末舟의 5남과 평안관찰사 曹孝門·부사 崔善復에게 출가한 2녀를 두었다.

---

2) 『고령신씨세보』, 졸저, 2020, 『조선초기 관인이력』, 도서출판 혜안에서 종합.

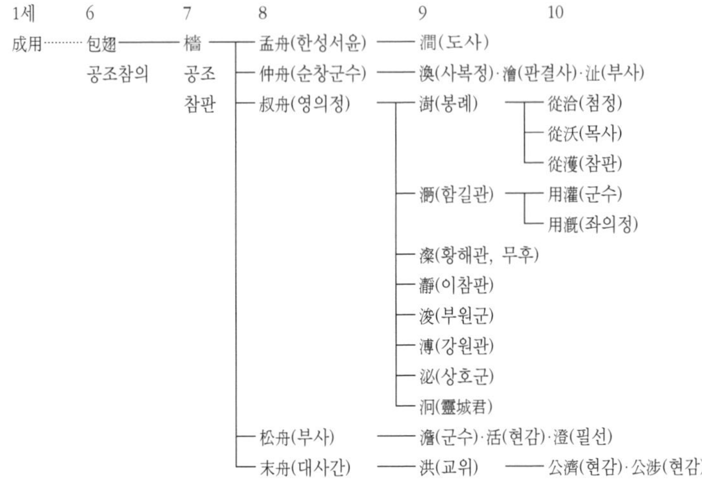

〈도 6-2〉 고령신씨 포시-장계 6~10세 관인 가계[3]

8세 맹주는 현감 鄭睍·도사 潤과 좌랑 李良俭 등에게 출가한 3녀, 손자 참봉 繼湄·참봉 繼湲, 군수 濱 등 5증손을 두었다.

중주는 연일정씨 병조판서 洪의 딸과 사복시정 渙·판결사 澮·海·부사 証의 4남과 한양조씨 부사 文·부사직 崔楣에게 출가한 2녀, 부사 承藻 등 4손자와 한성윤 沈順徑 등에게 출가한 3손녀를 두었다.

숙주는 무송윤씨 사재부정 景淵의 딸과 奉禮郎 澍·함길도관찰사 泗·황해관찰사 澯·이조참판 瀞·참찬 浚·강원도관찰사 溥·영성군 泂·호군 泌의 8남과 평산신씨 사과 命壽에게 출가한 1녀(측실에게서 潔과 세조숙원), 예조참판 從濩·좌의정 用漑·찬성 光漢 등 18손자와 錦川都正 李忭·돈령도정 李龜壽·목사 奉嗣宗 등에게 출가한 18손녀, 성종부마 高原尉 沆·참판 瀾 등 14증손자를 두었다.

송주는 남원양씨 참판 自源의 딸과 필선 澄 등 4남과 부정 洪潤德 등에게 출가한 3녀, 守泓 등 5손자와 부사 鄭鵬 등에게 출가한 5손녀, 군수 濱 등

---

3)『고령신씨세보』, 졸저, 2020,『조선초기 관인이력』, 도서출판 혜안에서 종합.

4증손을 두었다.

말주는 순창설씨 사직 伯民의 딸과 아들 교위 洪, 손자 참찬 公濟·사어 公渡·좌랑 公涉, 증손 군수 漣·첨정 法·현감 渾·군수 濂을 두었다.

지금까지 살펴본 포시-장계 6~10세 주요 관력자 세계를 정리하면 〈도 6-2〉와 같다.


### (2) 包翅-枰系

시조 成用의 5대손인 6세 정언 枰은 長興府院君 馬天牧의 딸과 孟艇·仲艇·叔艇의 3남과 판서 尹起畎 등에게 출가한 3녀를 두었다.

8세 맹정은 의성김씨 군수 尙容의 딸과 통정대부군수 濂·潔의 2남, 손자 秀湣·必淵을 두었다. 중정은 안동김씨 亨康의 딸과 주부 胤, 손자 樟遜을 두었다. 숙정은 의성김씨 통례 尙胤의 딸과 참봉 激, 손자 普澤을 두었다.


### (3) 包翅-梯系

시조 成用의 5대손인 6세 감찰 梯는 문화유씨 도승지 斗明의 딸과 사성 橋·통정대부인천부사 杠 등 4남과 해주정씨 사정 淑에게 출가한 1녀를 두었다.

8세 子橋는 제주양씨 현감 有源과 장사랑 양씨의 딸과 碔(무후)·吳彰善에게 출가한 딸을 두었다. 자강은 문화유씨 사간 湋의 딸과 성균제주 碩 등 4남과 창녕조씨 부사 碩堅 등에게 출가한 6녀, 통정대부군수 礦 등 4손자와 부사 曹碩堅 등에게 출가한 6손녀, 증손 鵬을 두었다. 동은 주부 巖과 병사 柳彰武에게 출가한 딸, 손자 光彌을 두었다. 정은 안동권씨 참판 健의 딸과 礎와 판관 丁三山·蘇漢生에게 출가한 2녀, 世沃 등 3손자를 두었다.

지금까지 살핀 포시-평·제계 6~10세 관인 세계를 정리하면 다음과 같다.

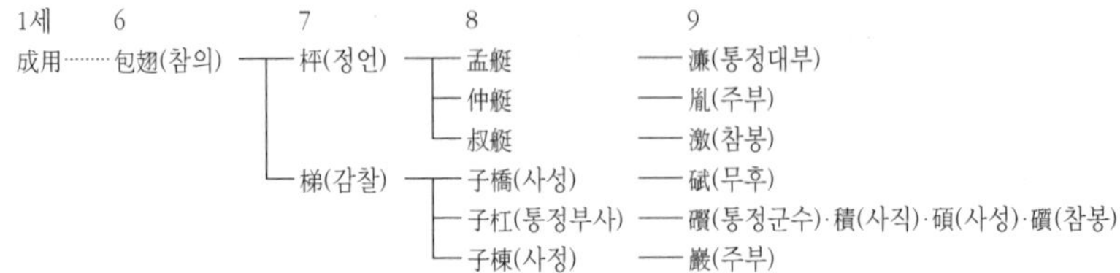

〈도 6-3〉 고령신씨 포시-평·제계 6~10세 관인 가계[4]



## 2) 思襟-載理-永源系

시조 成用의 5대손인 사직 永源은 實·根·흥양현감 璜·㭉의 4남을 두었다. 7세 실은 義孫, 근은 仕慶·仕弼, 황은 潤弼·天洙, 남은 而·濡를 두었다.

8세 의손은 아들 興·손자 致禮, 사경은 아들 穆·棹과 宮楗 등 4손자·柳忠亨에게 출가한 손녀, 사필은 奉山 등 4남과 손자 福壽·雄祚, 천수는 아들 世禹와 손자 濟雲·濟宇, 유는 아들 孟根·末植과 손자 碩登을 두었다.

그런데 지금까지 살핀 조선 초·중기 고령신씨 가문의 전개를 보면 현달한 포시파의 경우 8~10세는 거의 모든 인물이 출사하였을 뿐만 아니라 그 최고 관직도 대개 당상관이었다. 그러나 재리계는 6세 영원과 7세 황 외에는 사관자가 없다.

이상에서 조선 초·중기의 고령신씨는 포시계가 중심이 되었고, 포시계는

〈표 6-1〉 고령신씨 인재(~포시계) 7~11세 남·여계 자손(남/여/계)[5]

| | | 7세 | 8 | 9 | 10 | 11 | 계 |
|---|---|---|---|---|---|---|---|
| 포시계 | 장계 | 1/0/1 | 5/2/7 | 18/10/28 | 34/27/61 | 38/25/63 | 96/64/160 |
| | 평계 | 1/0/1 | 3/3/6 | 4/0/4 | 4/0/4 | ? | 12/3/15 |
| | 제계 | 1/0/1 | 4/2/6 | 7/10/17 | 12/3/15 | ? | 27/15/42 |
| | 계 | 3/0/3 | 12/7/19 | 29/20/49 | 50/30/80 | 38/25/63 | 135/82/217 |
| 영원계 | | 5/?/5 | 7/?/7 | 10/?/10 | 10/1/11 | | 32/1/33 |
| 합계 | | 8/?/8 | 19/7?/26 | 39/20?/59 | 71/34/105 | 38/25/63 | 167/83/250 |

---

4)『고령신씨세보』,『청구씨보』, 졸저, 2020,『조선초기 관인이력』등에서 종합.

5) 뒤 〈표 6-12〉에서 종합.

조선개국 초에 사대부가문으로 정착하였고, 세조대 이후에 문벌가문으로
성장하면서 번창하였다고 하겠다. 고령신씨 인재(~포시)계 7~11세 남녀
자손을 계파·세대별로 정리한 것이 〈표 6-1〉이다.


## 2. 仁材系의 官歷과 人事行政


包翅系의 전개를 볼 때 그 자손의 出仕와 官歷에는 부, 조의 관력 등 가계적인
요소가 작용하였을 것이라고 추측된다. 본장에서는 포시계 사관자 81명을
대상으로[6] 출사로, 역관경향, 출사로·관력이 가계나 당시의 인사행정과
어떻게 연관되었는가를 6~10세로 구분하여 살펴본다.


### 1) 出仕路


조선 초·중기에 생존하고 활약한 고령신씨 仁材系는 대부분이 包翅의
자~5대손(7~11세)인데 총 3개파에 217명이 확인되었다.[7] 이중 46% 81명이
사관한 것으로 확인되거나 추측되었다.

포시의 아들인 檣·枰·梯 등 사관자 81명의 출사로를 보면 다음의 표와
같이 장계 사관자 65명은 7세 1명은 문과, 8세 5명은 문과 3·음서 2명,
9세 15명은 문과 4·음서 6·기타 5명, 10세 21명은 문과 1·음서 10·기타
10명이고, 11세 23명은 문과 2·무과 3·음서 6·기타 12명이다. 전체로는
문과가 11명 17%, 무과가 3명 5%, 음서가 24명 37%, 기타가 27명 42%이다.[8]

---

6) 영원계는 사관자가 2명이고 그 관직도 참상관에 불과하기 때문에 생략한다.

7) 앞 〈표 6-1〉.

8) 뒤 〈표 6-2〉에서 종합.

<표 6-2> 고령신씨 仁材(~包翅)系 7~11세 출사로와 출사율[9]

| | 7세 | | | | 8 | | | | | 9 | | | | | 10 | | | | |
|---|---|---|---|---|---|---|---|---|---|---|---|---|---|---|---|---|---|---|---|
| | 문 | 음 | 기 | 계 | 문 | 무 | 음 | 기 | 계 | 문 | 무 | 음 | 기 | 계 | 문 | 무 | 음 | 기 | 계 |
| 장계 | 1 | | | 1 | 3 | 2 | 0 | | 5 | 4 | | 6 | 5 | 15 | 1 | 0 | 10 | 10 | 21 |
| 평계 | 1 | | | 1 | 0 | | 0 | 1 | 1 | 1 | | | 2 | 3 | | | | | 0 |
| 제계 | | 1 | | 1 | 1 | | 1 | 2 | 4 | | 1 | 1 | 3 | 5 | | | | | 0 |
| 영원계 | | | 1 | 1 | 0 | | 0 | 0 | 0 | 0 | 0 | 0 | 0 | 0 | | | | | 0 |
| 합계 | 2 | 1 | 1 | 4 | 4 | 0 | 3 | 4 | 10 | 4 | 2 | 7 | 10 | 23 | 1 | 0 | 0 | 10 | 21 |

| | 11 | | | | | 합계 | | | | | 미출사 | 총계(/출사율) |
|---|---|---|---|---|---|---|---|---|---|---|---|---|
| | 문 | 무 | 음 | 기 | 계 | 문 | 무 | 음 | 기 | 계 | | |
| 장계 | 2 | 3 | 6 | 12 | 23 | 11 | 3 | 24 | 27 | 65 | 31 | 96/68% |
| 평 | 0 | 0 | 0 | 0 | 0 | 1 | 1 | | 3 | 5 | 7 | 12/42 |
| 제 | 0 | 0 | 0 | 0 | 0 | 1 | 1 | 3 | 5 | 10 | 17 | 27/43 |
| 영원 | 0 | 0 | 0 | 0 | 0 | 0 | 0 | 0 | 1 | 1 | 42 | 43/0 |
| 합계 | 2 | 3 | 6 | 12 | 23 | 13 | 5 | 27 | 35 | 81 | 97 | 178/46(영원계 제외시 135/60%) |

평계 사관자가 5명에 불과하여 큰 의미는 없지만 7세 1명은 문과, 8세 1명은 기타, 9세 3명은 무과 1·기타 2명이다(11세는 사관자가 없다).

제계 사관자 10명은 7세 1명은 음서, 8세 4명은 문과 1·음서 1·기타 2명, 9세 5명은 무과 1·음서 1·기타 3명이다(10·11세는 사관자가 없다).

전체 81명은 세대별로는 7세 4명은 문과 2·음서 1·기타 1명, 8세 11명은 문과 4·음서 3·기타 4명, 9세 23명은 문과 4·무과 2·음서 7·기타 10명, 10세 21명은 문과 1·음서 10·기타 10명이고, 11세 23명은 문과 2·무과 3·음서 6·기타 12명이다. 출사로별로는 문과가 13명 16%, 무과가 5명 6%, 음서가 27명 33%, 기타가 36명 44%이다.

이를 볼 때 인재계 7~11세 사관자는 과반수가 음서가 중심이 된 문과와 음서를 통해 출사하였다고 하겠다.

---

9) 뒤 <표 6-10>에서 종합. 관찬자료에 확인된 음서자는 8명에 불과하다. 비록 관찬자료에는 확인되지 않지만 부조가 자손에게 음서의 혜택을 줄 수 있었던 신분 즉, 탁음자격을 갖춘 경우는 음서로 사관하였을 것으로 추측하고 음서자로 파악한다(조선초기 음서제의 정비과정과 탁음자격, 제수관직은 앞 2장 주17) 참조. 뒤의 평·제계도 같다).

## 2) 官歷

### (1) 最高官職

仁材계 7~11세 사관자의 최고 관직을 1~2품·3상·3~6품·기타로 구분하여 보면 계파별로는 檣系는 다음의 표와 같이 7세 1명은 1~2품, 8세 5명은 1~2품 1·3상 1·3~6품 3명, 9세 15명은 1~2품 5·3~6품 10명, 10세 21명은 1~2품 4·3상 3·3~6품 10·기타 4명, 11세 23명은 1~2품 1·3상 1·3~6품 16·기타 5명이다. 전체 65명은 1~2품이 12명 18%, 3상이 5명 8%, 3~6품이 39명 60%, 기타가 9명 14%이다.

〈표 6-3〉 고령신씨 인재(~포시)계 7~11세 사관자 최고관직

| | 7세 | | | | | 8 | | | | | 9 | | | | |
|---|---|---|---|---|---|---|---|---|---|---|---|---|---|---|---|
| | 1-2 | 3상 | 3-6 | 기타 | 계 | 1-2 | 3상 | 3-6 | 기타 | 계 | 1-2 | 3상 | 3-6 | 기타 | 계 |
| 장계 | 1 | 0 | 0 | 0 | 1 | 1 | 1 | 3 | 0 | 5 | 5 | 0 | 10 | 0 | 15 |
| 평 | 0 | 0 | 1 | 0 | 1 | 0 | 0 | 1 | 0 | 1 | 0 | 1 | 1 | 1 | 3 |
| 제 | 1 | 0 | 0 | 0 | 1 | 0 | 1 | 2 | 1 | 4 | 0 | 1 | 3 | 1 | 5 |
| 영원 | 0 | 0 | 1 | 0 | 1 | 0 | 0 | 0 | 0 | 0 | 0 | 0 | 0 | 0 | 0 |
| 합계 | 2 | 0 | 2 | 0 | 4 | 1 | 2 | 6 | 1 | 11 | 5 | 2 | 14 | 2 | 23 |

| | 10 | | | | | 11 | | | | | 합계 | | | | |
|---|---|---|---|---|---|---|---|---|---|---|---|---|---|---|---|
| | 1-2 | 3상 | 3-6 | 기타 | 계 | 1-2 | 3상 | 3-6 | 기타 | 계 | 1-2 | 3상 | 3-6 | 기타 | 계 |
| 장계 | 4 | 3 | 10 | 4 | 21 | 1 | 1 | 16 | 5 | 23 | 12 | 5 | 39 | 9 | 65 |
| 평 | 0 | 0 | 0 | 0 | 0 | 0 | 0 | 0 | 0 | 0 | 0 | 1 | 3 | 1 | 5 |
| 제 | 0 | 0 | 0 | 0 | 0 | 0 | 0 | 0 | 0 | 0 | 1 | 2 | 5 | 2 | 10 |
| 영원 | 0 | 0 | 0 | 0 | 0 | 0 | 0 | 0 | 0 | 0 | 0 | 0 | 1 | 0 | 1 |
| 합계 | 4 | 3 | 10 | 4 | 21 | 1 | 1 | 16 | 5 | 23 | 13 | 8 | 48 | 12 | 81 |

枰系는 7세 1명은 3~6품, 8세 1명은 3~6품, 9세 3명은 3상 1·3~6품 1·기타 1명이다(10세와 11세는 사관자가 없다). 전체는 5명인데, 그 수가 미미하여 의미가 없지만 3상이 1명 20%, 3~6품이 3명 60%, 기타가 1명 20%이다.

梯系는 7세 1명은 1~2품, 8세 4명은 3상 1·3~6품 2·기타 1명, 9세 5명은 3상 1·3~6품 3·기타·1명이다(10세·11세는 사관자가 없다). 전체 10명은

1~2품 1명 10%, 3상 2명 20%, 3~6품 5명 50%, 기타 2명 20%이다.

영원계는 7세 3~6품관 1명이다(8~11세 모두 사관자가 없다).

전체 81명은 세대별로는 7세 4명은 1~2품이 2·3~6품이 2명, 8세 11명은 1~2품 1·3상 2·3~6품 6·기타 1명, 9세 23명은 1~2품 5·3상 2·3~6품 14·기타 2명, 10세 21명은 1~2품 4·3상 3·3~6품 10·기타 4명, 11세 23명은 1~2품 1·3상 1·3~6품 16·기타 5명이다. 직품별로는 81명 중 1~2품 13명 16%, 3상 8명 10%, 3~6품 48명 59%, 기타 12명 15%이다.

이를 볼 때 장계가 7~11세와 1~3품관의 모두에서 대부분을 점하면서 중심이 되었다고 하겠다.

이 중 관력이 자세하고 당상관 추요직을 역임한 櫃 등 10명의 출사로와 관력을 보면 다음과 같다.

① 申櫃(1382~1433)

1402년(태종 2) 문과에 급제하고 출사하였으며, 1411년(태종 11) 이조정랑에 제수되었다. 이후 1420년(세종 2) 집현전직제학에 제수되었고, 1423년(세종 5) 당상관에 오르면서 집현전부제학에 승직하였다. 1426년(세종 8) 종2품에 승진하면서 左軍同知摠制에[10) 제수되었고, 이후 우군(8), 중군총제(8), 중군동지종제(10, 13), 공조참판(13)을 역임하였고 공조좌참판 재직중에 졸하였다.[11)

---

10) 좌군은 중·우군과 함께 중앙군을 총관한 3군도총제부의 한 부대이고, 동지총제(종2품)는 종1품직인 판도총제부사, 정2품직인 도총제, 종2품직인 총제 다음의 관직이고 정3품 당상직인 첨총제의 상위직이다. 3군도총제부는 1403년(태종 3) 승추부가 개편되면서 설치되었다가 1432년(세종 14) 중추원으로 개편되기까지 운영되었고, 판도총제 이하는 판중추원사, 중추사·지중추, 동지중추부사·중부부사, 첨지중추부사로 개칭되면서 소멸되었다(졸고, 2000, 「조선 태종대(정종 2년~세종 4년) 총제연구」, 『이수건교수정년기념 한국중세사논총』, 168~174쪽).

11) 졸저, 2020, 조선초기 관인이력, 도서출판 혜안에서 전재( 뒤 ② 신숙주~⑨ 종호의 출전도 같다).

② 申叔舟(1417~1475)

1439년(세종 21) 문과에 급제하고 선농직장에 제수되었다. 1443년(세종 25) 일본통신사 卞孝文의 서장관으로 일본에 다녀왔고, 익년에 집현전부수찬이 되었다. 1447년(세종 29) 집현전부교리 재직중 문과중시에 급제하고 집현전응교에 승직하였다. 이어 시강원우익선, 사헌장령, 수사헌집의를 역임하였고, 1452년(단종 즉위) 집현전직제학으로서 단종의 고명을 청하는 주청사 수양대군(세조)의 서장관이 되어 명을 갔다왔으며, 곧 집의에 제수되었다. 1453년(단종 1) 당상관에 승진하면서 동부승지에 발탁되었고, 우부승지로서 세조가 주도한 정변에 기여한 공로로 정난2등공신에 책록되었다. 이어 우, 좌승지를 거쳐 도승지에 승진하고 1455년(세조 1) 세조 즉위에 기여한 공로로 좌익1등공신에 책록되고 곧 예문관대제학고령군에 승직되었다. 이어 주문사로서 명에 다녀왔고, 1456년(세조 2) 병조판서에 제수되었으며, 이어 판중추겸판병조사, 의정부우찬성겸판병조사를 역임하였다. 1457년(세조 3) 좌찬성이 되었고, 익년 우의정에 승직하였다. 이후 좌의정(세조 3), 영의정(8), 고령부원군(~12), 영의정(12), 院相(13~성종 7),[12] 영의정(즉~성종 6)을 역임하였고, 익대1등공신(예종 즉)과 좌리1등공신(성종 2)에 책록되었으며, 영의정 재직중에 졸하였다.

③ 申末舟(1425경~?)

1454년(단종 2) 문과에 급제하고 승문원권지정자에 제수되었다. 1455년(세조 1) 세조원종2등공신에 책록되었고, 이후 사간원우헌납(세조 5), 예조정랑(7), 사헌집의(10)를 역임하였고, 1466년(세조 12) 당상계에 승자하면서 대사간에 제수되었으며, 곧 형조참의에 체직되었다. 이후 선전관(세조 13), 전주부윤

---

12) 원상은 1467년(세조 13) 병중인 세조의 국정을 보좌하기 위하여 설치되어 1474년(성종 5) 성종이 親政하기 까지 운영되었는데 현직 의정이 중심이 된 최고위 관직자 3~11인이 겸대하고 승정원에 교대로 상주하면서면서 의정부의 상위에서 국정을 통령하면서 국왕을 보좌하였다(졸고, 1980, 「조선초기 의정부연구」 상, 『한국사연구』 31, 142~144 쪽).

(성종 7), 진주목사(10), 창원부사(14), 절충장군경상우도병마절도사(18), 대사
간(18), 첨지중추(19), 전라도수군절도사(12) 등을 역임하고 졸하였다.

④ 申澍(1438~1467)

1455년(세조 1) 이전에 부 숙주의 음으로 출사하였고, 1455년 행부승으로서
세조원종2등공신에 책록되었다. 1461년(세조 7) 사헌장령에 승직하였고,
1463년(세조 9) 당상관에 오르면서 우부승지에 발탁되었다. 이후 우(10),
도승지(11)를 역임하고 1467년(세조 13) 동지중추부사에 승직하였고 곧 함길
도관찰사로 파견되었다가 반란을 일으킨 이시애군에게 살해되었다.

⑤ 申澯(?~?)

세조초에 부 숙주의 음으로 출사하였고, 1458년(세조 4) 사섬시주부에
제수되었다. 이후 통례문판관(세조 7), 황해도경차관(10), 지통례문사(11)을
역임하였고, 1475년(성종 6) 황해도관찰사에 제수되었다.

⑥ 申瀞(1443~1482)

세조초에 부 숙주의 음으로 출사하였고, 1466년(세조 12) 종친부전첨
재직중 문과에 급제하였으며, 익년 예문관직제학에 제수되었다. 1467년(세
조 13) 도총사구성군 이준의 종사관이 되어 이시애 반란군의 토벌에 참여하였
고, 1468년(예종 즉) 당상관에 오르면서 행오위호군에 제수되었다. 1469년(예
종 1) 병조참지, 병조참의를 거쳐 동부승지에 발탁되었고, 1470년(성종 1)
좌부승지로 옮겼고, 1471년(성종 2) 성종즉위에 기여한 공로로 좌리4등공신
에 책록되었고, 이어 우(성종 2), 좌(3), 도승지(5)를 역임하고 1475년(성종
6) 이조참판에 승직하였으며, 곧 부상으로 사직하였다. 1477년(성종 8) 상을
마치고 이조참판에 복직하였고, 이후 高陽君(성종 9), 高川君(9), 공조참판(9)
을 역임하였으며, 1481년(성종 12) 평안도관찰사 재직중 도승지시에 伴倘差帖
을 위조한 일이 탄로되어 국문을 받고 사사되었다.13)

---

13) 『성종실록』 권140, 13년 4월 무오·임술.

⑦ 申浚(埈, 1444~1509)

세조말에 부 숙주의 음으로 출사였고, 오위부사과를 거쳐 1464년(세조 10) 茂長縣監 재직중 洪達孫의 비행에 연루되어 파직되었다.[14] 1470년(성종 1) 부사과로 복직되었고, 동년 문과에 급제하고 당상관에 승진하면서 병조참지에 제수되었으며, 익년 성종즉위에 기여한 공로로 좌리4등공신에 책록되었다. 1472년(성종 3) 병조참의에 제수되었고, 이후 동부(성종 8), 우(8), 좌(8), 도승지(8)를 역임하고 1478년(성종 9) 예조참판에 승직하였다. 1480년(성종 11) 이조참판에 체직되었고, 이어 충청도관찰사(성종 13), 高陽君(13), 예조참판(14)을 역임하고 1473년(성종 14) 자헌대부고양군에 승진하였다. 이후 영안도관찰사(성종 15, 17), 판한성부사(17), 지중추부사(17), 1487년(성종 18) 이조판서 재직 중 부실한 인사로 파직되었다가 2개월 후 공조판서에 복직되었다.[15] 이후 高陽君(성종 23, 24, 연산4), 판한성부사(24, 연산4), 공판(연산군 1, 4)), 대사헌(4), 의정부우(4~), 좌참찬(7~)을 역임하고 1506년 (연산 12) 의정부좌찬성에 승직하였다. 1512년(중종 즉) 중종반정에 기여한 공로로 정국2등공신에 책록되고 高陽府院君에 제수되었으며, 고양부원군으로서 졸하였다.

⑧ 申溥(?~?)

세조말 부 숙주의 음으로 출사하였고, 1474년(성종 5) 무반 당상계인 절충장군에 승자하면서 행오위사과에 제수되었다. 1479년(성종 10) 병조참지에 승직되었고, 익년에 공조참의를 거쳐 이조참의가 되었다. 1481년(성종 12) 행대호군이 되었고, 이후 1500년(연산군 6)까지 여주, 홍주목사와 강원도관찰사를 역임하였다.

⑨ 申從濩(1456~1497)

1480년(성종 11) 문과에 급제하고 바로 정6품직인 홍문관수찬에 제수되었

---

14) 『세조실록』 권34, 10년 9월 갑자·무인.
15) 『성종실록』 권205, 18년 7월 기유 ; 권207, 18년 9월 임술.

고, 경주교수, 홍문교리를 거쳐 1486년(성종 17) 홍문관응교 재직 중에 문과중
시에 급제하고 홍문관직제학에 승직되었다. 1488년(성종 19) 당상관에 승자
하면서 홍문관부제학에 제수되었고, 이듬해 동부승지가 되었다가 곧 사간원
의 승려궁중출입과 관련된 언사의 출납과 관련되어 파직되었다.[16] 그러나
곧 첨지중추로 복직되고 예조참의를 거쳐 좌부승지가 되었다. 1490년(성종
21) 우승지가 되고 도승지를 거쳐 예조참판에 승진하였고, 1491년(성종
22) 대사헌 재직중 북정사를 반대한 언론으로 파직되었으며,[17] 익년 복직되어
예조참판에 제수되고 이어 병조참판을 거쳐 동지중추가 되었다. 1493년(성종
24) 경기관찰사가 되었고, 1494년(연산군 즉위) 이후 동지중추를 거쳐 예조참
판겸예문관제학으로 졸하였다.

⑩ 申用漑(1463~1519)

1488년(성종 19) 문과에 급제하고 출사하여 홍문관정자겸경연전경춘추관
기사관에 제수되었다. 이어 승문원정자(성종 21), 승문원저작(19), 홍문관의
박사(22), 부수찬(22), 수찬(22), 이조좌랑(22)을 역임하였고, 1494년(성종
25) 사헌부지평 재직중에 언사일로 평시서령에 좌천되었다가 이조정랑이
되었다. 1497년(연산군 3) 이조정랑겸승문교리로서 의정부검상에 제수되었
고 곧 사인에 승직하였으나 모친상으로 사직하였다. 1498년(연산군 4) 상중에
무오사화가 일어나자 김종직의 문인이라 하여 투옥되었다가 석방되었다.
1499년(연산 5) 탈상하고 홍문관교리에 복직되고 곧 홍문관부응교겸예문관
응교에 승직되었다. 이후 1500년(연산군 6)에 사헌부장령, 충훈부경력, 사간
원사간, 내섬시정, 홍문관직제학을 두루 역임하고 당상관에 승진하면서 승정
원동부승지에 발탁되었다. 1502년(연산군 8) 우, 좌승지를 거쳐 도승지를
재직 중에 왕의 기피로 충청도수군절도사에 좌천되었으나 병으로 사직하였
다. 1503년 동지중추부사에 복직되고 이어 형조, 예조참판을 역임하였으며,

---


16) 『성종실록』 권126, 20년 5월 계유·을해.
17) 『성종실록』 권253, 22년 5월 임오·갑신.

1504년(연산군 10) 성절사로 명에 다녀오는 도중에 갑자사화에 연루되어 전라도 영광에 유배되었다. 1506년(중종 1) 중종반정 후에 형조참판에 복직되었고, 곧 홍문관제학을 겸하였고, 익년에 다시 동지성균관사와 홍문과대제학을 겸하였고, 고명을 청하는 주문사 成希顔의 부사로 명을 다녀온 후 원종공신에 책되었으며, 공조판서에 제수되었다. 이후 의정부우참찬(중종 3), 예조판서(3), 좌참찬(3), 이조판서(4), 대사헌(8), 병조판서(8)를 역임하고 의정부우찬성에 승직되었으며(8), 다시 병조판서(10), 좌찬성(11)을 거쳐 우의정에 올랐고 1518년(중종 13) 좌의정에 제수되어 재직 중에 졸하였다.[18] 장 등의 당상관 추요직 재직기간을 재정리하면 다음의 표와 같다.

〈표 6-4〉 고령신씨 인재(~포시)계 7~11세 당상관 추요직 재직기간[19]

| | 의정부 | | 육조 | | 승정원 | | 비고(기타 역관) |
|---|---|---|---|---|---|---|---|
| | 의정 | 찬성 | 판서 | 참판 | 도승지 | 제승지 | |
| 檣 | | | | 세종13~14 | | | 총제(8~12) |
| 叔舟 | 세조4~성종6 | 세조2~3 | 2 | | 단종2~세조1 | 단종1~2 | 겸판병조사(세조2) |
| 末舟 | | | | | | | 대사간(성종18) |
| 泗 | | | | | 세조11~12 | 9~10 | 함길관찰사(13) |
| 澯 | | | | | | | 황해관찰사(성종6) |
| 瀞 | | | | 성종6, 9 | 5 | 예종1~성종4 | 평안관찰사(성12) |
| 浚 | | 연산7,12~중종4 | 성종17 18, 19, 연산4 | 성종9~12 | 성종8 | 성종8 | 영안관(15,17), 한성판윤(17, 24, 연산4), 참찬(23), 대사헌(연산4,5) |
| 溥 | | | | | | | 강원관찰사(연산6) |
| 從濩 | | | | 성종23, 연산 | 성종21 | 성종20, 20~21 | 대사헌(성종22) |
| 用慨 | 중종11~14 | 8,11 | 2,3,4,8,10 | 연산9~10, 중종1 | 연산8 | 6~8 | 참찬(중종3) 대사헌(8) |
| 합계 | 2 | 3 | 3 | 5 | 6 | 6 | |

또 앞에서 살핀 檣 등이 정3품 당상관 이상에 진출하였을 때의 연령과 출사로부터 정3품 당상관 이상에 승진하는 데 소요된 기간을 보면 다음의

---

18) 『조선왕조실록』 성종 19~중종 14년조, 『국조인물고』 신준묘지명, 『이낙정집』(신용개) 행력 등에서 종합.

19) 앞 302~307쪽에서 종합.

표와 같이 출사연령은 22.3세였고, 당상관 승진기간은 정3품 38.1·종2품 41.3·정2품 45.4·종1품 51세였다. 그런데 세조~성종대에 인사·경제 등의 특혜를 받으면서 조기에 당상관에 승진하고 정치를 주도한 정난공신 등 5공신의 당상관 승진기간이 정3품 38.1세, 종2품 41.3세, 정2품 45.4세, 종1품 51세에 비하여도 빠르거나 비슷하였다.

〈표 6-5〉 고령신씨 인재(~포시)계 당상관 승진 소요기간 및 연령(앞 12~17쪽)

| 성명 | 생년 | 출사연령 | 당상관 승진 연령 | | | | | 성명 | 생년 | 출사연령 | 당상관 승진 연령 | | | | |
|---|---|---|---|---|---|---|---|---|---|---|---|---|---|---|---|
| | | | 정3상 | 종2 | 정2 | 종1 | 정1 | | | | 정3상 | 종2 | 정2 | 종1 | 정1 |
| 檣 | 1382 | 21 | 42 | 45 | | | | 浚 | 1444 | 18? | 27 | 35 | 40 | | 69 |
| 叔舟 | 1417 | 23 | 36 | 39 | 40 | 41 | 42 | 溥 | ? | ? | 성종5 | 연산6 | | | |
| 末舟 | 1425 | 30 | 42 | | | | | 從濩 | 1456 | 25 | 33 | 35 | | | |
| 泗 | 1438 | 18 | 26 | 30 | | | | 用漑 | 1463 | 25 | | | 45 | 52 | 55 |
| 澯 | ? | 세조3 | | 성종6 | | | | 평균연령 | | 22.3 | 33.1 | 34.5 | 41.7 | 46.5 | 61 |
| 瀞 | 1443 | 18 | 26 | 33 | | | | 5공신* | | | /38.1 | /41.3 | /45.4 | /51 | |

그 외에 사관자 부·조와 부나 조의 최고관직을 세대별로 보면(/은 부·조) 장계 65명은 다음의 표와 같이 7세 1명은 3상관, 8세 5명은 1~2품관, 9세 16명은 1~2품관(/8), 10세 20명은 1~2품관 10(/5)·3상관 7·3~6품관 7명, 11세 23명은 1~2품관 18(/4)·3~6품관 4·7~9품관 1명이었다. 전체로는 1~2품관 49명(/17) 75%, 3상관 4명 6%, 3~6품관 11명 17%, 7~9품관 1명 2%였다.

〈표 6-6〉 고령신씨 인재(~포시)계 6~11세 사관자 부, 조 최고 관직[20]

| | 장계 | | | | | | 평·제계 | | | | | | 합계 | | | | | |
|---|---|---|---|---|---|---|---|---|---|---|---|---|---|---|---|---|---|---|
| | 7세 | 8 | 9 | 10 | 11 | 계 | 7세 | 8 | 9 | 10 | 11 | 계 | 7세 | 8 | 9 | 10 | 11 | 계 |
| 부·조1~2품 | 0 | 0 | 8 | 5 | 4 | 17 | 0 | 0 | 0 | 0 | 0 | 0 | 0 | 0 | 8 | 5 | 4 | 17 |
| 부나조1~2 | 0 | 5 | 8 | 5 | 14 | 32 | 0 | 0 | 0 | 0 | 0 | 0 | 0 | 5 | 8 | 5 | 14 | 32 |
| 부나조3상 | 1 | 0 | 0 | 3 | 0 | 4 | 2 | 5 | 4 | 0 | 0 | 11 | 3 | 5 | 4 | 4 | 0 | 15 |
| 부나조참상 | 0 | 0 | 0 | 7 | 4 | 11 | 0 | 0 | 5 | 0 | 0 | 5 | 0 | 0 | 5 | 7 | 4 | 16 |
| 부나조참하 | 0 | 0 | 0 | 0 | 1 | 1 | 0 | 0 | 0 | 0 | 0 | 0 | 0 | 0 | 0 | 0 | 1 | 1 |
| 합계 | 1 | 5 | 16 | 20 | 23 | 65 | 2 | 5 | 9 | 0 | 0 | 16 | 3 | 10 | 25 | 20 | 23 | 81 |

20) 『조선왕조실록』, 『국조인물고』, 『국조문과방목』, 『광주이씨대동보』, 『만성대동보』 광주이씨조 등에서 종합.

평·제계21) 16명은 7세 2명은 3상관, 8세 5명은 3상관, 9세 9명은 3상관 4·3~6품관 5명이다(10세와 11세는 사관자가 없다). 전체로는 3상관이 11명 69%, 3~6품관이 5명 31%이다.

전체 81명은 세대별로는 7세 3명은 3상관, 8세 10명은 1~2품관 5·3상관 5명, 9세 25명은 1~2품관 16(/8)·3상관 4·3~6품관 5명, 10세 20명은 1~2품관 10(/5)·3상관 4·3~6품관 7명, 11세 23명은 1~2품관 18(/4)·3~6품관 4·7~9품관 1명이었다. 품관별로는 1~2품관이 49명(/17) 60%, 3상관 15명 19%, 3~6품관 16명 20%, 7~9품관 1명 1%인데, 1~2품관은 모두 장계였다.

이상에서 장계가 중심이 된 포시계는 79%인 64명이 정1~정3품 당상관인 부나 조(이 중 부조가 21% 17명)의 직·간접적인 지원으로 60%이상이 출사하여 26% 21명이 조기에 당상관에 승진하였다. 당상관 중 10여명이 세종~중종대에 의정, 찬성, 판서, 승지 등의 추요직에 재직하면서 당시의 정치에 영향력을 발휘하는 등 번창한 명문가문이 되었다.


# 3. 仁材系의 通婚圈과 家系意識

## 1) 通婚家門

### (1) 檣系

檣系 7~11세의 통혼가문을 상위 유력성관(종친 포함)·유력성관·그 외 성관·성관불명으로22) 구분하여 보면 다음의 표와 같이 7세 1명은 그 외

---

21) 사관자가 평계는 5명이고, 제계는 11명으로 모두 16명에 불과하므로 평·제계로 통합하여 파악한다(뒤의 표 〈6-7〉도 같다).
22) 성관분류기준과 성관은 앞 2장 32~34쪽 참조.

성관(이하 그 외로 약기)이고, 8세 9명은 상위 유력성관(이하 상위 성관으로 약기) 2·유력성관 4·그 외 2·성관불명(이하 불명으로 약기) 1명, 9세 28명은 상위 성관 8(종친 2)·유력성관 8·그 외 6·불명 6명이다. 10세 61명은 상위 성관 9(종친 3)·유력성관 12·그외 3·불명 37명, 11세 61명은 상위 성관 11(종친 5)·유력성관 6·그 외 4·불명 42명이다. 전체 162명은 상위·유력성관이 60명 37%(30명 19%/유력성관 30명 19%)이고, 그 외가 16명 10%이며, 불명이 86명 53%이다.

<표 6-7> 고령신씨 인재(~포시)계 7~11세 통혼가문[23]

| | | 장계 | | | | | | 평·제계 | | | | | | 합계 | | | | | |
|---|---|---|---|---|---|---|---|---|---|---|---|---|---|---|---|---|---|---|---|
| | | 7세 | 8 | 9 | 10 | 11 | 계 | 7세 | 8 | 9 | 10 | 11 | 계 | 7세 | 8 | 9 | 10 | 11 | 계 |
| 유력성관 | 진주강씨 | | | | 1 | 3 | 4 | | | 1 | | | 1 | | | 1 | 1 | | 2 |
| | 안동권 | | | 1 | 1 | 1 | 3 | | 1 | | | | 1 | | 1 | 1 | 1 | 1 | 4 |
| | 광산김 | | | | | 1 | 1 | | | | | | | | | | | 1 | 1 |
| | 창녕성 | | 1 | | | | 1 | | | | | | | | 1 | | | | 1 |
| | 문화유 | | | 1 | 1 | | 2 | | 1 | | | | 1 | | 1 | 1 | | | 2 |
| | 파평윤 | | 1 | 2 | 1 | 1 | 5 | | | | | | | | 1 | 2 | 1 | 1 | 5 |
| | 전의이 | | | | 1 | | 1 | | | | | | | | | | 1 | | 1 |
| | 한산이 | | | 1 | 1 | | 2 | | | | | | | | | 1 | 1 | | 2 |
| | 청주한 | | | 1 | | | 1 | | | | | | | | | 1 | | | 1 |
| | 종친 | | | 2 | 3 | 5 | 10 | | | | | | | | | 2 | 3 | 5 | 10 |
| | 소계 | 0 | 2 | 8 | 9 | 11 | 30 | 0 | 2 | 1 | 0 | 0 | 3 | 0 | 4 | 9 | 9 | 11 | 33 |
| | 안동김씨등 30가문 3~1명 | 0 | 4 | 8 | 12 | 6 | 30 | 0 | 2 | 5 | 0 | 0 | 7 | 0 | 6 | 13 | 12 | 6 | 37 |
| | 합계 | 0 | 6 | 16 | 21 | 17 | 60 | 0 | 4 | 6 | 0 | 0 | 10 | 0 | 10 | 22 | 21 | 17 | 70 |
| 그 외 성관 | | 1 | 2 | 6 | 3 | 4 | 16 | 2 | 4 | 3 | 8 | 0 | 17 | 3 | 6 | 9 | 11 | 4 | 33 |
| 성관불명 | | 0 | 1 | 6 | 37 | 42 | 86 | 0 | 1 | 12 | 19 | 0 | 32 | 0 | 2 | 18 | 56 | 42 | 118 |
| 총계 | | 1 | 9 | 28 | 61 | 63 | 162 | 2 | 9 | 21 | 27 | 0 | 59 | 3 | 18 | 49 | 88 | 63 | 221 |

평·제계 59명은 7세 2명은 그 외 성관이고, 8세 9명은 상위 유력성관 2·유력성관 2·그 외 4·불명 1명, 9세 21명은 상위 유력성관 1·유력성관 5·그 외 3·불명 12명, 10세 27명은 그 외 8·불명 19명이다.

전체 221명은 세대별로는 7세 3명은 그 외이고, 8세 18명은 상위 유력성관

---

23) 뒤 〈표 6-12〉에서 종합.

4·유력성관 10·그 외 6·불명 2명, 9세 49명은 상위 유력성관 9·유력성관 13·그 외 9·불명 18명이며, 11세 63명은 상위 유력성관 11·유력성관 6·그 외 4·불명 42명이다. 성관별로는 상위 유력성관이 33명 15%, 유력성관이 37명 17%, 그 외 성관이 33명 15%, 불명이 118명 53%이고, 불명을 제외할 때는 상위유력성관·유력성관이 103명 중 70명 68%였다. 또 포시계 7~11세와 다수가 통혼한 유력성관 가문 인물간의 상호 관계를 보면 종친 10명,[24] 한산이씨 3명,[25] 진주강씨 4명·연일정씨 2명은 모두 8촌 이내였고,[26] 안동권씨 2명은 12촌인[27] 등 21명 중 19명 90%이고, 그 외가 2명 10%였다.

이상에서 포시계 7~11세는 대부분이 유력성관과 혼인하였고, 그 중 30% 정도가 8촌 이내의 근촌과 혼인하였다고 하겠다.

---

24) 종친간의 촌수는 앞 2장 주66) 참조.
25) 뒤 8장 〈도 8-9〉 참조.
26) 고령신씨 檣系와 진주강·영일정·안동권씨 통혼자 가계는 다음과 같다(『고령신씨세보』등 각성 세보, 『청구씨보』, 뒤 〈표 6-12〉에서 종합).

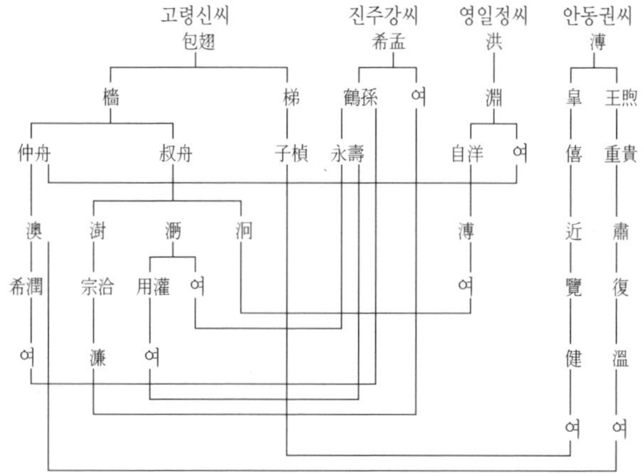

27) 동 상조.

## 2) 通婚圈과 家系意識

포시-장, 평·제계 7~11세는 70%(70/103명, 성관불명 제외, 불명포함시는 32%/221) 정도가 유력성관의 자녀와 혼인하였다.

또 배우자 부조 최고를 보면 다음의 표와 같이 부·조와 부나 조의 관직이 장계는 7세 1명은 3~6품관, 8세 7명은 1~2품관 4·정3품 당상관과 3~6품관이 각1, 9세 28명은 종친 2·1~2품관 10·정3당상관 1·3~6품관 6·7~9품관 1·불명 8명이었다. 10세 62명은 종친 3·1~2품관 6·3~6품관 4·불명 49명이었고, 11세 62명은 종친 5·1~2품관 4·정3당상관 2·3~6품관 4·7~9품관 1·불명 46명이었다. 전체 160명은 종친이 10명 6%, 1~2품관이 24명 15%, 정3장상관이 4명 3%, 3~6품관이 17명 11%, 7~9품관이 2명 2%이며, 불명이 103명 64%였다. 이 중 종친·1~2품관·정3당상관이 38명 24%였지만, 불명 103명을 제외하고 보면 67%(/57)였다.

〈표 6-8〉 고령신씨 인재(~포시-장, 평·제)계 7~11세 배우자 부조 최고관직[28]

| | 장계 | | | | | | 평·제계 | | | | | | 합계 | | | | | |
|---|---|---|---|---|---|---|---|---|---|---|---|---|---|---|---|---|---|---|
| | 7 | 8 | 9 | 10 | 11 | 계 | 7 | 8 | 9 | 10 | 11 | 계 | 7 | 8 | 9 | 10 | 11 | 계 |
| 종친 | 0 | 0 | 2 | 3 | 5 | 10 | 0 | 0 | 0 | 0 | 0 | 0 | 0 | 0 | 2 | 3 | 5 | 10 |
| 부·조, 부나 조 1~2품 | 0 | 4 | 10 | 6 | 4 | 24 | 1 | 1 | 0 | 0 | 0 | 2 | 1 | 1 | 1 | 3 | 2 | 26 |
| 동 정3당상 | 0 | 1 | 1 | 0 | 2 | 4 | 0 | 0 | 0 | 0 | 0 | 0 | 0 | 1 | 1 | 0 | 2 | 4 |
| 동 3~6 | 1 | 2 | 6 | 4 | 4 | 17 | 0 | 6 | 0 | 0 | 0 | 6 | 1 | 8 | 6 | 4 | 4 | 23 |
| 동 7~9 | 0 | 0 | 1 | 0 | 1 | 2 | 0 | 0 | 0 | 0 | 0 | 0 | 0 | 0 | 1 | 0 | 1 | 2 |
| 미사·불명 | 0 | 0 | 8 | 49 | 46 | 103 | 0 | 2 | 21 | 27 | 1 | 51 | 0 | 2 | 29 | 76 | 46 | 154 |
| 계 | 1 | 7 | 28 | 62 | 62 | 160 | 2 | 9 | 21 | 27 | 0 | 59 | 3 | 16 | 49 | 89 | 62 | 219 |

그런데 포시계 7~11세 사관자 부조의 관직과 처 부조의 관직을 대비시켜 보면 정1~정3당상관의 경우 전체로는 본가가 79%(64/81)로 통혼가의 26%(21/ 81)를 압도하였지만 불명자를 제외할 때는 통혼가가 47%(21/45)였

---

28) 뒤 〈표 6-12〉에서 종합.

다.[29] 이점에서 포시계 7~11세 사관자의 부조의 관직이 처 부조의 관직에 비하여 우월하기는 하나 큰 차이가 없다고 하겠다.

〈표 6-9〉 고령신씨 인재(~포시)계 7~11세 사관자 처부 2품 이상관 재직기간(종친 제외)[30]

| 성명 | 최고 관직 | 2품 이상관 재직기간 | | | | | 비고(본가가계) |
|---|---|---|---|---|---|---|---|
| | | 태종 | 세종~단종 | 세조~예종 | 성종 | 연산군 이후 | |
| 정연 | 병판 | | 세종11~27 | | | | 공조참판 檣 자 지군사 仲舟 |
| 양자원 | 참판 | | | | | | 장 자 안동부사 松舟 |
| 김자행 | 감사 | | | | 6~12 | | 지군사 仲舟 자 장례원사의 澮 |
| 허곤 | 참판 | | | 세조1~? | | | 중주 자 성천부사 泟 |
| 한명회 | 영의정 | | | 세조3〈-- | → 9 | | 영의정 叔舟 자 봉례 澍 |
| 윤잠 | 참판 | | | 세조13〈-- | →5 | | 숙주 자 황해관찰사 瀁 |
| 박건 | 참찬 | | | | 2〈-- | →중종3 | 평안관 泗 자 영의정 用漑 |
| 강희맹 | 찬성 | | | 세조9〈-- | →14 | | 돈령도정 宗洽자 濂 |
| 마천목 | 長興君 | 1〈-- | →세종13 | | | | 공조참의 包翅자 정언 枰 |
| 권건 | 병참판 | | | | 17〈-- | →연산 7 | 梯자 사정 子楨 |
| 계(명) | 10 | 1 | 2 | 4 | 6 | 2 | |

또 7~11세 사관자 처부 중 2품 이상관 중 추요직 역임자의 재직기간과 본가 부의 그것을 대비시켜 보면 다음의 표와 같이 정연 등 10명 중 정연 등 5명이 일치하였다. 또 그 중 정연, 한명회, 윤잠, 박건, 강희맹은 의정·판서 등으로서 세종, 세조, 성종대의 정치에 큰 영향력을 발휘하였다.[31] 정연 등의 이러한 관력은 본가 부조와 함께 사위나 외손이 조기에 당상관에 승진하

---

29) 뒤 〈표 6-11, 12〉에서 종합.

30) 졸저, 앞 『조선초기 관인이력』, 『연산군일기』·『중종실록』, 뒤 〈표 6-12〉·『성종실록』 등에서 종합.

31) 세조~성종대에 의정, 원상 등으로서 정치를 주도하였던 한명회는 말할 것도 없거니와 정연 등도 다음의 관력에서와 같이 당시의 정치에 큰 영향력을 발휘하였다(졸저, 앞 『조선초기 관인이력』에서 종합).
정연 : 승지(세종8~11), 참판(11~16), 판서(18~21, 22~24).
박건 : 승지(세조11~12), 참판(성종2,3~4, 18), 대사헌(성종17, 20), 판서(연산1~3), 참찬(4), 찬성(4~7).
강희맹 : 참판(세조10~12), 판서(12~예종즉, 성종4~5, 8~10), 찬성(성종10~14).
마천목 : 동지총제(태종1), 총제(1~10), 시위절제사(11~13,18), 도총제(세종5~10).
권건 : 승지(성종13~17), 참판(17~18, 21~23, 연산군4~6), 대사헌(성종18).

<표 6-10> 고령신씨 인재(~포시)계 7~11세 사관자 가계와 관직32)

| 성명 | 생몰년 | 출사로 | 가계(부/조) | 최고관직(관계) | 비고 |
|---|---|---|---|---|---|
| 墻 | 1382~1433 | 문(태종2) | 공참의 包翅/판도판서 德隣 | 공조좌참판 | 포시-장계 7세 |
| 孟舟 | 1410~? | 음 | 참판 장/ | 평양서윤 | 8 |
| 仲舟 | ?~? | 음 | | 지순창군사 | |
| 叔舟 | 1417~1475 | 문(세종21) | | 영의정 | |
| 松舟 | 1420~1464 | 문(세조3) | | 안동부사 | |
| 末舟 | 1429~1503 | 문(단종2) | | 대사간 | |
| 澗 | ?~? | 불명 | 서윤 맹주/ | 개성부도사 | 9 |
| 澳 | ?~? | 문(세조3) | 군수 중주/ | 사복시정 | |
| 澮 | ?~? | 불 | | 사의, 판결사? | |
| 海 | | | | 진사 | |
| 沚 | ?~? | 불 | | 성천부사 | |
| 澍 | 1435~1456 | 음 | 영의정 숙주/ | 봉례 | |
| 泗 | 1438~1467 | 음(세조1) | | 함길관 | |
| 澯 | 1440~? | 음 | | 황해관 | |
| 瀞 | 1442~1483 | 음, 문(세조12) | | 이참판 | |
| 浚 | 1444~1509 | 문(성종1) | | 참찬 | |
| 溥 | 1446~? | 음 | | 강원관 | |
| 洞 | 1449~1487 | 문(성5) | | 장령 | |
| 泌 | 1454~1518 | 음 | | 호군 | |
| 澹 | ?~? | 불 | 부사 송주/ | 영산현감 | |
| 活 | 1480~? | 불 | | 거창현감 | |
| 澄 | ?~? | 문(성23) | | 시강원필선 | |
| 繼湄 | ?~? | 불 | 도사 간/ | 참봉? | 10 |
| 繼湲 | ?~? | 불 | | 참봉? | |
| 希沛 | ?~? | 불 | 정 오/ | 감찰 | |
| 希演 | ?~? | 불 | | 감찰 | |
| 承濬 | ?~? | 불 | 사의 회/ | 도사 | |
| 承藻 | ?~? | 문(중종6) | | 부사 | |
| 宗河 | ?~? | 불 | 진사 해 | 진잠현감 | |
| 從洽 | | 음 | 봉례 주/ | 도정 | |
| 從沃 | | 음 | | 목사 | |
| 從濩 | | 음 | | 예참판 | |
| 用漑 | | 음 | 관찰사 면/ | 좌의정 | |
| 用灌 | | 음 | | 군수 | |
| 永澈 | | 음? | 이참판 정/ | 정국공신, 목사 | |
| 永洪 | | 음? | | 승지 | |
| 復淳 | | 음 | 참찬 준/ | 참의 | |
| 光潤 | | 음 | | 참군 | |
| 光漢 | | 음 | | 찬성 | |
| 灦 | | 불 | 현감 섭/ | 부사 | |
| 公濟 | | 불 | 교위 홍/ | 참찬 | |

| | | | | | |
|---|---|---|---|---|---|
| 公渡 | | 불 | | 사어 | |
| 公涉 | | 불 | | 좌랑 | |
| 沄 | | 불 | 계미/ | 참봉? | 11 |
| 潤 | | 무과 | 현감 종하/ | 현령 | |
| 溉 | | 음 | 가선호군 景洸/ | 현감 | |
| 濱 | | 무과 | 군수 景源/ | 군수 | |
| 淑 | | 불 | | 만호 | |
| 濂 | | 음? | 도정 종흡/ | 부사 | |
| 涵 | | 불 | 목사 종옥/ | 도사 | |
| 淵 | | 문(연산11) | | 부사 | |
| 洙 | | 불 | | 군수 | |
| 溢 | | 불 | | 군수 | |
| 沆 | | 기타(부마) | 참판 종호/ | 고원위(성종부마) | |
| 潛 | | 문(중종14) | | 목사 | |
| 淙 | | 음 | 좌의정 용개/ | 참봉 | |
| 瀚 | | 음 | | 판결사 | |
| 沖 | | 불 | 군수 용관/ | 소격참봉 | |
| 滋 | | 불 | 목사 영철/ | 사정 | * 정 |
| 泳 | | 음? | 참의 복순/ | 감찰 | |
| 瀾 | | 불 | 참군 광윤/ | ? | * 참판 |
| 津 | | 불 | 찬성 광한/ | 도사 | |
| 漣 | | 무과 | 참찬 공제/ | 군수 | |
| 泫 | | 음? | | 첨정 | |
| 渾 | | 불 | 사어 공도/ | 현감 | |
| 建 | | 불 | 좌랑 공섭/ | 군수 | |
| 枰 | 1390~? | 문(세종16) | 공조참의 包翅/ | 정언 | 평계 7 |
| 孟艇 | 1411~? | | 정언 평/ | 진사 | 8 |
| 叔艇 | 1425~? | 불명 | | 제천현감 | |
| 濂 | 1427~1484 | 무(문종1) | 진사 맹정/ | 통정곽산군수 | 9 |
| 胤 | ?~? | 불 | | 주부 | |
| 激 | 1462~1504 | 불 | 통덕랑 숙정/ | 참봉 | * 영산현감 |
| 梯 | 1393~1443 | 음? | 공조참의 包翅/ | 감찰 | 제계 7 |
| 子橋 | 1413~1484 | 문(세종32) | 감찰 제/ | 사성 | 8 |
| 子杠 | 1416~? | 음(세종29), 문? | | 통정인천부사 | |
| 子棟 | ?~? | 불 | | 사정 | |
| 子楨 | ?~? | 불 | | 사직 | |
| 礀 | ?~? | 무과 | 부사 자강/ | 통정곽산군수? | 9 |
| 磧 | ?~? | 불 | | 사직 | |
| 碩 | ?~? | 음 | | 현감 | * 장성부사 |
| 礋 | ?~? | 불 | | 행참봉 | |
| 巖 | ?~? | 불 | 사정 자동/ | 주부 | |
| 礎 | | 불 | 사직 자정/ | 좌승지? | |
| 璜 | ?~? | 불 | 영원 | 흥양현감 | 영원계 7세 |

는 한 토대가 되었다고 하겠다.

이상에서 고령신씨 포시계 관인은 그들과 대등한 관품의 관인과 혼인하였고, 부와 처부가 2품관 이상인 경우는 대부분은 그 재직기간이 일치하였고, 이점은 포시계 관인의 출사는 물론 승자·승직과 당상관 이상 승진에 크게 작용하였다고 하겠다. 지금까지 살핀 포시계 7~11세의 역관경향과 통혼권을 표로 정리하면 다음과 같다.

<표 6-11> 고령신씨 인재(~포시)계 7~11세 역관경향과 통혼권[33]

| | | 장계 | | | | | | 평·제계 | | | | | | 합계 | | | | | |
| | | 7세 | 8 | 9 | 10 | 11 | 계 | 7 | 8 | 9 | 10 | 11 | 계 | 7 | 8 | 9 | 10 | 11 | 계 |
|---|---|---|---|---|---|---|---|---|---|---|---|---|---|---|---|---|---|---|---|
| 부조최고관직 | 1~2품 | 0 | 5 | 16 | 10 | 18 | 49 | 0 | 0 | 0 | 0 | 0 | 0 | 0 | 5 | 16 | 10 | 18 | 49 |
| | 3상 | 1 | 0 | 0 | 3 | 0 | 0 | 2 | 0 | 0 | 0 | 0 | 2 | 3 | 0 | 0 | 3 | 0 | 6 |
| | 3~9 | 0 | 0 | 0 | 7 | 4 | 4 | 0 | 5 | 8 | 0 | 0 | 13 | 0 | 5 | 8 | 7 | 4 | 24 |
| | 기타 | 0 | 0 | 0 | 0 | 1 | 11 | 0 | 0 | 1 | 0 | 0 | 1 | 0 | 0 | 1 | 0 | 1 | 2 |
| | 계 | 1 | 5 | 16 | 20 | 23 | 65 | 2 | 5 | 9 | 0 | 0 | 16 | 3 | 10 | 25 | 20 | 23 | 81 |
| 통혼가문 | 상위 유력가문* | 0 | 2 | 8 | 9 | 11 | 30 | 0 | 2 | 1 | 0 | 0 | 3 | 0 | 4 | 9 | 9 | 11 | 33 |
| | 유력가문 | 0 | 4 | 8 | 12 | 6 | 30 | 0 | 2 | 5 | 0 | 0 | 7 | 0 | 6 | 13 | 12 | 6 | 37 |
| | 그 외 | 1 | 2 | 6 | 3 | 4 | 16 | 2 | 4 | 3 | 8 | 0 | 17 | 3 | 6 | 9 | 11 | 4 | 33 |
| | 불명 | 0 | 1 | 6 | 37 | 42 | 86 | 0 | 1 | 12 | 19 | 0 | 32 | 0 | 2 | 18 | 56 | 42 | 118 |
| | 계 | 1 | 9 | 28 | 61 | 63 | 162 | 2 | 9 | 21 | 27 | 0 | 59 | 3 | 18 | 49 | 88 | 63 | 221 |
| 배우자부조관직 | 1~2품* | 0 | 4 | 11 | 3 | 5 | 22 | 2 | 2 | 0 | 0 | 0 | 4 | 2 | 5 | 11 | 3 | 5 | 27 |
| | 3상 | 0 | 0 | 1 | 0 | 2 | 3 | 0 | 1 | 2 | 0 | 0 | 3 | 0 | 0 | 3 | 0 | 2 | 6 |
| | 3~6 | 1 | 2 | 6 | 3 | 5 | 17 | 0 | 6 | 3 | 0 | 0 | 9 | 1 | 6 | 7 | 3 | 5 | 26 |
| | 기타 | 0 | 1 | 10 | 56 | 51 | 119 | 0 | 2 | 31 | 4 | 0 | 37 | 0 | 2 | 39 | 56 | 51 | 156 |
| | 계 | 1 | 7 | 38 | 62 | 63 | 161 | 2 | 11 | 36 | 4 | 0 | 54 | 3 | 13 | 60 | 62 | 63 | 215 |

* 종친 포함.

지금까지 고찰의 토대가 된 고령신씨 포시계 7~11세 사관자와 남녀 배우자의 통혼가문을 정리하면 다음과 같다.

---

32) 『조선왕조실록』 태조 1년~중종 39년조, 『국조인물고』, 『국조문과방목』, 졸저, 앞책, 『고령신씨세보』 등에서 종합.

33) 앞 <표 6-10>, 뒤 <표 6-12>에서 종합.

| 성명 | 부(/남편) | 妻나 夫의 가계 | | | | 비고 |
|---|---|---|---|---|---|---|
| | | 본관 | 부와 관력 | 조와 관력 | 기타 | |
| 墻 | 공참의 包翅 | 나주 | 知成州事 鄭有 | 지군사 文振 | | 包翅-장계 7세 |
| 孟舟 | 공참판 장 | 동래 | 현령 鄭睍 | 문하평리 釐 | | 8 |
| 仲舟 | | 연일 | 병판 鄭淵 | 지의정 洪 | | |
| 叔舟 | | 무송 | 사재부정 景淵 | 대제학 淮 | | |
| 松舟 | | 남원 | 참판 梁自源 | 참의 繽 | | |
| 末舟 | | 순창 | 사직 薛伯民 | 현령 寅 | | |
| 1녀 | /평안관 曹孝門 | 창녕 | 대호군 渾 | 부사 敬修 | | |
| 2녀 | 부사 崔善復 | 화순 | 부사 自海 | 참의 元之 | | |
| 澗 | 평양서윤 맹주 | 언양 | 金之義 | 도사 佶 | | 9 |
| 1녀 | /좌랑 李良儉 | 용인 | 부사 守綱 | 관찰사 伯持 | | |
| 2녀 | 봉사 洪瑛 | 불명 | | | | |
| 3녀 | 봉사 朴玄童 | 불 | | | | |
| 澳 | 순창군사 중주 | 안동 | 좌랑 權溫 | 절제사 復 | | |
| 澮 | | 안동 | 감사 金自行 | 집의 旺 | | |
| 海 | | 밀양 | 지평 朴璠 | 찬성 忠佐 | | |
| 沚 | | 양천 | 참판 許稇 | 찬성 衡 | | |
| 1녀 | /부사 趙欽 | 한양 | 현감 仲發 | | | |
| 2녀 | 부사직 崔楯 | 불 | | | | |
| 澍 | 영의정 숙주 | 청주 | 영의정 韓明澮 | 감찰 起 | | |
| 泗 | | 영광 | 사용 丁湖 | 병사 克勤 | | |
| 㶆 | | 파평 | 참판 尹岑 | 생원 太山 | | |
| 瀞 | | 종친 | 후령군 李衦 | 태종 | | |
| 浚 | | 문화 | 판관 柳秀昌 | 참군 孝根 | | |
| 溥 | | 한산 | 殿直 李沆 | 판중 孟畛 | | |
| 洞 | | 영일 | 별제 鄭溥 | 참의 自洋 | | |
| 泌 | | 파평 | 현감 尹三元 | 영평군 季童 | | |
| 1녀 | /사과 申命壽 | 평산 | 세마 錫寧 | | | |
| 2녀 | 세조(淑媛) | 종친 | | | | |
| 澹 | 안동부사 송주 | 불 | | | | |
| 漢 | | 불 | | | | |
| 活 | | 진보 | 辛氏 | | | |
| 澄 | | 불 | 생원 閔男興 | | | |
| 涉 | | 불 | | | | |
| 1녀 | /부정 洪潤德 | 남양 | 사성 敬孫 | 직장 智 | | |
| 2녀 | 趙恢 | 풍양 | 사인 瑞廷 | 좌랑 夏 | | |
| 3녀 | 金淙 | 언양 | | | | |
| 洪 | 대사간 말주 | 초계 | 능직 卞長鈞 | 부윤 孝文 | | |
| 繼湄 | 개성도사 간 | 화순 | 참봉 蕃 | 사직 洞晤 | | 10 |
| 繼湲 | | 남원 | 尹碩俊 | 詠 | | |
| 希洙 | 사복정 오 | 불 | | | | |
| 希潤 | | 불 | 朴漢崐 | | | |

| | | | | | |
|---|---|---|---|---|---|
| 希演 | | 불 | | | |
| 承濬 | | 불 | | | |
| 承藻 | | 불 | | | |
| 1녀 | /金克銛 | 안동 | | | |
| 2녀 | 李允濯 | 성주 | | | |
| 3녀 | 전생참봉 權振 | 안동 | | | |
| 宗河 | 진사 해 | 불 | | | |
| 景洸 | 성천부사 지 | 불 | | | |
| 景源 | | 불 | | | |
| 여 | /한성윤 沈順徑 | 청송 | 한성윤 瀚 | 영의정 澮 | |
| 從洽 | 봉례 주 | 파평 | 상주목사 尹宕 | 우통례 師夏 | |
| 從沃 | | 불 | 李壽雅 | | |
| 從濩 | | 불 | 李珏 | | |
| 用漑 | 함길관찰사 면 | 밀양 | 참찬 朴健 | 참찬 仲孫 | |
| 用灌 | | 불 | | | |
| 여 | /사평 姜鶴孫 | 진주 | 찬성 希孟 | 지돈령 碩德 | |
| 1녀 | 황해관 찬/현령 鄭有綱 | 불 | | | |
| 2녀 | 군수 洪泰孫 | 불 | | | |
| 永澈 | 이참판 정 | 불 | | | |
| 永洪 | | 불 | | | |
| 復淳 | 참찬 준 | 불 | | | |
| 復亨 | | 불 | | | |
| 復濬 | | 불 | | | |
| 1녀 | /錦川都正 李忭 | 종친 | | | |
| 2녀 | 江西令 李凡讚 | 종친 | | | |
| 宗源 | 강원관 부 | 불 | | | |
| 1녀 | /별좌 李德濟 | 한산 | 판서 封 | 영중추 季甸 | |
| 2녀 | 張世輔 | 인동 | | | |
| 3녀 | 돈령도정 李龜壽 | 전의 | 충청관 德崇 | 충청관 愼孝 | |
| 4녀 | 참봉 愼弘佐 | 거창 | 판서 守謙 | 영의정 承善 | |
| 5녀 | 현감 趙壽岡 | 한양 | 현감 英傑 | | |
| 光潤 | 장령 형 | 불 | 沈凌 | | |
| 光澤 | | 불 | | | |
| 光漢 | | 불 | | | |
| 1녀 | /참군 李繼祖 | 신평 | | | |
| 2녀 | 참봉 南寅 | 의령 | | | |
| 3녀 | 참봉 趙邦佐 | 양주 | | | |
| 4녀 | 목사 奉嗣宗 | 불 | | | |
| 5녀 | 감찰 柳起宗 | 문화 | | | |
| 世淵 | 호군 필 | 불 | | | |
| 世洸 | | 불 | | | |
| 1녀 | /현감 河澄 | 진주 | | | |
| 2녀 | 崔子松 | 불 | | | |
| 3녀 | 禹世範 | 불 | | | |

| | | | | | |
|---|---|---|---|---|---|
| 1녀 | 영산현감 담/李儞 | 인천 | 秀林 | | |
| 2녀 | /부사 鄭鵬 | 해주 | 현감 鐵堅 | 훈도 有恭 | |
| 3녀 | 인의 安克誠 | 불 | | | |
| 守泓 | 함 | 불 | | | |
| 守涇 | | 불 | | | |
| 守浣 | 거창현감 활 | 불 | | | |
| 여 | 崔世溫 | 불 | | | |
| 守涵 | 필선 징 | 불 | | | |
| 여 | /趙譚 | 불 | | | |
| 灝 | 섭 | 불 | | | |
| 公濟 | 홍 | 불 | | | |
| 公渡 | | 불 | | | |
| 公涉 | | 불 | | | |
| 여 | /漆山君 李璿孫 | 종친 | 花山正 春 | 高林君 董 | |
| 沄 | 참봉 계미 | 해주 | 오씨 | | 11 |
| 濆 | | 파평 | 윤씨 | | |
| 湘 | | 금성 | 정씨 | | |
| 汾 | | 안동 | 참봉 權從治 | 군사 絃 | |
| 1녀 | /참봉 金淑 | 광산 | | | |
| 2녀 | 도사 李忠傑 | 전주 | | | |
| 3녀 | 참봉 金俊尙 | 경주 | | | |
| 여 | 감찰 희패/安賢君 李盛同 | 종친 | 松林君 孝昌 | 德泉君 厚生 | 증 정종 |
| 洎 | 희윤 | 신평 | 현감 宋麒孫 | | 외조 보성군 㝐 |
| 汘 | | 불 | | | |
| 1녀 | /姜永壽 | 진주 | 사평 鶴孫 | 좌찬성 希孟 | |
| 2녀 | 偰宗淵 | 불 | | | |
| 3녀 | 첨사 高德禧 | 불 | | | |
| 여 | 감찰 희연/생원 高漢衡 | 불 | | | |
| 溫 | 도사 승준 | 종실 | 花山正 李春 | 高林正 薑 | 生父 승조 |
| 洵 | 부사 승조 | 수안 | 생원 李益齡 | 이참의 永肩 | |
| 治 | | 불 | | | |
| 여 | /별좌 崔崙 | 전주 | | | |
| 潤 | 진잠현감 종하 | 종친 | 懷陽副正 李孝禮 | 安康都正㟱 | |
| 여 | /판서 李潤慶 | 광주 | 수찬 守貞 | 판중추 世佐 | |
| 漑 | 경광 | 고성 | 부정 李洪 | 군수 龜淵 | |
| 1녀 | /전부 柳世鵬 | 진주 | | 대사간 軒 | |
| 2녀 | 李希禮 | 불 | | | |
| 3녀 | 현감 李元楨 | 종친 | | 武陵正 | *성명불명 |
| 4녀 | 李長慶 | 불 | | | |
| 濱 | 경원 | 평산 | 현감 申從年 | 사직 允梧 | |
| 淑 | | 불 | | | |
| 여 | 金機 | 불 | | | |
| 濂 | 돈령도정 종흡 | 진주 | 찬성 姜希孟 | 지돈령 碩德 | |
| 涵 | 목사 종옥 | 불 | 具長孫 | | |

| | | | | | |
|---|---|---|---|---|---|
| 淵 | | 불 | | | |
| 洙 | | 불 | | | |
| 瀢 | | 불 | | | |
| 1녀 | /군수 金世孝 | 불 | | | |
| 2녀 | 진사 鄭承祥 | 불 | | | |
| 3녀 | 朴鐵貞 | 불 | | | |
| 4녀 | 찰방 金近 | 불 | | | |
| 沆 | 예참판 종호 | 불 | | | |
| 潛 | | 불 | | | |
| 淙 | | 불 | 權操 | | |
| 瀚 | | 불 | | | |
| 1녀 | /任孟瑛 | 불 | | | |
| 2녀 | 수찬 朴誾 | 불 | | | |
| 沖 | 군수 용관 | 불 | | | |
| 汫 | | 불 | | | |
| 1녀 | /姜永壽 | 진주 | 사평 鶴孫 | 찬성 希孟 | |
| 2녀 | 偰宗淵 | 불 | | | |
| 3녀 | 첨지 李德禧 | 불 | | | |
| 滋 | 목사 영철 | 불 | | | |
| 泳 | | 불 | | | |
| 濯 | | 불 | | | |
| 潚 | 참군 광윤 | 종친 | 仁川副守 李欽 | 寧原正 培 | |
| 瀾 | | 불 | | | |
| 津 | 찬성 광한 | 불 | | | |
| 漣 | 참찬 공제 | 불 | | | |
| 泫 | | 불 | | | |
| 況 | | 불 | | | |
| 渾 | 사어 공도 | 불 | | | |
| 淑 | 좌랑 공섭 | 불 | | | |
| 建 | | 불 | | | |
| 灝 | | 불 | | | |
| 枰 | 공참의 包翅 | 장흥 | 長興君 馬天牧 | 會寧君 榮 | 포시-평계 7세 |
| 孟䑴 | 정언 평 | 의성 | 군수 金尙啓 | | 8 |
| 仲䑴 | | 안동 | 金亨康 | | |
| 叔䑴 | | 의성 | 상례 金商胤 | 부정 漢鳳 | |
| 1녀 | /박사 金楎 | 연안 | 장령 偉 | | |
| 2녀 | 현령 康應誠 | 신천 | | | |
| 3녀 | 판사 尹起畝 | 함안 | 현감 應 | 전서 得龍 | 여 폐비윤씨 |
| 濂 | 진사 맹정 | 경주 | 지평 金世南 | 집의 光泰 | 8 |
| 潔 | | 진주 | 鄭天擎 | | |
| 胤 | 중정 | 동래 | 사정 鄭軫 | | |
| 激 | 숙정 | 밀양 | 첨정 朴元漢 | 사직 㤠 | |
| 秀沮 | 통정군수 렴 | 불 | | | 9 |
| 必淵 | 결 | 불 | | | |

| 樟遜 | 윤 | 불 | | | |
|---|---|---|---|---|---|
| 普澤 | 격 | 불 | | | |
| 梯 | 공참의 包翅 | 영광 | 도승지 柳斗明 | 찬성 沔 | 포시-제계 7세 |
| 子橋 | 감찰 제 | 제주 | 현감 梁有源 | 장사랑 番 | 8 |
| 子杠 | | 문화 | 사간 柳湋 | 忠祿 | |
| 字棟 | | 불 | | | |
| 子楨 | | 안동 | 병참판 權健 | 좌의정 覽 | |
| 1녀 | /사정 鄭淑 | 해주 | 통례원사 旗 | | |
| 2녀 | 현감 房科文 | 남양 | 현감 九成 | | |
| 砒 | 사성 자교 | 불 | | | 9 |
| 여 | /吳彭叔 | 불 | | | |
| 礦 | 통정부사 자강 | 불 | | | |
| 磧 | | 불 | | | |
| 碩 | | 진주 | 수사 姜裕德 | | |
| 礩 | | 개성 | 승지 王允夏 | 도총경력 淨 | |
| 1녀 | /吳允殷 | 불 | | | |
| 2녀 | 鄭允績 | 불 | | | |
| 3녀 | 成重孫 | 불 | | | |
| 4녀 | 趙從源 | 불 | | | |
| 5녀 | 부사 曹碩堅 | 창녕 | 汝該 | | |
| 6녀 | 李守仁 | 양성 | 참군 蘭 | | |
| 巖 | 사정 자동 | 전주 | 사직 李衍 | | |
| 여 | /병사 權軫 | 불 | | | |
| 礎 | 사직 자정 | 경주 | 鄭甲先 | 孝終 | |
| 1녀 | /판관 丁三山 | 불 | | | |
| 2녀 | 蘇漢生 | 불 | | | |
| 潤德 | 통정 군수 현 | 불 | | | 10 |
| 潤栢 | | 불 | | | |
| 潤宗 | 사직 적 | 불 | | | |
| 順宗 | | 불 | | | |
| 潤孫 | 현감 석 | 불 | | | |
| 여 | /劉漢良 | 불 | | | |
| 潤弼 | 참봉 질 | 불 | | | |
| 潤輔 | | 불 | | | |
| 1녀 | /참봉 梁滌 | 불 | | | |
| 2녀 | 참봉 金圭 | 불 | | | |
| 光弼 | 주부 암 | 불 | | | |
| 世沃 | 좌승지? 초 | 불 | | | |
| 世灌 | | 불 | | | |
| 世沇 | | 불 | | | |
| 鵬 | 윤손 | 불 | | | 11 |
| 實 | 영원 | 불 | | | 영원-실계 7세 |
| 根 | | 불 | | | |
| 璜 | | 불 | | | |

| | | | | | |
|---|---|---|---|---|---|
| 梆 | | 불 | | | |
| 義孫 | 실 | 불 | | | 8 |
| 仕慶 | 근 | 불 | | | |
| 仕弼 | | 불 | | | |
| 潤弼 | 황 | 불 | | | |
| 天洙 | | 불 | | | |
| 而 | 남 | 불 | | | |
| 濡 | | 초계 | 최씨 | | |
| 興 | 의손 | 밀양 | 박씨 | | 9 |
| 穆 | 사경 | 불 | | | |
| 棹 | | 불 | | | |
| 奉山 | 사필 | 광양 | 朴連 | | |
| 奉田 | | 불 | | | |
| 瑊 | | 불 | | | |
| 愷俊 | | 불 | | | |
| 世禹 | 천수 | 불 | | | |
| 孟根 | 유 | 불 | | | |
| 末植 | | 김해 | 김씨 | | |
| 致禮 | 흥 | 불 | | | 10 |
| 宮楗 | 목 | 불 | | | |
| 宮彦 | | 불 | | | |
| 宮義 | | 불 | | | |
| 여 | /柳忠亨 | 고흥 | | | |
| 淑喜 | 도 | 불 | | | |
| 福壽 | 봉산 | 불 | | | |
| 雄祚 | 개준 | 불 | | | |
| 濟雲 | 세우 | 불 | | | |
| 濟宇 | | 불 | | | |
| 碩登 | 말식 | 불 | | | |

---

34) 『조선왕조실록』 태조 1년~중종 39년조, 『국조인물고』, 『국조문과방목』, 졸저, 앞
　　책, 『고령신씨세보』 등에서 종합.

# 제7장　廣州李氏(蔚系)


　廣州李氏는 고려초 自成을 시조로 하고, 고려후기의 益俊·益庇·益康을 중시조로 하여 성립된 가문이었다.[1] 광주이씨는 고려까지는 익비·익강의 후손(자·손·증손)이 거의 仕官하지 못함과 관련되어 가세가 한미하였다.[2] 그러다가 조선초에 이르러 익비의 고손인 集의 세 아들 之直·之剛·之柔가 都摠制 이하를 역임하면서 양반가문의 지위를 굳히고, 이어 다음의 〈도 7-1〉에서와 같이 之直의 아들인 仁孫과 인손의 다섯 아들인 克培·克堪·克增·克墩·克均이 성종대에 議政~判書를 역임하면서 당대의 명문가문으로 현달하였다.[3] 이어 연산군대에 왕 9년까지 극배·극증·극돈·극기 등이 사망하고, 왕 4년 무오사화에 守恭(典翰), 왕 10년 갑자사화에 克均(左議政)·世佐(參判)와 극균의 아들인 世俊(通政大夫行府使) 및 세좌의 아들인 守元(奉常寺正) 등이 대거 살해되면서 침체되었다( 괄호 안은 피화직전 관직).[4] 그러나 中宗反正 이후에 극균 등이

---

1) 중시조가 누구인가는 족보에 따라 漢希(『靑邱氏譜』·『萬家譜』 광주이씨조), 蔚(『萬姓大東譜』, 漢·唐·方貴(『廣州李氏大同譜』, 回想社, 1988)로 각각 파악하고 있어 분명하지 못하다. 또 한희와 익준·익비·익강의 관계에 있어서도 『청구씨보』·『만가보』에는 부자관계, 『광주이씨대동보』에는 그 사이에 몇 대가 失傳된 것으로 각각 파악하고 있어 그 관계가 분명하지 못하다. 이장에서는 『광주이씨대동보』의 代數 산정, 한희의 후손인 익비·익강에서부터 그 가계가 확실히 傳承됨과 관련하여(익준은 자 이하가 불명) 일단 익비·익강을 栗亭公派 등 13파와 石灘公派 등 2파의 中始祖로 파악하여 고찰하였다(율정공파 등 15파는 뒤 주7) 참조).

2) 익비파는 고손인 仁齡(長興庫使)과 集(判典校寺事)대에 이르러서야 출사하였고, 익강파는 증손인 全斯(佐郞)대에 이르러서야 출사하였다. 익준파는 그 자손이 불명하여 제외하였다(위 『광주이씨대동보』).

3) 『傭齋叢話』 권10.

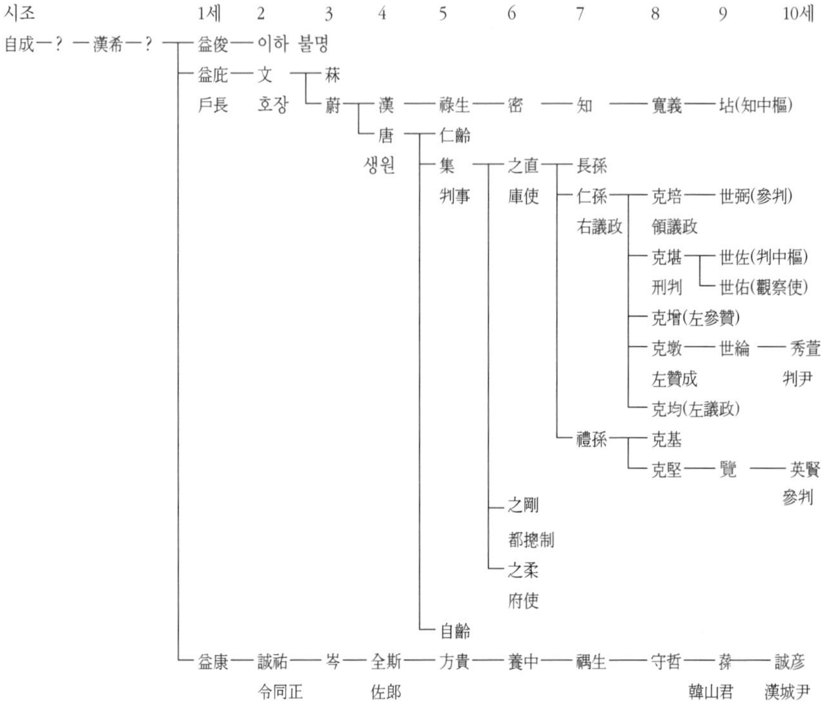


伸寃되고 극감과 극견의 증손인 潤慶(兵判)·浚慶(領議政)(부 수정)과 重慶(吏曹
參判, 부 영부), 극배의 고손인 廷立(兵曹參判, 조 수겸), 극균의 증손인 民聖(知
中樞, 조 수충)과 고손인 德馨(영의정, 부 민성), 그리고 益康의 후손인 蒜(靖國
功臣, 贊成)과 誠彦(漢城尹) 등이 연이어 2품 이상에 진출하면서 부흥하였다(최
고 관직).6)

---


4) 『연산군일기』 4·10년조, 『연려실기술』 권6, 연산조 고사본말 무오·갑자화적조에서
   종합. 그 외에도 극균 등과 함께 피화된 인물을 보면 世匡(승지, 극배 자), 世傑(첨지중추,
   세좌 제), 守亨(집의)·守義(문학)·守貞(홍문부수찬, 모두 세좌 자)가 있었다.

5) 졸저, 앞 『조선초기 관인이력』, 『광주이씨대동보』(회상사, 1988), 『만성대동보』, 『청
   구씨보』, 『만가보』 등에서 종합.

6) 『조선왕조실록』, 『국조인물고』, 『광주이씨대동보』, 『만성대동보』, 『청구씨보』, 『만

조선시대의 광주이씨는 위에서와 같은 가계 및 사관자의 최고 관직과 관련되어 조선초기 이래로 栗亭公(율의 5대손이고 한의 고손인 寬義)派 등 15파로 분파되면서 계승되었다.[7] 이 15파를 보면 益庇의 자손이 13파를 이루었고, 益康의 자손이 2파를 이루었다. 또 그 자손을 보면 益俊은 후대가 불명하였다. 따라서 조선시대에 확인된 광주이씨는 益庇-文-蔚-漢·唐과 益康의 후손이라고 하겠다.

그런데 이들 한·당과 익강의 후손들이 조선 초·중기(익비·익강의 6~10대

---

가보』 등에서 종합. 그 외에도 광해군 때에 큰 정치력을 발휘한 예판 爾瞻과 李适의 도당으로 몰려 피화된 공판 景立, 승지·참의·판결사 이상을 역임한 時世(판결사)·光岳(병사)·德悅(승지)·洪男(공조참의)·民覽(판결사)이 있었다. 이들의 가계를 살펴 보면 다음과 같다.

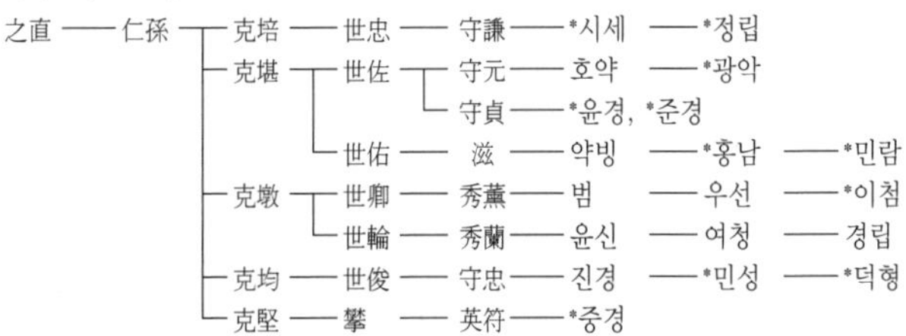


7) 율정공파 등 15파를 도시하면 다음과 같다(『한국인의 족보』(일신각, 1983) 839쪽 광주이씨 세계표, 위 『광주이씨대동보』 1~3쪽 各券孫錄 支小派別 색인표에서 종합, *은 파조).

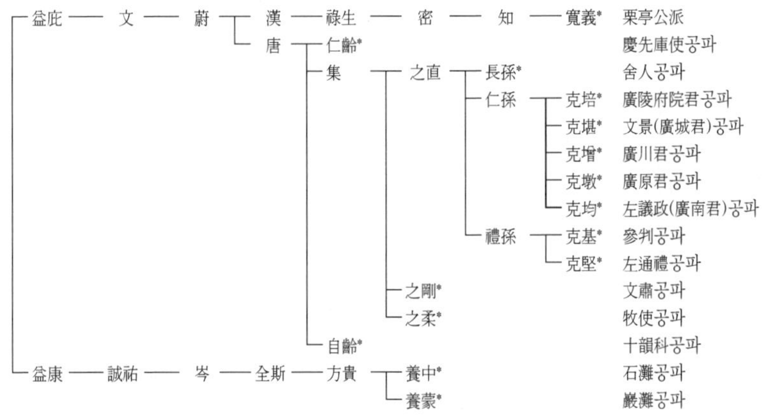

손, 태조~중종대)에 역임한 최고 관직(관계)을 보면 위의 가계도에서 제시되었음과 같이 2품 이상 관직 역임자 15명 중 坫(漢 5대손), [illegible](익강 8대손), 誠彦(익강 10대손)을 제외한 12명이 唐(-集)의 후손이었다. 특히 당의 후손은 성종대에 인손의 다섯 아들이 모두 판서 이상의 재상이 되면서 당시의 정치에 큰 영향력을 발휘하였다. 이를 볼 때 광주이씨 중에서도 조선 초·중기에 핵심이 된 인물들은 당(-집)의 후손이라고 하겠다.

본장에서는 대체로 태조~중종대에 생존하였던 蔚(-漢·唐)계-益庇의 5~9대손을[8] 대상으로 그 출사로, 관력, 통혼권·가계의식을 『조선왕조실록』, 『국조인물고』, 『국조문과방목』, 『광주이씨대동보』, 『만성대동보』 등의 기사를 통하여 살피기로 한다. 본장은 고찰의 편의상 益庇-文-林과 益康의 후손을 제외하고 중심이 된 울-한·당의 후손을 대상으로 한 한계는 있지만, 조선초기 광주이씨의 실체와 인사행정, 가계의식, 그리고 광주이씨와 당시의 정치가 어떻게 연관되었는가를 규명할 수 있다고 생각한다.


# 1. 蔚系의 展開

## 1) 蔚-漢-祿生系

益庇의 4대손인 5세 祿生은 金海金氏와의 사이에서 密(未仕, 이하 생략)을 두었고, 밀은 義州通判 知를 두었고, 지는 寬仁·察訪 寬義를 두었다.

---

8) 울계에 있어서 엄밀히는 蔚系는 정확한 용어가 아니다. 그러나 일반적으로 '系'와 '派'는 합해져 '系派'로 사용되기도 하고, 또 울의 하대에서 분파된 13파를 망라하는 합당한 용어가 없다. 이에서 정확하지는 않으나 편의상 '系'의 용어를 사용하였다. 또 이러한 이유에서 分派되거나 2파 이상이 분파된 상대의 인물, 예컨대 祿生(증손인 관의가 파조), 唐(자 인령이 파조), 之直(자 장손과 손자 극배 등 10명이 파조)도 녹생계, 당계, 지직계로 호칭하였다.

8세 관인은 修義副尉 恥를 두었고, 치는 末通을 두었다. 관의는 判漢城
坫·府使 堆·甲山教授 址를 두었고, 점은 判官 宗基·宗參과 姜世矩에게 출가한
딸, 퇴는 縣監 宗角 등 4남, 지는 將仕郎 宗奎·監察 宗璧과 金百鈞에게 출가한
딸을 두었다.


## 2) 蔚-唐-仁齡系

익비의 4대손인 5세 仁齡은 江原道經歷 遭를 두었고, 조는 東仁을 두었으며,
동인은 世年·克年·延年을 두었다.

8세 세년은 穀·稷·穗·稙과 方彦銓에게 출가한 딸, 극년은 叔亨, 연년은
鐵乾을 두었으며, 곡 등은 아들 8명을 두었는데, 6세 동인 이하는 모두 사관하
지 못하였다.


## 3) 蔚-唐-集(元齡)系

익비의 4대손인 5세 集은 永州黃氏 碩範의 딸과 參議 之直·都摠制之剛·牧使
之柔와 劉敵에게 출가한 딸을 두었다. 이 중 지강은 자손이 적었지만 지직과
지유 특히 지직은 자손이 크게 번창하였다(뒤 〈도 7-2~3〉 참조). 이에 따라
집계를 다시 지직, 지강, 지유계로 구분하여 살펴본다.


## (1) 集-之直系

6세 之直은 慶州李氏 知州事 元普의 딸과 通政大夫府使 長孫·右議政 仁孫·參議
禮孫과 金虛 등에게 출가한 4녀를 두었다.

7세 장손은 兵曹參議 克圭와 李盆智 등에게 출가한 8녀를 두었고, 극규는
海州吳氏 孝敏의 딸과 縣令 成壽 등 3남을 두었으며, 익수 등은 모두 조

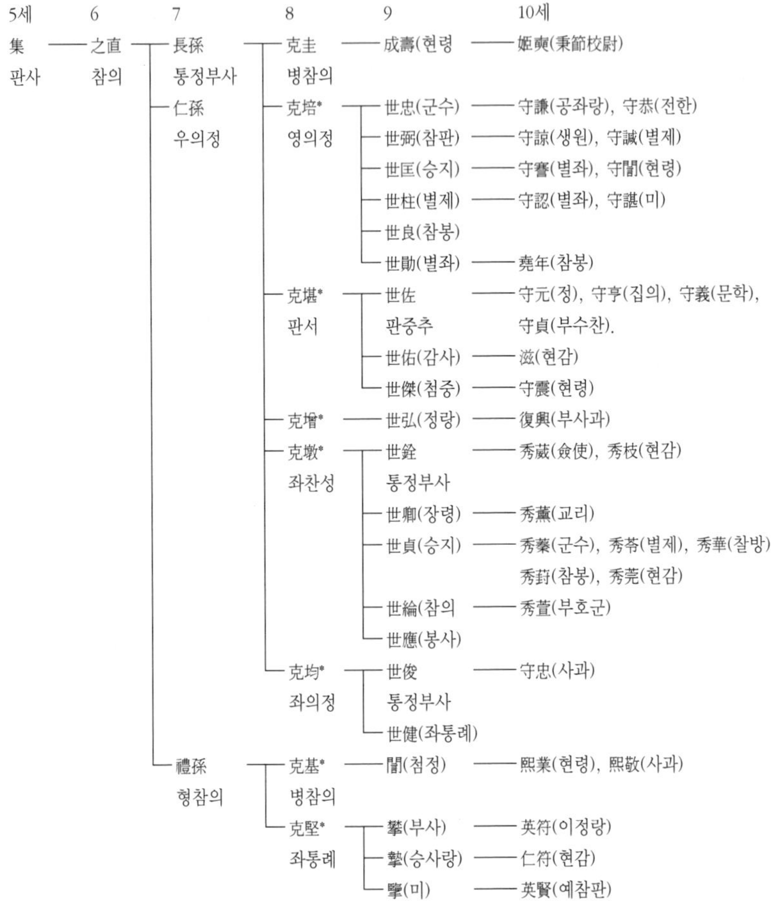

〈도 7-2〉 광주이씨 集-之直系 6~10세 家系9)



등 4남 5녀를 두었는데, 조 등은 모두 사관하지 못하였다.

仁孫은 領議政 克培·判書 克堪·判書 克增·左贊成 克墩·左議政 克均과 李允植 등에게 출가한 3녀를 두었다. 극배는 慶州崔氏 弼善 有宗의 딸과 郡守 世忠·參判 世弼·承旨 世匡 등 9남과 南禎 등에게 출가한 6녀를 두었고, 世忠 등은 모두

<hr>

9) 『광주이씨대동보』, 『만성대동보』, 『청구씨보』, 『만가보』 등에서 종합.

15남과 7녀를 두었는데, 守謙 등 7인은 堂下官 이하를 역임하였지만 守諒
등 8인은 仕官하지 못하였다. 극감은 판중추 世佐·관찰사 世佑·僉知中樞 世傑
과 玄賁 등에게 출가한 6녀를 두었고, 세좌 등은 6남 8녀를 두었는데 모두
당하관 이하를 역임하였다. 극증은 正郎 世弘 등 5남과 許復亨 등에게 출가한
3녀를 두었고, 세홍 등은 復興 등 7남1녀를 두었는데 복흥만이 사관하였다.
극돈은 通政大夫府使 世銓·掌令 世卿·승지 世貞·참의 世綸 등 8남과 宋壽·盧瓚
에게 출가한 2녀를 두었고, 세정 등은 17남 5녀를 두었는데 한성판윤 秀萱·첨
사 秀葳 등 9명이 사관하였다. 극균은 통정대부부사 世俊·左通禮 世健 등
4남과 安邦福 등에게 출가한 4녀를 두었고, 세준 등은 3남 2녀를 두었는데
守忠만이 출사하였다.

　禮孫은 兵曹參議 克基·左通禮 克堅 등 4남과 洪興 등에게 출가한 3녀를
두었고, 극기는 僉正 聞과 邊崙 등에게 출가한 3녀를 두었고, 은은 熙業
등 4남 4녀를 두었는데 희업만이 출사하였다. 극견은 攀(府使) 등 3남을
두었고, 부사 반 등은 5남 3녀를 두었는데 英賢(禮曹參判) 등 3인이 출사하였다.
석산과 석동의 자손 9명은 모두 사관하지 못하였다. 그 가계를 재정리한
것이 〈도 7-2〉이다.


　(2) 集-之剛系


　6세 之剛은 仁同張氏와의 사이에서 通仕郎 孟孫과 朴好問에게 출가한 딸을
두었고, 맹손은 洪原敎授 克齡을 두었고, 극령은 宣敎郎 時亨을 두었고, 시형은
參奉 遵義를 두었다.


　(3) 集-之柔系


　6세 之柔는 咸陽朴氏 漢城右尹 居實의 딸과의 사이에서 禮賓寺正 一元·判決事

中元·吏曹正郎 貞元·生員 季元과 金永命에게 출가한 딸을 두었다.

일원은 克幹·水使 克坤과 金自完 등에게 출가한 4녀를 두었다. 극간은 碩輔 등 2남 3녀를 두었고, 석보는 4남을 두었는데 석보 등은 모두 출사하지 못하였다. 극곤은 예빈정 小知·亮을 두었고, 소지는 僉知中樞 乙止를 두었으며, 량은 萬戶 永老·昌老를 두었다.

중원은 克良·克仁·克恭과 李宗林 등에게 출가한 2녀를 두었고, 극량 등은 아들 넷과 손자 다섯을 두었는데, 극량 등은 모두 출사하지 못하였다.

정원은 縣監 克昌·郡守 用浩를 두었고, 극창은 현감 傳春·만호 永玉 등 4남을 두고 철수 등은 奉事 佳英 등 4남을 두었으며, 용호는 興福을 두고 흥복은 自霖을 두었다. 계원은 克輔와 崔孝宗에게 출가한 딸을 두었고, 극보는 世琛·世琪을 두었으며, 세침은 待敎 忠佐·생원 忠佑를 두었다. 그 가계를 정리하여 제시하면 다음의 가계도와 같다.

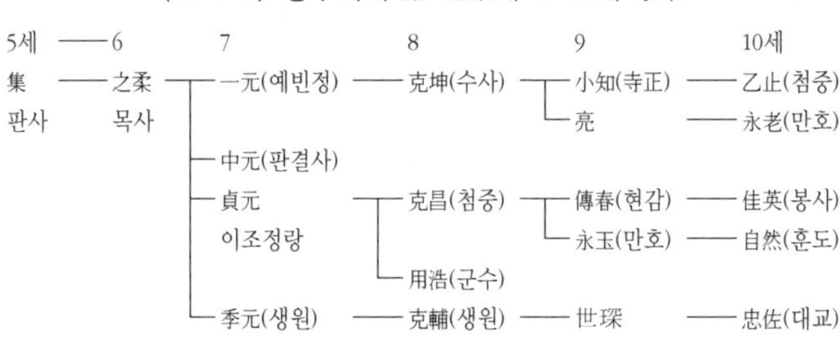

〈도 7-3〉 광주이씨 集-之柔계 6~10세 家系[10]



## 4) 蔚-唐-自齡系

익비의 4대손인 5세 자령은 全州李氏와의 사이에서 掌樂院正 蓮소을 두었고, 연동은 逢老(관직불명)를 두었고, 봉로는 斗信(관직불명)을[11] 두었다.

---

10) 『광주이씨대동보』, 『만성대동보』, 『청구씨보』, 『만가보』 등에서 종합.

11) 앞의 『광주이씨대동보』에는 봉로는 태종 4년에 이조참판을 역임하였고, 두신은 태종 5년 隱逸로 출사하여 한림·옥당을 역임하고 공조판서에 이르렀다가 세조 2년

8세 두신은 현감 庇·참의 遂를 두었고, 비는 부사 叔耕·찰방 叔剛·부사 叔貞·부사 叔明을 두었으며, 수는 安道를 두었다.

그런데 지금까지 살핀 조선 초·중기의 광주이씨 울계의 전개를 보면, 특히 가장 현달한 집파의 경우 7세와 8세는 거의 모든 인물이 출사하였을 뿐만 아니라 그 최고 관직도 대개 당상관이었다. 그러나 9세와 10세는 앞 세대에 비해 출사율이 급격히 하락하고 그 관직도 대개가 당하관 이하였다. 이것은 연산군대에 야기된 무오·갑자사화와 관련되어 李克均·李世傑·李世佐·李世匡, 그리고 극균과 세좌의 아들들이 피화되었기 때문이었다.12)

이상에서 조선초기의 광주이씨 울계는 조선개국 초에 사대부가문으로 정착하였고, 성종대에 문벌가문으로 성장하였으며, 연산군대에 대거 피화되면서 일시 쇠퇴하였다고 하겠다. 광주이씨 울계 6~10세 남계 188명, 여계 106명을 계파·세대별로 정리하면 다음의 표와 같다.

〈표 7-1〉 광주이씨 울계 6~10세 남·여계 자손(남/여/계)13)

|  | 6세 | 7 | 8 | 9 | 10 | 계 |
|---|---|---|---|---|---|---|
| 녹생파 | 1/0 | 1/0 | 1/0 | 3/0 | 5/2 | 11/2/13 |
| 인령파 | 1/0 | 1/0 | 3/0 | 6/1 | 8/0 | 19/1/20 |
| 집파 | 3/1 | 8/7 | 17/21 | 39/32 | 81/42 | 148/103/251 |
| 자령파 | 1/0 | 1/0 | 1/0 | 2/0 | 5/0 | 10/0/10 |
| 합계 | 6/1/7 | 11/7/18 | 22/21/43 | 50/33/83 | 99/44/143 | 188/106/294 |

丙子獄事에 연루되어 長興으로 유배되었다가 중종 6년에 伸寃되어 관작이 복구되면서 忠敏의 시호를 받았다고 기재되어 있다. 또 응종도 위 족보에는 참판을 역임한 것으로 기재되었다. 그런데『朝鮮王朝實錄』과『淸選考』등에 이들과 관련된 기사가 전혀 확인되지 않는다. 이에 따라 봉로, 봉로처부, 두신 모두 출사한 것으로 파악하기는 하나 그 역관은 불명으로 처리하였다. 그런데 두신의 관직에 있어서는 그 아들인 庇가 성종 3년에 음서로 출사하였음에서 아들에게 음서의 혜택을 줄 만한 관직을 역임한 것으로 추측되기도 한다.

12) 앞 주4) 참조.

13) 뒤 〈표 12-11〉에서 종합.

# 2. 蔚系의 官歷과 人事行政

蔚系의 전개를 볼 때 울계의 出仕와 官歷에는 부, 조의 관력 등 가계적인 요소가 작용하였을 것이라고 추측된다. 본장에서는 울계 사관자의 출사로, 역관경향, 출사로·관력이 가계나 당시의 인사행정과 어떻게 연관되었는가를 6~10세로 구분하여 살펴본다.

## 1) 出仕路

조선 초·중기에 생존하고 활약한 광주이씨 울계는 대개 울의 5~9대손(6~10세) 188명인데, 이 중 다음의 표에서와 같이 52% 97명이 사관한 것으로 확인되거나 추측되었다.[14)

지직 등 97명의 출사로를 보면 之柔 등 20명은 문과, 之直 등 17명은 음서(之直 등 13명은 다시 문과)로 출사하였다.[15)] 克齡 등 39명은 다음의 표와 같이 집계는 사관자 79명 중 부·조나 부 또는 조가 托蔭資格을 구비한 인물이 84% 66명이었음에서(7세 3명, 8세 8명, 9세 23명, 10세 32명)[16)]

---

14) 지직 등 50명은 『조선왕조실록』·『한국문집총간』·『국조문과방목』 등에서 사관하였음이 확인되었고(구체적인 인물과 출전은 뒤 〈표 7-12〉 참조), 극령 등 47명은 『만성대동보』·『만가보』·『청구씨보』·『광주이씨대동보』 등에 사관자로 등재되었다. 이 중 후자에 있어서는 족보 편찬과정에서 오기나 변조로 인해 사관자로 등재된 경우도 있겠지만(자령계), 조선전기 인물에 대한 관력기재는 取信할 수 있다고 생각되어 모두 사관자로 추측하여 파악하였다. 이러한 추측은 방법론상 부득이하고 또 다소의 오차는 있겠지만, 전체적인 경향을 파악하는 데는 큰 무리가 없다고 생각된다.

15) 『조선왕조실록』, 『국조문과방목』, 『눌재집』 이점신도비명 등에서 종합. 그 인물을 출사로별로 보면 다음과 같다(( )는 세대수).
　　문과(20명) : 지유(6세), 인손·예손·중원·정원(7), 극규·극배·극감·극륜·극기(8), 점·세경(9), 수공·수형·수의·수정·자·영부·영형·충좌(10).
　　음서(4명) : 일원(7), 극견(8), 반·수원(10).
　　음서·문과 : 지직·지강(6), 장손(7), 극증·극돈(8), 세필·세광·세좌·세우·세(13) 걸·세홍·세전·세정(9).

"

음서로, 世綸 등 4명은 『광주이씨대동보』 등의 기록을 볼 때 무과로, 寬義·斗信은 천거로 각각 출사하였다고 추측된다.[17] 그 외에 摯 등 15명은 그 출사로가 불명하였다.

<표 7-2> 광주이씨 울계 6~10세 사관자 부조 최고관직[18]

| | 녹생계 | | | | | | 인령계 | | | | | | 집(원령)계 | | | | | |
|---|---|---|---|---|---|---|---|---|---|---|---|---|---|---|---|---|---|---|
| | 6세 | 7 | 8 | 9 | 10 | 계 | 6세 | 7 | 8 | 9 | 10 | 계 | 6세 | 7 | 8 | 9 | 10 | 계 |
| 부·조1~2품 | | | | | | 0 | | | | | | 0 | 0 | 0 | 0 | 17 | 6 | 23 |
| 부나조1~2 | 0 | 0 | 0 | 1 | 0 | 1 | | | | | | 0 | 0 | 0 | 5 | 0 | 19 | 24 |
| 부나조정3당상 | | | | | | 0 | | | | | | 0 | 0 | 3 | 3 | 6 | 7 | 19 |
| 부나조3~6 | | 1 | 1 | 2 | 3 | 7 | 1 | 0 | 0 | 0 | 0 | 1 | 3 | 3 | 4 | 0 | 3 | 13 |
| 합계 | 0 | 1 | 1 | 3 | 3 | 8 | 1 | 0 | 0 | 0 | 0 | 1 | 3 | 6 | 12 | 23 | 35 | 79 |

| | 자령계 | | | | | | 합계 | | | | | | 비고 | | |
|---|---|---|---|---|---|---|---|---|---|---|---|---|---|---|---|
| | 6세 | 7 | 8 | 9 | 10 | 계 | 6세 | 7 | 8 | 9 | 10 | 계 | | | |
| 부·조1~2품 | | | | | | 0 | 0 | 0 | 0 | 17 | 6 | 23 | | | |
| 부나조1~2* | 0 | 0 | 1? | 2? | 4? | 7? | 0 | 0 | 6? | 2? | 24? | 32? | * 관력불명(앞 주273) 참조) | | |
| 부나조정3당상 | | | | | | 0 | 0 | 3 | 3 | 6 | 7 | 19 | | | |
| 부나조3~6 | 1 | 1 | 0 | 0 | 0 | 2 | 5 | 5 | 5 | 2 | 6 | 23 | | | |
| 합계 | 1 | 1 | 1 | 2 | 4 | 9 | 5 | 8 | 14 | 27 | 43 | 97 | | | |

이렇게 볼 때 조선 초·중기 광주이씨 울계의 사관자 97명의 출사로는 다음의 표에서와 같이 세대별로는 6세 4명은 문과가 1명(17%)이고, 음서후 문과급제자가 2명(33%)이며, 불명이 1명(20%)이었다. 7세 8명은 문과가 3명(38%)이고 음서가 4명(50%)이며, 불명이 1명(13%)이었다. 8세 14명은

---

16) 조선전기에 자손에게 음서의 혜택을 줄 수 있었던 신분 즉, 탁음자격의 변천, 제수관직은 앞 2장 주17) 참조.

17) 『조선왕조실록』, 『눌재집』, 『국조문과방목』, 『만성대동보』, 『광주이씨대동보』 등에서 종합. 그 인물을 출사로별로 적기하면 다음과 같다(( )는 세대).
　　음서추정 : 봉로(7세), 극령·극곤·극창·용호(8), 성수·세충·세주·세량·세훈·세응(39명)·세건·은·소지·전춘·영옥(9), 종기·종각·수겸·수함·수건·수은·수인·요년·수진·복흥·수위·수지·수훈·수진·수령·수화·소봉·수완·수충·희업·희경·을지·영로(10).
　　무과추정 : 세륜·세준(9), 수훤·인부(10).
　　천거추정 : 관의·두신(8).

18) 뒤 <7-12>에서 종합.

<표 7-3> 광주이씨 울계 6~10세 출사로와 출사율[19]

| | 6세 | | | | 7 | | | | | 8 | | | | | 9 | | | | |
|---|---|---|---|---|---|---|---|---|---|---|---|---|---|---|---|---|---|---|---|
| | 문 | 음,문 | 기타 | 계 | 문 | 음 | 문,음 | 기 | 계 | 문 | 음 | 음,문 | 기 | 계 | 문 | 음 | 음,문 | 기 | 계 |
| 녹생파 | | | | | | | | 1 | 1 | | | | 1 | 1 | 1 | | | 2 | 3 |
| 인령파 | | 1 | | 1 | | | | | | | | | | | | | | | |
| 집파 | 2 | 1 | | 3 | 3 | 1 | 2 | | 6 | 5 | 5 | 2 | | 12 | 1 | 12 | 8 | 2 | 23 |
| 자령파 | | 1 | | 1 | | 1 | | | 1 | | | | 1 | 1 | | | | 2 | 2 |
| 계 | 2 | 1 | 2 | 5 | 3 | 2 | 2 | 1 | 8 | 5 | 5 | 2 | 2 | 14 | 2 | 12 | 8 | 6 | 28 |

| | 10 | | | | | 합계 | | | | | 미출사 | 총계/출사율(%) |
|---|---|---|---|---|---|---|---|---|---|---|---|---|
| | 문 | 음 | 음,문 | 기 | 계 | 문 | 음 | 음,문 | 기 | 계 | | |
| 녹생파 | | 2 | | 1 | 3 | 1 | 2 | | 5 | 8 | 3 | 11/73 |
| 인령파 | | | | | | | | | 1 | 1 | 18 | 19/ 5 |
| 집파 | 9 | 22 | | 4 | 35 | 20 | 40 | 13 | 6 | 79 | 69 | 148/53 |
| 자령파 | | | | 4 | 4 | | | 1 | 8 | 9 | 1 | 10/90 |
| 계 | 9 | 24 | | 9 | 42 | 21 | 43 | 13 | 20 | 97 | 91 | 188/52 |

문과가 5명(36%)이고 음서가 7명(50%)이며, 불명이 2명(14%)이었다. 9세 28명은 문과가 2명(7%)이고 음서가 20명(71%)이며, 불명이 6명(21%)이었다. 10세 42명은 문과가 9명(21%)이고 음서가 24명(57%)이며, 기타·불명이 9명(21%)이었다.

파별로는 녹생파 8명은 문과가 1명(13%)이고 음서가 2명(25%)이며, 기타·불명이 5명(63%)이었다. 집파 79명은 문과가 20명(25%)이고 음서가 53명(67%)이며, 기타·불명이 6명(8%)였다. 자령파 9명은 음서가 1명(11%)이고 기타·불명이 8명(89%)였다. 전체 97명은 문과가 21명(22%)이고 음서가 56명(58%)이며, 불명·기타가 20명(21%)이었다. 즉, 울계는 파별과 세대별을 통틀어 그 전체인원이 적은 세대와 불명이 절대다수를 점한 녹생·인령·자령파를 제외할 때 집계 7세와 8세 및 10세는 문과자가 각각 38%와 33% 및 21%를 점하기도 하지만, 집파 7·8·10세를 포함한 모든 계파·세대는 음서자가 50~71%의 다수를 점하였다. 또 울계의 출사자를 보면 녹생파는 17명 8명

---

19) 뒤 <표 7-12>에서 종합.

(47%), 집파는 157명 중 79명(51%), 자령파는 10명 중 9명(90%)이 각각 출사하여 출사율이 47%~90%나 되었다.

한편 울계 정1~정3품 당상관 진출자 27명의 출사로를 보면 정1품관직 진출자 3명은 모두 문과였고, 종1품 3명은 모두 음서후문과자였고, 정2품 3명은 문과 2명과 음·문 1명이었고, 종2품 3명은 문과 1명과 음·문 2명이었으며, 정3품 당상관 15명은 문과 4명, 음·문 5명, 무과 2명, 음서 3명, 불명 1명이었다. 즉 당상관 진출자는 27명 중 22명 81%가 문과급제자나 음서후에 문과에 급제한 인물이었고, 그 외자는 5명 19%에 불과하였다.[20] 이에서 전체적으로는 집파 7·8·10세는 물론 인령·자령파를 제외한 녹생파·집파 모두 음서를 통하여 출사하는 경향이 현저하였지만, 당상관 진출자는 문과를 통하여 출사하거나 음서로 출사한 후에 문과에 급제하는 경향이 현저하였다고 하겠다.

또 누대에 걸쳐 음서로 관직을 획득한 인물(수)을 보면 문과자(음서후 문과자 제외)가 21명의 다수인 점과 관련되어 5대에 걸친 인물은 없었고, 4대에 걸친 인물은 을지·영로의 2인에 불과하였고, 3대와 2대에 걸친 경우도 복흥 등 9명과 장손 등 17명에 불과하였다.[21]

따라서 울계의 출사율은 그 인원과 관련되어 集派가 祿生派와는 같고 自齡派 보다는 낮았지만, 그 진출관직을 볼 때는 집파가 압도하였고(뒤 〈표 7-12〉 참조), 집파 중에서도 지직파가 지강·지유파를 압도하면서 중심이 되었다.[22] 또 음서자가 문과자를 압도하기는 하나, 청주한씨, 파평윤씨,

---

20) 뒤 〈표 7-12〉에서 종합.
21) 3대와 2대에 걸쳐 음서로 관직이 획득된 인물은 다음과 같다(앞 〈도 7-2~5〉 및 뒤 〈표 7-12〉에서 종합).
   3대(9명) : 복흥, 수위, 수지, 수진, 수령, 수화, 수봉, 소지.
   2대(17) : 장손, 수겸, 수함, 수건, 수은, 수인, 요년, 수진, 세전, 세정, 세응, 희업, 희경, 반, 극곤, 전춘, 영옥
22) 집파의 최고 역관과 출사율을 다시 지직, 지강, 지유계로 구분하여 보면 다음의 표와 같다(뒤 〈표 7-7·12〉에서 종합).

한산이씨 등 여타의 명문거족에 비해 문과급제자가 많이 배출되고, 특히 당상관 진출자는 문과(문과, 음서후문과)출신이 압도하였다.[23] 이점에서 울계의 출사로에서 음서가 점하는 비중이 높기는 하나, 조선 초·중기 광주이씨의 융성이 청주한씨, 파평윤씨 등과는[24] 달리 다수의 문과출신 배출과 그들의 현달에서 기인되었음을 잘 보여준다고 하겠다.


### 2) 官歷


울계 사관자 97명의 관력을 보면 遭 등 61명은 최종 관직이나 한, 두 개의 관력만 제시되거나 확인됨에 그쳤다. 그러나 之直·之剛(6세), 長孫·仁孫·禮孫(7), 克圭·克培·克基·克勘·克增·克敦·克均·克堅(8), 世弼·擎·世匡·世倫·世佑·世傑·世銓·世貞·世綸·坫(9), 英賢·守恭·英符(10) 등 26명은 비교적 상세한 역관을 확인할 수 있었다. 여기에서는 이와 관련하여 출사자 97명의 최고

| | 최고 관직(관계) | | | | | | | 미사관자 | 총계(/출사율) |
|---|---|---|---|---|---|---|---|---|---|
| | 1품 | 2 | 3상 | 3하 | 참상 | 참하 | 계 | | |
| 지직계 | 5 | 5 | 10 | 4 | 34 | 4 | 61 | 35 | 96/63% |
| 지강계 | | 1 | | | 1 | 1 | 3 | 2 | 5/60 |
| 지유계 | | | 4 | 3 | 5 | 3 | 15 | 32 | 47/32 |
| 계 | 5 | 6 | 14 | 7 | 39 | 8 | 79 | 69 | 148/53 |

23) 조선 초·중기 광주이씨와 청주한씨(영정계)·파평윤씨·한산이씨(색계) 출사자와 당상관 진출자의 초입사로를 보면 다음의 다음의 표와 같다(한충희, 1995, 「조선초기 청주한씨 영정계 가계연구」, 『계명사학』 6 ; 1997, 「조선전기 한산이씨 색계 가계연구」, 『계명사학』 8에서 종합).

| | 출사자 | | | | | 당상관 진출자 | | | | | 누대 관직획득자 | | | | |
|---|---|---|---|---|---|---|---|---|---|---|---|---|---|---|---|
| | 문과 | 음서 | 음,문 | 기타 | 계 | 문 | 음 | 음,문 | 기 | 계 | 6대 | 5대 | 4대 | 3대 | 계 |
| 광주이 | 21 | 43 | 13 | 20 | 97 | 10 | 3 | 11 | 3 | 27 | 0 | 0 | 2 | 9 | 11 |
| 청주한 | 8 | 78 | 0 | 7 | 93 | 3 | 21 | 0 | 1 | 25 | 21 | 20 | 21 | 12 | 74 |
| 한산이 | 15 | 76 | 9 | 13 | 113 | 12 | 16 | 4 | 0 | 32 | 7 | 14 | 16 | 14 | 51 |

24) 졸고, 1995, 「조선초기 음서의 실제와 역할-추요직 역임자와 거족출신 사관자의 역관분석을 중심으로-」, 『한국사연구』 91 참조.

관직(관계)과 之直 등 22명의 初仕職·陞資·陞職·遞職 등을 살펴본다.

먼저 출사자 97명의 최고관직(관계)을 보면 다음의 표와 같이 대별로는 6세 5명은 정2품과 정3품 당상관이 각1명이었고, 당하관이 1명이며, 참상관이 1명이었다. 7세 8명은 정1품이 1명이고, 정3품 당상관이 2명이고, 당하관이 1명이고, 참상관이 3명이었으며, 불명이 1명이었다. 8세 14명은 2품관 이상이 5명이고(정1-2, 종1-2, 정2-1), 정3품 당상관이 4명이고, 당하관이 1명이고,

<표 7-4> 광주이씨 蔚系 6~10세 사관자 최고관직(관계)25)

| | | 정1 | 종1 | 정2 | 종2 | 정3상 | 정3하 | 참상 | 참하 | 불명 | 합계 |
|---|---|---|---|---|---|---|---|---|---|---|---|
| 녹생파 | 7세 | | | | | | | 1 | | | 1 |
| | 8 | | | | | | | 1 | | | 1 |
| | 9 | | | 1 | | | 2 | | | | 3 |
| | 10 | | | | | | 1 | 2 | | | 3 |
| | 계 | | | 1 | | | 3 | 4 | | | 8 |
| 인령파 | 6세 | | | | | | | 1 | | | 1 |
| 집파 | 6세 | | | 1 | | 1 | 1 | | | | 3 |
| | 7 | 1 | | | | 2 | 1 | 2 | | | 6 |
| | 8 | 2 | 2 | 1 | 0 | 4 | 1 | 2 | 0 | | 12 |
| | 9 | 0 | 1 | 0 | 2 | 6 | 3 | 9 | 2 | | 24 |
| | 10 | 0 | 0 | 0 | 1 | 1 | 1 | 26 | 6 | | 35 |
| | 계 | 3 | 3 | 2 | 3 | 14 | 7 | 39 | 8 | | 79 |
| 자령파 | 6세 | | | | | | 1 | | | | 1 |
| | 7 | | | | | | | | | 1 | 1 |
| | 8 | | | | | | | | | 1 | 1 |
| | 9 | | | | | 1 | | 1 | | | 2 |
| | 10 | | | | | | | 4 | | | 4 |
| | 계 | 0 | 0 | 0 | 0 | 1 | 1 | 5 | 0 | 2 | 9 |
| 합계 | 6세 | | | 1 | | 1 | 2 | 1 | | | 5 |
| | 7 | 1 | | | | 2 | 1 | 3 | | 1 | 8 |
| | 8 | 2 | 2 | 1 | 0 | 4 | 1 | 3 | | 1 | 14 |
| | 9 | | 1 | 1 | 2 | 7 | 4 | 11 | 2 | 0 | 28 |
| | 10 | | | 0 | 1 | 1 | 2 | 32 | 6 | 0 | 42 |
| | 계 | 3 | 3 | 3 | 3 | 15 | 10 | 50 | 8 | 2 | 97 |

25) 졸저, 앞『조선초기 관인이력』,『국조문과방목』,『국조인물고』,『만성대동보』,『만가보』,『청구씨보』,『광주이씨대동보』 등에서 종합(구체적인 관직(관계)은 앞 〈도 7-2~5〉, 뒤 〈표 7-12〉 참조).

참상관이 2명이었으며, 불명이 1명이었다. 9세 28명은 종1품이 1명이고, 2품관이 3명이고(정2-1, 종2-1), 정3품 당상관이 7명이었으며, 당하관 이하가 17명(당하-4, 참상-11, 참하-2)이었다. 10세 42명은 종2품·정3품 당상관이 각1명이었고, 당하관 이하가 40명(당하-2, 참상-32, 참하-6)이었다.

파별로는 녹생파 8명은 정2품이 1명이었고, 당하관이 3명이었으며, 참상관이 4명이었다. 인령파 1명은 참상관이었다. 집파 79명은 2품관 이상이 11명이었고(정1-3, 종1-3, 정2-2, 종2-3), 정3품 당상관이 14명이었으며, 당하관 이하가 54명(당하-7, 참상-39, 참하-8)이었다. 자령파 9명은 정3품 당상관이 1명이었고, 당하관 이하가 8명(당하-1, 참상-5, 불명-2)이었다.

이를 볼 때 세대별 사관자는 그 대상인원과 관련하여 세대가 거듭될수록 증가하였다. 그러나 그 진출관직과 출사율을 볼 때 7~8세가 율파가 배출한 판서 이상 9명 중 6명을 점하는 등 가장 현달하였고, 9~10세는 앞 세대에 비해 크게 침체되었다. 이것은 7~8세는 이인손과 극배 등이 세종~연산군대에 대거 판서 이상에 진출하였고, 9~10세는 이것은 연산군 4년과 10년의 양차에 걸친 사화에 크게 현달하였던 8세와 참상관 이상에 진출하였던 9세가 대거 피화되었기 때문이었다.[26] 파별로는 집파가 전체 출사자의 81%(79/97명)와 정3품 당상관 이상의 93%(25/27명)를 각각 점하는 등 출사자와 고위 관직자의 절대 다수를 점하였다. 이에서 출사자수와 진출관직(관계) 모두에서 집계가 중심이 되었다고 하겠다.

다음으로 그 역관을 상세하게 파악할 수 있는 李之直 등 22명의 출사로, 초직, 승자·승직·체직, 최고 역관 등을 인물별로 살펴본다.


① 李之直(?~1419)

1380년(우왕 6) 典廐署丞으로서 문과에 급제하였다. 1402년(태종 2) 內書

---

26) 앞 주4) 참조.

(史)舍人을[27] 역임하였고, 태종 4년 집의에 승진하였으며, 태종 9년 이전에 형조우참의를[28] 역임하고 졸하였다.[29]

② 李之剛(1363~1427)

1382년(우왕 8) 奉先庫判官으로서 문과에 급제하였다. 1405년(태종 5) 장령이 되고, 태종 7년 前掌令으로서 문과중시에 급제하고 예문관직제학에 超資陞職하였다. 이어 판선공감사, 수원부사를 역임하고 태종 11년 당상관에 오르면서 예조우참의에 제수되었으며, 다시 이조좌참의를[30] 역임하고 태종 14년 종2품에 승자하면서 藝文館提學에 제수되었다. 태종 15년 경상도관찰사로 파견되었고, 이어 한성부윤, 호·형·이조참판을 역임하고 1420년(세종 2) 정2품에 승자하면서 호조판서에 발탁되었다. 이후 예·호판, 참찬겸대사헌, 참찬, 都摠制를[31] 역임하고 병으로 사직하였다가 졸하였다.[32]

③ 李仁孫(1395~1463)

1417년(태종 17) 생원으로서 문과에 급제하고 예문관검열에 제수되면서 출사하였다. 이후 1447년(세종 29)까지 감찰, 형·예조좌랑, 집의, 知兵曹事, 판군기감사를 두루 역임하였고, 세종 30년 당상관에 승진하면서 예조참의에 제수되었다. 이어 수경상도관찰사, 예·형조참의를 역임하고 1452년(문종

---

27) 내서(사)사인은 고려말~1401년(태종 1) 간쟁·봉박을 관장하던 門下府郎舍의 정4품직이다. 태종 1년 문하부낭사가 사간원으로 독립되면서 左·右諫議大夫(종3)가 정3품당상(通政大夫)로 승질 및 直門下(종3) 등이 知司諫院事(종3) 등으로 개칭될 때 左·右散騎常侍(정3)·起居注(정5)와 함께 혁거되었다(졸저, 앞『조선초기의 정치제도와 정치』, 248~249쪽. 이하 관직연혁의 전거는 번다함을 피하여 생략한다).

28) 6조 좌·우참의는 1405년(태종 5) 태종의 6조중심 국정운영 도모에 따라 장관인 전서(정3품당상)를 혁거하고 판서(정2)를 설치하면서 육조를 정3품아문에서 정2품아문으로 격상시킬 때 정3품 당상 각1직의 차관직으로 설치되었고, 이후 참의 1직(태종 16), 좌·우참의 각1직(세종 14), 참의 1직(세종 16년 이후)으로 조정되면서 운영되었다.

29)『고려예부시등과록』우왕 6년조,『태종실록』1·2·4·9년조에서 종합.

30) 좌, 우참의의 연혁은 앞 주28) 참조.

31) 도총제는 정종 1~세종 14년에 중앙군을 총령한 3군도총제부에 편제된 중, 좌, 우군의 정2품 차관직(장관은 종1품 판도총제부사)이다(관직연혁은 앞 3장 주35) 참조).

32)『고려예부시등과록』우왕 8년조,『태종실록』·『세종실록』에서 종합.

2) 종2품에 승자하면서 대사헌이 되었다. 1453년(단종 1) 한성부윤에 체직되었고, 이어 경창부윤, 형조참판을 거쳐 단종 2년 정2품에 승자하면서 호조판서에 발탁되었다. 1455년(세조 1) 종1품에 오르면서 判中樞院事兼判戶曹事가[33] 되었고, 판중추, 호판, 지중추, 우찬성을 거쳐 세조 9년 정1품에 오르면서 우의정에 제수되었다가 곧 퇴직한 후 졸하였다.[34]

④ 李禮孫(?~1459)

1434년(세종 16) 생원으로서 문과에 급제하고 출사하였고, 이후 문종대까지 정언, 목사를 역임하였다. 1454년(단종 2) 당상관에 오르면서 우사간대부에 제수되었고, 1457년(세조 3)에는 첨지중추겸황해도관찰사로 파견되고 원종2등공신에 책록되었다. 세조 4년 형조참의로 입조하였고, 곧 첨지중추부사로 체직되었다가 管押使가 되어 入明 도중 鳳山에서 졸하였다.[35]

⑤ 李克培(1422~1495)

1447년(세종 29) 생원으로서 문과에 급제하고 승문원부정자에 제수되면서 출사하였다. 이후 정언, 兼兵曹佐郎을 역임하였고, 1455년(세조 1) 병조정랑에 재직 중 佐翼3등공신에 책록되면서 판통례문사에 승직하였다. 세조 3년 당상관에 오르면서 예조참의에 제수되었고, 곧 공조참의겸경상도관찰사로 파견되었다. 세조 5년 종2품에 승자하면서 廣陵君兼慶尙道觀察使가 되었고, 이어 이·예조참판, 한성·경창부윤을 역임하고 세조 6년 정2품에 승자하면서 行仁順府尹이 되었으며,[36] 세조 8년 이조판서에 발탁되었다. 이후 형·예·병조

---

33) 판호조사는 판육조(이, 호, 예, 병, 형, 공조)사의 하나로 의정이 중심이 된 정1~정2품 관직자가 겸하면서 각조-이 경우는 호조의 장관인 판서의 상위에서 판서 이하를 지휘하면서 호조사를 총령한 임시 관직이다. 1392년(태조 1) 개국과 함께 설치되어 조선후기까지 치, 폐가 반목되면서 운영되었다(조선초기의 치, 폐는 졸저, 앞, 『조선초기의 육조와 통치체계』, 58~59쪽 〈표 6〉 참조).
34) 『국조문과방목』, 『태종실록』·『세종실록』·『문종실록』·『단종실록』·『세조실록』에서 종합.
35) 『국조문과방목』, 『세종실록』·『문종실록』·『단종실록』·『세조실록』에서 종합.
36) 경창부는 1418년(세종 즉) 왕비를 지대하는 관아로 설치되어 1460년(세조 6) 사선서에

판서, 평안도절도사, 겸사복장, 평안도관찰사, 우참찬을 역임하고, 1471년(성
종 2) 좌참찬 재직 중에 佐理2등공신에 책록되고 종1품에 승자하였다. 이후
병판, 판중추를 거쳐 성종 10년 정1품에 오르면서 영중추부사에 제수되었고,
1485년(성종 16) 우의정에 발탁되었으며, 광릉부원군을 거쳐 성종 24년
영의정이 되었다. 1495년(연산 1) 부원군에 체직되었다가 졸하였다.[37]

⑥ 李克堪(1423~1465)

1444년(세종 26) 유학으로서 문과에 급제하고 집현전정자에 제수되면서
출사하였다. 세종 29년 집현전저작 재직 중에 문과중시에 급제하고 집현전부
수찬에 승직하였다. 이어 강서원우찬선, 서연우사경, 검상, 지평을 역임하고
1455년(세조 1) 집현전교리 재직 중 佐翼3등공신에 책록되면서 사인에 승직하
였으며, 이어 대호군, 판군기감사를 역임하였다. 세조 4년 당상관에 오르면서
이조참의에 제수되고 곧 동부승지에 체직되었으며, 이후 3년간 좌부·우·좌·
도승지를 차례로 역임하고 세조 6년 종2품에 오르면서 이조참판에 발탁되었
다. 호조참판, 廣城君을 거쳐 세조 8년 정2품에 승진하면서 형조판서에 발탁되
었으며, 세조 9년 부상으로 퇴직하였다가 졸하였다.

⑦ 李克基(1426~1489)

1453년(단종 1) 생원으로서 문과에 급제하고 권지승문원정자에 제수되면
서 출사하였다. 1455년(세조 1) 원종2등공신에 책록되었고, 이후 1470년(성
종 1)까지 장령, 종부시소윤, 검상, 사섬시부정을 두루 역임하였다. 성종
2년 당상관에 오르면서 수강원도관찰사로 파견되었고, 동년 대사성으로
입조하였으며, 예문관부제학을 거쳐 성종 5년 우부승지에 제수되었다. 이어
좌부·우·좌승지를 거쳐 성종 8년 종2품에 승진하면서 강원도관찰사로 파견

---

병합되면서 혁거되었고, 인순부는 1421년(세종 3) 대비인 원경왕후를 지대하던 仁寧府
가 동궁을 지대하는 관아가 되면서 설치되어 1468년(세조 12) 혁거되었는데 부윤은
종2품관이 제수되는 장관직이다.

37) 『국조문과방목』, 『조선왕조실록』 세종~연산군조에서 종합. 이하 이세필까지의 전거
도 같다.

되었다. 성종 9년 대사헌으로 입조하였고, 익년에 이조참판에 발탁되었다. 이후 한성우윤, 동지중추, 한성좌윤, 공조참판, 동지성균관사, 경상도관찰사를 역임하고 성종 16년 동지중추부사에 체직되었다가 졸하였다.

⑧ 李克增(1431~1494)

1456년(세조 2) 宗廟署錄事로서[38] 문과에 급제하고 군기감직장에 승직하였다. 이후 세자우정자, 이조좌랑, 이조정랑, 성균직강, 검상, 사인, 부호군을 두루 역임하고 1467년(세조 13) 당상관에 승진하면서 동부승지에 발탁되었으며, 이어 우부·우승지를 역임하였다. 1468년(예종 즉) 좌승지 재직 중 翼戴2등공신에 책록되면서 가선대부(종2)행좌승지광천군에 올랐고, 동년 다시 도승지에 올랐다. 1470년(성종 1) 정2품에 승진하면서 이조판서에 발탁되었고, 성종 2년 다시 佐理3등공신에 책록되었다. 이후 호판, 廣川君兼全羅道觀察使, 우·좌참찬, 병·형조판서 등을 두루 역임하고 성종 15년 종1품에 오르면서 행병조판서가 되었으며, 이어 한성판윤을 거쳐 광천군으로서 졸하였다.

⑨ 李克墩(1435~1503)

1457년(세조 3) 署丞으로서 문과에 급제하고 전농주부에 승진하였다. 이어 통례문판관, 성균직강, 예문관응교, 세지시강원필선, 집의를 두루 역임하였으며, 세조 14년 문과중시에 급제하고 당상관에 승진하면서 예조참의에 제수되었다. 1469년(예종 1) 종2품에 승진하면서 한성우윤이 되었고, 이어 대사헌을 거쳐 1470년(성종 1) 형조참판에 체직되었으며, 성종 2년 佐理3등공신에 책록되었다. 성종 3년 강원도관찰사로 파견되었고, 廣原君을 거쳐 성종 5년 예조참판이 되었으며, 이어 병조참판, 광원군, 예조참판, 영안도관찰사를

---

38) 錄事는 1392년(태조 1) 조선개국으로부터 1466년(세조 12)『경국대전』편찬에 수반된 대대적인 관제정비 때까지 중앙의 제사·감·사·창·고·서 등에 각 관아의 지위와 관련되어 차등적으로 설치(정8-정3아문, 정9·종9-정3~종6, 종9-종6~종9)되어 운영되다가 봉사(종8), 참봉(종9)으로 개칭되면서 소멸되었다. 종묘서녹사는 종9품직이다.

역임하였다. 성종 14년 정2품에 승진하면서 한성판윤이 되고, 평안도관찰사를 거쳐 성종 21년 병조판서에 발탁되었으며, 이어 좌참찬, 호조판서를 역임하였다. 1492년(성종 23) 종1품에 승진하면서 경상도관찰사로 파견되었고, 광원군을 거쳐 성종 24년 이조판서가 되었다. 1495년(연산 1) 우찬성이 되었고, 익년 좌찬성에 올랐다가 연산군 4년 무오사화로 인해 파직되면서 광원군이 되었다가 졸하였다.

⑩ 李克均(1437~1504)

1456년(세조 2) 유학으로서 문과에 급제하고 출사하였다. 이어 성균관주부, 선전관을 역임하였고, 세조 13년 만포절제사로서 건주위정벌에 참여하여 공을 세우고 군공3등에 책록되면서 당상관에 승진하였다. 1469년(예종 1)경종2품에 승진하면서 獅子衛將이 되었고, 동년에 경상우도병마절도사로 파견되었다. 1472년(성종 3) 동지중추부사를 거쳐 형조참판에 발탁되었고, 이후 성종 12년까지 전라도관찰사, 형조참판, 영안도관찰사, 동지중추, 영안북도절도사, 호조참판, 평안도절도사를 두루 역임하였다. 1482년(성종 13) 평안도절도사 재직 중에 정2품에 승진하였고, 이어 한성판윤, 지중추, 대사헌을 거쳐 성종 16년 병조판서에 발탁되었다. 성종 17년 형조판서로 옮겼고, 이어 영안북도절도사, 지중추, 좌참찬, 이조판서를 역임하였으며, 성종 24년 종1품에 승진하면서 경상도관찰사로 파견되었다. 성종 25년 지중추로 입조하였고, 평안도관찰사, 판중추, 좌찬성을 역임하였다. 1500년(연산 6) 정1품에 오르면서 우의정에 발탁되었고, 연산 9년 좌의정에 승진하였다가 갑자사화에 연루되어 사사되었다.

⑪ 李克圭(?~?)

1472년(성종 3) 생원으로서 문과에 급제하고 출사하였다. 1494년(성종 25) 절충장군에 승자되었고, 1495년(연산군 1) 통정대부호조참의에 제수되었으며, 익년 병조참의를 거쳐 대사간이 되었다가 연산군 생모 윤씨의 立廟立主에 반대하고 파직되었다가 졸하였다.

⑫ 李世弼(?~1488)

1472년(성종 3) 통례문인의로서 문과에 급제하였다. 이후 성종 11년까지 장령, 군기감정, 내자부정, 사간을 두루 역임하였다. 1481년(성종 12) 당상관에 오르면서 동부승지에 발탁되었고, 이어 좌부승지, 대사간, 병조참지, 형조참의를 두루 역임하였다. 성종 17년 종2품에 승진하면서 한성좌윤이 되었고, 성종 18년 호조참판에 발탁되었으며, 이어 대사헌, 동지중추를 역임하고 졸하였다.

⑬ 李世㻶(?~1504)

1475년(성종 6) 사정으로서 문과에 급제하고 정언에 승진하였다. 이후 성종 19년까지 지평, 장령, 보덕, 예문관직제학을 두루 역임하였다. 1489년(성종 20) 당상관에 승진하면서 홍문관부제학에 제수되었고, 동년 12월 동부승지에 발탁되기도 하나 곧 첨지중추에 체직되었다. 1504년(연산 10) 갑자사화가 일어나자 이세좌에 연루되어 사사되었다.[39]

⑭ 李世佐(1445~1504)

1477년(성종 8) 첨정으로서 문과에 급제하고 당상관에 승진하면서 대사간에 제수되었다. 이어 수충청도관찰사, 홍문관부제학을 역임하고 성종 11년 동부승지에 발탁되었으며, 우부·좌부우·좌승지를 역임하였다. 성종 14년 종2품에 승진하면서 도승지에 올랐고, 동년 11월 예조참판에 승직하였으며, 이후 대사헌, 형조참판, 동지중추, 예조참판, 경상도관찰사, 光陽君, 황해도관찰사를 두루 역임하였다. 1493년(성종 24) 정2품에 승진하면서 경기도관찰사로 파견되었고, 광양군, 한성판윤을 거쳐 1495년(연산 1) 호조판서에 발탁되었다. 이후 이·예판을 거쳐 연산군 4년 종1품에 승진하면서 판중추가 되었고, 연산군 10년 갑자사화 때 성종 때 승지로서 폐비윤씨에게 내린 사약을 받들고 간 일로 賜死되었다.[40]

---

39) 『국조문과방목』, 『성종실록』·『연산군일기』, 『연려실기술』 연산조 고사본말 갑자화적조에서 종합.

⑮ 李世佑(1449~1490)

1475년(성종 6) 부사정으로서 문과에 급제하였다. 형조정랑을 역임하고
1484년(성종 15) 4품 재직중 특지에 의해 당상관에 초자되면서 동부승지에
발탁되었다. 이후 우·좌부승지, 판결사, 공조참의, 우·도승지, 호·이조참의,
수경기도관찰사를 역임하고 졸하였다.[41]

⑯ 李坫(1446~1522)

1478년(성종 9) 效力副尉로서 문과에 급제하고 출사하였다. 1490년(성종
21) 사유로 선임되었고, 1498년(연산군 4) 사간이 되었다. 연산군 5년
집의를 거쳐 연산군 7년 당상관에 승진하면서 홍문관부제학에 제수되었으
며, 곧 동부승지에 발탁되었다. 이어 우부·좌부·좌·도승지를 차례로 역임
하고 연산군 9년 종2품에 승진하면서 형조참판에 발탁되었고, 곧 경상도관
찰사로 파견되었다. 연산군 10년 한성부윤 재직 중 갑자사화에 연루되어
유배를 당하였다. 1506년(중종 1) 사면되면서 대사성으로 복직되었고,
한성부좌윤과 우윤을 거쳐 중종 3년 정2품에 승진하면서 한성판윤에 승직하
였다. 이후 겸동지성균관사, 한성판윤, 경기관찰사, 지중추부사를 역임하고
졸하였다.[42]

⑰ 李攀(1460~1534)

소과를 거쳐 부음으로 北部參奉에 제수되면서 출사하였다. 이후 풍저창과
광흥창 봉사, 장흥고직장, 한성부참군, 종부시주부, 감찰, 공·형조좌랑, 만경
현령, 한성판관, 옥천과 순창의 군수, 사옹원첨정, 장단부사를 역임하고
졸하였다.[43]

---

40) 『국조문과방목』, 『성종실록』·『연산군일기』, 『연려실기술』 연산조 고사본말 갑자화
    적조에서 종합.

41) 『국조문과방목』, 『성종실록』, 『눌재집』 이세우묘갈에서 종합.

42) 『국조문과방목』, 『성종실록』·『연산군일기』·『중종실록』, 『눌재집』 이점신도비명에
    서 종합.

43) 『湖陰雜稿』(『한국문집총간』 권25) 이반묘지명.

⑱ 李世銓(?~?)

1483년(성종 14) 司猛으로서 문과에 급제하고 감찰에 승진하였다. 이후 형조좌랑, 지평, 장령, 홍문관응교를 역임하였으며, 당상관에 승진되고 부사를 역임한 후 졸하였다.[44]

⑲ 李世貞(1461~1528)

1489년(성종 20) 부음으로 출사하였고, 1501년(연산 7) 경력으로서 문과에 급제하였다. 연산군 9년 당상관에 승진하면서 병조참지가 되었고, 연산군 10년 갑자사화에 연루되어 파직되었다. 1506년(중종 1) 복직되고 중종 5년 형조참의에 제수되었으며, 이후 병·예·호·이조참의, 수전라도관찰사, 좌승지를 두루 역임하고 졸하였다.[45]

⑳ 李守恭(1464~1504)

1488년(성종 19) 진사로서 문과에 급제하고 정언에 제수되면서 출사하였다. 이후 장령, 홍문관의 응교와 전한, 수사성, 문학, 첨정을 두루 역임하였으며, 연산군 10년 갑자사화 때 숙부 극균에 연루되어 참수되었다.[46]

㉑ 李英符(1499~1523)

1516년(중종 11) 진사로서 문과에 급제하고 출사하였다. 이후 형조좌랑, 형조정랑, 지평, 장령, 문학 등을 두루 역임하고 졸하였다.[47]

㉒ 李英賢(1507~1572)

1527년(중종 32) 진사로서 문과에 급제하고 홍문관정자에 제수되면서 출사하였다. 이어 1553년(명종 8)까지 홍문관의 박사·부수찬·수찬, 정언, 지평, 홍문교리, 사복정, 장령, 홍문응교, 사간, 사복부정, 집의, 종부정, 홍문관의 전한과 직제학을 두루 역임하였다. 명종 9년 특지에 따라 당상관에

---

44) 『국조문과방목』, 『성종실록』에서 종합.
45) 『국조문과방목』, 『성종실록』·『연산군일기』·『중종실록』에서 종합.
46) 『국조문과방목』, 『성종실록』·『연산군일기』, 『연려실기술』 연산조 고사본말 갑자화적조에서 종합.
47) 『국조문과방목』, 『중종실록』에서 종합.

승진하면서 동부승지에 발탁되었고, 이어 첨지중추와 이조참의를 역임하고 명종 16년 종2품에 승진하면서 한성우윤에 제수되었다. 이후 충청도관찰사, 첨지중추, 형조참판, 한성좌윤을 역임하고 졸하였다.[48]

위 인물들의 관력을 볼 때 그 출사에는 부·조 등의 관력이 크게 영향을 끼쳤겠지만, 출사 이후의 관력과 정3품 당상관 이상에로의 진출에는 표면적으로는 가계적인 영향을 찾기 어렵다.

그러나 이들 중 정3품 당상관 이상에 진출한 지강 등 19명의 가계를 보면 5세를 기준으로 할 경우 지강·점을 제외한 17명이 부·조나 부 또는 조가 1~2품관(극배 등 12명)과 정3품 당상관(인손·예손·극규·극기·영현)을 역임하였고, 극돈·극기·세광·세좌·세정은 처부나 외조부가 2품관을 역임하거나(전4인) 왕실지친(후1인)이었다. 지강 등 19명은 대개 주로 의정부·육조·사헌부·사간원·홍문관 등의 淸要職을[49] 역임하고 당상관에 승진하였으며, 정3품 당상관 이상에 진출하였을 때의 연령이나 출사한 때로부터 경과한 기간이 동기의 대다수 관인에 비해 젊고 빨랐다.[50]

또 지강 등 19명이 당상관에 재직하였던 시기는 대개 지직 등 3명이 태종~단종대였고, 예손 등 11명이 세조~성종대였고, 극규 등 2명이 연산군대였으며, 세정 등 2명이 중종대 이후였다. 세조~성종대의 이극배는 佐翼3등공신, 이극증은 佐翼3등·翊戴2등·佐理3등공신, 이극돈은 죄리4등공신, 이인손·이극기·예손은 世祖原從3등공신에 각각 책록되었는데,[51] 공신은 본인이 파

---

48) 『국조문과방목』, 『중종실록』·『인종실록』·『명종실록』에서 종합.

49) 청직은 언론을 행사한 관직이고 요직은 국정운영의 핵심이 된 관직이다. 전자는 사헌부·사간원·홍문관의 종2품 이하 각급 관직이고, 후자는 의정부·이조·병조·승정 원의 정1품 이하 각급 관직이다(졸고, 2003, 「조선시대 '청직', '요직', '청요직'의 용례에 대하여」, 『대구사학』 73, 163~184쪽).

50) 뒤 〈표 7-6〉 참조.

51) 『세조실록』 1·3년조, 『예종실록』즉위년조, 『성종실록』 2년조에서 종합.

격적으로 超資·陞職함은 물론 그 자·손에게 代加와 承蔭의 혜택을 주었다.[52]

한편 지강 등 22명의 출사로를 보면 攀을 제외한 21명 모두가 문과를 거쳐 출사하거나(인손 등 11명) 음서로 출사한 후 다시 문과에 급제하였듯이 (지직 등 10명)[53] 그 모두는 학문도 탁월하였다.

따라서 조선 초·중기 울계는 인손과 그 자·손 및 장인 등의 후광, 개인의 학문적인 자질 등을 통하여 세종~성종대에 육조·대간 등의 淸要職을 역임하고 대거 정3품 당상관 이상에 진출하면서 현달하였다고 하겠다.


### 3) 官歷과 家系·人事行政


### (1) 官歷과 家系


울계의 출사로를 볼 때 울계의 관력에는 가계적인 요소가 큰 영향을 끼쳤을 것으로 추측된다. 울계의 가계가 관력에 끼친 영향을 구체적으로 보여주는 예는 성종 25년에 守恭(조 극배)과 守元(조 극감)이 종조부 극돈이 吏曹判書에 재직할 때 刑曹正郞으로서 임기가 만료되지 않았지만 世子侍講院 文學에 체직되었다가 1개월 만에 종4품 僉正에, 參奉에서 奉事에 승진한 것 외에는 찾아지지 않는다.[54]

그러나 다음의 설명과 같이 承旨·參議職 이상에 진출한 인손 등 〈표 7-5〉에 제시된 17명의 가계, 당하관 역관, 정3품 당상관 이상에 진출한 소요기간·연령

---

52) 한충희, 1985, 「朝鮮 世祖~成宗代의 加資濫發에 대하여」, 『(계명대)韓國學論集』 12, 174~176쪽 참조. 극배는 좌리공신에 책록되면서 정5품 정랑에서 정3품 당하관인 좌통례에 초자·승직되었고, 극감은 세조 1년 정5품 집현전교리에서 정4품의 의정부사인에 초자·승직되었으며, 극증은 예종 즉위년 통정대부에서 종2품 가선대부에 가자되었다(『세조실록』 1년 9월 ;『예종실록』 즉위년 10월조에서 종합).

53) 앞 338~346쪽 참조.

54) 『성종실록』 권288, 성종 25년 3월 기유.

〈표 7-5〉 광주이씨 울계 6~10세 당상관 추요직 재직기간[55]

| | 의정부 | | | 육조 | | | 승정원 | | 기타 |
|---|---|---|---|---|---|---|---|---|---|
| | 의장 | 찬성 | 참찬등 | 판서 | 참판 | 참의 | 도승지 | 제승지 | |
| 지강 | | | 세종6 | 세2~6 | 태종17~세종2 | 태종11 | | | 한성윤(태16~17), 도총제(세종7) |
| 인손 | 세조5 | 세5 | | 단종2~세조1, 2~3.5 | 문종2, 단종1 | 세종30~31 | | | 대사헌(문2~단1), 판중겸판호조(세1~2), 판중(3~5) |
| 예손 | | | | | | 세조4 | | | 관찰사(세2~3) |
| 극배 | 성종16~18, 24~연산1 | | 예종1, 성종1~5 | 세조8~9, 13, 성종1, 5~8 | 세5~6 | 세조3 | | | 평안병, 감사(세13~예1), 영중(성10~15), 부원군(15, 16~20) |
| 극감 | | | | 세조8~9 | 세6~8 | 세4 | 세6 | 세4~6 | |
| 극기 | | | | | 성종10, 13~15 | | | 성5~8 | 대사헌(성9~10), 동중(16~20) |
| 극증 | | | 성9, 13~14 | 성1~8, 9~12, 12~13, 14, 19 | | | 세14~성1 | 세13~14 | 한성판윤(성19), 군(19~25) |
| 극돈 | | 연산1~4 | 성22 | 성21~22, 22~23, 24~연1, 8~9 | 성1~2, 5~9, 10 | 세조14 | | | 영안관(성10~11), 판윤(18~19), 군(연4~8) |
| 극균 | 연산6~10 | 연4~6 | 성21, 22~24 | 성16~18, 22 | 성3~5, 8~12 | | | | 지중(성19~21), 평안관(연1~3), 판중(연3~4) |
| 극규 | | | | | 연1~2 | | | | 대사간(연2) |
| 세필 | | | | 성18 | 성14~17 | | | 성12 | 대사간(성13~14), 대사헌(18) |
| 세광 | | | | | | | | 성20 | 홍문부제학(6) |
| 세좌 | | | | 연1~4, 5~10 | 성14~16, 17, 20 | | 성14 | 성11~14 | 대사헌(성16), 판윤(연1), 판중(4) |
| 세우 | | | | | 성17, 18~19 | 성18 | 성15~16, 17 | 경기관(성19) |
| 점 | | | | | 연산9 | | 연8~9 | 연7~8 | 판윤(중3~5.7), 지중(8?~17) |
| 세정 | | | | | 중종6 | | | | 한성윤(명종6, 선조4) |
| 영현 | | | | 선조4 | 명종14~16 | 명16 | 명9 | | 충청관(명5~6) |
| 계 | 3명 | 2 | 6 | 8 | 10 | 10 | 5 | 8 | 16(명종대 이후 제외) |

등을 볼 때 울계의 가계와 그 역관은 밀접히 관련된 것으로 추측된다.

가) 인손 등 17명의 가계를 보면 울계 5세 集을 기점으로 할 경우 인손·예손은 부와 숙부가 참의와 판서를 역임하였고, 극규·극기는 부·조가 정3품 당상관을 역임하였으며, 극배·극감·극증·극돈·극균은 부와 조가 의정과

---

55) 앞 338~346쪽, 졸저, 2020, 『조선초기 관인이력』 광주이씨조에서 종합.

참의를 역임하였다. 세필·세광은 부·조가 의정을 역임하였고, 세좌·세우는 부와 조가 판서와 의정을 역임하였으며, 세정은 부와 조가 찬성과 의정을 역임하였다. 이처럼 인손 등 17명 중 지강·영현·점을 제외한 14명이 부·조나 부 또는 조가 정3품 당상~정1품관을 역임하였다.

나) 인손 등 17명은 극배·극감·극돈이 모두 집현전부수찬·검상·지평·병조 정랑 등을 역임하고 당상관에 승진한 것과 같이 주로 육조·사헌부·사간원·집 현전(홍문관) 등의 淸要職을 역임하고 당상관에 승진하였다(앞 338~356쪽). 또 지강을 제외한 인손 등 16명이 참의·승지 이상의 당상관에 재직한 시기에는 이들의 부나 형제 등의 다수가 다음의 표에서와 같이 의정부, 육조, 승정원 등의 각급 당상관직에 재직하면서 당시의 정치에 큰 영향력을 발휘하였다. 즉, 지강은 태종 11년~세종 6년에 걸쳐 참의·참판·판서·참찬을 두루 역임하 였고, 인손은 세종 30년~세조 5년에 걸쳐 참의·참판·판서·찬성·의정을 두루 역임하였으며, 예손은 세조초에 참의를 역임하였다. 극배·극돈·극균 은 세조~연산군대에 걸쳐 의정부·육조의 정1품 이하 당상관직을 두루 역임하였다. 극감·극증·극기·세필·세좌·세우·점은 세조~연산군대에 걸 쳐 승정원·육조의 정2품 이하 각급 당상직을 역임하였다. 극규는 연산군초 에 참의를 역임하였고, 세정과 영현은 중종초에 참의와 승지·참의·참판을 각각 역임하였다.

이 중에서도 특히 극배는 38년간(1457~1495), 극균은 37년간(1467~1504), 극돈은 30년간(1468~1398), 극증과 세좌는 27년간(1467~1494, 1477~1504), 세광은 15년간(1489~1504), 극감은 10년간(1458~1468)에 걸쳐 각각 정3품 이상의 각급 당상관직을 역임하는 등 세조 13년~연산군 10년의 시기에 항상 3명(연산 6~10)~7명(성종 20~21)이 당상관직에 재직하는 성황을 보였 다.56)

---

56) 이들 중 세조~연산군대에 활약한 인손 등 11명의 각급 당상관직 재직기간을 제시하면 다음의 표와 같다(_은 정3,-은 2품, =은 1품).

| 성명 | 생년 | 출사연령 | 당상관 승진 연령 (출사후/연령) | | | | | 성명 | 생년 | 출사연령 | 당상관 승진 연령 (출사후/연령) | | | | |
|---|---|---|---|---|---|---|---|---|---|---|---|---|---|---|---|
| | | | 정3 | 종2 | 정2 | 종1 | 정1 | | | | 정3 | 종2 | 정2 | 종1 | 정1 |
| 지강 | 1363 | 불명 | 49 | 52 | 58 | | | 극균 | 1437 | 20세 | 31 | 33 | 47 | 57 | 64 |
| 인손 | 1395 | 불 | 54 | 55 | 61 | 62 | 65 | 세좌 | 1445 | 불 | 33/ | 29/ | 49/ | 54/ | |
| 예손 | 불명 | 1417 | 37 | | | | | 점 | 1446 | 32 | 55 | 58 | 63 | | |
| 극규 | 불 | 1472 | 22/ | | | | | 세우 | 1449 | 불 | 36/ | 40 | | | |
| 극배 | 1422 | 26세 | 36 | 38 | 39 | 50 | 58 | 세정 | 1461 | 29 | 43 | | | | |
| 극감 | 1423 | 22 | 36 | 38 | 40 | | | 세걸 | 1463 | 27 | 41 | | | | |
| 극기 | 1426 | 28 | 46 | 52 | | | | 영현 | 1507 | 불 | 48/ | 55/ | | | |
| 극증 | 1431 | 불 | 37 | 38 | 40 | | | 평균 | | | /41 | /43.9 | /53.9 | /56.8 | |
| 극돈 | 1435 | 불명 | 34 | 35 | 53 | 58 | | 5공신* | | | /38.1 | /41.3 | /45.4 | /51 | |

　　다) 지강 등 17명이 당상관 이상에 진출하였을 때의 연령이나 출사한
때로부터 정3품 당상관직 이상에 오르는데 소요된 연령(기간)을 보면 〈표
7-6〉에서와 같이 당상관에 승진연령은 극배·극감·극증·극돈·극균·세좌·세
우는 30대였고, 지강·극기·세정·세걸·영현과 극규는 40대와 40대로 추측되
었으며, 인손·점과 예손은 50대와 50대로 추측되었다.[58] 종2품에 승진한
연령은 극배·극감·극증·극돈·극균·세좌·세우는 40세 미만이었고, 지강·인

| | 세조 | | 예종1 | 성종 | | 연산군 | |
|---|---|---|---|---|---|---|---|
| | 1~9 | 10~14 | | 1~15 | 16~25 | 1~5 | 6~12 |
| 仁孫 | 1〈=====〉9 | | | | | | |
| 克培 | 3〈→5, 6〈- | ----- | --- | →2〈=〉10〈= | ====== | =〉1 | |
| 克堪 | 4〈→6〈→8〈→9 | | | | | | |
| 克基 | | | | 2〈_〉8〈→10 | | | |
| 克增 | | 13〈→14 | 〈- | →1〈→15〈= | ====〉25 | | |
| 克墩 | | 14〈- | 〉1 | 〈→14〈--- | →23〈== | ==〉4 | |
| 克均 | | 13〈__ | 〉1 | 〈→13〈--- | →24〈== | =〉6〈= | =〉10 |
| 世弼 | | | | 12〈_____ | 〉17〈→19 | | |
| 世佐 | | | | 8〈__〉14〈-- | →24〈--- | →4〈= | =〉9 |
| 世佑 | | | | 15〈_ | _〉21 | | |
| 世匡 | | | | | 20〈____ | | _〉9 |

57) 앞 338~346쪽, 졸고, 「조선 세조~성종대의 가자남발에 대하여」, 『한국학논집』에서
　　종합.
58) 예손과 극규는 생년이 불명한 관계로 정확한 연령은 알 수 없지만, 출사한 때로부터
　　37년과 22년만에 당상관에 승진하였음에서 각각 50대와 40대로 추측하였다.

손·극기·점·영현은 50대였다. 정2품에 승진한 연령은 극배·극감·극증은 40세에 미만이었고, 지강·극돈은 50대였으며, 인손·점은 60대였다. 이와 관련되어 극배·극돈·극균·세좌는 50대에 종1품에까지 승진하였으며, 인손도 정2품에 승진한 뒤 1년 만에 종1품에 오르고 다시 그 3년 뒤에 우의정이 되면서 致仕(퇴직)하였다. 그 외에도 생년과 출사 년이 불명한 관계로 위의 표에서는 언급되지 않은 세필과 세광에 있어서도 각각 通禮門引儀와 司正으로서 문과에 급제한 뒤 9년과 14년 만에 모두 승지가 되었음에서 50세 이전에 당상관이 되었을 것으로 추측된다.

그리고 이들의 각급 당상관에 승진한 평균연령을 보면 정3품이 41년, 종2품이 43.9년, 정2품이 53.9년, 종1품이 56.8년이었는데, 이 평균기간은 단종~세조대에 세조의 총애와 각종 특권을 받으면서 국정운영을 주도한 정난~좌리공신의 5공신과59) 비교할 때 정2품관과 종1품관은 다소 차이가 있었지만(53.9〈45.4, 56.8〈51), 정3품 당상관과 종2품관은 큰 차이가 없었다 (41〈38.1, 43.9〈41.3).

위의 인물 중에서도 그 승진이 현저하게 빨랐던 극배·극감·극증·극돈·극균·세좌·세우의 경우에 앞 5명은 부가 우의정 인손이고 뒤 2명은 부가 판서 극감(백·숙부가 극배·극증 등)이었으며, 그 모두가 문과에 급제하였을 뿐만 아니라 세조·성종의 신임과 총애를 받았다.60) 이에서 극배 등은 조·부 등의 가계적인 후광, 탁월한 학문 등 개인적인 자질을 토대로 한 국왕의 신임을 통하여 조기에 당상관에 승진하고, 성종대에 대거 2품관 이상에까지 진출하면서 국정에 큰 영향력을 발휘하였다고 하겠다.

---

59) 5공신의 국정에 끼친 영향력은 졸저, 앞 책(『조선초기 관인 연구』, 235~271쪽 참조.
60) 『성종실록』 권56, 성종 6년 6월 을미 ; 권203, 18년 5월 임자 ; 권224, 20년 1월 기사 이극기졸기 ; 권288, 성종 25년 3월 갑인 이극증졸기 ;『연산군일기』 권6, 연산군 1년 6월 계축 이극배졸기 ; 권48, 9년 2월 갑자 이극돈졸기 등 참조.

## (2) 官歷과 人事行政

조선초기의 인사규정을 보면 음서자는 부·조 등 탁음자의 역관과 관련하여
20세 이상이 되면 取才를 거쳐 정7~종9품의 각급 實職이나 同正職 등을
제수받았다. 또 당하관 이하 관인이 加資, 遞職, 陞職되기 위하여는 근무일수를
채우고 좋은 考課를 받거나, 수령을 역임(4품 승진) 및 의정부·육조에 재직하
여야만 하였다.[61] 그런데 울계 6~10세 사관자 97명의 부조의 최고관직을
보면 부·조나 부나 조가 정1~정3품관인자가 76명이고[62] 당하관도 탁음자격
을 갖춘 자가 상당하였음에서[63] 적어도 80여 명 이상이 탁음자격을 갖추었다
고 하겠다.

이러한 인사규정과 관련되면서 영위된 인사행정의 실제를 보면 문종대까
지는 인사규정이 비교적 준행되면서 관계와 관직을 相應시켜 제수하는 準職
(相當職)제수가 중심이 되었고, 행·수직제수는 많지 않았다. 또 이 시기
정3품 당상관~정2품에 올랐을 때의 연령을 보면 가장 빨리 승진하였다고
추측된 의정의 경우도 50대에야 정2품에 올랐다.[64] 그러나 단종대 이후에는
加資가 남발되었고, 이와 관련되어 관인의 高階化가 일반화되면서 堂上官
窠는 90여에 불과하나 당상관계를 가진 자는 400여명을 상회하였다. 그리하
여 당상관 100여 명이 8~9품의 군직에 행직제수 되는가 하면, 제수·승직인사
가 크게 적체되었다.[65] 또 이 시기 정난·좌익·적개·익대·좌리공신이 정3품

---


61) 『경국대전』 권1, 이전 경관직조(구체적인 내용은 한충희, 앞 논문 238쪽 주82) 참조).
62) 76명은 7세와 8세는 3명과 9명에 불과하나 9세는 25명, 10세는 30명이었다(앞 〈표
   7-2〉).
63) 조선왕조실록에서 확인된 탁음자격자는 다음과 같다(( )는 관력, 졸저, 앞 『조선초기
   관인이력』에서 발췌).
   守恭(홍문관전한), 粹彦(사인·집의), 守哲(훈련관사), 守亨(사인), 長孫(헌납·병정랑·
   사인), 貞元(이좌랑), 之柔(성주목사).
64) 한충희, 앞 논문 187, 189 〈표 3-ㄷ〉 참조.
65) 한충희, 앞 논문 191~193쪽.

당상, 종2품, 정2품, 종1품에 승진하였을 때의 평균년령은 각각 38세, 41세, 45세, 51세였다.[66]

그런데 조선 초·중기 울계 사관자의 역관을 보면 극돈·세우 등은 음서규정에 구애되지 않고 20세 미만에 제수되었다고 추측된다.[67] 세우와 점·세전·영부 등은 근무기간에 구애되지 않고 가자·승직되었다.[68] 극배·극감·극증·극돈·극기·세필·세좌·세우·세광·영현 등 십수명은 그 역관을 볼 때 인사규정에 구애되지 않고 가자·승직된 것으로 추측된다.[69] 세우는 성종 10년 형조정랑, 성종 16년과 18년에 좌부승지와 도승지 재직 중에 직사로 인해 파직되고 告身을 몰수당했지만 곧 고신을 돌려받고 서용되었으며, 세필은 성종 12년 동부승지 재직중에 직사로 인해 파직되었으나 곧 대사간에 서용된[70] 등과 같이 공·사죄로 인해 파면·유배된 후 조기에 사면되거나 복직되었다.

앞에서 검토하였음과 같이 대개 세조대 이후에 출사한 울계 8~10세 사관자 80여 명 중 50여 명이 음서를 통해 출사하거나 출사하였다고 추측된다. 또 극배·극감 등 정3품 당상관 이상에 진출한 인물들의 역관을 보면 당상관으로서 8~9품의 군직에 행직제수 된 자는 없었고, 오히려 극기는 정3품 당상관으로서 종2품직인 강원도관찰사 즉, 守職에 제수되었다.[71] 또 세전은 성종 23년과 24년에 종4품으로서 정4품직인 장령에 수직제수 되었다.[72] 출사자는

---

66) 한충희, 앞 논문 191쪽 주158) 참조.

67) 극돈은 23세에 종6품 서령, 세우는 26세에 종6품 부사정으로서 각각 문과에 급제하였는데, 이들의 형인 극증은 26세에 녹사로서 문과에 급제한 것에 미루어 추측하였다.

68) 『눌재집』 이세우묘갈·이점신도비, 『성종실록』 권212, 성종 19년 윤1월 무진, 『중종실록』 권37, 중종 14년 10월 갑신.

69) 『세조실록』, 『성종실록』, 『연산군일기』, 『중종실록』 등에서 종합.

70) 『성종실록』 권127, 성종 12년 3월 기해 ; 권148,성종 13년 11월 경술 ; 권182, 성종 16년 8월 무진 ; 권187, 성종 17년 1월 갑술 ; 권204, 성종 18년 6월 경진 ; 권210, 성종 18년 12월 무자(이상 세우), 같은 책 권128, 성종 12년 4월 갑인 ; 권142, 성종 13년 6월 무술(세필).

71) 『성종실록』 권9, 성종 2년 2월 갑진.

72) 『성종실록』 권264, 성종 23년 4월 계묘 ; 권281, 성종 24년 8월 갑술.

대개 6조와 삼사 등 주요 관아의 관직을 역임하였고, 관계와 관직이 상응되는 관직(準職, 相當職)에 제수되었다. 각급 당상관직 역임자 17명 중 극배 등 10여 명이 30~40세에 정3~정2품직을 역임하는[73] 등 젊은 나이에 당상관에 승자·승직하는 자가 많았다.

이처럼 울계 7~10세 사관자는 세조~연산군 10년에 인손 이래로 현달한 부, 조·부 등의 가계를 토대로 초사직, 가자·초자, 제수·승직·체직, 당상관직 (계) 이상에로의 승진 등에서 우월한 지위와 혜택을 누렸다.

따라서 조선 초·중기 울계는 인손과 그 자·손의 현달을 계기로 당대의 대표적인 명문가문의 하나로 인식되었고, 인손과 그 자손의 현달과 개인적인 자질을 통해 꾸준히 출사하고 당상관 진출자가 이어지면서 명문으로서의 지위를 계승시켜 나갔다고 하겠다.

## 3. 蔚系의 通婚圈과 家系意識

앞의 〈도 7-2~3〉에서와 같이 蔚의 증손으로부터 7대손까지는 남계 188명, 여계 106명의 총 294명이 확인되었다. 이들의 통혼권을 보면 지직 등 216명의 배우자는 본관이 명확하거나, 부와 조 또는 부나 조 등의 역관이 명확하였 다.[74] 그런데 울-당-인령계의 경우는 남계 19명과 여계 1명의 20명이 확인되었 지만, 그 배우자가 확인된 경우는 세녀 1녀(房彦全, 미사, 성관불명)에 불과하 고 그 외의 遭 등 19명 모두는 성관은 물론 성명도 불명하였다. 여기에서는 이와 관련하여 녹생, 집, 자령파에 한정하여 그 통혼가문을 살피고, 그 본관과

---

73) 앞 〈표 7-5〉 참조.

74) 울계 배우자 300명을 본관·성명확인자, 본관확인자, 성명확인자, 본관·성명불명자로 구분하여 보면 다음의 표와 같다(『만성대동보』·『청구씨보』·『만가보』 광주이씨조 및 『광주이씨대동보』 등에서 종합). 이 중 전3자의 구체적인 내용은 뒤 〈표 7-5·6〉 참조.

역관의 분석을 통하여 울계의 통혼권과 가계의식이 어떻게 연관되었는가를 살펴본다.

1) 通婚家門

조선 초·중기 울계의 통혼가문을 검토하기 위해 먼저 배우자의 본관·성명, 妻父·夫와 처조부·시부 및 시조부의 성명과 최고 역관을 정리하면 다음의 표와 같다.

〈표 7-7〉 광주이씨 울계 6~10세 배우자 가계와 관직[75]

| 성명 | 부(/남편) | 배우자 가계 | | | | 비고 |
|---|---|---|---|---|---|---|
| | | 본관 | 부 및 관력 | 조 및 관력 | 기타 | |
| 密 | 祿生 | 하동 | 윤씨 | | | 녹생파6세 |
| 知 | 밀 | 창녕 | 성씨 | | | 7 |
| 寬義 | 의주통판 지 | 진주 | 수사 姜純 | 安命 | 증 淮伯 | 8 |
| 玷 | 찰방 관의 | 전주 | 군수 柳孟沂 | | | 9 |
| 堆 | | 개성 | 고씨 | | | |
| 址 | | 파주 | 염씨 | | | |
| 宗箕 | 판한성 점 | 문화 | 사과 柳公孫 | | | 10 |
| 宗參 | | 안동 | 金尙哲 | | | |
| 여 | /감찰 姜世矩 | 진주 | 집의 居孝 | 지군사 愼 | | |
| 宗角 | | 진주 | 유씨 | | | |

| | | 6세 | 7 | 8 | 9 | 10 | 계 |
|---|---|---|---|---|---|---|---|
| 본관·성명 확인자 | 녹생파 | | | 1 | 1 | 5 | 7 |
| | 집파 | 3 | 6 | 13 | 30 | 44 | 96 |
| | 자령파 | | | 1 | | 1 | 2 |
| | 계 | 3 | 6 | 15 | 31 | 50 | 105 |
| 본관 확인자 | 녹생파 | 1 | 1 | | 2 | 1 | 5 |
| | 집파 | 1 | 2 | 3 | 4 | 9 | 19 |
| | 자령파 | 1 | 1 | 0 | 1 | 1 | 4 |
| | 계 | 3 | 4 | 3 | 7 | 11 | 28 |
| 성명 확인자 | 녹생파 | | | | | 1 | 1 |
| | 인령파 | | | | 1 | | 1 |
| | 집파 | | 2 | 18 | 21 | 35 | 76 |
| | 계 | | 2 | 18 | 22 | 36 | 78 |

| | | 6세 | 7 | 8 | 9 | 10 | 계 |
|---|---|---|---|---|---|---|---|
| 본관·성명 불명자 | 녹생파 | | | | | | 0 |
| | 인령파 | 1 | 1 | 3 | 6 | 8 | 19 |
| | 집파 | | 9 | 1 | 22 | 28 | 60 |
| | 자령파 | | | | | 1 | 3 | 4 |
| | 계 | 1 | 10 | 5 | 30 | 43 | 89 |
| 합계 | 녹생파 | 1 | 1 | 1 | 3 | 7 | 13 |
| | 인령파 | 1 | 1 | 3 | 7 | 8 | 20 |
| | 집파 | 4 | 19 | 35 | 77 | 116 | 251 |
| | 자령파 | 1 | 1 | 1 | 2 | 5 | 10 |
| | 합계 | 7 | 22 | 40 | 89 | 136 | 294 (남188, 여106) |

| 宗奎 |  |  | 해주 | 참의 吳純 |  |  |  |
|---|---|---|---|---|---|---|---|
| 宗璧 |  |  | 인천 | 사복정 文允明 |  |  |  |
| 여 | /생원 金百鈞 | 불 |  |  |  |  |  |
| 遭 | 생원 仁齡 | 불 |  |  |  |  | 인령파6세 |
| 東仁 | 강원경력 조 | 불 |  |  |  |  | 7 |
| 世年 | 동인 | 불 |  |  |  |  | 8 |
| 克年 |  | 불 |  |  |  |  |  |
| 延年 |  | 불 |  |  |  |  |  |
| 穀 | 세년 | 불 |  |  |  |  | 9 |
| 稷 |  | 불 |  |  |  |  |  |
| 穗 |  | 불 |  |  |  |  |  |
| 稙 |  | 불 |  |  |  |  |  |
| 여 | /房彦銓 | 불 |  |  |  |  |  |
| 叔亨 | 극년 | 불 |  |  |  |  |  |
| 鐵乾 | 연년 | 불 |  |  |  |  |  |
| 成忠 | 곡 | 불 |  |  |  |  | 10 |
| 成俊 | 직 | 불 |  |  |  |  |  |
| 成豪 | 수 | 불 |  |  |  |  |  |
| 成胤 | 직 | 불 |  |  |  |  |  |
| 成侃 |  | 불 |  |  |  |  |  |
| 成闉 |  | 불 |  |  |  |  |  |
| 漢宗 | 숙형 | 불 |  |  |  |  |  |
| 觀 | 철건 | 불 |  |  |  |  |  |
| 之直 | 寺事 集 |  | 경주 | 지주사 李元普 | 상서 邁 |  | 집파6세 |
| 之剛 |  |  | 인동 | 장씨 |  |  |  |
| 之柔 |  |  | 함양 | 한성윤 朴居實 | 좌대언 瓊 |  |  |
| 여 | /부원군 劉敞 | 거창 |  |  |  |  |  |
| 長孫 | 형조참의 지직 |  | 안동 | 김씨 |  |  | 7 |
| 仁孫 |  |  | 교하 | 별장 盧信 | 판사 瑜 | 증 濟 |  |
| 禮孫 |  |  | 밀양 | 현감 朴曙 |  |  |  |
| 1녀 | 부정 金虛 | 불 |  |  |  |  |  |
| 2녀 | 사정 禹孝安 | 단양 | 군수 良壽 | 좌정승 仁烈 |  |  |  |
| 3녀 | 절도사 柳深 | 진주 | 총제 溶 | 판서 之濕 |  |  |  |
| 4녀 | 주부 鄭晤 | 불 |  |  |  |  |  |
| 孟孫 | 형판 지강 | 김해 | 김씨 |  |  |  |  |
| 1녀 | 지중 朴好問 | 밀양 | 참판 新生 | 판사 忱 |  |  |  |
| 2녀 | 현감 金永命 | 의성 |  |  |  |  |  |
| 一元 | 목사 지유 | 불 |  |  |  |  |  |
| 中元 |  | 불 |  |  |  |  |  |
| 貞元 |  | 불 |  |  |  |  |  |
| 季元 |  | 불 |  |  |  |  |  |
| 여 | /金永命 | 불 |  |  |  |  |  |

| | | | | | |
|---|---|---|---|---|---|
| 克圭 | 사인 장손 | 해주 | 吳孝敏 | | 8 |
| 1녀 | 李益智 | 불 | | | |
| 2녀 | 군수 鄭之安 | 불 | | | |
| 3녀 | 현감 金以石 | 불 | | | |
| 4녀 | 信川君 康袞 | 신천 | 판서 生敬 | 판서 得和 | |
| 5녀 | 사직 徐貞祥 | 불 | | | |
| 6녀 | 상호군 柳條 | 불 | | | |
| 7녀 | 직장 吳尙俊 | 불 | | | |
| 8녀 | 직강 高普慶 | 개성 | 壽仁 | | |
| 克培 | 우의정 인손 | 경주 | 필선 崔有宗 | 정랑 灝 | |
| 克堪 | | 전주 | 倉守 崔德露 | | |
| 克增 | | 청풍 | 부사 金理 | 감사 義之 | |
| 克墩 | | 안동 | 참판 權至 | 감사 循 | |
| 克均 | | 성주 | 군수 李鐵根 | 직장 次弓 | 증 崇文 |
| 1녀 | /寺丞 李允植 | 전의 | 소윤 成幹 | | |
| 2녀 | 판서 金師禹 | 상주 | 형판 洽 | 삼사사 得濟 | |
| 3녀 | 직장 李墩 | 불 | | | |
| 克基 | 형참의 예손 | 아산 | 지중 李念義 | 부윤 元恒 | |
| 克堅 | | 남양 | 남성군 洪錫 | | |
| 1녀 | /대사헌 洪興 | 남양 | 부사 深 | | |
| 2녀 | 崔舜孝 | 불 | | | |
| 3녀 | 崔河 | 불 | | | |
| 克齡 | 통사랑 맹손 | 강릉 | 함씨 | | |
| 克幹 | 예빈정 일원 | 밀양 | 박씨 | | |
| 克坤 | | 불 | 응교 鄭仁寬 | | |
| 1녀 | /첨중 金自完 | 불 | | | |
| 2녀 | 감무 朴晤生 | 불 | | | |
| 3녀 | 주부 金哲明 | 불 | | | |
| 4녀 | 李禎祥 | 불 | | | |
| 克良 | 판결사 중원 | 함양 | 박씨 | | |
| 克仁 | | 불 | | | |
| 克恭 | | 불 | | | |
| 1녀 | /호군 李宗林 | 불 | | | |
| 2녀 | 만호 金孝恭 | 불 | | | |
| 克昌 | 이정랑 정원 | 불 | | | |
| 用浩 | | 청주 | 군수 韓明元 | | |
| 克輔 | 생원 계원 | 불 | | | |
| 여 | /만호 崔孝宗 | 불 | | | |
| 益壽 | 병참의 극규 | 불 | 정언 李元緝 | | 9 |
| 成壽 | | 김제 | | | |
| 世忠 | 영의정 극배 | 전주 | 별제 崔杓 | | |
| 世弼 | | 여주 | 목사 閔孝根 | 부사 紹生 | |

| | | | | | |
|---|---|---|---|---|---|
| 世匡 | | 창원 | 참찬 玄碩圭 | 소윤 孝生 | |
| 世柱 | | 장수 | 참판? 黃眷 | | |
| 世良 | | 경주 | 金壽圭 | | |
| 世勛 | | 성주 | 생원 李萬迪 | | |
| 1녀 | /司紙 南禎 | 불 | | | |
| 2녀 | 직장 洪孝孫 | 남양 | 직장 智 | | |
| 3녀 | 참봉 鄭懈 | 영일 | 별제 溥 | 참의 自洋 | 증 淵 |
| 4녀 | 沈治 | 불 | | | |
| 5녀 | 金命達 | 불 | | | |
| 6녀 | 李有哉 | 불 | | | |
| 世佐 | 형판 극감 | 양주 | 감사 趙瑾 | 영중 末生 | |
| 世佑 | | 안동 | 판관 權盉 | 永和 | |
| 世傑 | | 정선 | 봉사 金守溫 | | |
| 1녀 | /감찰 玄賁 | 팔려 | 현감 得利 | | |
| 2녀 | 호군 李舜膺 | 불 | | | |
| 3녀 | 朴根 | 불 | | | |
| 4녀 | 孫景祚 | 불 | | | |
| 5녀 | 사간 安彭命 | 廣州 | 감찰 終生 | 좌참찬 省 | |
| 6녀 | 생원 宋胤殷 | 여산 | 현감 觀 | | |
| 世弘 | 행판서 극증 | 평산 | 사정 申承參 | 첨중 允甫 | |
| 1녀 | /인의 許復亨 | 양천 | 군수 浚 | | |
| 2녀 | 판관 金謙 | 불 | | | |
| 3녀 | 참봉 元崇祖 | 불 | | | |
| 世銓 | 좌찬성 극돈 | 양성 | 현감 李質 | 현감 宗蕃 | |
| 世卿 | | 안동 | 권씨 | | |
| 世貞 | | 종친 | 藥川君 李𥙷 | 茂林君 佺 | 증 효령대군 |
| 世綸 | | 전주 | 군수 崔儞 | | |
| 世應 | | 영일 | 정씨 | | |
| 1녀 | /목사 宋壽 | 여산 | 생원 胤殷 | | |
| 2녀 | 盧瓚 | 불 | | | |
| 世俊 | 좌의정 극균 | 예안 | 부사 盧晟 | | |
| 世健 | | 교하 | 정랑 盧彦邦 | 장령 鐵剛 | |
| 1녀 | 군수 安邦福 | 불 | | | |
| 2녀 | 부장 李繼宗 | 불 | | | |
| 3녀 | 夏城君 成秀才 | 불 | | | |
| 4녀 | 참봉 趙英堅 | 불 | | | |
| 閨 | 이참판 극기 | 한양 | 찰방 趙孝孫 | 목사 之唐 | 증 惠 |
| 1녀 | 군수 邊崙 | 불 | | | |
| 2녀 | 감찰 李琛 | 불 | | | |
| 3녀 | 사평 玄俊 | 창원 | | | |
| 摯 | 성주목사 극견 | 원주 | 이씨 | | |
| 摰 | | 영천 | 崔河 | | |

| 擧 | | 종친 | 목사 李承元 | 儒城君 任 | 고 효령대군 | |
|---|---|---|---|---|---|---|
| 여 | /朴成林 | 불 | | | | |
| 1녀 | 석산/李渙 | 불 | | | | |
| 2녀 | 金斌 | 불 | | | | |
| 1녀 | 석동/南守江 | 불 | | | | |
| 2녀 | 宋長春 | 불 | | | | |
| 時亨 | 홍원교수 극령 | 행주 | 全星嶺 | | | |
| 碩輔 | 극간 | 불 | | | | |
| 碩欽 | | 불 | | | | |
| 1녀 | /林千童 | 불 | | | | |
| 2녀 | 邊鐵貞 | 불 | | | | |
| 3녀 | 劉致仁 | 불 | | | | |
| 小知 | 수사 극곤 | 불 | | | | |
| 亮 | | 불 | | | | |
| 璞 | 극량 | 불 | | | | |
| 瑾 | | 불 | | | | |
| 存緖 | 극인 | 불 | | | | |
| 世謙 | 극공 | 불 | | | | |
| 鐵壽 | 첨지중 극창 | 불 | | | | |
| 傳春 | | 불 | | | | |
| 永輔 | | 불 | | | | |
| 永玉 | | 불 | | | | |
| 興福 | 군수 용호 | 불 | | | | |
| 世琛 | 생원 극보 | 불 | | | | |
| 世珙 | | 불 | | | | |
| 雕 | 익수 | 불 | | | 10 | |
| 鵬 | | 불 | | | | |
| 鸞 | | 불 | | | | |
| 1녀 | 李楗 | 불 | | | | |
| 2녀 | 李晟 | 불 | | | | |
| 여 | 희수/河胤宗 | 불 | | | | |
| 姬奭 | 진위현령 성수 | 성산 | 현감 李吉采 | | | |
| 1녀 | /李璉 | 불 | | | | |
| 2녀 | 邊擢 | 불 | | | | |
| 守謙 | 군수 세충 | 청주 | 이참판 韓堰 | 서승 明澹 | 종조 明澮 | |
| 守恭 | | 동래 | 현감 鄭有智 | 목사 潔 | | |
| 守諒 | 참판 세필 | 파평 | 鈴川君 尹璠 | 영중 師路 | | |
| 守誠 | | 수원 | 집의 崔潤身 | | | |
| 1녀 | /사성 洪以年 | 남양 | 직장 孝孫 | 사용 季渭 | | |
| 2녀 | 참봉 朴允文 | 불 | | | | |
| 守龔 | 승지 세광 | 순천 | 병사 金允濟 | 훈련정 嗣源 | | |
| 守誾 | | 파평 | 돈령판관 尹汝霖 | 부정 塢 | | |

| 1녀 | /참판 朴英 | 밀양 | 군수 壽宗 | 부사 哲孫 | 증 好文 | |
| 2녀 | 첨중 李傭 | 불 | 별좌 師衍 | | | |
| 3녀 | 尹雲 | 불 | | | | |
| 守認 | 사축별제 세주 | 불 | | | | |
| 守諲 | | 전주 | 이씨 | | | |
| 1녀 | /閔世据 | 불 | | | | |
| 2녀 | 尹雲 | 불 | | | | |
| 末碩 | 참봉 세량 | 단양 | 봉사 禹聖圖 | | | |
| 末卿 | | 불 | | | | |
| 末齡 | | 불 | | | | |
| 여 | /許貞 | 불 | | | | |
| 守德 | 세공 | 불 | | | | |
| 守溫 | 세검 | 불 | | | | |
| 堯年 | 별좌 세훈 | 남원 | 찰방 崔度 | | | |
| 舜年 | | 불 | | | | |
| 守元 | 판중추 세좌 | 남양 | 사용 房毅文 | | | |
| 守亨 | | 영동 | 참의 金暉 | | | |
| 守義 | | 불 | 崔秀英 | | | |
| 守貞 | | 평산 | 판관 申承演 | 감정 允元 | | |
| 1녀 | /경력 鄭洪孫 | 동래 | | | | |
| 2녀 | 현감 梁潤 | 남원 | 군수 琇 | | | |
| 3녀 | 군수 趙永孫 | 불 | | | | |
| 4녀 | 주부 鄭鉉 | 불 | | | | |
| 5녀 | 병사 尹汝諧 | 파평 | 참판 甫 | 좌의정 士昐 | | |
| 滋 | 경기관 세우 | 廣州 | 사간 安彭命 | 현감 從生 | | |
| 守震 | 첨지중 세걸 | 전주 | 현감 柳軫 | | | |
| 1녀 | /宋好 | 불 | | | | |
| 2녀 | 판중 鄭世虎 | 하동 | 부호군 尙祖 | 영의정 麟趾 | | |
| 3녀 | 정자 尹克仁 | 파평 | 사간 琳 | 형판 繼謙 | | |
| 復命 | 선공정 세홍 | 불 | | | | |
| 復興 | | 남양 | 부사 洪孝昌 | | | |
| 復昌 | | 불 | | | | |
| 復新 | | 청주 | 생원 楊拜 | | | |
| 復碩 | | 불 | | | | |
| 復成 | | 불 | | | | |
| 여 | 세헌/감사 許渭 | 양천 | 별좌 聘 | 전적 菖 | | |
| 敬憲 | 세의 | 불 | | | | |
| 秀蕃 | 통정부사 세전 | 불 | | | | |
| 秀幹 | | 불 | | | | |
| 秀滅 | | 안동 | 군수 權勘 | 군수 僑 | | |
| 秀根 | | 불 | | | | |
| 秀枝 | | 불 | | | | |

| | | | | | | |
|---|---|---|---|---|---|---|
| 1녀 | /梁泂 | 불 | | | | |
| 2녀 | 金克悌 | 불 | | | | |
| 秀薰 | 장령 세경 | 전주 | 이씨 | | | |
| 여 | /李軒 | 불 | | | | |
| 秀奏 | 통정감사 세정 | 양성 | 李晟 | 이판 承召 | | |
| 秀筌 | | 불 | 卞挺 | | | |
| 秀華 | | 불 | 직장 鄭熙慶 | | | |
| 秀封 | | 나주 | 군수 羅淑聘 | 감찰 文緒 | | |
| 秀莞 | | 종실 | 任城副守 李彦廷 | | | |
| 여 | /대호군 李世璉 | 불 | | | | |
| 秀萱 | 병참의 세륜 | 종실 | 花原都正 李棟 | 牛山君 踵 | 증 태종 | |
| 秀蘭 | | 경주 | 이씨 | | | |
| 秀芳 | 봉사 세응 | 밀양 | 박씨 | | | |
| 1녀 | /참봉 陳世衡 | 불 | | | | |
| 2녀 | 李渙 | 불 | | | | |
| 亮弼 | 세규 | 불 | | | | |
| 曄 | 세진 | 여산 | 송씨 | | | |
| 茂弼 | 세희 | 불 | | | | |
| 守忠 | 통정부사 세준 | 영일 | 현감 鄭瀨 | | | |
| 守孝 | | 불 | | | | |
| 1녀 | /진사 朴芬 | 불 | | | | |
| 2녀 | 慶琳 | 불 | | | | |
| 守亨 | 좌통례 세건 | 불 | 이씨 | | | |
| 熙業 | 첨정 은 | 동래 | 정씨 | | | |
| 熙廣 | | 흥양 | 훈도 柳令聞 | | | |
| 熙英 | | 김해 | 호군 金澋 | | | |
| 熙敬 | | 평창 | 부사과 李壕 | | | |
| 1녀 | /禹平 | 불 | | | | |
| 2녀 | 감역 李夢錫 | 불 | | | | |
| 3녀 | 부사 李榮幹 | 불 | | | | |
| 4녀 | 현감 趙世賢 | 불 | | | | |
| 英符 | 장단부사 반 | 용인 | 첨정 李孝完 | 현령 泰孫 | | |
| 業終 | | 불 | | | | |
| 여 | /倉守 尹綸 | 파평 | 훈련정 元弼 | 영돈령 之任 | | |
| 德符 | 승사랑 지 | 풍천 | 훈련정 任纘 | 목사 詳 | | |
| 仁符 | | 안동 | 참판 權希孟 | | | |
| 英賢 | 람 | 평산 | 서령 申授 | | | |
| 1녀 | /李小萩 | 불 | | | | |
| 2녀 | 참봉 尹執謙 | 파평 | 봉사 珝 | 시직 雲孫 | | |
| 3녀 | 柳從雲 | 불 | | | | |
| 遵義 | 시형 | 무안 | 주부 朴守謙 | | | |
| 仁光 | 석보 | 불 | | | | |

| | | | | | |
|---|---|---|---|---|---|
| 仁華 | | 불 | | | |
| 仁採 | | 불 | | | |
| 仁琛 | | 불 | | | |
| 仁忠 | | 안동 | 김씨 | | |
| 乙止 | 寺正 小知 | 전주 | 종사랑 金仁侗 | | |
| 永老 | 량 | 불 | 田癖 | | |
| 昌老 | | 불 | | | |
| 仁謙 | 박 | 불 | | | |
| 仁謹 | | 불 | | | |
| 仁誠 | | 불 | | | |
| 1녀 | /安弼堅 | 불 | | | |
| 2녀 | 趙貞 | 불 | | | |
| 3녀 | 鄭蘋 | 불 | | | |
| 見龍 | 세겸 | 불 | | | |
| 德仁 | 철수 | 성주 | 표씨 | | |
| 佳英 | 횡성현감 전춘 | 진도 | 羅孟倫 | | |
| 鷹 | 영보 | 불 | 임씨 | | |
| 自然 | 영옥 | 불 | | | |
| 自霖 | 흥복 | 공주 | 宋世雄 | | |
| 忠佐 | 세침 | 문화 | 생원 柳池 | | |
| 忠佑 | | 순흥 | 안씨 | | |
| 여 | 李之溫 | 불 | | | |
| 蓮少 | 자령 | 전주 | 이씨 | | 자령파6세 |
| 逢老 | 장악정 연동 | 파평 | | | 7 |
| 斗信 | 봉로 | 밀양 | 朴應宗 | | 8 |
| 庇 | 두신 | 해주 | 오씨 | | 9 |
| 遂 | | 불 | | | |
| 叔耕 | 현감 비 | 불 | | | 10 |
| 叔剛 | | 순흥 | 안형 | 義連 | |
| 叔貞 | | 불 | | | |
| 叔明 | | 전주 | 이씨 | | |
| 安道 | 참의 수 | 불 | | | |

울계 배우자의 성관을 계파별로 상위 유력성관(종실포함)·유력성관·그 외 성관·성관불명으로[76] 구분하여 보면 녹생파 13명은 6세 1명은 그 외

---

75) 졸저, 앞 『조선초기 관인이력』, 『광주이씨대동보』, 『만성대동보』 등에서 종합. 성관·성명 모두가 불명한 관인 등과 그 가계는 앞 〈도 7-2〉 참조. 성명만 확인된 경우는 뒤에서 고찰될 배우자의 역관과 관련되나 편의상 함께 제시한다.

76) 성관의 분류근거는 제2장 32~34쪽 참조.

성관(이하 그 외)이고, 7세 1명은 상위 유력성관(이하 상위 성관)이고, 8세 1명은 상위 성관이고, 9세 3명은 유력성관 1·그 외 2명이며, 10세 7명은 상위 성관 2·유력성관 1·그 외 3·성관불명(이하 불명) 1명이었다. 성관별로는 상위 성관이 4명 31%, 유력성관이 15%, 그 외가 6명 46%, 불명이 1명 8%였다.

집계 251명은 6세 4명은 유력성관이 2·그 외가 2명, 7세 13명은 유력성관이 4·그 외가 4·불명이 5명, 8세 38명은 상위 성관이 3·유력성관8·그 외가 6·불명이 21명, 9세 71명은 상위 성관이 5·유력성관이 17·그 외가 11, 불명이 28명이며, 10세 123명은 상위 성관이 13·유력성관 21·그 외가 18·불명이 71명이었다. 성관별로는 상위 성관이 21명 8%, 유력성관이 53명 21%, 그 외가 41명 16%이며, 불명이 137명 55%이다.

자령계 9명은 6세 1명은 유력성관, 7세 1명은 상위 성관, 8세 1명은 유력성관, 9세 2명은 그 외 1·불명 1명이며, 10세 5명은 유력성관 2·불명 3명이다. 성관별로는 상위 성관이 1명 10%, 유력성관이 4명 40%, 그 외가 1명 10%이며, 불명이 4명 40%이다.

전체 274명은 세대별로는 6세 6명은 유력성관 3·그 외 3명, 7세 17명은 상위 성관 2·유력성관 4·그 외 4·불명 7명, 8세 40명은 상위 성관 4·유력성관 9·그 외 6·불명 21명, 9세 76명은 상위 성관 5·유력성관 18·그 외 14·불명 39명이며, 10세 135명은 상위 성관 15·유력성관 24·그 외 21·불명 75명이다. 성관별로는 상위 성관이 26명 9%, 유력성관이 58명 21%, 그 외가 48명이며 21%, 불명이 142명 66%이다. 그런데 불명을 제외하면 세대별로는 50~68%이고, 계파별로는 40~50%이다.[77]

---

77) 세대별과 관품별 비중은 다음과 같다(앞 〈표 7-8〉에서 종합).

| | 유력성관(%/수) | | | | | | 정1~정3당상(%/수) | | | | | |
|---|---|---|---|---|---|---|---|---|---|---|---|---|
| | 6세 | 7 | 8 | 9 | 10 | 계 | 6세 | 7 | 8 | 9 | 10 | 계 |
| 녹생계 | 0/0 | 100/1 | 100/1 | 66/1 | 50/3 | 50(6/12) | 0/0 | 0/0 | 100/1 | 0/0 | 24/1 | 33(2/6) |
| 집계 | 50/2 | 40/4 | 52/11 | 51/22 | 40/34 | 45(73/163) | 100/2 | 60/3 | 46/6 | 32/8 | 28/12 | 38(31/82) |
| 자령 | 100/1 | 100/1 | 100/1 | 100/1 | 40/2 | 50(5/10) | 0/0 | 0/0 | 0/0 | 0/0 | 0/0 | 0/0 |
| 계 | 50/3 | 60/6 | 68/13 | 65/24 | 65/39 | 45(84/185) | 100/2 | 60/3 | 58/7 | 33/8 | 31/12 | 38(33/88) |

〈표 7-8〉 광주이씨 울계 6~10세 통혼가문[78]

| | | 녹생계 | | | | | | 집계 | | | | | | 자령계 | | | | | |
|---|---|---|---|---|---|---|---|---|---|---|---|---|---|---|---|---|---|---|---|
| | | 6세 | 7 | 8 | 9 | 10 | 계 | 6 | 7 | 8 | 9 | 10 | 계 | 6 | 7 | 8 | 9 | 10 | 계 |
| 상위유력성관·유력성관 | 진주강씨 | | | 1 | | 1 | 2 | | | | | | | | | | | | |
| | 안동권 | | | | | | | | | 1 | 2 | 2 | 5 | | | | | | |
| | 창녕성 | | 1 | | | | 1 | | | | | | | | | | | | |
| | 문화유 | | | | | 1 | 1 | | | | | 1 | 1 | | | | | | |
| | 파평윤 | | | | | | | | | | | 6 | 6 | | 1 | | | | 1 |
| | 전의이 | | | | | | | | | 1 | | | 1 | | | | | | |
| | 청주한 | | | | | | | | | 1 | 1 | 2 | 4 | | | | | | |
| | 종친 | | | | | | | 0 | 0 | 0 | 2 | 2 | 4 | | | | | | |
| | 소계 | 0 | 1 | 1 | 0 | 2 | 4 | 0 | 0 | 3 | 5 | 13 | 21 | 0 | 1 | 0 | 0 | 0 | 1 |
| | 밀양박씨등 15성관 6~2명 | | | | | | | 2 | 3 | 6 | 12 | 18 | 41 | 1 | 0 | 1 | 0 | 2 | 4 |
| | 전주유씨등 11성관 1명 | | | 1 | 1 | | 2 | 0 | 1 | 2 | 5 | 3 | 11 | 0 | 0 | 0 | 0 | 0 | 0 |
| | 소계 | | | 1 | 1 | | 2 | 2 | 4 | 8 | 17 | 21 | 52 | 1 | 0 | 1 | 0 | 2 | 4 |
| | 합계 | 0 | 1 | 1 | 1 | 3 | 6 | 2 | 4 | 11 | 22 | 34 | 73 | 1 | 1 | 1 | 0 | 2 | 5 |
| 일반성관 | | 1 | 0 | 0 | 2 | 3 | 6 | 2 | 4 | 6 | 11 | 18 | 41 | 0 | 0 | 0 | 1 | 0 | 1 |
| 성관불명 | | 0 | 0 | 0 | 0 | 1 | 1 | 0 | 7 | 21 | 38 | 71 | 137 | 0 | 0 | 0 | 1 | 3 | 4 |
| 총계 | | 1 | 1 | 1 | 3 | 7 | 13 | 4 | 15 | 38 | 71 | 123 | 251 | 1 | 1 | 1 | 2 | 5 | 10 |

| | | 합계 | | | | | | 비고 |
|---|---|---|---|---|---|---|---|---|
| | | 6세 | 7 | 8 | 9 | 10 | 계 | |
| 상위유력성관·유력성관 | 진주강씨 | | | 1 | 0 | 1 | 2 | |
| | 안동권 | | | 1 | 2 | 2 | 5 | |
| | 창녕성 | | | 1 | 0 | 0 | 1 | |
| | 문화유 | | | | | 2 | 2 | |
| | 파평윤 | | 1 | 0 | 0 | 6 | 7 | |
| | 전의이 | | | 1 | 0 | 0 | 1 | |
| | 청주한 | | | 1 | 1 | 2 | 4 | |
| | 종친 | | | | 2 | 2 | 4 | |
| | 소계 | 0 | 2 | 4 | 5 | 15 | 26 | |
| | 밀양박씨 등15성관 6~2명* | 3 | 3 | 7 | 12 | 20 | 45 | * 밀양박 6, 남양홍·전주이 5, 여산송·평산신·순흥안·동래정·영일정 3, 전주최·경주이·함양박·김해김·성주이·양천허·양성이 2. |
| | 전주유씨등 11성관 1명* | 0 | 1 | 2 | 6 | 4 | 13 | * 전주유·안동김·의성김·청풍김·상주김·여흥민·장수황·경주김·한양조·원주원·용인이 1. |
| | 소계 | 3 | 4 | 9 | 18 | 24 | 58 | |
| | 합계 | 3 | 6 | 13 | 23 | 39 | 84 | |
| 일반 성관 | | 3 | 4 | 6 | 14 | 21 | 48 | |
| 성관불명 | | 0 | 7 | 21 | 39 | 75 | 142 | |
| 총계 | | 6 | 17 | 40 | 76 | 135 | 274 | |

---

78) 앞 〈표 7-7〉에서 종합.

다음으로 율계 중 그 수가 적고 대부분의 관직이 불명한 인령·자령계를 제외하고 녹생·집계를 대상으로 배우자의 부·조나 부나 조가 역임한 최고 관직(관계)을 본다. 녹생계 13명은 다음의 표와 같이 6세 1명은 불명, 7세 1명은 불명, 8세 1명은 부나 조 정3품 당상(이하 3상) 1명, 9세 3명은 부나 조 참상(이하 3~6품)1·불명 2명, 10세 7명은 3상 1·3~6품 3·불명 3명이다.

〈표 7-9〉 광주이씨 녹생·집계 6~10세 배우자 부조 최고관직[79]

| | 한-녹생계 | | | | | | 당-집계 | | | | | | 합계 | | | | | |
|---|---|---|---|---|---|---|---|---|---|---|---|---|---|---|---|---|---|---|
| | 6세 | 7 | 8 | 9 | 10 | 계 | 6세 | 7 | 8 | 9 | 10 | 계 | 6세 | 7 | 8 | 9 | 10 | 계 |
| 종실 | | | | | | 0 | | | | 2 | 2 | 4 | | | | | 2 | 4 |
| 부·조1~2품 | | | | | | 0 | | 1 | 1 | 1 | 2 | 5 | | 1 | 1 | 1 | 2 | 5 |
| 부나조1~2 | | | | | | 0 | 1 | 2 | 4 | 3 | 6 | 16 | 1 | 2 | 4 | 3 | 6 | 16 |
| 부나조 정3당상 | | 1 | | 1 | 2 | 1 | | | 2 | 1 | 4 | 1 | 0 | 1 | 2 | 2 | 6 | |
| 부나조참상 | | | 1 | 3 | 4 | | | 2 | 7 | 13 | 22 | 44 | 0 | 1 | 7 | 14 | 25 | 48 |
| 부나조참하 | | | | | | 0 | | | | 3 | 6 | 9 | 0 | 0 | 0 | 3 | 6 | 9 |
| 불명·미사 | 1 | 1 | 0 | 2 | 3 | 7 | 2 | 10 | 26 | 47 | 84 | 169 | 3 | 11 | 26 | 49 | 87 | 176 |
| 합계 | 1 | 1 | 1 | 3 | 7 | 13 | 4 | 15 | 38 | 71 | 123 | 251 | 5 | 16 | 39 | 74 | 130 | 264 |

집계 251명은 6세 4명은 1~2품 1·3상 1·불명 2명, 7세 15명은 1~2품 3·3~6품 2·불명 10명, 8세 38명은 1~2품 5·3~6품 7·불명 26명, 9세 71명은 종실과 1~2품 6·3상 2·3~6품 13·부나 조 참하(이하 7~9품)가 3·불명이 47명이며, 10세 123명은 종실과 1~2품 10·3상 1·3~6품 22·7~9품 3·불명 84명이다.

전체 264명은 세대별로는 6세 5명은 1~2품이 1명, 7세 16명은 1~2품이 3·3~6품 1·불명이 11명, 8세 39명은 1~2품 5·3상 1·3~6품 7·불명 26명, 9세 74명은 종실과 1~2품 6·3상 2·3~6품 14·7~9품 3·불명 49명이며, 10세 130명은 종실과 1~2품 10·3상 2·3~6품 25·7~9품 6·불명 87명이다. 관품별로는 종실과 1~2품이 25명 9%, 3상이 6명 2%, 3~6품이 48명 18%, 7~9품이

---

79) 앞 〈표 7-7〉에서 종합.

9명 3%이며, 불명이 176명 67%이다. 그런데 불명을 제외하면 정1~정3품 당상관
이 세대별로는 31~100%이고, 계파별로는 33~38%(자령계는 0%)이다.[80]

이처럼 조선 초·중기 울계의 통혼가문에서 상위성관·유력성관이 점하는
비중은 6세를 제외한 7~10세와 녹생·집·자령계 모두 그 외 성관을 능가하면서
중심이 되었고, 가장 번성하였던 집계와 8~10세가 가장 비중이 높았다.
또 울계 배우자의 부·조가 종실과 정3품 당상~1품을 역임한 비중은 계파별로
는 녹생·집계 모두 10%(불명 제외시)이상이고, 세대별로도 9%(10세)~
40%(10, 불명제외시)였지만 가장 번성한 7·8세는 15% 이상이었다.

### 2) 通婚圈과 家系意識

울계 6~10세의 최고관직(관계)과 통혼가문 및 그 배우자 부 등의 최고
역관을 살펴본다. 울계 사관자의 최고관직이 당상관 이상인 자는 다음의
표와 같이 세대별로는 50%(2/4, 6세), 88%(7/8, 7), 64%(9/14, 8), 39%(11/28,
9), 7%(3/42, 10)였다. 계파별로는 녹생파 1%(1/96), 집파 28%(27/96), 자령파
1%(1/96)였다. 전체로는 30%(29/96)였다.

〈표 7-10〉 광주이씨 울계 6~10세 역관경향 및 통혼권[81]

| | | 최고관직 | | | | | 통혼가문(불명 제외) | | | | | 처부·시부 등 최고관직 | | | | | |
|---|---|---|---|---|---|---|---|---|---|---|---|---|---|---|---|---|---|
| | | 1~2 | 3상 | 3~9 | 기타 | 계 | 종실 | 상위유력성관 | 유력성관 | 그 외 성관 | 계 | 종실 | 1~2 | 3상 | 3~9 | 기타 | 계 |
| 6세 | 녹생파 | 0 | | | | 0 | | | 0 | 1 | 1 | | | | | 1 | 1 |
| | 집파 | 1 | 1 | 1 | | 3 | | | 2 | 2 | 4 | | 1 | 1 | | 2 | 4 |
| | 자령파 | | | 1 | | 1 | | | 1 | 0 | 1 | | | | | 1 | 1 |
| | 계 | 1 | 1 | 2 | | 4 | | | 3 | 3 | 6 | | 1 | 1 | | 4 | 6 |
| 7세 | 녹생파 | | | 1 | | 1 | | 1 | 0 | 0 | 1 | | | | | 1 | 1 |
| | 집파 | 1 | 3 | 2 | | 6 | | 0 | 4 | 4 | 8 | | 3 | | 2 | 5 | 10 |
| | 자령파 | | | | 1 | 1 | | 1 | 0 | 0 | 1 | | | | | 1 | 1 |
| | 계 | 1 | 3 | 3 | 1 | 8 | | 2 | 4 | 4 | 10 | | 3 | | 2 | 7 | 12 |

---

80) 동 상조.

| 세대 | 파 | | | | | | | | | | | | | | | | |
|---|---|---|---|---|---|---|---|---|---|---|---|---|---|---|---|---|---|
| 8세 | 녹생파 | | | 1 | | 1 | | 1 | 0 | 0 | 1 | | | 1 | | | 1 |
| | 집파 | 5 | 4 | 3 | | 12 | | 3 | 8 | 6 | 17 | | 5 | | 7 | 22 | 34 |
| | 자령파 | | | | 1 | 1 | | 0 | 1 | 0 | 1 | | | | | 1 | 1 |
| | 계 | 5 | 4 | 4 | 1 | 14 | | 4 | 9 | 6 | 19 | | 5 | 1 | 7 | 23 | 36 |
| 9세 | 녹생파 | 1 | | 2 | | 3 | 0 | 0 | 1 | 2 | 3 | | | 1 | 2 | 3 | |
| | 집파 | 2 | 7 | 14 | | 23 | 2 | 5 | 17 | 11 | 35 | 2 | 4 | 2 | 16 | 35 | 59 |
| | 자령파 | | 1 | 1 | | 2 | 0 | 0 | 0 | 1 | 1 | | | | | 1 | 1 |
| | 계 | 3 | 8 | 17 | | 28 | 2 | 5 | 18 | 14 | 39 | 2 | 4 | 2 | 17 | 38 | 63 |
| 10세 | 녹생파 | | | 3 | | 3 | 0 | 2 | 1 | 3 | 6 | | | 1 | 3 | 3 | 7 |
| | 집파 | 2 | 1 | 32 | | 35 | 2 | 13 | 21 | 18 | 54 | 2 | 8 | 1 | 28 | 50 | 89 |
| | 자령파 | | | 4 | | 4 | 0 | 0 | 2 | 0 | 2 | | | | | 2 | 2 |
| | 계 | 2 | 1 | 39 | | 42 | 2 | 15 | 24 | 21 | 62 | 2 | 8 | 2 | 31 | 55 | 98 |
| 합계 | 녹생파 | 1 | | 7 | | 8 | 0 | 4 | 2 | 6 | 12 | | | 2 | 4 | 7 | 13 |
| | 집파 | 11 | 16 | 52 | | 79 | 4 | 21 | 52 | 41 | 118 | 4 | 21 | 4 | 53 | 114 | 196 |
| | 자령파 | | 1 | 6 | 2 | 9 | 0 | 1 | 4 | 1 | 6 | | | | | 6 | 6 |
| | 계 | 12 | 17 | 65 | 2 | 96 | 4 | 16 | 58 | 48 | 136 | 4 | 21 | 6 | 57 | 127 | 215 |

울계 배우자의 통혼가문이 종친·상위 유력성관·유력성관인 가문은 세대별로는 50%(3/6, 6세)·38%(6/15, 7)·36%(13/36, 8)·34%(23/68, 9)·43%(39/90, 10)였고, 계파별로는 46%(6/13, 녹생파)·36%(73/202, 집)·56%(5/9, 자령)였으며, 전체로는 38%(84/224)였다.

울계 배우자 부·조의 최고 역관이 당상관 이상인 자는 세대별로는 33%(2/6, 6세), 25%(3/12, 7), 17%(6/36, 8), 13%(8/63, 9), 12%(12/98, 10)였다. 파별로는 녹생파는 23%(3/13)였고, 집파는 15%(29/196)였으며, 자령파는 0%(0/6)였다. 전체로는 14%(31/215)였다.

최고 관직이 당상관, 통혼가문이 종실·상위 유력성관·유력성관인 비율, 시부나 처부가 종실·당상관인 비율(수)이 세대별로는 6세는 50·50·33%, 7세는 50·60·25%, 8세는 64·68·17%, 9세는 39·64·13%, 10세는 7·66·12%였다. 계파별로는 녹생계는 13·50·15%, 집계는 34·65·15%, 자령계는 11·83·0%였으며, 전체로는 30·57·14%였다.

---

81) 『조선왕조실록』, 『국조인물고』, 『국조문과방목』, 『광주이씨대동보』, 『만성대동보』 광주이씨조 등에서 종합.

또 종친, 광주이씨 보다 공신과 2품관 이상을 많이 배출한 청주한씨·파평윤씨·안동권씨와[82] 통혼한 인물(가계확인자)을 보면 종친과는 세정·람·수훤의 3명, 파평윤씨와는 수량·수은과 세좌·세걸·반·람의 딸 등 6명, 안동권씨와는 극돈·세우·수위·인부의 4명, 청주한씨와는 수겸의 1명이었다.[83]

이처럼 울계는 세대별로는 울계의 당상관 이상 역임자의 비율과 통혼가문의 가격, 울계 배우자의 시부나 처부로서 1~2품을 역임한 자의 비율이 대개 일치하였다. 파별로는 가장 번성하고 현달한 집(-지직)파가 역관은 물론 통혼가문의 가격과 배우자의 처부나 시부의 역관 등 모든 면에서 녹생·자령파를 압도하였고, 이러한 경향은 집파의 지직·지강·지유계에 있어서도 번창한 지직계가 지강·지유계를 압도하였다.[84]

두 번째로 울계가 통혼한 가문별로 통혼자간의 친소관계와 그 가격을 살펴본다. 울계와 2명 이상 통혼한 종실과 파평윤씨 등 30가문 중 확인된 통혼자가 2명 이상인 종실과 파평윤씨 등 11가문 중 3명 모두가 8촌 이내인 종친을[85] 제외한 10가문 통혼자간의 친소관계를 살펴보자. 이를 위해 먼저 광주이씨와 파평윤씨 등 통혼자의 가계를 제시하면 다음의 〈도 7-4~9〉와 같다. 이 도에서와 같이 각각 파평윤씨(6명)는 14촌, 안동권씨(4)는 19촌, 종친(3)은 10촌, 남양홍씨(3)는 24촌, 여산송씨·광주안씨(각2)는 부자간,

---

82) 한충희, 앞 「조선초기 음서의 실제와 역할」, 62쪽 주10) 참조.

83) 구체적인 통혼자는 앞 〈표 7-7〉 및 뒤 〈도 7-4~9 참조.

84) 세대별과 관품별 비중은 다음과 같다(앞 〈표 7-12〉에서 종합).

|  | 유력성관(%/수) | | | | | | 정1~정3당상(%/수) | | | | | |
|---|---|---|---|---|---|---|---|---|---|---|---|---|
|  | 6세 | 7 | 8 | 9 | 10 | 계 | 6세 | 7 | 8 | 9 | 10 | 계 |
| 지직계 | 1 | 2 | 7 | 22 | 28 | 60 | 1 | 2 | 5 | 8 | 10 | 26 |
| 지강 | 0 | 2 | 1 | 0 | 0 | 3 | 0 | 0 | 0 | 0 | 0 | 1 |
| 지유 | 1 | 0 | 3 | 0 | 6 | 10 | 1 | 1 | 0 | 0 | 0 | 2 |
| 계 | 2 | 4 | 11 | 22 | 34 | 73 | 2 | 3 | 5 | 8 | 11 | 29 |

85) 종친부직이 제수된 종친은 국왕과 8촌이내 인 친족인 만큼 그 모두는 8촌이내이다(종친의 범위와 제수관직은 앞 2장 주66) 참조).

밀양박씨(2)는 3촌, 평산신씨(2)는 6촌, 창원현씨(2)는 형제, 교하노씨(2)는 7촌, 진주강씨(2)는 9촌간이었다. 그런데 통혼한 10가문 중 창원현씨를 제외한 모두가 유력성관이고, 3명 이상을 통혼한 경우에 안동권씨는 모두 원촌이지만 파평윤씨의 여림녀·번녀와 여해·극인·륜은 각각 8촌 이내였고, 종친의 藥川君 蒨녀와 承元녀는 5촌간이었고, 남양홍씨의 효손과 이년은 부자였다. 이를 볼 때 〈도 7-4~9〉에 제시된 11가문 30명 중 부자간이 6명이고 6촌 이내가 14명인 등 80% 24명이 10촌간 이내였고, 6명만이 11촌 밖이었다. 이점은 위에 제시된 사례가 전체 통혼가문의 일부(23%, 30/132명)에 불과하여 일반화시키기는 어렵지만 광주이씨 율계는 그들과 가문의 격이 비슷한 가문의 근촌과의 혼인을 선호하였음을 잘 보여준다고 하겠다.

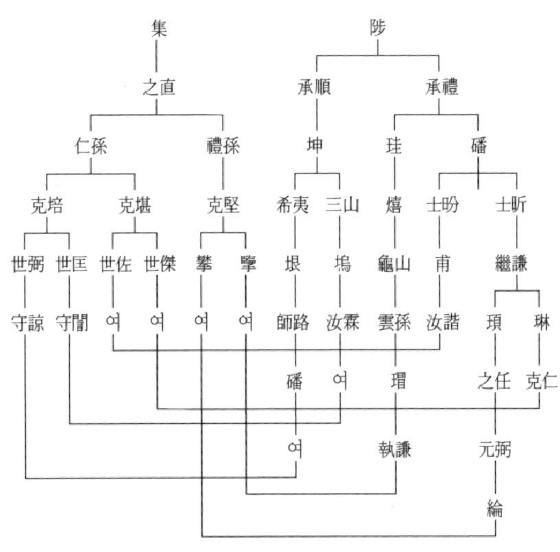

〈도 7-4〉 廣州李氏와 坡平尹氏 통혼자 가계[86]

---

86) 『각성(광주이씨)대동보(세보)』, 『만성대동보』·『청구씨보』 등 각 성씨조에서 종합. 뒤의 〈도 7-5~9〉도 같다.

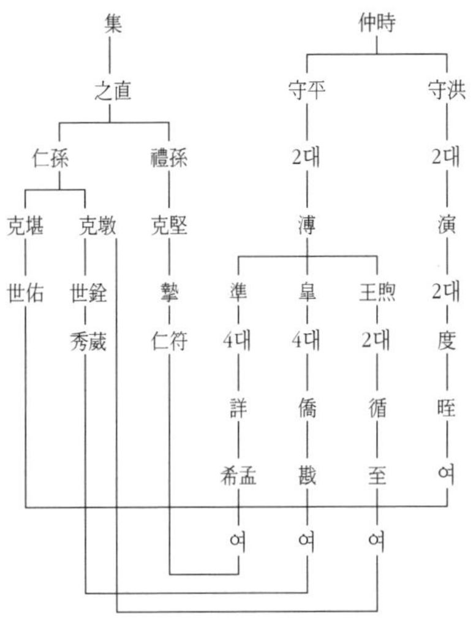

〈도 7-5〉 廣州李氏와 安東權氏 가계

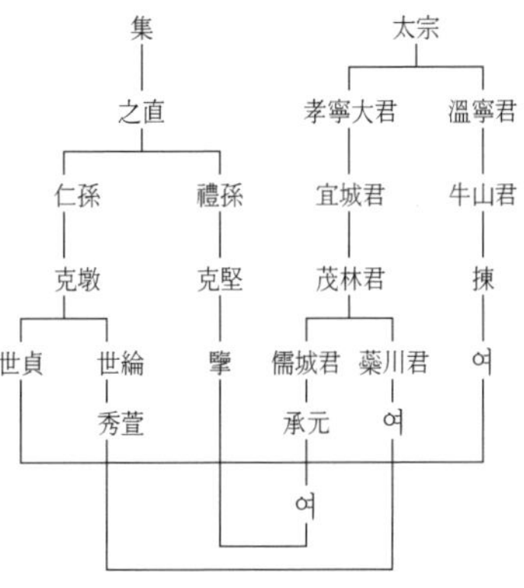

〈도 7-6〉 廣州李氏와 全州李氏 가계

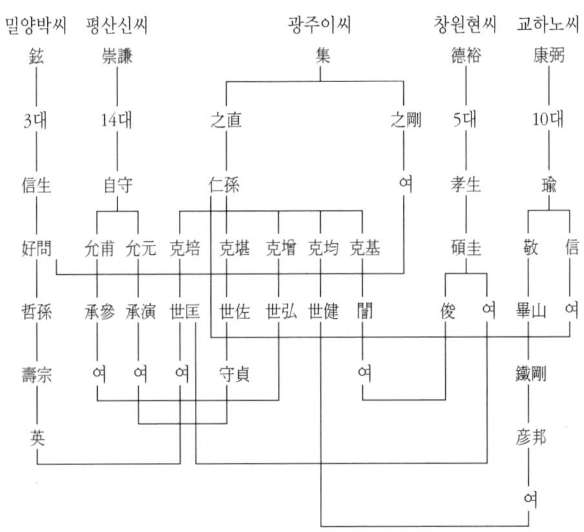

〈도 7-7〉 廣州李氏와 密陽朴·平山申·昌原玄·交河盧氏 통혼자

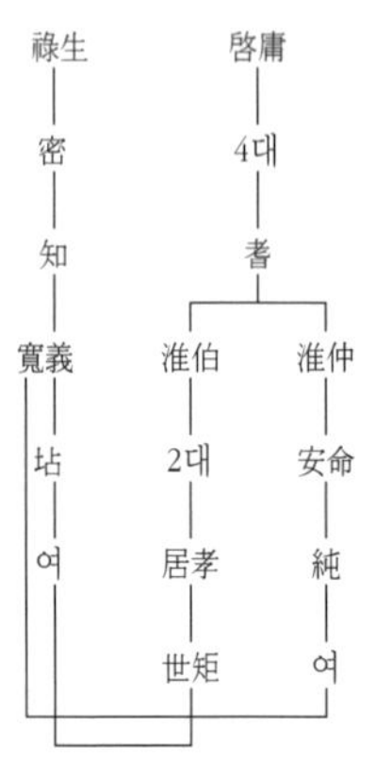

〈도 7-8〉 廣州李氏와 晉州姜氏

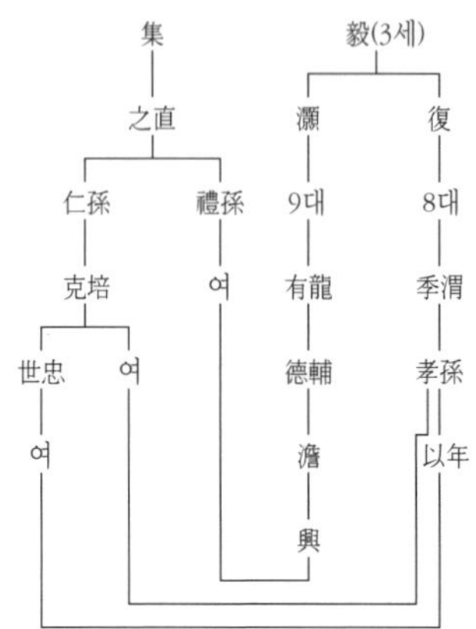

〈도 7-9〉 廣州李氏와 南陽洪氏

　세 번째로 울계와 울계의 시부나 처부로서 각각 2품관 이상을 역임한 인손 등 12명과 劉敞 등 20여 명 중에서 혼주 모두 2품 이상을 역임한 최고 관직과 2품 이상 재직기간을 비교하여 본다. 혼주 모두 2품 이상 관직을 역임한 인물 다섯 사례의 재직기간을 보면 다음의 표에서와 같이 그 기간이 일치된 경우는 玄碩圭와 李克培, 尹甫와 李世佐의 2례에 불과하였지만, 그 외에 있어서도 가까운 시기까지 정3품 당상관직 이하에 함께 재직하였다. 이를 볼 때 이지강 등과 박신생 등의 재직기간은 대개 일치하였다고 하겠다.

　그런데 위에서 살펴본 광주이씨 울계의 통혼가문·배우자 처부·시부 등의 최고 관직, 사돈간의 2품재직기간 그리고 앞장에서 살핀 울계 출사자의 출사율·최고 관직을 동기의 清州韓氏 永矴派·韓山李氏 稽派의 그것과 대비시켜 보면 다음의 표에서와 같이 광주이씨는 한산이씨와는 출사율·당상관 배출자 수·통혼가문의 가격은 비슷하였으나 그 배우자 처부·시부의 진출관직은 미치지 못하였고, 청주한씨와는 당상관 배출자 수만 비슷하고 그 외의 출사율·통혼가문의 가격·그 배우자 시부·처부의 진출관직 모두에서는 미치지 못하였다. 또 광주이씨와 청주한씨가 통혼한 종친을 보면 그 수는 물론 종친의 신분에 있어서도 광주이씨는 성종과 8촌간인 蘂川君 蒨(태종의 고손)

〈표 7-11〉 광주이씨 울계 6~10세 사관자 처부 2품 이상관 재직기간[87]

| 성명 | 최고 관직 | 2품 이상관 재직기간 | | | | | 집과의 관계(부) |
|---|---|---|---|---|---|---|---|
| | | 태종 | 세종 | 세조 | 성종 | 연산군 | |
| 이지강 | 판서 | 11〈- | →9 | | | | 자 |
| 박신생 | 지중추 | | 11〈→24 | | | | |
| 이극배 | 영의정 | | | 3〈--- | ------ | →1 | 손/인손 |
| 현석규 | 참찬 | | | | 5〈→11 | | |
| 이극감 | 판서 | | | 4〈→9 | | | 손/인손 |
| 조근 | 관찰사 | | | 10〈-- | →3 | | |
| 이극돈 | 좌찬성 | | | 14〈- | ------ | →4 | 손/인손 |
| 이천 | 예천군 | | | ?〈--- | →? | | |
| 이세좌 | 판중추 | | | | 8〈---- | →10 | 증손/극감 |
| 윤보 | 참판 | | | | ?〈→16 | | |

이 가장 고귀하였지만, 청주한씨는 德宗(성종생부)·桂陽君 瑠(세종자)·讓寧大君(태종자) 녀 등 왕실존친 이하가 망라되었다.[88] 이점에서 광주이씨의 가격은 한산이씨와는 대등하였지만 성종대의 척족인 청주한씨에 비해서는 열등한 것으로 생각된다.[89]

이를 볼 때 광주이씨 울계는 인손과 그 아들인 극배·극감·극증·극돈·극균 등의 현달을 토대로 명문거족이 되었고, 인손과 그 아들들의 후광과 개인적인 자질을 토대로 자손이 대거 출사하고 대개 당시의 명문거족과 통혼하는 등으로 계속하여 명문거족으로서의 지위를 누렸다고 하겠다. 그러면서도 광주이씨는

---

87) 앞 주56) 및 『세종실록』·『세조실록』·『성종실록』 등에서 종합.
88) 청주한씨와 통혼한 종친은 졸고, 1995, 「조선초기 청주한씨 영정계 가계연구」, 『계명사학』 6, 40쪽 참조.
89) 광주이씨와 청주한·한산이씨 출사율·최고 관직·통혼가문은 다음의 표와 같다(졸고, 위 논문과 1997, 「조선전기 한산이씨 색(-종덕, 종학, 종선)계 가계연구」, 『계명사』 8에서 종합).

| | 역관 경향 | | 통혼가문 | | | 사돈 1~2품자 사례 |
|---|---|---|---|---|---|---|
| | 출사율 | 1~정3상* | 종친 | 종친·거족 | 사돈 1~정3상 | |
| 진주강씨 계용파 | 53% | 22/10% | 33 | 240/43% | 84/15% | 7례 21명 |
| 광주이씨 울파 | 48% | 27/28 | 4 | 85/64 | 31/10 | 5례 10명 |
| 청주한씨 영정파 | 65% | 25/28 | 14 | 95/79 | 50/41 | 10례 16명 |
| 한산이씨 색파 | 57% | 32/28 | 6 | 137/57 | 83/24 | 10례 12명 |

척족인 청주한씨에 비해서는 출사율·통혼가문의 가격 등에서 다소 열등한 즉, 한산이씨 등과 함께 척족인 청주한씨 등 다음의 지위를 누렸다고 하겠다.

조선 초·중기 울계 사관자의 생애·입사로·가계 및 중요 관력을 표로 정리하여 제시하면 다음과 같다.

〈표 7-12〉 광주이씨 울계 6~10세 사관자 가계와 관직[90]

| 성명 | 생몰년 | 출사로 | 부, 조와 처부(당상관) | | | 최고관직 | 비고 |
|---|---|---|---|---|---|---|---|
| | | | 부 | 조 | 처부 | | |
| 密 | | | 녹생 | | 유씨 | | 녹생파6세 |
| 知 | ?~? | 불명 | 밀 | 녹생 | 성씨 | 의주통판 | 7 |
| 寬義 | 1409~78 | 유일천 | 지 | 밀 | 수사 姜純 | 찰방 | 8 |
| 玷 | 1446~1522 | 문(성종8) | 관의 | 지 | 군수 柳孟沂 | 판한성 | 9 |
| 堆 | ?~1508 | 불 | | | 고씨 | 행부사 | |
| 址 | ?~? | 불 | | | 염씨 | 갑산교수 | |
| 宗箕 | ?~? | 음? | 점 | | 사과 柳公孫 | 행판관 | 10, 점 |
| 宗角 | 1460~? | 음? | | | 유씨 | 현감 | |
| 宗璧 | ?~? | 불 | | | 참의 吳純 | 찰방 | |
| 之直 | 1354~1419 | 음·문(우왕6) | 집 | 당 | 지주사 李元普 | 형조참의 | 집파6세 |
| 之剛 | 1380~1444 | 음·문(우8) | | | 장씨 | 판서 | |
| 之柔 | ?~? | 문(공양1) | | | 한성윤 朴居實 | 성주목사 | |
| 長孫 | 1390~1420 | 음·문(태종11) | 지직 | 집 | 김씨 | 사인 | 7 |
| 仁孫 | 1395~1463 | 문(태종17) | | | 별장 盧信 | 우의정 | |
| 禮孫 | ?~1459 | 문(세종16) | | | 현감 朴曙 | 형조참의 | |
| 孟孫 | ?~? | | | | 김씨 | 미사 | |
| 一元 | ?~? | 음 | 지유 | | 불명 | 에빈정 | |
| 中元 | ?~? | 문(세5) | | | 불명 | 판결사 | |
| 貞元 | ?~? | 문(세20) | | | 불명 | 이조정랑 | |
| 克圭 | ?~? | 문(성종3) | 장손 | 지직 | 吳孝善 | 병조참의 | 8 |
| 克培 | 1422~1495 | 문(세종29) | 인손 | | 필선 崔有宗 | 의정 | |
| 克堪 | 1427~1468 | 문(세종25) | | | 창수 崔德露 | 판서 | |
| 克增 | 1431~94 | 음·문(세조2) | | | 부사 金理 | 행판서 | |
| 克墩 | 1435~1503 | 음·문(세조3) | | | 참판 權至 | 찬성 | |
| 克均 | 1437~1504 | 문(세조2) | | | 군수 李鐵根 | 의정 | |
| 克基 | 1426~1491 | 문(단종1) | 예손 | | 지중추 李念義 | 참의 | |
| 克堅 | ?~1504 | 음 | | | 南城君 洪錫 | 좌통례 | 갑자피화 |
| 克齡 | 1435~1512 | 음? | 맹손 | | 함씨 | 홍원교수 | |
| 克坤 | ?~? | 음? | 일원 | 지유 | 응교 鄭仁竟 | 수사 | |
| 克昌 | ?~? | 음? | 정원 | | 불명 | 첨지중추 | |
| 用浩 | 1456~? | 음? | | | 군수 韓明元 | 순천군수 | |

| 成壽 | ?~? | 음? | 극규 | 장손 | 조 씨 | 진위현령 | 9 |
|---|---|---|---|---|---|---|---|
| 世忠 | ?~? | 음? | 극배 | 인손 | 직장 崔豹 | 군수 | |
| 世弼 | ?~1488 | 음·문(성종3) | | | 목사 閔孝根 | 호조참판 | |
| 世匡 | ?~1504 | 음·문(성6) | | | 참판 玄碩圭 | 승지 | |
| 世柱 | ?~? | 음? | | | 참판? 黃眘 | 사축별제 | |
| 世良 | ?~? | 음? | | | 金壽奎 | 참봉 | |
| 世勛 | ?~? | 음? | | | 생원 李萬迪 | 별좌 | |
| 世佐 | 1445~1504 | 음·문(성8) | 극감 | | 관찰사 趙瑾 | 판중추 | 갑자피화 |
| 世佑 | 1449~1490 | 음·문(성6) | | | 판관 權蓋 | 경기감사 | |
| 世傑 | 1463~1504 | 음·문(성23) | | | 봉사 金守溫 | 첨지중추 | 갑자피화 |
| 世弘 | 1471~1520 | 음·문(중종2) | 극증 | | 사정 申承參 | 선공정 | |
| 世銓 | ?~? | 음·문(성14) | 극돈 | | 현감 李質 | 통정부사 | |
| 世卿 | 1450~? | 문(성11) | | | 권 씨 | 장령 | |
| 世貞 | 1461~1528 | 음·문(연산7) | | | 藥川君 李蒨 | 통정감사 | |
| 世綸 | ?~? | 무과? | | | 군수 崔儞 | 병조참의 | |
| 世應 | ?~? | 음? | | | 정 씨 | 봉사 | |
| 世俊 | ?~? | 무과? | 극균 | | 부사 盧晟 | 통정부사 | |
| 世健 | ?~1504이전 | 음? | | | 정랑 盧彦邦 | 좌통례 | 갑자추참 |
| 閏 | 1455~1522 | 음? | 극기 | 예손 | 찰방 趙孝孫 | 첨정 | |
| 攀 | 1460~1534 | 음 | 극견 | | 목사 李承元 | 장단부사 | |
| 永燁 | ?~? | 음? | 극곤 | | 도사 韓世甲 | 예빈정 | |
| 傳春 | ?~? | 음? | 극창 | | 현감 元炯 | 횡성현감 | |
| 永玉 | ?~? | 음? | | | 불명 | 만호 | |
| 守謙 | ?~? | 음? | 세충 | 극배 | 이참판 韓堰 | 공조좌랑 | 10 |
| 守恭 | 1464~1504 | 문(성종19) | | | 현감 鄭有智 | 홍문전한 | |
| 守誠 | ?~? | 음? | | | 영천군 尹磻 | 귀후별제 | |
| 守騫 | ?~? | 음? | 세광 | | 병사 金允濟 | 전설별좌 | |
| 守誾 | 1492~1553 | 음? | | | 판관 尹汝霖 | 경산현령 | |
| 守認 | ?~? | 음? | 세주 | | 불명 | 별좌 | |
| 堯年 | 1448~? | 음? | 세훈 | | 찰방 崔度 | 참군 | |
| 守元 | 1468~1504 | 음 | 세좌 | 극감 | 사용 房毅文 | 봉상정 | 갑자피화 |
| 守亨 | 1470~1504 | 문(성23) | | | 참의? 金暉 | 집의 | 갑자피화 |
| 守義 | 1474~1504 | 문(성23) | | | 崔秀英 | 문학 | 갑자피화 |
| 守貞 | 1477~1504 | 문(연산7) | | | 판관 申承演 | 홍문부수찬 | 갑자피화 |
| 滋 | 1466~1499 | 문(성25) | 세우 | | 사간 安彭命 | 함창현감 | |
| 守震 | 1482~1554 | 음? | 세걸 | | 현감 柳軫 | 삼가현령 | |
| 復興 | ?~? | 음? | 세홍 | 극증 | 부사 洪孝昌 | 부사과 | |
| 秀葳 | ?~? | 음? | 세전 | 극돈 | 군수 權勘 | 첨사 | |
| 秀枝 | ?~? | 음? | | | 불명 | 현감 | |
| 秀薰 | ?~? | 음? | 세경 | | 이 씨 | 에문교리 | |
| 秀秦 | ?~? | 음? | 세정 | | 李晟 | 재령군수 | |
| 秀箸 | ?~? | 음? | | | 卞挺 | 조지별제 | |

| 秀華 | ?~? | 음? | | | 직장 鄭熙慶 | 찰방 | |
|---|---|---|---|---|---|---|---|
| 秀封 | ?~? | 음? | | | 군수 羅淑聃 | 참봉 | |
| 秀莞 | 1500~? | 음? | | | 任城副守 李彦廷 | 현감 | |
| 秀萱 | 1496~1554 | 무과? | 세륜 | | 花原都正 李棟 | 호군 | |
| 守忠 | ?~? | 음? | 세준 | 극균 | 현감 鄭瀨 | 사과 | |
| 熙業 | 1455~1522 | 음? | 은 | 극기 | 정씨 | 현령 | |
| 熙敬 | 1498~1523 | 음? | | | 부사과 李壕 | 사과 | |
| 英符 | 1499~1523 | 문(중종11) | 반 | | 첨정 李孝完 | 이조정랑 | |
| 仁符 | ?~? | 무과? | 지 | | 참판 權希孟 | 구례현감 | |
| 英賢 | 1507~1572 | 문(중32) | 남 | | 서령 申授 | 예조참판 | |
| 遵義 | ?~? | 불 | 시형 | 극령 | 주부 朴守謙 | 참봉 | |
| 乙止 | ?~? | 음? | 영엽 | 극곤 | 종사랑 金仁個 | 첨지중추 | |
| 永老 | ?~? | 음? | 양 | | 田癖 | 만호 | |
| 佳英 | ?~? | 불 | 전춘 | 극창 | 羅孟倫 | 봉사 | |
| 自然 | ?~? | 불 | 영옥 | | 불명 | 회령훈도 | |
| 忠佐 | 1504~? | 문(중21) | 세침 | 극보 | 생원 柳池 | 예문대교 | |
| 蓮仝 | ?~? | 불 | 자령 | 당 | 이씨 | 장악정 | 자령파6세 |
| 逢老 | ?~? | 불 | 연동 | 자령 | 윤씨 | 이참판? | 7 |
| 斗信 | ?~? | 유일(태종15) | 봉로 | 연동 | 참판? 朴應宗 | 공판? | 8 |
| 庇 | 1472~? | 불 | 두신 | 봉로 | 오씨 | 현감 | 9 |
| 遂 | ?~? | 불 | | | 불명 | 참의? | |
| 叔耕 | ?~? | 불 | 비 | 두신 | 불명 | 부사 | 10 |
| 叔剛 | ?~? | 불 | | | 安亨 | 찰방 | |
| 叔貞 | ?~? | 불 | | | 불명 | 부사 | |
| 叔明 | ?~? | 불 | | | 참봉 이씨 | 부사 | |

90) 앞 〈표 7-7〉 및 『세종실록』·『세조실록』·『성종실록』 등에서 종합.

# 제8장 韓山李氏(穡系)

　　韓山李氏는 고려중기 權知閣門祗侯 允佑를 시조로 한 伯派와 윤우의 동생 戶長[1] 允卿을 시조로 한 叔派가 있었다. 伯派는 윤우의 아들인 知命(1127~1191)과 지명의 손자인 茂가 각각 명종대와 충렬왕대에 政堂文學과 都僉議參理를 역임하였지만, 高麗末~朝鮮前期에는 兩班家門으서의 家勢만 유지하였을 뿐 堂上官職者를 배출하지 못하였다.[2] 叔派는 允卿의 손자대부터 忠進系와 孝進系로 갈렸다. 忠進系는 고려말까지 仕官者를 내지 못하고 鄕吏家門으로 계승되었고,[3] 조선개국 이후에는 사관자를 내지 못함에 따라 향리가문으로

---

1) 호장의 관직성격은 5장 주1) 참조.

2) 『高麗史』, 『朝鮮王朝實錄』, 『韓山李氏世譜』(農耕出版社, 1977)에서 종합. 『한산이씨세보』에는 지명과 무 외에도 子威(平章事, 무 손자), 衛(參判. 자위증손), 福善(漢城府判尹, 위 자), 熙昌(同知中樞府事, 위 손자), 門昌(參議, 희창제), 壽崑(扈聖3등공신 判中樞府事, 문창 자)이 당상관직 이상을 역임하였다고 기재되었다. 그런데 이들의 역관을 『고려사』와 『조선왕조실록』에서 확인한 결과 자위는 문종대에 활약한 慶源李氏였고, 위는 永興府使를 역임함에 그쳤고, 복선·희창. 문창은 『조선왕조실록』에서 역관이 확인되지 않았으며, 扈聖功臣인 수곤은 한산이씨가 아니고 臨瀛大君의 증손인 節愼君이었다(『典故大方』에 한산이씨라고 오기되었음에서 아마도 오기된 『전고대방』에 의한 듯하다). 따라서 본장에서 자위 이하는 당상관직을 역임하지 않은 것으로 파악하였다. 伯派의 1~12세는 다음과 같다.

| 시조 | 2세 | 3 | 4 | 5 | 6 | 7 | 8 | 9 | 10 |
|---|---|---|---|---|---|---|---|---|---|
| 允佑 —— | 知命 —┬ | 元叔 —— | 茂 —— | 演 —— | 子威 —— | 孫吉 —— | 天瑞 —— | 衛 —— | 福善,福田,福潤 |
| 權知 | 僉議 | 미사 | 都僉議 | 敬成宮 | | 判閣門事 | 判典農事 | | |
| 閣門 | 評理 | | 參理 | 副使 | | | | | |
| 祗侯 | | └ 唐叔 —— 蒡 | | | | | | | |
| | | 國子司業　秘書校書郎 | | | | | | | |

3) 한산이씨 숙파의 1~6세를 『韓山李氏文襄公(種德)派世譜』(回想社, 1995)에서 뽑아보면

격하되었다.[4] 孝進系는 1344년(충혜왕 복위 5)까지는 가세가 미미하였지만, 1345년(충목왕 즉위) 이후에 允卿의 5세손인 穀(1298~1351)이 高麗와 元에서 文名을 떨치면서 都僉議贊成事(고려)와[5] 征東行省中書省左右司郎中(元)을[6] 역임하며, 곡의 아들인 穡(1328~1396)이 門下侍中判典理司事를[7] 역임하고, 색의 아들인 種德과 種學이 각각 同知密直司事와 簽書密直司事에까지 오르는 등으로 크게 현달하였다.[8]

이처럼 고려말기에 크게 현달한 叔派(孝進系)는 색이 조선개창에 반대한 것과 관련되어 鄭道傳일파가 색과 그 아들을 탄압함에 따라 가세가 크게 약화되었다. 즉 색의 장남인 種德이 1388년(창왕 1) 10월에 살해되었고,[9] 이어 穡이 1389~1392년에 걸쳐 파직, 유배, 추방, 廢庶人이 된 후 해상으로

----

다음과 같다.

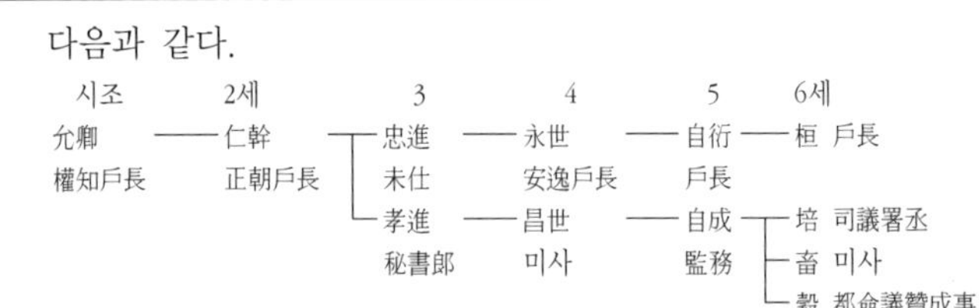

| 시조 | 2세 | 3 | 4 | 5 | 6세 |
|---|---|---|---|---|---|
| 允卿 | ──仁幹 | ┬忠進 | ──永世 | ──自衎 | ──桓 戶長 |
| 權知戶長 | 正朝戶長 | 未仕 | 安逸戶長 | 戶長 | |
| | | └孝進 | ──昌世 | ──自成 | ┬培 司議署丞 |
| | | 秘書郎 | 미사 | 監務 | ├畜 미사 |
| | | | | | └穀 都僉議贊成事 |

4) 충진계 7~12세는 다음과 같다(위 세보 참조).

| 시조 | 6 | 7 | 8 | 9 | 10 | 11 | 12 |
|---|---|---|---|---|---|---|---|
| 允佑 ……… | 桓 | ──連 | ──蕃 | ──省 | ──孝廷 | ──弘年 | ──應白 |
| | 호장 | 호장 | 호장 | 호장 | 호장 | 호장 | |

5) 1362년(공민왕 11) 국정을 총관한 중서문하성이 개칭되면서 성립되어 공민왕 18년에 문하부 개칭까지 운영된 都僉議府의 장관인 政丞 다음의 정2품 차관직이다.

6) 征東行省은 1287년(충렬왕 13)에 원이 고려의 국정통제기관으로 설치하여 1356년(공민왕 5) 공민왕의 반원독립정책에 따라 폐지되었고, 낭중은 종5품직으로 평장정사(종1)·승(정2)·참지정사(종2)를 받들고 원외랑(종6)·도사(종7)를 지휘하면서 실무를 총관하였다.

7) 고려는 국초 이래로 수상인 문하시중 이하 재신이 位次에 따라 6부판사를 겸하고 상서이하를 지휘하면서 6부사를 통령하였는데, 원지배기에는 이부 등 6부가 典理司 등 4사로 개변됨에 따라 수상인 문하시중이 이부의 후신인 전리사판사를 겸대하였다.

8) 『牧隱集』 李穡 神道碑銘·行狀.

9) 李延馥·李炫馥, 1996, 「목은(牧隱) 이색(李穡)의 연보(年譜)」, 『牧隱 李穡의 生涯와 思想』, 一潮閣, 551쪽.

유배되었고,[10) 색의 차남인 種學이 1392년 7월 유배도중에 살해되었으며,[11)
1392년 4월 색의 3남인 種善이 職牒을 몰수당하고 廢庶人이 된 후 衿州로
유배되었다.[12)

그러나 조선왕조의 진행과 함께 朝鮮前期를 통하여 穡의 자손이 아들인
種善을 필두로 다음의 가계도에서와 같이 손자 孟畇·孟軺·叔畝·叔畤·季疄·季
甸, 증손 蓄·坡·封, 고손 塤·永垠·義堅·禮堅, 5대손 允蕃·惟淸·籽·淸의 15명이
종2품직(계) 이상에 오르고,[13) 季疄(佐翼功臣)·季甸(靖難·佐翼功臣)·塤(佐理
功臣)·永垠(좌리공신)·惟淸(定難功臣)의 5명이 공신에 책록되는[14) 등으로 현
달하였다. 이리하여 韓山李氏(叔派)는 成俔의 『傭齋叢話』(권10)에 당시(성종
대)의 대표적인 명문-鉅族-으로 기술되었다.

---

10) 위 논문 550~561쪽 참조. 이를 구체적으로 보면 다음과 같다.
    1389년 12월 파직
    1390년 4월~11월 함창으로 유배
    1390년 11월 京外從便
    1391년 6월~9월 함창으로 유배
    1392년 4월~6월 韓州로 추방
    1392년 6월 여흥으로 移配
    1392년 7월~10월 직첩을 회수당하고 폐서인이 된후 장흥에 유배되며, 종신토록
    仕官이 금지.
11) 『태조실록』 권1, 태조 1년 7월 정유, 임신조. 그외에 종학도 색과 마찬가지로 1389~1392
    년 6월에 걸쳐 다음과 같이 파직, 유배되는 등의 어려움을 겪었다(위 논문 552~559쪽
    참조).
    1389년 12월 파직
    1390년 4월 순천으로 유배
    1392년 4월 직첩을 회수당하고 서인이 된 후 衿州로 유배
    1392년 7월 직첩을 회수당하고 장 100백을 맞은 후 원지로 유배
    1392년 8월 長沙로 유배지를 옮겨 가던 중 孫興宗에 의해 絞殺됨
12) 앞 논문 559쪽.
13) 『韓山李氏襄景公(種善)派世譜』(回想社, 1982)에는 이들 외에도 坰(호참판, 종선 손),
    堅(예판, 종선 고손), 秩(동지중추, 종선 고손)이 확인되었지만 『조선왕조실록』에서
    그 역관이 확인되지 않음으로 제외하였다.
14) 『단종실록』 권9, 단종 1년 11월 병진 ;『세조실록』 권2, 세조 1년 9월 정축 ;『성종실록』
    권9, 성종 2년 3월 경자 ;『중종실록』 권4, 중종 2년 9월 임인.

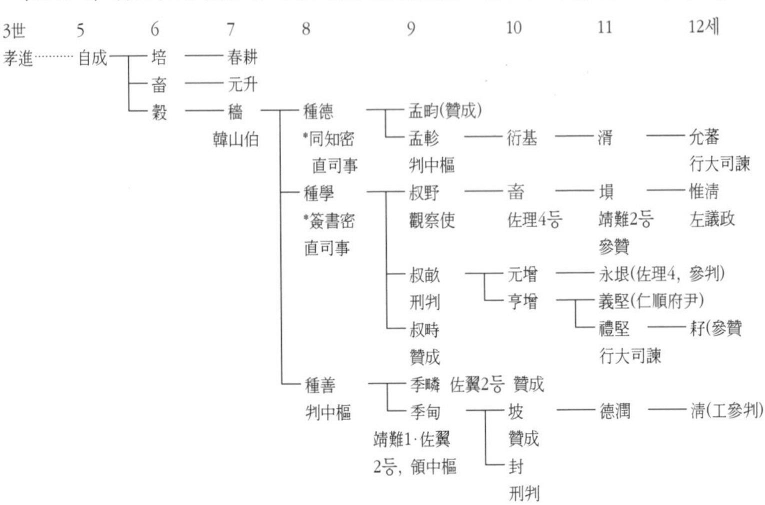

〈도 8-1〉 韓山李氏 穡系 8~12世 2品 以上職(階) 역임자 가계(*는 고려 관직)[15]

본장에서는 대체로 조선전기(태조~중종대)에 생존한 韓山李氏 穡(允卿의 6~11代孫)系의 재흥배경과 家門의 전개, 출사로. 역관경향, 그리고 通婚圈 家系意識을 『朝鮮王朝實錄』, 『韓山李氏 文襄公(種德). 麟齊公(種學). 良景公(種善)派世譜』, 『萬姓大同譜』, 『國朝人物考』, 『國朝文科榜目』 등의 기사를 통하여 살피기로 한다.

## 1. 朝鮮開國初 韓山李氏 穡系의 沒落과 再興

韓山李氏는 고려 공민왕~우왕대에 穡, 穡의 아들인 種德과 種學이 각각 門下侍中判典理司事, 同知密直司事, 僉知密直司事까지 올랐고, 색과 그 세 아들이 각각 당시를 풍미한 花原君 權仲達(본관 安東, 부 僉議政丞 漢功), 僉議評理

---

15) 뒤 〈도 8-2~4〉에서 종합.

柳蕙孫(晉州, 부 密直提學 仁庇), 門下侍中 李春富(陽城, 부 僉議評理 那海), 參贊門下 權均(안동, 부 贊成事 廉)의 딸과 각각 혼인하는 등으로 극성하였다.

그러다가 고려 창왕~조선 태조 1년에는 위화도회군 이후의 私田改革과 조선왕조 개창에 반대한 것으로 인해 鄭道傳 등의 박해를 받아 穡과 種德·種學·種善의 4부자가 살해되거나 職牒을 몰수당하고 庶人이 된 후 유배됨에 따라 가세가 급격히 퇴조하였다. 그러면서도 태종~성종대에는 십수 명의 宰相과 수명의 功臣을 배출하여 성종대에는 名門巨族에 列하게 되었다. 그러면 여말 선초에 거의 몰락되다시피 한 한산이씨가 가세를 회복하고 성종대까지 명문 거족으로 현달하게 된 배경은 무엇이었겠는가?

태조 이후 穡의 자손은 아들인 種善과 손자인 孟畛·孟畇·孟畛·叔野·叔畝·叔時 등이 敍用되고 仕官하였다. 穡은 1392년(태조 1) 10월에 유배가 해제되고, 태조 4년 韓山伯에 책봉되고 義成庫德泉庫等五庫都提調에 제수되었지만[16] 사관하지 않고 終身하였다. 그러나 색의 아들과 손자들은 태조대 이후에 敍用되고 出仕하면서 본격적인 관직생활을 영위하였다.

種善과 孟畛 등이 언제 서용되거나 출사하였는가는 명확하지 못하다. 그런데 穡은 태조 4년에 완전히 復權되었고,[17] 1396년(태조 5) 사망 직후에 태조의 弔問을 받고 文靖의 시호를 받았다.[18] 叔時는 태종초에 蔭敍로 奉常寺錄事에 제수되었고,[19] 태종 2년과 1405년(태종 5)에 權近과 河崙이 지은 「李穡行狀」과 「李穡神道碑銘」을 보면 태종 2년과 5년에 種善 등의 관직이 다음의 표와 같이 執義(種善)와 藝文館直提學(孟畇) 이하였다.

이러한 穡의 復權과 出仕시기, 種善 등의 出仕路와 出仕時期 및 태종 5년에 종선 등이 진출한 官職과 職秩을 종합하여 볼 때 種善·孟畛·孟畇·叔野·叔畝는

---

16) 『태조실록』 권8, 태조 4년 12월 신해.

17) 동상조 참조.

18) 『태조실록』 권9, 태조 5년 5월 계해.

19) 『세종실록』 권112, 세종 28년 5월 신사 졸기.

<표 8-1> 太宗 2년, 5년 穡系 仕官者 官職[20]

| 성명 | 출사로/출사년 | 태종2(행장) | 태종5(신도비명) | 비고 |
|---|---|---|---|---|
| 종선 | 문과/우왕8 | 전교서령 | 집의 | |
| 맹유 | 음서?/고려말 | 감문위대호군 | 판군기감사 | |
| 맹균 | 문과/우왕11 | 이조고공좌랑 | 예문관직제학(2 사재소감, 3 사인, 지군사) | |
| 맹진 | 음서/고려말 | 仁德宮司涓* | 사복시직장 | *정9 |
| 숙야 | 천거/? | 사재감소감 | 사재감소감 | |
| 숙휴 | 음서?/태종초 | 생균생원 | 주부 | |
| 숙당 | 음서?/태종초 | 호용순위사부사직 | 부사직 | |
| 숙무 | 음서?/? | 사재감소감 | 공조의랑 | |
| 숙치 | 음서?/태종초 | 미사 | 미기재(미사?) | |
| 계 | 문과2, 음서6, 천거1 | 참상6, 참하1, 미사2 | 참상8, 미사1 | |

색이 복권된 태조 4년을 전후한 시기에 서용되었고, 孟畛·叔畦·叔當·叔時는 각각 태조 4년 이후(태종초)와 태종 5년 이후에 출사하였다고 추측된다.

아울러 種善 등이 태조 4년 이후에 역임한 관직은 태조대에는 그 구체적인 역관을 알 수 없지만, 태조 1~7년에는 이색을 극력 배척하던 鄭道傳·南誾 등이 정치·군사 등 국정을 전단하였음에서[21] 都評議使司·六曹·臺諫 등의 淸要職에는 제수되지 못하였을 것이라고 추측된다. 그러나 정종 1년 이후에는 태조 7년에 정도전·남은 등이 제거되었고, 색과 각별한 관계에 있었던 河崙·權近 등이 정도전을 제거하면서 집권한 靖安君 李芳遠의 심복이 되어 정종~태종대의 정치에 큰 정치력을 발휘하였을 뿐만 아니라, 색이 정도전 등에 의하여 박해를 받게 되었던 '昌王擁立' 등 색의 고려말 정치활동을 긍정적으로 평가하였다.[22] 이를 볼 때 색의 아들과 손자들이 1399년(정종 1) 이후에 역임한

---

20) 신도비명은 그 제작연대가 명확하지만, 행장은 그 제작연대가 명확하지 못하다. 그런데 행장에 제시된 權近의 관직 '佐命功臣參贊議政府事判刑曹事'는 태종 1년 12월~2년 7월의 역관이었고, 행장과 비명에 제시된 관직에 상당한 차이가 있기에 행장제작시기를 태종 2년으로 추정한다.

21) 정도전과 남은의 역관 및 정치력 발휘는 졸고, 1980, 「朝鮮初期 議政府硏究」상, 『韓國史硏究』 31, 97쪽 참조.

22) 『이색신도비명』, 『이색행장』, 『태종실록』 권21, 태종 11년 6월 무오. 그 구체적인 내용은 위 『태종실록』기사 및 文炯萬, 1990, 「河崙의 勢力基盤과 그 家系」, 『碧史李佑成敎授 停年退職紀念論叢』상, 479~480쪽 참조.

구체적인 역관은 알 수 없지만, 이전과는 달리 淸要職에도 광범하게 진출하였
을 것이라고 추측된다.

穡은 門下에 河崙·尹紹宗(1345~1393)·鄭道傳·權近 등을 두었는데, 정도전
은 그를 극력으로 박해하고 윤소종은 고려말에 사거하였다. 그러나 하륜은
색이 주관한 과거에 급제하고 種德의 딸을 아들 久의 배필로 맞이하였을
뿐만 아니라 색의 神道碑銘을 짓고 그의 고려말 행적을 극력으로 변호하였으
며, 권근은 딸을 색의 3남 種善의 繼室로 출가시키고 색의 行狀을 지었다.

또 색은 1365년(공민왕 14) 이후 고려시대를 통해 5회에 걸쳐 考試官이
되어 과거를 주관하였다. 이중 공민왕 14년의 門生인 河崙, 공민왕 17년의
문생인 李詹(1345~1405), 공민왕 20년의 문생인 李行(1352~1432)·金若采(?~
태종 3년 이후)·柳寬(1346~1433)·劉敞(?~1421)·許應(?~1411), 1386년(우왕
12)의 문생인 孟思誠(1360~1438)·沈溫(?~1418)·趙涓(1374~1429) 등은 태종
대 이후까지 생존하고 종2품 이상에까지 승진하면서 당시의 정치에 큰 영향력
을 발휘하였다.[23] 種學도 우왕 12년에 부고시관(同知貢擧)이 되어 문과를

---

23) 이들의 주요 역관을 동기의 『조선왕조실록』에서 뽑아 적기하면 다음과 같다.(( )는
재직기간).
河崙 : 定社1등공신 政堂文學(태조 7년 9월~), 參贊門下(정종 1.12~), 門下贊成事(2.4~),
判義興三軍府事(2.5~), 右政丞兼判兵曹事(2.9~), 佐命1등공신 領三司事(태종 1.3~), 領司
平府事兼判戶曹事(1.7~), 左政丞兼判吏曹事(2.10~), 좌정승(5.1~7.7, 12. 8~14.4), 부원
군(7.7~8.2), 領議政(8.2~12.8, 14.4~), 左議政(15.10~16.3).
李詹 : 知申事(태조 1년), 吏曹典書(7.~), 中樞學士(7.~), 知議政府事(정종2~태종 5.3).
金若采 : 大司憲(태종 즉. 12~1.2), 忠淸道觀察使(4.3~).
劉敞 : 開國2등공신 大司成(태조 1.7~), 中樞副使(4.4~), 敬承府尹(태종1~), 參知議政府
事(8.~10.), 參贊議政.判恭安府事(13.~15.), 부원군(16~).
柳寬 : 대사성(~태조 6.12), 중추부사(정종 1.~2.), 대사헌(~태종 2.5, 14.2~15.5), 藝文
大提學(6.윤7, 9~14.2, 18.6~세종 1.12), 刑曹判書(태종 7.6), 참찬의정부사(15.5~18.6),
判中軍都摠制事(세종 1.12~2.4), 贊成事(2.4~), 右議政(6.6~8년).
許應 : 참지의정부사(태종 5.8~5.12), 대사헌(~6.6), 中軍同知摠制(~6.7).
李行 : 知申事(태조 1년 7월~), 예문춘추관학사(~태종2.4), 예문관대제학(~5.7,12.8~
13.4), 判漢城府事(5.9~), 刑曹判書(7.8~), 開城留後(15.12~16.?).
孟思誠 : 左司諫(태종 3. 11~4.2), 동부.좌부승지(5.1~6.8), 이조참의(~7.), 예문관제학

주관하였는데, 그 급제자 중 金汝知(1370~1425)·安純(1371~1440)·卓愼(1367
~1426)·黃喜(1363~1452)는 문종대까지 생존하고 정2품 이상에까지 오르면
서 당시의 정치에 큰 영향력을 발휘하였다.[24]

이들 색의 제자와 문생, 종학의 문생이 색의 아들인 種善과 색의 손자인
孟畇 등의 인사에 끼친 영향력을 구체적으로 알 수는 없다. 그런데 조선
개국으로부터 태종 13년 공식적으로 '座主(고시관)-門生(급제자)制'가 폐지되
기까지는 고려후기 이래의 유풍이 계승되면서 양자 간에는 혈연과 같은 관계가
유지되면서 세력의 형성과 발휘의 토대가 되었다.[25] 또  河崙은 정종~태종대의

---

(7), 대사헌(8.12~9.4), 이조참판(16.6~), 예.호.공조판서(16.9~세종 1.12), 예문대제
학(1.12~), 이판(2.3~), 찬성사(3.12~6.3), 判左軍都摠制事(7), 우.좌의정(9.1~17.).
沈溫 : 동부승지(태종 7.12~), 우부승지(8.3~), 左軍同知摠制(8.10~), 참지의정부사
(~13.11), 대사헌(~14.1), 우군총제((~14.12), 형.호조판서(~15), 판좌군도총제사(15.
12~), 참찬(~17.6), 이.공판(17.6~18.8), 찬성(18.8~), 영의정(18.9~세종 즉. 12 自盡).
趙涓 : 우승지(정종 1년), 동지총제(2.~), 佐命功臣漢平君(태종 1.~), 우군총제(2.~),
도총제(4.~), 겸좌군총제(7.7~), 겸좌군도총제(8.11~), 忠佐侍衛司節制使(11.1~), 중군도
총제(12.12~), 공조판서(13.6~), 지의정부사(13.10~11), 판좌군도총제(16.11~), 부원
군(17.윤5~18. 8, 세종 3.12~8.1, 8.9~11.), 左禁衛節制使(18.8~), 左贊成兼知戶曹事(세
종 2.1~), 우의정(8.1~8.9).
그 외에도 태조 5년 중추학사로서 명에 사신으로 들어갔다가 表箋問題와 관련하여
억류되었다가 태조 6년 명에 의해 살해된 金若恒 등 33명의 문생이 확인된다(구체적인
인명은 『고려예부시등과록』공민왕 14년, 17년, 20년조 참조).

24) 이들의 주요 역관을 동기의 『조선왕조실록』에서 뽑아 적기하면 다음과 같다.
金汝知 : 우·좌대언(태종 9년 1월~10.12), 지신사(10.12~13.11), 예문제학(14.1~, 17.
3~6), 대사헌(16. 3~17.3), 공판(17.6~), 예판(18.1~6, 세종4.9~5.5), 판한성부사(18.6
~), 형판(18.8~세종 4.9), 참찬(5.5~5.12).
安純(뒤 주27) 참조)
卓愼 : 우부.좌부.좌승지(태종 11. 윤12~16.3), 지신사(15.3), 이조참판(16.9~), 예참판
(세종 즉. 8~11), 예문제학(1.4~), 참찬(4.9~8.1).
黃喜 : 지신사(태종 5.12~), 참지의정(8.8~), 형조판서(8.12~), 지의정(10.2~7), 병.예.
이판(11.~15.11), 참찬(~15.12), 호·이·공판(~17.2), 유배(18.5~세종 4.2), 참찬
(4.~5.7), 강원도관찰사 판우군도총제(5.12~), 찬성(7.1~), 이판(8.2~), 우의정(8.5~),
좌의정(9.1~), 영의정(13.9~31.10).
그 외에도 형조참판 柳漢(?~1448) 등 28명의 문생이 확인된다(구체적인 인명은 『고려
예부시등과록』 공양왕 1년조 참조).

대부분을 政丞으로 재직하면서(앞 주23) 참조) 제수 때에 사적으로 인사를 천거하고 제수하게 하는 등 인사에 강력한 영향력을 행사하였다.[26]

색과 색의 아들인 종덕·종학·종선이 여말선초의 대표적인 가문과 통혼하였음은 물론, 색의 손자인 叔畝(처부 鎭安大君 李芳雨)·叔畤(처부 判中樞府事 安純)·季疄(태종부마 李伯剛) 등의 처부가 왕실의 至親이거나 1품관이었다. 숙무 등은 태종~세종대에 재상으로 재직하면서 강력한 정치력을 발휘하였다.[27] 또 색계의 처부 등이 색계의 인사에 어떠한 영향력을 발휘하였는가를 구체적으로 보여주는 자료는 없다. 그러나 여말선초의 '壻留夫家制' 혼인풍속에 따라 사위·외손자는 아들·손자 동일시되었고,[28] 조선시대 양반자제의 대표적인 출사로가 문과·음서인데 음서의 혜택을 줄 수 있는 托蔭者에 처부가 포함되었다.[29] 관계자와 관직자의 등용·체직·승직인사는 薦擧가 토대가 되었고, 천거자가 과오를 범할 때에는 擧主에게 죄를 물었다.[30] 이러한 등에서

---

25) 李成茂, 1994,『改正增補 韓國의 科擧制度』(集文堂) 50, 59, 87~89, 129, 145, 221쪽에서 종합.

26) 『정종실록』권6, 정종 2년 12월 ;『세종실록』권124, 세종 31년 6월 을축조.

27) 종덕 등의 처부와 주요 역관을『조선왕조실록』에서 뽑아 적기하면 다음의 표와 같다.

| 성명 | 생몰년 | 정종대 | 태종대 | 세종대 | 비고 |
|---|---|---|---|---|---|
| 권근 | 1352~1409 | 첨서중추(1), 정당문학 겸 대사성(2) | 좌명4등(1.1), 참찬(1.12~) 찬성(5.1~12), 예문대제학(6.3~), 길창군(~9.2) | | |
| 이방우 | 1354~1392 | | | | 태조 자 |
| 이백강 | 1381~1451 | | 淸平尉(즉~), 전라도절제사(9), 금위절제사(18) | 청평위(~문1) | 태종 부마 |
| 안순 | 1371~1440 | | 우부~우승지(7.11~9.1), 이참의(9.1~9), 동지총제(9.9~11.11), 지의정(~13) | 공판(1.7~5.1), 참찬(5.12~6.6), 호판(~14. 6, 15.5~18.4), 판중겸 판호조사(14.6~15.5, 18.7~19. 6), 찬성(18.4~7), 판중(19.6~22.5) | |

28) 서유부가제의 내용과 의의는 2장 주64) 참조.

29) 음서제의 실시와 탁음자격의 상세한 내용은 2장 주53) 참조(『경국대전』권1, 이전 음자제조).

30) 『경국대전』권1, 이전 말미 천거조. 천거권을 행사한 관직(천거범위)은 경·외 동·서반 3품 이상(3품 이하~무직자), 동반 3품·서반 2품 이상(수령·만호), 의정부·육조 당상관과 대간(관찰사·절도사), 충훈부(공신자손)였다.

색계 자손의 처부·조와 색의 문생은 색계 자손의 인사에 영향을 끼쳤을 것으로 추측된다.

또 조선은 개국과 함께 왕조개창에 비판적이거나 반대한 高麗舊臣을 대대적으로 숙청하면서도 신료와 백성들의 충효를 권장하고,[31] 왕조의 이행과 함께 태조 즉위초의 治罪者를 사면하고 서용하였다.[32] 정종 2년에 善山에 은거 중인 吉再를 서울로 불러 奉常寺博士에 제수하고 그가 '不事二君'을 표방하면서 仕官을 거절하자 그 충절을 표창하였으며,[33] 태종 5년에 贊成事 權近의 주청에 따라 鄭夢周에게 領議政府事修文殿大提學監藝文春秋館事益陽府院君을 추증하였다.[34] 이러한 충효의 권장과 고려충신에 대한 표창은 穡系의 仕官과 陞資·陞職 등 관직진출에 긍정적인 역할을 끼쳤을 것이라고 추측된다.

그 외에 穡, 種德, 種學, 種善은 고려말 개국초에 鄭道傳 일파의 박해를 받기는 하나 직접적으로 군사를 일으켜 조선개창에 저항한 것은 아니었기에 유배되고 廢庶人이 됨에 그쳐 그 경제기반을 온존시킬 수 있었다. 이점은 이들의 처가나 외가의 경제력과 함께 종선과 종덕·종학·종선의 아들들이 안정된 생활을 영위하면서 科業敎育 등 仕官을 준비할 수 있었다고 하겠다.

이리하여 색의 자손은 태종말까지 아들 種善, 손자 孟畇·叔畝와 孟𤲬·孟畛·叔野·叔當·叔福·叔時·季疄가 재상인 종2품관이상과 參上官에까지 올랐다. 이어 세종대에는 아들 種善(세종 20년 中樞使로서 졸)과 손자 孟畇(세종 22년 前左贊成으로서 졸)·孟畛(判漢城府事)·叔畝(세종 21년 知敦寧府事로서 졸)·叔時(세종 28년 左參贊兼判戶曹事로서 졸)·季疄(開城留守)·季甸(吏曹參判) 등이 재상에까지 진출하고, 손자 叔當·季疇·季晥·季町·裕基·衍基과 증손

---


31) 『태조실록』 권1, 태조 1년 7월 즉위교서.
32) 태조 2년 1월 禹玄寶·李穡·偰長壽 등 33인을 사면(宥)하고 외방에 자유롭게 거처하게 하였으며(『태조실록』 권3, 태조 2년 1월 정미), 태조 2년 6월에 顯妃(태조비 강씨)의 생일을 기해 2罪 이하의 모든 죄인을 사면하였다(같은 책, 태조 2년 6월 무자)·
33) 『정종실록』 권4, 정종 2년 7월 을축조 및 吉再行狀.
34) 『圃隱集』 鄭夢周 年譜攷異.

자 畜·思·亨增·塯·壎 등이 참상관 이하에 재직하였다.[35]

또 단종~세조대에는 1453년(단종 1) 首陽大君 李瑈가 정변을 일으켜 단종을 보필하던 皇甫仁·金宗瑞 등을 살해하고 정권을 잡은 후 책록한 靖難功臣에 李季甸(1등)이 책록되고 세조의 즉위 후에 책록된 佐翼功臣에 李季甸(2등)·李季疄(2등)이 책록되었으며,[36] 季町(2등)·保基(3)·思(3)·亨增(3)·文㙭(3)·塾(3)·圭(2)·塌(2)·坡(2)·塤(2)·仁堅(3)·義堅(3) 등이 대거 世祖原從功臣에 책록되었다.[37] 한편 1456년(세조 2) 成三問 등이 주도한 端宗復位의 실패와 함께 동 거사를 주도하였던 성삼문 등이 역모죄로 처단될 때 한산이씨인 塯·裕基도 피화되었다.[38] 그러나 한산이씨는 塯·裕基가 피화되면서 이들이 속한 種德-季疄系는 몰락하였지만, 塯의 삼촌인 季疄·季甸 등은 세조의 신임을 토대로 連坐되지 않고[39] 오히려 左贊成과 領中樞府事에까지 오르는 등 크게 현달하였다. 그 외에도 孟畛(판중추)·蓄(관찰사)·亨增(첨지중추)·坡(호조참판)·封(공조참판)·塤(형조참판)·永垠(이조참의)·義堅(行龜城府使) 등이 정3품 당상관 이상에까지 올랐다. 또 성종 2년에는 永垠이 佐理功臣(4등)에 책록되었다.

이리하여 성종대의 韓山李氏는 成俔이 쓴 『傭齋叢話』에 당시의 대표적인 名門鉅族으로 적기하였음과 같이 유력가문으로 인식되었다. 그러나 성종대 한산이씨의 역관을 보면 재상에 재직한 자는 坡(성종 17년 우찬성졸)·封(성종 24년 지중추졸)·塤(성종 12년 좌참찬졸)·永垠(성종 2년 동지중추졸)에 불과하고, 당하관 이하도 保基·均·禮堅·惟淸 등 십여 명에 불과한 등 세조대에 비하여 많이 쇠미하였다.

연산군~선조대에도 중종 2년에 李惟淸이 李顆의 옥사를 다스린 후에 책록된

---

35) 종선 등의 구체적인 역관은 뒤 398~405쪽 종선~翎 참조.

36) 『단종실록』 권9, 단종 1년 11월 병진 ; 『세조실록』 권2, 세조 1년 9월 정축.

37) 『세조실록』 권2, 세조 1년 12월 무진 ; 권8, 세조 3년 8월 계묘 ; 권20, 세조 6년 5월 경자조 참조.

38) 『셰조실록』 권4, 세조 2년 6월 경자~을미조 참조.

39) 『세조실록』 권4, 세조 2년 6월 갑진.

定難2等功臣에 책록되고 左議政을 거쳐 領中樞府事로서 졸하였고, 선조 22년에 李山海와 李增이 鄭汝立獄事를 다스린 후에 책록한 平難2등과 3등功臣에 책록 및 李山海가 영의정을 역임하였으며(이산해는 다시 선조 23년 宗系辨誣後에 책록한 光國3功臣에 책록), 李山甫(1539~1594)가 이조판서를 역임하고 사후 인 1604년(선조 37)에 왜란에 선조를 호종한 공으로 扈聖2등功臣에 책록되는 등으로 家勢를 유지하여 나갔다.

이를 볼 때 조선전기의 韓山李氏 穡系는 1398년(태조 7) 李芳遠亂 이후에 穡의 아들인 種善과 색의 손자인 孟畇 등이 본격적인 관직생활을 하면서 재흥의 기초가 마련되었다. 태종~세종대에 색의 아들인 種善과 손자인 孟畇· 孟畛·叔畝·叔畤·孟膦이 정2품관 이상에 오르고 손자인 季甸이 승지에까지 오름에 따라 재흥하였다. 단종 1년과 세조 1년에 季膦·季甸兄弟가 靖難功臣과 佐翼功臣에 책록되고 세조대를 통하여 季膦·季甸 등 10여명이 재상까지 승진 하는 등 극성하였다. 성종대에는 세조대의 융성을 토대로 名門鉅族으로 인식 되고, 이후 선조대까지 명문거족으로서의 가세를 유지하여 나갔다.

요컨대 韓山李氏 穡系는 조선개국을 전후하여 조선개창에 반대한 일로 인해 鄭道傳일파의 박해를 받아 거의 몰락하였다. 그러나 1396년(태조 5) 李穡이 복권되고 색의 아들과 손자들의 본격적인 仕官 및 당상관 이상에로의 진출과 관련되어 재흥하였으며, 1453년(단종 1) 癸酉政變을 계기로 다수의 功臣·原從功臣과 宰相을 배출하면서 명문거족으로 성장하였다고 하겠다.


## 2. 穡(-種德, 種學, 種善)系의 展開

### 1) 穡-宗德系

韓山伯 穡의 아들인 8세 種德은 고려 門下評理 柳蕙孫의 딸과 仁寧府司尹

孟畎·좌찬성 孟昀·진사 孟畯·판중추 孟畛과 漢城尹瑞寧君 柳沂·都摠制 河久에
게 출가한 딸을 두었다.

9세 孟畎는 鎭撫로서 단종복위사건에 참여하고 피화된 裕基를 두었고,
유기의 자손은 모두 사관하지 못하였다.

孟昀은 副正 保基를 두었고, 保基의 자손은 아들은 4명 중 2명이 參上官과
參下官에 올랐고, 1명 散階만을 획득하였으며, 1명은 사관하지 못하였다.
손자는 7명 중 2명만이 참상관과 참하관에 올랐고, 1명은 산계만을 획득하였
으며, 4명은 사관하지 못하였다.

孟畯은 副司直(通政大夫?) 奇를 두었고, 奇의 자손은 아들 1명과 손자 3명
중 손자 1명만이 사관하였다.

孟畛은 通政判軍器監事 衍基·參奉 順基를 두었고, 衍基와 順基의 자손은
아들은 5명 중 참상관과 참하관이 각 2명이고, 1명은 산계만을 획득하였다.
그 손자는 10명 중 정3품 당상관이 1명, 당하관이 1명, 참하관이 3명, 산계자가
1명이며, 그 외는 사관하지 못하였다.

〈도 8-2〉 한산이씨 種德系 8~12세 家系(미사 제외)40)

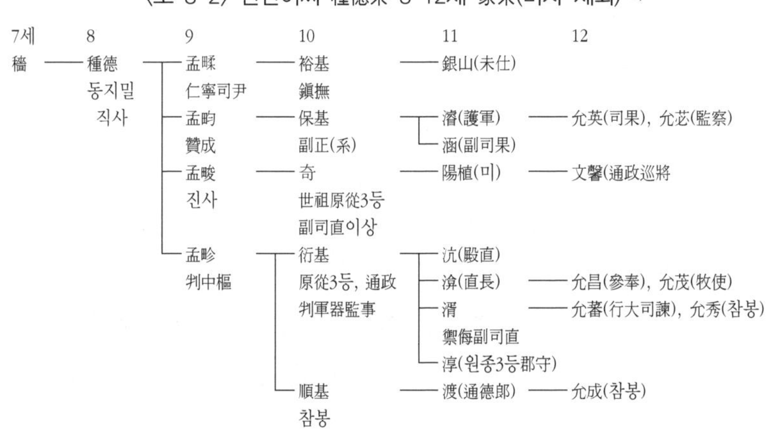


40) 『韓山李氏文襄公(種德)派世譜』, 『朝鮮王朝實錄』, 『國朝人物考』, 『국조문과방목』, 졸저,
    앞 『조선초기 관인이력』 등에서 종합.

위에서 서술된 종덕계 8~12세의 가계와 관직을 도표로 정리하여 제시한 것이 〈도 8-2〉이다.

### 2) 穡-種學系

韓山伯 穡의 아들인 8세 種學은 고려 門下侍中 李春富의 딸과 광주목사 叔野·진주목사 叔畦·첨총제 叔當·형판 叔畝·성균직강 叔福·행좌참찬 叔畤의 6남과 府尹 李漸에게 출가한 1녀를 두었다.

9세 叔野는 관찰사 蕃·賁과 少尹 安崇信·李元根에게 출가한 2녀를 두었다. 蕃과 賁의 자손은 아들은 3명 중 정2품직이 1명이고 未出仕가 2명이었으며, 손자는 4명 중 정1품직·참상관이 각1명이고 2명은 미출사였다.

叔畦는 副正 保基(생부 孟畛)의 1남을 두었다(絶嗣).

叔當은 縣令 思·參奉 畏·左通禮 魁의 3남을 두었고, 思·畏·魁의 자손은 아들은 4명 중 정3품 당상관계자가 1명이고 참상관이 2명이고 미출사가 1명이었으며, 손자는 9명 중 참상관만 1명일 뿐 그외는 모두 출사하지 못하였다.

叔畝는 通政大夫牧使 元增·僉知中樞府事 亨增의 2남과 都事 河孟旿·觀察使 安崇孝·府使 金理·參判 尹峇에게 출가한 4녀를 두었다. 元增·亨增의 자손은 아들 6명은 종2품직(계)이 3명, 정3품 당상관이 1명, 참상관이 1명, 미사(진사)가 1명이었다. 손자 13명은 정2품관과 정3품 당상관 및 당하관이 각 1명이고, 참상관이 6명이고, 참하관이 2명이며, 미사가 2명(1명은 진사)이었다.

叔福은 郡守 文坤·文彊·參奉 文齡·직장 文浩의 4남과 尹濱·柳仲諲에게 출가한 2녀를 두었다. 文坤 등의 자손은 아들 7명은 참상관이 2명이고, 미사가 5명이었다. 손자 13명은 당하관·참상관이 각2명, 참하관이 1명, 미사가 6명이며, 불명이 2명이었다.

叔畤는 直長 文浩와 校理 李敬賢에게 출가한 딸을 두었고, 文浩의 자손은 아들 빈은 참상관을 역임하고, 손자 2명은 각각 참상관과 미출사였다. 종학계

8~12세의 가계와 관직을 정리하면 다음과 같다.

〈도 8-3〉 韓山李氏 種學系 8~12세 家系[41]

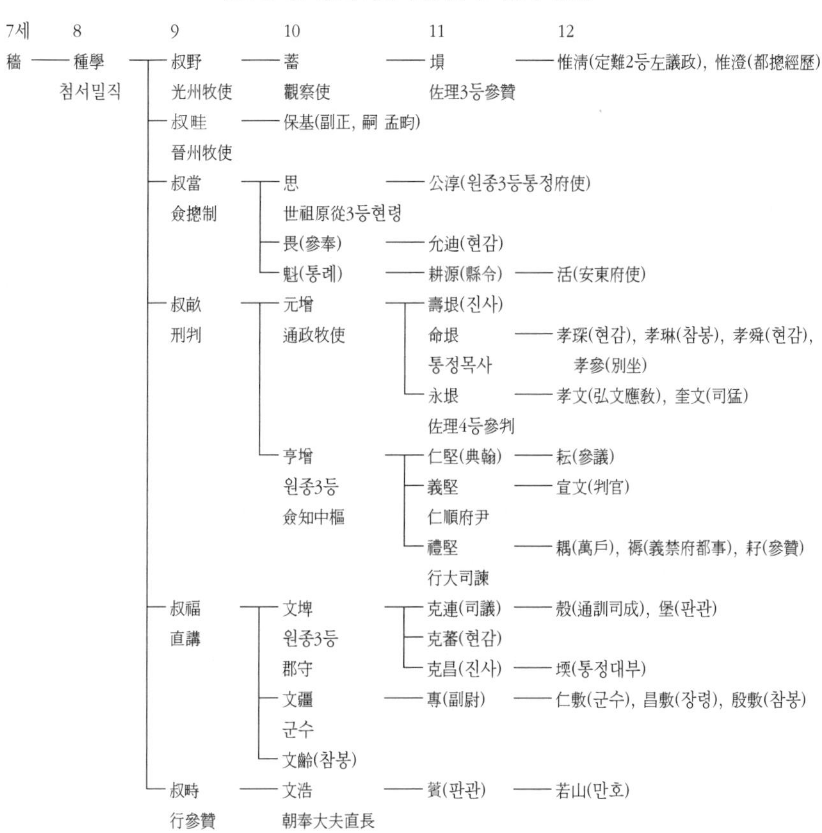



## 3) 穡-種善系

韓山伯 穡의 아들인 8세 正郞 種善은 參贊門下府事 權鈞의 딸과 정랑 李疇·좌
찬성 李嶙·영중추 李甸·정언 李畹·집의 李町의 5남과 僉知中樞府事 李伯常·군

---

41) 『韓山李氏麟濟公(種學)派世譜』, 『조선왕조실록』, 『국조인물고』, 『국조문과방목』, 졸
저, 위 책 등에서 종합. 叔野 등 이하의 여계(사위)는 뒤 〈표 8-13〉 참조)

수 金崇老에게 출가한 2녀를 두었다.

9세 李疇는 集賢殿直提學으로서 단종복위를 도모하고 피화된 塤와 承旨 李徽·府使 李貴然·修撰 許憕·司正 李儼에게 출가한 4녀를 두었다. 塤의 아들 公澮는 白身으로서 부와 함께 피화되었다(이후 절사).

李璘은 相禮 塾·璲·牧使 垓·峒(?)·縣監 圭의 5남과 直長 李莇에게 출가한 딸을 두었다. 塾 등의 자손은 아들 6명은 참상관이 1명이고 미사가 5명이며, 손자 9명은 참상관이 3명이고 미사가 6명이었다.

李甸은 堉·大司成 堣·贊成 坡·刑曹判書 封의 4남과 縣令 劉昭·縣監 崔延年·別坐 權普·監察 鄭繼金에게 출가한 4녀를 두었다. 우 등의 자손은 아들 8명은 참상관이 4명이고, 참하관이 1명이며, 미사가 3명이었다. 손자 16명은 종2품관·정3품 당상관 각 1명, 당하관·참상관이 각 3명, 참하관이 1명이며, 미사가 7명이었다.

李畹은 縣監 堧·參奉 墩·吏曹正郎 埠·墳의 4남을 두었고, 堧 등의 자손은 아들 3명은 당하관이 1명이고 미사가 2명이며, 손자 3명은 참하관이 1명이고 미사가 2명이었다.

李甼은 坦·副提學 均과 金運四에게 출가한 딸을 두었고, 均의 자손은 아들 3명은 참상관·참하관·미사(진사)가 각 1명이고, 손자 7명은 참상관·참하관이 각 1명이고 미사가 5명이었다. 종선계 8~12세의 가계와 관직을 정리하면 〈도 8-2〉와 같다.

그런데 위에서의 이러한 내용을 세대별로 출사율과 출사자 중 당상관이 점하는 비중을 보면 9世는 15명 중 14명 93%가 사관하고 사관자 중 14명 중 7명 50%가 당상관을 역임하였다. 10世는 32명 중 26명 81%가 사관하고 26명 중 9명 35%가 당상관을 역임하였다. 11世는 53명은 27명 51%가 사관하고 27명 중 6명 22%가 당상관을 역임하였다. 12世는 97명 중 43명 44%가 사관하고 43명 중 16%가 당상관을 역임하였다. 또 系派別로 출사율과 당상관역임자가 점하는 비중을 보면 種德系는 9~12世를 통털어 42명 중

〈도 8-4〉 韓山李氏 種善系 8~12세 家系[42]

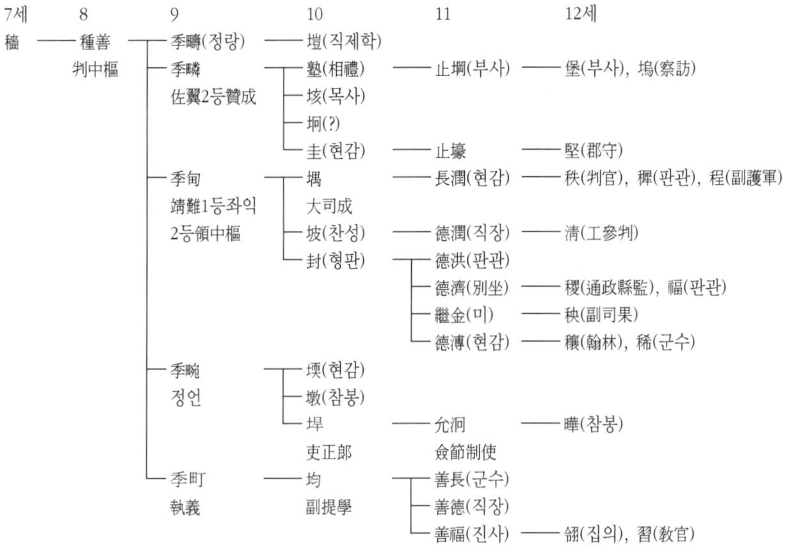


23명 55%가 출사하고 그 중 5명 22%가 당상관직을 역임하였으며, 種學系는 80명 중 49명 61%가 출사하고 그중 16명 33%가 당상관직을 역임하였으며, 種善系는 78명 중 41명 53%가 출사하고 그 중 8명 20%가 당상관직을 역임하였다.[43]

이를 볼 때 種德, 種學, 種善系는 같은 穡系지만 부조 등의 관력과 관련되어 출사·관력에 차이가 있었고, 가장 현달한 종학계에 있어서도 子·孫代까지는 성세를 유지하였으나 증손대 이후는 많이 약화되었음을 알 수 있다.

한산이씨 색-종덕·종학·종선계 남계 190명과 여계 144명 자손을 표로 정리하여 제시하면 다음과 같다.

---

42) 『韓山李氏良景公(種善)派世譜』, 『조선왕조실록』, 『국조인물고』, 『국조문과방목』, 졸저, 위 책 등에서 종합. 季疇 등 이하의 여계(사위)는 뒤 〈표 8-13〉 참조).

43) 각 계파별 구체적인 출사율, 당상관 등 역임비율은 뒤 〈표 8-2, 3〉 참조.

〈표 8-2〉 한산이씨 색계 8~12세 남/여계 자손[44]

| | 8세 | 9 | 10 | 11 | 12 | 계 |
|---|---|---|---|---|---|---|
| 종덕계 | 1/0/1 | 4/2/6 | 4/5/9 | 11/16/27 | 20/19/39 | 40/42/82 |
| 종학 | 1/0/1 | 6/1/7 | 11/9/20 | 19/15/34 | 37/23/60 | 74/48/122 |
| 종선 | 1/0/1 | 5/2/7 | 16/11/27 | 19/21/40 | 35/20/55 | 76/54/130 |
| 합계 | 3/0/3 | 15/5/20 | 31/25/56 | 49/52/101 | 92/62/154 | 190/144/334 |

# 3. 穡系의 官歷과 人事行政

朝鮮初期에 仕官한 韓山李氏 穡系 8~12世(고려말의 種德·種學 포함) 사관자
는 모두 113명이었다.[45] 여기에서는 이들 113명을 대상으로 出仕路, 歷官傾向,
그리고 출사로 및 역관경향 등이 家系나 당시의 人事行政과 어떻게 연관되었는
가를 8~12세별로 구분하여 살펴본다.

## 1) 出仕路

朝鮮時代 文·武班의 出仕路에는 文科, 武科, 蔭敍, 薦擧 등이 있었다. 이러한
출사로와 관련하여 穡系의 出仕者 113명의 出仕路를 보면 種德·種學(8세),
孟畇·叔福(9세), 塾·壎·坡·均(10세), 永垠·禮堅(11세), 允蕃·耘·耔·淸·翎(12
세)의 15명은 文科를 통해 출사하였다.[46] 種善(*, 8세), 叔畝·叔畤·季疄·季甸(*)
·季畹(*, 9세), 蓄·元增·亨增·封(*)·埠(*, 10세), 塤·仁堅(*)·長潤(11세), 惟淸(*)·
孝文(*)·㲄(*, 12세)의 17명은 蔭敍로 출사하였다(*은 음서후 문과).[47] 堅(12세)
은 무과로 출사하였고,[48] 贊(11세)·若山(12세)은 武科로 출사하였다고 추측

---

44) 뒤 〈표 8-13〉에서 종합.

45) 앞 〈도 8-2~4〉와 〈표 8-12〉에서 종합.

46) 『국조문과방목』, 『국조인물고』에서 종합.

47) 金昌鉉, 1994, 「朝鮮初期의 門蔭制度에 관한 研究」(『國史館論叢』 56) 33쪽, 金龍善,
  1990, 「朝鮮 前期의 蔭敍制度」(『(한림대)아시아문화』 6) 186~189쪽에서 종합.

된다.[49] 叔野(9세)·湝(11세)의 2명은 薦擧를 통해 출사하였다.[50]

그 외의 75명은 出仕路가 명확하지 않으나 朝鮮前期에 운영된 蔭敍規定과[51] 조부·부와 장인 등의 역관을 볼 때 孟眯(9세) 등 68명은 다음의 설명과 같이 대개 蔭敍를 통해 출사하였다고 추측되며, 允迪(11세) 등 8명은 출사로가 불명하였다.

9世의 孟眯·孟畛(조 韓山伯 穡, 부 同知密直 種德), 叔畦·叔當(조 穡, 부 簽書密直 種學), 季疇·季町(조 穡, 부 判中樞 種善) 등 6명은 음서로 출사하였다고 추측된다.

10世의 裕基(조 동지밀직 種德), 保基(조 종덕, 부 左贊成 孟畇), 奇(조 종덕), 衍基·順基(조 종덕, 부 판중추 孟畛), 思·畏·魁(조 첨서밀직 種學, 부 僉摠制 叔當), 文埤·文彊·文齡(조 종학), 文浩(조 종학, 부 參贊 叔時), 塾·垓·圭(조 판중추 種善, 부 左贊成 季疇), 堧·墩(조 종선, 부 領中樞 季甸) 등 17명은 음서로 출사하였다고 추측된다.

11世의 濬·涵(조 찬성 孟畇, 부 世祖原從功臣 保基), 沆·潾·湝(조 판중추 孟畛, 부 세조원종공신 通政判軍器監事 衍基), 公淳(부 세조원종공신 通訓縣令 思), 耕源(부 通政左通禮 魁), 命垠(조 刑判 叔畝, 부 通政牧使 元增), 義堅(조 숙무, 부 원종공신첨지중추 亨增, 다시 무과), 克連·克蕃(부 세조원종공신 文埤), 止塢(조 찬성 季疇, 부 세조원종공신 相禮 塾), 德潤(조 영중추 季甸, 부 찬성 坡), 德洪·德濟·德溥(조 季甸, 부 刑判 封), 允洞(부 吏曹正郎 埠), 善長·善德(부 副提學 均) 등 19명은 음서로 출사하였다고 추측된다.

12世의 允英(조 世祖原從功臣 保基), 允芯(조 보기, 장인 判書 元孝然), 允昌·允茂(조 세조원종공신 衍基), 允秀(부 세조원종공신 湝), 惟澄(부 參判 塤), 孝琛·孝

---


48) 『중종실록』 권95, 중종 36년 4월 경신 金溝縣令李堅 出身纔過十五朔 遽陞五品 請改正 依允.
49) 앞 『한산이씨세보』참조.
50) 동상조.
51) 음서제의 정비과정과 탁음관직, 제수연령, 제수관직은 앞 2장 주17) 참조.

琳·孝舜·孝參(부 通政牧使 命垠), 奎文(부 참판 永垠), 宣文(부 세조원공신 仁順府尹 義堅), 耦·褥(부 行大司諫 禮堅), 堡(조 세조원종공신 文埠, 장인 參判 禹孝剛), 堡·塢(조 세조원종공신 塾, 부 府使 止堝), 秩·櫸·程(조 세조원종공신 堝), 稷·福·秧·穰·稀(조 贊成 封), 曄(부 僉節制使 允洞) 등 26명은 음서로 출사하였다고 추측된다.

이와 관련하여 穡系의 出仕率과 出仕路에서 蔭敍가 점하는 비중을 보면 세대별 출사로는 8세는 100%(출사자 3명/총인원 3명)였고, 9세는 93%(14/15)였고, 10세는 81%(26/32)였고, 11세는 51%(27/53)였고, 12세는 44%(43/97)였으며, 8~12세를 통털어는 57%(113/200)였다.

또 出仕者 중 蔭敍者의 비율을 보면 8세는 33%(음서자 1명/ 출사자 3명)였고, 9세는 80%(12/14)였고, 10세는 85%(22/26)였고, 11세는 81%(22/27)였고, 12세는 70%(30/43)였으며, 8~12세를 합해서는 76%(86/113)였다.

이를 볼 때 조선초기 韓山李氏 穡系의 出仕率은 44% 이상이었고, 음서가 출사로에서 점하는 비율이 8~12세에 걸쳐 70% 이상이었음에서 穡系의 출사에 家系的인 요소가 끼친 영향이 지대하였음을 잘 보여준다고 하겠다.

아울러 蔭敍에 의하여 堡·塢·稷·福·穰·稀·曄(종선계)의 7명은 6대, 允昌·允茂·允秀(종덕계)와 惟清·惟澄·孝琛·孝琳·孝舜·孝參·宣文·止堝·德洪·德濟·德溥·允洞(종선계)의 14명은 5대, 沆·淹·湑·淳(종덕계), 公淳·耕源·命垠·仁堅·義堅(종학계), 塾·垹·圭·封·堧·墩·埠(종선계)의 16명은 4대, 裕基·衍基·順基(종덕계), 思·畏·魁·元增·亨增·文浩, 季疇·季疄·季旬·季晼·季町(종선계)의 14명은 3대에 걸쳐 각각 관직이 계승되었다.[52]

이상에서 朝鮮前期 穡系의 出仕와 累代에 걸친 官職의 획득과 현달은 家系的인 요소, 즉 蔭敍에서 크게 영향되었다고 하겠다. 이러한 음서의 역할은 필자가 몇 연구에서 계속하여 지적하였듯이 지금까지 托蔭者의 범위를 토대로 '조선시대

---

52) 앞 〈도 8-2~4〉 및 뒤 〈표 8-12〉에서 종합.

의 음서가 관인의 출사로에서 점하는 비중은 고려시대에 비해 크게 약화되었고, 과거가 관인의 지배적인 출사로 였다'고 한 것과는 달리 조선전기에는 음서가 과거에 못지 않은 중요한 출사로 였음을 입증한다고 하겠다.53)

지금까지 살펴본 朝鮮初期 穡系의 仕官者 113명(대상 총인원은 200명)의 出仕率과 蔭敍率을 8~12世別과 種德·種學·種善系別로 재정리하면 다음의 표와 같다.

〈표 8-3〉 한산이씨 穡系 8~12世 出仕率과 蔭敍率54)

| | | 8세 | | 9 | | 10 | | 11 | | 12 | | 합계 | |
|---|---|---|---|---|---|---|---|---|---|---|---|---|---|
| 출사율 | 종덕계 | 1/1 | 100% | 3/4 | 75% | 5/5 | 100% | 6/11 | 55% | 8/21 | 38% | 23/42 | 55% |
| | 종학계 | 1/1 | 100 | 6/6 | 100 | 10/11 | 91 | 12/21 | 57 | 20/41 | 49 | 49/80 | 61 |
| | 종선계 | 1/1 | 100 | 5/5 | 100 | 11/16 | 69 | 9/21 | 43 | 15/35 | 43 | 41/78 | 53 |
| | 계 | 3/3 | 100 | 14/15 | 93 | 26/32 | 81 | 27/53 | 51 | 43/97 | 44 | 113/200 | 57 |
| 음서율 | 종덕계 | 0/1 | 0 | 2/3 | 67 | 5/5 | 100 | 5/6 | 83 | 5/8 | 63 | 17/23 | 74 |
| | 종학계 | 0/1 | 0 | 4/6 | 67 | 10/10 | 100 | 9/12 | 75 | 13/20 | 65 | 36/49 | 73 |
| | 종선계 | 1/1 | 100 | 5/5 | 100 | 7/11 | 89 | 8/9 | 89 | 12/15 | 80 | 33/41 | 80 |
| | 계 | 1/3 | 33 | 14/15 | 11/14 | 22/26 | 85 | 22/27 | 81 | 30/43 | 70 | 86/113 | 76 |

## 2) 官歷

朝鮮前期 穡系의 仕官者 113명 중『朝鮮王朝實錄』,『國朝人物考』,『牧隱集』,『國朝文科榜目』등에서 역관이 확인되는 인물은 種善(8세) 등 63명이고, 順基

---

53) 이 점에 대해서는 졸고, 1987,「朝鮮初期 六曹研究 添補-六曹와 統治機構와의 관계를 중심으로-」,『大丘史學』33, 3~4쪽 ; 1995,「朝鮮初期 淸州韓氏 永矴(?~1417 이전, 知郡事 贈領議政)系 家系研究-歷官傾向과 通婚圈을 중심으로-」,『啓明史學』6, 13쪽 ; 1995,「朝鮮初期 蔭敍의 實際와 役割-樞要職歷任者와 鉅族出身仕官者의 歷官分析을 중심으로-」,『韓國史研究』91, 60~61, 77, 86, 95쪽 참조. 조선시대에는 고려시대에 비하여 음서가 축소되었다고 파악한 대표적인 논저는 다음과 같다.
　邊太燮, 1987,『改正版 韓國史通論』, 三英社 ; 韓㳓劤, 1987,『改訂版 韓國痛史』, 乙酉文化社 ; 李基白, 1990,『韓國史新論 新修版』, 一潮閣 ; 李成茂, 1980,『朝鮮初期 兩班研究』, 일조각.
54) 뒤〈표 8-12〉에서 종합.

(10세) 등 50명은 그 역관이 확인되지 않았다.[55] 또 그 역관이 확인된 63명
중에서도 種善 등 22명은 遞職·陞職 등의 자세한 역관이 확인되었다. 여기에서
는 이에 따라 출사자 113명의 최고 官職(官階)와 種善 등의 初仕職·陞資·陞職·遞
職 등 역관경향을 구분하여 살펴본다.


### (1) 最高官職

색계 8~12세 출사자 113명의 최고 관직을 보면 다음의 표와 같이 世代別로는
8世 3명은 종1품직이 1명이었고, 종2품직이 2명이었다. 9世 16명은 당상관이
정1품 1명, 종1품 4명, 정2품 3명, 정3품 1명의 9명이었고, 당하관 이하가
7명이었다. 10世 26명은 당상관이 종1.정2.종2품 각1명과 정3품 6명의 9명이
었고, 당하관 이하가 17명이었다. 11世 26명은 당상관이 종2품 3명과 정3품
2명의 5명이었고, 당하관 이하가 21명이었다. 12世 42명은 당상관이 정1품
1명, 종2품 2명, 정3품 3명의 6명이었고, 당하관 이하가 36명이었다.

系派別로는 種德系 23명은 당상관이 종1·종2·정3품 각2명 6명이었고, 당하
관 이하가 17명이었다. 種學系 49명은 당상관이 정1·종1품 각1명, 정2품
3명, 종2품 5명, 정3품 7명의 17명이었고, 당하관 이하가 32명이었다. 種善系
41명은 당상관이 정1·정2·종2품 각1명 종1·정3품 각3명 9명이었고, 당하관
이하가 32명이었다.

전체 113명은 당상관이 정1품 2·종1품 6·정2품 4·종2품 8·정3품 12명의
32명이었고, 당하관 이하가 당하관 14·참상관 48·참하관 19명의 81명이었다.

---

55) 앞 『한산이씨세보』외에는 그 역관이 확인되지 않기 때문에 사관여부가 불명하다.
그러나 그 역관이 확인된 인물에 있어서 확인된 역관과 『한산이씨세보』상의 역관이
대개 일치하고 있고,『조선왕조실록』의 기재상 특별한 활동이 없는 관인과 微官末職에
그친 자는 기재되지 않았다. 또 역관이 확인되지 않은 대부분은 참상관 이하를
역임함에 그쳤다. 이에서 『한산이씨세보』에서만 역관이 확인된 경우도 일단 사관한
것으로 간주하여 파악하였다.

<표 8-4> 韓山李氏 穡系 8~12세 仕官者 最高官職(階)[56]

| | | 정1 | 종1 | 정2 | 종2 | 3상 | 참상 | 참하 | 계 | | | 정1 | 종1 | 정2 | 종2 | 3상 | 참상 | 참하 | 계 |
|---|---|---|---|---|---|---|---|---|---|---|---|---|---|---|---|---|---|---|---|
| 종덕계 | 8세 | | | | 1 | 0 | 0 | 0 | 1 | 종선계 | 8세 | | 1 | 0 | 0 | 0 | 0 | 0 | 1 |
| | 9 | | 2 | 0 | 0 | 0 | 1 | 0 | 3 | | 9 | 1 | 1 | 0 | 0 | 0 | 3 | 0 | 5 |
| | 10 | | | | | 1 | 3 | 1 | 5 | | 10 | | 1 | 1 | 0 | 2 | 6 | 1 | 11 |
| | 11 | | | | | | 4 | 2 | 6 | | 11 | | | | | | 7 | 2 | 9 |
| | 12 | | | | 1 | 1 | 1 | 5 | 8 | | 12 | | | | 1 | 1 | 9 | 4 | 15 |
| | 계 | 0 | 2 | 0 | 2 | 2 | 9 | 8 | 23 | | 계 | 1 | 3 | 1 | 1 | 3 | 25 | 7 | 41 |
| 종학계 | 8세 | | | | 1 | 0 | 0 | 0 | 1 | 합계 | 8세 | | 1 | 0 | 2 | 0 | 0 | 0 | 3 |
| | 9 | | 1 | 1 | 0 | 1 | 3 | 0 | 6 | | 9 | 1 | 4 | 3 | 0 | 1 | 7 | 0 | 16 |
| | 10 | | | | 1 | 3 | 4 | 2 | 10 | | 10 | | 1 | 1 | 1 | 6 | 13 | 4 | 26 |
| | 11 | | | | 1 | 3 | 2 | 6 | 12 | | 11 | | | | 3 | 2 | 17 | 4 | 26 |
| | 12 | 1 | 0 | 1 | 0 | 1 | 15 | 2 | 20 | | 12 | 1 | 0 | 0 | 2 | 3 | 25 | 11 | 42 |
| | 계 | 1 | 1 | 3 | 5 | 7 | 28 | 4 | 49 | | 계 | 2 | 6 | 4 | 8 | 12 | 62 | 19 | 113 |

한편 이들의 관계와 관직을 관련시켜 보면 8·9世는 대개 準職除授(官階와 官職이 대응)였다. 10~12世는 출사자의 15~19%가 行職除授되기는 하나 10~11世는 대개 1품정도가 降授되었고, 12世는 대개 2품 이상 강수되었다.[57] 당상관의 분포를 보면 8~10世는 당상관이 전 출사자의 35% 이상(8세 100%, 9세 56%, 10세 35%)을 점하였지만 11世와 12世는 19%와 14%에 불과하였고, 種學系가 전 당상관의 53%(17명/32명)를 점한 반면에 種德系와 種善系는 19%(6/32)와 28%(9/32)에 불과하였다.


## (2) 歷官傾向


種善 등 당상관 22명의 역관경향을 보면 8世는 ① 李種善(1368~1438)은 禑王初에 父蔭으로 출사하고 1382년(우왕 8) 문과에 급제하면서 본격적인

---


56) 뒤 <표 8-12>에서 종합.

57) 행직제수를 구체적으로 보면 9세 1명은 종1품으로서 행참찬에 제수되었다. 10세 4명은 通政大夫監事, 通政牧使, 通訓縣令, 朝奉直長이 각각 1명었고, 11세 4명은 嘉善大司諫, 통정목사, 通政府使, 禦侮副司直이 각 1명이었다. 12세 8명은 가선대사간, 통정현감, 折衝(?)부호군, 통훈현감, 통훈사성, 통훈군수, 통훈판관, 어모부사과가 각1명이었다 (앞 <도 8-1~3> 및 뒤 <표 8-12> 참조).

관직생활에 접어들었으며, 고려 말까지 佐郎과 正郎을 역임하였다. 麗末鮮初
에는 부 穡과 형 種德·種學이 李成桂·鄭道傳 등의 私田改革과 王朝開創에
반대한 일로 廢庶人된 후 유배되고 살해됨에 따라, 폐서인되면서 유배되었다.[58]
1392년(태조 1) 왕조개창 직후에 사면되고 태조 4년경에 복직되었다.[59] 곧이어
執義와 司諫을 거쳐 태조 5년 兵曹參議에 발탁되었다가[60] 父 상으로 사직하였
다가 태조 7년 脫喪과 함께 복직되었으며, 다시 右·左司諫大夫, 戶曹參議를
역임하였다. 1417년(태종 17) 종2품에 오르면서 豊海道觀察使로 파견되었고,
이후 漢城府尹, 左軍同知摠制, 咸吉道觀察使를 역임하였다. 1427년(세종 9) 정2품
에 오르면서 判漢城府事에 제수되었고, 세종 11년 開城府留後로 파견되었다가
곧 병으로 사직하였으며, 세종 20년 中樞使에 복직되었다가 졸하였다.[61]

　9世는 ② 李孟畇(1371~1440)은 1385년(우왕 11) 문과에 급제하고 출사하였
다. 麗末~朝鮮開國初에는 조부 穡과 부 種德에 연루되어 仕官하지 못하였을
것이라고 추측된다. 태조 4년 색의 復官을 전후하여 서용되었고, 태종초에
議政府舍人, 知郡事를 역임한 후 1405년(태종 5) 藝文館直提學에 승직하였으며,
이어 承文院判事, 執義를 역임하였다. 태종 13년 당상관에 오르면서 大司成에
발탁되었고, 다시 左·右司諫大夫, 禮曹參議를 역임하였다. 태종 18년경 종2품
에 오르면서 敬承府尹에 제수되었고, 이어 漢城府尹, 禮曹參判, 同知摠制를
역임하였다. 1424년(세종 6) 정2품에 오르면서 工曹判書에 발탁되었고,
이후 禮·工·吏·兵判, 參贊, 藝文大提學, 判漢城府事를 역임하였다. 세종 19년
종1품에 오르면서 右贊成兼判吏曹事에 발탁되었고, 이어 左贊成을 역임하고

---

58) 앞 377~378쪽 참조.
59) 언제 유배에서 풀리고 사관하였는가는 명확하지 않다. 그런데 穡이 태조 1년 10월
　　유배지에서 방면되었고, 이어 태조 4년 五臺山에 은거 중 일 때 韓山伯에 책봉되면서
　　완전히 伸寃되었다. 이에 미루어 태조 1년경에 解配되고 태조 4년경을 전후하여
　　敍用된 것으로 추측된다.
60) 『세종실록』 권80, 세종 20년 3월 정유 졸기 ; 『태조실록』 권9, 태조 5년 5월 계해.
61) 『태조~세종실록』, 『牧隱集』 李穡行狀 및 李穡神道碑銘에서 종합. 뒤의 ② 孟畇~23
　　翎의 출전은 번다함을 피하여 특별한 경우를 제외하고는 생략한다.

졸하였다.

③ 李孟畇(1382~?)은 蔭敍로 出仕하고 1405년(태종 5) 司僕寺直長이 되었으며, 이어 刑曹正郎과 持平 등을 역임하였다. 1427년(세종 9) 同副承旨에 발탁되었고, 이어 右副, 右承旨를 거쳐 세종 12년 종2품에 승진하면서 戶曹參判에 발탁되었으며, 이어 漢城府尹, 刑曹左參判, 全羅觀察使 등을 역임하였다. 세종 25년 정2품에 오르면서 知中樞府事에 제수되었고, 이후 判漢城府事, 咸吉道觀察使를 역임하였다. 1451년(문종 1) 지중추부사로서 致仕하였다가 1455년(세조 1) 判中樞府事에 復職한 후 졸하였다.

④ 李叔畝(?~1439)는 祖 穡의 蔭으로 出仕하였고,[62] 1405년(태종 5) 工曹議郎에까지 승진하였다. 이후 태종 17년까지 宿衛司大護軍, 上護軍 등을 역임하고 태종 18년 종2품에 오르면서 左軍同知摠制에 발탁되었다. 이어 1434년(세종 16)까지 恭安府尹, 中軍同知摠制兼慶尙道觀察使, 刑曹參判, 平安道觀察使, 中軍摠制, 刑曹右·左參判, 同知中樞 등을 역임하였다. 세종 17년 정2품에 오르면서 刑曹判書에 발탁되고, 이어 判漢城府事를 거쳐 知敦寧府事 재직 중에 졸하였다.

⑤ 李叔畤(1390~1446)는 태종초에 祖 穡의 蔭으로 奉常寺錄事에 제수되면서 출사하였고, 이후 1429년(세종 11)까지 京畿道經歷, 漢城府少尹, 掌令, 判宗簿寺事兼知刑曹事를 역임하였다. 세종 12년 당상관에 오르면서 刑曹參議에 제수되었고, 工曹參議·左參議, 兵曹左參議를 역임하였다. 세종 15년 종2품에 오르면서 平安道觀察使로 파견되고(곧 工曹參判兼平安道觀察使), 이어 刑曹參判, 大司憲, 咸吉道觀察使를 역임하였다. 세종 21년 정2품에 오르면서 知中樞府事에 제수되었고, 이후 工曹判書, 右·左參贊을 거쳐 左參贊兼判戶曹事에 발탁되었다가 졸하였다.

⑥ 李季疄(1401~55)은 1416년(태종 16)에 장인 淸平尉 李伯剛의 음으로 敦寧府丞에 제수되면서 출사하였고,[63] 이어 同副知敦寧府事, 判司譯院事를

---

62) 『세종실록』 권85, 세종 21년 6월 기축 졸기.
63) 『세조실록』 권2, 세조 1년 12월 기유 졸기.

역임하였다. 1436년(세종 18) 당상관에 오르면서 同副承旨에 발탁되었고,
세종 23년에는 다시 종2품에 오르면서 刑曹參判에 발탁되었으며, 이후 세종대
를 통하여 京畿觀察使, 戶曹參判, 大司憲, 別侍衛節制使, 開城府留守 등을 역임하
였다. 문종 1년 정2품에 오르면서 知中樞府事에 제수되었고, 이어 刑曹判書를
거쳐 단종 2년 종1품에 오르면서 右贊成兼判戶曹事에 발탁되었으며, 세조
1년 좌익2등공신에 책록되고 左贊成이 되었다가 졸하였다.

⑦ 李季甸(1404~1459)은 蔭敍로 출사하였고, 1427년(세종 9) 宗廟署副丞으
로서 문과에 급제하였다. 세종 15년경 集賢殿修撰에 제수되었고, 이후 文名을
떨치면서 세종 28년까지 집현전의 副校理, 直殿, 校理를 거쳐 直提學에 승진하
였다. 세종 29년 당상관에 오르면서 同副承旨에 발탁되었고, 이어 右副, 左副,
右, 都承旨를 역임한 후 세종 32년 종2품에 오르면서 吏曹參判에 발탁되었다.
1453년(단종 1) 兵曹參判 재직중 首陽大君 李瑈가 집정대신인 皇甫仁·金宗瑞
등을 살해하고 집권한 癸酉政變에 기여한 공으로 靖難1등공신에 책록되면서
兵曹判書에 陞職되었다. 1455년(세조 1) 세조즉위에 기여한 공으로 다시
佐翼2등공신에 책록되었고, 익년 종1품에 오르면서 判中樞府事兼判兵曹事에
중용되었으며, 세조 5년 정1품에 오르면서 領中樞府事에 올랐다가 졸하였다.

10世는 ⑧ 李蕃(1402~1453)은 태종 17년 蔭敍로 출사하였고,[64] 이어 세종대
를 통하여 戶曹正郎, 掌令, 判奉常寺事 등을 역임하였다. 1451년(문종 1) 당상관
에 오르면서 僉知中樞府事에 제수되었고, 문종 2년 吏曹參議를 거쳐 黃海觀察使
에 파견되었으며, 익년 질병으로 사직하였다가 졸하였다.

⑨ 李愷(1417~1456)는 세종 18년 문과를 통해 출사하였고, 1441년(세종
23)경 集賢殿에 들어간 후 세종대를 통하여 副修撰, 校理, 應敎를 역임하였다.
1453년(단종 1) 執義에 제수되기도 하나 곧 直提學으로 집현전에 복귀하였으
며, 1456년(세조 2) 集賢殿副提學으로서 成三問 등과 함께 端宗復位를 주도하다

---

64) 『國朝人物考』 李蕃墓誌 年十六初授啓聖殿直.

가 실패한 후 自盡하였다.

　⑩ 李塏(1432~1467)는 1453년(단종 1) 문과를 통해 출사하였고, 1455년(세조 1) 行注簿로서 原從2등공신에 책록되었다. 세조 3년 司藝로서 文科重試에 급제하였고, 이어 判宗簿寺事, 兼執義를 거쳐 세조 11년 당상관에 오르면서 僉知中樞府事에 제수되었으며, 세조 14년 受賂로 파직된 후 졸하였다.

　⑪ 李坡(1434~1486)는 1451년(문종 1) 문과에 급제하고 校書館著作에 제수되면서 출사하였으며, 이어 集賢殿修撰을 거쳐 세조 1년 集賢殿校理로서 原從2등공신에 책록되었다. 이후 1462년(세조 8)까지 藝文館應敎, 執義, 判內資寺事, 藝文館直提學 등을 역임하였고, 세조 9년 당상관에 오르면서 僉知中樞府事에 제수되고 곧 右承旨에 발탁되었으며, 이어 左, 都承旨, 工曹參議를 역임하였다. 세조 11년 종2품에 오르면서 漢城府尹에 제수되었고, 이후 1476년(성종 7)까지 戶曹參判, 行大司成, 行大護軍, 五衛都總府副總管, 吏曹參判을 역임하였으며, 성종 8년 정2품에 오르면서 平安觀察使로 파견되었다. 성종 9년 知中樞府事로 입조하였고, 이어 禮·戶曹判書를 거쳐 성종 16년 종1품에 오르면서 行左參贊兼 判禮曹事에 중용되었으며, 곧 右贊成에 옮겼다가 졸하였다.

　⑫ 李封(1441~1493)은 蔭敍로 출사하였고,[65] 세조 11년 保義將軍行司直으로서 문과에 급제하고 藝文直提學에 陞職하였다. 세조 12년 文科重試에 급제한 후 당상관에 승진하고 익년에는 다시 同副承旨에 발탁되었으며, 이어 右, 左承旨를 거쳐 종2품에 오르면서 工曹參判에 승직하였다. 이후 1486년(성종 17)까지 吏曹參判, 行護軍, 慶尙觀察使, 大司憲, 漢城府潤, 守知中樞府事 등을 역임하였다. 성종 18년 정2품에 오르면서 지중추부사에 제수되었고, 곧 戶曹判書에 발탁되었으며, 이어 永安觀察使, 漢城判尹 등을 역임한 후 지중추부사로서 졸하였다.

　⑬ 李均(1452~1501)은 1477년(성종 8) 문과를 거쳐 출사하였고, 이후 연산

---

65) 『성종실록』 권284, 성종 24년 11월 갑진 졸기.

군 초까지 弘文副修撰, 持平, 執義, 弘文直提學 등을 역임하였다. 1498년(연산군
4) 당상관에 오르면서 大司成에 제수되었고, 이어 弘文副提學, 大司諫을 역임하
고 졸하였다.

11世는 ⑭ 李壎(1429~1481)은 세종 21년 장인 孝寧大君 李補의 蔭으로
五衛司直에 제수되었고,66) 세조초까지 護軍兼典籤, 同僉知敦寧, 大護軍, 軍資判
事 등을 역임하였다. 1460년(세조 6) 당상관에 오르면서 僉知中樞府事가
되었고, 工曹參議를 거쳐 세조 8년 종2품에 오르고 仁順府尹에 제수되었으며,
이어 刑曹參判, 同知中樞府事를 역임하였다. 세조 13년 정2품에 오르면서
行漢城左尹兼五衛將이 되고 이어 京畿觀察使, 漢城判尹을 역임하였으며, 1471
년(성종 2) 佐理3등공신에 책록되었다. 성종 3년 종1품에 오르면서 漢城君에
봉군되었고, 성종 11년 行右參贊을 거쳐 行左參贊에 옮겼다가 졸하였다.

⑮ 李永垠(1434~1471)은 1456년(세조 2) 문과에 급제하고 權知承文副正字에
제수되면서 출사하였다. 세조 3년 文科重試에 급제하고 侍講院弼善에 승직하
였으며, 이후 세조 10년까지 左獻納, 持平, 直講, 掌令, 直藝文館, 執義 등을
역임하였다. 세조 11년 당상관에 오르면서 同副承旨에 발탁되었고, 이어
左副, 右副承旨와 吏曹參議를 역임한 후 1469년(예종 1) 종2품에 오르면서
刑曹參判에 승직하였다. 이후 성종초까지 兵曹參判과 同知中樞를 역임하였고,
佐理4等功臣韓山君에 책록된 후 졸하였다.

⑯ 李仁堅(?~?)은 蔭敍로 출사하였고, 1453년(단종 1) 五衛司正으로서 문과
에 급제하고 軍器寺直長에 승직하였다. 1455년(세조 1) 原從3등공신에 책록되
었고, 이후 吏, 禮曹佐郎, 禮曹正郎, 藝文典翰을 역임하고 졸하였다.

⑰ 李禮堅(1436~1510)은 성종 2년 문과를 거쳐 출사하였고, 이후 성종대를
통하여 待敎, 獻納, 持平, 掌令, 執義, 三陟府使 등을 역임하였다. 1504년(연산군
10) 甲子士禍 때 내수사재물 사용과 관련되어 왕명과 달리 언행한 일로

---

66) 『성종실록』 권129, 성종 12년 5월 기축 졸기, 『國朝人物考』李壎墓誌.

유배되었다가[67] 복직되지 못하고 졸하였다.

12世는 ⑱ 李惟淸(1458~1530)은 父蔭으로 출사하였고, 1486년(성종 17)
五衛司果로서 문과에 급제하였으며, 이후 연산군대를 통해 持平, 掌令, 執義,
察訪 등을 역임하였다. 1506년(중종 1) 執義로서 定難2등공신에 책록되었고,
익년 종2품에 超資하면서 大司憲에 발탁되었으며, 이어 중종 13년까지 漢城府
左尹, 京畿觀察使, 大司憲을 역임하였다. 중종 14년 己卯士禍 직후 당시의
정치를 전단한 南袞·沈貞에 당여로 左參贊에서 일거에 정1품大匡輔國崇祿大夫
에 超資하면서 右議政에 발탁되었고,[68] 중종 18년 左議政에 승진하였으며,
중종 23년 領中樞府事에 체직되었다가 졸하였다.

⑲ 李孝文(?~?)은 蔭敍로 출사하였고, 1495년(연산군 1) 五衛司果로서 문과
에 급제하였다. 연산군 2년 行弘文副校理에 제수되었고, 이후 評事, 弘文副修撰
·副校理·校理, 獻納, 弘文副應敎·應敎, 掌令 등을 역임하고 졸하였다.

⑳ 李耘(1469~1535)은 1501년(연산군 7) 문과를 거쳐 출사하였고, 이후
1531년(중종 26)까지 吏曹佐郎, 濟州牧使, 行副司直, 南陽府使를 역임하였다.
중종 27년 당상관에 오르면서 工曹參議에 제수된 후 졸하였다.

㉑ 李耔(1480~1533)는 1504년(연산군 10) 文科壯元으로 급제하고 監察에
제수되면서 출사하였고, 이후 1517년(중종 12)까지 吏曹佐郎, 弘文館修撰·校理
·副校理·副應敎, 司諫, 弘文典翰·直提學 등을 역임하였다. 중종 12년 당상관에
오르면서 弘文副提學에 승직하였고, 곧 右副承旨에 발탁되었으며, 都承旨에
승진하였다. 중종 13년 종2품에 승진하면서 大司憲에 발탁되었고, 중종 14년
정2품에 오르면서 漢城判尹에 陞職하였으며, 곧 刑曹判書를 거쳐 右參贊에
재직하던 중 己卯士禍에 연루되어 파직된 후[69] 졸하였다.

㉒ 李淸(1483~1549)은 1511년(중종 6) 문과를 거쳐 출사하였고, 이후 중종

---


67) 『연산군일기』 권54, 연산군 10년 6월 병자.
68) 『중종실록』 권37, 중종 14년 12월 정축.
69) 『중종실록』 권37, 중종 14년 11월 을사 및 12월 병자, 『국조인물고』李耔行狀(盧守愼).

14년까지 正言, 弘文館修撰·副校理·校理, 持平, 吏曹正郎, 掌令, 弘文應敎 등을
역임하였다. 중종 15년 掌令 재직 중 己卯士禍에 연루되어 파직되었고,[70] 중종
23년 이전에 복직되었으며, 이어 司諫, 應敎, 舍人 등을 역임하였다. 중종
34년 이전 정3품 당상관을 거쳐 종2품에 승진하였고, 중종 34년 공조참판에
제수되었으며, 이어 漢城左尹, 慶尙觀察使, 咸吉觀察使를 역임하고 졸하였다.

위의 맹균 등 당상관의 역관을 볼 때 색계의 출사에는 부·조 등의 가계가
크게 영향을 끼쳤지만, 그외의 역관과 정3품 당상관 이상으로의 진출에는
표면적으로는 가계적인 영향을 찾기 어렵다.

그러나 이들 중 정3품 당상관 이상에 진출한 種善 등 19명의 가계를 보면
색을 기점으로 할 경우 耘을 제외한 18명은 증조·조·부, 조·부, 부나 조가
1~2품을 역임하였고, 塤 등 7명은 장인이 왕실지친이거나 1~2품관이었다.[71]
種善 등 19명은 거의가 주로 육조·사헌부·사간원·홍문관 등의 淸要職을 역임
하고 당상관에 승진하였고, 정3품 당상관 이상에 진출하였을 때의 연령이나
출사로부터 정3품 당상관직 이상에 오르는 데 소요된 기간이 동기의 대다수
관인에 비해 젊고 빨랐다. 색계 중에서도 장인이 왕실지친인 塤 등은 여타
색계의 진출보다 빨랐다.[72]

또 種善 등 19명이 당상관에 재직하였던 시기는 7명이 태종~세종대였고,
5명이 세조대, 4명이 중종대였다.[73] 세조대의 季甸은 세조 즉위에 기여하고
공신에 책록되면서 超資陞職하였고,[74] 중종대의 惟淸, 耔는 가계적인 요인보다
도 당시의 정치에 큰 영향력을 발휘하였던 南袞·沈貞, 趙光祖一派와의 밀착을
통해 議政에 超資陞職되고[75] 단기간에 정3품 당상관~정2품에 승진하였다.[76]

---

70) 『중종실록』 권37, 중종 14년 11월 신미·갑신.
71) 7명은 鎭安大君 芳雨(숙무), 淸平尉 李伯剛(계린), 鈴平尉 尹季童(파), 孝寧大君 李補(훈),
    대사헌 蔡壽(자), 형판 徐選(축), 판중추 安純(숙치)이다(뒤 〈표 8-11·12〉).
72) 뒤 〈표 8-6〉에서 종합.
73) 뒤 〈표 8-11〉에서 종합.
74) 앞 401쪽 季甸항 참조.

한편 種善 등 19명의 출사로를 보면 13명 즉, 孟畇·塓·坡·均·永垠·禮堅·耘·籽·淸은 문과로 출사하였고, 種善·季甸·封·惟淸은 음서로 출사한 후에 다시 문과에 급제하였듯이 종선 등은 학문에도 탁월하였다.

따라서 조선초기 穡系는 穡과 그 子·孫 및 丈人 등의 후광, 학문적인 자질을 통하여 태종~세종대, 세조대에 六曹·臺諫 등의 淸要職을 역임하고 대거 정3품 당상관 이상에 진출하면서 현달하였다고 하겠다.

### 3) 穡系의 官歷과 家系 및 人事行政

### (1) 穡系의 官歷과 家系

穡(-種德, 種學, 種善)系 8~12세의 出仕路를 볼 때 색계의 관력에는 가계적인 요소가 큰 영향을 끼쳤을 것이라고 추측된다.

색계의 가계가 그 역관에 끼친 영향을 구체적으로 보여주는 예는 禮堅이 성종 14년에 사촌동서인 吏曹參判 趙益貞의 작용으로 獻納에 제수되었다가 掌令 尹殷老의 탄핵을 받고 昭格署令에 체직되었고,[77] 季疄과 塓이 각각 丈人인 淸平尉(태종부마) 李伯剛과 孝寧大君(태종자) 李補의 음으로 종7품 敦寧府副丞과 정5품 五衛司直에 初授된[78] 외에는 확인되지 않는다.

그러나 다음과 같이 당상관 이상에 진출한 種善 등의 가계, 당하관 역관, 정3품 당상관 이상에 진출한 소요기간·연령 등을 볼 때 색계의 가계와 그 역관은 밀접히 관련된 것으로 추측된다.

① 種善 등 당상관 진출자 19명의 가계를 보면 穡을 기점으로 할 경우

---

75) 앞 주(68)·69) 참조.

76) 앞 ⑱유청·㉑자 참조.

77) 『성종실록』 권155, 성종 14년 6월 정유 ; 권156, 14년 7월 갑진.

78) 앞 ⑥계린·⑭훈 참조.

<表 8-5> 韓山李氏 穡系 8~12세 堂上官 樞要職 在職期間[79]

| 성명 | 의정부 | | | 육조 | | | 승정원 | | 기타 |
|---|---|---|---|---|---|---|---|---|---|
| | 의정 | 찬성 | 참찬 | 판서 | 참판 | 참의 | 도승지 | 제승지 | |
| 종선 | | | | | | 태종5, 11 | | | 총제(세종3), 판한성(9~11) |
| 맹균 | | 세종 10~22 | 세9~10, 12~16 | 세6~9, 10 ~11, 17~18 | 세종4 | 태15~16 | | | 우·좌사간(태13~15), 겸판이조사(세19~21) |
| 맹진 | | | | | 세12~13, 16~18 | 태15~16 | | 세9~12 | 판한성(세종25~27, 30~ 32), 판중(세조2) |
| 숙무 | | | | 세종17 | 6~7, 16 | | | | 총제(태종18~세종1, 2~6) |
| 숙치 | | | 세23~28 | 22~23 | 15~16 | 12~15.1 | | | 대사헌(세16~20), 겸판호조사(27~28) |
| 계린 | | 세조1 | | 단즉~ 세조1 | 세종23~24, 26 | | | 세18~ | 대사헌(28~29), 겸판호조사(단2~세조1) |
| 계전 | | | | 단1~세1 | | | 세종32 | 29~ | 영중추(세조4) |
| 축 | | | | | | 문2 | | | |
| 파 | | 성16~17 | 성16.3~ 윤4 | 성12~16.3 | 세13~14, 성6~8 | | 세조11 | 9~ | 오위부총관(성5), 겸판예조사(16) |
| 봉 | | | | | 세13, 예1, 성12 | | | 세13.3~ 8 | |
| 균 | | | | | | | | | 홍부제학(연4), 대사헌(5) |
| 훈 | | | 성11~13.3 | | 세10~11 | 세7~8.1 | | | 판한성(성종1) |
| 영은 | | | | | 예1~성1.11 | 세14~ 예1.4 | | 세11.4 ~14.8 | |
| 윤번 | | | | | | | | | 대사간(중16) |
| 유청 | 중14 ~23 | | 중13~14 | | | | | | 대사헌(중2, 12) |
| 운 | | | | | | 중27 | | | |
| 자 | | | 중14 | 중14 | | | 중13 | 중12 | 홍부제학(중12), 대사헌(13) |
| 계 | 1 | 3 | 6 | 7 | 9 | 8 | 3 | 7 | |

塒·坡·封은 증조·조·부가 1품관이었고, 季驎·季甸은 조·부가 1품관이었으며, 孟畇·孟畛·叔畝·叔時·惟清은 조·부가 1~2품관이었다. 種善·均은 부가 1품관 이었고, 塤·耔는 부가 2품관, 淸은 조가 1품관, 蕃·永垠·禮堅은 조가 2품관이었 으며, 耘은 증조가 2품관이었다. 또 叔畝·叔時·季驎·蕃·坡·塤·耔는 장인이 王室至親·駙馬이거나 정2품관 이상을 역임하였다.[80] 즉 19명 중 18명은 증조· 조·부, 조·부, 부나 조 또는 장인이 1~2품을 역임하였거나 王親·駙馬였다.

―――――――――

79) 앞 398~405쪽, 졸저, 『조선초기 관인이력』에서 종합.

80) 앞 주71).

② 種善 등 19명은 대개 坡·永垠이 각각 集賢殿修撰·校理, 執義, 判內資事, 藝文直提學과 持平, 直講, 掌令, 直藝文館, 執義 등을 역임하고 당상관에 승진한 것과 같이 주로 六曹·司憲府·司諫院·弘文館 등의 淸要職을 역임하고 당상관에 승진하였다.[81]

③ 種善 등 당상관과 그 외의 당하관 이하 진출자가 사관한 시기에는 이들의 부나 형제 등의 다수가 다음의 표와 같이 議政府·六曹·承政院 등의 각급 당상관직에 재직하면서 당시의 정치에 큰 영향력을 발휘하였다. 즉 태종~문종대에는 種善·孟畇·孟畹·叔畝·叔時·季疄·季旬 등이 議政府·六曹·承政院·臺諫·三軍府 등의 각급 당상직, 孟畇·叔時·季疄은 이·호조판서의 상위에 서 그 曹의 일을 지휘하는 判曹事에[82] 각각 재직하면서 당시의 정치와 군사에 큰 영향력을 발휘하였다. 세조~예종대에는 堣·坡·封·塤·永垠 등이 의정부·육조 등 당상관, 연산군~중종대에는 均·惟淸·耘·籽·淸 등이 의정부·육조 등 당상관에 각각 재직하면서 당시의 정치에 큰 영향력을 발휘하였다.

④ 穡系子孫의 장인과 사위의 父도 40여 명이 2품관 이상에 재직하였는데[83] 이 중 河崙(종덕서 久의 부)·金國光(종선 손 埤 처부)·韓明澮(종학 증손서 堡 부)·申叔舟(종덕 고손서 溥 부) 등의 예와 같이 다수가 당시의 정치·군사에 큰 영향력을 발휘하였다.[84]

⑤ 種善 등이 정3품 당상관 이상에 진출하였을 때의 연령이나 출사로부터 정3품 당상관직 이상에 오르는데 소요된 기간을 보면 다음의 표에서와 같이 대개 31~49세와 출사한 후 10~29년만에 정3품~정2품직에 승진하였다. 즉 季疄·永垠/封은 출사후 10년 미만이나 20대에 정3품 당상관, 坡·永垠·籽/塤·叔畝·封은 출사후 16년 미만이나 37세 미만에 종2품, 坡·籽/塤은 출사후 16년과

---

81) 앞 398~405쪽 참조.
82) 한충희, 1985, 「朝鮮初期 判吏·兵曹事硏究」, 『韓國學論集』 11, 120~130쪽.
83) 40여 명 중 당상추요직에 재직한 30여명의 재직기간은 다음과 같다(뒤 〈표 8-6〉(부조) 와 〈표 8-11〉에서 종합, *-처부, **-사돈).

40세 미만에 정2품, 季疄·坡·堨·季甸은 56세 미만에 종1품에 각각 승진하였다. 堨·坡·禮堅·耔/堨·種善·季甸은 출사후 18년이나 39세 미만에 정3품, 季疄·淸·孟畇/種善·孟畛·叔時·季甸·惟淸은 51세 미만에 종2품, 孟畇·季疄·叔畝·叔時·季甸·封은 55세 미만에 정2품에 각각 올랐다.

〈표 8-6〉 한산이씨 색계 8~12세 당상관승진 소요기간과 연령[85]

| 성명 | 생년 | 출사 연령 | 당상관 승진 연령 | | | | 성명 | 생년 | 출사 연령 | 당상관 승진 연령 | | | | |
| --- | --- | --- | --- | --- | --- | --- | --- | --- | --- | --- | --- | --- | --- | --- |
| | | | 정3 | 종2 | 정2 | 종1 | | | | 정3 | 종2 | 정2 | 종1 | 정1 |
| 맹균 | 1371 | 15세 | 43세 | 48세 | 54세 | 67세 | 종선 | 1368 | | 38 | 50 | 60 | | |
| 계린*1 | 1401 | 16 | 24 | 41 | 51 | 54 | 맹진 | 1382 | | 46 | 49 | 62 | 74 | |
| 축*2 | 1402 | 16 | 50 | 51 | | | 숙무*7 | 1386 | | ? | 33 | 50 | | |
| 우 | 1432 | 21 | 33 | | | | 숙치*8 | 1390 | | 41 | 44 | 50 | | |
| 파*3 | 1434 | 18 | 30 | 32 | | | 계전*9 | 1404 | | 37 | 47 | 50 | 55 | 58 |
| 훈*4 | 1429 | 11 | 32 | 34 | 52 | | 봉*10 | 1441 | | 26 | 27 | 47 | | |
| 영은 | 1434 | 23 | 32 | 36 | 44 | | 균 | ? | | 23*11 | | | | |
| 예견 | 1436 | 36 | 53? | | | | 유청*12 | ? | | 50 | ? | ? | | 62 |
| 자*5 | 1480 | 25 | 38 | 40 | 41 | | 운 | 32 | | 32*13 | | | | |
| 청*6 | 1483 | 29 | ? | 57 | | | | | | | | | | |

*1 장인 이백강, *2 장 서선, *3 장 윤계동, *4 장 이보, *5 기묘명현, *6 기묘명현, *7 장 이방우, *8 장 안순, *9 공신, *12 출사후 소요기간, *10 문과중시, *11 출사후 소요기간, *12 공신.

| | 태조대 | 정종~태종대 | 세종~문종대 | 단종~세조대 | 예종~성종대 | 연산대 | |
| --- | --- | --- | --- | --- | --- | --- | --- |
| 의정 | 李和(종학**) | 이화, 河崙(종덕**) | | 申叔舟(항**), 韓明澮(훈**), 李仁孫(돈*) | 신숙주, 한명회, 金國光(한*), 盧思愼(숙**) | | 7 |
| 찬성 | 柳蔓殊(숙치*) | | 安純(숙치*, 숙야·숙무**) | 金國光(한*) | 노사신 | | 4 |
| 판서 | | | 안순, 徐善(축*), 李明德(숙야**) | 한명회, 이인손, 김국광, 盧思愼(숙*) | 尹繼謙(계금*) | | 8 |
| 참판 | | 李明德(숙야**) | 서선, 이명덕, 李思儉(계주**), 成念祖(숙**) | 元孝然(윤필*), 禹孝剛(외**, 보*), 이인손, 김국광, 노사신 | 權傑(보기**), 李昌臣(효문*), 윤계겸 | 이창신 | 12 |
| 승지 | | 安純(숙치*, 숙야·숙무**), 徐選(축*), 이명덕 | 禹孝剛(외**, 보*), 성념조 | 한명회, 김국광, 노사신, 申澍(덕제*), 尹繼謙(계금*) | 이창신, 윤계겸 | | 12 |
| 기타 | 鎭安大君 芳雨(숙무*) | 부원군 蘂(맹진**), 淸平尉 李伯剛(계린*) | 翊峴君 璉(맹유**), 孝寧大君 보(훈*) | 효령대군, 영평위 尹季童(파*), 翊峴君 璉(우**) | 翊峴君(우**), 鈴川君 磻(봉**) | | 8 |
| 계 | 3 | 7 | 8 | 12 | 9 | 1 | 31 |

84) 『국조인물고』 河崙·韓明澮·申叔舟·金國光碑銘 참조.

이 중에서도 승진이 현저하게 빨랐던 季疄·永垠·封·坡·秄·塤·叔畝·叔畤·季
甸의 경우 季疄은 장인인 태종부마 李伯剛의 음으로 종7품 敦寧副丞에 初授되었
고, 永垠은 父 叔畝의 代加[86] 등으로 획득된 參上官階를 토대로 문과·문과중시
에 급제하고 2년만에 종4품 이상(行持平)에 승자하였고, 封은 부 季甸의
대가 등으로 획득된 종3품계를 토대로 문과·문과중시에 급제하고 2년만에
당상관에 승직하였으며, 秄는 趙光祖의 후원으로 1년만에 정3품 당상관에서
정2품직에 초지승직하였다. 塤은 장인 孝寧大君 李補의 음으로 종5품 司直에
特敍되었고, 叔畝는 장인이 태조 장남인 鎭安大君 李芳雨의 遺德으로(태조
1년 병사) 형이나 4촌 형들보다 빨리 당상관에 승진하였고, 叔畤는 장인이
판중추 安純이었으며, 季甸은 癸酉政變 때 병조참판으로 首陽大君을 돕고
靖難·佐翼功臣에 책록되면서 6년만에 정1품직에 승직하였다.[87]

이에서 조기에 당상관에 승진한 인물은 자를 제외한 모두가 부나 장인의
가계에서 크게 기인되었다고 하겠다. 그 외의 孟畇 등도 역관이 그 가계와
어떻게 관련되었는가를 명확히 알 수는 없지만, 계린 등의 예와 그 조·부나
장인의 역관을 고려할 때 이들의 역관도 가계적인 요인이 많이 작용하였다고
추측된다.


### (2) 穡系의 官歷과 人事行政


조선초기의 인사규정을 보면 蔭敍者는 부·조 등 托蔭者의 역관과 관련하여
20세 이상이 되면 取才를 거쳐 정7~종9품의 각급 實職이나 同正職 등을
제수받았다.[88]

---

85) 앞 398~405쪽, 졸저 『조선초기 관인이력』에서 종합.
86) 代加는 당상관인 祖·父 등이 받을 加資를 그 子·孫 등이 받는 陞資制였다. 그 실제에
    대해서는 崔承熙, 1985, 「朝鮮時代 兩班의 代加制」(『震檀學報』 60) 참조.
87) 앞 398~405쪽 참조.
88) 初蔭職과 시기별 변천내용은 앞 2장 주17) 참조.

또 堂下官 이하 관인이 加資, 遞職, 陞職되기 위하여는 근무일수를 채우고 좋은 考課를 받아야 하였으며, 4품에 승진하기 위해서는 守令을 역임하거나 議政府·六曹에 재직하여야만 했다.[89]

이러한 인사규정과 관련되면서 운영된 인사행정을 보면 文宗代까지는 인사규정이 비교적 準行되면서 官階와 官職을 相應시켜 제수하는 准職(相當職) 除授가 중심이 되었고, 行·守職除授는 많지 않았다.[90] 이 시기 정3품 당상관~ 정2품에 올랐을 때의 연령을 보면 가장 빨리 진출하였다고 추측된 의정의 경우도 50대에야 정2품에 올랐다.[91]

그러나 단종대 이후에는 加資가 남발되고 이와 관련되어 官人의 高階化가 일반화되면서 堂上官과는 90여에 불과하나 堂上官階를 가진자는 400명을 상회하였다. 그리하여 당상관 100여명이 8~9품의 軍職에 行職除授되는가 하면, 除授·陞職인사가 크게 적체되었다.[92] 이 시기 靖難·佐翼·敵愾·翊戴·佐 理功臣이 정3품 당상~종1품에 승진하였을 때의 평균 연령은 각각 38세, 41세, 45세, 50세였다.[93]

그런데 朝鮮前期 橋系 仕官者의 역관을 보면 孟畇·季疄·蕃·坡·塤·耘 등은 음서규정에 구애되지 않고 11~18세로서[94] 정5품 이하 여러 관직에 제수되었 고, 蕃·塾·堅·翎은 근무기간에 구애되지 않고 가자·승직되면서 논란되었으 며,[95] 叔畝 등 십 수 명은 그 역관을 볼 때 인사규정에 구애되지 않고 가자·승직

---

89) 參下官은 3考2上 이상, 參上官은 5고3상 이상으로 승자하였고, 의정부.육조 당하관은 재직기간이 차면 승자되면서 체직되었지만 그외의 관아는 平遷되었다(한충희, 1985, 「朝鮮 世祖~成宗代의 加資濫發에 대하여」, 『韓國學論集』 12, 166~167쪽 참조).

90) 『성종실록』 권83, 성종 8년 8월 계해. 한충희, 위 논문 187쪽과 189쪽 〈표 8-3)ㄷ〉 참조.

91) 예컨대 黃喜와 孟思誠은 47세와 48세에 정2품관에 올랐지만, 許稠는 50세, 金宗瑞는 57세, 河演은 55세에 각각 정2품에 올랐다(졸저, 『조선초기 관인이력』에서 종합).

92) 한충희, 위 논문 191~193쪽 참조.

93) 위 논문, 191쪽 주158) 참조.

94) 앞 〈표 8-6〉 참조.

된 것으로 추측된다.[96]

또 중종 19년에 副司直 耘은 '非理好訟事'로 탄핵받고 파직되었다가 곧 還敍된 일로 논란된[97] 예와 같이 孟畇·季町·衍基·封·義堅 등은 공·사죄로 파면·유배된 후 조기에 복직되었다. 대개 세조대 이후에 출사한 색계 11~12世 仕官者 70여 명 중 52명이 음서를 통해 출사하였다고 추측된다.

한편 種善 등의 역임관직을 보면 태조~문종대는 물론, 단종~중종대에도 당상관으로서 8~9품의 軍職에 行職除授된 자는 없었고, 坡와 封이 종2품으로서 상·대호군과 호군,[98] 義堅·衍基·耘·殼·翎이 정3품 당하관으로서 護軍·副司正·副司直·郡守·直講에 각각 제수되었다.

출사자는 대개 6조와 삼사 등 중요 관아의 관직을 역임하고, 관계와 관직이 대응되면서 제수되었고, 각급 당상관 역임자는 태조~문종대는 물론 단종~명종대에 있어서도 24~50세에 정3~정2품직을 역임하는[99] 등 일찍이 당상관에 승자·승직하였다.

이처럼 색계 사관자는 태조~문종대는 물론 단종~중종대에도 穡 이래로 현달한 조·부 등의 가계를 토대로 초사직·가자나 초자·제수·승직·체직과 당상관직(계) 이상에로의 승진 등에서 우월한 지위와 혜택을 누렸다.

따라서 조선전기 색계는 색과 그 자·손의 현달을 계기로 한산이씨가 당대의 대표적인 명문으로 인식되었고, 색과 그 자손의 현달을 통해 꾸준히 출사하고

---

95) 『문종실록』권8, 문종 1년 7월 계축 ; 『세조실록』권14, 세조 6년 2월 기미 ; 『중종실록』권95, 중종 36년 4월 신축 ; 『명종실록』권29, 명종 18년 6월 신미.

96) 예컨대 季畹과 季甸은 태종 16년~세종 2년에 종7품(敦寧副丞)~종3품(同副知敦寧)과 세종 26~27년에 집현전교리에서 직제학에 각각 승진하였다. 그 외에도 叔畝, 季町, 塏, 坡, 均, 塤, 永垠, 禮堅, 惟淸, 孝文, 耔, 淸이 이에 해당되었다고 추측된다(앞 졸저(2020)에서 종합).

97) 『중종실록』권52, 중종 19년 12월 정사.

98) 『예종실록』권5, 예종 1년 5월 정유 ; 『성종실록』권4, 1년 3월 임오 ; 권1, 성종 즉위년 12월 을묘.

99) 앞 〈표 8-6〉 참조.

당상관 진출자가 이어지면서 명문으로서의 지위를 유지하였다고 하겠다.


## 4. 韓山李氏의 通婚圈과 家系意識

### 1) 通婚家門


穡의 아들로부터 5대손까지는 男系 190명, 女系 144명의 총 331명이 확인되었다. 이들의 통혼자를 보면 種德·種學·種善 등 239명은 배우자의 본관과 부·조가 명확하고, 叔畦·叔福 등 63명과 裕基의 3녀 39명 등 102명은 배우자나 성관이 불명하였다.[100]

통혼가문이 명확한 278명의 성관을 보면 계파별로는 다음의 표와 같이 종덕계 82명은 세대별로는 종실·상위유력성관(이하 상위 성관), 유력성관, 그 외 성관(이하 그 외), 성관불명(이하 불명)이 0·1·0·0명(8세), 1·2·3·0명(9), 2·2·5·0명(10), 4·10·10·3명(11), 8·8·2·21명(12)이다.[101] 전체는 상위성관이 15(/82)명 18%, 유력성관이 23명 28%, 그 외가 20명 24%, 불명이 24명 29%이다.

<표 8-7> 韓山李氏 穡系 8~12세 통혼가문[102]

| | | 종덕계 | | | | | | 종학계 | | | | | | 종선계 | | | | | |
|---|---|---|---|---|---|---|---|---|---|---|---|---|---|---|---|---|---|---|---|
| | | 8세 | 9 | 10 | 11 | 12 | 계 | 8 | 9 | 10 | 11 | 12 | 계 | 8 | 9 | 10 | 11 | 12 | 계 |
| 상위유력성관· | 진주강씨 | | | | 1 | 0 | 1 | | | | | | | | | | | | |
| | 안동권 | | | | 2 | 3 | 5 | | | | 2 | 2 | 4 | 1 | | | | | 1 |
| | 광산김 | | | | 1 | 0 | 1 | | | | | | | | | 1 | 0 | 2 | 3 |
| | 창녕성 | | | | | | 0 | | | | | | | | | | 1 | | 1 |
| | 고령신 | | | | | 1 | 1 | | | | | | | | | | 1 | 1 | 2 |
| | 문화유 | | | | | 1 | 1 | | | 2 | 3 | 2 | 7 | | | | 0 | 1 | 1 |

---

100) 뒤 <표 8-7>에서 종합.

101) 성관의 분류는 앞 2장 33~34쪽 참조.

| | | | | | | | | | | | | | | | | | | | |
|---|---|---|---|---|---|---|---|---|---|---|---|---|---|---|---|---|---|---|---|
| 유력성관 | 파평윤 | | | | | 1 | 1 | | | 1 | 0 | 1 | 2 | | | 1 | 2 | 2 | 5 |
| | 광주이 | | | | | | 0 | | | | | | | | | 1 | | | 1 |
| | 전의이 | | 1 | 1 | 0 | 1 | 3 | | | 1 | 2 | 2 | 5 | | | | | 1 | 1 |
| | 청주한 | | | | | 1 | 1 | | | | | 2 | 2 | | | | 1 | 1 | 2 |
| | 종친 | | | 1 | | | | 1 | | | | 1 | 2 | | | | 1 | 2 | 3 |
| | 소계 | 0 | 1 | 2 | 4 | 8 | 15 | 0 | 1 | 4 | 8 | 9 | 22 | 1 | 0 | 3 | 6 | 10 | 20 |
| | 순흥안씨등3성관8~5명 | 0 | 0 | 1 | 0 | 2 | 3 | 0 | 1 | 2 | 0 | 6 | 9 | 0 | 0 | 0 | 1 | 3 | 7 |
| | 진주하씨등19성관4~2명 | 0 | 2 | 1 | 10 | 0 | 13 | 1 | 1 | 1 | 6 | 4 | 13 | 0 | 5 | 2 | 4 | 7 | 18 |
| | 진주유씨등17성관1명 | 1 | 1 | 0 | 4 | 0 | 6 | 0 | 1 | 2 | 0 | 1 | 4 | 0 | 0 | 3 | 0 | 4 | 7 |
| | 소계 | 1 | 2 | 2 | 10 | 8 | 23 | 1 | 3 | 6 | 6 | 13 | 29 | 0 | 5 | 12 | 5 | 20 | 42 |
| | 합계 | 1 | 3 | 4 | 14 | 16 | 38 | 1 | 4 | 10 | 14 | 22 | 51 | 1 | 5 | 15 | 11 | 30 | 62 |
| 일반성관 | | 0 | 3 | 5 | 10 | 2 | 20 | 0 | 2 | 8 | 10 | 15 | 35 | 0 | 2 | 6 | 17 | 5 | 30 |
| 성관불명 | | 0 | 0 | 0 | 3 | 21 | 24 | 0 | 1 | 2 | 10 | 23 | 36 | 0 | 0 | 6 | 12 | 20 | 38 |
| 총계 | | 1 | 6 | 9 | 27 | 29 | 82 | 1 | 7 | 20 | 34 | 60 | 122 | 1 | 7 | 27 | 40 | 55 | 130 |

| | | 합계 | | | | | | 비고 |
|---|---|---|---|---|---|---|---|---|
| | | 8세 | 9 | 10 | 11 | 12 | 계 | |
| 유력성관 | 진주강씨 | | | | 1 | | 1 | |
| | 안동권 | 1 | | | 4 | | 5 | |
| | 광산김 | | | 1 | 1 | 2 | 4 | |
| | 창녕성 | | | | 1 | 0 | 1 | |
| | 고령신 | | | | 1 | 2 | 3 | |
| | 문화유 | | | 2 | 2 | 4 | 8 | |
| | 파평윤 | | | 2 | 2 | 4 | 8 | |
| | 광주이 | | | 1 | | | 1 | |
| | 전의이 | | 1 | 2 | 2 | 4 | 9 | |
| | 청주한 | | | | 1 | 4 | 5 | |
| | 종친 | | 1 | 1 | 2 | 2 | 6 | |
| | 소계 | 1 | 2 | 9 | 17 | 27 | 56 | |
| | 순흥안씨등3성관8~5명* | 0 | 1 | 6 | 1 | 11 | 19 | *순흥안씨 8, 안동김 6, 경주이 5 |
| | 경주이씨등20성관 4~2명* | 1 | 7 | 6 | 16 | 18 | 48 | *청풍김 4, 진주하·청주이·원주원·양성이·양천허 각3, 나주박·연안김·전주최·영산신·죽산박·밀양박·강릉김·선산김·여주이·여흥민·의성김·한양조 각2 |
| | 진주유씨등17성관각1명* | 1 | 2 | 5 | 4 | 5 | 17 | *진주유·전의이·제주고·진주강·평산신·남양홍·전주이·함양박·해평윤·의령남·경주김·고성이·성주이·동래정·장수황·해주정·청송심·용인이 |
| | 소계 | 2 | 10 | 17 | 21 | 44 | 94 | |
| | 합계 | 3 | 12 | 26 | 38 | 71 | 150 | |
| 그 외 성관 | | 0 | 7 | 22 | 38 | 19 | 76 | |
| 성관불명 | | 0 | 1 | 8 | 25 | 64 | 98 | |
| 총계 | | 3 | 20 | 56 | 101 | 154 | 334 | |

종학계 122명은 상위 성관·유력성관·그 외·불명이 8세는 1·0·0·0명, 9세는 1·3·2·1명, 10세는 4·6·8·2명, 11세는 8·6·10·10명, 12세는 9·13·15·23명이고, 9~12세를 합해서는 22명 18%·29명 24%·30명 25%·36명 30%이다.

종선계 130명은 상위 성관·유력성관·그 외·불명이 8세는 1·0·0·0명, 9세는 0·5·2·0명, 10세는 3·12·6·6명, 11세는 6·5·17·12명, 12세는 10·20·5·20명이고, 9~12세를 합해서는 20명 15%·42명 32%·30명 23%·38명 29%이다.

종덕·종학·종선계를 합한 334명은 세대별로는 정덕종학계 122명은 상위 성관·유력성관·그 외·불명이 8세는 0·3·0·0명, 9세는 2·10·7·1명, 10세는 9·17·22·8명, 11세는 17·21·38·25명, 12세는 56·94·76·98명이고, 9~12세를 합해서는 56명 17%·94명 28%·76명 23%·98명 29%이다.

그런데 색계 배우자의 부·조, 부나 조가 역임한 최고 관직(관계)을 보면 다음의 표와 같이 종실과 부·조 1~2품 또는 부나 조 1~2품, 부·조 또는 부나 조가 정3품 당상관을 역임한 비중이 종덕계 82명은 8세는 100%(1/1명), 9세는 33%(2/6), 10세는 44%(4/9), 11세는 26%(7/27), 12세는 18%(7/39)였고, 8~12세를 합해서는 26%(21/82)였다.

종학계 122명은 8세는 100%(1/1명), 9세는 71%(5/7), 10세는 50%(10/20), 11세는 24%(8/34), 12세는 13%(7/55)였고, 8~12세를 합해서는 22%(29/122)였다.

종선계 130명은 8세는 100%(1/1명), 9세는 33%(3/7), 10세는 37%(10/27), 11세는 28%(11/40), 12세는 13%(7/55)였고, 8~12세를 합해서는 25%(33/130)였다.

종덕·종학·종선계를 합한 334명은 세대별로는 8세는 100%(3/3명), 9세는 55%(11/20), 10세는 43%(24/56), 11세는 27%(27/101), 12세는 12%(19/154)였고, 합해서는 22%(88/334)였다.

---

102) 뒤 〈표 8-13〉에서 종합.

<표 8-8> 韓山李氏 穡系 8~12세 사관자 配偶者 父·祖 最高官職(階)[103]

| | 종덕계 | | | | | | 종학계 | | | | | | 종선계 | | | | | |
|---|---|---|---|---|---|---|---|---|---|---|---|---|---|---|---|---|---|---|
| | 8세 | 9 | 10 | 11 | 12 | 계 | 8세 | 9 | 10 | 11 | 12 | 계 | 8세 | 9 | 10 | 11 | 12 | 계 |
| 종실 | | | 1 | | | 1 | | 2 | | 2 | | 3 | | | | 1 | 1 | 2 |
| 부·조1~2품 | | | 1 | 1 | 1 | 3 | 1 | | 4 | 3 | | 8 | 1 | 2 | 2 | 6 | 0 | 11 |
| 부나조1~2 | 1 | 2 | 1 | 3 | 1 | 8 | | 3 | 4 | 3 | 5 | 15 | | 1 | 5 | 3 | 3 | 12 |
| 소계 | 1 | 2 | 3 | 4 | 2 | 12 | 1 | 5 | 8 | 7 | 5 | 26 | 1 | 2 | 7 | 10 | 4 | 25 |
| 부·조, 부나조당상 | | | 1 | 3 | 5 | 9 | | | 2 | 1 | 0 | 3 | | 1 | 3 | 1 | 3 | 8 |
| 동상 당하~참상 | | 2 | 1 | 8 | 12 | 23 | | | 3 | 7 | 16 | 26 | | 2 | 9 | 7 | 10 | 28 |
| 동상 참하 | | | | 1 | 1 | 2 | | | 2 | 2 | 4 | 8 | | | 1 | 1 | 0 | 2 |
| 불명, 기타 | | 2 | 4 | 11 | 19 | 36 | | 2 | 7 | 17 | 38 | 63 | | 1 | 7 | 21 | 38 | 67 |
| 합계 | 1 | 6 | 9 | 27 | 39 | 82 | 1 | 7 | 20 | 34 | 60 | 122 | 1 | 7 | 27 | 40 | 55 | 130 |

| | 합계 | | | | | |
|---|---|---|---|---|---|---|
| | 8세 | 9 | 10 | 11 | 12 | 계 |
| 종실 | 0 | 2 | 1 | 2 | 1 | 6 |
| 부·조1~2품 | 2 | 2 | 7 | 10 | 1 | 22 |
| 부나조1~2 | 1 | 6 | 10 | 9 | 9 | 35 |
| 소계 | 3 | 10 | 18 | 21 | 11 | 68 |
| 부·조, 부나 조 당상 | 0 | 1 | 6 | 5 | 8 | 20 |
| 동상 3~6품 | 0 | 4 | 13 | 22 | 38 | 77 |
| 동상 7~9 | 0 | 0 | 1 | 4 | 3 | 8 |
| 불명, 기타 | 0 | 5 | 18 | 48 | 94 | 166 |
| 합계 | 3 | 20 | 56 | 101 | 154 | 334 |

또 색계 8~12세 사관자 처부 중 종2품관 이상 직역임자가 20명 이상이었다.[104]

이처럼 조선전기 穡系의 통혼가문에서 상위 유력성관과 유력성관, 즉 거족이 점하는 비중은 8~12세 모두 50% 이상이었고, 種德·種學·種善系도 모두 55% 이상이었다. 부·조, 부나 조가 종친·부마거나 1~2품관을 역임한 비중은 8~11세 모두 20% 이상이었고, 種德·種學·種善系 모두 15% 이상이었다.

---

103) 뒤 <표 8-12>에서 종합.

104) 그 성명과 최고관직은 다음과 같다(<사위>, 앞 주83) 참조).
   의정 : 이인손<돈>, 김국광<한>.
   찬성 : 유만수<숙치>, 안순<숙치>
   판서 : 서선<축>, 노사신<숙>, 윤계겸<계겸>.
   참판 : 원효연<윤필>, 우효강<보>, 이창신<효문>.
   승지 : 신면<덕제>.
   기타 : 진안대군 방우<숙무>, 청평위 이백강<계린>, 효령대군 보<훈>, 영평위 윤계동<파>.

그 중에서도 가장 현달한 8~9세는 50% 이상이 종실·부마이거나 1~2품관을
역임한 자였다.

## 2) 通婚圈과 家系意識

穡系의 최고 관직(관계)과 통혼가문 및 배우자 조·부 등의 최고 역관을
보면 다음의 표와 같이 대별로는 최고 관직이 정3품 당상관 이상, 통혼가문이
종실·상위 유력성관·유력성관인 가문, 배우자의 부·조 등이 1~2품을 역임한
수의 비율이 각각 100%(3/3명)·100%(3)·100%(3, 8세), 71%(10/14)·47%
(8/17), 50%(10/20, 9), 35%(9/26)·56%(25/45)·32%(18/56, 10), 22% (6/27)·
54%(40/74)·20%(21/104, 11), 16%(7/43)·42%(42/100)·7%(11/158, 12세)였
다. 계파별로는 26%(6/23)·54%(34/63)·15%(12/82, 종덕계), 35(17/49)·60
(50/84)·20(26/127, 종학계), 22%(9/41)·58%(53/92)·19%(25/132, 종선계)
였다. 전체로는 28%(32/113), 57%(137/239), 18%(62/341)였다.

또 韓山李氏 보다 功臣과 宰相(2품 이상)을 많이 배출한 坡平尹氏, 淸州韓氏,
安東權氏와[105] 통혼한 인물을 보면 다음의 표에서와 같이 穡系-坡平尹氏는
宰相인 季甸·封은 駙馬와 宰相인 季童·繼謙·璠, 堂下官인 衍基는 堂下官인
師淵과 각각 통혼하였고, 宰相인 叔畝만이 生員인 泰山과 통혼하였다. 穡系-安
東權氏, 淸州韓氏는 역관에 다소 차이는 있지만 모두 그 부와 역관이 대응되었
다. 한편 2명 이상 통혼한 種德系-安東權氏, 種善系-坡平尹氏·淸州韓氏 배우자
의 父를 보면 전자는 仕官한 保基·엄은 仕官한 傑·仁孫과 仕官하지 못한
積은 潗과 각각 통혼하였고, 후자는 모두 상호의 역관이 상응되었다.

이처럼 穡系는 世代別로는 색계의 당상관 이상 역임자의 비율과 통혼가문의
家格, 색계 배우자의 시부나 처부로서 1~2품을 역임한 자의 비율이 일치하였

---

105) 한충희, 앞 「조선초기 음서연구」, 62쪽 주10) 참조.
106) 뒤 〈표 8-13〉에서 종합.

<표 8-9> 韓山李氏 穡系 8~12세 歷官傾向과 通婚圈(단위 명)[106]

| | | 최고관직 | | | | | 통혼가문 | | | | | 처부, 시부 등 최고관직 | | | | | |
|---|---|---|---|---|---|---|---|---|---|---|---|---|---|---|---|---|---|
| | | 1~2 | 3상 | 3~9 | 불명 | 계 | 종실 | 상위유력성관 | 유력성관 | 기타 | 계 | 종실 | 1~2 | 3상 | 3~9 | 기타 | 계 |
| 8세 | 종덕계 | 1 | 0 | 0 | 0 | 1 | 0 | 0 | 1 | 0 | 1 | 1 | | | | | 1 |
| | 종학계 | 1 | 0 | 0 | 0 | 1 | 0 | 0 | 1 | 0 | 1 | 1 | | | | | 1 |
| | 종선계 | 1 | 0 | 0 | 0 | 1 | 0 | 1 | 0 | 0 | 1 | 1 | | | | | 1 |
| | 계 | 3 | 0 | 0 | 0 | 3 | 0 | 1 | 2 | 0 | 3 | 3 | | | | | 3 |
| 9 | 종덕계 | 2 | 0 | 1 | 0 | 3 | 0 | 1 | 3 | 2 | 6 | 0 | 2 | 0 | 2 | 2 | 6 |
| | 종학계 | 2 | 1 | 3 | 0 | 6 | 1 | 0 | 3 | 3 | 7 | 2 | 3 | 0 | 0 | 2 | 7 |
| | 종선계 | 2 | 0 | 3 | 0 | 5 | 0 | 0 | 5 | 2 | 7 | 0 | 3 | 1 | 2 | 1 | 7 |
| | 계 | 6 | 1 | 7 | 0 | 14 | 2 | 1 | 11 | 8 | 20 | 2 | 8 | 1 | 4 | 5 | 20 |
| 10 | 종덕계 | 0 | 1 | 4 | 0 | 5 | 1 | 2 | 2 | 4 | 9 | 1 | 2 | 1 | 1 | 4 | 9 |
| | 종학계 | 1 | 3 | 6 | 0 | 10 | 0 | 4 | 5 | 11 | 20 | 0 | 8 | 2 | 3 | 7 | 20 |
| | 종선계 | 2 | 2 | 7 | 0 | 11 | 0 | 3 | 5 | 19 | 27 | 0 | 7 | 3 | 10 | 7 | 27 |
| | 계 | 3 | 6 | 17 | 0 | 26 | 1 | 9 | 12 | 34 | 56 | 1 | 17 | 6 | 14 | 18 | 56 |
| 11 | 종덕계 | 0 | 0 | 6 | 0 | 6 | 0 | 4 | 10 | 12 | 26 | 0 | 4 | 3 | 9 | 10 | 26 |
| | 종학계 | 4 | 2 | 6 | 0 | 12 | 1 | 8 | 6 | 9 | 34 | 1 | 6 | 1 | 7 | 19 | 34 |
| | 종선계 | 0 | 0 | 9 | 0 | 9 | 1 | 6 | 5 | 28 | 40 | 1 | 9 | 1 | 8 | 23 | 40 |
| | 계 | 4 | 2 | 21 | 0 | 27 | 2 | 18 | 21 | 50 | 101 | 2 | 19 | 5 | 26 | 52 | 101 |
| 12 | 종덕계 | 1 | 1 | 6 | 0 | 8 | 0 | 8 | 2 | 19 | 29 | 0 | 2 | 5 | 13 | 20 | 29 |
| | 종학계 | 2 | 1 | 17 | 0 | 20 | 0 | 9 | 11 | 40 | 60 | 0 | 5 | 0 | 18 | 40 | 60 |
| | 종선계 | 1 | 1 | 13 | 0 | 15 | 2 | 8 | 14 | 31 | 55 | 1 | 3 | 3 | 10 | 38 | 55 |
| | 계 | 4 | 3 | 36 | 0 | 43 | 2 | 25 | 27 | 90 | 144 | 1 | 10 | 8 | 41 | 98 | 144 |
| 합계 | 종덕계 | 4 | 2 | 17 | 0 | 23 | 1 | 14 | 19 | 48 | 82 | 1 | 11 | 9 | 25 | 36 | 82 |
| | 종학계 | 10 | 7 | 32 | 0 | 49 | 2 | 20 | 26 | 74 | 122 | 3 | 23 | 3 | 30 | 68 | 122 |
| | 종선계 | 6 | 3 | 32 | 0 | 41 | 3 | 17 | 32 | 78 | 130 | 2 | 23 | 8 | 30 | 69 | 130 |
| | 계 | 20 | 12 | 81 | 0 | 113 | 6 | 51 | 77 | 200 | 334 | 6 | 57 | 20 | 85 | 173 | 334 |

다. 系派에 있어서는 가장 현달한 종학계가 통혼가문의 가격과 배우자의 부나 조가 종실과 1~2품을 역임한 수에서 종덕·종선계를 능가하였다. 또 穡系는 대개 본인의 관직과 상응되는 인물과 통혼하였고, 이러한 경향은 種德·種學·種善系 내에 있어서도 같았다.

다음으로 穡系가 통혼한 가문별로 통혼자간의 친소관계와 그 가격을 살펴본다. 穡系와 3명 이상 통혼한 文化柳氏 등 20가문 중에서 2명 이상의 통혼자가 확인된 종친 등 13가문의 경우에 종친 6명은 모두 8촌 이내였고,[107] 파평윤씨 6명은 모두 8촌 이내였다.[108] 다음의 <도 8-5~10>·주 111에서와 같이 陽城李氏

<표 8-10> 한산이씨 穡系-坡平尹氏, 淸州韓氏, 安東權氏 通婚者[109]

| | 색계-파평윤씨 | 색계-안동권씨 | 색계-청주한씨 |
|---|---|---|---|
| 종덕계 | 진무 연기자-호군 정연여 | 부정 보기여-군 걸자, 미사 지자-미사 흠여, 직장 엄자-참의 인손여 | 미사 관녀-판관 숙자 |
| 종학계 | 형판 숙무여-생원 태산자 | 현령 사여-미사 익자 | 참찬 훈여-영상 명회자 |
| 종선계 | 영주추 계전자-부마 계동여, 형판 봉자-군 계겸여, 형판 봉여-군 번자 | 한산백 색자-참찬 균녀 | 부사 지강녀-군수 우창자, 형판 봉자-목 흠여 |
| 계 | 5 | 5 | 4 |

(3)·高靈申氏(3)·延安金氏(3)·순흥안씨(5)·이천서씨(2)·청주한씨(4)·광산 김씨(2)와 청주경씨(2)·여산송씨(2)·거창신씨(2)·단양우씨(2)·청주이씨(2) ·경주정씨(2)·풍양조씨(2)·진주하씨(2)는 모두 8촌 이내였다.

<도 8-5> 한산이씨와 全義李氏 통혼자 가계[110]



---

107) 8촌 이내인 종친은 2장 주66) 참조.

108) 앞 2장 <도 2-10> 참조.

109) 앞 <도 2-10>, 뒤 <도 8-7·8>, 앞 <표 8-7>에서 종합.

〈도 8-6〉 한산이씨와 安東金氏 통혼자 가계

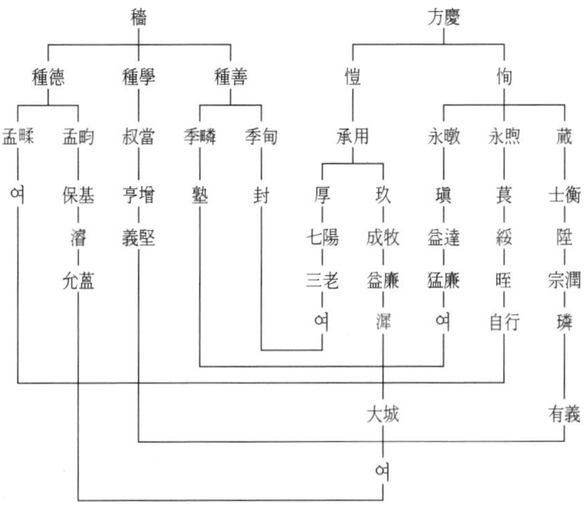

〈도 8-7〉 한산이씨와 安東權氏 통혼자 가계

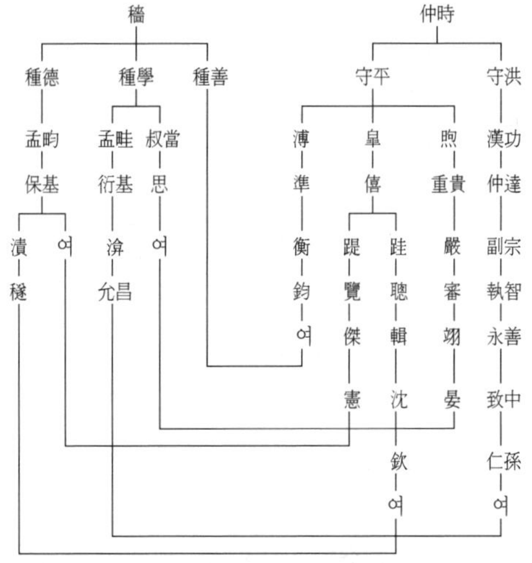

---

110) 『한산이씨세보』, 『전의이씨세보』 등에서 종합(이하 〈도 8-6~10〉은 『한산이씨세보』와 각성 『세보』에서 종합).

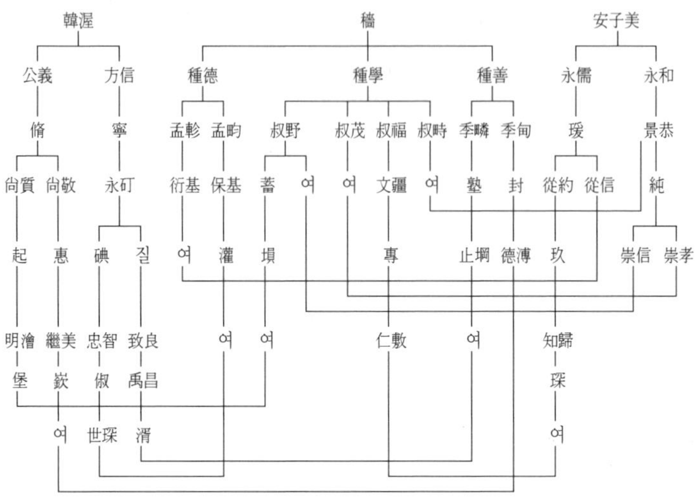

〈도 8-8〉 한산이씨와 청주한·순흥안씨 통혼자 가계

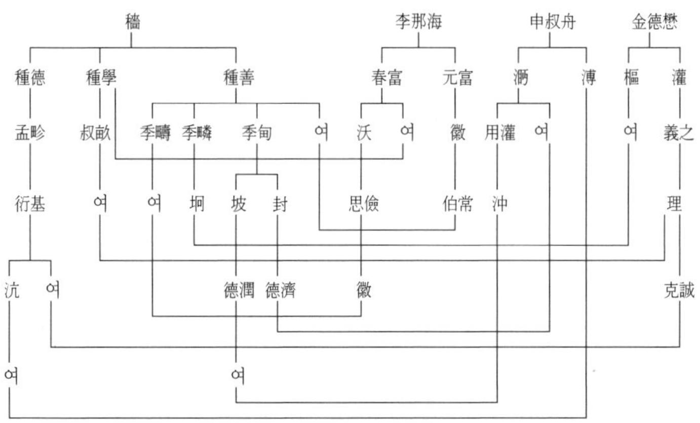

〈도 8-9〉 한산이씨와 陽城李·高靈申·淸風金氏 통혼자 가계

全義李氏는 6명 중 5명, 淸風金氏는 3명 중 2명이 8촌 이내였고, 안동권씨(5)·고령박씨(2)·여주이씨(2)·양천허씨(2)는 모두 9촌 이상이었다.

이처럼 종친 6명과 〈도 8-5~10〉에 제시된 13가문 49명 중 42명이 10촌간 이내였고, 7명만이 11촌간 이상이었다. 특히 穡系의 4촌간인 叔野·叔福·叔時

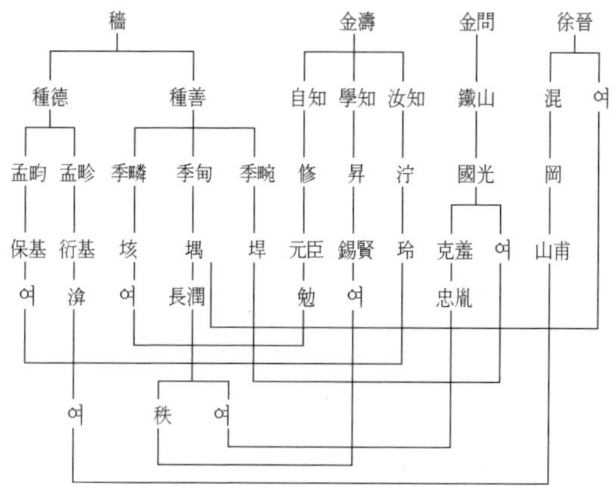

〈도 8-10〉 한산이씨와 延安金·光州金·利川徐氏 통혼자 가계

의 여가 順興安氏의 純과 그 아들인 崇信·崇孝, 穡系의 5촌간인 德濟와 德潤의
여가 高靈申氏의 숙질간인 澗의 여·沖과 각각 성혼하는 등 6촌간 이내의
인물끼리 혼인한 경우도 20여 명이나 되었다.

그리고 이러한 경향은 2명의 통혼자가 모두 확인된 고령박씨 등 11가문
22명에 있어서도 비슷하였다.[111]

다음으로 색계와 색계의 시부나 처부로서 각각 2품관 이상을 역임한 種善
등 20여 명과 李伯剛 등 30여 명(여말선초에 피화한 種德·種學 사돈 제외)

---

111) 각 성관의 통혼자는 다음과 같다(『한산이씨세보』와 『청주경씨세보』 등 각성 『세보』에
서 종합).
청주경씨 : 種德증손 澮여-慶智증손 世積, 종덕증손 積여-지증손 秀官
고령박 : 種善손 塾여-朴彦成12대손 彦孫, 종덕증손 渭여-언성14대손 世光
진천송 : 종선손 垓여-宋盤자 環元, 종선증손 德潤-반손 世英
거창신 : 種學손 魁여-愼幾손 仲行, 종덕손 保基여-기손 嗣源
단양우 : 종학손 畏여-禹孝剛자 挺, 종학고손 堡-효강여
여주이 : 종학고손 塒-李喬7세 淳甫여, 종선증손 德潤-교7대손 曾碩여
청주이 : 종선자 季驎-李居易자 伯剛여, 종덕자 孟軫여-거이손 厚
경주정 : 종선증손 承坤-鄭지禮여, 종선고손 핍-지례손 世賢여
풍양조 : 종학증손 公淳-趙安平자 溫지여, 종선증손 德濟여-안평고손 德壽
진주하 : 종학자 叔畝여-河允源증손 孟畘, 종덕증손 灌-윤원 고손 孟潤여
양천허 : 종학손 元增여-許珙5대손 長孫, 종학고손 培文-공7대손 簧여

<표 8-11> 韓山李氏 穡系 8~12세 사관자 처부 2품 이상관 재직기간[112]

| 성명 | 최고관직 | 태조 | 정종 | 태종 | 세종 | 문종 | 단종 | 세조 | 성종 | 연산군 | 색계와의 관계 |
|---|---|---|---|---|---|---|---|---|---|---|---|
| 이백강 | 청평위 | | 1<- | | | →1 | | | | | 계린 처부 |
| 種善 | 지중추 | | | 17<- | →20 | | | | | | |
| 이예 | 부원군 | 1<- | | →9 | | | | | | | 맹진 壻父 |
| 孟畛 | 판중추 | | | | 12<- | | | →2 | | | |
| 박구 | 총제 | | | 11<→? | | | | | | | 자형증 처부 |
| 叔畝 | 판한성 | | | 18<- | →21 | | | | | | |
| 유만수 | 찬성 | 1<→7 | | | | | | | | | 자문호 처부 |
| 叔畤 | 참찬 | | | | 15<→28 | | | | | | |
| 윤계동 | 영평위 | | | | ?<- | | →2 | | | | 자파 처부 |
| 季甸 | 영중추 | | | | 32<- | | | →4 | | | |
| 이보 | 효령대군 | | | 1<- | | | | | →17 | | 자훈 처부 |
| 蕃 | 관찰사 | | | | | 1<- | | →2 | | | |
| 신면 | 관찰사 | | | | | | | 13 | | | 자덕제 처부 |
| 윤계겸 | 영평군 | | | | | | | | 1<→14 | | 자계금 처부 |
| 윤번 | 판중추 | | | | 16<→30 | | | | | | 서 수강 부 |
| 封 | 판서 | | | | | | | 13<- | →24 | | |
| 한명회 | 영의정 | | | | | | | 3<- | →18 | | 서보 부 |
| 塤 | 행참찬 | | | | | | | 7<- | →12 | | |
| 이창신 | 참판 | | | | | | | | | 7<→10 | 자효문 처부 |
| 永垠 | 참판 | | | | | | | 1<- | →2 | | |
| 채수 | 대사헌 | | | | | | | | 13<- | →중6 | 자자 처부 |
| 禮堅 | 행대사간 | | | | | | | | | ? | |

중에서 부와 처부·시부 모두 2품 이상을 역임한 최고 역관과 2품 이상 재직기간을 비교하여 본다. 색계와 색계 배우자의 처부·시부로서 모두 2품관을 역임한 경우는 다음의 표에서와 같이 10례가 확인된다. 그 재직기간을 보면 李伯剛-種善, 朴矩-叔畝, 尹季童-季甸, 李補-蕃, 申洒·尹繼謙-封, 韓明澮-塤, 蔡壽-禮堅은 그 역관과 시기에 있어 다소 차이는 있지만 대개 재직기간이 일치하였다. 李蕘-孟畛, 柳蔓殊-叔畤, 尹璠-封, 李昌臣-永垠은 재직기간이 일치하지 않았는데, 이 중 李蕘는 태조부마로서 조사하고 柳蔓洙는 방원난에 복주되었다. 이를 볼 때 색계는 색 이래의 현달을 토대로 대거 당상관 이상에 진출하면서

112) 앞 〈표 8-7〉에서 종합.

그 자녀의 배우자도 그들과 비슷한 관직자의 자녀를 맞이하는 경우가 현저하였다고 하겠다.

이상에서 색의 자, 손, 증손대는 당대나 조, 부대의 현달을 토대로 대부분이 종실을 위시한 명문거족이나 유력가문과 통혼하였고, 그 시부나 처부의 1/3 이상이 3품 당상~1품관을 역임하였다. 색의 고손과 5대손도 그들의 역관이 선대에 미치지는 못하였지만 통혼에 있어서는 대개 종실 등 유력가문과 통혼하고 그 시부·처부의 1/4 정도가 정3품 당상관 이상을 역임하였다. 특히 가장 현달한 종학계가 통혼가문의 격이나 시부·처부의 역관경향에서 種德·種學系를 능가하였다.

또 穡系는 宗室 및 文化柳氏 등 49가문과 2~11명이 통혼하였는데, 각 가문의 인물은 대개 2~10촌에 속하였고, 색계로서 2품관 이상을 역임한 자와 사돈관계에 있는 자는 대개 당상관 이상을 역임하였다.

요컨대 색계는 색의 자·손·증손대에는 당대와 부·조의 현달에서 그들의 가문이나 그들의 역관과 상응되는 종실·명문거족·유력관인의 자녀와 통혼하였고, 동일한 가문의 근친과 통혼하는 경향이 현저하였다. 通婚家門의 格과 사돈의 歷官은 穡의 子·孫·曾孫代가 高孫·5代孫, 가장 현달한 種學系가 種德·種善系보다 각각 우월한 등 색계의 통혼에는 가계의식이 크게 작용하였다.

<표 8-12> 한산이씨 穡系 8~12세 사관자 가계와 관직[113)

| 성명 | 생몰년 | 입사로(연도) | 부·조와 처부 | | | 최고관직 | 비고 |
|---|---|---|---|---|---|---|---|
| | | | 부 | 조 | 처부 | | |
| 種德 | 1350~88 | 문 | 시중 穡 | 찬성 穀 | 문하평리 柳蕙孫 | 동지밀직 | 종덕계 8세 |
| 孟畩 | ?~? | 음? | 종덕 | 색 | | 仁寧府司尹 | 9 |
| 孟畇 | 1371~1438 | 문(우왕11) | | | 목사 李丘直 | 찬성 | |
| 孟峻 | | | | | | | |
| 孟輇 | 1374~1456 | 음? | | | 지군사 李忠輔 | 판중추 | |
| 裕基 | ?~1456 | 음? | 맹유 | 종덕 | | 진무 | 10,생부 맹진 |
| 保基 | 1404~58 | 음? | 맹균 | | 盧定山 | 세조원3부정 | |
| 奇 | ?~? | 음? | 맹준 | | | 원3,부사직 | |

| | | | | | | | |
|---|---|---|---|---|---|---|---|
| 衍基 | 1399~? | 음? | | 맹진 | 경력 安從信 | 원3통정監事 | |
| 順基 | ?~? | 음? | | | 鄭童 | 참봉 | |
| 均 | 1452~1501 | 문(성종8) | 유기 | 맹유 | 장령 許迪 | 부제학 | 11 |
| 濬 | 1426~85 | 음? | 보기 | 맹균 | 姜希增 | 호군 | |
| 涵 | 1444~94 | 음? | | | 사용 申翊 | 부사과 | |
| 沆 | ?~? | 음? | 연기 | 맹진 | | 殿直 | |
| 潹 | ?~? | 음? | | | 현감 趙聃 | 직장 | |
| 湑 | 1431~1504 | 유일천 | | | 집의 洪演 | 원2부사직 | |
| 淳 | ?~? | 음? | | | | 원3군수 | |
| 允英 | ?~? | 음? | 준 | 보기 | | 사과 | 12 |
| 允苾 | 1441~1501 | 음? | | | 판서 元孝然 | 감찰 | |
| 文馨 | ?~? | 음? | 양식 | | 주부 鄭贊碑 | 통정순장 | |
| 允昌 | ?~? | 음? | 엄 | 연기 | 참의 權仁孫 | 참봉 | |
| 允茂 | 1459~1508 | 음? | | | 權應浩 | 목사 | |
| 允蕃 | 1460~1539 | 문(성종23) | 서 | | 호군 尹師淵 | 가선대사간 | |
| 允秀 | ?~? | 음? | | | | 참봉 | |
| 允成 | 1514~? | 음? | 도 | | 田麟 | 참봉 | |
| 種學 | 1361~92 | 문(우왕2) | 색 | 곡 | 문하시중 李春富 | 첨서밀직 | 종학계8세 |
| 叔野 | ?~? | 천(재행) | 종학 | 색 | 판윤 奉由仁 | 光州목사 | 9 |
| 叔當 | ?~? | 음? | | | 부사 金天益 | 진주목사 | |
| 叔畦 | ?~? | 음? | | | | 첨총제 | |
| 叔畝 | 1386~1418 | 음 | | | 鎭安大君 芳雨 | 형판 | |
| 叔福 | 1388~1418 | 문(태종8) | | | | 성균직강 | |
| 叔時 | 1390~1446 | 음(태종초) | | | 판중추 安純 | 행참찬 | |
| 畜 | 1402~73 | 음 | 숙야 | 색 | 판서 徐選 | 황해감사 | 10 |
| 思 | 1402~64 | 음? | 숙당 | | | 세조원3, 통진현령 | |
| 畏 | ?~? | 음? | | | | 참봉 | |
| 魁 | 1411~77 | 음/ | | | 승지 李洽 | 통정좌통례 | |
| 元增 | ?~? | 음? | 숙무 | | 호참의 柳光洙 | 통정목사 | |
| 亨增 | ?~? | 음? | | | 총제 朴矩 | 원3, 첨지중추 | |
| 文垈 | ?~? | 음? | 숙복 | | | 원3, 군수 | |
| 文疆 | ?~? | 음? | | | 직장 廉順良 | 군수 | |
| 文齡 | ?~? | 음? | | | 만호 安思謙 | 참봉 | |
| 文浩 | ?~? | 음? | 숙치 | | 찬성 柳蔓殊 | 행직장 | |
| 淳 | ?~1512 | 음? | 축 | 숙야 | 부사 鄭允恪 | 원3 군수 | 11 |
| 塡 | 1429~81 | 음(세종2) | | | 효령대군 補 | 좌리3참찬 | |
| 公淳 | 1436~? | 음? | 사 | 숙당 | 한산군 趙溫 | 원3통정부사 | |
| 允迪 | ?~? | 음? | 외 | | | 보은현감 | |
| 耕源 | 1435~83 | 음? | 괴 | | 찰방 安遇臣 | 현령 | |
| 命根 | 1452~1509 | 음? | 원증 | 숙무 | | 통정목사 | |
| 永垠 | ?~? | 문(세조2) | | | 부사 李誠全 | 좌리4참판 | |
| 仁堅 | ?~? | 음·문(단종1) | 형증 | | 검교한성윤<br>柳京生 | 원3전한 | |

| | | | | | | | |
|---|---|---|---|---|---|---|---|
| 義堅 | ?~? | 음·무 | | | 지돈령 元昌命 | 원3부윤 | |
| 禮堅 | 1436~1510 | 문(성종2) | | | 金寬安 | 가선대사간 | |
| 克連 | ?~? | 음? | 문한 | 숙복 | 余孝溫 | 장례사의 | |
| 克蕃 | ?~? | 음? | | | 군수 柳從京 | 현감 | |
| 蘋 | ?~? | 무과 | 문호 | 숙치 | 직장 宋邦賢 | 판관 | |
| 惟淸 | 1458~1530 | 음·문(성17) | 훈 | 축 | 목사 李聆 | 定難2좌의정 | 12, |
| 惟澄 | 1471~1554 | 음? | | | 첨정 徐趄 | 도총경력 | |
| 活 | 1460~1516 | 음? | 경원 | 괴 | 군수 柳壽長 | 안동부사 | |
| 孝琛 | ?~? | 음? | 명근 | 원증 | | 현감 | |
| 孝琳 | ?~? | 음? | 수근 | | | 참봉 | |
| 孝舜 | 1490~1548 | 음? | | | | 행현감 | |
| 孝參 | 1509~76 | 음? | | | | 별좌 | |
| 孝文 | ?~? | 음·문(연산1) | 영은 | 원증 | 참판 李昌臣 | 홍문응교 | |
| 奎文 | ?~? | 음 | | | 林思聖 | 사맹 | |
| 耘 | 1469~1535 | 문(연산7) | 인견 | 형증 | 찰방 安遇臣 | 참의 | 생부예견 |
| 宣文 | ?~? | 음? | 의견 | | 군수 柳壽根 | 판관 | |
| 耦 | 1466~1513 | 음? | 예견 | | 주부 李淳雨 | 만호 | |
| 耤 | ?~? | 음? | | | 찰방 崔洪輔 | 의금도사 | |
| 籽 | 1480~1533 | 문(연산11) | | | 대사헌 蔡壽 | 참찬 | 동서 金安老 |
| 殷 | ?~? | 음·문(중종11) | 극련 | 문한 | 陳敬源 | 사성 | |
| 堡 | ?~? | 음? | | | 참판 禹孝剛 | 판관 | |
| 仁敷 | 1455~1527 | 음? | 전 | 문호 | 군수 安琛 | 군수 | |
| 昌敷 | 1459~? | 음? | | | 부사 安該 | 장령 | |
| 殷敷 | ?~? | 음? | | | 현감 宋洗輝 | 조산대부참봉 | |
| 若山 | ?~? | 무과 | 빈 | | 한림 權赫 | 만호 | |
| 種善 | 1368~1438 | 음·문(우왕8) | 색 | 곡 | 참찬문하 權鈞 | 판중추 | 종선계 8세 |
| 季疇 | ?~? | 음? | 종선 | | 판사 陳明禮 | 정랑 | 9 |
| 季疄 | 1401~55 | 음? | | | 청평위 李伯剛 | 좌익2찬성 | |
| 季甸 | 1404~59 | 음·문(세종9) | | | 군수 秦浩 | 정난1·좌익2 영중추 | |
| 季畹 | ?~? | 음·문(세16) | | | 지평 閔道 | 정언 | |
| 季町 | ?~? | 음 | | | 朴遂良 | 집의 | |
| 塏 | 1417~56 | 문(세18) | 계주 | 종선 | | 집현직제학 | 10 |
| 塾 | ?~? | 음? | 계린 | | 감찰 金孟廉 | 세조원3상례 | |
| 垓 | ?~? | 음? | | | 현감 李錦 | 목사 | |
| 圭 | ?~? | 음? | | | 감찰 張供 | 원2현감 | |
| 塥 | 1432~67 | 문(단종1) | 계전 | | 판사 徐晉 | 원2대사성 | |
| 坡 | 1434~86 | 문(문종1) | | | 영평위 尹季童 | 원2찬성 | |
| 封 | 1441~93 | 음·문(세조11) | | | 현감 金三老 | 형판 | |
| 壞 | ?~? | 음? | 계원 | | 현감 盧定山 | 현감 | |
| 墩 | ?~? | 음? | | | 우의정 李仁孫 | 참봉 | |
| 埠 | ?~? | 음·문(세14) | | | 좌의정 金國光 | 이조정랑 | |
| 止堈 | 1445~1500 | 음? | 숙 | 계린 | 총제 安 | 부사 | 11 |

| | | | | | | | |
|---|---|---|---|---|---|---|---|
| 止壕 | | | | | | 미사 | |
| 長潤 | 1445~1526 | 음? | 우 | 계전 | 현감 朴仁孝 | 봉화현감 | |
| 德潤 | ?~? | 음? | 파 | | 군수 李曾碩 | 직장 | |
| 德洪 | ?~? | 음? | 봉 | | | 판관 | |
| 德濟 | ?~? | 음? | | | 관찰사 申澗 | 별좌 | |
| 繼金 | ?~? | 음? | | | | | |
| 德溥 | ?~? | 음? | | | 목사 韓嶔 | 현감 | |
| 允洞 | ?~? | 음? | 한 | 계원 | | 첨절제사 | 생부 분 |
| 善長 | ?~? | 음? | 균 | | 첨지중추 池泳 | 군수 | |
| 善德 | ?~? | 음? | | | | 직장 | |
| 堡 | ?~? | 음? | 지강 | 숙 | 李彌孫 | 부사 | 12 |
| 塢 | ?~? | 음? | | | | 찰방 | |
| 堅 | ?~? | 무(중종14) | 지호 | | 정언 金尙禮 | 군수 | |
| 秩 | 1474~1560 | 음? | 장윤 | 우 | 부사 金錫賢 | 판관 | |
| 稑 | 1477~1430 | 음? | | | 진사 金孟權 | 판관 | |
| 程 | 1489~1531 | 음? | | | | 부호군 | |
| 淸 | 1483~1549 | 문(중6) | 덕윤 | 파 | 군수 鄭守慶 | 공조참판 | |
| 稷 | ?~? | 음? | 덕제 | | 부정 李益禧 | 통정현감 | |
| 稨 | ?~? | 음? | | | 도정 鄭世賢 | 판관 | |
| 秧 | ?~? | 음? | 계금 | | | 부사과 | |
| 穰 | ?~? | 음? | 덕부 | | 판관 尹溟 | 한림 | |
| 稀 | ?~? | 음? | | | | 군수 | |
| 曄 | ?~? | 음? | 윤형 | 한 | 이정랑 李孝參 | 참봉 | |
| 翎 | ?~? | 문(명종7) | 선복 | 균 | | 참의 | |
| 習 | ?~? | 음? | | | | 교관 | |

〈표 8-13〉韓山李氏 穡系 8~12세 배우자 가계와 관직[114]

| 성명 | 부(/남편) | 배우자 가계 | | | | 비고 |
|---|---|---|---|---|---|---|
| | | 본관 | 부 및 관력 | 조 및 관력 | 기타 | |
| 種德 | 문하시중 穡 | 진주 | 문하평리 柳蕙孫 | 밀직제학 仁庇 | | 종덕계8세 |
| 孟畛 | 同知密直 종덕 | 온양 | 方氏 | | | 9 |
| 孟昀 | | 전의 | 목사 李丘直 | 총랑 得榮 | | |
| 孟峻 | | 불명 | 문씨 | | | |
| 孟輊 | | 무송 | 지군사 尹忠輔 | 지평 混 | | |
| 1녀 | /瑞寧君 柳沂 | 서산 | 삼사우윤 厚 | 찬성 淑 | | |
| 2녀 | 도총제 河久 | 진양 | 영의정 崙 | 부사 允潾 | | |
| 裕基 | 仁寧府司尹 맹유 | 불 | | | | 10 |
| 여 | /翊峴君 璭 | 종실 | 세종 | 태종 | | |
| 保基 | 찬성 맹균 | 교하 | 盧定山 | | | |

---

113) 동상조. 사관자는 아니나 자손이 사관한 부, 조의 파악과 관련하여 함께 제시한다.

| | | | | | |
|---|---|---|---|---|---|
| 奇 | 별장 孟曍 | 불 | | | |
| 衍基 | 판중추 맹진 | 순흥 | 경력 安從信 | 전서 瑗 | |
| 順基 | | 나주 | 鄭童 | | |
| 1녀 | /판관 李厚 | 청주 | 부원군 藥 | 좌정승 居易 | |
| 2녀 | 호군 李椅 | 전의 | 판사 恭全 | 도절제사 承幹 | |
| 3녀 | 관찰사 金自行 | 안동 | 집의 질 | 서운정 綏 | |
| 銀山 | 진무 유기 | 불명 | | | 11 |
| 均 | | 양천 | 장령 迪 | 부정 綿 | |
| 1녀 | /직장 金富春 | 광산 | | | |
| 2녀 | 黃孝源 | 상산 | | | |
| 3녀 | 봉례 李英休 | 불 | | | |
| 4녀 | 高承孝 | 제주 | 우후 敬池 | 직장 義忠 | |
| 5녀 | 朴綸 | 나주 | | | |
| 濬 | 부정 보기 | 진주 | 감찰 姜希增 | 대사성 碩德 | |
| 涵 | | 평산 | 사용 申翊 | | |
| 沆 | 監事 연기 | 불명 | | | |
| 灌 | | 진주 | 참의 河孟潤 | 참의 孝明 | |
| 漬 | | 덕수 | 李瑗 | | |
| 1녀 | /감찰 愼嗣源 | 거창 | 令 先庚 | 관찰사 幾 | |
| 2녀 | 金玲 | 연안 | 현감 泞 | 당상 學知 | |
| 3녀 | 尹碩俊 | 남원 | | | |
| 4녀 | 崔仲思 | 전주 | 군수 儼 | | |
| 5녀 | 權憲 | 안동 | 吉昌君 傑 | 좌의정 覽 | |
| 沆 | 제용판사 연기 | 불명 | | | |
| 澕 | | 진보 | 현감 趙聃 | 대제학 庸 | |
| 渭 | | 남양 | 집의 洪演 | 사평 陟 | |
| 淳 | | 초계 | 부사 鄭允恪 | | |
| 1녀 | /군수 李價 | 청주 | 지군사 伯臣 | | |
| 2녀 | 현감 李宣 | 진천 | 좌랑 啓後 | | |
| 3녀 | 현감 李復基 | 선산 | 부사 召南 | 목사 士淸 | |
| 4녀 | 權叔慄 | 안동 | 현령 孟貞 | | |
| 5여 | 판관 金克誠 | 청풍 | 부사 理 | 관찰사 義之 | |
| 渡 | 참봉 순기 | 분성 | 金鐸 | | |
| 澄 | 은산 | 무송 | 윤씨 | | 12 |
| 允榮 | 호군 준 | 불명 | | | |
| 允蒕 | | 안동 | 金大城 | 군수 서 | |
| 允苾 | | 원주 | 판서 元孝然 | 정랑 滉 | |
| 允華 | 부사과 함 | 불명 | | | |
| 允蘭 | | 불명 | | | |
| 允蕙 | | 교하 | 盧公佐 | 통사랑 淑祖 | |
| 1녀 | /安燾 | 순흥 | | | |
| 2녀 | 權允鏞 | 불 | | | |

| | | | | | |
|---|---|---|---|---|---|
| 3녀 | 鄭夢元 | 불 | | | |
| 4녀 | 생원 金文祥 | 불 | | | |
| 5녀 | 部將 元欽祖 | 원주 | | | |
| 여 | 지/도사 慶秀良 | 청주 | 장령 俶 | 부정 由善 | |
| 1녀 | 관/韓世琛 | 청주 | 판관 俶 | 참의 忠智 | |
| 2녀 | 宋清 | 진천 | 주부 訢 | | |
| 3녀 | 현감 宋世璇 | 진천 | | | |
| 4녀 | 辛鳳麟 | 영산 | 寺正 淑生 | 군수 舜鼎 | |
| 5녀 | 朴仁 | 죽산 | 참봉 壽挺 | | |
| 穖 | 장사랑 漬 | 안동 | 權欽 | 현감 忱 | |
| 玉成 | 양식 | 불명 | | | |
| 玉馨 | | 불명 | | | |
| 文馨 | | 하동 | 주부 鄭贊碑 | | |
| 允敷 | 문소전직 항 | 전의 | 李仲禧 | 현감 宏植 | |
| 여 | /감사 申溥 | 고령 | 영의정 叔舟 | 공조참판 檣 | |
| 允昌 | 직장 渞 | 안동 | 참의 權仁孫 | 부사 致中 | |
| 允茂 | | 안동 | 찬성사 權應浩 | | |
| 允芊 | | | | | |
| 1녀 | /徐山甫 | 이천 | 대사성 岡 | 참의 混 | |
| 2녀 | 慶世積 | 청주 | 도사 祚 | 첨지중추 由謹 | |
| 3녀 | 소윤 柳喜來 | 문화 | 군수 綵 | | |
| 4녀 | 朴萬齡 | 밀양 | 현감 審 | 군수 貞孫 | |
| 允蕃 | 부사직 서 | 파평 | 호군 尹師淵 | 增 | |
| 允秀 | | 불명 | | | |
| 1녀 | 현감 鄭澄 | 영일 | 仁忠 | 恂 | |
| 2녀 | 군수 朴世光 | 고령 | 이참의 悌順 | 朴益 | |
| 壽昌 | 청도군수 순 | 덕수 | 현감 李璜 | | |
| 壽熾 | | 연산 | 徐允弼 | | |
| 壽耇 | | 불 | | | |
| 여 | 첨사 金國臣 | 불 | 첨사 金國臣 | | |
| 允成 | 통덕랑 도 | 담양 | 田麟 | | |
| 種學 | 시중 穡 | 양성 | 문하시중 李春富 | 첨의평리 那海 | 종학계8세, 부 색 |
| 叔野 | 簽書密直 종학 | 강화 | 부윤 奉由仁 | 판도판서 質 | 9 |
| 叔當 | | 강릉 | 부사 金天益 | 지문하사 斯革 | |
| 叔畝 | | 종실 | 鎭安大君 李芳雨 | 태조 | |
| 叔福 | | 불명 | | | |
| 叔時 | | 순흥 | 판중추 安純 | 부원군 景恭 | |
| 여 | /부윤 李漸 | 전주 | 宜安大君 和 | 환조 | |
| 畜 | 목사 숙야 | 이천 | 판서 徐選 | 지밀직사 遠 | 10 |
| 1녀 | /소윤 安崇信 | 순흥 | 찬성 純 | 부원군 景恭 | |
| 2녀 | 李元根 | 공주 | 판중추 明德 | | |
| 思 | 첨총제 숙당 | 평강 | 蔡氏 | | |

| | | | | | | |
|---|---|---|---|---|---|---|
| 畏 | | 불 | | | | |
| 魁 | | 전의 | 승지 李宜洽 | 집의 作 | | |
| 元增 | 형판 숙무 | 문화 | 참의 柳光洙 | 낭장 松節 | | |
| 亨增 | | 함양 | 총제 朴矩 | 개성윤 元澤 | | |
| 1녀 | /도사 河孟旽 | 진주 | 현감 潗 | 군사 繼宗 | | |
| 2녀 | 감사 安崇孝 | 순흥 | 찬성 純 | 부원군 景恭 | | |
| 3녀 | 부사 金理 | 청풍 | 관찰사 義之 | 의랑 灌 | | |
| 4녀 | 참판 尹岉 | 파평 | 생원 泰山 | 부윤 普老 | | |
| 文垺 | 병정 숙복 | 보성 | 오씨 | | | |
| 文彊 | | 서원 | 직장 廉順良 | 통례문사 怡 | | |
| 文齡 | | 충주 | 만호 安思謙 | | | |
| 1녀 | /尹濱 | 해평 | | | | |
| 2녀 | 柳仲諲 | 불 | | | | |
| 文浩 | 좌참찬 숙치 | 문화 | 찬성사 柳蔓殊 | 대언 總 | | |
| 여 | /교리 李敬賢 | 성산 | 이씨 | | | |
| 淳 | ? | 초계 | 부사 鄭允恪 | 發 | | |
| 塤 | 황해관 축 | 종실 | 孝寧大君 李補 | 태종 | 11 | |
| 여 | /현감 崔永流 | 경주 | | | | |
| 公淳 | 용인현령 사 | 풍양 | 贈漢山君 趙溫之 | 공조좌랑 安平 | | |
| 1녀 | /사과 權晏 | 안동 | 翊 | 호조정랑 審 | | |
| 2녀 | 李承重 | 전의 | 능직 于藩 | | | |
| 允迪 | 정릉참봉 외 | 문화 | 유씨 | | | |
| 1녀 | /부사 禹挺 | 단양 | 참판 孝剛 | 군수 良壽 | | |
| 2녀 | 崔俊 | 불 | | | | |
| 3녀 | 洪慶昌 | 불 | | | | |
| 耕老 | 좌통례 괴 | 불 | | | | |
| 耕源 | | 죽산 | 찰방 安遇臣 | | | |
| 1녀 | /郭自安 | 불 | | | | |
| 2녀 | 愼仲行 | 거창 | 군수 先甲 | 관찰사 幾 | | |
| 3녀 | 柳伸 | 불 | | | | |
| 4녀 | 朴幹 | 불 | | | | |
| 壽根 | 청주목사 원증 | 칠원 | 尹思 | 주부 參 | | |
| 命根 | | 불 | | | | |
| 永垠 | | 전의 | 부사 李誠全 | 도절제사 承幹 | | |
| 1녀 | /현감 許長孫 | 양천 | 행호군 梱 | 참찬 곡 | | |
| 2녀 | 직장 辛尙殷 | 영산 | 참지 智 | | | |
| 仁堅 | 첨지중추 형증 | 문화 | 검교한성윤 京生 | 좌의정 亮 | | |
| 義堅 | | 원주 | 지돈령 元昌命 | 판중추 庠 | | |
| 禮堅 | | 선산 | 金寬安 | | | |
| 1녀 | /판관 金富弼 | 선산 | | | | |
| 2녀 | 참봉 權普 | 안동 | | | | |
| 克連 | 군수 문비 | 의령 | 정언 余孝溫 | 부사 溥潤 | | |

| | | | | | | |
|---|---|---|---|---|---|---|
| 克蕃 | | 문화 | 군수 柳從京 | | | |
| 克昌 | | 불 | | | | |
| 여 | /판관 徐吉昌 | 의령 | | | | |
| 專 | 화순군수 문강 | 양산 | 현감 李悌林 | | | |
| 廣 | | 불 | | | | 무후 |
| 枝華 | 참봉 문령 | 홍주 | 참봉 李唐 | | | |
| 枝榮 | | 불 | | | | |
| 蘋 | 제용직장 문호 | 여산 | 직장 宋邦賢 | | | |
| 惟淸 | 좌참찬 훈 | 경주 | 목사 李聆 | | | 12 |
| 惟澄 | | 이천 | 첨정 徐趕 | | | |
| 1녀 | /참판 韓堡 | 청주 | 영의정 明澮 | 감찰 起 | | |
| 2녀 | 군수 南忬 | 의령 | | 副正 傗 | 증 智 | |
| 3녀 | 진사 宋汝翼 | 은진 | 현감 順年 | 판관 繼祀 | | |
| 仁老 | 부령부사 공순 | 영암 | 朴枝生 | | | |
| 根老 | | 불 | 김씨 | | | |
| 桂老 | | 불 | | | | |
| 心老 | | 불 | | | | |
| 渭老 | | 불 | | | | |
| 1녀 | /辛嗣宗 | 불 | | | | |
| 2녀 | 첨사 李堰 | 예안 | 직장 義幹 | 참군 愼 | | |
| 岊 | 정릉참봉 외 | 전주 | 이씨 | | | |
| 1녀 | 경로/생원 權達 | 불 | | | | |
| 2녀 | 李光會 | 불 | | | | |
| 活 | 진위현감 경원 | 문화 | 군수 柳壽長 | | | |
| 浚 | | 불 | | | | |
| 浩 | | 불 | | | | |
| 여 | 安商 | 불 | | | | |
| 여 | 수근/봉사 李龜孫 | 영천 | 현감 仲浩 | 직제학 宗儉 | | |
| 孝琛 | | 불 | | | | |
| 孝琳 | | 불 | | | | |
| 孝參 | | 전의 | 이씨 | | | |
| 1녀 | /사의 安潤國 | 廣州 | | | | |
| 2녀 | 辛斐卿 | 불 | | | | |
| 孝文 | 이참판 영은 | 전의 | 참판 李昌臣 | 직장 亮 | | |
| 培文 | | 양천 | 사간 許簧 | 지군사 樞 | | |
| 奎文 | | 익산 | 林名聖 | | | |
| 1녀 | /李元佐 | 동래 | | | | |
| 2녀 | 金崙 | 불 | | | | |
| 耘 | 홍문전한 인견 | 죽산 | 찰방 安遇臣 | | | 생부 예견 |
| 宣文 | 참판 의견 | 문화 | 군수 柳壽根 | | | |
| 起文 | | 청풍 | 김씨 | | | |
| 1녀 | /한림 康致誠 | 신천 | 판관 者 | 부사 生敏 | | |

| | | | | | |
|---|---|---|---|---|---|
| 2녀 | 현령 金有義 | 안동 | 副正 璘 | 전첨 宗潤 | |
| 3녀 | 권박 | 안동 | | | |
| 4녀 | 주서 尹起華 | 파평 | | | |
| 耦 | 대사간 우 | 여주 | 주부 李淳甫 | 현령 伯堅 | 증 審 |
| 耨 | | 해주 | 찰방 崔洪輔 | | |
| 籽 | | 인천 | 仁川君 蔡壽 | 부사 申保 | |
| 穀 | 사의 각 | 임피 | 陳敬源 | | |
| 여 | /宋世甲 | 여산 | | | |
| 堡 | 현감 극번 | 단양 | 참판 禹孝剛 | 군수 良壽 | |
| 培 | | 불 | | | |
| 堧 | 진사 극창 | 경주 | 李潤孫 | | |
| 1녀 | /南偕 | 불 | | | |
| 2녀 | 李靖 | 불 | | | |
| 仁敷 | 적순부위 전 | 순흥 | 군수 安琛 | 부윤 知歸 | |
| 昌敷 | | 순흥 | 부사 安該 | | |
| 殷敷 | | 여산 | 현감 宋洗輝 | 집의 叔琪 | |
| 湯敷 | | 청주 | 韓龜年 | | |
| 商敷 | | 불 | | | |
| 1녀 | /훈도 裵湛 | 불 | | | |
| 2녀 | 李膺祥 | 경주 | | | |
| 豪敷 | 광 | 경주 | 김씨 | | |
| 積 | 지화 | 강릉 | 만호 崔麟 | | |
| 積 | | 불 | | | |
| 禧 | | 불 | | | |
| 若山 | 한성판관 빈 | 안동 | 한림 權赫 | | |
| 若水 | | 불 | | | |
| 種善 | 시중 穡 | 안동 | 참찬문하 權鈞 | 찬성사 廉 | 종선계8세 |
| 季疇 | 판한성 종선 | 삼척 | 판사 陳明禮 | 동지중추 忠貴 | 9 |
| 季隣 | | 청주 | 淸平尉 李伯剛 | 좌정승 居易 | |
| 季甸 | | 풍기 | 군수 秦浩 | 副令 少儒 | |
| 季畹 | | 여흥 | 지평 閔道 | | |
| 季町 | | 죽산 | 朴遂良 | | |
| 1녀 | 첨중 李伯常 | 양성 | 삼사우윤 징 | 상서 元富 | |
| 2녀 | 군수 金崇老 | 의성 | 좌사간 涉 | 정당문학 居翼 | |
| 垲 | 정랑 계주 | 불 | | | 10 |
| 1녀 | /승지 李徽 | 양성 | 지중추 思儉 | 판중추 沃 | |
| 2녀 | 부사 李貴然 | 고성 | 돈령부승 淀 | | |
| 3녀 | 수찬 許慥 | 하양 | 소윤 訥 | 좌의정 稠 | |
| 4녀 | 사정 李儼 | 불 | | | |
| 塾 | 지돈령 계린 | 안동 | 감찰 金孟廉 | 좌사간 顧 | |
| 壎 | | 불 | | | 무후 |
| 垓 | | 성주 | 현감 李錦 | 참찬 堅恭 | |

| | | | | | | |
|---|---|---|---|---|---|---|
| 坰 | | 청풍 | 참의 金樞 | 참봉 德懋 | | |
| 圭 | | 안동 | 감찰 張供 | | | |
| 1녀 | /朴確 | 불 | | | | |
| 2녀 | 직장 李苽 | 경주 | 현감 世甫 | | | |
| 埇 | 영중추 계전 | 불 | | | | 무후 |
| 堨 | | 이천 | 사성 徐晉 | 판사 孝孫 | | |
| 坡 | | 파평 | 鈴平尉 尹季童 | 문하평리 承順 | | |
| 封 | | 안동 | 현감 金三老 | 寺事 진 | | |
| 1녀 | /현령 劉昭 | 금성 | 사정 曒 | | | |
| 2녀 | 현감 崔延年 | 강화 | 현감 福海 | 副正 世昌 | | |
| 3녀 | 별좌 權普 | 呂泉 | 감찰 幼孫 | 목사 祥 | | |
| 4녀 | 감찰 鄭繼金 | 동래 | 도사 俁 | 찬성 甲孫 | | |
| 堧 | 감찰 계원 | 교하 | 현감 盧定山 | | | |
| 墩 | | 廣州 | 우의정 李仁孫 | 참의 之直 | | |
| 埠 | | 光州 | 좌의정 金國光 | 감찰 鐵山 | | |
| 墳 | | 초계 | 卞球 | | | |
| 垣 | 경력 계정 | 순천 | 판사 金元石 | 참의 有溫 | 증 承霍 | 무후 |
| 均 | | 양천 | 장령 許迪 | | | |
| 여 | /金運四 | 불 | | | | |
| 公澮 | 직제학 개 | 불 | | | | 11 |
| 1녀 | /도사 朴林禎 | 불 | | | | |
| 2녀 | 서령 朴守根 | 불 | | | | |
| 3녀 | 사용 裵纘 | 불 | | | | |
| 止堈 | 상례 숙 | 순흥 | 安氏 | 참찬 崇善 | | |
| 1녀 | /찬성 盧公弼 | 교하 | 영의정 思愼 | 동지돈령 物載 | | |
| 2녀 | 朴亨元 | 불 | | | | |
| 3녀 | 李英 | 불 | | | | |
| 4녀 | 朴彦孫 | 고령 | 현감 秀林 | 현감 持 | | |
| 5녀 | 판서 成俔 | 창녕 | 지중추 念祖 | 지중추 湆 | | |
| 承坤 | 목사 해 | 경주 | 鄭之禮 | 吉祥 | | |
| 永坤 | | 문화 | 군수 柳氏 | | | |
| 1녀 | /부사 金勉 | 연산 | 부사 元臣 | 관찰사 修 | | |
| 2녀 | 宋環元 | 진천 | 부사 盤 | 군수 匡輔 | | |
| 長致 | 호참판 경 | 해주 | 오씨 | | | |
| 長吉 | | 불 | | | | |
| 止壕 | 현감 규 | 해주 | 참군 崔永孫 | | | |
| 長潤 | 대사성 우 | 고령 | 현감 朴仁孝 | | | |
| 여 | /全彛 | 정선 | | | | |
| 1녀 | 우/槐山君 李潪 | 종실 | 翊峴君 璡 | 세종 | | |
| 2녀 | 趙瓊 | 불 | | | | |
| 3녀 | 생원 柳漢長 | 진주 | 군수 文氏 | 令 悅 | | |
| 德潤 | 좌찬성 파 | 여주 | 군수 李曾碩 | 지돈령 孜 | | |

| | | | | | |
|---|---|---|---|---|---|
| 繼潤 | | 이천 | 서씨 | | |
| 여 | /군수 鄭洙 | 영일 | | | |
| 德洪 | 형판 봉 | 함종 | 어씨 | | |
| 德濟 | | 고령 | 관찰사 申澬 | 영의정 叔舟 | |
| 繼金 | | 파평 | 鈐平君 尹繼謙 | 우의정 士昕 | |
| 德溥 | | 청주 | 목사 韓嶔 | 영중추 繼美 | |
| 여 | /尹秀岡 | 파평 | 鈐川君 磻 | 영중추 師路 | |
| 文洞 | 현감 연 | 나주 | 박씨 | | 생부 분 |
| 여 | /사직 尹弼 | 칠원 | 군사 莘老 | | |
| 宗洞 | 정랑 한 | 불 | | | |
| 善長 | 부제학 균 | 충주 | 첨지중추 池泳 | | |
| 善億 | | 불 | | | 무후 |
| 善福 | | 불 | | | |
| 1녀 | /진사 金忠良 | 강릉 | | | |
| 2녀 | 李億年 | 안성 | 교수 承範 | 副正 吉甫 | |
| 1녀 | 균/진사 朴士儉 | 불 | | | |
| 2녀 | 池永會 | 충주 | | | |
| 기 | 부사 지강 | 초계 | 卞玉堅 | | 12 |
| 堡 | | 경주 | 李彌孫 | | |
| 塢 | | 평산 | 한씨 | | |
| 1녀 | /전적 閔樑 | 여흥 | 사과 澹源 | 참판 審言 | |
| 2녀 | 朴根 | 광산 | | | |
| 3녀 | 韓渭 | 청주 | 군수 禹昌 | 부사 致良 | |
| 1녀 | 승곤/金熙達 | 의성 | | | |
| 2녀 | 宋世英 | 진천 | 鍵 | 監役 환주 | |
| 壽孫 | 영곤 | 불 | | | |
| 克孫 | 장치 | 밀양 | 박씨 | | |
| 勳 | 장길 | 불 | | | |
| 基 | 지호 | 불 | | | |
| 堅 | | 안동 | 정언 金尙禮 | | |
| 垣 | | 불 | 이씨 | | |
| 1녀 | /생원 李涏 | 불 | | | |
| 2녀 | 참봉 柳依汀 | 불 | | | |
| 3녀 | 참봉 崔致雨 | 전주 | | | |
| 秩 | 현감 장윤 | 연안 | 부사 金錫賢 | 직강 昇 | |
| 稑 | | 光州 | 생원 金孟權 | 감찰 仲老 | |
| 穩 | | 불 | | | |
| 程 | | 장수 | 황씨 | | |
| 1녀 | /金澥 | 불 | | | |
| 2녀 | 金忠胤 | 光州 | 경력 克羞 | 좌의정 國光 | |
| 碩根 | 세윤 | 불 | | | |
| 澮 | 직장 덕윤 | 파평 | 尹熙 | | |

| | | | | | |
|---|---|---|---|---|---|
| 淸 | | 해주 | 군수 鄭守慶 | 참의 沉 | 고조 易 |
| 冷 | | 흥양 | 김씨 | | |
| 여 | /참봉 申沖 | 고령 | 군수 用灌 | 관찰사 泗 | |
| 世明 | 계윤 | 파평 | 윤씨 | | |
| 孫中 | 판관 덕흥 | 불 | | | |
| 稷 | 별제 직 | 전의 | 副正 李益禧 | 현감 宏植 | |
| 福 | | 경주 | 都正 鄭世賢 | 현감 守德 | |
| 1녀 | /鄭馣 | 불 | | | |
| 2녀 | 군수 趙德壽 | 풍양 | 도사 世獻 | 감찰 益禧 | |
| 秧 | 계금 | 불 | | | |
| 穰 | 현감 덕부 | 무송 | 판관 尹化湙 | 첨지중추 瀚 | 증 子雲 |
| 稀 | | 청송 | 심씨 | | |
| 積 | | 전주 | 德津君 李蕭 | 昌原君 晟 | 증 세조 |
| 1녀 | /李名珪 | 불 | | | |
| 2녀 | 군수 李晦 | 원주 | | | |
| 承碩 | 문형 | 안동 | 김씨 | | |
| 여 | /봉사 禹舜弼 | 단양 | | | |
| 晶 | 종형 | 불 | | | |
| 曄 | 첨사 윤형 | 용인 | 이정랑 李孝參 | | |
| 여 | /대사헌 趙光祖 | 한양 | 감찰 元綱 | 사예 哀孫 | |
| 詡 | 군수 선장 | 불 | | | |
| 翰 | | 문화 | 柳靑秀 | | |
| 翶 | | 불 | | | |
| 翔 | | 불 | | | |
| 歆 | | 불 | | | |
| 1녀 | /金鷺 | 우봉 | 부사 之福 | | |
| 2녀 | 진사 趙翎 | 한양 | 감찰 世禎 | | |
| 3녀 | 李忠良 | 불 | | | |
| 翎 | | 불 | | | |
| 習 | | 불 | | | |

---

114) 동상조.

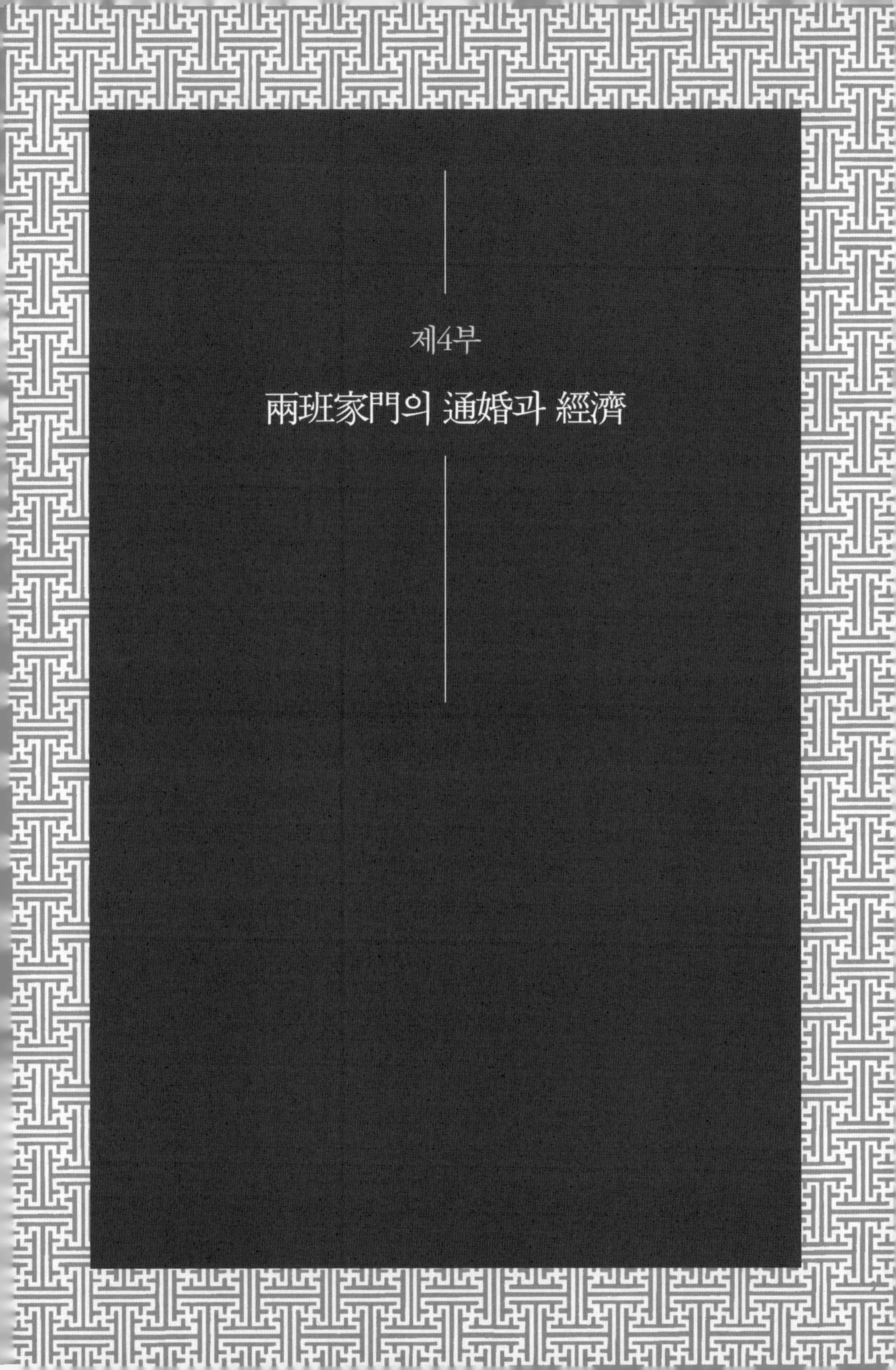

제4부

# 兩班家門의 通婚과 經濟

# 제9장 兩班家門의 通婚과 家系意識

## 1. 通婚家門

조선초기에 가장 번성하였던 양반가문(상위 유력성관 가문)인 坡平尹·淸州韓·晉州姜氏 등 7가문의[1] 통혼성관을 보면 다음의 표와 같이 파평윤씨는 종친·명황실·상위 유력성관·유력성관(이하 유력성관으로 약기)이 13세 고려 鈴平君 陟의 손~5대손(15~19)을 합해 74%(301/406명, 성관불명 제외, 성관불명 포함시 *33%〈301/907명〉, 이하 동)였고, 청주한씨는 63%(253/402, *55%〈253/463〉)였다. 진주강씨는 63%(253/402, *45%〈253/558〉), 창녕성씨는 69%(72/105, *21%〈72/348〉), 고령신씨는 68%(70/103, *70/221〉), 광주이씨는 64%(84/132, *34%〈84/274〉)였고, 한산이씨는 64%(150/236, *44%〈150/340〉)였다. 전체로는 70%(1,183/1,690, *38%〈1,183/3,105〉)이고, 성관별로는 84%(광주이씨)~63%(청주한·진주강씨)였다. 그리고 위 7유력성관이 전체 유력성관의 9%(7/80성관)에 불과하였지만 종친과 통혼자가 16%(76/489명)나 되었다.[2]

---

1) 포함되지 아니한 안동권·광산김·문화유·전의이씨 등도 파평윤씨 등에 못지 않게 번창하였고, 특히 안동권씨는 족세가 모든 가문을 능가하였다. 그러나 본서에서 고구한 가문이 파평윤씨 등 7가문이고, 안동권씨는 다수의 계파가 번창하여 1장으로 정리하기가 어려워 제외하고 연구한 까닭에 불가피하게 파평윤씨 등 7가문에 한정하여 고찰한다. 서술상 부득이 하지만 대세를 파악하기에는 무리가 없다고 본다. 뒤의 2, 3도 같다.

2) 앞 2장 〈표 1-1〉(유력성관 수), 졸저, 2024, 『조선초기 관인연구』, 도서출판 혜안, 67쪽 〈표 4-1〉(종친 수)에서 전재.

<표 9-1> 조선초기 상위유력 11성관 등 통혼가문(수/%)[3]

| | | 파평윤씨 (*15세) | | | | | | 청주한씨(*12세) | | | | | | 진주강씨(*7세) | | | | | |
|---|---|---|---|---|---|---|---|---|---|---|---|---|---|---|---|---|---|---|---|
| | | 1* | 2 | 3 | 4 | 5 | 계 | 1* | 2 | 3 | 4 | 5 | 계 | 1* | 2 | 3 | 4 | 5 | 계 |
| 유력성관 | 종친/명황실 | 0 | 2 | 4 | 1 | 5 | 12 | | /2 | 5 | 6 | 8 | 19/2 | 0 | 0 | 2 | 5 | 15 | 22 |
| | 상위11성관 | 2 | 6 | 12 | 32 | 41 | 93 | 0 | 6 | 12 | 25 | 33 | 76 | 1 | 2 | 12 | 16 | 32 | 63 |
| | 그 외 | 7 | 10 | 29 | 53 | 97 | 196 | 4 | 11 | 23 | 37 | 81 | 156 | 6 | 12 | 27 | 47 | 76 | 168 |
| | 계 | 9 | 18 | 45 | 86 | 143 | 301 | 4 | 19 | 40 | 68 | 122 | 253 | 7 | 14 | 41 | 68 | 128 | 253 |
| 그외 | 일반성관 | 4 | 6 | 14 | 32 | 49 | 105 | 1 | 3 | 7 | 12 | 30 | 53 | 7 | 10 | 17 | 51 | 64 | 149 |
| | 성관불명 | 4 | 24 | 47 | 178 | 248 | 501 | 0 | 4 | 12 | 49 | 92 | 157 | 6 | 18 | 36 | 40 | 56 | 156 |
| 합계 | | 17 | 48 | 106 | 296 | 440 | 907 | 5 | 26 | 59 | 129 | 244 | 463 | 20 | 42 | 94 | 159 | 243 | 558 |

| | | 창녕성씨(*6세) | | | | | | 고령신씨(*7세) | | | | | | 광주이씨(*6세) | | | | | |
|---|---|---|---|---|---|---|---|---|---|---|---|---|---|---|---|---|---|---|---|
| | | 1* | 2 | 3 | 4 | 5 | 계 | 1* | 2 | 3 | 4 | 5 | 계 | 1* | 2 | 3 | 4 | 5 | 계 |
| 유력성관 | 종친 | 0 | 0 | 1 | 0 | 2 | 3 | 0 | 0 | 2 | 3 | 5 | 10 | 0 | 0 | 0 | 2 | 2 | 4 |
| | 상위11성관 | 2 | 1 | 6 | 5 | 7 | 21 | 0 | 4 | 7 | 6 | 6 | 23 | 0 | 2 | 4 | 3 | 13 | 22 |
| | 그 외 | 4 | 5 | 8 | 12 | 19 | 48 | 0 | 6 | 13 | 12 | 6 | 37 | 3 | 4 | 9 | 18 | 24 | 58 |
| | 계 | 6 | 6 | 15 | 17 | 28 | 72 | 0 | 10 | 22 | 21 | 17 | 70 | 3 | 6 | 13 | 23 | 39 | 84 |
| 그외 | 일반성관 | 3 | 3 | 5 | 8 | 14 | 33 | 3 | 6 | 9 | 11 | 4 | 33 | 3 | 4 | 6 | 14 | 21 | 48 |
| | 성관불명 | 5 | 20 | 46 | 68 | 104 | 243 | 0 | 2 | 18 | 56 | 42 | 118 | 0 | 7 | 21 | 39 | 75 | 142 |
| 합계 | | 14 | 29 | 66 | 93 | 146 | 348 | 3 | 18 | 49 | 88 | 63 | 221 | 6 | 17 | 40 | 76 | 135 | 274 |

| | | 한산이씨(*8세) | | | | | | 합계 | | | | | | 비고 |
|---|---|---|---|---|---|---|---|---|---|---|---|---|---|---|
| | | 1* | 2 | 3 | 4 | 5 | 계 | 1 | 2 | 3 | 4 | 5 | 계 | |
| 유력성관 | 종친/명황실 | 0 | 1 | 1 | 2 | 2 | 6 | 0 | 3/2 | 15 | 19 | 39 | 78(76/2) | |
| | 상위11성관 | 1 | 1 | 8 | 15 | 25 | 50 | 6 | 22 | 61 | 99 | 157 | 348 | |
| | 그 외 | 2 | 10 | 17 | 21 | 44 | 94 | 26 | 58 | 126 | 200 | 347 | 757 | |
| | 계 | 3 | 12 | 26 | 38 | 71 | 150 | 32 | 85 | 202 | 318 | 543 | 1,183 | |
| 그외 | 일반성관 | 0 | 7 | 22 | 38 | 19 | 86 | 21 | 40 | 94 | 203 | 226 | 507 | |
| | 성관불명 | 0 | 1 | 8 | 25 | 64 | 98 | 15 | 71 | 185 | 500 | 601 | 1,405 | |
| 합계 | | 3 | 20 | 56 | 101 | 154 | 334 | 68 | 200 | 470 | 942 | 1,425 | 3,105 | |

# 2. 通婚者의 親疎關係

坡平尹氏 등 7유력성관의 자녀와 다수가 통혼하고 가계가 확인된 유력성관 인물 간의 상호관계를 보면 파평윤씨는 다음의 표와 같이 9성관 73명이

---

3) 앞 <표 2-8>, <표 3-8>, <표 4-9>, <표 5-9>, <표 6-7>, <표 7-8>, <표 8-7>에서 종합(파평윤~한산이씨 남·여계 포괄, 안동권~전의이씨 사관자).

상위 유력성관·유력성관(이하 유력성관)과 혼인하였는데 8촌 이내가 69명 95%이고, 9촌 이상이 4명 5%이다.

<표 9-2> 조선초기 유력성관과 다수 통혼가문 상호관계
(8촌 이내/9촌 이상/성관확인자)[4]

| | 상위 유력성관 | | | | | | | | | | | | | 유력성관 | | | | |
| | 종친 | 파평윤 | 청주한 | 진주강 | 창녕성 | 고령신 | 광주이 | 한산이 | 안동권 | 광산김 | 문화유 | 전의이 | 계 | 안동김 | 연안김 | 의령남 | 교하노 | 밀양박 |
|---|---|---|---|---|---|---|---|---|---|---|---|---|---|---|---|---|---|---|
| 파평윤 | 22/ | | 11/ | 2/1 | 3/2 | | 3/3 | 6/0 | | 3/1 | 4/2 | 9/1 | 63/10 | | | | | |
| 청주한 | 19/ | 11/ | | | | | | 4/0 | 7/ | 0/2 | 2/1 | 7/ | 50/3 | | | | | |
| 진주강 | 22/ | 2/1 | | | 0/2 | 4/0 | 0/2 | | | | 4/0 | | 30/3 | | | 2/0 | | |
| 창녕성 | 3/0 | 3/2 | | 0/2 | | | | | | | | | 6/4 | | 4/0 | | | |
| 고령신 | 10/ | | | 4/0 | | | | 3/0 | 0/2 | | | | 17/2 | | | | | |
| 광주이 | 4/0 | 3/3 | | 0/2 | | | | | 0/4 | | | | 7/9 | | | | 2/0 | 2/0 |
| 한산이 | 6/0 | 6/0 | 4/0 | | | 3/0 | | | 0/5 | 2/0 | | 5/1 | 26/5 | 0/5 | 3/0 | | | |
| 소계 | 83/0 | 15/6 | 15/0 | 6/5 | 3/4 | 7/0 | 3/5 | 13/0 | 7/11 | 6/2 | 10/3 | 22/1 | 200/32 | 0/5 | 7/0 | 2/0 | 2/0 | 2/0 |
| 안동권* | | | 7/0 | 0/2 | | 0/2 | 0/4 | 0/5 | | | | | 7/13 | | | | | |
| 광산김* | | 3/1 | 1/1 | | | | | 2/0 | | | | | 6/2 | | | | | |
| 문화유* | | 4/2 | 2/1 | 4/0 | | | | | | | | | 10/3 | | | | | |
| 전의이* | | 10/ | 7/0 | | | | | 5/1 | | | | | 22/1 | | | | | |
| 합계 | 86/9 | 32/2 | 32/2 | 10/7 | 3/4 | 10/2 | 3/9 | 20/6 | 7/11 | 8/2 | 10/3 | 21/2 | 246/52 | 0/5 | 7/0 | 2/0 | 2/0 | 2/0 |

| | 유력성관 | | | | | | | | | | 합계 | 비고 |
| | 이천서 | 평산신 | 순흥안 | 양성이 | 연일정 | 한양조 | 전주최 | 남양홍 | 그외 | 계 | | |
|---|---|---|---|---|---|---|---|---|---|---|---|---|
| 파평윤 | | | | | | | | | 0/0 | | 63/10/406 | |
| 청주한 | | | | | | | | | 0/0 | | 50/3/306 | |
| 진주강 | | 2/1 | | | 2/0 | 2/0 | 2/1 | 2/1 | | 12/3 | 42/5/402 | |
| 창녕성 | | | | | | | | | | 4/0 | 10/4/105 | |
| 고령신 | | | | | 2/0 | | | | | 2/0 | 14/2/103 | |
| 광주이 | | 2/0 | | | | | | 2/1 | | 6/0 | 15/10/132 | |
| 한산이 | 2/0 | | 5/0 | 3/0 | | | | | 18/1* | 31/6 | 57/11/236 | *청풍김(2/1), 청주경·고령박·여산송·거창신·단양우·여주이·하양허·양천허씨 각2/ |
| 소계 | 2/0 | 4/1 | 5/0 | 3/0 | 4/0 | 2/0 | 2/1 | 2/1 | 18/1 | 55/9 | 255/41/1,700 | |
| 안동권* | | | | | | | | | | | 7/13 | *파평윤~한산이씨 제시자 |
| 광산김* | | | | | | | | | | | 6/2 | 동상 |
| 문화유* | | | | | | | | | | | 10/3 | 동상 |
| 전의이* | | | | | | | | | | | 22/1 | 동상 |
| 합계 | 2/0 | 4/1 | 5/0 | 3/0 | 4/0 | 2/0 | 2/1 | 2/1 | 2/1 | 37/8 | 299/61/ | |

---

4) 앞 2~8장 통혼자 성관 가계도, 2장 <표 2-4> 파평윤씨 척계 15~19세 배우자 가계와 관력> 등 3~8장 <배우자 가계와 관력표>에서 종합.

청주한씨는 총 7성관 53명 중 50명 94%가 8촌 이내였고, 2명이 6%가 9촌 이상이었다. 진주강씨는 총 12성관 47명 중 42명 89%가 8촌 이내였고, 5명 11%가 9촌 이상이었다. 창녕성씨는 총 5성관 12명 중 10명 83%가 8촌 이내였고, 2명 17%가 9촌 이상이었다. 고령신씨는 총 5성관 16명 중 14명 88%가 8촌 이내였고, 2명 12%가 9촌 이상이었다. 광주이씨는 총 7성관 25명 중 15명 60%가 8촌 이내였고, 10명 40%가 9촌 이상이었다. 한산이씨는 총 21성관 68명 중 57명 84%가 8촌 이내였고, 11명 16%가 9촌 이상이었다.

안동권·광산김·문화유·전의이씨는 그 일부가 파평윤씨 등 7성관의 파악에서 제시된 인물에 한정된 수이기에 큰 의미가 없다. 그러나 8촌 이내가 안동권씨는 3성관 20명 중 7명 35%, 광산김씨는 3성관 8명 중 6명 75%, 문화유씨는 3성 13명 중 10명 77%, 전의이씨는 3성관 23명 중 22명 96%였다.

파평윤씨 등 7성관을 합해서는 총 34성관 298명 중 246명 83%가 8촌 이내였고, 52명 17%가 9촌 이상이었다.

그런데 위에서 파악된 수와 비율이 창녕성·고령신·광주이씨는 20명 미만이고, 파평윤씨 등 7성관 5대와 통혼한 성관자 319명은 확인된 총인원 1,700명의 19%에 불과하였지만 유력성관과 통혼한 1,188명의 29%나 되었다. 또 종친의 경우 총 489명[5] 중 83명 17%가 파평윤씨 등 7가문과 통혼하였다. 이점에서 파평윤씨 등 7성관 통혼자간 친소관계의 전체적인 경향의 파악에는 큰 무리가 없다.

이를 볼 때 조선초기 파평윤씨 등 7상위 유력성관은 96%(청주한)~59%(광주이)가 종친·유력성관의 근친과 혼인하였고, 광주이씨를 제외한 6성관은 그 비율이 80% 이상이었다. 즉 조선초기의 종친·유력성관은 유력성관의 근친과 통혼하는 경향이 현저하였다고 하겠다.

---

5) 졸저, 앞 『조선초기 관인이력』, 2024, 『조선초기 관인연구』, 도서출판 혜안, 79쪽에서 종합.

# 3. 仕官者 父·妻父와 本人·配偶者 父祖 最高官職

조선초기에 가장 번창하였던 파평윤·청주한·진주강·창녕성·고령신·광주이·한산이·안동권·광산김·문화유·전의이씨 등 11상위 유력성관 1~5대 사관자 부·처부의 관직을 대비시켜 보면 파평윤씨는 다음의 표와 같이 1~3품 당상관은 46⟨49명(국왕포함), 3~9품은 230⟩105명, 미사·불명은 0⟨129명이었다.

〈표 9-3〉 조선초기 유력 11성관 1~5대 사관자 부·처부 최고관직[6]

| | 파평윤씨(*15세) | | | | | | 청주한씨(*12세) | | | | | | 진주강씨(*7세) | | | | | |
| --- | --- | --- | --- | --- | --- | --- | --- | --- | --- | --- | --- | --- | --- | --- | --- | --- | --- | --- |
| | 1대* | 2 | 3 | 4 | 5 | 계 | 1* | 2 | 3 | 4 | 5 | 계 | 1* | 2 | 3 | 4 | 5 | 계 |
| 국왕 | /0 | /1 | /1 | /1 | /0 | 0/3 | /0 | /0 | /2 | /1 | /1 | 0/4 | | | | | | |
| 1~2품*1 | 6/5 | 7/5 | 14/7 | 10/16 | 9/13 | 46/46 | 3/4 | 4/6 | 25/9 | 9/11 | 10/15 | 41/45 | 4/4 | 3/5 | 3/9 | 6/10 | 1/4 | 17/32 |
| 정3당상 | 0/0 | 0/1 | 2/3 | 4/3 | 13/5 | 19/12 | 1/1 | 2/1 | 3/1 | 7/0 | 8/4 | 21/7 | 0/2 | 1/2 | 0/1 | 3/2 | 1/3 | 5/10 |
| 3~9 | 2/3 | 15/8 | 37/23 | 79/28 | 97/43 | 230/105 | 2/0 | 7/4 | 12/14 | 43/30 | 62/31 | 126/79 | 8/3 | 18/5 | 28/14 | 45/20 | 87/44 | 176/86 |
| 불명·미사 | 0/0 | 0/7 | 0/19 | 0/45 | 0/58 | 0/129 | /1 | /2 | /14 | /17 | 4/33 | 4/57 | /2 | /12 | /7 | /22 | 1/39 | 1/81 |
| 합계 | 8 | 22 | 53 | 93 | 119 | 295 | 6 | 13 | 40 | 59 | 84 | 192 | 12 | 22 | 31 | 54 | 90 | 209 |

| | 창녕성씨(*6세) | | | | | | 고령신씨(*7세) | | | | | | 광주이씨(*6세) | | | | | |
| --- | --- | --- | --- | --- | --- | --- | --- | --- | --- | --- | --- | --- | --- | --- | --- | --- | --- | --- |
| | 1대* | 2 | 3 | 4 | 5 | 계 | 1* | 2 | 3 | 4 | 5 | 계 | 1* | 2 | 3 | 4 | 5 | 계 |
| 국왕 | | | | | | | /0 | /0 | /1 | /0 | /0 | 0/1 | | | | | | |
| 1~2품 | 9/2 | 14/5 | 9/4 | 18/2 | 8/0 | 58/13 | 0/1 | 1/3 | 5/4 | 4/1 | 1/1 | 11/10 | 1/1 | 2/0 | 5/3 | 4/4 | 3/4 | 15/12 |
| 정3상 | 1/0 | 0/0 | 4/0 | 6/2 | 1/2 | 12/4 | 0/1 | 2/0 | 3/1 | 3/0 | 1/2 | 9/4 | 1/1 | 2/0 | 4/1 | 6/0 | 2/2 | 15/4 |
| 3~9 | 2/2 | 8/1 | 13/3 | 14/7 | 38/7 | 75/20 | 3/1 | 7/6 | 15/10 | 13/4 | 20/3 | 58/24 | 2/0 | 4/2 | 4/6 | 18/1710 | 37/3120 | 65/38 |
| 기타 | 0/8 | 1/17 | 1/20 | 5/35 | 7/45 | 14/122 | /0 | 1/2 | /7 | 1/16 | 1/17 | 3/42 | 1/3 | 0/6 | 1/4 | 0/14 | 0/16 | 2/53 |
| 합계 | 12 | 23 | 27 | 43 | 54 | 159 | 3 | 11 | 23 | 21 | 23 | 81 | 5 | 8 | 14 | 28 | 42 | 97 |

| | 한산이씨(*8세) | | | | | | 안동권씨(*16세) | | | | | | 광산김씨(*19세) | | | | | |
| --- | --- | --- | --- | --- | --- | --- | --- | --- | --- | --- | --- | --- | --- | --- | --- | --- | --- | --- |
| | 1대* | 2 | 3 | 4 | 5 | 계 | 1* | 2 | 3 | 4 | 5 | 계 | 1* | 2 | 3 | 4 | 5 | 계 |
| 1~2품 | 2/3 | 6/4 | 3/6 | 4/6 | 4/4 | 19/23 | 18/6 | 33/9 | 58/6 | 44/4 | 30/7 | 183/32 | 5/3 | 2/4 | 4/5 | 5/7 | 14/4 | 30/23 |

| | | | | | | | | | | | | | | | | | | |
|---|---|---|---|---|---|---|---|---|---|---|---|---|---|---|---|---|---|---|
| 정3상 | 1/0 | 1/0 | 5/2 | 3/2 | 4/6 | 14/10 | 0/1 | 0/2 | 6/3 | 5/1 | 3/3 | 14/10 | 8/1 | 3/2 | 0/2 | 3/2 | 0/1 | 14/8 |
| 3~9 | 0/0 | 7/6 | 17/9 | 21/13 | 35/19 | 60/47 | 0/3 | 12/12 | 24/20 | 42/27 | 50/24 | 128/86 | 9/9 | 37/5 | 16/6 | 45/18 | 23/25 | 130/63 |
| 기타 | 0/0 | 0/4 | 0/8 | 0/7 | 80/14 | 0/33 | 0/8 | 0/22 | 0/59 | 0/59 | 4/53 | 4/201 | 0/9 | 1/32 | 4/11 | 1/27 | 10/17 | 16/96 |
| 합계 | 3 | 14 | 25 | 28 | 43 | 113 | 18 | 45 | 88 | 91 | 87 | 329 | 22 | 43 | 24 | 54 | 47 | 190 |

| | 문화유씨(*13세) | | | | | | 전의이씨(*12세) | | | | | | 합계 | | | | | |
|---|---|---|---|---|---|---|---|---|---|---|---|---|---|---|---|---|---|---|
| | 1대* | 2 | 3 | 4 | 5 | 계 | 1* | 2 | 3 | 4 | 5 | 계 | 1대 | 2 | 3 | 4 | 5 | 계 |
| 국왕 | | | | | | | | | | | | | | /1 | /4 | /2 | /1 | 0/8 |
| 1~2 | 6/4 | 23/8 | 40/15 | 20/2 | 1/3 | 70/32 | 11/9 | 15/12 | 28/13 | 13/11 | 12/10 | 79/55 | 59/42 | 110/60 | 194/81 | 137/74 | 93/66 | 569/323 |
| 3상 | 2/2 | 2/3 | 4/1 | 2/1 | 12/0 | 22/7 | 2/2 | 3/2 | 2/4 | 6/4 | 14/3 | 27/15 | 22/11 | 16/13 | 33/19 | 48/17 | 49/31 | 172/91 |
| 3~9 | 4/3 | 5/3 | 25/16 | 66/8 | 68/13 | 168/43 | 17/7 | 30/25 | 48/33 | 81/36 | 61/53 | 237/154 | 49/31 | 150/79 | 239/154 | 467/211 | 578/250 | 1,473/725 |
| 기타 | 0/3 | 0/16 | 0/37 | 2/79 | 14/79 | 16/194 | 0/12 | 0/9 | 6/34 | 2/51 | 23/44 | 31/150 | 1/47 | 7/130 | 12/220 | 14/372 | 71/399 | 91/1,158 |
| 합계 | 12 | 30 | 69 | 90 | 95 | 276 | 30 | 48 | 84 | 102 | 110 | 374 | 131 | 283 | 478 | 666 | 747 | 2,305 |

청주한씨 등은 1~3품당상관·3~9품·미사와 불명이 각각 청주한씨는 62〉56명·126〉79명·4〈57명, 진주강씨는 22〈42명·176〉86명·1〈81명, 창녕성씨는 70〉17 명·55〉20명·14〈122명, 고령신씨는 20〉15명·58〉24명·3〈42명, 광주이씨는 30〉16명·66〉38명·2〈53명, 한산이씨는 33=33명·60〉47명·20〈33명이었다.

안동권씨는 197〉42·128〉86·4〈201명, 광산김씨는 44〉31·130〉63·16〈96명, 문화유씨는 92〉39·168〉43·16〈194명, 전의이씨는 106〉70·237〉154·31〈150명이었다.

11성관을 합해서는 정1~정3품 당상관은 부는 전체 2,305명 중 741명 32%이고 처부는 422명 18%이며, 3~9품관은 1,473명 64%와 725명 31%이며, 미사·불명은 91명 4%와 1,188명 52%였다.

그런데 가문의 전승자료와 관련되어 각 성관세보에 기재된 통혼자 기록의

---

6) 앞 2~8장과 11장 〈표 11-8〉 등에서 종합.

편차를 고려하여[7] 불명(소수인 미사포함)을[8] 제외하고 보면 처부의 경우 당상관·3~9품관이 파평윤씨는 167명 중 61명 37%·105명 73%, 청주한씨는 165명 중 52명 32%·113 68%, 진주강씨는 175명 중 42명 24%·132명 76%, 창녕성씨는 51명 중 17명 33%·34명 67%, 고령신씨는 49명 중 15명 31%·34명 69%, 광주이씨는 66명 중 16명 24·51명 76%, 한산이씨는 83명 중 33명 40%·50명 60%였다. 안동권씨는 206명 중 42명 20%·204명 80%, 광산김씨는 108명 중 31명 29%·77명 71%, 문화유씨는 72명 중 39명 54%·32명 46%, 전의이씨는 278명 중 70명 25%·208명 75%였다. 11성관 전체로는 1,420명 중 462명 33%·958명 67%였다.

이처럼 처부 중 당상관 역임자는 불명자를 제외할 때 경우는 정1~정3품 당상관의 비율이 54%(문화유)~20%(안동권)이고 대부분이 30% 내외인데, 이 중 안동권씨는 여타 10성관에 비해 사관자가 월등하게 많았음을 고려할 때 파평윤씨 등 11성관의 부와 처부의 관직경향은 전자가 다소 우월하기는 하나 큰 차이가 없었다고 하겠다.[9]

---

7) 본서 2-8장에서 고찰한 파평윤씨 등 7성관은 다음의 표에서 제시된 성관자와 성관불명자의 비율에서와 같이 『창녕성씨세보』에는 대부분, 파평윤·청주한·고령신·광주이씨세보는 50% 내외, 진주강·창녕성씨세보는 40% 미만만이 기재되었다(앞 〈표 9-1〉에서 종합).

| | 성관자(%/수) | 불명자(%/수) | 계 | | 성관자(%/수) | 불명자(%/수) | 계 |
|---|---|---|---|---|---|---|---|
| 파평윤 | 45%/406명 | 55/501 | 907 | 고령신 | 47/103 | 53/118 | 221 |
| 청주한 | 58/245 | 42/126 | 421 | 광주이 | 59/132 | 41/92 | 224 |
| 진주강 | 40/102 | 60/156 | 258 | 한산이 | 89/302 | 11/39 | 341 |
| 창녕성 | 30/105 | 70/243 | 348 | 계 | 56/1,764 | 44/1,372 | 3,136 |

8) 파평윤씨 등 11성관 사관자 중 처부 불명자는 다음의 표와 같다(앞 〈표 2-4·8〉(파평윤씨) 등 각성관 사관자·배우자 종합표에서 종합).

| | 확인자 | 불명자 | 계 | | 확인 | 불명 | 계 | | 확인자 | 불명자 | 계 |
|---|---|---|---|---|---|---|---|---|---|---|---|
| 파평윤 | 167 | 129 | 296 | 고령신 | 49 | 32 | 81 | 광산김 | 108 | 82 | 190 |
| 청주한 | 165 | 27 | 192 | 광주이 | 66 | 31 | 97 | 문화유 | 72 | 204 | 276 |
| 진주강 | 175 | 34 | 209 | 한산이 | 83 | 30 | 113 | 전의이 | 278 | 96 | 374 |
| 창녕성 | 51 | 108 | 159 | 안동권 | 206 | 123 | 329 | 계 | 1,420 | 895 | 2,315 |

9) 부와 처부의 관력 대비는 앞 〈표 9-3〉 참조. 예컨대 파평윤씨는 부와 처부의 관직이 1~2품관이 46/49(국왕3 포함), 정3품 당상관이 19/12, 정3~종9품관이 230/105, 불명·

이상에서 조선초기에 가문이 가장 번창하였던 파평윤씨 등 11성관은 파평윤씨 등 각 가문의 분석에서 제시되었듯이 조선초기를 통하여 그들과 가격이 대등하거나 비슷한 유력성관의 당상관 이하와 혼인하면서 가격을 유지하고 유력성관으로 존속하였다고 하겠다.

조선초기 상위유력 11성관 통혼가문과 사관자 부·처부 최고관직을 표로 재정리하면 다음과 같다.

〈표 9-4〉 조선초기 상위유력 11성관 통혼가문과 사관자 부·처부 최고관직[10]

| | 통혼가문(수/%) | | | | 부 최고관직(수/%) | | | | | 처부 최고관직(수/%) | | | | | |
|---|---|---|---|---|---|---|---|---|---|---|---|---|---|---|---|
| | 유력가문[*1] | 그외가문 | 불명 | 계 | 1~2품 | 3상 | 3~6 | 7~9, 불명 | 계 | 종친[*2] | 1~2 | 3상 | 3~6 | 7~9, 불명 | 계 |
| 파평윤씨 | 301 | 105 | 501 | 907 | 46 | 19 | 182 | 48 | 295 | 6 | 43 | 12 | 96 | 138 | 295 |
| 청주한씨 | 234 | 61 | 126 | 421 | 41 | 21 | 111 | 19 | 192 | 4 | 45 | 10 | 67 | 66 | 192 |
| 진주강씨 | 253 | 149 | 156 | 558 | 17 | 4 | 146 | 42 | 209 | 2 | 30 | 10 | 69 | 100 | 209 |
| 창녕성씨 | 72 | 33 | 243 | 348 | 55 | 13 | 71 | 20 | 159 | 1 | 12 | 4 | 25 | 121 | 159 |
| 고령신씨 | 70 | 33 | 118 | 221 | 12 | 9 | 50 | 12 | 81 | 1 | 11 | 4 | 20 | 46 | 81 |
| 광주이씨 | 84 | 48 | 92 | 224 | 15 | 15 | 59 | 10 | 97 | 0 | 12 | 4 | 26 | 55 | 97 |
| 한산이씨 | 150 | 142 | 39 | 341 | 19 | 14 | 57 | 23 | 113 | 2 | 21 | 10 | 43 | 37 | 113 |
| 계 | 1,188 | 584 | 1,372 | 3,136 | 197 | 93 | 663 | 193 | 1,146 | 16 | 174 | 54 | 346 | 563 | 1,146 |
| 안동권씨 | | | | | 109 | 16 | 120 | 84 | 329 | 3 | 29 | 10 | 78 | 209 | 329 |
| 광산김씨 | | | | | 30 | 15 | 122 | 23 | 190 | 1 | 29 | 8 | 67 | 85 | 190 |
| 문화유씨 | | | | | 89 | 21 | 129 | 37 | 276 | 0 | 32 | 7 | 42 | 195 | 276 |
| 전의이씨 | | | | | 78 | 23 | 210 | 63 | 374 | 5 | 52 | 15 | 146 | 158 | 374 |
| 소계 | | | | | 306 | 75 | 581 | 207 | 1,169 | 9 | 142 | 40 | 333 | 647 | 1,169 |
| 총계 | | | | | 503 | 168 | 1,244 | 400 | 2,315 | 25 | 319 | 94 | 679 | 1,194 | 2,315 |

*1 종친, 명 황실(청주한) 포함.
*2 왕, 친왕자(그 외 종친은 1~6품에 파악).

위의 부와 처부 관력분석에서 추가된 안동권·광산김·문화유·전의이씨 사관자의 관력과 부·조·처부의 관력을 정리하여 제시하면 다음의 〈표 9-5~8〉 과 같다.

---

미사가 0/120명이고, 전의이씨는 1~2품관 79/55, 정3품당성관이 27/15, 정3~종9품관이 237/154, 불명·기타가 1/47명이었다.

10) 앞 〈표 2-8〉, 〈표 3-8〉, 〈표 4-9〉, 〈표 5-9〉, 〈표 6-7〉, 〈표 7-8〉, 〈표 8-7〉, 〈표 9-6~8〉에서 종합(파평윤~한산이씨 남·여계포괄, 안동권~전의이씨 사관자).

| 성명 | 생몰년 | 출사로와 연대 | 가계 | | | 최고관직 | 비고 |
|---|---|---|---|---|---|---|---|
| | | | 부 | 조 | 처부 | | |
| 鏞 | ?~1340 | 음 | 찬성廉 | 부원군 準 | 光山君 金光轍 | 종1玄城君 | 준-렴계 16세 |
| 鉉 | | 음 | | | 불 | 찬성사 | |
| 鎬 | | 음 | | | 沔城君 具榮儉 | 판후덕부사 | |
| 鈞 | | 음 | | | 典校 金仁琯 | 참찬사 | |
| 鑄 | ?~1394 | 음 | | | 첨의평리 鄭頫 | 밀직제학 | |
| 定柱 | | 음 | 용 | 렴 | 밀직 柳繼祖 | 장군 | 17 |
| 景 | | 음 | 현 | | 불 | 상호군 | |
| 澄 | | 음 | 호 | | 불 | 판목사 | |
| 澣 | | 문(우왕2) | | | 불 | 판사 | |
| 湛 | | 음,문(우6) | | | 제학 許綱 | 부윤 | |
| 弘 | | 음 | 균 | | 소윤 李學林 | 영돈령 | 여 태종후궁 |
| 幹 | | 문(우8) | | | 불 | 정언 | |
| 壎 | | 음,문(우9) | 주 | | 林雍 | 사간 | |
| 增 | | 문 | | | 불 | 주부 | |
| 堡 | | 음 | | | 連山君 李元鉉 | 헌납 | |
| 希達 | | 기타 | 정주 | | 불 | 도총제 | 18 |
| 希逵 | | 기 | | | 불 | 상호군 | |
| 希進 | | 음 | | | 불 | 사선서령 | |
| 孝勤 | | 음 | 경 | 현 | 불 | 군수 | |
| 孝思 | | | | | 총제 朴礎? | | |
| 愼 | | 음 | 담 | 호 | 불 | 직장 | |
| 然 | | 음 | 훈 | 주 | 金安卿 | 판관 | |
| 碩 | | 음 | 증 | | 불 | 정랑 | |
| 煊 | | 음 | 보 | | 부사 金明理 | 직장 | |
| 烋 | | | | | 趙氏 | | |
| 衡 | | 문(세종9) | | | 불 | 사성 | |
| 軔 | | 음 | 희달 | 정주 | 현감 洪仲康 | 사정 | 19 |
| 曉 | | 불 | 희수 | | 판서 薛仁 | 공사관 | |
| 孟麟 | | | 효근 | 경 | 부사 閔脩 | | |
| 備 | | 불 | 연 | 훈 | 소윤 李種仁 | 판관 | |
| 冲 | | 불 | 석 | 증 | 이씨 | 군수 | |
| 拘 | | 불 | | | 지군사 李仍 | 현감 | |
| 撗 | | 불 | | | 불 | 호군 | |
| 攢 | | 불 | | | 불 | 판서 | |
| 揆 | | 불 | | | 김씨 | 현감 | |
| 拔 | | 불 | 휴 | 보정 | 최씨 | 현감 | |
| 擢 | | 불 | | | 불 | 사직 | |
| 銛 | 1470~? | 불 | 형 | | 불 | 사직 | |
| 繼忠 | | 음 | 인 | 희달 | 불 | 대호군 | 20 |

| | | | | | | |
|---|---|---|---|---|---|---|
| 繼孝 | | 음 | | | 불 | 상호군 | |
| 繼知 | | 음 | | | 홍씨 | 사정 | |
| 選 | | 불 | 맹린 | 효근 | 오씨 | 상호군 | |
| 慇 | | 불 | 비 | 연 | 의성군 李宷 | 군수 | |
| 洽 | | | 찬 | 훤 | | 현감 | |
| 世得 | | | 발 | 휴 | 현령 崔龜山 | 참봉 | |
| 顯 | | 음 | 시중適 | 부원군 準 | 益山君 洪云遂 | 밀직제학 | 준-적계 16세 |
| 遜 | | 음 | 현 | 적 | 정언 李庸 | 검교한성윤 | 17 |
| 選 | | | | | 불 | 진사 | |
| 暹 | | 음 | | | 판서 梁一雨 | 호군 | |
| 井 | | 음 | 손 | 현 | 불 | 교수관 | 18 |
| 怡 | | 음 | | | | 대호군 | |
| 稱 | | 음 | | | | 사정 | |
| 需 | 1375~? | 음 | | | 조씨 | 지군사 | |
| 孝良 | | 문(세종20) | 선 | | | 현감 | |
| 愷 | | 음,문(세29) | 섬 | | 卞씨 | 병참판 | |
| 恪 | | 음 | | | 鄭씨 | 참의 | |
| 鏱 | | 불 | 정 | 손 | 불 | 병사 | 19 |
| 稱 | | 불 | 이 | | 불 | 충순위 | |
| 晃 | | 기 | 수 | 선 | 불 | 부사용 | |
| 喬 | | 불 | | | 불 | 주부 | |
| 孟禧 | | 음,문(세조11) | 개 | 섬 | 불 | 지중추 | |
| 仲禧 | | 음 | | | 蔡씨 | 주부 | |
| 叔禧 | | 음 | | | 생원 金貴知 | 직장 | |
| 季禧 | | 음,문(세11) | | | 金壽聃 | 호조정랑 | |
| 希孟 | | 문(중종2) | 상 | | 불 | 감사 | |
| 希曾 | | 불 | | | 불 | 현감 | |
| 以平 | | 불 | 황 | 수 | 불 | 별좌 | 20 |
| 錘 | | 음 | 강 | 부원군 준 | 생원 張慶善 | 첨절제사 | 준-강계 16세 |
| 崇祖 | | 불 | 추 | | 金璉 | 훈련정 | 17 |
| 稱 | | | 숭조 | | 崔榮 | 충순위 | 18 |
| 希尹 | | 불 | 칭 | | 姜씨 | 참봉 | 19 |
| 克信 | | 무과 | 희윤 | | 鄭씨 | 도사 | 20 |
| 敬 | | 음 | 판서 儼 | 시중皐 | 崔元用 | 판서 | 고-엄계 16세 |
| 詳 | | 음 | | | 樂安君 王璔 | 검교한성윤 | |
| 緖 | | 음 | 경 | | 전서 朴頤 | 낭장 | 17 |
| 繼 | | 음 | 상 | | 宋씨 | 현령 | |
| 繕 | | 음,문(태종2) | | | 柳葆 | 예참의 | |
| 紹 | | 음 | | | 교수 許씨 | 예빈판사 | |
| 繩 | | 음 | | | | 현령 | |
| 蘊 | | 음 | | | 낭장 李師吉 | 현감 | |

| 綱 | | 불 | 저 | 경 | 吳氏 | 호군 | 18 |
|---|---|---|---|---|---|---|---|
| 彌 | | 불 | 계 | 상 | 사인 金潤德 | 녹사 | |
| 精 | | 음 | 선 | 소 | 불 | 현감 | |
| 履 | | 음 | 소 | | 불 | 직장 | |
| 愼 | | 불 | 승 | | 불 | 별장 | |
| 宰 | | 문(태종16) | 온 | | 불 | 서령 | |
| 寧 | | 불 | | | 불 | 현감 | |
| 完 | | 기 | | | 지평 金楊南 | 별시위 | |
| 賢 | | 불 | | | 불 | 원종공신 | |
| 延 | | 불 | 선 | 서 | 불 | 참의 | 19 |
| 季衡 | | 불 | 강 | 저 | 崔氏 | 현감 | |
| 逈 | | 무과 | 미 | 계 | 사직 朴允文 | 현감 | |
| 志 | | 불 | 완 | 온 | 감찰 金琛禮 | 녹사 | |
| 粲 | | 음 | 연 | 선 | 安氏 | 통정목사 | 20 |
| 鈞 | 1464~1526 | 문(성종22) | 형 | 미 | 군수 金仲訥 | 우의정 | |
| 彭老 | | 불 | 송 | 정 | 柳自汀 | 첨사 | |
| 彭年 | | 불 | | | 李氏 | 수사 | |
| 永道 | | 불 | 한 | 신 | 불 | 서령 | |
| 義 | | 음,문(중종4) | 지 | 완 | 趙氏 | 이좌랑 | |
| 和 | | 음 | 검교좌정승 僖 | 시중 皐 | 吳氏 | 삼사우사 | 고-희계 16세 |
| 二巳 | | 음 | | | 불 | 경력 | |
| 衷 | 1349~1423 | 음 | | | 판서 李達漢 | 찬성사 | |
| 近 | 1352~1409 | 문(공민18) | | | 정언 李存吾 | 찬성사 | |
| 遇 | 1363~1419 | 문(우왕11) | | | 판사 洪斌 | 예문제학 | |
| 雍 | | 음 | 화 | 희 | 정랑 襄素 | 평창군사 | 17 |
| 存禮 | | 음 | 충 | | 불 | 상호군 | |
| 崇禮 | | 음 | | | 한성윤 趙仁珪 | 전교판사 | |
| 護 | | 음 | | | 判陽城군사 元寅 | 참봉 | |
| 踐 | | 음 | 근 | | 판서 禹崇烈 | 동지중추 | |
| 踶 | 1387~1445 | 음,문(태종14) | | | 사재판사 李儞 | 좌찬성 | |
| 跬 | 1393~1421 | 기타 | | | 태종 (경안공주) | 吉昌尉 | |
| 蹲 | 1405~1459 | 음(세종4) | | | 찬성 鄭易 | 호판 | |
| 措 | | 음 | 우 | | 상호군 南深 | 검한성윤 | |
| 探 | 1399~1438 | 문(태종17) | | | 우대언 柳斗 | 우승지 | |
| 技 | | 문(세종14) | | | 안무사 李興 | 좌간의 | |
| 按 | | 음 | | | 불 | 현령 | |
| 裕 | | 음 | 옹 | 화 | 불 | 전직 | 18 |
| 章 | | 음 | 존례 | 충 | 불 | 府丞 | |
| 宜 | | 음 | | | 불 | 역승 | |

| | | | | | | | |
|---|---|---|---|---|---|---|---|
| 靜 | | 음 | | | 불 | 호군 | |
| 緘 | | 불 | 숭례 | | 불 | 사직 | |
| 綸 | 1415~1493 | 음,문(세종29) | | | 金씨 | 이참판 | |
| 彊 | | 음 | 호 | | 尹珀 | 사직 | |
| 睅 | | 음 | 천 | 근 | 불 | 첨중 | |
| 瞻 | | 음 | | | 현감 劉祐 | 현감 | |
| 眉 | | 음 | | | 康安準 | 통정부사 | |
| 睦 | | 음 | | | 판중 李孟軺 | 증호군 | |
| 摯 | ?~1472 | 음 | 제 | | 부사 李守綱 | 개성유수 | |
| 覽 | 1416~1465 | 문(문종즉) | | | 좌의정 李原 | 좌의정 | |
| 攀 | 1419~1496 | 문(성종6) | | | 군수 柳譚 | 병참판 | |
| 挈 | | 음 | | | 불 | 의영고사 | |
| 摩 | 1422~1461 | 음 | | | 소윤 金根 | 남부령 | |
| 擎 | 1429~1482 | 무 | | | 선전관 崔思情 | 永嘉君 | |
| 聘 | ?~? | 음(8세) | 규 | | 병판 鄭淵 | 동지돈령 | |
| 聰 | 1413~1480 | 음(단종1) | | | 좌찬성 崔士康 | 지중 | |
| 惠 | 1424~? | 음 | 준 | | 감찰 柳宗欽 | 정산현감 | |
| 念 | 1427~1479 | 음 | | | 사재정 崔渚 | 옥천군사 | |
| 憫 | | 음 | 조 | 우 | 만호 李宮 | 호군 | |
| 晟 | | 문(중종3) | 채 | | 불 | 부사 | |
| 慄 | | 문(세조8) | 지 | | 감찰 李洧 | 이정랑 | |
| 淙 | | 음 | | | 李씨 | 평강현감 | |
| 彌 | | 음 | 계 | 상 | 불 | 지사 | |
| 鈞 | | 불 | 정 | 존례 | 불 | 사직 | 19 |
| 懼 | | 문(세조14) | 륜 | | 金씨 | 호참의 | |
| 慄 | | 음 | | | 군수 沈山甫 | 참봉 | |
| 淳 | | 불 | 강 | | 현감 李光榮 | 통찬 | |
| 懽 | | 음 | 첩 | 천 | 불 | 가선처치사 | |
| 悟 | | 불 | 첨 | | 불 | 사직 | |
| 軃 | ?~1458 | 무 | | | 대사헌 卜矛 | 복성군 | |
| 體 | | 문 | | | 불 | 목사 | |
| 博 | | 불 | 미 | | 만호 禹繼 | 현령 | |
| 惕 | | 불 | | | 불 | 사정 | |
| 忕 | | 불 | | | 全氏 | 호참판 | |
| 悁 | | 불 | | | 불 | 상장군 | |
| 悅 | | 불 | 목 | | 호군 朴以貞 | 시직 | |
| 僴 | | 음 | 지 | 제 | 감역 金孟甫 | 부사 | |
| 倧 | | 음,문(세조12) | | | 도사 李好謙 | 관찰사 | |
| 佖 | | | | | 불 | 정랑 | |
| 傑 | 1447~1476 | 음 | 남 | 제 | 도사 南侗 | 동중 | |
| 健 | 1458~1501 | 음, 문(성종7) | | | 호참판 李德良 | 병참판 | |
| 佸 | | 음 | 반 | | 현감 朴秀採 | 충훈도사 | |

| | | | | | | | |
|---|---|---|---|---|---|---|---|
| 稱 | 1457~1498 | 음 | | | 판관 韓致良 | 사복주부 | |
| 伸 | | 음 | 마 | | 李仍 | 부사과 | |
| 僑 | | 음(을사 | | | 현감 李之善 | 양근군수 | |
| 倬 | | 음 | 경 | | 李義愼 | 익찬 | |
| 偉 | | 무과 | | | 참판 韓繼善 | 군수 | |
| 崒 | 1434~? | 음 | 담 | 규 | 李氏 | 사직 | |
| 訓 | | 음 | | | 閔森 | 현감 | |
| 監 | | 음 | | | 현감 安永 | 봉례 | |
| 輯 | 1431~1457 | 음(세종32) | 총 | | 좌의정 韓確 | 사선직장 | |
| 悍 | | 음 | 혜 | 준 | 불 | 호군 | |
| 愧 | | 음 | | | 불 | 사직 | |
| 憐 | | 음 | | | 불 | 사과 | |
| 懼 | 1471~1532 | 음(중종4) | | | 진사 尹正東 | 호참의 | |
| 憭 | 1455~? | 음 | 염 | | 교수 呂碩 | 결성현감 | |
| 憶 | ?~1515 | 음 | | | 감찰 愼自濟 | 광흥창수 | |
| 恰 | | 음 | | | 현령 朴瑱 | 음죽현감 | |
| 勳 | | 음 | 한 | 조 | 불 | 감역 | |
| 怡 | | 불 | 성 | 채 | 현감 慶脩 | 정랑 | |
| 仍 | | 불 | 율 | 지 | 군사 金良珖 | 부장 | |
| 堯臣 | | 불 | 침 | | 도사 尹喜男 | 감찰 | |
| 漢 | | 불 | 량 | 탁 | 불 | 교리 | 20세 |
| 兪仁 | | 불 | | | 불 | 부사 | |
| 彌 | | 음 | 구 | 륜 | 睦氏 | 감찰 | |
| 璲 | | 음 | 송 | | 金桂石 | 사복 | |
| 璉 | | 음 | | | 진사 李碩珍 | 강원관 | |
| 睍 | | 불 | 순 | 강 | 참봉 李淑賢 | 도사 | |
| 暯 | | 불 | | | 元穎 | 첨사 | |
| 腰 | | 불 | 박 | 미 | 金永忠 | 부호군 | |
| 肯 | | 음 | 변 | | 金氏 | 용궁현감 | |
| 膺 | | 음 | | | 불 | 부장 | |
| 腜 | | 음 | | | 불 | 현령 | |
| 勝 | | 무과 | | | 만호 丘遠文 | 병사 | |
| 胞 | | 불 | 열 | 목 | 부사 張鈺 | 호좌랑 | |
| 承業 | | 음 | 간 | 지 | 동지 崔敬禮 | 호군 | |
| 憲 | 1455~1504 | 문(성종22) | 걸 | 남 | 부정 李保基 | 교리 | |
| 愈 | | 음 | | | 별제 李沼 | 현령 | |
| 戀 | | 음 | | | 지중 金釪 | 현감 | |
| 懿 | 1478~1506 | 음 | 건 | | 불 | 사직참봉 | |
| 愚 | | 음 | 괄 | 반 | 별제 鄭簿 | 현령 | |
| 勛 | | 무과 | 칭 | | 丁三山 | 서흥부사 | |
| 勵 | | 불 | 신 | 마 | 부사 劉福謙 | 부장 | |
| 勉 | | 불 | | | 도정 李暄 | 부사과 | |

| | | | | | | | |
|---|---|---|---|---|---|---|---|
| 勛 | 1470~1531 | 불 | 교 | | 승사랑 安擢 | 강화부사 | |
| 勘 | | 불 | | | 현감 吳致念 | 군수 | |
| 邵 | | 불 | | | 감역 孫沃 | 군수 | |
| 勑 | | 불 | | | 康貴亨 | 전설별제 | |
| 文貞 | 1495~? | 음 | 탁 | 경 | 金雲守 | 敦寧副使 | |
| 順 | | 음 | 은 | 담 | 군사 趙孝生 | 사과 | |
| 顥 | | 문(중종36) | | | 현감 河澄 | 전적 | |
| 衡 | 1462~? | 음 | 재? | | 임영대군 李璆 | 단성현감 | |
| 鐺 | | 음 | 감? | | 현감 尹穎 | 화량첨사 | |
| 銖 | | 음 | | | 현감 李永蓁 | 현감 | |
| 忱 | | 음 | 집 | 총 | 참의 成慄 | 예산현감 | |
| 懷愚 | | 음 | | | 군수 宋益孫 | 돈령부정 | |
| 惇 | | 음 | | | 사직 安崇世 | 제용부정 | |
| 啓 | | 음 | 한 | 혜 | 현감 孫冑 | 사직 | |
| 福 | 1478~? | 문(연산9) | 요 | 염 | 정자 卜綱之 | 수원부사 | |
| 禮 | | 불 | | | 栢城君 李源 | 호군 | |
| 祥 | | 불 | | | 현감 鄭承禧 | 호군 | |
| 禛 | 1495~1553 | 문(중종14) | 억 | | 청풍군 金世英 | 수경주윤 | |
| 禍 | | 불 | 흡 | | 판윤 辛淑 | 부사직 | |
| 壽 | | 불 | 훈 | 한 | 불 | 감역 | |
| 億 | | 불 | | | 진사 李翩 | 사직 | |
| 龜元 | | 문(중종17) | 이 | 성 | 李重染 | 평해군수 | |
| 諝 | | 불 | 잉 | 율 | 洪陌 | 전생주부 | |
| 逈 | | 불 | 미 | | 불 | 현감 | |
| 肅 | | 문 | 동지밀직 重貴 | 君煦 | 전교령 閔中立 | 공안부윤 | 왕후-중귀계 16세 |
| 嚴 | 1366~? | 음 | | | 목사 李丘直 | 집의 | |
| 道 | | 음 | | | 金氏 | 사정 | |
| 循 | | 음 | 숙 | 중귀 | 참지의정 許周 | 제용감정 | 17 |
| 復 | ?~1435 | 무(태종17) | | | 교서감 王亶 | 도절제사 | |
| 得 | | 음 | | | 부사 朴潤福 | 사섬직장 | |
| 審 | ?~1429 | 음 | 엄 | | 부윤 尹珪 | 정랑 | |
| 格 | | 음 | 순 | 숙 | 金季誠 | 부지돈령 | 18 |
| 耄 | | 음 | | | 불 | 부정 | |
| 頤 | | 음 | | | 불 | 현감 | |
| 期 | | 음 | | | 吳氏 | 첨중 | |
| 至 | | 문(단종2) | | | 군수 柳仁蒙 | 예참판 | |
| 實 | | 음 | | | 이정랑 金孟謙 | 제용판관 | |
| 溫 | 1413~1456 | 음 | 복 | | 曹吏泰 | 호좌랑 | |
| 良 | | 음 | | | 현감 李元商 | 진주목사 | |
| 恭 | | 기타 | | | 태종 (숙근공주) | 부마 | |

| | | | | | | | |
|---|---|---|---|---|---|---|---|
| 儉 | | 음 | | | 불 | 주부 | |
| 讓 | | 음 | | | 불 | 사용 | |
| 畏 | | 음 | | | 불 | 부사 | |
| 愼 | | 음 | | | 불 | 부사 | |
| 당 | | 음 | 득 | 숙 | 불 | 주부 | |
| 璋 | | 음 | | | 불 | 주부 | |
| 瑚 | | 문(세조7) | | | 불 | 병정랑 | |
| 節 | 1422~1494 | 문(세종29) | 심 | 엄 | 부사 尹增 | 교리 | |
| 壽 | | 불 | 격 | | 庫使 韓可久 | 현령 | 19 |
| 軸 | | 불 | | | 불 | 현감 | |
| 連根 | | 불 | 이 | | 홍씨 | 현감 | |
| 輪 | | 음 | 기 | | 黃씨 | 현감 | |
| 永聃 | | 음 | 지 | | 훈련정 金孝卿 | 주부 | |
| 齡 | 1441~1509 | 불 | 실 | | 집의 李信議 | 참봉 | |
| 老 | | 불 | | | 불 | 목사 | |
| 聃 | | 불 | | | 불 | 군수 | |
| 眉 | | 불 | | | 불 | 제용감정 | |
| 昶 | 1456~? | 불 | 온 | | 불 | 사직서령 | |
| 旭 | 1440~1511 | 불 | | | 참의 慶由生 | 강화군수 | |
| 鈞 | | 불 | 당 | | 현감 崔得基 | 습독 | |
| 犇 | | 특지, 문(중종2) | 수 | 격 | 군수 李諶 | 목사 | 20 |
| 士禮 | | 불 | 연근 | | 申씨 | 충무위부사정 | |
| 希齡 | | 불 | 치 | 기 | 金씨 | 목사 | |
| 沃 | | 음 | 영담 | 지 | 참봉 金邦 | 현감 | |
| 弘 | ?~1516 | 문(중종22?) | 령 | 실 | 참봉 宋善文 | 대사헌 | |
| 博 | 1475~1547 | 음(중종3) | | | 불 | 공주목사 | |
| 繼尹 | | 불 | 미 | | 불 | 감찰 | |
| 操 | 1436~1504 | 불 | 창 | 온 | 鳳城君 李俓 | 사직서령 | |
| 振 | 1472~1414 | 음(중종3) | | | 사의 申澮 | 전생참봉 | |
| 錫 | | 음 | 팽 | 부마恭 | 참의 金舜臣 | 현감 | |
| 法和 | 1363~? | 음 | 永嘉君 上佐 | 왕후 | 절도사 柳陞 | 좌대언 | 왕후-상좌계 16세 |
| 補 | 1378~? | 음 | 법화 | | 좌랑 吳允謹 | 시독 | 17 |
| 裨 | | 음 | | | 불 | 경력 | |
| 祛 | | 음 | | | 불 | 중랑장 | |
| 襸 | | 문 | | | 불 | 사인 | |
| 守紀 | 1394~1484 | 무과 | 보 | | 정랑 李任咸 | 수사 | 18 |
| 守經 | | 음 | | | 불 | 대사성? | |
| 守綜 | | 불 | 비 | | 불 | 감찰 | |
| 守綱 | | 음 | 거 | | 불 | 사정 | |

| 성명 | 생몰년 | 출사로와 연대 | 부 | 조 | 처부 | 최고관직 | 비고 |
|---|---|---|---|---|---|---|---|
| 守精 | | 음 | 하 | | 불 | 현감 | |
| 允仁 | 1411~1464 | 천 | 수기 | 보 | 목사 許邁 | 좌참찬 | 19 |
| 宗孫 | 1425~? | 음 | 윤인 | 수기 | 절도사 宋錫琳 | 가선승지 | 20 |

〈표 9-6〉 조선초기 문화유씨 公權系(13~17) 사관자와 배우자[12]

| 성명 | 생몰년 | 출사로와 연대 | 가계 | | | 최고관직 | 비고 |
|---|---|---|---|---|---|---|---|
| | | | 부 | 조 | 처부 | | |
| 臨 | | 음 | 삼사판관安澤 | 첨의평리湜 | 전의판사 權鷫 | 전농판사 | 안택-림,관계13세 |
| 寬 | 1346~1433 | 문(공민20) | | | 전농판사 安器 | 우의정 | |
| 思訥 | 1382~1440 | 문(태조2) | 임 | 안택 | 부원군 劉敞 | 예문대제학 | 14 |
| 孟聞 | | 음,문(태종1) | 관 | | 전서 洪璣 | 이참판 | |
| 仲聞 | | 음 | | | 朴氏 | 대호군 | |
| 季聞 | 1383~1445 | 문(태8) | | | 부사 成守良 | 개성유수 | |
| 異聞 | | 음 | | | 감사 姜思德 | 管軍천호 | |
| 喜生 | | 음 | 사눌 | 임 | 불 | 상장군 | 15 |
| 偶生 | | 무과 | | | 병사 車耆 | 군수 | |
| 更生 | 1426~1491 | 무 | | | 지돈령 李孝常 | 경력 | |
| 瞻 | | 음 | 맹문 | 관 | 부사 辛鴻生 | 판결사 | |
| 睒 | | 문(세종16) | | | 진사 金瓘 | 한림 | |
| 瞠 | | 음 | | | 金玉振 | 현감 | |
| 睟 | | 문(세18) | | | 전서 金涵 | 예판 | |
| 眙 | | 음 | | | 판중 奇虔 | 전구서령 | |

11) 『조선왕조실록』,『국조인물고』,『국조문과방목』, 졸저,『조선초기 관인이력』,『安東權氏成化譜』(계명대학교소장),『안동권씨대동보』등 각파 세보,『만성대동보』,『만가보』,『청구씨보』등에서 종합. 시조로부터 16세까지의 세계는 다음과 같다.

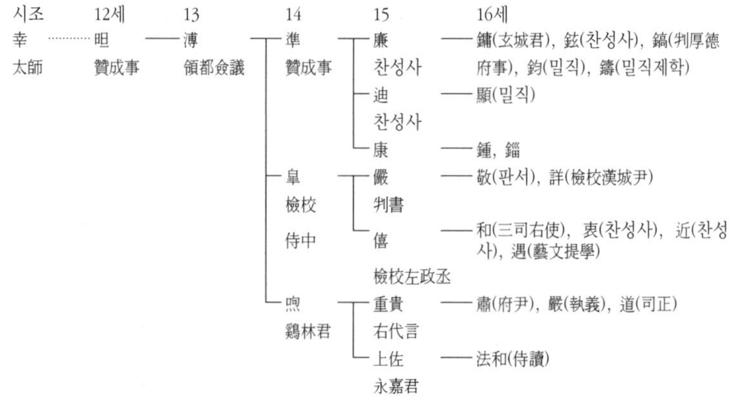

| 이름 | 생몰년 | 과거 | | | 배우자 | 관직 | 비고 |
|---|---|---|---|---|---|---|---|
| 暄 | | 음 | 중문 | | 생원 魚變鱗 | 봉화현감 | |
| 晙 | | 문(태종8) | 계문 | | 정랑 文松壽 | 병참판 | |
| 晡 | | 무과 | | | 현감 洪治 | 가선부사 | |
| 晥 | | 음 | | | 부윤 李師元 | 감찰 | |
| 晸 | | 음 | | | 판서 尹瑄 | 부사 | |
| 睇 | | 음 | | | 판돈령 金世敏 | 병사 | |
| 眺 | 1384~1425 | 음 | | | 辛鴻生 | 감찰 | |
| 濂 | | | 이문 | | 불 | 생원 | |
| 潔 | | 음 | | | 불 | 사직 | |
| 潘 | | 음 | | | 홍씨 | 도사 | |
| 希祖 | | 음 | 우생 | 사눌 | 王宗禮 | 현감 | 16 |
| 敬祖 | 1401~? | 문(세종28) | 경생 | | 조씨 | 衛將 | |
| 敬宗 | | 음 | | | 불 | 헌납 | |
| 總之 | | 음 | 첨 | 맹문 | 불 | 주부 | |
| 聃之 | | 음 | | | 불 | 大卿 | |
| 順行 | | 음 | 삼 | | 불 | 고양군수 | |
| 壽童 | | 음 | 기 | | 불 | 통정목사 | |
| 自昌 | | 음 | 수 | | 불 | 부사과 | |
| 繼㒹 | | 음 | 이 | | 불 | 별좌 | |
| 承源 | | 불 | 개 | 중문 | 불 | 벽동군수 | |
| 終孫 | | 음 | 권 | 계문 | 불 | 사복시정 | 생부 보 |
| 連孫 | | 음 | | | 불 | 통정부사 | |
| 末孫 | | 음 | | | 불 | 첨사 | |
| 千孫 | | | | | 불 | 미사 | |
| 聃年 | | 무(성종대) | 완 | | 불 | 병판 | |
| 聃壽 | | 음 | 조 | | 불 | 신천군수 | 생부 완 |
| 宗元 | | 불 | 염 | 이문 | 불 | 현령 | |
| 哲山 | | | 첩 | | 불 | 생원 | |
| 芬 | | 불 | 번 | | 불 | 부사과 | |
| 枝榮 | | 무과 | 희조 | | 불 | 현령 | 17 |
| 謹 | | 불 | 총지 | 첨 | 불 | 대사간 | |
| 熙錫 | | 불 | 경조 | 경생 | 부사정 金承重 | 감찰 | |
| 希渚 | 1460~1535 | 문(연산2) | 순행 | 삼 | 安子誠 | 부제학 | |
| 希汀 | 1472~? | 무(연산4) | | | 불 | 영암군수 | |
| 絳 | 1501~? | 음 | 수동 | 기 | 불 | 감찰 | |
| 蓮 | | 무과 | 자창 | 수 | 불 | 갑산부사 | |
| 子和 | | 불 | 계석 | 이 | 불 | 이판? | |
| 子惠 | | 불 | | | 불 | 부사 | |
| 雄世 | | 불 | 승원 | 개 | 불 | 현감 | |
| 塢 | | 불 | 종손 | 권 | 불 | 첨정 | |
| 宗元 | | 불 | 옥강 | 렴 | 불 | 현령 | |
| 文逈 | 1470~? | 불 | 철산 | 첩 | 불 | 감찰 | |

| | | | | | | |
|---|---|---|---|---|---|---|
| 近 | | 불 | 분 | 번 | 불 | 예빈정 | |
| 堦 | | 무과 | 연손 | 보 | 불 | 축산만호 | |
| 堧 | | 불 | 천손 | | 불 | 첨정 | |
| 垤 | | 기 | | | 불 | 내금위 | |
| 陽 | | 기 | 담년 | 완 | 불 | 내금위 | |
| 五里 | | 무과 | 정소 | 정 | 불 | 수문장 | |
| 陵 | | 불 | 담수 | 조 | 불 | 군수 | |
| 延 | | 불 | 분 | 번 | 불 | 예빈시정 | |
| 義 | 1370~? | 유일 | 군사 安祐 | 첨의평리 湜 | 첨의평리 鄭光繼 | 장령 | 안우-희계 13세 |
| 渚 | | 불 | 희 | 안우 | 불 | 직장 | 14 |
| 孟智 | 1404~1453 | 불 | | | 김씨 | 회덕현감 | |
| 龜壽 | | 불 | 저 | 희 | 불 | 현감 | 15 |
| 枝茂 | | 불 | 맹지 | | 불 | 첨사 | |
| 依 | | 불 | 지무 | | 불 | 사옹봉사 | 16 |
| 光漢 | | 불 | 의 | | 불 | 참봉 | 17 |
| 鐵柱 | 1534~1591 | 불 | | | 불 | 전라병사 | |
| 濡 | | 음 | 밀직부사 靖仁修 | | 불 | 가선나주목사 | 정-유,홍계 13세 |
| 洪 | | 음 | | | 대제학 朴良桂 | 숭록개성윤 | |
| 丘 | | 음 | 유 | 정 | 불 | 부사 | 14 |
| 沄 | | 음 | | | 불 | 부사 | |
| 潝 | | 음 | | | 진사 徐永孫 | 검교한성윤 | |
| 衛 | 1354~1412 | 음 | | | 불 | 廣州목사 | |
| 孟宜 | | 음 | 홍 | | 포산군 郭郛 | 부장 | |
| 仲宜 | | 무 | | | 부사 趙愼 | 의흥중랑장 | |
| 昶 | | 음 | 운 | 유 | 한판윤 朴永忠 | 현감 | 15 |
| 博 | | 문(정종1) | | | 불 | 집의 | |
| 保 | | 음 | | | 황해관 李推 | 현감 | |
| 沔 | | 음 | | | 불 | 訓練副使 | |
| 士植 | | 음 | 호 | | 판사 李澣 | 감찰 | |
| 士根 | | 문(태종1) | | | 총제 柳臨 | 사인 | |
| 士祗 | | 불 | | | 불 | 사직 | |
| 士枝 | | 불 | | | 全孝信 | 온성절제사 | |
| 中之 | | 음 | 위 | | 군수 郭悰 | 제릉직장 | |
| 庸之 | | 음 | | | 좌랑 助安平 | 현감 | |
| 興壽 | | 음 | 맹의 | | 불 | 현감 | |
| 興富 | | 음 | | | 불 | 현감 | |
| 興康 | | 음 | | | 불 | 능직 | |
| 興德 | | 음 | | | 許씨 | 사직 | |
| 紹老 | | 음 | 중의 | 홍 | 검교한성윤 鄭湜 | 예빈경 | |

| | | | | | | | |
|---|---|---|---|---|---|---|---|
| 彌邵 | | 불 | 박 | 운 | 불 | 현감 | 16 |
| 自淸 | | 음 | 사식 | 호 | 불 | 사과 | |
| 承順 | | 음 | 사근 | | 불 | 이참의 | |
| 孝源 | | 기 | | | 불 | 별시위 | |
| 誠源 | | 문(세종26) | | | 불 | 사예 | |
| 信源 | | 음 | | | 불 | 별좌 | |
| 敬源 | | 음 | | | 불 | 현감 | |
| 常 | | 문(세조14) | 사지 | | 權擬 | 병참의 | |
| 元恭 | | 음 | | | 불 | 사직 | |
| 轂 | 1415~1482 | 문(세종23) | 중지 | | 판관 趙謙之 | 통정광주목사 | |
| 軸 | | 음 | | | 불 | 사직 | |
| 軾 | | 천, 문(성종3) | | | 불 | 전한 | |
| 洋 | | 기 | 흥수 | 맹의 | 불 | 별시위 | |
| 季孫 | | 불 | 흥덕 | | 불 | 사직 | |
| 承祖 | | 불 | 소로 | | 불 | 감찰 | |
| 承宗 | | 불 | | | 불 | 사직 | |
| 依 | | 불 | 미성 | 박 | 불 | 주부 | 17 |
| 侃 | | 불 | | | 불 | 습독 | |
| 文豹 | | 천 | 인흡 | 면 | 불 | 훈도 | |
| 澗 | | 불 | 자청 | 사식 | 불 | 참봉 | |
| 桂芬 | 1397~? | 문(단종1) | 승순 | 사근 | 목사 南珥 | 이정랑 | |
| 希轍 | 1453~1514 | 문(연산즉) | 곡 | | 주부 李永祥 | 선산부사 | |
| 孝根 | | 불 | 승조 | 소로 | 불 | 장흥주부 | |
| 悌根 | ?~1496 | 불 | | | 불 | 군기첨정 | |
| 悌 | | 불 | 승종 | | 불 | 사직 | |
| 景輝 | | 음 | 우부대언總 | 첨의찬성墩 | 불 | 중랑장 | 총-경휘, 만수<br>계 13세 |
| 曼殊 | ?~1398 | 불 | 경휘 | 총 | 삼사좌사 洪澍 | 찬성사 | |
| 原之 | ?~1398 | 음 | 만수 | 경휘 | 정당문학<br>安元崇 | 상의중추 | 14 |
| 殷之 | ?~1464 | 음 | | | 불 | 지중추 | |
| 衍之 | | 음 | | | 불 | 병사 | |
| 洽 | | 음 | 원지 | 만수 | 참찬 崔濂 | 基州현감 | 15 |
| 淙 | 1388~1469 | 음 | | | 불 | 한성판관 | |
| 汲 | | 음 | | | 불 | 부정 | |
| 江 | | 음 | 은지 | | 불 | 지중 | |
| 激 | | 음 | | | 불 | 판서 | |
| 洙 | 1425~1481 | 음 | | | 불 | 숭정좌참찬 | |
| 泗 | | 기 | | | 불 | 공판 | |
| 自湄 | | 음 | 함 | 원지 | 현감 柳珍 | 감찰 | 16 |
| 自湖 | | | | | 불 | 미사 | |

| | | | | | | | |
|---|---|---|---|---|---|---|---|
| 自沼 | | | | | 불 | 미사 | |
| 思溫 | | 음 | 종 | | 불 | 현령 | |
| 思恭 | 1413~1479 | 음 | | | 불 | 세마 | |
| 思問 | | 음 | | | 불 | 사정 | |
| 思義 | | 음 | | | 불 | 철산군수 | |
| 從京 | | 음 | 급 | | 불 | 순창군수 | |
| 從華 | | 음 | | | 불 | 첨지중추 | |
| 井汝 | | 음 | 강 | 은지 | 불 | 만호 | |
| 源汝 | | 음 | | | 불 | 고참의 | |
| 伯孫 | | 음 | 수 | | 불 | 통정장흥부사 | |
| 仲孫 | | 음 | | | 불 | 판관 | |
| 季孫 | 1403~1439 | 음 | | | 불 | 서흥부사 | |
| 末孫 | | 음 | | | 불 | 호군 | |
| 終孫 | | 음 | | | 불 | 첨정 | |
| 哲孫 | | 음 | 사 | | 불 | 순창군수 | |
| 哲山 | | | | | | 미사 | |
| 輪 | | 불 | 자미 | 함 | 불 | 현령 | 17 |
| 輊 | | 불 | | | 불 | 생원 | |
| 軫 | | 불 | | | 불 | 부사 | |
| 轅 | | 불 | | | 불 | 현감 | |
| 輔 | | 불 | | | 불 | 직장 | |
| 輯 | | 불 | | | 불 | 정랑 | |
| 玖 | | 불 | 자호 | | 불 | 사과 | |
| 瑤 | | 불 | | | 불 | 현감 | |
| 瓊 | | 불 | | | 불 | 별좌 | |
| 儀華 | | 불 | 자소 | | 불 | 판서? | |
| 濠 | | 불 | 사온 | 종 | 불 | 현감 | |
| 渭 | | 불 | 사공 | | 불 | 울산부사 | |
| 洵 | 1441~? | 문(세조8) | | | 소윤 張繼曾 | 영의정 | |
| 沚 | | 불 | 사충 | | 불 | 참봉 | |
| 泂 | | 불 | 사문 | | 불 | 현감 | |
| 溥 | | 불 | 사의 | | 불 | 참봉 | |
| 湋 | | 불 | 종경 | 급 | 불 | 삼척부사 | |
| 湄 | | 불 | 종화 | | 불 | 참판? | |
| 壕 | | 문(성종5) | 원문 | 강 | 판관 尹暉 | 봉상판관 | |
| 堈 | | 문(성종14) | | | 불 | 첨자중추 | |
| 坦 | | 음 | 백손 | 수 | 불 | 사직 | |
| 墉 | 1451~? | 무(성종2) | | | 불 | 수사 | |
| 址 | | 음 | | | 불 | 사과 | |
| 堰 | | 음 | 중손 | | 불 | 현감 | 생부 계손 |
| 塙 | | 음 | 계손 | | 불 | 호군 | |

| | | | | | | | |
|---|---|---|---|---|---|---|---|
| 墇 | | 음 | | | 불 | 첨중 | |
| 栽 | 1469~? | 음 | | | 불 | 목사 | |
| 坤 | | 음 | 말손 | | 불 | 사정 | |
| 培 | | 음 | | | 불 | 호군 | |
| 涵 | | 음 | 철손 | 사 | 불 | 사정 | |
| 信 | | 무과 | 철산 | | 불 | ? | |
| 元顯 | | 음 | 문화군 鎭 | 첨의찬성 墩 | 파평군 尹後 | 검교한성윤 | 진-원현, 운검, 정현, 정무계 13세 |
| 云儉 | | 음 | | | 令 尹輔 | 판사 | |
| 廷顯 | 1355~1426 | 음 | | | 西原伯 鄭賚 | 영의정 | |
| 廷懋 | 1358~1418 | 음 | | | 한씨 | 판중추 | |
| 善 | 1367~? | 음 | 원현 | 진 | 대사헌 金繼生 | 양근군사 | 14 |
| 潁 | ?~1430 | 음 | | | 판서 李至 | 예참판 | |
| 繼 | | 음 | | | 불 | 현감 | |
| 澗 | | 기 | | | 불 | 별시위 | |
| 溏 | | 음 | | | 불 | 봉례 | |
| 衡 | 1387~1456 | 음 | 원현 | | 감무 蔡怡 | 회인현감 | |
| 顥 | | 문(태조5) | 정현 | | 밀직 吳仲和 | 형참판 | |
| 暲 | ?~1425 | 문(정종1) | | | 상호군 金鈞 | 황해관 | |
| 斯密 | | 음 | 정무 | | 불 | 사직 | |
| 斯榮 | | 음 | | | 불 | 현감 | |
| 孝順 | | 음 | 선 | 원현 | 불 | 한성판관 | 15 |
| 孝眞 | 1407~1484 | 음 | | | 감무 洪勛 | 파주목사 | |
| 孝任 | | 음 | | | 불 | 별좌 | |
| 孝聯 | | 음 | 영 | | 소감 柳睦生 | 인천군사 | |
| 孝班 | | 음 | | | 장령 申丁理 | 인순소윤 | |
| 孝綱 | 1410~1487 | | | | 불 | 증공판 | |
| 孝根 | | 음 | 혜 | | 군수 具昴 | 참군 | |
| 孝良 | | 음 | 형 | | 총제 鄭孝文 | 사정 | |
| 孝庸 | 1419~1477 | 무과 | | | 능직 李于藩 | 함안군수 | |
| 孝中 | 1421~1444 | 음 | | | 부사 金貴誠 | 평시서령 | |
| 孝章 | | 문(예종1) | | | 동지돈령 安進 | 장령 | |
| 宗壽 | | 불 | | | 불 | 교수 | |
| 道剛 | | 음 | 의 | 정현 | 불 | 行首 | |
| 守剛 | | 음 | | | 목사 許惛 | 형조참판 | |
| 福剛 | | 음 | | | 불 | 직장 | |
| 仲昌 | | 음 | 장 | | 불 | 판관 | |
| 仲發 | | 음 | | | 불 | 감찰 | |
| 溟 | | 음 | 사영 | 정무 | 柳夏 | 군수 | |
| 沼 | | 기 | | | 불 | 내금위 | |
| 以薔 | | 음 | | | 불 | 사직 | |

| | | | | | | | |
|---|---|---|---|---|---|---|---|
| 以芊 | | 음 | | | 불 | 사직 | |
| 堰 | | 불 | 효순 | 선 | 불 | 사용 | 16 |
| 擁 | 1443~? | 불 | 효진 | | 불 | 선산부사 | |
| 湫 | 1445~? | 음,문(중종2) | | | 불 | 첨지중추 | |
| 正孫 | | 음 | 효령 | 영 | 불 | 현령 | |
| 文孫 | | 음 | 효반 | | 불 | 주부 | |
| 良孫 | | 음 | | | 불 | 서령 | |
| 盛孫 | | 음 | 효강 | | 불 | 군수 | |
| 淵 | | 기 | 효관 | 계 | 불 | 별시위 | |
| 守昌 | | 불 | 효근 | 혜 | 불 | 청주판관 | |
| 仁混 | | 불 | 효용 | | 불 | 참봉 | |
| 仁洙 | | 천,문(중종8) | 효중 | | 정랑 金崙 | 부사 | |
| 仁泗 | | 불 | | | 불 | 임치진첨사 | |
| 仁汾 | 1496~1536 | 불 | | | 불 | 자의 | |
| 仁濠 | | 문(성종7) | 효장 | 형 | 동중 愼先庚 | 공참의 | |
| 仁洪 | | 문(성종12) | | | 李圻 | 지평 | |
| 仁濡 | | 문(성종8) | | | 蓬山副守 李諄 | 첨정 | |
| 條 | | 음 | 도강 | 의 | 불 | 상호군 | |
| 藩 | | 음 | 수강 | | 불 | 감찰 | |
| 浚 | | 음 | | | 불 | 장연현감 | |
| 滋 | | 음 | | | 불 | 사정 | |
| 淡 | | 음 | 중창 | 장 | 불 | 무안현감 | |
| 從源 | | 불 | 명 | 사영 | 불 | 호군 | |
| 從湜 | | 불 | 소 | | 불 | 대경 | |
| 從河 | | 불 | 이회 | | 불 | 사직 | |
| 從漢 | | 불 | | | 불 | 대구교수 | |
| 秀馮 | 1476~? | 불 | 옹 | 효진 | 불 | 교리 | 17 |
| 潛 | | 불 | 정손 | 효련 | 불 | 훈련주부 | |
| 公佐 | | 불 | 양손 | 효반 | 불 | 사지 | |
| 自仁 | 1477~? | 불 | 성손 | 효강 | 불 | 참봉 | |
| 自禮 | 1503~1579 | 불 | | | 불 | 활인서별제 | |
| 洙生 | | 불 | 수창 | 효근 | 불 | 도사 | |
| 光漢 | | 불 | 빈 | 효량 | 불 | 봉사 | |
| 賢武 | | 무과 | 인식 | | 불 | 만호 | |
| 文渭 | | 불 | 인수 | 효중 | 불 | 참봉 | |
| 傑 | | 불 | 인사 | | 불 | 참봉 | |
| 俊 | | 불 | | | 불 | 동지중추? | |
| 侃 | ?~1570 | 불 | | | 불 | 후릉참봉 | |
| 任 | 1508~1565 | 불 | | | 불 | 교관 | |
| 文沃 | | 불 | 인분 | | 불 | 선산부사 | |
| 伏龍 | 1478~1563 | 불 | 인호 | 효장 | 불 | 영평현령 | |
| 思謹 | 1503~1577 | 불 | | | 불 | 참봉 | |

| | | | | | | | |
|---|---|---|---|---|---|---|---|
| 麟兒 | | 불 | 인유 | | 불 | 첨정 | |
| 伯亨 | | 불 | 조 | 도강 | 불 | 내금위 | |
| 伯昌 | | 불 | | | 불 | 사직 | |
| 伯全 | | 불 | | | 불 | 부사 | |
| 彭碩 | | 문(성종20) | 자 | 수강 | 불 | 필선 | |
| 澗 | | 불 | 종원 | 명 | 불 | 직장 | |
| 淵 | | 불 | | | 불 | 고양군수 | |
| 洧 | | 기 | 종식 | 소 | 불 | 별시위 | |
| 涵 | | 기 | 종하 | 이회 | 불 | 별시위 | |
| 繼高 | 1331~? | 음 | 대언甫發 | 문화군 仁琦 | 판서 金珠慶 | 합문지후 | 보발-계고, 계조계13세 |
| 繼祖 | 1333~1374 | 음 | | | 전리판서 具榮儉 | 선부상서 | |
| 滋 | | 불 | 계고 | 보발 | 재령백 康舜龍 | 수사 | 14 |
| 信 | | 불 | | | 우윤 田霖 | 한성윤 | |
| 亮 | 1355~1416 | 음, 문(우왕8) | 계조 | | 판도판서 趙德裕 | 우의정 | |
| 恂 | | 음 | | | 崔陕 | 판사 | |
| 沚 | | 음 | 신 | 계조 | 불 | 통진현감 | 15 |
| 洽 | | 음 | | | 불 | 송화현감 | |
| 佐 | ?~1416 | 음 | 량 | 계조 | 서원군 鄭摠 | 典祀令 | |
| 僅 | | 음 | | | 영의정 李稷 | 한성소윤 | |
| 京生 | | 음(단종2) | | | 판서 河自宗 | 행한성윤 | |
| 江生 | 1399~1449 | 음 | | | 판사 李云老 | 남부령 | |
| 漢生 | 1402~? | 음 | | | 상호군 崔宇 | 종부소윤 | |
| 復中 | | 음 | | | 중랑장 趙威澄 | 현감 | |
| 琭 | | 불 | 지 | 신 | 박씨 | 만호 | 16 |
| 漫 | | 불 | 흡 | | 불 | 주부 | |
| 淮 | | 불 | | | 불 | 사용 | |
| 河 | | 기,무(단종1) | | | 불 | 崇祿文山君 | |
| 尙榮 | | 음 | 좌 | 량 | 불 | 감찰 | |
| 纘 | | 음 | 경생 | | 첨지 朴昭 | 송화현감 | |
| 總 | 1426~1489 | 음 | | | 李永瞰 | 통정부사 | |
| 績 | | 음 | | | 목사 李佶 | 진위현령 | |
| 絹 | | 음 | | | 봉상정 金智老 | 충좌부사정 | |
| 繽 | | 음 | | | 불 | 사직 | |
| 綏 | | 음 | 강생 | | 이씨 | 부정 | |
| 紳 | | 음 | | | 판서 崔雲攉 | 대호군 | |
| 繡 | | 음 | 한생 | | 감찰 金孟濂 | 천안군수 | |
| 綸 | | 음 | | | 불 | 군수 | 사 南祖 |
| 綵 | 1431~1480 | 음 | | | 불 | 목사 | |
| 綽 | | 음 | | | 불 | 신천군수 | |

| | | | | | | | |
|---|---|---|---|---|---|---|---|
| 約 | | 음 | | | 부정 黃從兄 | ? | |
| 紃 | | | | | 불 | 생원 | |
| 惰 | | | | | 불 | 생원 | |
| 承緖 | | 불 | 전 | 지 | 판서 文仁福 | 만호 | 17 |
| 承績 | | 불 | | | 진사 洪儀 | 만호 | |
| 千祥 | | 불 | | | 불 | 사용 | |
| 淐 | | 불 | 상영 | 좌 | 불 | 호군 | |
| 霍 | 1427~1461 | 불 | | | 참판 辛繼祖 | 금천현감 | |
| 霖 | | 불 | | | 洪俱善 | 사직 | |
| 胤 | | 불 | 찬 | 경생 | 군수 李處溫 | 호군 | |
| 復 | | 불 | | | 寺尹 金致知 | 사직 | |
| 孟孫 | 1485~? | 문(명종4) | 혜 | | 趙甲戌 | 정자 | |
| 文孫 | 1492~? | 음 | | | 불 | 종묘서령 | |
| 繼孫 | | 음 | | | 불 | 현감 | |
| 孝孫 | | 음 | 적 | | 卞宗孝 | 사용 | |
| 孝男 | | 음 | | | 불 | 사직 | |
| 孝悌 | | 음 | | | 강씨 | 부사정 | |
| 順孫 | | 음 | | | 오씨 | 호군 | |
| 正孫 | | 음 | | | 불 | 감찰 | |
| 連孫 | | 음 | 집 | | 좌랑 金四知 | 사정 | |
| 承孫 | | 음 | | | 교위 朴季芬 | 부사용 | |
| 欽孫 | | 음 | 진 | | 불 | 사직 | |
| 自湖 | | 불 | 신 | 강생 | 朴宗呂 | 대호군 | |
| 善長 | | 불 | 훈 | 한생 | 진사 李榮新 | 현감 | |
| 道長 | 1434~1509 | 불 | | | 집의 金調元 | 전연서별좌 | |
| 壽長 | ?~1506 | 불 | | | 군수 愼孟終 | 옥천군수 | |
| 亨長 | | 불 | | | 사직 偰致深 | 율봉도찰방 | |
| 眞卿 | | 불 | 채 | | 元錫智 | 호군 | |
| 喜來 | 1448~1501 | 불 | | | 직장 李淹 | 부사(판윤?) | |
| 元卿 | | 불 | | | 불 | 사용 | |
| 世卿 | 1455~1524 | 불 | | | 사간 姜淳 | 별좌 | |
| 智長 | ?~1547 | 불 | 작 | | 진사 尹瑞孫 | 종부시정 | |
| 成幹 | | 불 | 약 | | 鄭司禧 | 사과 | |
| 陵幹 | | 불 | | | 朴承宗 | 찰방 | |
| 世長 | | 불 | 인 | | 안씨 | 부사정 | |
| 孝仁 | | 불 | 서 | 복중 | 불 | 현령 | |

---

12) 『조선왕조실록』, 『국조인물고』, 『국조문과방목』, 졸저, 『조선초기 관인이력』, 『문화
유씨 충경공파보(1988, 회상사)』 등 각 세보, 『만성대동보』, 『만가보』, 『청구씨보』
등에서 종합. 본서에서는 계파의 현달 등과 관련하여 培, 坪 등의 후손은 생략하고
파악한다. 시조 車達로부터 13세까지의 세계는 다음과 같다.

<표 9-7> 조선초기 광산김씨 槙(16세) 3~7대손 사관자와 배우자[13]

| 성명 | 생몰년 | 출사로와 연대 | 부 | 조 | 처부 | 최고관직 | 비고 |
|---|---|---|---|---|---|---|---|
| | | | 가계 | | | | |
| 誠之 | | 음 | 밀직부사 仁雨 | 전리판서光利 | 좌윤 慶瑨 | 전리판서 | 광리-인우등 계19세 |
| 承吉 | | 음 | | | 불명 | 함종현령 | |
| 管 | | 음 | 판서 甲雨 | | 불 | 사직 | |
| 筌 | | 음 | | | 불 | 판사 | |
| 惟一 | | 음 | 상서 三雨 | | 불 | 현감 | |
| 滌 | | 음 | 판사 時雨 | | 불 | 판관 | |
| 維 | | 음 | 전서 南雨 | | 전서 李云皓 | 낭장 | |
| 絹 | | 음 | | | 직제학 宋雲 | 현감 | |
| 織 | | 음 | | | 불 | 부사직 | |
| 孝福 | | 음 | | | 판사 李仁實 | 부사직 | |
| 孝老 | | 음 | | | 불 | 미사 | |
| 泰吉 | 1368~1421 | 음 | | | 불 | 현감 | |
| 邁卿 | | 음 | 성지 | 인우 | 판서 尹承禮 | 예판 | 20 |
| 安卿 | | 음 | | | 도총제 申孝昌 | 봉상시경 | |
| 五行 | | 음 | 승길 | | 부사 鄭以方 | 군기시정 | |
| 五音 | | 음 | | | 불 | 선공감역 | |
| 敬生 | | 불 | 유일 | 삼우 | | 마전현감 | |
| 智信 | | 불 | 척 | 시우 | | 참봉 | |
| 自輝 | | 불 | 유 | 남우 | 가선대부 玄貴明 | 상호군 | |
| 忠信 | | 불 | 집 | | | 제학? | |
| 存信 | | | | | | 미사 | |
| 孝宗 | 1414~1493 | 불 | | | | 사복시정 | |
| 有炯 | | 불 | 직 | | | 현감 | |
| 瑞昌 | | 불 | 효복 | | 홍만행 | 훈련판관 | |
| 瑞延 | | 불 | | | 부정 康承德 | 훈련참군 | |
| 革 | | 불 | 효로 | | 현감 韓休 | 중화군사 | |
| 五成 | | 불 | 태길 | | 이씨 | 호좌랑 | |
| 耻其 | | 음 | 매경 | 성지 | 이판 閔審言 | 개성경력 | 21 |
| 淸僉 | | 무과 | 안경 | | 감찰 安從禮 | ?(불명) | 증참판 |
| 錫元 | | 음,문(예종1) | 오행 | 승길 | 찬성 徐居正 | 직강 | |
| 暘元 | | 천 | | | 불 | 4학훈도 | |
| 命元 | | 불 | | | 진사 黃潽 | 군기부정 | |
| 允元 | | | 오음 | | | 미사 | |
| 景元 | | 불 | | | 밀직부사 權世仁 | 참봉 | |
| 伯寶 | | | | | | 미사 | |
| 仲寶 | | | | | | 미사 | |

| | | | | | | | |
|---|---|---|---|---|---|---|---|
| 台元 | | 불 | 지신 | 척 | | 시정? | |
| 台瑞 | 1428~? | 불 | 자휘 | 유 | | 영유현령 | |
| 克謙 | | 음 | 충신 | 집 | | 판결사 | |
| 孝謙 | | 불 | 존신 | | | 사평 | |
| 貴孫 | | 불 | 효종 | | | 장연현감 | |
| 萬孫 | | 불 | | | | 주부 | |
| 千孫 | | 무과 | | | | 만호 | |
| 允溫 | | 불 | 유형 | 직 | | 대사성 | |
| 允厚 | | 불 | | | | 공참의 | |
| 雲生 | | 불 | 서창 | 효복 | | 기장현감 | |
| 雲武 | | | 서정 | | | 미사 | |
| 伯謙 | 1428~1506 | 무(세조6) | 혁 | 효로 | | 평안병사 | |
| 仲謙 | 1430~? | 무(세조10) | | | | 황해병사 | |
| 仲祥 | 1429~1484 | 불 | 오성 | 태길 | | 도사 | |
| 孟規 | | 음 | 지기 | 매경 | 부사 李士敏 | 현령 | 22 |
| 仲矩 | | 음 | | | 판중 金世臣 | 고원군수 | |
| 叔準 | | 음 | | | 현감 李振東 | 직장 | |
| 季繩 | | 음 | | | 판관 尹之述 | 별좌 | |
| 仲耆 | 1470~1538 | 불 | 청검 | 안경 | 도사 張德明 | 만호 | |
| 億年 | 1472~? | 천 | 석원 | 오행 | 윤씨 | 참봉 | |
| 壽年 | 1474~? | 불 | | | 판서 宋誠 | 부호군 | |
| 延年 | 1479~? | 불 | | | 김씨 | 참봉 | |
| 希年 | | | | | | 미사 | |
| 鵬 | | 불 | 양원 | | 현감 李涓 | 봉상판관 | |
| 龜瑞 | | | | | | 미사 | |
| 麒瑞 | | 불 | 명원 | | 梁以河 | 광릉참봉 | |
| 億寶 | | 불 | 윤원 | 오음 | 진사 林致成 | 상의별제 | |
| 夢年 | | | | | | 미사 | |
| 嗣宗 | | 불 | 백보 | 경생 | | 훈련습독 | |
| 嗣光 | | 불 | 중보 | | | 남해훈도 | |
| 景 | | 불 | 태원 | 지신 | | 군기부정 | |
| 安鍊 | | 불 | 태서 | 자휘 | | 참봉 | |
| 鰲 | | 음 | 극겸 | 충신 | | 봉상첨정 | |
| 郁 | 1424~1494 | 불 | 효겸 | 존신 | | 감찰 | |
| 憲 | ?~1559 | 불 | | | | 평산부사 | |
| 世亮 | 1502~? | 불 | | | | 동지중추 | |
| 商 | | 무과 | 천손 | 효종 | | 사직서령 | |
| 致産 | | 불 | 운생 | 서창 | | 감찰 | |
| 永健 | | 불 | 운무 | 서정 | | 의금도사 | |
| 漢寶 | | 음 | 백겸 | 혁 | 부사 金益齡 | 강화부사 | |
| 漢弼 | | 음 | | | | 상호군 | |
| 漢佑 | 1451~? | 음 | | | 현감 林瑾 | 부호군 | |

| 휘 | 생몰년 | 과거 | | | 처부 | 관직 | |
|---|---|---|---|---|---|---|---|
| 乙珍 | | 음 | 중겸 | | 銀川君 趙胖 | 우윤 | |
| 友謹 | | 불 | 맹규 | 지기 | 부사 李儀 | 장악첨정 | 23 |
| 友誠 | | 문(연2) | 중구 | | 불 | 옥구현감 | |
| 渚 | | 불 | 숙준 | | 직장 鄭穎 | 사복정 | |
| 友誠 | | 불 | 계승 | | 승지 趙命九 | 직장 | |
| 弨 | 1448~1504 | 불 | 중구 | 청검 | 병사 安習 | 참봉 | |
| 杰 | 1494~1542 | 무과 | 열 | | 장사랑 白義達 | 장흥부사 | |
| 善祖 | | 불 | 억년 | 석원 | 한씨 | 광릉참봉 | |
| 榮祖 | 1535~? | 불 | | | 柳씨 | 광릉참봉 | |
| 寶 | 1537~? | 불 | 수년 | | 군수 黃錫一 | 참봉(미취) | |
| 榮厚 | 1505~? | 불 | 연년 | | 金尙俊 | 문소전참봉 | |
| 鑄 | | 불 | 희년 | | 朴學根 | 대사간 | |
| 漢瑚 | 1525~? | 불 | 붕 | 양원 | 鄭欽淳 | 직장 | |
| 漢璉 | 1538~? | 불 | | | 장사랑 辛世仁 | 상례 | |
| 萬鎔 | | 불 | 구서 | 명원 | 鄭씨 | 智陵참봉 | |
| 景熹 | 1515~1575 | 문(중종29) | 기서 | | 사과 李世元 | 불명 | |
| 泰屹 | | 불 | 몽년 | 윤원 | ? 李拭 | 삭주부사 | |
| 若采 | ?~1388 | 문(우왕9) | 光城君鼎 | 判事英利 | 정당문학 文松壽 | 좌사간 | 영리-정계19세 |
| 若恒 | 1353~? | 문(우왕9) | | | 소윤 李成節 | 광산군 | |
| 若時 | 1359~1406 | 문(우왕9) | | | 좌랑 宋完 | 진현관직제학 | |
| 問 | 1373~1453 | 문(태조1) | 약채 | 정 | 대사헌 許應 | 예문검열 | 20 |
| 闈 | | 음 | | | 전서 安景儉 | 장령 | |
| 閑 | 1377~1448 | 음 | | | 大君 李芳毅 | 중군총제 | |
| 閱 | | 음 | | | 집현제학 陳義貴 | 형조도관좌랑 | |
| 虛 | 1396~1450 | 음 | 약항 | | 참의 李之直 | 사재부정 | |
| 處 | | 음 | | | 이씨 | 양온서령 | |
| 萃 | ?~1452 | 음 | 약시 | | 김씨 | 목사? | |
| 節 | | 음 | | | 판중 元庠 | 현감 | |
| 元祐 | | 음 | | | 차씨 | 아산감무 | |
| 鐵山 | 1393~1450 | 불 | 문 | 약채 | 부사 金明理 | 감찰 | 21 |
| 有敦 | 1403~1453 | 음 | 한 | | 이판 金汝知 | 영동현감 | |
| 有章 | 1411~? | 음 | | | 첨정 申應喆 | 직장, 광주부윤? | |
| 達孫 | | 불 | 열 | | 부사 宋耄 | 와요직장 | |
| 達儉 | | 불 | | | 불 | 전직 | |
| 達全 | 1413~1487 | 불 | | | 장악주부 韓命遇 | 집의 | |
| 達道 | | 불 | | | 현감 申繼性 | 영흥판관 | |
| 羽輕 | | 음 | 허 | 약항 | 병사 吳仲齊 | 시직 | |
| 寶輕 | 1440~1484 | 음 | | | 첨중 韓堅 | 경주판관 | |

| | | | | | | | |
|---|---|---|---|---|---|---|---|
| 順誠 | 1429~? | 문(세조5) | 쳬 | 약시 | 사예 韓緝 | 평양서윤 | |
| 哲誠 | | 불 | 절 | | 병사 李道濟 | 감찰 | |
| 祿 | | 불 | 원우 | | 辛씨 | 전직 | |
| 國光 | 1415~? | 문(세종23) | 철산 | 문 | 전첨 黃保身 | 좌의정 | 22 |
| 謙光 | 1419~? | 문(단종1) | | | 檢校參判 柳陽植 | 좌참찬 | |
| 廷光 | | 불 | | | 호군 李柱 | 제용첨정 | |
| 景光 | 1428~1490 | 문(성종11) | | | 도사 韓堅 | 군기시정 | |
| 浯 | | 음 | 유돈 | 한 | 柳正毅 | 내금위 | |
| 濟 | 1427~1485 | 음 | | | 장령 尹培 | 평시서령 | |
| 沃 | 1440~? | 음 | | | 李春伯 | 참봉 | |
| 濱 | | 음 | 유장 | | 첨정 尹忠輔 | 부호군 | |
| 沔 | | 음 | | | | 병사 | |
| 洙 | | 불 | 달손 | 열 | 집의 權恒 | 강화부사 | |
| 澗 | | 불 | 달검 | | | 봉사 | |
| 潍 | | 불 | 달전 | | 판관 辛繼磷 | 통례인의 | |
| 潰 | | 문(연산4) | | | 교리 文汝寧 | 사예 | |
| 澍 | 1471~1525 | 불 | | | | 군자판관 | |
| 浩 | | 문(중종27) | 달도 | | 참의 李淸新 | 충청관 | |
| 祚 | | 불 | 우경 | 허 | 참판 邊克忠 | 정주목사 | |
| 祐 | | 불 | 보경 | | 첨중 朴林宗 | 내자시정 | |
| 禩 | 1458~1518 | 불 | | | 군수 元潭 | 양주목사 | |
| 祉 | | 불 | | | 참찬 尹甫 | 장령 | |
| 禑 | | 불 | | | | 고성현령 | |
| 碻 | ?~1503 | 문(성종17) | 순성 | 쳬 | | 예정랑 | |
| 磁 | | 문(연산10) | | | 찬성 丘從直 | 이참판 | |
| 磾 | | 불 | 철성 | 절 | 찰방 趙棨 | 비인현감 | |
| 承麗 | | 불 | | | 참봉 金超 | 부사직 | |
| 克忸 | 1436~1496 | 문 | 국광 | 철산 | 감찰 朴肆 | 대사간 | 23 |
| 克怓 | 1440~? | 음 | | | 부사 朴繼金 | 한성좌윤 | |
| 克羞 | 1449~1481 | 천 | | | 병사 黃守正 | 충훈경력 | |
| 克忱 | 1463~1507 | 음 | | | 첨사 黃一淸 | 강화경력 | |
| 克愧 | 1466~1429 | 특지 | | | 부정 韓忠義 | 부사 | |
| 克恢 | | 음(성종5) | 겸광 | | 군수 朴壽宗 | 첨지중 | |
| 克恥 | | 음 | | | 별좌 成孟溫 | 창릉참봉 | |
| 克愊 | 1472~1531 | 문(연산4) | | | 把城君 李哲仝 | 좌찬성 | |
| 克愷 | 1474~1536 | 문(중종14) | | | 사직 朴秀堅 | 대사헌 | |
| 克悌 | | 음 | | | 참찬 李世銓 | 통정부사 | |
| 克心 | 1482~1549 | 음 | | | 하씨 | 감찰 | |
| 光門 | | 불 | 오 | 유돈 | 김씨 | 어모장군 | |
| 漢忠 | | 불 | 재 | | 생원 이씨 | 부사직 | |
| 漢洪 | | 불 | | | 예조정랑? | 군수 | |

| | | | | | 허씨 | | |
|---|---|---|---|---|---|---|---|
| 漢宗 | 1460~1527 | 불 | | | 吳孟祥 | 통정전주판관 | |
| 漢雄 | 1462~? | 불 | | | 수의부위 李繼均 | 해운판관 | |
| 漢功 | 1467~1519 | 불 | | | 상장군 李著 | 한성주부 | |
| 允卿 | 1453~? | 불 | 옥 | | 張銀錫 | 훈령원정 | |
| 巨臣 | | 불 | 빈 | 유장 | 생원 李哲挺 | 감찰 | |
| 裕道 | | 불 | 면 | | 불 | 부호군 | |
| 礪石 | 1445~1493 | 문(세조11) | 수 | 달손 | 부사 金益齡 | 형조판서 | |
| 以石 | | 불 | | | 사인 李長孫 | 공조정랑 | |
| 好文 | | 천(효행) | 지 | 달전 | 부사 柳渾 | 교하현감 | |
| 光籌 | | 불 | | | 사평 李世舟 | 평양서윤 | |
| 恒 | 1448~1418 | 불 | | | 현감 朴珍 | 평양판관 | |
| 雨 | | 불 | 주 | | 불 | 부정 | |
| 禹瑞 | | 문(연산10) | 호 | 달도 | 찰방 柳陽植 | 사인 | |
| 禹勤 | | 불 | 빈 | | 감찰 黃三戒 | 중추부사 | |
| 禹功 | | 불 | 린 | | 불 | 사재소감 | |
| 成玉 | 1366~? | 문(창왕1) | 전교판사 함 | 사온승동정 성리 | 판관 李秀東 | 대사성 | 성리-함계19세 |
| 元吉 | | 불 | | | 판윤 韓尙淵 | 남원부사 | |
| 光鍊 | 1372~? | 불 | | | 정승 廉大有 | 이정랑 | |
| 致溫 | | 음 | 성옥 | | 참판 白思粹 | 고양현감 | 20 |
| 景溫 | | 음 | | | 崔永哲 | 이좌랑 | |
| 尙智 | 1412~? | 불 | 광련 | | | 덕천현감 | |
| 錫瓚 | | 불 | 치온 | 성옥 | 참의 黃澄 | 광주목사 | 21 |
| 自芬 | 1419~1481 | 불 | 경온 | | 崔景烈 | 경성부사 | |
| 自普 | 1421~1484 | 불 | | | 金鼎權 | 병좌랑 | |
| 自賁 | 1484~1554 | 불 | | | 李廷震 | 이좌랑 | |
| 終根 | | 불 | 치정 | 원길 | | 참봉 | |
| 善根 | | 불 | | | | 참봉 | |
| 允 | 1504~? | 불 | | | | 고령현감 | |
| 波 | | 불 | 석찬 | 치온 | 판서 尹思甫 | 안의현감 | 22 |
| 百精 | 1474~1532 | 불 | 윤 | 상지 | 참봉 裵尙錦 | 영해현감 | |
| 麗源 | | 불 | 파 | 석찬 | 직장 尹尙元 | 헌릉참봉 | 23 |
| 混 | 1458~1474 | 불 | ? | | 金得强 | 영원현감 | |
| 奇瑞 | 1455~1487 | 불 | ? | | 현감 文龜壽 | 靖陵참봉 | |
| 匂 | | 천 | ? | | 현령 白潔 | 참봉(미취) | |
| 若元 | | 음 | 좌랑 육 | 판서 安利 | 총제 金麗 | 전의시부령 | 안리-삼계19세 |
| 閔 | | 불 | | | 장령 李繼 | 판도좌랑 | 20 |
| 以班 | | 불 | 민 | 약원 | | 미사 | 21 |
| 自敏 | | 문 | | | | 승문판교 | |

| 元山 |  |  | 이반 | 민 |  | 미사 | 22 |
| 蘭 |  | 불 | 자민 |  |  | 현풍현감 |  |
| 輔宗 |  | 불 | 원산 | 이반 | 李宏 | 현풍현감 | 23 |
| 坦之 |  | 불 | 少監務 | 上護軍天利 | 도사 李寬 | 평시서령 | 천리-무, 예계 19세 |
| 崇之 |  | 불 |  |  | 시사 朴履 | 穆淸殿直 |  |
| 貞之 |  | 불 |  |  | 중랑장 趙威澄 | 영광군사 |  |
| 孝之 |  | 불 |  |  |  | 녹사 |  |
| 起之 |  | 불 | 예 |  |  | 미사 |  |
| 伯孫 |  | 불 | 숭지 | 무 |  | 미사 | 20 |
| 淮 |  | 천 |  |  | 현령 盧膺 | 음성현감 |  |
| 式 |  | 불 | 정지 |  | 집의 權恒 | 사직 |  |
| 蔡 |  | 불 |  |  |  | 참군 |  |
| 淀 |  | 불 | 기지 | 예 |  | 현감 |  |
| 徵 |  | 불 | 백손 | 탄지 | 사정 禹孝安 | 첨중 | 21 |
| 孝源 |  |  | 회 | 숭지 | 오씨 | 교위 |  |
| 孝廬 | 1454~1534 |  |  |  | 군수 李持 |  |  |
| 興一 |  | 불 | 정 | 기지 |  | 대사성 |  |
| 秀沆 |  | 음 | 휘 | 백손 |  | 담양부사 | 22 |
| 秀潾 |  | 음 |  |  |  | 첨사 |  |
| 緣 | 1487~? | 문(중종14) | 효려 | 회 | 진사 曹致唐 | 강원관 |  |
| 綏 | 1491~1555 |  |  |  |  | 생원 |  |
| 敬甲 |  | 불 |  |  |  | 비안현감 |  |
| 富弼 | 1516~1577 | 천거 | 연 | 효려 | 사부 河就深 | 재랑(미취) | 23 |
| 富儀 | 1525~1566 | 천거 |  |  | 정랑 權習 | 참봉(미취) |  |
| 富仁 | 1512~1584 | 불 | 수 |  | 李賢輔 | 병사 |  |
| 富倫 | 1531~1598 | 불 |  |  | 감찰 朴純 | 봉화현감 |  |

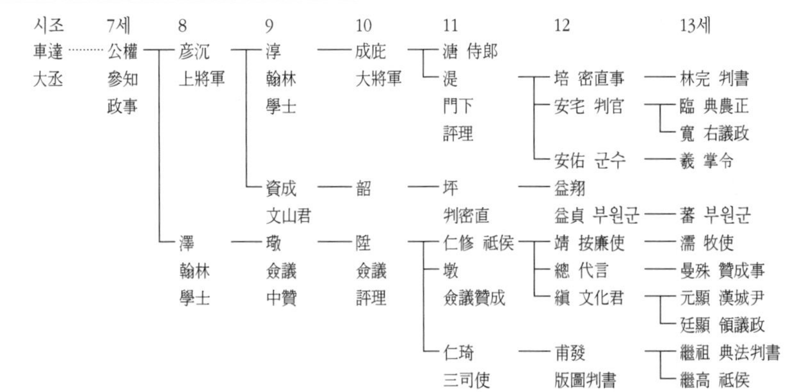



13) 『조선왕조실록』, 『국조인물고』, 『국조문과방목』, 『광산김씨良簡公派譜』(2010, 뿌리

〈표 9-8〉 조선초기 전의이씨 阺계 12~16세 사관자와 배우자[14)]

| 성명 | 생몰년 | 출사로 | 가계 | | | 최고관직 | 비고 |
|---|---|---|---|---|---|---|---|
| | | | 부 | 조 | 처부 | | |
| 贇 | | 불 | 지공부사 德根 | 소부판사 光起 | 불명 | 판사 | 광기-덕근계 12세 |
| 儉 | | 불 | | | 불 | 총랑 | |
| 宜 | | 불 | | | 불 | 부여감무 | |
| 容 | | 불 | | | 불 | 중랑장 | |
| 興宗 | | | 빈 | 덕근 | 불 | | 13 |
| 原 | | 불 | | | 불 | 역승 | 無傳 |
| 普老 | | 불 | 의 | | 불 | | 무전 |
| 大種 | | 불 | | | 별장 李渫 | 진원현감 | |
| 大晟 | | 음 | | | 이판 尹愷 | 감찰 | |
| 復敬 | | | 흥종 | 빈 | 불 | | 14 |
| 穎 | | 불 | 대종 | | 생원 蔡紹明 | 부사정 | |
| 固 | | 불 | | | 불 | 사정 | |
| 碩童 | | 불 | 대성 | | 지군사 李抽 | 광흥창수 | |
| 美山 | | 불 | 복경 | 흥종 | 불 | 군기정 | 15 |
| 繼曾 | | | 영 | | 불 | | |
| 繼孟 | 1458~1523 | 문(성종20) | | | 현감 崔漢碩 | 좌찬성 | |
| 思敏 | | 불 | 석동 | 대성 | 崔萬江 | 상장군 | |
| 思謙 | | 불 | | | 徐起 | 통훈첨정 | |
| 崇仁 | | 불 | 미산 | 복경 | 불 | 선공정 | 16 |
| 崇義 | | 천 | | | 불 | 훈도 | |
| 沉 | | 불 | 계맹 | 영 | 韓恕 | 참봉 | |
| 浚 | | 불 | | | 康長孫 | 부사정 | |
| 興 | | 불 | 사민 | 석동 | 판관 朴忠達 | 첨사 | |
| 弘 | | 불 | 사겸 | | 생원 朴誠 | 능성현령 | |
| 龜 | | 음 | 한성윤 元茂 | 소부판사 光起 | 판사 尹茂 | 한성윤 | 광기-원무계 12세 |
| 承幹 | | 음 | 구 | 원무 | 영의정 河崙 | 경상도절제 | 13 |
| 成幹 | | 음 | | | 부원군 閔汝翼 | 수원부사 | |
| 直幹 | ?~1435 | 음 | | | 총제 李穗 | 병조정랑 | |
| 萬幹 | | 문(태종16) | | | 감사 金謙 | 헌납 | |
| 恭全 | | 음 | 승간 | 구 | 관찰사 尹思修 | 군기감사 | 14 |
| 愼全 | | 음 | | | 현감 柳洽 | 호군 | |
| 誠全 | | 음 | | | 판개성 洪師普 | 순천부사 | |
| 純全 | | 음 | | | 지병조 鄭宗誠 | 동지중추 | |
| 恒全 | | 음 | | | 군수 尹之他 | 풍천군수 | |
| 寬埴 | 1384~1436 | 기 | 성간 | | 정종(仁川郡主) | 부마 | |
| 允埴 | | 음 | | | 우의정 李仁孫 | 寺丞 | |
| 宏植 | 1410~1481 | 음 | 직간 | | 좌의정 李原 | 구례현감 | |

| | | | | | | | |
|---|---|---|---|---|---|---|---|
| 仁全 | | 문(세종26) | 만간 | | 총제 王祿 | 봉상판관 | |
| 亨全 | | 음 | | | 鄭韶 | 주부 | |
| 禮全 | | 음 | | | 부사 李貴默 | 군수 | |
| 梓 | | 음 | 공전 | 승간 | 소윤 朴荷信 | 전라처치사 | 15 |
| 椅 | | 음 | | | 판중 李孟軫 | 호군 | |
| 樟 | | 음 | | | 판서 鄭鎭 | 세마 | |
| 梡 | 1436~1504 | 기 | | | 태종(경신옹주) | 奉憲全城尉 | |
| 檜 | | | | | | 진사 | |
| 棣 | | 음 | 신전 | | 현감 邊尙童 | 사직 | |
| 三老 | | 음 | 성전 | | 부사 李繼長 | 돈령도정 | |
| 三楫 | | 음 | | | 불 | 사정 | |
| 三格 | | 음 | | | 불 | 참군 | |
| 三桓 | | 음 | | | 불 | 卿 | |
| 樑 | | | 순전 | | 불 | 장사랑 | |
| 枹 | | 음 | | | 불 | 사직 | |
| 權 | | 음 | | | 安壽希 | 별좌 | |
| 梯 | | 음 | | | 불 | 현감 | |
| 楗 | 1436~1510 | 음 | | | 참의 鄭次恭 | 홍원현감 | |
| 崧 | | 음 | | | 불 | 서령 | |
| 智文 | | 음 | 관식 | 성간 | 별시위 宋枰 | 부호군 | |
| 淑文 | | 문(세조6) | 윤식 | | 만호 李承衍 | 사간 | |
| 孟禧 | | 불 | 굉식 | | 황씨 | 광양현감 | |
| 仲禧 | 1429~1496 | 불 | | | 시윤 金侅 | 사옹별좌 | |
| 季禧 | | 불 | | | 경력 許樞 | 군기판관 | |
| 永禧 | 1440~1496 | 무(세조8) | | | 찬성 韓繼禧 | 통정부사 | |
| 益禧 | 1454~1512 | 음 | | | 영의정 鄭佸 | 선공부정 | |
| 繩 | | 무과 | 형전 | | 불 | 참군 | |
| 文豪 | | | 예전 | | 장령 李緝 | 진사 | |
| 孟欽 | | 음 | 재 | 공전 | 첨지 慶由瑾 | 주부 | 16 |
| 孟明 | | 불 | | | 지평 河淙 | 호군 | |
| 孟文 | | 문(연산4) | | | 부장 朴謙 | 목사 | |
| 孟思 | | 문(성종12) | | | 판서 李承召 | 한림 | |
| 繼重 | | 음 | 의 | | 영상 黃守身 | 군사 | |
| 繼明 | | 불 | | | 홍씨 | 목사 | |
| 繼禎 | | 불 | 장 | | 부사 許扉 | 군수 | |
| 孝忠 | | 음 | 완 | | 녹사 鄭石奉 | 참봉 | |
| 信忠 | | 음 | | | 참판 成久文 | 통정군수 | |
| 禮忠 | | 음 | | | 현감 李仲浩 | 현감 | |
| 義忠 | | 음 | | | 金玗 | 직장 | |
| 敷 | | 불 | 회 | | 대사헌 申自繩 | 첨지 | |
| 孟孝 | | 불 | 체 | 신전 | 불 | 선전관 | |
| 仲孝 | | 불 | | | 李儀 | 담양부사 | |

| | | | | | | | |
|---|---|---|---|---|---|---|---|
| 秀蓬 | | 음 | 삼로 | 성전 | 부원군 邊尙服 | 덕천군수 | |
| 秀萊 | | 음 | | | 불 | 호군 | |
| 秀芳 | | 음 | | | 첨사 李𡐔 | 현감 | |
| 夢石 | | 무과 | 삼즙 | | 첨지 趙之夏 | 경원구 | |
| 秀恭 | | 불 | 삼환 | | 불 | 만호 | |
| 世挺 | | 음 | 양 | 순전 | 불 | 정랑 | |
| 枝挺 | | 음 | 포 | | 불 | 통찬 | |
| 衡良 | | 음 | 권 | | 불 | 참봉 | |
| 昌胤 | | 문(성종23) | 건 | | 주부 河伯達 | 장령 | |
| 萬齡 | | 불 | 지문 | 관식 | 부사 金孟季 | 別司直 | |
| 永原 | | 기 | 숙문 | 윤식 | 全씨 | 내금위 | |
| 保原 | | 불 | | | 경력 孫沔 | 고창현감 | |
| 昌亨 | 1485~1536 | 무(중종14) | 맹희 | 굉식 | 첨정 朴維 | 신천군수 | |
| 昌貞 | | 무(중종14) | | | 宣씨 | 선전관 | |
| 昌壽 | | 무(연산10) | 중희 | | 柳沃卿 | 봉상첨정 | |
| 昌年 | | 문(중종19) | | | 현감 李孝武 | 寺正 | |
| 根仁 | | 불 | 계희 | | 정랑 權慄 | 의금부도사 | |
| 昌仁 | | 음 | 영희 | | 부사 鄭允植 | 감역 | |
| 昌義 | | 무과 | | | 불 | 현령 | |
| 昌禮 | | 음 | | | 박씨 | 제용첨정 | |
| 昌智 | | 음 | | | 불 | 참봉 | |
| 昌善 | | 기 | | | 불 | 내금위 | |
| 侃 | | 불 | 익희 | | 수사 柳承孫 | 사산감역 | |
| 俔 | 1487~1565 | 무(중종10) | | | 경력 趙澈 | 함경남병사 | |
| 任 | | 문(중종19) | | | 정랑 金顯祖 | 승지 | |
| 賀 | | 불 | 林茂 | 광기 | 판사 玄惟義 | 장령 | 광기-임무계 12세 |
| 貞之 | | 불 | 하 | 임무 | 지주사 鄭允厚 | 知郡事 | 13 |
| 麒 | | 불 | 정지 | 하 | 불 | 지군사 | 14 |
| 麟 | | 불 | 강지 | | 내금위 朴從幹 | 현령 | |
| 震孝 | | 불 | 인 | 강지 | 辛叔琚 | 충익부도사 | 15 |
| 震文 | | 불 | | | 지사 金承貞 | 현령 | |
| 勉 | | 불 | | | 부장 趙禎林 | 장예원사평 | 16 |
| 儁 | | 문(고려<br>우왕3) | 全城君思義 | 밀부光翊 | 사인 金齊安 | 사재감판사 | 광익-사의계 12세 |
| 勗 | | 음 | | | 판서 安仲老 | 판나주목사 | |
| 俺 | | 음 | | | 불명 | 사인 | |
| 長發 | | 불 | 준 | 사의 | 판사 辛元生 | 사정 | 13 |
| 長得 | | 음 | | | 시중 鄭夢周 | 판국자감사 | |
| 長孝 | | 불 | | | 군사 朴仲實 | 직장 | |
| 榮東 | | 음 | 판목사勗 | | 군사 李仲蔓 | 판관 | |
| 秀東 | | 음 | | | 군사 朴仁矩 | 판관 | |
| 盛東 | | 음 | | | 현감 全倜 | 현감 | |

| | | | | | | | |
|---|---|---|---|---|---|---|---|
| 昌東 | | 음 | | | 도사 奇進德 | 목사 | |
| 淳 | | 불 | 장발 | 준 | 불 | 사직 | 14 |
| 煥 | | 불 | | | 찰방 李柱 | 판관 | |
| 淸 | | 불 | | | 병사 郭雄 | 사직 | |
| 涓 | | 문(고려) | 장득 | | 참의 黃坤 | 연산현감 | |
| 澍 | | 불 | | | 전라수사 鄭艮 | 주부 | |
| 絳 | | 불 | 영동 | 욱 | 불 | 사정 | |
| 綽 | | 불 | | | 불 | 부정 | |
| 知非 | | 불 | 수동 | | 호군 朴楨 | 만호 | |
| 知懼 | | 불 | | | 불 | 호군 | |
| 知耻 | | 음 | | | 신평군 康裵 | 현감 | |
| 銓 | | 음 | 창동 | | 군수 崔有汀 | 봉사 | |
| 守忱 | | 불 | 환 | 장발 | 참봉 薛孝完 | 한산군수 | 15 |
| 成忱 | | 불 | | | 金子諒 | 충주판관 | |
| 愼言 | | 불 | 연 | 장득 | 丁孝孫 | 서령 | |
| 愼謙 | | 불 | | | 洪慶從 | 인천교수 | |
| 愼意 | | | | | 金胤宗 | 진사 | |
| 哲命 | | 불 | 주 | | 金用中 | 청산현감 | |
| 景命 | | 불 | | | 불 | 직장 | |
| 永祥 | | 문 | 전 | 창동 | 승지 鄭允 | 대사성 | |
| 淙 | | 불 | 수침 | 환 | 文龜瑞 | 만호 | 16 |
| 瑛 | | 불 | | | 불 | 만호 | |
| 珪 | | 불 | | | 鄭胤祖 | 우후 | |
| 潑 | 1484~1504 | 불 | 신의 | | 생원 吳巖 | 경기전참봉 | |
| 澤 | | 불 | | | 불 | 참봉 | |
| 盇 | | 기 | 철명 | 주 | 金成度 | 충순위사직 | |
| 增 | | 천 | | | 불 | 훈도 | |
| 墩 | | 천 | | | 불 | 훈도 | |
| 壅 | | 불 | | | 불 | 직장 | |
| 雄 | | 음 | 판서 思禮 | 광익 | 안동/영의정 權鏞 | 전농정 | 광익-사례계 12세 |
| 楷 | | | 웅 | 사례 | | | 13 |
| 樺 | 1421~? | 음 | | | 영의정 鄭昌孫 | 판중추 | |
| 梴 | | 불 | | | 중랑장 權處中 | 사직 | |
| 材 | | 불 | | | 현령 權輈 | 사직 | |
| 栩 | | 무과 | | | 감찰 裵南 | 불명 | |
| 止忠 | | 불 | 해 | 웅 | 불 | 사직 | 14 |
| 止信 | | 불 | | | 불 | 현감 | |
| 止任 | | 불 | | | 불 | 사직 | |
| 希東 | | 불 | 화 | | 潘氏 | 사과 | |
| 蓮東 | | 불 | | | 金永壽 | 의금부도사 | |
| 愛東 | | 불 | | | 南伯庚 | 사직 | |

| | | | | | | | |
|---|---|---|---|---|---|---|---|
| 孟壽 | | 불 | 허 | | 불 | 典禮 | |
| 仲壽 | | 무과 | | | 현감 權居約 | 판관 | |
| 英孫 | | 불 | 지충 | 해 | 호군 柳昌壽 | 사직 | 15 |
| 賢孫 | | 불 | 희동 | 화 | 참군 李興陽 | 사과 | |
| 敬孫 | | 기 | 연동 | | 盧씨 | 충순위 | |
| 瓘 | | 불 | 현손 | 희동 | 南世球 | 제용정 | 16 |
| 珩 | | 불 | | | 참봉 黃瓚 | 내시교관 | |
| 珸 | 1485~1567 | 불 | 경손 | 연동 | 權崇祖 | 부장 | |
| 芸 | | 음 | 판사 思敬 | 밀부光翊 | 부사 鄭天德 | 사재감판사 | 광익-사경계 12세 |
| 悰 | | 음 | | | 대사성 郭忠秀 | 정주목사 | |
| 孝全 | | 불 | 운 | 사경 | 도사 柳榮門 | 주부 | 13 |
| 孟琳 | | 불 | | | 불 | 만호 | 14 |
| 叔琳 | | 불 | | | 불 | 녹사 | |
| 季琳 | | 불 | 효전 | | 불 | 박사 | |
| 順亨 | | 불 | 계림 | 효전 | 판윤 安知歸 | 부사직 | 15 |
| 景禮 | | 불 | 순형 | 계림 | 불 | 사복 | 16 |
| 景義 | | 불 | | | 불 | 참봉 | |
| 景廉 | | 불 | | | 불 | 현감 | |
| 景耻 | | 불 | | | 盧景仁 | 경차관 | |
| 景信 | | 불 | | | 崔長孫 | 습독관 | |
| 作 | 1356~1426 | 문(고려우왕6) | 부원군思安 | 소부판사光起 | 대학사 韓修 | 철원부사 | 사안-작계 12세 |
| 佐 | | 음 | | | 전주/참찬 崔有慶 | 함길도경력 | |
| 英幹 | | 음 | 작 | 사안 | 총제 朴子安 | 진산군수 | 13 |
| 宜泳 | | 음 | | | 지사 趙天童 | 주부 | |
| 宜洽 | | 문(세종11) | | | 총제 文繼宗 | 충청관찰사 | |
| 三奇 | | | 좌 | | | | |
| 正己 | | 불 | 영간 | 작 | 부사 徐彌性 | 감찰 | 14 |
| 誠孝 | | | | | 불 | | |
| 元孝 | | 문(단종2) | 의흡 | | 李思淳 | 중부 | |
| 愼孝 | | 음 | | | 판관 成栩 | 충청관 | |
| 仁錫 | | 문(세조12) | 삼기 | 좌 | 첨지 趙元壽 | 장령 | |
| 義錫 | | 불 | | | 金孝信 | 도사 | |
| 樵 | | 불 | 정기 | 영간 | 불 | 사직 | 15 |
| 樗 | | 불 | | | 李順門 | 상장군 | |
| 敬崇 | | | 성효 | 의영 | 불 | | |
| 命崇 | 1443~1488 | 문(성종3) | 원효 | 의흡 | 군수 金若欽 | 부제학 | 생부 신효 |
| 福崇 | | 음 | 신효 | | 군수 蔡申錫 | 통정찰방 | |
| 德崇 | | 문(세조8) | | | 판관 洪循性 | 충청관 | |
| 祿崇 | | 문(성종6) | | | 權繼佑 | 봉상정 | |
| 寬 | | 문(성종21) | 인석 | 삼기 | 돈령도정 尹坡 | 교리 | |

| | | | | | | | |
|---|---|---|---|---|---|---|---|
| 騫 | | 불 | 의석 | | 불 | 현감 | |
| 風從 | | 불 | 저 | 정기 | 불 | 사직 | 16 |
| 雲從 | | 불 | | | 불 | 봉사 | |
| 賢孫 | | 불 | 경승 | 성효 | 현감 鄭汝昌 | 직장 | |
| 松壽 | | 음 | 원효 | 의흡 | 첨지 金克幹 | 상의원주부 | 생부 녹승 |
| 龜壽 | | 음 | 덕승 | 신효 | 감사 申傳 | 돈령도정 | |
| 龜齡 | | 문(중종9) | | | 판서 朴壕 | 좌참찬 | |
| 龜息 | | 음 | | | 군수 申用灌 | 산음현감 | |
| 台壽 | | 음 | 녹승 | | 이씨 | 참봉 | |
| 文郁 | | 불 | 보 | 의석 | 불 | 현감 | |
| 文馨 | 1510~? | 문(중종35) | 완 | | 寧城守 李敬 | 좌참찬 | |
| 竦 | | 문 | 제주昇 | 직제학翊 | 김씨 | 전법판서 | 익-변계 12세 |
| 蔵 | 1376~1451 | 무(태종2) | 송 | 변 | 이씨 | 판중추 | 13 |
| 輼 | | 문(태종1) | | | 권씨 | 군기감사 | |
| 孝老 | | 음 | 천 | 송 | 중랑장 元忱 | 부사 | 14 |
| 忠老 | | 음 | | | 목사 鄭安道 | 부정 | |
| 愼 | | 문(세종20) | 온 | | 전서 金仲均 | 군자주부 | |
| 恃 | ?~1490 | 불 | | | 참판 崔永淳 | 상호군 | |
| 孟石 | | 음 | 효로 | 천 | 불 | 사과 | 15 |
| 仲石 | | 음 | | | 원종공신 宋具 | 원주판관 | |
| 孝幹 | | | 신 | 온 | 현감 李紳 | | |
| 義幹 | | | | | 대사성 姜老 | | |
| 輔幹 | 1454~1521 | 불 | | | 감찰 尹渾 | 현감 | |
| 弼幹 | ?~1514 | 불 | | | 사의 申應之 | 감찰 | |
| 碩幹 | | 불 | | | 현감 洪永孝 | 부사직 | |
| 粹幹 | | 불 | 시 | | 경력 楊順達 | 도사 | |
| 成幹 | | 불 | | | 불 | 정국원종공신사직 | |
| 秀增 | | 불 | 맹석 | 효로 | 불 | 상장군 | 16 |
| 秀垠 | | 불 | 중석 | | 부사 李叔 | 충좌부사맹 | |
| 秀培 | | 불 | | | 安地 | 호군 | |
| 垠 | | 불 | 효간 | 신 | 별제 安敬宗 | 관찰사 | 생부 의간 |
| 堰 | | 불 | 의간 | | 부사 李淳 | 목사 | |
| 萁 | 1496~1572 | 문(중종23) | 보간 | | 생원 金義文 | 좌의정 | |
| 荃 | 1486~1529 | 천 | 필간 | | 洪汝礪 | 참봉 | |
| 苓 | | 불 | | | 불 | 감찰 | |
| 藝 | | 불 | 석간 | | 현감 金季文 | 전한 | |
| 場 | | 불 | 성간 | | 정씨 | 광양현감 | |
| 埏 | ?~1546 | 불 | | | 권씨 | 선릉참봉 | |
| 士欽 | | 음 | 중추사貞幹 | 전서丘直 | 전서 安景儉 | 충좌대호군 | 구직-정간계 12세 |
| 士寬 | 1382~1440 | 음 | | | 영상 韓尙敬 | 한성윤 | |
| 士信 | | 음 | | | 부윤 尹普老 | 첨지중추 | |

| | | | | | | | |
|---|---|---|---|---|---|---|---|
| 土敏 | | 음 | | | 한성판윤 徐選 | 철원부사 | |
| 土惠 | | 무(세종조) | | | 병사 金渭 | 영암군수 | |
| 淳白 | | 음 | 사흠 | 정간 | 봉상정 閔犀角 | 병조참판 | 13 |
| 淳仲 | | 음 | | | 현감 朴蔚 | 사직 | |
| 淳叔 | | 음 | | | 군수 尹煥 | 훈련도정 | |
| 仁長 | | 음 | 사관 | | 지평 崔士規 | 녹사 | |
| 義長 | 1403~1468 | 무(세종22) | | | 예빈경 李而强 | 행훈련도정 | |
| 禮長 | 1406~1456 | 문(세종14) | | | 洪興祖 | 병조참의 | |
| 智長 | | 문(세종16) | | | 판관 李昇 | 좌찬성 | |
| 誠長 | 1410~1467 | 문(세종15) | | | 군수 李伯臣 | 예조참판 | |
| 孝長 | 1412~1463 | 문(세종19) | | | 한성윤 金儀之 | 대사헌 | |
| 恕長 | 1423~? | 문(세조3) | | | 군사 宋處恭 | 대사헌 | |
| 承尊 | | 음 | 사신 | 정간 | 일성위 鄭孝全 | 직장 | |
| 秉德 | | 음 | 사민 | | 불 | 사직 | |
| 秉正 | 1438~1515 | 무과 | | | 직장 權永保 | 지중추 | |
| 孝碩 | | 음 | 사혜 | | 참의 安九經 | 통정부사 | |
| 友碩 | | 음 | | | 김씨 | 부사 | |
| 仁碩 | | 음 | | | 판관 柳之信 | 진위현감 | |
| 義碩 | | 음 | | | 일성위 鄭孝全 | 충주판관 | |
| 亮 | | 천 | 순백 | 사흠 | 판중추 趙惠 | 제용직장 | 14 |
| 終孫 | | 음 | 순중 | | 불 | 판관 | |
| 一仝 | | 음 | 인장 | 사관 | 참판 李延孫 | 현감 | |
| 守柔 | | 무과 | | | 洪師壽 | | |
| 守謙 | | 음 | | | 奇挺 | 우후 | |
| 壽童 | | 음 | 의장 | | 공신 金弘 | 상장군 | |
| 命生 | | 음 | | | 부사 任尙源 | 사직 | |
| 壽生 | | 음 | | | 불 | 호군 | |
| 世琗 | 1426~1478 | 음 | 예장 | | 판사 金孟獻 | 행상주목사 | |
| 時琗 | 1433~1492 | 음 | | | 서윤 李埕 | 판결사 | |
| 德良 | 1435~? | 무(세조3) | 지장 | | 불 | 병조참판 | |
| 壽稚 | ?~1493 | 음 | 함장 | | 군수 李伯臣 | 첨지중추 | |
| 壽男 | 1439~1471 | 문(세조12) | | | 현감 朴秀林 | 대사헌 | |
| 壽兒 | | 음 | | | 직강 金昇 | 좌랑 | |
| 壽孩 | | 음 | | | 참판 權攀 | 안동판관 | |
| 壽嬰 | | 음 | | | 좌랑 李永弘 | 봉사 | |
| 源植 | | 기 | 효장 | | 부장 辛孟磷 | 내금위 | |
| 源達 | | 음 | | | 尹暄 | 별좌 | |
| 源英 | | 음 | | | 판관 安彭老 | 여산군수 | |
| 允粹 | 1447~1514 | 음 | 서장 | | 별좌 李翰元 | 선산부사 | |
| 允鈍 | 1450~1524 | 음 | | | 서윤 南任 | 사재부정 | |
| 允中 | | 음 | | | 현감 尹季童 | 통정부사 | |
| 克儉 | | 불 | 병덕 | 사민 | 불 | 사과 | |

| | | | | | | | |
|---|---|---|---|---|---|---|---|
| 克文 | 1463~1529 | 음 | 병정 | | 군수 李衡 | 신계현령 | |
| 克昌 | | 무과 | | | 군수 具碩卿 | 예천군수 | |
| 國卿 | | 불 | 인석 | 사혜 | 권씨 | 사과 | |
| 昌臣 | 1449~? | 문(성종5) | 양 | 순백 | 德泉君 李厚生 | 이조참판 | 15 |
| 可臣 | | | | | | | |
| 光弼 | | 불 | 일동 | 인장 | 부사 李宗術 | 현감 | |
| 明弼 | 1464~1511 | | | | 한림 洪亨奎 | | |
| 繼福 | | | 수유 | | | | |
| 熊 | 1471~1532 | 불 | 수동 | 의장 | 병사 沈德基 | 절충장군 | |
| 碩孫 | | 불 | 명생 | | 불 | 판관 | |
| 智孫 | | 무과 | | | 박씨 | 노강진첨사 | |
| 末孫 | | 불 | | | 최씨 | 사직 | |
| 承烈 | | 음 | 세부 | 예장 | 첨지 金士恭 | 임피현령 | |
| 顯烈 | | 음 | | | 병사 朴衡武 | 부사용 | |
| 公達 | 1464~1519 | 음 | 시부 | | 광원군 金伯謙 | 양주목사 | |
| 公遇 | | 음 | | | 생원 尹師周 | 병사 | |
| 連孫 | | 음 | 덕량 | 지장 | 통덕랑 李成忱 | 충훈부경력 | 생부 수해 |
| 尹宗 | | 음 | 수치 | 함장 | 茂松君 李怊 | 사포서별검 | |
| 尹元 | | 음 | | | 군수 辛舜鼎 | 충무부사맹 | |
| 翰元 | | 음 | 수남 | | 權金成 | 통정목사 | |
| 昌胤 | | 무과 | 수아 | | 불 | 주부 | |
| 昌宗 | | 음 | | | 이씨 | 현감 | |
| 昌業 | | 음 | 수해 | | 愼繼源 | 첨정 | |
| 昌祖 | | 음 | | | 수사 姜末仝 | 부사정 | |
| 希淵 | | 음 | 수영 | | 불 | 현감 | |
| 希雍 | ?~1541 | 문(연산10) | | | 첨정 林萬根 | 관찰사 | |
| 希騫 | | 음 | | | 부사 曺彦謙 | 현감 | |
| 昌茂 | | 음 | 원식 | 효장 | 현감 閔蘭孫 | 현령 | 생부 源英 |
| 繼佑 | 1471~1530 | 음 | 원달 | | 진사 李謙 | 별좌 | |
| 昌根 | | 음 | 원영 | | 柳溥 | 찰방 | |
| 昌蕃 | | 음 | | | 불 | 현감 | |
| 昌衍 | | 음 | | | 현감 愼敦禮 | 진주판관 | |
| 貴裕 | | 음 | 윤수 | 서장 | 李乾生 | 대호군 | |
| 命裕 | 1467~? | 천(연산10) | | | 지군사 權祖 | 홍천군수 | |
| 仁孫 | 1450~1524 | 음 | 윤순 | | 서윤 南任 | 사제부정 | |
| 應奎 | 1496~1558 | 불 | 극문 | 병정 | 군수 李衡 | 사직 | |
| 應星 | | 무과 | 극창 | | 군수 具碩卿 | 예천군수 | |
| 塢 | | 불 | 원경 | 인석 | 불 | 부장 | |
| 顆 | 1475~1507 | 문(성종22) | 창신 | 양 | 현감 金著 | 대사성 | 16 |
| 頗 | | 문(연산7) | | | 판사 李績 | 장령 | |
| 鉉 | | 불 | 가신 | | 사간 尹時英 | 찰방 | |
| 汝蕃 | | 불 | 광필 | 일동 | 부사 李宗術 | 현감 | |

| | | | | | | | |
|---|---|---|---|---|---|---|---|
| 德堅 | 1505~? | 무과 | 명필 | | 군수 尹齡 | 영암군수 | |
| 承福 | 1512~1592 | 음 | 웅 | 수동 | 진사 權性烈 | 참봉 | |
| 周卿 | | 불 | 지손 | 명생 | 鄭禮亨 | 사과 | |
| 殷卿 | | 무과 | 말손 | | 지사 曹龜 | 첨사 | |
| 弼臣 | | 불 | 승렬 | 세보 | 현감 陳猶 | 충좌부사과 | |
| 光臣 | | 불 | | | 별좌 禹桓 | 현감 | |
| 思臣 | | 무과 | | | 현감 金宗胤 | 군수 | |
| 應誠 | 1497~1535 | 불 | 공달 | 시보 | 사성 趙演 | 황산도찰방 | |
| 思誠 | | 불 | | | 참봉 崔瑤 | 호군 | |
| 忠誠 | | 기 | | | 판관 成希雍 | 내금위 | |
| 宗文 | | 음 | 연손 | 덕량 | 부호군 韓系輔 | 충훈부도사 | |
| 與義 | | 불 | 윤종 | 수치 | 목사 盧好愼 | 북부참봉 | |
| 孟榮 | | 음 | 한생 | 수남 | 현감 申永和 | 함열현감 | |
| 仲榮 | | 음 | | | 교리 李寬 | 진잠현감 | |
| 用剛 | | 음 | 한원 | | 참찬 孫澍 | 현령 | |
| 斗男 | | 불 | 창종 | 수아 | 이씨 | 목사 | |
| 應男 | | 불 | 창준 | | 좌찬성 奇大升 | 형조좌랑 | |
| 忠榮 | 1486~1553 | 무과 | 창조 | | 도승지 朴漢柱 | 문천군수 | |
| 宗孝 | | 음 | 희옹 | 수영 | 雲川君 李愼 | 신천군수 | |
| 尙文 | | 불 | 희건 | | 참봉 權希範 | 현감 | |
| 成龍 | | 불 | 창무 | 원식 | 불 | 감찰 | |
| 文龍 | 1530~? | 문(선조13) | 창연 | 원영 | 불 | 정랑 | |
| 依仁 | | 불 | | | 朴信獻 | 전의현감 | |
| 舜佑 | | 불 | 귀유 | | 閔子英 | 선전관 | |
| 文誠 | 1503~1573 | 무(중종27) | 인손 | | 부사 禹禮孫 | 경상우병사 | 생부 공달 |
| 賓臣 | 1542~? | 불 | 응성 | 극창 | 남씨 | 예천군수 | |
| 熙綱 | | 불 | 응두 | 말경 | 金益堅 | 첨지중추 | |
| 世臣 | 1505~1562 | 불 | 봉격 | 달 | 金公明 | 부장 | |
| 熙仁 | | 불 | 응신 | 종경 | 辛弘 | 선공직장 | |
| 熙文 | | 불 | 응진 | | 柳溪 | 부장 | |
| 熙武 | | 불 | | | 李亨福 | 교수 | |
| 熙倫 | | 불 | 응성 | 윤경 | 李鶴壽 | 호군 | |
| 熙鳳 | | 불 | | | 康씨 | 공조정랑 | |
| 熙鸞 | | 불 | | | 불 | 참봉 | |
| 于藩 | | 음 | 珍幹 | 구직 | 부사 李侃 | 능직 | 구직-진간계 12세 |
| 承重 | | 불 | 우번 | 진간 | 현감 李思 | 부사과 | 13 |
| 汾陽 | | 불 | 승중 | 우번 | 漢山君 趙溫之 | 찰방 | 14 |
| 邦柱 | | 불 | 분양 | 승중 | 경력 申叔檜 | 습독 | 15 |
| 元胤 | | | 방정 | 분양 | 申壽期 | 절충호군 | 16 |
| 之厦 | | 불 | 군사良幹 | 전서丘直 | 불명 | 부사직 | 구직-양간계 12세 |
| 仲孫 | | 무과 | 지하 | 양간 | 禹誠老 | 절제사 | 13 |
| 漢 | | 불 | 중손 | 지하 | 南繼祖 | 예빈첨정 | 14 |

| | | | | | | | |
|---|---|---|---|---|---|---|---|
| 季孫 | 1419~1484 | 문(세종20) | 부정文幹 | 전서丘直 | 具揚 | 영해부사 | 구직-문간계 12세 |
| 世芬 | 1438~? | 무과 | 계손 | | 군수 崔承靖 | 사복겸내승 | 13 |
| 世茂 | 1455~1537 | 불 | | | 첨지 李允靖 | 군자판관 | |
| 光元 | | 불 | 세분 | 계손 | 직장 申永貞 | 형조정랑 | 14 |
| 光亨 | 1471~1545 | 불 | | | 李守惠 | 감찰 | |
| 光利 | | 불 | | | 감사 高巖 | 도사 | |
| 德純 | | 불 | 세무 | | 불 | 군수 | |
| 德仁 | | 불 | | | 불 | 감찰 | |
| 億 | | 불 | 광원 | 세분 | 이정랑 鄭浣 | 흠곡현령 | 15 |
| 俶 | | | | | 현감 金聰 | 선무랑 | |
| 佖 | 1521~? | 불 | | | 姜无育 | 예산현감 | |
| 恬 | | 불 | | | 寺令 韓滑 | 사직서직장 | |
| 佶 | 1512~1578 | 불 | | | 李禎 | 문의현령 | |
| 儼 | 1518~1590 | 무과 | 덕린 | 세무 | 별좌 李稽 | 지중추 | |
| 慶星 | | 불 | 억 | 광원 | 韓尙白 | 만호 | 16 |
| 慶雲 | | 불 | | | 사평 尹湛 | 현감 | |
| 慶曇 | | 불 | | | 부사 崔債 | 현감 | |
| 慶延 | | 불 | 숙 | | 왕자사부 呂希臨 | 부장 | |
| 慶斗 | 1541~1610 | 불 | 필 | | 부장 尹璜 | 부장 | |
| 慶祐 | 1518~1574 | 문(명종8) | 괄 | | 羅崙 | 서흥부사 | |
| 慶禧 | 1526~? | 문(명종17) | | | 柳陵 | 양주목사 | |
| 慶祿 | 1541~1612 | 불 | | | 洪繼祉 | 청주판관 | |
| 慶祺 | 1554~1632 | 문(선조18) | | | 찰방 洪百男 | 장령 | |
| 慶祚 | | 불 | | | 최씨 | 현감 | |
| 候仁 | | 불 | 호군 股 | 대호군 師直 | 한성윤 楊修 | 사정 | 사직-고계 12세 |
| 候禮 | | 기 | | | 부사 李扶 | 별시위 | |
| 候信 | | 불 | | | 鄭佑 | 봉례 | |
| 檣孫 | | 불 | 후신 | | 梁씨 | 상의원직장 | 13 |
| 欄孫 | 1466~1522 | | | | | 생원 | |
| 元龜 | 1491~1576 | 불 | 장손 | 후신 | 군수 沈方哲 | 전연서참봉 | 14 |
| 元麟 | | 불 | 난손 | | 불 | 참봉 | |
| 元龍 | | | | | 진사 朴世芬 | | |
| 承先 | | 불 | 원구 | 장손 | 불 | 판관 | 15 |
| 嗣先 | | 불 | | | 현령 朴植 | 부장 | |
| 福男 | | 불 | 원룡 | | 생원 梁世重 | 부사직 | |
| 枝英 | 1581~1655 | 불 | 사선 | 원구 | 金德蘭 | 중추부사 | 16 |
| 守仁 | | 불 | 목사 養性 | 先慶 | 윤씨 | 남햐현감 | 선경-양성계 12세 |
| 兼仁 | | 불 | | | 호군 李柱 | 단성현감 | |
| 思恭 | 1468~1512 | 문(연산1) | 겸인 | 양성 | 별좌 愼敦仁 | 장령 | 13 |
| 文卿 | | 불 | 사공 | 겸인 | 교수 金翼 | 직장 | 14 |

| 夢禎 | | | 문경 | 사공 | 현령 孫熙祖 | 증이조참판 | 15 |
| 大容 | | 불 | 몽정 | 문경 | 南以順 | 참군 | 16 |

정보미디어) 권1·4·12·13과『광산김씨退村公派族譜』(1988, 회상사) 등 각파 세보,
『만성대동보』,『만가보』,『청구씨보』등에서 종합(사관여부를 광리-인우계 21세 백
보~중상의 손자(23세)와 영리-정계 22세 정광·경광·석·굉·장의 아들(23세)은 제외).
시조 흥광으로부터 16세까지의 세계는 다음과 같다.

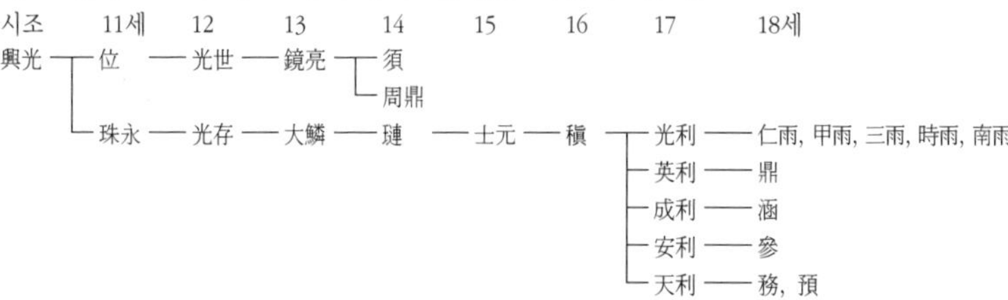

14) 『조선왕조실록』,『국조인물고』,『국조문과방목』, 졸저,『조선초기 관인이력』,『전의
    예안이씨성보 대동보』권1(2014, 도서출판 뿌리정보미디어) 등 각파 세보,『만성대동
    보』,『만가보』,『청구씨보』 등에서 종합. 본서에서는 계파의 현달 등과 관련하여
    임무, 사경, 진간, 고, 양성 등의 후손은 생략하고 파악한다. 시조 棹로부터 11세까지의
    세계는 다음과 같다.

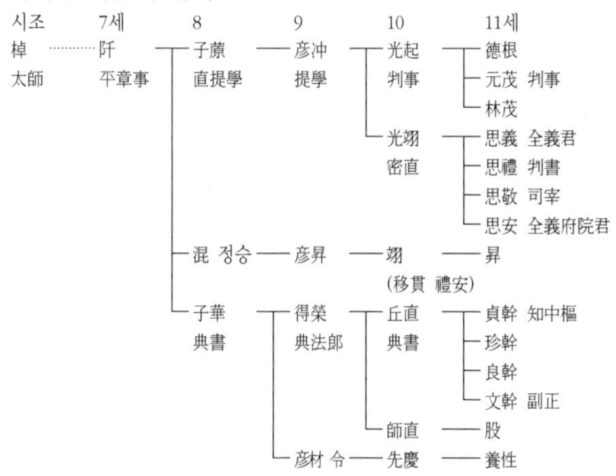

# 제10장 兩班家門의 經濟[*]

조선초기 양반가문의 경제기반에는 조상전래의 민전·가옥·노비, 가족인 관인이 국가로부터 지급받은 직전·녹봉, 공신책봉으로 받은 토지·노비, 그 외 각종 임무수행으로 받은 토지·직물 등이 있다. 이중 직전과 녹봉은 모든 관인에 해당되고 가장 명확하지만 민전은 명확하지 못하고 그 외는 그 대상자가 소수에 불과하다. 이와 관련하여 여기에서는 유력척족인 파평윤·청주한씨와 안동권씨 등 9유력가문의[1] 경제를 토지, 민전, 직전, 녹봉, 기타로 구분하여 살펴본다.


## 1. 土地

### 1) 民田

민전은 조상으로 전래된 사유지로 양반가문의 경제적 기반이 된 토지이다. 조선초기 관인이 소유한 민전의 규모가 어떠하였는가는 자료의 부전으로 구체적으로 알 수 없다. 그렇기는 하나 1456년(세조 2) 단종복위를 도모하다

---

[*] 졸저, 2024, 『조선초기 관인연구』, 도서출판 혜안, 제9장 조선초기 관인의 경제기반을 참조하여 정리.

[1] 그 외의 8가문은 본서 4~8장에서 서술된 진주강·창녕성·고령신·광주이·한산이씨와 추가한 광산김·문화유·전의이씨이다.

가 피죄된 절신의 토지소재지와 이 토지가 사급된 인물과 토지소재지가 확인되기에 이의 분석을 통해 양반가문 관인이 소유한 민전의 규모를 개략적이나마 추정할 수 있다고 본다.

세조 2년에 피화된 권자신 등 56명이 소유한 민전은 황해·강원도 이남 6도 70여 군현에 산재하였고,[2] 그 토지는 면적을 구체적으로 알 수 없지만 讓寧大君 李禔 등 39명에게 사급되었다.[3]

이를 볼 때 사급자에게 차등을 두고 지급하였는지와 그 결수는 알 수 없지만 지급된 토지의 소재지를 볼 때 사급자에게 최소 수십결이 지급되었을 것으로 추측된다.[4] 이렇게 볼 때 이휘의 경우 몰수된 토지(민전)가 적어도

---

2) 토지 소재 도별 군현은 다음과 같다(졸저, 앞 책(2024), 212~213쪽 〈표 9-1〉에서 발췌).
   황해 : 평산, 배천, 문화, 해주, 연안.
   강원 : 홍천.
   경기 : 광주, 고양, 통진, 양지, 포천, 용인, 풍덕, 김포, 과천, 수원, 양천, 삭령, 장단, 양근, 안산, 금천, 풍양, 영평, 적성, 양주, 천령.
   충청 : 홍주, 면천, 서산, 연산, 덕산, 천안, 영동, 공주, 임천, 은진, 당진, 신창, 한산, 예산, 아산, 온양, 회덕, 옥천, 홍주, 석성, 옥천, 청주, 전의, 연기, 은진.
   경상 : 풍기, 성주, 의성, 선산, 안동, 개령, 상주, 하양, 현풍.
   전라 : 임피, 영암, 해남, 함열, 해미, 여산, 낙안, 원평.

3) 위 책, 214~215쪽 〈표 9-2〉(『세조실록』 권7, 3년 2월 을유).

4) 예컨대 한확은 1457년(세조 3)에 상왕 단종의 복위를 도모하다가 피화되면서 몰수한 성삼문 등 56명의 토지를 讓寧大君 李禔 등 39명에게 賜給할 때 河緯地·金堪의 善山田과 李昊의 連山田을 받았다. 그의 8대손인 時復이 星州牧에 거주한 부 汝善이 졸한 1625년(인조 3) 이후에 모부인 南平文氏와 함께 본가인 성주에서 확 이후 여선에게까지 상속된 토지 소재지인 선산부 고아면 연흥리에 이주하여 이 지역 양반가로 정착하고 그 후손이 번창하면서 '淸州韓氏 莊簡公(-司馬公) 延陵派'의 派祖가 되었다. 이러한 시복의 선산부 이주와 양반가로의 정착, 1436년(세종 18) 강원도 호등분등 때 민호가 소유한 토지의 평균이 大戶 50결 이상(전체의 1.18%)·中戶 20결 이상(3.91%)·소호 10결 이상(38.7%)·殘戶 6결 이상(25.7%)·잔잔호 5결 이하(30.5%)와 연관시켜 볼 때 한확이 세조 3년에 사급받은 하위지·이감의 토지는 20결 이상이었을 것으로 추측된다. 그렇다면 한확이 사급받은 토지는 적어도 30결을 상회하였을 것이다(시복의 선산부 이주, 단종절신의 몰수토지·사급토지, 세종 18년 강원도 호등별 소유토지는 2004,『청주한씨 장간공파(-사마공)파세보』, 회상사 ; 졸저, 2024,『조선초기 관인연구』, 도서출판혜안, 211~216쪽 참조). 13세 확으로부터 21세 시복(초명은 復壽)에

100여결을 상회하였을 것으로 추측된다. 박팽년의 경우도 일부이기는 하나 5명에게 지급되었는데, 피죄와 함께 재산을 적몰할 때 "(세조즉위 이후에) 받은 녹봉을 먹지 않고 곳간에 보관해 두었다"[5]라고 한 것에서 녹봉을 먹지 않아도 생활에 지장이 없었을 정도로 충분한 토지를 보유한 것으로 추측된다.

또 세종 18년에 소유한 토지결수에 따라 민호의 등급을 구분할 때 강원도의 경우에 다음의 표와 같이 많게는 50결 이상을 소유하는 등 10결 이상을 소유한 민호가 15%나 되었다. 이러한 강원도의 예에서 토지의 비옥도와 전결수 사족의 분포를 볼 때 경기·경상·전라·충청도의 경우는 10결 이상을 소유한 민호가 보다 많았을 것이고, 이들 대부분이 사족지주였을 것으로 추측되었다.[6]

〈표 10-1〉 세종 18년 강원도 호등분등과 소유토지[7]

| 호별 소유전결 | 호등 | 호수 | 비율/누계 | 호등별 추정결수 | 비율(%) |
|---|---|---|---|---|---|
| 50결 이상 | 대호 | 10호 | 0.1 | 75결X10=750결 | 1.18 |
| 20결 이상 | 중호 | 71 | 0.6/0.7 | 35X71=2,485 | 3.91 |
| 10결 이상 | 소호 | 1,641 | 14.2/14.9 | 15X1,641=24,615 | 38.7 |
| 6결 이상 | 잔호 | 2,043 | 17.7/32.6 | 8X2,043=16,344 | 25.7 |
| 5결 이하 | 잔잔호 | 7,773 | 67.4/100 | 2.5X7,773=19,433 | 30.5 |
| 합계 | | 11,538 | 100% | 63,627결 | 100 |

이러한 단종복위도모 피화 관인의 민전 소유와 세종 18년 강원도 민호분등 시의 민호토지소유를 볼 때 단종복위도모로 인해 피화된 관인이 소속된 양반가문은 물론 여타 양반가문도 차이는 있겠지만 생계를 뒷받침할 정도의

이르기까지의 가계는 다음과 같다.

| 시조 | 13세 | 14 | 15 | 16 | 17 | 18 | 19 | 20 | 21 |
|---|---|---|---|---|---|---|---|---|---|
| 蘭 | 確 | 致禮 | 翊 | 叔昌 | 蕙 | 景祉 | 珪 | 汝善 | 時復 |
| 태위 | 좌의정 | 영돈령 | 공조<br>정랑 | 서평군 | 신천<br>군수 | 군기<br>판관 | 첨지 | | |

5) 『연려실기술』 권4, 단종조 육신모복상왕 (전략) 受祿不食 封閉一庫.
6) 김태영, 「토지제도」, 『한국사』 24, 72~73쪽.
7) 『세종실록』 권74, 18년 7월 갑인(김태영, 「토지제도」, 『한국사』 24, 72쪽 〈표 2〉에서 전재).

상당한 결수, 즉 백결 이상~수십결을 소유하였을 것이고, 특히 가장 유력하였
던 파평윤씨·안동권씨 등 11가문은 이보다 훨씬 많은 민전을 소유하였을
것이라고 추측된다.[8]

## 2) 功臣田

공신전은 공신에 책봉될 때 사급되는 토지이고, 사유지와 같이 자손에게
세전되었다. 조선초기의 공신전은 1392년(태조 1)에 개국공신이 책록된
이후 1471년(성종 2) 좌리공신 책록 때까지 총 8차에 걸쳐 등급에 따라
전지, 노비, 은 등이 차별을 두고 지급되었다.[9] 이 중 파평윤씨 등 11성관
출신 관인이 받은 전결 수는 다음의 표와 같다.

---

8) 단종복위에 연루되고 단종절신의 몰수토지를 사급받은 유력양반 11성관에 소속된
   관인과 토지는 다음의 표와 같다(앞 책, 212~213쪽 〈표 9-1〉과 214~215쪽 〈표 9-2〉에서
   종합).

| 성명 | 몰수토지 소재지 | 성관/ 관직 | 성명 | 사급토지 소재지 | 성관/관직 |
|---|---|---|---|---|---|
| 권자신 | 홍주 | 안동/호조 참판 | 강맹경 | 이호 용인전, 이개·성삼문·박팽년 함열전 | 진주/우의정 |
| 성삼문 | 당지, 양천, 함열, 예안, 평산, 고양 | 창녕/좌부 승지 | 권람 | 김문기 안동, 장귀남아지 안동·연안, 성승 양주전 | 안동/이판 |
| 성삼빙 | 함열 | 창녕/부사 | 신숙주 | 유응부 포천전 | 고령/우찬성 |
| 성승 | 고양, 홍주, 함열, 양주, 천안 | 창녕/지중 | 윤사로 | 이개 한산전, 성삼문 예산전, 이유기·이로 풍덕전, 박중림 아산전, 최사우 해미전, 봉뉴 온양전, 윤영손 회덕전, 이개 임피전 | 파평/부원군 |
| 성문치 | 양근 | 창녕/호군 | 윤사분 | 이전·최진성 수원전 | 파평/전첨중 |
| 유성원 | 廣州, 청주 | 문화/사성 | 윤암 | 김문기 옥천전 | 파평/파평군 |
| 이개 | 함열, 한산, 충주, 임피, 여산 | 한산/집현 부제학 | 한계미 | 성승 낙안·금천·원평전 | 청주/좌부승지 |
| | | | 한명회 | 심신 상주, 박팽년 온양, 조청로·유성원 청주, 이개 여산, 허조 하양, 이? 안산, 정종 ?전 | 청주/도승지 |
| | | | 한확 | 하위지·김감 선산전, 최시창 임천전 | 청주/전좌의정 |

9) 졸저, 앞 『조선초기 관인연구』, 264쪽, 〈표 9-4〉에서 종합(전결수/노비구수/은량수).

### 〈표 10-2〉 조선초기 상위 유력양반 11성관 관인 사급 공신전 수
(피화자[10] 제외, 연산군대 포함)

| 성명 | | 사급결수 | 비고<br>(관직) | 성명 | | 사급결수 | 비고<br>(관직) |
|---|---|---|---|---|---|---|---|
| 진주강 | 맹경 | 100(좌익2) | | 파평윤 | 필상 | 160(적개1 150, 좌리4 10) | |
| | 희맹 | 100(익대3 80·좌리3 20) | | | 형 | 100(좌익2 100*) | *추증 |
| | 소계 | 200 | | | 호 | 100(개국2) | |
| 안동권 | 감 | 120(좌익3 80, 좌리1 40) | | | 소계 | 1,150 | |
| | 개 | 80(좌익3) | | 광주이 | 극감 | 80(좌익3) | |
| | 경 | 100(정난3) | | | 극돈 | 20(좌리3) | |
| | 공 | 80(좌익3) | | | 극배 | 110(좌익3 80, 좌리2 30) | |
| | 근 | 60(좌명4) | | | 극증 | 120(익대2 100, 좌리3 20) | |
| | 경 | 350(정난1 200·좌익1 150) | | | 소계 | 330 | |
| | 반 | 100(좌익2) | | 전의이 | 덕량 | 100(적개2) | |
| | 안 | 100(정난3) | | | 서장 | 100(적개2) | |
| | 준 | 150(정난2) | | | 수남 | 10(좌리4) | |
| | 찬 | 80(익대3) | | | 예장 | 80(좌익3) | |
| | 소계 | 1,220 | | | 소계 | 290 | |
| 광산김 | 겸광 | 20(좌리3) | | 한산이 | 계린 | 100(좌익2) | |
| | 국광 | 140(적개2 100, 좌리1 40) | | | 계전 | 300(정난1 200, 좌익2 100) | |
| | 백겸 | 100(적개2) | | | 영은 | 10(좌리4) | |
| | 소계 | 260 | | | 훈 | 10(좌리4) | |
| 창령성 | 봉조 | 20(좌리3) | | | 소계 | 420 | |
| | 석린 | 80(좌명3) | | 청주한 | 계미 | 190(좌익3 80·적개3 80, 좌리2 30) | |
| | 소계 | 100 | | | 계순 | 170(익대1 150, 좌리3 20) | |
| 고령신 | 숙주 | 490(정난2 150, 좌익 1 150·익대 1 150·좌리1 40) | | | 계희 | 110(익대3 80, 좌리2 30) | |
| | 준 | 10(좌리4) | | | 명진 | 100(정난3) | |
| | 소계 | 500 | | | 명회 | 540결(정난1 200 , 좌익1 150, 익대1 150 , 좌리1 40) | |
| 문 | 량 | 60(좌명4) | | | 백륜 | 110(익대3 80, 좌리2 30) | |

| | 1등 | 2등 | 3등 | 4등 | 비고(책록시기, 사유) |
|---|---|---|---|---|---|
| 개국공신 | 220~150/30~15/ | 100/10/0 | 70/7/0 | | 태조 1년, 개국 유공 |
| 정사공신 | 200/25/ | 150, 100/15/ | | | 태조 7년, 태종집권 유공 |
| 좌명공신 | 150/13/50 | 100/10/25 | 80/8/25* | 60/6/25* | 태종 1년, 태종즉위 유공( 2품이상, 3품 이하는 마 1필) |
| 정난공신 | 200/25/0 | 150/15/0 | 100/7/0 | | 단종 1년, 세조집권 유공 |
| 좌익공신 | 150/13/50 | 100/10/25 | 80/8/25 | | 세조 1, 세조즉위 유공 |
| 적개공신 | 150/13/50 | 100/10/25 | 80/8/10 | | 세조 13, 이시애난 토벌 유공 |
| 익대공신 | 150/13/50 | 100/10/25 | 80/8/25 | | 예종 즉위, 남이역모치죄 유공 |
| 좌리공신 | 40/5/0 | 30/4/0 | 20/3/0 | 10/2/0 | 성종 2, 성종즉위 유공 |

<table>
<tr><td rowspan="6">화<br>유</td><td>사</td><td>100(정난3)</td><td></td><td>보</td><td>10(좌리4)</td><td></td></tr>
<tr><td>서</td><td>100(정난3)</td><td></td><td>상경</td><td>70(개국3)</td><td></td></tr>
<tr><td>수</td><td>100(정난3)</td><td></td><td>서구</td><td>100(정난3)</td><td></td></tr>
<tr><td>지</td><td>10(좌리4)</td><td></td><td>의</td><td>10(좌리4)</td><td></td></tr>
<tr><td>하</td><td>150(정난2)</td><td></td><td>종손</td><td>80(좌익3)</td><td></td></tr>
<tr><td>소계</td><td>520</td><td></td><td>치례</td><td>10(좌리4)</td><td></td></tr>
<tr><td rowspan="7">파<br>평<br>윤</td><td>계겸</td><td>100(익대3 80, 좌리3 20)</td><td></td><td>치의</td><td>10(좌리4)</td><td></td></tr>
<tr><td>곤</td><td>80(좌명3)</td><td></td><td>치인</td><td>10(좌리4)</td><td></td></tr>
<tr><td>말손</td><td>100(적개2)</td><td></td><td>치형</td><td>20(좌리3)</td><td></td></tr>
<tr><td>사균</td><td>230(정난2 150, 좌익3 80)</td><td></td><td>확</td><td>350(정난1 200, 좌익1 150)</td><td></td></tr>
<tr><td>사로</td><td>150(좌익1)</td><td></td><td rowspan="3">소계</td><td rowspan="3">1,890</td><td rowspan="3"></td></tr>
<tr><td>사흔</td><td>30(좌리2)</td><td></td></tr>
<tr><td>암</td><td>100(좌익2)</td><td></td></tr>
</table>

위의 표를 볼 때 공신은 공신책록과 함께 최소 10결(좌리4등)에서 최고 220결(개국1등)을 받았고, 그중에서 상당수가 수차에 걸쳐 공신에 책록되면서 수백결을 받는 등 540~10결을 받았다. 성관별 수급총액을 보면 위의 표에서와 같이 1,890(청주한씨)~100결(창녕성씨)에 달하였다.

이러한 공신전은 공신의 경제적 기반이 되고 그 자손에게 세전되면서 당대는 물론 후대까지 가문이 번창하는 토대가 되었다고 하겠는데, 총액이 가장 많은 청주한씨와 파평윤씨의 극성은 이를 잘 입증한다고 하겠다.

### 3) 別賜田

별사전은 대명외교나 국정운영 등에서 특별한 공로가 있는 관인에게 특별히 하사하는 토지이다. 별사전은 공신전에 비해 지급된 전결 수는 적지만 이 또한 사전과 같이 자손에게 세전되었던 만큼 공신에게 주어진 인사특혜와 함께 본인과 자손의 경제에 크게 기여하면서 그 가문이 거족가문으로 성장하는 토대가 되었다. 별사전은 조선초기를 통해 수시로 1~수십인에게 수~수십

---

10) 피화자는 성삼문(정난3, 좌익3), 신정(좌리4), 윤목(좌명3)이다.

결을 지급하였다. 그 대표적인 예가 1456년(세조 2) 상왕복위도모 피화인의 몰수토지를 양녕대군 이제 등 40여 명에게 수십 결씩 사급한 것인데,[11] 이 중 유력가문인 파평윤씨 등 6가문의 인물 10명이 포함되었다.[12]

이러한 별사전 또한 본인의 경제적 기반이 되고 그 자손에게 세전되면서 당대는 물론 후대까지 가문이 번창하는 토대가 되었다고 하겠다.


## 2. 職田


직전은 관인의 생계를 보장하기 위하여 국가가 관인에게 그 관직의 품계(직질)에 따라 차등을 두고 지급하는 토지이다.

직전은 처음에는 고려말의 과전법을 계승하여 1과 재내대군~문하시중 150결 18과 권무·산직 10결을 지급하였다.[13] 그후 1460년(세조 6)경『경국대전』편찬 때에 정1품직 110결직~종9품직 10결로 정비되어[14] 법제화되었다.

---

11)『연려실기술』권4, 단종조 六臣謀復上王 (전략) 受祿不食 封閉一庫.

12) 가문별 수급자는 다음과 같다.

| | |
|---|---|
| 청주한 : 확, 명회, 계미 | 한산이 : 계전 |
| 진주강 : 맹경 | 고령신 : 숙주 |
| 파평윤 : 사로, 암, 사분 | 안동권 : 남 |

13)『태조실록』권1, 1년 7월 정미. 과전법에 규정된 각과별 지급결수는 다음의 표와 같다(김태영, 1994, 「토지제도」,『한국사』24, 40쪽 〈표 1〉에서 전재).

| 과등 | 관직 | 지급액 | 관직 | 지급액 |
|---|---|---|---|---|
| 제1과 | 재내 大君~문하시중 | 150결 | 육조의랑~제부소윤 | 65결 |
| 2 | 재내 府院君~검교시중 | 130 | 문하사인~제시부정 | 57 |
| 3 | 문하찬성사 | 125 | 육조정랑~화령부판관 | 50 |
| 4 | 재내 諸君~지문하 | 115 | 전의시승~10위중랑장 | 43 |
| 5 | 판밀직~동지밀직 | 105 | 육조좌랑~10위낭장 | 35 |
| 6 | 밀직부사~밀직제학 | 97 | 동·서반 7품 | 25 |
| 7 | 재내원윤~좌·우상시 | 89 | 동·서반 8품 | 20 |
| 8 | 판통례문사~제시판사 | 81 | 동·서반 9품 | 15 |
| 9 | 좌·우사의~전의감정 | 73 | 권무·산직 | 10 |

14) 박병호, 1995, 「경국대전의 편찬과 반행」,『한국사』22, 208쪽.

『경국대전』에 규정된 문무관 직전은 다음의 표와 같다.

<표 10-3> 조선초기 관인 직전(『경국대전』 호전)

| 품 | 지급액 | 품 | 지급액 | 품 | 지급액 |
|---|---|---|---|---|---|
| 무품(왕자) | 대군 225결<br>군 180결 | 종3품 | 55결 | 정7품 | 20결 |
| 정1품 | 110 | 정4 | 50 | 종7 | 20 |
| 종1 | 105 | 종4 | 45 | 정8 | 15 |
| 정2 | 95 | 정5 | 40 | 종8 | 15 |
| 종2 | 85 | 종5 | 35 | 정9 | 10 |
| 정3당상 | 65 | 정6 | 30 | 종9 | 10 |
| 정3당하 | 60 | 종6 | 25 | | |

## 3. 祿俸

조선왕조에서는 관인의 경제생활을 보장하기 위하여 직전과 함께 녹과(녹봉)로 각종 미곡·포와 저화를 직품별로 차등을 두고 지급하였다.

녹과는 춘, 하, 추, 동의 4차에 걸쳐 분급하였는데 녹직인 정직 정1~종9품직 관인은 중미 14·조미40·전미2·황두23·소맥10석, 주6·정포10필, 저화 10장~조미8·전미1·황두2·소맥1석, 면포2필, 저화1장을 받았다. 이 녹봉은 다수의 전결을 가진 유력가문 출신 관인은 물론 가세가 빈한한 관인의 경제적 기반이 되었다. 『경국대전』에 규정된 문무관 녹과는 다음의 표와 같다.

<표 10-4> 조선초기 관인 녹봉(『경국대전』 호전)[15]

| 과 | | 중미 | 조미 | 전미 | 황두 | 소맥 | 주 | 정포 | 저화 |
|---|---|---|---|---|---|---|---|---|---|
| 1과 | 정1품 | 14석 | 40석 | 2석 | 23석 | 10석 | 6필 | 15필 | 10장 |
| 2 | 종1 | 12 | 40 | 2 | 21 | 9 | 5 | 15 | 10 |
| 3 | 정2 | 12 | 40 | 2 | 18 | 9 | 5 | 14 | 8 |
| 4 | 종2 | 12 | 37 | 2 | 17 | 8 | 5 | 14 | 8 |
| 5 | 정3당상 | 11 | 32 | 2 | 15 | 7 | 4 | 13 | 8 |
| 5 | 정3당하 | 10 | 30 | 2 | 15 | 7 | 4 | 13 | 8 |
| 6 | 종3 | 10 | 27 | 2 | 14 | 7 | 3 | 13 | 6 |

| 7 | 정4 | 8 | 25 | 2 | 13 | 6 | 2 | 12 | 6 |
| 8 | 종4 | 8 | 23 | 2 | 12 | 6 | 2 | 11 | 6 |
| 9 | 정5 | 6 | 21 | 2 | 11 | 5 | 1 | 11 | 4 |
| 10 | 종5 | 6 | 20 | 2 | 10 | 5 | 1 | 10 | 4 |
| 11 | 정6 | 5 | 18 | 2 | 9 | 4 | 1 | 10 | 4 |
| 12 | 종6 | 5 | 17 | 2 | 8 | 4 | 1 | 9 | 4 |
| 13 | 정7 | 3 | 15 | 2 | 5 | 3 | | 7 | 2 |
| 14 | 종7 | 3 | 14 | 2 | 4 | 3 | | 6 | 2 |
| 15 | 정8 | 2 | 12 | 1 | 4 | 2 | | 4 | 2 |
| 16 | 종8 | 2 | 10 | 1 | 4 | 2 | | 4 | 2 |
| 17 | 정9 | | 8 | 1 | 3 | 1 | | 3 | 1 |
| 18 | 종9 | | 8 | 1 | 2 | 1 | | 2 | 1 |

# 4. 奴婢

　노비는 관인의 재산이면서 관인의 가내노동을 담당하고, 소유토지를 경작하였다. 즉 관인은 노비의 노동에 의거하여 생활하고 양반으로서의 특권을 유지하고 행사하였다.

　관인이 소유한 노비에는 조상으로부터 세전된 노비, 혼인으로 인해 취득된 노비, 매매를 통해 취득한 노비, 공신책록으로 인해 사급받은 노비, 국정에 끼친 공로로 사급받은 노비 등이 있었다.

　이 중 비중이 가장 큰 것은 세전된 노비와 혼인을 통해 취득한 노비였지만, 공신인 경우에는 사급된 노비가 중심이 되었고, 거듭 공신에 책록된 경우는 그 수가 아주 많았다.[16] 관인이 소유한 노비 수를 구체적으로 알 수는 없지만 1457년(세조 3) 단종복위로 피화된 관인과 연루자 56명의 몰수노비가 노비 각 765구나 평균 노비 각 17구였음에서[17] 관인이 소유한 노비가 각각 수~수십

---

15) 『경국대전』 권2, 호전 직전·녹과.

16) 예컨대 단종 1~성종 2년에 정난·좌익·익대·좌리 1등 공신에 책록된 한명회의 경우에 사급 받은 노비가 총 46명이나 되었다(공신별로 사급된 노비는 앞 주9) 참조).

17) 앞 책, 『조선초기 관인 연구』, 227쪽 〈표 9-7〉.

구 이상이 되었을 것으로 추측된다. 또 1457년에는 단종복위를 도모한 절신의
몰수노비를 다음의 표와 같이 임영대군 이구 등 43명의 왕녀·종친·중신·신임
의 관인 등에게 노비 각 35~6구를 사급하였는데, 이 중 유력성관인 파평윤씨
등 9성관의 인물 29명이 망라되었다.[18]

그 외에도 노비는 부모 중 1인이라도 천인이면 노비가 된다는 규정('一賤則
賤')에 따라 그 소생 모두가 주인에게 귀속(노비주가 다른 경우는 반분)되었던
만큼 역년과 함께 그 수가 크게 증가되었다. 또 그 매매가가 "1구당 5升布
150필(말 1필은 500~200필)"[19]에 달하였듯이[20] 관인의 경제에서 차지하는
비중이 토지에 못지않았다.


## 5. 其他


관인의 재산에는 각종 토지, 노비 외에도 토지로부터 취득되거나 식리를
통한 미곡, 공신책록 등을 통해 사급 받거나 획득한 각종 물품이 있었다.

관인이 소유토지와 식리를 통해 획득한 미곡은 그 수를 알 수 없지만

---

18) 성관별 노비사급자와 구수(노비 각각)는 다음과 같다(위 책, 〈표 9-6〉에서 종합).
　　파평윤씨 : 사로(30구), 사분(30), 암(20), 사균(15), 형(10).
　　청주한씨 : 명회(30구), 확(20), 명진·계미·종손·서구(각6).
　　고령신씨 : 숙주(30)
　　진주강씨 : 맹경(20)
　　한산이씨 : 계린·계전(각15)
　　문화유씨 : 수(15), 하·사(10), 서(6)
　　안동권씨 : 남(30), 준(10), 공·개·경(각6)
　　전의이씨 : 예장(6)
　　광주이씨 : 극배(6)
19) 『세조실록』 권6, 3년 2월 을미.
20) 『태종실록』 권2, 1년 10월 무오 ; 남도영, 1994, 「마정」, 『한국사』 24, 586쪽 〈표
　　11〉에서 종합.

그 양이 막대하였고, 전지·노비 매수에 재투자되었을 것이라고 추측된다. 또 공신책록시에 사급된 재물도 은은[21] 물론 말과 반당 등이 망라되었던 만큼[22] 경제에 크게 기여하였을 것이라고 추측된다. 그 외에도 소수의 특별한 경우이기는 하지만 한확과 김덕장이 1417년(태종 17) 명에 貢女로 들어가서 永樂帝의 후비가 된 누이를 수행하였다가 귀국할 때 명으로부터 하사받아 가지고 온 물화가[23] 수만금(미곡으로 환산시 2,262석 이상)에 달하였다.[24] 또 확의 아들인 致仁 등은 10여회에 걸쳐 명 선종 恭愼夫人의 청으로 성절사로 갔다 오면서 많은 재물을 받아가지고 왔다.[25] 또 세조·성종대의 외척가문인

---

21) 좌익공신과 익대공신에게 지급된 금속은 실록에서는 백금이라고 적기되었으나 좌명· 적개공신에게는 은이 지급되었고, 금은 고가의 희귀물이고 당시 조선왕실이 보유한 금이 수백 냥에 지나지 못하였기에 그 총지급액을 고려할 때 백금이라고 보기 어렵다. 자의상으로 볼 때 '백색의 금' 즉 은이 백색이니 백금으로 적기한 듯하다. 이점에서 백금은 백은·은으로 파악한다(공신별 사금·은은 졸고, 앞 책(2024), 223쪽 주17) 참조).

22) 공신별 사급 구사·반당/마필은 다음과 같다(『조선왕조실록』태조 1·7, 태종1, 단종 1, 세조 1·13, 예종 즉, 성종 2년조에서 종합).
    개국공신 : 1~3등 7~3(반)/0,　　　　　　좌익공신 : 1~3 7~3·10~6/0,
    정사공신 : 1~2 7~5(반)/1~1,　　　　　　적개공신 : 1~3 7~3·10~6/0,
    좌명공신 : 1~4 7~1(반)/1~1,　　　　　　익대공신 : 1~3 좌익공신예,
    정난공신 : 1~3 5~7·3~6/0, 좌리공신 : 1~3 5~2(구)/兒馬 각1필.

23) 한확과 김덕장이 하사받은 중요한 물품은 다음과 같다(『태종실록』 권34, 17년 신축, 졸저, 앞 책, 9장 주19)에서 발췌).
    한확 : 마 6필, 금 50냥, 은 600냥, 각색저사 56필, 금 8단, 각색채견 200필, 기타 수백점.
    김덕장 : 마 3필, 은 100냥, 각색저사 10필, 각색채견 40필, 기타 10여점

24) 이들 물품의 미곡 등으로 환산가는 앞 책, 9장 주20) 참조.

25) 『성종실록』 권84, 8년 9월 을해 판돈령부사 한치인 졸기에 "(전략) 世祖(世宗)祖 確女第 選入 宣宗皇帝後宮 致仁因是再赴京 多得賞賚" 라고 하였듯이 성종대에 치인 등은 10여차에 걸쳐 공신부인의 청으로 공신부인께 진헌할 別貢을 가지고 성절사로 부경하고 귀국시에는 막대한 재물을 받아왔다. 그리하여 성종 12년에 대사헌 金升卿 등과 대사간 姜子平 등이 상소를 올려 "근년에 명 공신부인의 청으로 그 친족이 명에 왕래할 때마다 황제가 이들을 우대하고 鉅萬의 하사한 까닭에 한씨 가문의 재산은 나날이 증가하지만 우리 백성들의 재물은 나날이 감소되므로 온 나라의 신료와 백성들이 애통해 함을 전하께서도 익히 아시는 바입니다(『성종실록』 권136,

파평윤·청주한씨 주요 인물은 세조·성종의 외척가문 우대에 따라 수시로
전지·노비 등을 하사받았다. 이러한 재물은 사급자는 물론 그 자손과 가문의
경제와 관직생활에 크게 기여하였다고 하겠다.[26]



26) 한확의 후손은 아들이 3명(서자제외)이고, 손자가 7명(서손제외)인데 이를 보면
   다음과 같이 정1~종2품관이 7명이고, 종4품관이 2명인데, 이들의 이러한 관력은
   성종대의 정치를 주도한 인수대비(성종생모, 덕종비)가 누이와 고모인 가계도 작용하
   였겠지만 그로부터 상속받은 재물도 크게 기여하였을 것으로 추측된다(자손의 관력은
   졸저, 앞 책(2020), 591~598쪽에서 종합).
   자 : 치인(판돈령), 치의(병판), 치레(영돈령)
   손 : 한(형참판)·찬(한성우윤)·건(이참판)·종(사도첨정), 위(지중)·탁(평해군수), 익
       (공조정랑)

제5부

# 兩班家門과 人事行政·政治

# 제11장 兩班家門과 人事行政*

## 1. 兩班家門과 出仕

조선초기 양반가문의 자제는 당시에 운영된 인사제에 따라 문과, 무과, 음서, 천거, 衛屬勤務[1] 등에 의하여 출사하였다.

이와 관련하여 조선초기에 가장 번창하였던 파평윤씨 등 상위 유력 11성관의 출사로를 보면 파평윤씨는 다음의 표와 같이 295명 중 문과가 15명

---

* 본장은 졸저, 『조선초기 관인연구』 제5~8장을 토대로 간추리면서 보완하였다. 동서 5~8장의 주제는 다음과 같다.
제5장 관계와 관직의 획득.
제6장 관계의 승자와 관직의 체직.
제7장 관인의 파직·복직과 관계·관직의 회수·환급.
제8장 관인의 관력과 추승.

1) 위속은 양반이나 평민자제가 군역복무를 통해 관계를 획득하였다가 관직에 진출하는 통로였는데, 그 신분이나 가계 등과 관련하여 주로 양반자제가 위속근무 중에 서반관직에 제수되거나 근무를 마친 후에 관직에 제수되었다. 양반자제가 복역한 위속의 편제관직과 가계에 소요된 근무일수는 다음의 표와 같다(『경국대전』 권4, 병전 번차도목조).

| | 가계일수 | 편제관직(체아직) | 비고 | | 가계일수 | 편제관직(체아직) | 비고 |
|---|---|---|---|---|---|---|---|
| 공신적장 | 100 | 종3 2, 종4 4, 종5 7, 종6 10, 종7 17, 종8 38, 종9 63 | 장번 | 충의위 (공신자손) | 144 | 종4 1, 종5 3, 종6 8, 종7 10, 종8 13, 종9 18 | 장번 |
| 족친위[*1] | 144 | 종5 2, 종6 3, 종7 4, 종8 6, 종9 8) | 장번 | 충찬위[*2] | 39 | 종6 3, 종7 4, 종8 6, 종9 7 | 5번 |
| | | | | 충순위[*3] | 75 | 종6~종9품 | 7번 |

*1 종친 단면·이성 시마이상친, 왕비 시마이상친, 세자빈친속.
*2 원종공신과 그 자손.
*3 이성 시마외6촌이상친, 왕비 시마외5촌이상친(선왕선후동), 동반6품·서반4품이상 증경실직현관, 문무과출신·생원·진사유음자손서제질.

5%, 무과가 14명 5%, 음서가 102명 35%, 음서후 문과나 무과는 없고, 기타·불명이 124명 42%였다.

<표 11-1> 조선초기 상위유력 11성관 사관자 출사로와 음서율(단위 명)[2]

| | 문과 | 무과 | 음서 | 음서후<br>문과 | 기타 | 계/음서율<br>(음·문포함) | 비고 |
|---|---|---|---|---|---|---|---|
| 파평윤씨 陟系 | 15 | 14 | 102 | 0 | 124 | 295/35 | |
| 청주한씨 渥系 | 12 | 17 | 88 | 0 | 75 | 192/46 | |
| 진주강씨 啓庸系 | 17 | 8 | 107 | 9/ | 75 | 209/54 | |
| 창녕성씨 松國系 | 15 | 2 | 65 | 0 | 82 | 159/41 | |
| 고령신씨 包翅系 | 13 | 5 | 27 | 0 | 36 | 81/33 | |
| 광주이씨 蔚系 | 21 | 0 | 43 | 13/ | 20 | 97/58 | |
| 한산이씨 穡系 | 15 | 2 | 67 | 17/ | 12 | 113/76 | |
| 안동권씨 溥系 | 29 | 7 | 150 | 6/ | 137 | 326/53 | |
| 광산김씨 積系 | 20 | 6 | 51 | 2/ | 111 | 203/28 | |
| 문화유씨 湜系 | 29 | 15 | 120 | 2/ | 110 | 276/44 | |
| 전의이씨 阡系 | 41 | 27 | 116 | 0 | 190 | 374/31 | |
| 합계 | 227 | 72 | 936 | 49/ | 972 | 2,,315 | |
| 의정(정종2~성종25) | 35 | 0 | 12 | 13/1 | 6 | 67/37* | * 음서후 문/무과 포함 |
| 판서(태종5~성종25) | 85 | 8 | 43 | 27/3 | 23 | 199/37* | * 음서후 문/무과 포함 |
| 승지(정종2~성종25) | 140 | 2 | 47 | 53/1 | 28 | 274/37* | * 음서후 문/무과 포함 |

청주한씨 등 10성관은 문과가 12명 6%(청주한)~21명 22%(광주이), 무과가 0%(광주이)~17명 9%(청주한), 음서가 51명 27%(광산김)~67명 59%(한산이), 음서후 문과가 0%(창녕성 등)~17명 15%(한산이), 기타·불명이 12명 11%(한산이)~111명 58%(광산김)였다.[3]

이를 볼 때 파평윤씨 등 조선초기 상위 유력 11성관은 성관별로 다소의 차이가 있기는 하나 그 모두가 사관자의 50% 내외가 음서를 중심으로 음서와 문과를 통하여 출사하였다고 하겠다. 특히 11성관 중에서도 본인과 5子登科

---

2) 앞 〈표 2-2〉, 〈표 3-2〉, 〈표 4-2〉, 〈표 5-2〉, 〈표 6-2〉, 〈표 7-2〉, 〈표 8-2〉, 〈표 9-4~7〉, 졸저, 『조선전기의 의정부와 정치』, 110쪽 〈표 13〉 ; 『조선초기의 육조와 통치체계』, 110쪽 〈표 12〉 ; 「조선초기 승정원연구 상」, 37쪽 〈표 4〉에서 종합.
3) 파평윤씨 등 11성관 출사자의 출사로별 비율은 다음의 표와 같다(앞 〈표 11-1〉에서 종합).

등 세종말~성종초에 20여 명의 문과급제자를 배출하고 성종중기에 형제 5인이 동시에 판서·참판·승지 등 당상 추요직에 재직하면서 명문가로 부상하였던 광주이씨도 음서자가 44%(음서후 문과급제자를 합하면 57%)로서 문과 22%를 압도하였음은 유력 양반가문의 출사로에서 음서의 역할이 어떠하였는가를 잘 보여준다고 하겠다.

## 2. 兩班家門과 人事行政

### 1) 官階의 獲得과 加資

### (1) 官階의 獲得

官階(散階)가 없는 양반자손(白身)의 文·武散階 획득은 시기별로 차이가 있지만 대개 文·武科及第를 중심으로 음서, 군공, 친공신·원종공신 책록, 代加 등에 의하였다.

백신인 양반자손은 다음의 표와 같이 문·무과급제와 함께 급제성적에 따라 종6~정9품의 문산계나 무산계를 받았다. 문과급제자는 조선초기를 통하여 1,796명이 배출되었는데, 이 중 584명이 전·현직자와 산계자였고, 1,212명이 백신(유학·생원·진사)이었다.4)

| | 문과 | 무과 | 음서 | 음서후 문과 | 기타 | 비고 (사관자) | | 문과 | 무과 | 음서 | 음서후 문과 | 기타 | 비고 (사관자) |
|---|---|---|---|---|---|---|---|---|---|---|---|---|---|
| 파평윤 | 5 | 5 | 35 | 0 | 42 | 100%/295 | 한산이 | 13 | 2 | 59 | 15 | 11 | 100%/113 |
| 청주한 | 6 | 9 | 46 | 0 | 37 | 192 | 안동권 | 9 | 2 | 46 | 2 | 42 | 329 |
| 진주강 | 8 | 4 | 51 | 4 | 29 | 209 | 광산김 | 11 | 3 | 27 | 1 | 58 | 190 |
| 창녕성 | 9 | 4 | 41 | 0 | 52 | 159 | 문화유 | 11 | 5 | 44 | 1 | 40 | 276 |
| 고령신 | 16 | 6 | 33 | 0 | 44 | 81 | 전의이 | 11 | 7 | 31 | 0 | 51 | 374 |
| 광주이 | 22 | 0 | 44 | 13 | 21 | 97 | 계 | 10%/121 | 2/72 | 40/936 | 2/49 | 42/972 | 100/2,315 |

4) 『국조문과방목』권1, 태조 2년~성종 25년조에서 종합(태종 5년~성종 26년은 졸고,

<표 11-2> 조선초기 문·무급제자 성적별 수여 관계[5]

| | 갑과 | | 을과(정8) | 병과(정9) | 비고 |
|---|---|---|---|---|---|
| | 1등(종6) | 2~3등(정7) | | | |
| 문과 | 宣務郎 | 務功郎 | 通仕郎 | 從仕郎 | 문산계 |
| 무과 | 秉節校尉 | 迪順副尉 | 承義副尉 | 展力副尉 | 무산계 |

　무과급제자는 태종 2년~성종 25년을 통하여 총 3,493명이 배출되었다.[6] 무과급제자 중 양반자손인 백신이 몇 명이었는가는 알 수 없지만 상당수에 달하였을 것으로 추측된다.

　백신인 양반자손은 음서에 의해 관계를 획득하였다. 음서제는 부조 등의 관직이나 공훈에 따라 무시험으로 관직에 제수되는 제도였다. 그런데 관직은 관계와 함께 제수된 만큼 음직의 제수도 백신이 관계를 획득하는 중요한 통로가 되었다. 그리하여 백신은 음서를 줄 수 있는 관인의 지위에 따라 종7품 啓功郎~종8품 承仕郎의 관계를 받았다.[7] 그런데 음서규정과 탁음자격을 갖춘 친공신·원종공신, 관직의 수가 각각 230여명(중복 120여명 제외)·5,000여명 이상,[8] 303명이었음에서[9] 음서를 통해 관계를 획득한 백신의 수가 상당히 많았을 것이라고 추측된다.

---

　1995,「음서의 실제와 역할-추요직역임자와 거족출신자의 역관분석을 중심으로-」,『한국사연구』92, 67쪽 <표 2> 참조).

5)『경국대전』권1, 이전 제과, 권4, 병전 무과.

6) 이성무, 위 책, 150~152쪽 <표 20>, 156~157쪽 <표 21>.

7) 탁음자의 관직(신분)과 수여관계는 앞 2장 주17) 참조.

8) 졸저,『조선초기 관인연구』, 98쪽 <표 5-2>.

9) 탁음자격을 갖춘 현직은 다음의 표와 같다(졸저, 2006,『조선초기의 정치제도와 정치』, 계명대학교출판부, <표 4-1·2·10>, <표 5-5·6>에서 종합.

| | 관직수 | | | 비고 | | 관직수 | | | 비고 |
|---|---|---|---|---|---|---|---|---|---|
| | 문반 | 무반 | 계 | | | 문반 | 무반 | 계 | |
| 정1 | 4 | 1 | 5 | | 정3하 | 25 | 34 | 59 | |
| 종1 | 3 | 2 | 5 | | 종3 | 26 | 77 | 103 | |
| 정2 | 10 | 6 | 16 | | 대간 | 31* | | 31 | *정4 2, 정5 3, 정6 26 |
| 종2 | 11 | 26 | 37 | | 정조 | 14* | | 14 | *정5 7, 정6 7 |
| 정3상 | 18 | 15 | 33 | | 계 | 142 | 161 | 303 | |

양반자손인 백신은 친공신과 원종공신에 책록되면서 관계를 받았다. 조선초기에는 개국, 태종·세조즉위, 李施愛亂 토벌 등과 관련되어 1392년(태조1)에 개국공신과 원종공신이 책록된 이래로 다음의 표와 같이 십 수차의 공신이 책록되었는데, 그때마다 친공신은 본인이 加資·陞職되고 토지·노비를 받음은 물론 조·부가 追崇되고 자·손·형·제 등이 가자되고 蔭職이 제수되는 혜택을 받았다. 원종공신도 친공신에 미치지는 못하지만 본인과 자·손이 가자되고 음직에 제수되는 혜택을 받았다. 이때 백신인 친공신은 350명 중 4명에 불과하였지만,[10] 원종공신은 세조원종공신의 경우에 2,672명 중 271명이나 되었고,[11] 당상관 139명(이상)은 자손에게 대가를 수여하였다.[12]

<표 11-3> 조선초기 친·원종공신 책록시기와 자손가자[13]

| | | | 인원 | 등급 | 가자 | | 기타 |
|---|---|---|---|---|---|---|---|
| | | | | | 본인 | 자 등 | |
| 친공신 | 開國 | 태조1 | 52 | 1~3 | | 1~3階超資 | 음직제수 등 |
| | 定社 | 태조7 | 29 | 1~2 | | 동상 | 동상 |
| | 佐命 | 태종1 | 46 | 1~3 | | 동상 | 동상 |
| | 靖難 | 단종1 | 43 | 1~4 | 3품계* | 동상 | |
| | 佐翼 | 세조1 | 46 | 1~3 | 3품계 | 동상 | |
| | 敵愾 | 세조13 | 45 | 1~3 | | 2~4계초자 | |
| | 翊戴 | 예종1 | 39 | 1~3 | 3계 | 1~3계초자 | |
| | 佐理 | 성종2 | 50 | 1~4 | | | 전지,노비,반당 등 사급 |
| | 계 | | 350 | | | | |
| 원종공신 | 太祖 | 태조대 | 1,200여 | | | | |
| | 태종 | 태종 | ? | | | | |
| | 세조 | 세조 | 2,673 | 1~2<br>3 | 1계*<br>1계* | 1인 1계 | *承蔭, 通政大夫 이상 대가 |
| | 성종 | 성종2 | 1,059 | 1~3 | 1계* | | *승음, 자원시 대가 |
| | 계 | | 5,000이상 | | | | |

---

10) 정두희, 1983,『조선초기 정치지배세력연구』, 일조각, 9~243쪽, <표 1-1>~<4-17>에서 종합. 4명은 宋益孫(정난3), 柳淑(학생, 정난3등), 韓明溍(진사, 정난3), 趙得琳(노비, 좌익3)이다.

11)『조선왕조실록』세조 1, 3, 6, 8년 공신책록조에서 종합.

12) 졸고, 1985,「조선 세조대(1455~1468) 원종공신연구 1~2등공신을 중심으로-」,『조선사연구』 22, 15쪽. 현직자가 123명 이상이고 사망자가 16명이다.

즉 친공신·원종공신과 그 자손 등인 백신은 공신에게 베푼 특전에 따라 위의 표와 같이 1~4계의 관계를 받았다. 이때 공신인 부조 등의 특전에 따라 관계를 받은 백신의 수는 알 수 없지만 조선초기에 책록된 공신의 수가 친공신과 원종공신이 350명과 5,000여 명 이상이고 그 중 상당수는 대가를 줄 수 있는 당상관이었음에서 그 수가 상당히 많았다고 하겠다.

그런데 이들 공신의 공신책록 당시의 연령을 보면 그 아들이 사관하지 못하였음은 물론 관계를 가졌다고 보기 어려운 40대 이하가 7명(정사공신)~22명(적개공신), 총 146명이었다.[14] 또 원종공신은 그 대부분의 연령을 알 수 없지만 그 책록자의 수와 신분에 미루어 친공신의 평균연령보다 낮았을 것으로 추측된다. 이점에서 친공신과 원종공신으로 인해 관계를 받은 자의 대부분은 아들보다는 백신인 형제나 조카였을 것으로 추측된다.

양반자손 백신은 軍功으로 문·무산계를 획득하였다. 군공으로 문·산계를 획득한 구체적인 인물과 인원은 알 수 없다. 그러나 군공이 변경방어·변란토벌·야인정벌 등에서 기인되었던 만큼 문산계 획득자는 소수이고 대부분은 무산계 획득자였을 것이라고 추측된다.[15]

현직 문·무반 관인의 백신 자손은 代加를 통해 관계를 획득하였다. 대가(제)는 본인이 받을 가자를 자손에게 대신 받게 하는 제도인데[16] 정3품 당상관이나 정3품관인 부·조 등이 받을 가자로 종9품 將仕郎(幼學)·展力副尉(業武)의

---

13) 『조선왕조실록』 태조 1~성종 2년조에서 종합.
14) 공신별 공신책록시의 연령은 다음의 표와 같다(졸저, 위 책, 432쪽 〈표 11-2〉에서 전재.

| | 20~30 | 40 | 50~60 | 70 | 불명 | 계 | | 20~30 | 40 | 50~60 | 70 | 불명 | 계 |
|---|---|---|---|---|---|---|---|---|---|---|---|---|---|
| 개국공신 | 10 | 8 | 7 | | 27 | 52 | 적개 | 11 | 11 | 3 | 1 | 20 | 45 |
| 정사 | 6 | 2 | 1 | | 15 | 29 | 익대 | 11 | 6 | 7 | 1 | 14 | 39 |
| 좌명 | 9 | 10 | 1 | 1 | 18 | 46 | 좌리 | 5 | 16 | 22 | 3 | 5 | 50 |
| 정난 | 12 | 9 | 2 | | 20 | 43 | 계 | 73 | 73 | 62 | 6 | 137 | 350 |
| 좌익 | 8 | 11 | 9 | | 18 | 46 | | | | | | | |

15) 군공책록의 배경과 책록인원, 수여가자는 뒤 〈표 11-4〉 참조.
16) 최승희, 1985, 「조선시대 양반의 대가제」, 『진단학보』 60 참조.

관계를 받았다. 대가는 단종대까지는 그 수가 미미하였지만 세조대 이후에는
다음의 표와 같이 모든 관인이나 수십~수천명을 대상으로 한 대규모 가자가
빈삭하게 행해짐에 따라17) 대가제가 백신인 양반관인 자손이 관계를 획득하
는 중심이 되었다고 하겠다.

<표 11-4> 세조~성종대 공신·관료 등 우대 가자18)

| | | 가자내용 | | | 비고(가자인원) |
|---|---|---|---|---|---|
| | | 가자사유 | 가자대상 | 가자내용 | |
| 세조대 | 1년 9월 | 좌익공신책록 | 공신직자 | 1~3계 가자 | 수백 |
| | 2.11 | 공신회맹 | 5공신*1과 그 자손 | 1계 가자(종3이하)나 대가(정3품관 이상) | 180여 |
| | 4.2 | 공신연 | 공신·공신적장 階卑者 | 가자(1계)나 초자(2계이상) | 수십여 |
| | 4.10 | 공신연 | 공신·공신적장 정3이하 | 1계 가자(종3이하)나 대가(정3품) | 수백여 |
| | 6.9 | 毛麟衛정벌 | 군공자 | 1~3계 가자 | 수백여 |
| | 7. | 공신회맹 | 공신 자·적장 정3이하 | 1계 가자(종3이하)나 대가(정3) | 수십여 |
| | 10.7 | 문신대책시 | 합격자 | 1계 가자나 대가 | 수십여 |
| | 13.9 | 적개공신책록 | 공신직자 등 | 2~4계 가자 | 수백여명 |
| | 13.12 | 司饔院救火 | 구화유공자 | 1계 가자(秩卑者) | 200여 |
| 예종대 | 즉. 10 | 익대공신책록 | 공신직자 등 | 1~3계 가자(佐翼功臣 例) | 수백여 |
| | 1.4 | 무예시 | 입격자 | 1~3계 가자나 대가 | 84 |
| 성종대 | 2.3 | 좌리공신책록 | 공신직자 | 1~3계 가자 | 수백여 |
| | 3.1 | 예종부묘 | 종3이하부묘집사 | 1계 가자 | 200여 |
| | 3.11 | 공신연 | 공신·공신적장정3품 이하 | 1계 가자(종3품 이하)나 대가(資窮, 정3품) | 수십여 |
| | 5.3 | 공신연 | 공신적자·적손 종3이하 | 1계 가자 | 수백여 |
| | 6.1 | 종성전역 | 군공자 | 1계 가자(종3이하)나 대가(자궁) | 수십여 |
| | 11.1 | 건주위정벌 | 군공자 | 1~2계 가자나 대가 | 수백여 |
| | 11.7 | 명사접대 | 영접도감낭청, 명사본향수령 등 | 1계 가자나 승직 또는 서용 | 수십여 |
| | 14.7 | 정희왕후국상 | 운구종사·3도감관 등 | 1계 가자나 대가 또는 승직 등 | 120 |
| | 16.1 | 공신·대신우대 | 공신·대신 적장임사자 | 가자나 서용 | 수십여 |
| | 17.10 | 외척우대 | 심씨·윤씨·한씨족친*2 | 1계가자(종3이하)나 대가(자궁) | 200여 |
| | 21.11 | 만포진전역 | 군공자 | 1~3계 가자 | 200여 |
| | 22.10 | 올적합정벌 | 군공자 | 1~3계 가자 | 400여 |

*1 조선개국 이래 당시까지 책록된 개국·정사·좌명·정난·좌익공신이다.
*2 심씨는 세종비 소헌왕후, 윤씨는 세조비 정희왕후, 한씨는 예종비 장순왕후·안순왕후, 덕종비 소혜왕후,
성종비 공예왕후의 족친이다.

---

17) 백관이나 수천명을 대상으로 실시된 가자는 뒤 주69) 참조.
18) 졸고, 1985, 「세조~성종대의 가자남발에 대하여」,『한국학논집』12, 186쪽 <표 2-ㄴ>에
서 전재.

그 외에도 학행이나 재행이 있는 양반자손 백신은 소재지 관찰사나 관인의
천거를 통하여 종9품직에 제수되면서 문산계 종9품 將仕郞의 관계를 받았
다.[19] 각종 군역종사자도 근무일수에 따라 산계를 획득하거나 가자되었는데,
근무일수 39일(충찬위)~144일(족친·충의위, 충순위는 74일)이 차면 종9품
展力副尉의 관계를 획득하였다.[20] 군역을 통한 관계획득자의 수는 명확히
알 수 없지만『경국대전』에 규정된 양반자손이 복무한 위속의 군사가
1,000여 명 이상이었을 것으로 추측되었음에서[21] 그 수가 상당하였을 것이라
고 하겠다.


### 2) 官職의 獲得과 遞職


### (1) 官職의 獲得


양반자손은 문·무과, 음서, 천거 등에 의하여 출신에 따라 문관직, 무관직에
제수되었다. 관계가 없는 백신은 문·무과급제를 통하여 종6·정7품 정직(갑
과)에 제수되거나 정8(을과)·정9품(병과) 3관과 훈련원 권무직에 제수되었
다.[22] 관계가 있는 산관은 관계를 토대로 당하관직(정3품 통훈대부인 문과
갑과급제자) 이하에 제수되었다.[23]

백신과 산관(관계자)의 조관 문·무반직 획득은 都目政·轉動政,[24] 문·무과

---


19) 정구선, 1995,『조선시대 천거제연구』, 초록배 ;『경국대전』권4, 예전 獎勸.
20)『경국대전』권4, 병전 번차도목조(구체적인 내용은 뒤 〈표 6-2〉 참조).
21)『경국대전』권4, 병전 번차도목조. 양반자손과 관련된 위속과 군액은 각각 갑사
　　14,800명(상번자 2,960), 별시위 1,00(300), 충순위(7번)·족친위(장번)·충의위(장번)·
　　충찬위(5번, 무정액)이다. 정한 수 없는 충순위~충찬위는 그 입속자격과 분번수를
　　볼 때 적어도 1,000여 명 이상이었을 것으로 추측된다(충순위 등 입속자격은『경국
　　대전』권4, 병전 번차도목 참조).
22)『경국대전』권1, 이전 제과.
23)『경국대전』권1, 이전 제과.

급제와 음서를 중심으로 親功臣冊錄, 천거, 특지 등에 의하였다.

도목정·전동정 때에 문·무관직을 획득한 백신·산관 수를 구체적으로 알 수 없다. 그런데 관인의 除授·遞職·陞職·降職 등의 인사행정이 도목정을 토대로 운영되기는 하나 주 대상이 현직 관인이었음에서 백신·산관이 획득한 관직은 그 수가 많지 않았을 것이다. 특히 단종~성종대에는 가자의 남발로 인해 관계의 고계화로 다수의 2~3품 당상관이 정3품 이하-심할 경우는 8, 9품의 군직에 제수되고, 정3품 당하관 이하의 인사적체가 심하였던 만큼[25] 그 수가 아주 적었을 것이다.

백신으로서 문·무과에 급제한 자는 그 성적에 따라 갑과 1등과 2~3등은 종6품직과 정7품직에 제수되고 을과와 병과 급제자는 모두 3館(성균관·승문원·교서관) 정8·정9품 權知職에 제수되었으며, 산관인 급제자는 정3품 당하관직 이하에 제수되었다.[26]

문과급제를 통해 관직을 획득한 백신과 산관은 실직에 제수되도록 규정된 갑과급제자가 총 195명 중 119명과 22명 141명으로 73%이고 전·현직자가 54명 37%였으며, 權知職에 제수된 을과와 병과급제자도 대부분이 백신과 산관이었다.[27] 이에서 문과급제자의 대부분은 백신과 산관이었고, 이점에서 문과는 양반자손인 백신과 산관이 관직을 획득하는 중요한 통로가 되었다고 하겠다.

양반자손인 백신과 산관은 음서에 의해 관직을 획득하였다. 자손에게 음서의 혜택을 줄 수 있는 자격을 보면 조선 개국초에 음서(제)가 실시될 때는 實職 3품 이상의 아들이나 손자(장자 유고시는 장손이나 차자)였고,

---

24) 도목정은 매년 6월과 12월에 행하는 정기인사이고, 전동정은 결원 등이 있을 때 수시로 행하는 인사행정이다.

25) 졸저,『조선초기 관인연구』, 146~149쪽.

26)『경국대전』권1, 이전 경관직 제과.

27)『국조문과방목』태조 2년~성종 25년조에서 종합. 조선초기 문과급제자 명중 명이 백신과 산관이었듯이 을과와 병과의 경우에도 그 대부분이 백신과 산관이다.

그 친소관계에 따라 정7~종9품직에 제수되었다.[28] 그 후 탁음자격과 제수관직이 이후 1484년(성종 15)까지 10여차에 걸쳐 개변되면서 '친공신과 2품 이상 자·손·서·제·질, 원종공신 자·손, 이조·병조·도총부·사헌부·사간원·홍문관·오위부장·선전관 역임자의 아들로서 20세 이상인 자가 매년 1월에 1경·1서를 강독으로 시험하여 통과한 자에게 종7품 司醞直長同正·종8품 司醞副直長同正이나 錄事에 제수되는'[29] 것으로 정비되면서 운영되었다.

이에서 음서로 제수된 양반자손인 백신은 종7품 啓功郎(문관)·迪順副尉(무관)~종8품 承仕郎(문관)·修義副尉(무관)의 관계를 받았다고 하겠다. 그리고 이러한 음서규정과 탁음 자격을 갖춘 친공신·원종공신과 관직의 수가 각각 350여·5,000여 명 이상과 350여 이었음에서[30] 음서를 통해 관계를 획득한 백신의 수가 상당히 많았을 것이라고 추측된다. 실제로도 조선초기 의정 등 추요직과 청주한씨 등 거족가문 출사자 중 음서자의 비율을 보면 각각 의정은 40%, 판서는 38%, 승지는 37%, 정랑은 33%, 공신은 65%였고, 청주한씨 등 상위 유력 11성관은 74%(한산이씨)~28%(광산김씨)이다.[31]

백신과 산관인 양반자제는 공신책록과 함께 관직에 제수되었다. 그러나 이 경우 공신책록자의 대부분이 관직자인 만큼[32] 몇 명이 되지 않는다.

---

28) 『세종실록』 권46, 11년 12월 을해 ; 권69, 17년 7월 갑술.

29) 음서제의 정비과정과 탁음자 등은 앞 2장 주17) 참조.

30) 앞 〈표 11-3〉, 졸고, 앞 책(2006) 134쪽 〈표 4-8〉·161쪽 〈표 4-12〉·195쪽 〈표 5-5〉·196쪽 〈표 5-6〉에서 종합. 350여 직은 문반이 200여직, 무반이 150여 직이다.

31) 조선초기 추요직과 거족가문 출사자의 음서비율(음서후 문·무과급제자 포함)은 다음의 표와 같다(졸저, 2006, 442쪽 〈표 11-4〉에서 전재).

| | 음서자수 | 비율<br>(사관자수) | 비고 | | 음서자수 | 비율<br>(사관자수) | 비고 |
|---|---|---|---|---|---|---|---|
| 의정 | 17 | 40(43*) | 중복제외 | 청주한씨 | 107 | 65(164) | 13~15세 |
| 판서 | 66 | 38(174) | | 파평윤씨 | 115 | 51(226) | 16~18세 |
| 승지 | 93 | 37(253) | | 안동권씨 | 124 | 38(328) | 17~19세 |
| 정랑 | 150 | 33(453) | | 廣州李氏 | 33 | 59(56) | 8~10세 |
| 공신 | 47 | 36(30) | | 진주강씨 | 42 | 41(103) | 8~10세 |

32) 조선초기에 책록된 8공신 350명 중 관직자가 346명이고, 문무관과 환관을 합해

백신과 산관인 양반자제는 式年薦擧 즉, 의정·도관찰사 이하 관직자나 관직자인 부·조 등의 천거를 받아 관직에 제수되었다.33) 또 재행이나 학행이 있는 백신·산관은 유일천거·효행천거 등을 통하여 관직을 획득하였다.34) 천거에 따라 관직을 획득한 수는 구체적으로 알 수 없지만 식년천거는 인사행정의 토대가 되었고,35) 조선초기에 遺逸薦擧와 孝行薦擧를 통해 관직을 획득하였음이 확인된 인물은 120여명(대부분이 종9품 참봉이나 훈도)에 불과하나36) '遺逸薦擧敎令'에 의하여 행해진 천거가 25회에 달하는 등37) 천거가 수시로 광범하게 행해졌다. 이 점에서 식년천거와 그 외 천거를 통해 종9품직을 획득한 백신·산관의 수가 많았을 것이라고 추측된다.

백신인 양반자제, 특히 공신·외척·의빈의 자제는 국왕이 인사절차에 구애되지 않고 가자하거나 승직·체직시키는 '特旨'에 따라 많은 수가 관직을 획득하였다. 특지에 의하여 관직을 획득한 백신의 수는 알 수 없지만 태조~세종대에는 그 수가 많지 않았으나38) 1449년(세종 31) 이후, 특히 세조~성종대에는 왕권의 정통성 확립과 국왕의 정치안정을 위한 백관위무 등과 관련되어 수명~수십명을 대상으로 한 특지제수가 남발되었고,39) 1464년(세조 10)에 세조가 "사관하지 아니한 貞熹王后의 친족을 모두 제수하라"40)고 하였듯이 특지제수 때에는 상당수의 백신·산관이 포함되었을 것으로 추측된다.

한편 무산계를 가지거나 백신인 業武는 양반자손은 문산계를 가진 백신인

---

백신과 관계자는 3명(한명진·柳淑·趙得琳〈천인〉)과 1명(宋益孫)에 불과하다(정두희, 앞 책(1983), 〈표 1-1·4·6, 4-1·5·11·15·17〉에서 종합).

33) 『경국대전』 권1, 이전 천거.

34) 정구선, 앞 책, 1995.

35) 정구선, 앞 책, 1995.

36) 졸저, 2020, 『조선초기 관인이력』, 도서출판 혜안, 21~631쪽에서 종합.

37) 정구선, 앞 책, 1995.

38) 졸고, 앞 논문, 1995, 187쪽.

39) 앞 〈표 11-3, 4〉 참조.

40) 『세조실록』 권32, 10년 2월 을유.

학생과 같이 轉動政·都目政, 무과급제, 음서, 군공 등을 통하여 관직을 획득하였다. 그런데 조선초기의 관제를 보면 무반직은 문반직이 대개가 正職이고 소수가 無祿·遞兒職인 것과는 달리 4,000여 관직 중 정직은 930여에 불과하고 대부분이 즉 3,000여 직이 체아직이었다.[41] 이 중 백신과 산관인 군사 등은 소수가 참하관 이하의 정직을 획득하였고, 대부분은 당하관직 이하의 체아직을 획득하였다. 양반자손인 백신·산관은 무과에 급제하고 그 성적에 따라 갑과 1등과 2~3등은 종6품직과 정7품직(산관은 정3품 당하관 이하에 제수)에 제수되었고, 을과와 병과급제자는 別侍衛·訓練院 정8품·정9품 權知職에 제수되었다.[42] 무과급제를 통하여 관직을 획득한 수를 명확히 알 수는 없지만 조선초기의 무과급제자수가 3,493명이나 되고(문과는 1,796명)[43] 북방정벌과 관련되어 수차에 걸쳐 많은 인원이 선발되었음[44] 등을 감안하면 백신·산관의 비중이 문과 보다 높았을 것으로 추측된다.

조선초기에 운영된 무반관제를 보면 태조~태종대에는 4,000여 무반직 모두가 정직이었고, 세종초 이후에 시위군 등을 중심으로 정직인 군직이 체아직으로 전환되면서 세종말까지는 대부분의 군직이 체아직으로 전환되었다.[45] 그리하여 세종말 이후에는 정직은 경관과 외관을 합해 1,000여 직에 불과한 반면에 체아직은 5,000여 직이나 되었듯이[46] 체아직이 무반직의 대부분을 점하였다. 특히 무반 초직인 종9품직 체아직이 3,587(경관 3,380, 부방군 208)직인 등 참하관직은 거의 모두가 체아직이었다.[47]

---

41) 정직은 직전과 1년에 4차례 녹봉을 받는 관직이고, 무록직은 직전은 물론 녹봉이 없는 관직이며, 체아직은 근무일에만 녹봉을 받는 관직이다. 정직 등의 관직은 졸고, 앞 논문, 2006, 155쪽 〈표 4-11〉 참조.
42) 『경국대전』 권4, 병전 무과.
43) 앞 주5).
44) 앞 주15).
45) 졸고, 앞 논문, 142~155쪽.
46) 위 논문, 155쪽 〈표 4-11〉. 정확히는 경관 4,587직, 양계 부방직 400직의 4,987직이다.
47) 위 논문, 155쪽 〈표 4-11〉.

이상에서 양반자손인 백신·산관의 문·무반 朝官職 획득은 태조~세종대에
는 문과·음서가 중심이 되었고, 단종~세조대에는 문과·음서·특지가 중심이
되었다고 하겠다. 군사 등은 태조~단종대에는 대개 도목정·무과·음서, 세조~
성종대에는 도목정·무과·음서·군공을 통해 관직을 획득하였고, 그 관직은
태조~세종초에는 정직이 중심이 되고 세종 중기~성종대에는 종7품 이하
체아직이 대부분이었다고 하겠다.


### (2) 加資


가) 散官·前啣官

양반자손인 산관의 승자는 산계별로 차이는 있지만 관계를 획득할 때와
같이 문·무산계는 문·무과, 친공신·원종공신책록, 군공책록, 대가 등에 의해
3품이나 4~1계가 가자되었다.

문산계를 가진 산관은 문과에 급제하면 급제등급에 따라 4계~1계를 가자
받고 받을 가자가 백신에게 수여할 관계와 같거나 낮은 경우에는 다시 1계를
가자하였으며, 資窮階인 정3품 通訓大夫는 등급에 관계없이 準職(정3품직)에
제수되었다.[48]

무산계를 가진 산관도 무과에 급제하면 급제등급에 따라 4계~1계를 가자받고
받을 가자가 백신에게 수여할 관계와 같거나 낮은 경우에는 다시 1계를 가자받았
으며, 정3품 禦侮將軍은 급제성적에 구애되지 않고 준직에 제수되었다.[49]

---

48) 급제등급별 가자 관계는 다음과 같다(『경국대전』 권1, 경관직 제과).
　　종6상 宣敎郞 : 갑과 1등인 종8품 通仕郞
　　4계 : 갑과 1등(종9품 將仕郞~정4 奉列大夫)
　　3계 : 갑과 2.3등(종9 장사랑~정4 奉正大夫)
　　2계 : 을과(종9 장사랑~종3 中訓大夫)
　　1계 : 병과(종9 장사랑~종3 中直大夫)
　　準職제수 : 정3품 通訓大夫 급제자.
49) 급제등급별 가자 관계는 다음과 같다.

문·무산계를 가진 산관은 친공신과 원종공신에 책록되면 그에 따른 상전으로 3품계와 1계, 군공 1~4등에 책록된 산관은 1~4계가 승자되었다.[50] 현직 당상관이나 정3품 관인의 자손 등은 세종 31~성종 22년에 백관이나 수십~수백명을 대상으로 실시된 30여 회의 가자 때마다 대가로 1~2계 이상(탁음자가 중복될 경우) 가자되었다.[51] 이 대가는 세조대 이후에 다수의 산관이 빠르게 참상관은 물론 정3품 통훈대부 이하의 당하관에까지 승자되면서 대가제가 문·무산계를 가진 산관의 대표적인 가자제가 되었다.

그 외에도 양반특수군 근무로 산계를 획득한 양반출신 충찬·충순·족친·충의위 군사는 근무일수 48~144일이 차면 1계가 승자되었고, 병종에 따라 종3~종5품까지 승자되었다.[52]


### (3) 官人(在職者, 顯官)


가) 堂上官

문반 당상관의 승자는 特旨에 의하거나, 拔英試·登俊試 등 특별시험과 문·무관 獎勸試 등에 의하였다.

특지제수를 통한 당상관의 승자는 왕권, 인사행정의 운영 등과 관련되어 단종대까지는 당상관의 제수에 있어 준직제수가 대부분이고 행직제수는 미미하였듯이 남발되지 않았다.[53] 그러나 세조대 이후에는 1460년(세조

---

종6품상 勵節校尉 : 갑과 1등인 종8품 修義副尉
4계 : 갑과 1등(종9품 展力副尉~정4 昭威將軍)
3계 : 갑과 2·3등(종9 전력부위~정4 果毅校尉)
2계 : 을과(종9 전력부위~종3 保功將軍)
1계 : 병과(종9 전력부위~종3 建功將軍)
준직제수 : 정3품 禦侮將軍 급제자.

50) 앞 〈표 11-3〉 참조.
51) 앞 〈표 11-4〉.
52) 앞 주20).

6) 毛隣衛정벌에 유공한 당상관 10여 명을 1~2계를 가자하였고,[54] 1480년(성종 11) 建州衛정벌에 유공한 문무 당상관 21명을 종2품 嘉善大夫~정2품 正憲大夫에 승진시킨[55] 예와 같이 당상관 승자가 남발되었다. 그리하여 예종·성종대에는 "당상관이 400여 명이나 되기에 100여 직에 불과한 당상관직에 제수되지 못한 300여 명은 녹봉을 타기 위하여 8, 9품의 군직에 행직제수 되었고, 당상관직에 제수된 100여 명도 대부분이 행직으로 제수되었다"[56]고 하였듯이 행직제수가 일반화되면서 당상관은 물론 당하관 이하의 인사적체가 심화되었다.[57]

또 세조대에는 문신과 무신 능력자를 우대하기 위해 왕 12년에 현직 문무관을 대상으로 한 拔英試와 登俊試가 실시되었는데,[58] 이 재예시에는 문·무과와 문·무과중시와는 달리 당상관도 응시할 수 있었기에 이에 급제한 당상관은 승자와 함께 승직되었다.[59]

---

53) 『경국대전』 권1, 경관직 제과.

54) 『세조실록』 권22, 6년 10월 경신. 가자자와 가자내용은 다음과 같다.
   예판 洪允成 가1자(정2품정헌대부 → 종1품숭정대부).
   함길도도체찰사 鄭軾 가2자(종2가선대부 → 정2자헌대부).
   종성절제사 朴炯 가2자승직(종2가정대부 → 정2정헌대부함길도도절제사).
   길주목사 康純 가1자(종2가정대부 → 정2자헌대부종성절제사).
   동지중추원사 郭連城 가1자(종2가정대부 → 정2자헌대부).
   회령부사 金師禹 가1자승직(종2가정대부 → 정2자헌대부지중추원사).
   예조참판 李克培 가1자(종2가정대부 → 정2자헌대부인순부윤).
   예조참의 康孝文 가2자승직(정3당상 → 종2가정대부예조참판).

55) 『성종실록』 권113, 11년 1월 신묘.

56) 崔承熙, 1985, 「朝鮮時代 兩班의 代加制」, 『震檀學報』 60, 8~16쪽 ; 韓忠熙, 1985, 「朝鮮世祖~成宗代의 加資濫發에 대하여」, 『韓國學論集』 12, 172~187쪽.

57) 종9품 참봉이 수십년이 지나도 종8품 봉사에 승진하지 못하였고, 무록관은 1년이 지나면 정직에 제수되어야 했지만 5~6년이 지나도 체직되지 못하였고, 성중관으로서 임기를 채우고 대기중인 자가 100여 명 이상이 되었다(졸저, 『조선초기 관인연구』, 146~149쪽).

58) 『국조문과방목』 발영시·등준시.

59) 당상관급제자는 발영시가 40명 중 19명이고 등준시가 11명 중 9명이다. 이 중 지중추 金守溫, 호판 盧思愼, 예참판 姜希孟, 절충장군 李芮, 승지 鄭蘭宗, 동지중추 任元濬,

나) 堂下·參上官(정3~종6)

정3~종6품 관인의 문산계 승자는 산계별로 차이는 있지만 대개 문산계와 같이 고과제와 수십~수천명을 대상으로 실시된 대규모 가자, 이와 관련된 대가를 중심으로 무과와 무과중시, 군공, 공신·원종공신 책록, 국왕즉위·왕세자의 책봉이나 탄생·대행왕·왕비의 장례와 附廟 때의 종사, 명사의 청탁, 문·무관장권시, 특지 등에 의하였고,[60] 오위 제병종 군사는 위의 내용과 근무일수에 의하였다.

資窮인 당하관(정3품 통훈대부)의 승자는 準職인 승문원판사·판통례문사·봉산시정을 역임하거나 문과·문과중시, 특지 등에 의하였다. 무산계 정3품 어모장군인 관인은 준직인 훈련원정을 역임하거나,[61] 무과와 무과중시 및 재예시 급제를 통해 당상관인 절충장군에 승자되었다.[62] 또 1468년(세조 14) 병조정랑으로 온양별시문과에서 장원으로 급제한 柳子光을 당상관에 특진시키고 병조참지에 제수하였고,[63] 1480년(성종 11)에 건주위정벌에 유공한 문무관 수십명을 당상관에 승진시켰음[64] 등과 같이 세조대 이후에는 남발된 특지에 의해 수시로 1~수십명이 당상관에 승자되었다.

종3~종6품관 무반은 문반과 같이 考課制에 의해 5考3上의 고과를 받으면 1계가 가자되었고, 10考10上의 고과를 받으면 상으로 1계가 가자되었다.[65]

조선 개국초에는 수십~수천명을 대상으로 한 대규모의 가자가 실시되지 않았지만 1449년(세종 31)에 병중인 세자가 괘유되자 推恩으로 종친과 전현직

---

동지중추 徐居正의 7인은 양과에 모두 급제하였다(동상조).

60) 崔承熙, 1985,「朝鮮時代 兩班의 代加制」,『震檀學報』60, 8~16쪽 ; 졸고, 1985, 앞 논문, 172~187쪽.
61)『경국대전』권1, 이전 경관직 승문원·통례원·봉상시 ; 권4, 병전 경관직 훈련원.
62)『경국대전』권1, 이전 경관직 제과.
63)『세조실록』권45, 14년 2월 병오.
64)『성종실록』권113, 11년 1월 을유·경술.
65)『경국대전』권1, 경관직 포폄.

문무백관과 중앙군사 수천명에게 1계를 가자하거나 대가하는 가자를 실시한[66] 이후에는 왕권의 안정도모·백관위무, 수차에 걸친 여진정벌 등과 관련되어 수십차에 걸쳐 대규모의 가자가 시행되었다.[67] 또 세조~성종대에는 공신과 문·무관을 우대하기 위하여 30여 회에 걸쳐 수십~수백명을 대상으로 한 가자가 시행되었다.[68]

이러한 가자가 실시될 때마다 다소의 차이는 있지만 정3품 어모장군 이상의 관인은 자·손 등 중의 1인에게 대가를 주었지만, 종3품 이하의 관인은 1계를 가자 받았다.[69] 또 이 가자와 관련된 대가로 인해 가자시 마다 정3품 이상 관인의 자·손 등 관인은 1계나 2계 이상(탁음자가 중복될 경우)을 가자 받았다. 이리하여 현직 관인의 대부분이 참상관은 물론 정3품 어모장군에까지 승자하는 즉, 관인의 고계화가 일반화되면서 행직제수가 만연함은 물론 인사적체를 심화시켰다.[70]

考課制를 통한 가자는 관인의 근무의욕을 고취하고 관료사회의 기강을 확립하면서 선정을 보장하는 인사제도의 핵심이 되는 제도이다. 조선 개국초에는 경·외의 문반 모두와 무반 당상관에 한하여 고과에 따라 15개월에 1계를 가자하였다(무반 3품 이하는 제외).[71] 그후 관제정비, 경·외관의 권장, 효율적인 인사행정 등을 위하여 몇 차에 걸쳐 개변되면서 정비되었다. 세종대에는 5년에 송·원제를 참작하여 경관은 매 6개월에 1번씩(1考) 상·중·하로

---

66) 『세종실록』 권126, 31년 12월 기유, 갑인.

67) 졸고, 1985, 앞 논문, 168~172쪽.

68) 가자의 실시시기와 내용은 앞 〈표 11-4〉 참조.

69) 백관 등 수천명을 대상으로 한 가자에 있어서 세종 31~세조 1년에는 정3품 당하관 이하 모두에게 1계를 가자하였고, 세조 3년 이후에는 종3품 이하 모두에게 1계를 가자하였다(『세종실록』 권126, 31년 12월 기유·갑인 ; 『세조실록』 권8, 3년 8월 신축).

70) 앞 졸고(「조선 세조~성종대의 가자남발에 대하여」), 191~193쪽.

71) 『세종실록』 권23, 7년 6월 경자 ; 권29, 7년 7월 경진. 외관은 명확하지 않지만 "태조 1년에 수령의 고과법을 제정하였다"(『태조실록』 권1, 1년 8월 신해)고 한 것에서 가자제가 실시된 것으로 추측하였다.

근무성적을 매겨 5考3上 이상이면 1계를 가자하도록 개정하였고,[72] 수령은 5고3상 이상이면 1계를 가자하도록 규정하였다. 이어 7년에 무반도 문반의 예에 따라 5고3상 이상이면 1계를 가자하도록 개정·규정하였다.[73] 다시 26년에 경·외의 문·무 참외관(정7~종9품)은 당하관·참상관과는 달리 3고2상 이상으로 1계를 가자하도록 개정하였다.[74] 세종말까지 정비된 고과제가 세조~성종초의 『경국대전』 편찬과 함께 "6품 이상은 근무일수 900일, 7품 이하는 근무일수 450일이 차면 관직을 옮겨주고, 또 5고3상과 3고2상 이상자 에게 1계를 올려준다"고 법제화되었다.[75] 종3~종6품 관인은 근무일수 900일 에 5회 고과를 실시하여 3회 이상 上等者는 1계가 가자되고, 5년에 10考 10上인 자는 상으로 1계를 가자 받았다.[76]

정3품 통훈대부 이상의 친공신·원종공신인 문·무관과 기술관 종3품 이하 관인은 대가제에 의하여 세종 31년~성종 25년에 수십 차에 걸쳐 수십~수천명 의 관인을 대상으로 한 가자가 실시될 때마다 대가로 1계를 받거나 1계를 가자 받았다.

문·무관 종3품관 이하는 문·무과와 문·무과중시 급제자는 모두 그 성적에 따라 1~4계를 가자 받았고, 정3품 통훈대부와 어모장군인 관인은 당상관에 승자되었다.[77]

무관은 資窮인 당하관(정3품 禦侮將軍)은 준직인 訓練院正을 역임하거나,[78] 무과와 무과중시 및 재예시 급제를 통해 당상관계인 절충장군에 승자되었

---

72) 『세종실록』 권20, 5년 6월 갑인 ; 권47, 12년 1월 기사. 송·원제는 한충희, 위 논문, 166쪽 주(7) 참조.
73) 『세종실록』 권29, 7년 7월 경진.
74) 『세종실록』 권106, 26년 11월 을해.
75) 『경국대전』 권1, 이전 경관직·외관직 ; 권4, 병전 경관직조.
76) 『경국대전』 권1, 이전 포폄조.
77) 앞 주48) 참조.
78) 『경국대전』 권1, 이전 경관직 승문원·통례원·봉상시 ; 권4, 병전 경관직 훈련원.

다.79) 중추부·5위도총부·5위·훈련원·세자익위사 종3~종6품관의 승자는 문관과 같이 고과제에 의해 5고3상의 고과를 받으면 1계, 10고10상의 고과를 받으면 상으로 1계가 각각 가자되었다.80) 또 문관과 같이 무과·무과중시에 급제하면 급제성적에 따라 문과와 같이 모두 4계(갑과 1등), 3계(갑과 2·3등), 2계(을과), 1계(병과)가 가자되었다(자궁자는 1계-당상관에 승자).81) 또 문반과 같이 군공, 친공신·원종공신 책록, 무관장권시, 特늠로 4품(친공신)과 1~4계가 가자되었고, 세종 31~성종 22년에 행해진 30여차의 수십~수천명을 대상으로 실시한 가자 때에 1계가 가자되고 부조 등이 정3품관 이상인 경우는 다시 대가로 1계나 2계 이상(탁음자 중복)을 받았다.82)


다) 參下官

문관 참하관인 정7~종9품관은 고과제에 따라 1.5년에 3고2상으로 1계를 가자받았고, 5년에 10考10上인 자는 상으로 1계를 가자 받았다.83) 당하·참상관과 같이 문과에 급제하면 성적에 따라 4~1계, 친공신과 원종공신에 책록되면 3품고 1계, 군공 1~4등에 책록되면 4~1계가 각각 가자되었다. 또 세종 31년~성종 25년에 수십 차에 걸쳐 수십~수천명의 관인을 대상으로 한 가자가 실시될 때마다 1계가 가자되었고, 부조 등이 당상관이나 정3품인 경우는 부조 등이 받을 1계를 대가로 받았다.84)

무관은 참하관은 당하관·참상관과 같이 고과제, 무과·무과중시, 군공, 공신·원종공신 책록, 무관장권시, 급제, 대가, 特늠 등에 의하였다. 단지

---

79) 『경국대전』 권1, 이전 경관직 제과.
80) 『경국대전』 권1, 경관직 포폄.
81) 『경국대전』 권1, 이전 제과조.
82) 졸고, 앞 논문, 172~187쪽(이중 수십~수백명을 대상으로 실시된 가자·대가는 앞 〈표 11-4〉 참조).
83) 『경국대전』 권1, 이전 포폄.
84) 『경국대전』 권1, 이전 제과.

고과제는 당하관·참상관과는 달리 3考2上이면 1계가 가자되고, 10考10上이면 賞으로 1계를 받았다.[85] 그 외에 兼司僕·內禁衛와 甲士 이하 오위에 소속된 제종의 양반군사는 무반과는 달리 근무일수 39~144일이 차면 가자되었다.

## (4) 兩班家門과 官職除授·遞職

### 가) 除授

文·武班職의 제수는 문·무산계를 토대로 행해졌으니 관계는 관직제수의 토대가 되었다. 따라서 양반자손이 동반직, 서반직에 제수되기 위하여는 각각 문산계, 무산계를 가져야 하였고, 그가 가진 산계의 고하에 따라 그에 대응하는 관직에 제수되었다.

양반자손은 백신과 산관은 인사규정에 따라 문·무과, 음서, 공신책록, 군공, 천거, 衛屬근무, 특지 등에 의해 문·무반관직에 제수되었다. 그런데 관직제수를 보면 인사제도의 준행, 가자와 특지제수의 남발, 외척과 관인우대 등과 관련되어 태조~문종대에는 인사제도가 준행되면서 準職(相當職)제수가 대부분이고 守職除授는 물론 行職除授도 많지 않았다.[86] 그러나 단종~성종대에는 관인의 高階化로 현직 당상관이 수백 명이었기에 당상관이 녹봉을 타기 위해 8~9품의 군직에 제수되는 등 정3품 당하관 이하 직에의 행직제수가 크게 증가하고,[87] 그 여파로 당하관 이하의 인사적체가 심하였다.[88]

---

85) 『경국대전』 권1, 이전 경관직 포폄.

86) 준직은 관계와 관직이 일치된 관직이고, 수직과 행직은 『경국대전』 권1, 이전 경관직에 "階高職卑則稱行 階卑職高則稱守"라 하였듯이 수직은 관직이 관계 보다 높고 행직은 관직보다 관계가 높은 관직이다. 세종 13년에 찬진된 『태종실록』 기주·기사관 14명은 모두가 준직이고, 문종2년에 찬진된 『세종실록』 편수·기주·기사관 51명은 수직1·준직 12·행직 12명이다(졸저, 『조선초기 관인연구』, 144쪽 〈표 6-7〉).

87) 단종 3년에 찬진된 『문종실록』 편수·기주·기사관 42명은 준직 13·행직 27·수직 1명이고, 세조 13, 예종 1, 성종 13·25년의 의정부·중추부·육조·삼사재직자의 행직비율은 각각 0~100·18~48·3~13·10~72%이다(위 책, 145쪽 〈표 6-9〉).

그런데 조선초기에 가장 번창한 청주한씨 등 유력 11성관은 당하관 이하의 다수는 행직으로 제수되었지만 준직제수도 상당하였고,[89] 당상관은 대부분이 준직에 제수되었다.[90] 그러나 다음에 제시된 예에서와 음서자는 그 탁음자의 신분에 따라 종7품 司醞直長同正과 종8품 司醞副直長同正에 제수된 후 근무기간을 채운 뒤 실직에 제수되어야 했지만 곧바로 종7품의 실직에 제수되는 경우가 많았다(①). 당상관은 대부분이 준직에 제수되었지만 소수는 당상관직이나 정3품 당하관직 이하에 행직으로 제수되었는데(②) 정3품 당하관직 이하는 몇 예에 불과하였다.[91]

①-ㄱ) 李舒長(본 전의)은 1455년(세조 1) 지중추로 졸한 貞幹의 음으로 종7품 사온직장동정에 제수되어야 했지만 종8품 실직인 녹사에 제수되었다. ㄴ) 韓堡(본 청주)는 1458년(세조 4) 부 병조판서 明澮의 음으로 정7품실직인 五衛司正, 韓斯文은 1462년(세조 8) 부 이조참판 繼禧의 음으로 종7품 실직인 직장에 제수되었다.[92]

②-ㄱ) 金伯謙(본 광산)은 1477~1481년(성종 12) 종2품 嘉善大夫로서 정3품 당상직인 첨지중추·훈련도정 및 정3품 당하직인 황주목사와 정2품資憲大夫로서 정3품 당상직인 대사성, 韓繼禧(본 청주)는 1467년(세조 13) 종1품 崇政大夫로서 종2품직인 중추부사에 제수되었다.

ㄴ) 金禮蒙(본 광산)은 1465년과 1466년(세조 12) 종2품관으로서 정3품 당하관

---

88) 졸고, 1985, 「조선 세조~성종대의 가자남발에 대하여」, 『한국학논집』 12, 187~193쪽.
89) 뒤 주130) 참조.
90) 졸저, 『조선초기 관인이력』, 안동권·진주강·문화유·창녕성·고령신·파평윤·광주이· 전의이·한산이·청주한씨조 참조.
91) 청주한씨 등 11성관의 경우에 구체적인 관력이 확인된 인물 대부분이 3품직인 상호군과 대호군이고 4품이 몇 명이며 5품이하는 없다.
92) 졸저, 『조선초기 관인이력』 각성관조.

인 5衛上護軍과 종3품관인 5衛大護軍에 제수되었다.[93]

나) 遞職

당하관 이하 모든 관인은 근무기간을 채우거나 근무 중에 받은 고과성적, 공로, 특지 등에 따라 체직되었다.

인사규정을 보면 의정부·육조 즉 사인·검상과 정랑·좌랑은 근무기간 900일이 차면 가자되면서 상위직에 체직되고, 그 외의 관직은 900일(정3~종6)과 450일(정7~종9)이 차면 타관아의 동품직에 체직되도록 규정되었다.[94] 5년에 받은 10차의 考課(근무평가)에서 2中을 받으면 무록관에 제수하고, 2.5년과 1.5년에 받은 5차와 3차의 고과에서 1중을 받으면 좌천시키고, 無祿官은 1년이 지나야 정직에 제수되도록 규정되었다.[95] 또 제수시에는 준직에 제수함이 원칙이지만 부득이 行守職에 임명할 때 행직은 제한이 없었지만 수직은 7품 이하 직은 2계, 6품 이상 직은 3계를 건너뛰어 제수하지 못하도록 규정되었다.[96]

그런데 인사행정의 실제를 보면 태조~문종대에는 대체로 인사규정이 준행되면서 체직되었다. 그러나 단종~성종대에는 왕권의 안정·행사를 위한 백관의 위무, 척족의 우대 등과 관련되어 제수·고과·포폄 등 인사행정이 문란되고, 공신우대와 특지제수가 성행되면서 규정을 벗어난 체직·승직이 많았다.

단종~성종대에 수십명의 공신·당상관을 배출하면서 정치에 큰 영향을 발휘한 청주한씨 등 11성관은 당상관과 정3품 당하관 이하 모두는 뒤의 표에서 제시된 강희맹, 성현, 유순, 이극기, 한치의의 역관에서와 같이 정3~종6품관 25례(불명제외) 중 미고만·평천·미준직(당상관) 승직자가 17례 68%이고 승천직 승천·강직이 각 4례 32%이다 당성관은 101례(불명제외)중 상당직

---

93) 동상 조.
94) 『경국대전』 권1, 이전 경관직(평천된 관직은 졸저, 『조선초기 관인연구』, 132쪽 〈표 6-4〉 참조).
95) 『경국대전』 권1, 이전 포폄조.
96) 『경국대전』 권1, 이전 경관직.

제수가 95례 94%이고, 행직은 당하관 1·당상관 4례 4%이며 수직이 1례 1%이다. 그 외에도 인사규정을 벗어난 체직이 많고 의정부·육조 낭관을 거치지 않고 승직되며.[97] 품계를 건너뛰어 당상관에 초자·승직되면서[98] 체직되는 경우가 많았다.

강희맹 등 5명의 관력경향을 표로 정리하여 제시하면 다음과 같다.

〈표 11-5〉 단종~성종대 유력성관 관인 관력[99]

| | 종6~정3품 당하관 | | | | | 정3당상~정1 | | | | | 합계 |
| | 미고만 승직 | 평천/ 승천직 →승직 | 준직이 하→당 상관 | 기타 (강직/ 불명) | 계 | 정3이하/ 3상이상 | 상당 직 | 수직 | 불명 | 계 | |
|---|---|---|---|---|---|---|---|---|---|---|---|
| 姜希孟 | 2 | 2/1 | 0 | 1/0 | 6 | 0/2 | 15 | | | 17 | 23 |
| 成俔 | 4 | 3/1 | 0 | 2/2 | 12 | 0/0 | 25 | | | 25 | 37 |
| 柳洵 | 1 | 0/1 | 1 | 0/2 | 5 | 0/2 | 28 | 1 | 1 | 32 | 37 |
| 李克基 | 1 | 0/1 | 1 | 1/1 | 5 | 0/0 | 17 | | | 17 | 22 |
| 韓致義 | 0 | 1/0 | 1 | 0/1 | 3 | 1/0 | 10 | | | 11 | 14 |
| 계 | 8 | 6/4 | 3 | 4/6 | 31 | 1/4 | 95 | 1 | 1 | 102 | 133 |

## 3) 兩班家門과 被罪·罷職과 復職

### (1) 被罪·罷職

모든 관인은 근무성적, 대간의 탄핵, 공사죄, 반역죄인에 연좌되는 등으로 인하여 피죄되면서 杖刑 이상의 형을 받거나 파직되었다.

---

97) 앞 2~8장 파평윤씨~전의이씨 당상관 관력, 뒤 〈표 11-6〉 참조.
98) 청주한·파평윤씨로서 단종~성종대에 승지를 역임한 경우 14명 중 10명이 당상관에 승자되면서나 승직되면서 승지에 제수되었다. 그 성명과 승지제수직전의 관직과 제수된 승지는 다음과 같다(앞 2~3장 파평윤씨와 청주한씨 당상관 관력에서 종합).
　파평윤 : 欽(선공정/동부승지), 弼商(시강원보덕/동부), 繼謙(의빈부경력/동부), 殷老 (전장령), 垣(우통례/동부).
　청주한 : 繼美(지사간/동부승지), 繼純(사재첨정/동부), 明澮(사복소윤/동부), 健(첨 정/동부), 斯文(집의/우부).
99) 뒤 〈표 11-7〉에서 종합.

이 중 파직은 정1~정3품 당상관(수령 제외)은 考課가 없이[100] 座目이나 特旨 등에 의해 인사가 행해졌기에 대간탄핵, 공죄와 사죄, 피죄인 연좌, 국왕의 뜻을 거스르는 언사(언론)[101] 등에 의하였다. 파직된 관직에는 세종 12년과 성종 7년에 영의정인 黃喜와 韓明澮가 파직되었듯이[102] 정1~정3품까지의 모든 종친·의빈과 경외 관인이 망라되었다. 또 당상관 중 유일하게 당하 수령과 함께 고과를 받는 당상관 수령은 1.5년에 실시된 3회의 고과에서 1번이라도 중등을 받으면 파직되었다.[103]

정3품 당하관 이하 경외 모든 관인은 경외 5년에 행해진 10차의 고과에서 3考가 中이고, 2.5년에 행해진 5차의 고과와 1.5년에 행해진 3차의 고과에서 2考가 中이면 파직되었다.[104] 이 고과에 토대한 포폄으로 파직된 수는 불명하지만 고과에 의한 포폄은 가자제와 함께 관리의 기강과 근무의욕을 고취하면서 관료사회의 유지를 위한 인사행정의 토대가 되는 것인 만큼 포폄에 의한 파직이 파직의 대부분을 점하였다고 생각된다.

또 당상관 이하 모든 관인은 당상관과 마찬가지로 대간탄핵, 공죄와 사죄, 피죄인 연좌, 국왕의 뜻을 거스르는 언사(언론) 등으로 파직되었다. 또 대국왕

---

100) 『태종실록』 권16, 8년 12월 신사·을유·무자 ; 『세종실록』 권36, 9년 6월 기미·신유, 외.

101) 구체적인 사례는 최승희, 앞 책(1976), 105~150쪽 참조.

102) 황희는 좌의정 재직시에 사위 太石鈞이 제주감목관시에 國馬 1,000여필을 죽인 일로 의금부에 구금되자 "가볍게 다스려 달라'고 건의한 일로 사헌부로부터 "일국의 대신이 죄를 다스리는 데까지 개입함은 사리에 맞지 않을뿐더러, 대신이 사헌부정사에 개입하는 관례를 남기게 되니 엄하게 다스려야 한다"는 탄핵을 받고 파직되었다(『세종실록』 권50, 12년 11월 신해·무오). 한명회는 좌의정 재직시에 정희대비의 수렴청정철회를 반대한 일로 대간의 탄핵을 받고 파직된 후 上黨府院君에 제수되었다(『성종실록』 권63, 1월 기미·경신·계해 ; 권66, 7년 4월 병자).

103) 『경국대전』 권1, 이전 외관직 階及遷官加階行守 幷同京官 觀察使都事 仕滿三百六十 守令仕滿 一千八百 堂上官及未挈家守令訓導 仕滿九百乃遞.

104) 『경국대전』 권1, 이전 포폄 京官則其司堂上官提調及屬曹堂上官 外官則觀察使 每六月十五日 十二月 十五日 等第啓聞 10考10上 則賞加1階 2中於無祿官敍用 3中罷職 5考3考2考者 竝1中 勿授右職 2中罷職.

·백관언론을 관장한 사헌부·사간원·홍문관 관원은 상호간의 탄핵으로 인해[105] 파직되었다.

그 외에도 의정 이하 모든 관인은 대간의 탄핵을 받으면 국왕의 윤허가 있어야 파직되지만, 그 즉시로 관아에서의 근무가 중지되고, 다시 시무하기 위해서는 제수절차를 거쳐야 하였으니 일시적이기는 하나 파직의 성격을 띠었다고 하겠다.


### (2) 復職

고과성적, 언론활동, 대간의 탄핵, 경미한 범죄로 파직된 종친과 모든 조관의 복직은 『경국대전』에

> 포폄에서 하등을 받은 (관인)과 私罪를 범하여 파직된 관인은 (만) 2년이 경과된 후에 서용한다.議親·功臣으로서 하등을 받은 자는 (만) 1년이 경과하면 (제수하고), 당상관은 이 규정에 적용되지 않는다. 고신이 환수된 관인은 또 파직일로부터 (기간을) 계산하여 (만 2년이 경과하면 서용한다). 병조(무관)도 이와 같다(저자 보).[106]

라고 하였듯이 법제적으로는 포폄성적과 사죄를 범하여 파직된 문·무·기술관 정3품 통훈대부·어모장군 이하 관인은 만2년, 포폄으로 파직된 의친·공신은 만1년이 지나면 모두 서용(복직)되고, 당상관은 파직자는 기간에 구애되지 않고 서용할 수 있도록 규정되었다. 또 고신이 회수되었다가 환급된 모든 관인은 고신이 환급된 날을 기점으로 위에 적기된 기간이 지나면 서용되도록

---

105) 최승희, 앞 책, 1976, 37~41쪽 ;『태종실록』권2, 1년 11월 신해 ; 권4, 2년 7월 무자 ; 권16, 8년 11월 을사 ;『세종실록』권75, 18년 10월 경진.
106)『경국대전』권1, 이전 포폄 褒貶居下等 及犯私罪罷職者 經二年乃敍-議親功臣居下等者 經一年 堂上官不在此限, 收告身還收者 亦以罷職日始計, 兵曹同.

규정되었다.

그러나 파직되었다가 복직된 실제를 보면 파직자의 가계, 국왕의 신임, 과궐부족으로 인한 인사적체, 인사행정의 문란 등과 관련되어 상당수는 법제적으로 규정된 기간 이전이나 만기가 되면 복직되기도 하였지만, 규정된 기간이 경과된 후에 복직되거나 아예 복직되지 못하였다.[107] 즉 태조~단종대 는 물론 특히 세조~성종대는 수차에 걸친 공신책록, 백관이나 수십~수백명을 대상으로 실시된 수십차의 가자실시에 따라 예비관인이 증가되고, 관인이 고계화되면서 인사적체가 심화되었다.[108] 이를 볼 때 파직된 관인의 대부분 은 기간을 채운 후 오랜 기간이 경과되어 서용되거나 서용되지 못하고 관직생 활을 마감하였다고 하겠다.

그러나 고과성적이나 범죄로 인해 파직된 관인은 "성공감정(정3) 徐仁道는 근무태만으로 파직된 후 別窯別坐(5품)에 제수되었다"[109]라고 하거나 "사용 정(정3) 金益齡은 성종 6년에 금주령 중에 會飮한 일로 파직되었다가 성종 7년에 5衛司果(정6)에 복직되었다"[110]라고 하였듯이 대개 동품직 이하의 무록관이나 군직에 제수되면서 복직된 후 360일의 근무후 녹직에 제수되도록 규정되었다. 또 녹직에서 고과로 무록관에 서용된 관인은 360일이 지나야 녹직에 제수되도록 규정되었다.[111]

그런데 이 시기에 가장 번창하면서 정치에 큰 영향력을 끼친 유력 11성관의 경우에는 다음에 제시된 예에서와 같이 확인된 수가 많지는 않지만 파직된 대부분이 조기에 복직되었고(①-ㄱ, ②-ㄱ~ㄹ), 심지어는 승직되면서 복직되 기도(①-ㄴ)하였다.

---

107) 구체적인 사례는 졸저, 『조선초기 관인연구』, 153~154쪽 참조.

108) 앞에 예시된 ①~③ 참조.

109) 『세종실록』 권61, 15년 7월 12일.

110) 『성종실록』 권58, 6년 8월 계미·권63, 7년 1월 임신.

111) 『경국대전』 권1, 이전 경관직 (전략) 無祿官-義禁府堂下官及提擧提檢別坐別提別檢等-仕滿三百六十而敍.

①-ㄱ) 李封은 1477년(성종 8) 동지중추시에 파직되었다가 익년에 성균관동
관관관에 복직되었고, 성종 9년 황해도관찰사시 공물분정사로 파직되
고 고신을 회수당하였다가 2년 미만에 직첩을 환급받고 서용되었으
며,112) ㄴ) 성종 21년 1월 지중추시에 왕에게 올린 불경한 상서로 직첩을
환수당하고 유배되었으나 10개월 뒤에 한성판윤에 승직되면서 복직되었
다.113)

②-ㄱ) 李世佑는 성종 12년 형조정랑시 형결사로 파직되고 고신을 몰수당하였
다가 익년에 고신을 환급받고 복직되었다.114)
ㄴ) 다시 성종 16년 6월 좌부승지시에 로 파직되었다가 곧 판결사에 복직되
었고, 성종 18년 도승지 재직 중에 파직되었다가 곧 호조참의에 복직되었
다.115)

③-ㄱ) 李壽男은 1464년(세조 10) 이조좌랑시 국왕수행중 근무지탈로 파직되었
다가, 곧 예조좌랑에 복직하였다.116)
ㄴ) 申從濩(조 叔舟, 외조 韓明澮)는 1479년(성종 20) 동부승지시에 승려의
궁중연통사로 파직되었다가 곧 첨지중추에 복직되었다.117)
ㄷ) 李世弼(부 극배)은 성종 12년 좌부승지 재직중에 영접도감낭청 천거로
파직되었다가 1년 후 대사간에 복직되었다.118)


이와 관련하여 위에 제시된 인물들의 가계를 보면 부 등이 모두 세조~성종
초에 국왕의 신임을 받고 추요직을 역임하면서 정치에 영향력을 발휘한
인물이었다.119)

---

112) 『성종실록』 8년 윤3월 ; 권88, 9년 1월 계미 ; 권98, 9년 11월 무진·신미 ; 권116,
　　11년 4월 신해 ; 권118, 11년 6월 정묘.
113) 『성종실록』 권236, 21년 1월 기사 ; 권248, 21년, 12월 임자.
114) 『성종실록』 권128, 12년 3월 기해·갑진 ; 권243, 13년 7월 계유 ; 권148, 13년 11월.
115) 『성종실록』 권187, 17년 1월 을해 : 18년.
116) 『세조실록』 권32, 10년 2월 정미 : 경술(사면) ; 권32, 10년 2월 무진.
117) 『성종실록』 권228, 20년 5월 을해 ; 권229, 20년 6월 무자.
118) 『성종실록』 권128, 12년 4월 신해 ; 권142, 13년 6월 기해.
119) 부, 조, 외조 등의 성명과 관직은 다음의 표와 같다.

이를 볼 때 이봉 등은 개인적인 자질을 토대로 한 국왕의 신임과 부조 가계를 토대로 개인적인 과실로 파직되었으나 조기에 복권되고 서용되었다고 하겠다. 이봉 등의 이러한 복권과 서용은 여타 유력성관의 관직자도 비슷하다.[120]

### 4) 兩班家門官人의 官歷과 堂上官陞進

#### (1) 官歷

조선초기 양반출신 관인의 관력은 그 출신과 관련되어 정1~종2품직은 문·무관이 대체로 같았지만, 정3품 당상관~종9품직은 문반직과 무반직으로 구분되면서 근무하였다.

문관은 문과급제자는 대개 館閣職을 거쳐 참상관에 승진하여 육조속아문·육조·외관·대간직을 역임하였고, 당상관 때에는 승정원·육조·외관·중추부·의정부관직을 역임하였다. 음서출신은 대개 권무직을 거쳐 참상관에 승진하여 육조속아문·육조·5위직을 역임하였고, 당상관 때에는 승정원·육조·중추부·외관직을 역임하였다. 그 외에 천거 등으로 출사한 관인은 육조속아문·5위직을 거쳐 참상관에 승진하였고, 참상관 때는 육조속아문·외관직을 역임하였다.[121]

무관은 무과급제자는 육조속아문·5위직을 거쳐 참상관에 승진하였고, 5위·육조속아문·외관직을 역임하고 당상관에 승진하였으며, 당상관 때는

| | 본관 | 부 | 조 | 외조 | 비고 |
|---|---|---|---|---|---|
| 이봉 | 한산 | 영중추 季甸 | 판중 種善 | 참찬문하 權鈞 | |
| 이수남 | 전의 | 誠長 | 한성윤 士寬 | 영의정 韓尙敬 | |
| 신종호 | 고령 | 봉례 澍 | 영의정 叔舟 | 영의정 韓明澮 | |
| 이세우 | 광주 | 克堪 | 우의정 仁孫 | | 백부 극배 |
| 이세필 | 광주 | 영의정 克培 | 우의정 인손 | | |

120) 앞 2~8장 당상관 관력 참조.
121) 졸저, 2024, 『조선초기 관인 연구』, 도서출판혜안, 190~194쪽.

승정원·육조·중추부·외관직을 역임하였다.[122]

그런데 단종~성종대에 가장 번창하면서 정치에 큰 영향력을 발휘한 11성관의 관력을 보면 그 경향은 위에서 제시된 관력과 같았다. 그러나 다음의 표에 제시된 강희맹 등 5명의 관력을 보면 당하관은 31례 중 청요직인 의정부·육조·대간직이 8례 26%이고, 관각직이 9례 29%이고, 시·감직이 8례 26%이며, 외관 등이 4례 13%이다. 당상관은 추요직인 의정부·육조·승정원·삼사직이 55례 53%이고, 제부·관각이 14례 14%이고, 중추·돈령부 등이 25례 24%이며, 외관이 8례 8%이다.

〈표 11-6〉 단종~성종대 유력성관 관인 관력경향[123]

| | 종6~정3품 당하관 | | | | | 정3당상~정1 | | | | | 합계 |
|---|---|---|---|---|---|---|---|---|---|---|---|
| | 의정부/<br>육조/대간 | 관각 | 諸寺·<br>監 | 외관/<br>기타 | 계 | 의/육/승<br>정원/3사 | 외관<br>(문/무) | 제부/<br>관각 | 중추/돈령부<br>/기타 | 계 | 합계 |
| 姜希孟 | 0/1/0 | 2 | 2 | 0/1 | 6 | 2/10/0/0 | 0/0 | 1/0 | 2/2/1 | 18 | 24 |
| 成俔 | 0//0/3 | 3 | 2 | 0/1 | 12 | 4/0/5/4 | 3/0 | 3/2 | 4/0/0 | 25 | 37 |
| 柳洵 | 0/1/1 | 3 | 0 | 0/0 | 5 | 4/11/2/3 | 3/0 | 1/1 | 7/0/0 | 32 | 37 |
| 李克基 | 1/0/1 | 1 | 2 | 0/0 | 5 | 0/3/4/1 | 3/0 | 3/2 | 3/0/0 | 17 | 22 |
| 韓致義 | 0/0/0 | 0 | 2 | 2/0 | 3 | 0/2/0/0 | 0/1 | 2/0 | 2/1/3 | 11 | 14 |
| 계 | 1/2/5 | 9 | 8 | 2/2 | 31 | 9/27/11/8 | 8/1 | 9/5 | 19/3/3 | 103 | 134 |

그리고 그 외 관인의 경우도 이들의 관력 경향과 별 차이가 없다.[124] 이점에서 유력 11성관 관인의 관력은 당하관은 여타 관인의 성관과 비슷하나 당상관은 추요직인 의정부·육조·승정원·삼사직이 중심이 된 추요직과 중추부직이 대부분을 점하였다고 하겠다.

단종~성종대 유력성관 사관자 중 수십의 관력이 확인된 강희맹 등 5명을 표집하여 그 관력을 표로 정리하면 다음과 같다.

---

122) 위 책, 170~173·182~188쪽.
123) 앞 2~8장 파평윤씨~한산이씨 당상관 관력 참조.
124) 앞 책, 159~194쪽.

<표 11-7> 단종~성종대 유력성관 사관자 관력125)

| | 姜希孟(1424~83) | 成俔(1439~1504) | 柳洵(1431~1517) | 李克基(?~1489) | 韓致義(1440~73) |
|---|---|---|---|---|---|
| 단종1 | | | | 문과, 승문권지정자 | |
| 3, 세조1 | 직집현전, 병정 | | | (권지정자)원종2 | 음 5위사정 |
| 2 | 직집현전, 동첨지돈령 | | | | |
| 3 | 판전농시사 | | | | |
| 4 | 판통례, 유신시우등 승예참의, 모상 | | | | |
| 5 | 부상 | | | | 승통례문봉례랑 |
| 6 | | | | | |
| 7 | 탈상, 첨중, 예참의 | | | | |
| 8 | 이참의 | 문과,승문원권지 | 문과 | (서연관) | |
| 9 | 중부 | 예문관검열 | | | |
| 10 | 공참판 | 검상 | | | (안동부사)군기부정 |
| 11 | 인순부윤, 이참판, 예참판, 5 발영시급제 예판 | | 5 성균주부 | 5 (장령). 7 행종부소윤 | |
| 12 | | 5발영시, 7봉교 | 호좌랑, 중시, 발영시 | 7 검상 | 승통정행안동부사 |
| 13 | 9 파직, 12 형판 | | | | 상호군, 첨중, 8 훈련도정, |
| 14 | 9(예즉) 익대공신晉山君 | | | | 가선대부 |
| 예종1 | | 7 시강원사경, 9 모상 | | 1 (사섬부정) | 1 경상좌도병마도절제사, 8중부 |
| 성종1 | 좌리공신진산군 | | 4 겸예문관 | | 3 한성좌윤 |
| 2 | 판돈령 | 탈상, 예문수찬 | | 2 수강원관, 11 대사성 | 1 가정한성좌윤, 2 호참판, 4 좌리공신, 9 淸陽君 |
| 3 | | | | 12 예문부제학 | 3자헌지돈령, 12 이판 |
| 4 | 행병판 | 8 홍문부교리 | | | 2 청양군(병), 8 졸 |
| 5 | | 1 지평, 4 좌한성판관, 5 직강 | 8 홍문부응교 | 1 우부, 8 좌부승지 | |
| 6 | | 11 장악첨정 | | 6 우승지 | |
| 7 | 탈상(부인), 판중 | 2 홍문교리, 4 중중시 사용원정 | 12 예문응교 | 3 좌승지 | |
| 8 | 행이판 | | | 8 강원관 | |
| 9 | 10 판돈령 | 2 승문판교, 6 홍직제학, 9 부제학 | 9 동부, 11 우부승지 | 10 (대사헌) | |
| 10 | 12 우찬성 | 4 대사간, 9 대사성 | 3 체직 | 5 이참판, 8 한성우윤, 윤10 동중 | |
| 11 | | 4 동부승지~ | | 5 한좌윤 | |
| 12 | 3 좌찬성 | 4 우승지파직 | 5 병조참지 | 10 (공참판) | |
| 13 | | 3 판결사, 8 공참의 | | 3 (한우윤), 11 공참판 | |

| 14 | 2 병졸 | 2 우승지, 10 형참판, 11 강원관 | 2 홍부제학, 8 가선 전라관 | | |
| --- | --- | --- | --- | --- | --- |
| 15 | | 10 동중 | 2 공판, 11 대사헌 | | |
| 16 | | 11 한성좌윤 | | 1 경상관, 11 동중 | |
| 17 | | 1 한성우윤, 2 평안관 | 1 동중, 7 형참찬 | | |
| 18 | | | 4 동중, 9 수지중, 11 형참판 | | |
| 19 | | 3 동중 | 5 황해관 | | |
| 20 | | 6 행대사성 | 5 공, 7 병참판 | 1 동중졸 | |
| 21 | | | 4 (대사헌)체직, 7 동중, 10 개성유수 | | |
| 22 | | | | | |
| 23 | | | 3 행대사성, 11 동중 | | |
| 24 | | 윤5 대사헌 7 경상관, 8 예판 | 5 행첨중, 윤5 동중 | | |
| 25 | | | 5 공판 | | |
| 연산1 | | | 3 형, 8 이판 | | |
| 2 | | 12 지중 | | | |
| 3 | | 9 한성판윤 | | | |
| 4 | | | 12 한성판윤 | | |
| 5 | | | 1 형판 | | |
| 6 | | 1 공판, 9 행대사헌 | 7 좌참찬 | | |
| 7 | | 8 지중 | 5 호판 | | |
| 8 | | | | | |
| 9 | | | 1 우의정 | | |
| 10 | | 1 졸 | 4 좌, 7 영의정 | | |

또 강희맹 등의 陞職과 行守職 제수를 보면 대부분은 근무기간을 채우지 않고 平遷職에서 승직되고 昇遷職에서 승천된 경우는 거의 없었다. 행수직 제수에 있어서도 당하관은 대부분이 행직으로 제수되었겠지만,[126] 당상관은

---

125) 『한국문집총간』 해제 1, 『私淑齋集』 강희맹행력, 『虛白堂集』 성현행력, 앞 2장(한치의)·6장(이극기) 당상관 관력, 『국조문과방목』·『조선왕조실록』 세조 11~연산군 10년조 (유순)에서 종합.

126) 『조선왕조실록』의 인사기록을 보면 정3품 이하 관직은 대부분 관직만 기재되었기 때문에 행수직 여부를 확인할 수 없다. 그런데 동기는 가자남발에 따라 가자·대가로 받은 관계가 많았고, 『문종~성종실록』 수찬관 등의 대부분이 행직자였고, 파평윤씨 등 11성관의 관인은 이 실록수찬관 보다 가자·대가를 많이 받았음에서 대부분이 행직제수였고, 준직제수는 그 수가 많지 않았을 것으로 추측된다(『문종실록』 등 수찬관의 관직은 졸저, 『조선초기 관인이력』, 144~145쪽 〈표 6-7~9〉 참조).

대부분이 준직으로 제수되고 당상관직 내에서 제수되었으며, 정3품 이하 군직에 제수된 경우는 없다.[127]

그 외에도 청주한씨 등 11성관은 수십명의 공신·당상관을 배출한 가계, 단종~성종대에 남발된 가자·대가, 개인적인 자질과 왕실의 우대 등을 토대로 인사규정에 구애되지 않고 제수·체직·승직되고 단기간에 정3품 당하관이 되고, 당상관에 승진하였다. 그리하여 다음의 표와 같이 5세대(태조~중종대)에 걸쳐 49(파평윤·고령신)~66%(청주한)의 출사율, 100여(광주이)~400여(전의이)명의 사관자, 20여(고령신)~70여(안동권)명의 당상관(정3품 이하는 60여명, 고령신~300여명, 전의이)을 배출하면서 파평윤·청주한씨가 중심이 된 11성관이 당시를 대표하는 명문가로 정착되었다.

<표 11-8> 조선초기 상위유력 11성관 5대 사관자 최고관직[128]

| | 1대(고려말~태종)* | | | | | 2대(세종~문종) | | | | |
|---|---|---|---|---|---|---|---|---|---|---|
| | 1-2 | 3상 | 3-6 | 기타 | 계 | 1-2 | 3상 | 3-6 | 기타 | 계 |
| 파평윤씨 척계 | 6 | 0 | 1 | 1 | 8 | 7 | 0 | 7 | 8 | 22 |
| 청주한씨 악계 | 3 | 0 | 3 | 0 | 6 | 4 | 3 | 5 | 0 | 12 |
| 진주강씨 사첨계 | 4 | 0 | 8 | 0 | 12 | 2 | 2 | 16 | 2 | 22 |
| 창녕성씨 송국계 | 5 | 2 | 5 | 1 | 13 | 7 | 4 | 12 | 0 | 23 |
| 고령신씨 포시계 | 2 | 0 | 1 | 0 | 3 | 1 | 2 | 6 | 1 | 10 |
| 광주이씨 울계 | 0 | 1 | 3 | 1 | 5 | 1 | 2 | 1 | 1 | 5 |
| 한산이씨 색계 | 3 | 0 | 0 | 0 | 3 | 8 | 1 | 7 | 0 | 16 |
| 소계 | 23 | 3 | 21 | 3 | 50 | 30 | 14 | 54 | 12 | 110 |
| 안동권씨 | 12 | 2 | 4 | 0 | 18 | 11 | 2 | 23 | 2 | 38 |
| 광산김씨 | 1 | 2 | 16 | 2 | 21 | 3 | 0 | 22 | 5 | 30 |
| 문화유씨 | 7 | 1 | 3 | 0 | 11 | 11 | 1 | 14 | 12 | 29 |
| 전의이씨 | 3 | 2 | 19 | 2 | 27 | 11 | 3 | 17 | 7 | 47 |
| 소계 | 23 | 7 | 42 | 4 | 77 | 36 | 6 | 76 | 26 | 144 |
| 합계 | 46 | 10 | 63 | 7 | 127 | 66 | 20 | 130 | 38 | 354 |
| | 3대(단종~성종초) | | | | | 4대(성종중기~연산군) | | | | |
| | 1-2 | 3상 | 3-6 | 기타 | 계 | 1-2 | 3상 | 3-6 | 기타 | 계 |
| 파평윤씨 | 14 | 2 | 31 | 5 | 22 | 11 | 4 | 63 | 14 | 92 |
| 청주한씨 | 14 | 3 | 11 | 2 | 30 | 9 | 7 | 36 | 7 | 59 |
| 진주강씨 | 3 | 0 | 28 | 5 | 36 | 6 | 1 | 47 | 10 | 54 |

---

127) 위 책, 159~188쪽.

| | | | | | | | | | | |
|---|---|---|---|---|---|---|---|---|---|---|
| 창녕성씨 | 6 | 4 | 15 | 3 | 28 | 9 | 5 | 27 | 4 | 45 |
| 고령신씨 | 5 | 2 | 14 | 2 | 23 | 4 | 3 | 10 | 4 | 21 |
| 광주이씨 | 5 | 4 | 4 | 1 | 14 | 4 | 7 | 15 | 2 | 28 |
| 한산이씨 | 3 | 2 | 17 | 4 | 26 | 3 | 2 | 17 | 4 | 26 |
| 소계 | 50 | 17 | 120 | 22 | 179 | 46 | 29 | 205 | 45 | 325 |
| 안동권씨 | 14 | 5 | 42 | 9 | 70 | 10 | 5 | 45 | 12 | 72 |
| 광산김씨 | 3 | 4 | 22 | 11 | 40 | 8 | 0 | 38 | 10 | 56 |
| 문화유씨 | 10 | 1 | 50 | 5 | 67 | 5 | 9 | 66 | 10 | 90 |
| 전의이씨 | 6 | 4 | 60 | 11 | 81 | 7 | 8 | 70 | 8 | 93 |
| 소계 | 33 | 14 | 174 | 36 | 258 | 30 | 22 | 219 | 40 | 311 |
| 합계 | 83 | 31 | 294 | 58 | 437 | 76 | 51 | 424 | 85 | 636 |

| | 5대(중종대) | | | | | 합계 | | | | |
|---|---|---|---|---|---|---|---|---|---|---|
| | 1-2 | 3상 | 3-6 | 기타 | 계 | 1-2 | 3상 | 3-6 | 기타 | 계/출사율 |
| 파평윤씨 | 10 | 12 | 44 | 17 | 83 | 48 | 18 | 146 | 45 | 295/49 |
| 청주한씨 | 10 | 7 | 53 | 13 | 83 | 41 | 20 | 107 | 22 | 192/66 |
| 진주강씨 | 1 | 3 | 57 | 29 | 90 | 16 | 6 | 140 | 46 | 209/52 |
| 창녕성씨 | 8 | 7 | 33 | 5 | 54 | 35 | 22 | 92 | 13 | 159/54 |
| 고령신씨 | 1 | 1 | 16 | 5 | 23 | 13 | 8 | 47 | 12 | 81/49 |
| 광주이씨 | 1 | 1 | 34 | 6 | 42 | 12 | 15 | 60 | 10 | 97/52 |
| 한산이씨 | 4 | 3 | 25 | 11 | 42 | 20 | 12 | 62 | 19 | 113/57 |
| 소계(%) | 35 | 34 | 262 | 86 | 417 | 185 | 101 | 654 | 167 | 1,146/53 |
| 안동권씨 | 5 | 3 | 51 | 8 | 67 | 52 | 17 | 165 | 35 | 329/ |
| 광산김씨 | 6 | 5 | 28 | 14 | 53 | 21 | 11 | 126 | 42 | 190/ |
| 문화유씨 | 3 | 5 | 85 | 26 | 119 | 36 | 17 | 208 | 53 | 276/ |
| 전의이씨 | 7 | 5 | 93 | 29 | 144 | 34 | 22 | 249 | 57 | 374/ |
| 소계(%) | 21 | 18 | 257 | 77 | 383 | 143 | 67 | 748 | 187 | 1,175/ |
| 합계(%) | 56 | 52 | 519 | 163 | 800 | 328(14) | 168(7) | 1,482(65) | 354(16) | 2,315(100) |

* 파평윤씨 15세, 청주한씨 12세, 진주강씨 7세, 창녕성씨 6세, 고령신씨 7세, 광주이씨 6세, 한산이씨 8세, 안동권씨 16세, 광산김씨 19세, 문화유씨 13세, 전의이씨 12세

## (2) 堂上官 陞進

조선초기 산관이나 관인의 당상관 승진은 법제적으로는 당하관으로서 문·무과와 문·무과중시 급제, 당하관 준직인 역임, 특지에 의하도록 규정되었다.[129]

---

128) 앞 〈표 2-3〉, 〈표 3-3, 〈표 4-5〉, 〈표 5-3〉, 〈표 6-3〉, 〈표 7-3〉, 〈표 8-3〉, 〈표 9-4~7〉과 졸저, 앞 『조선초기 관인이력』(안동권·광산김·문화유·전의이씨)에서 종합.

129) 근무기간이 차면 당상관에 승진하는 준직은 통례원좌통례·봉상시정(문관)과 훈련원정(무관)이다.

그런데 당상관 승진자의 사례를 보면 태조~문종대에는 대개 인사규정에 의하였고, 특지를 통한 승진은 수가 적었다. 그러나 단종~성종대에는 척족·공신의 우대, 국왕의 자의적인 인사와 함께 특지가 남발되었고, 이에 따라 인사규정을 통한 승진 보다는 특지에 의한 승진이 중심이 되었다.

특히 세조~성종대에 가장 번창하였던 청주한씨 등 상위 유력성관 당상관은 남발된 가자·대가를 통해 단기간에 정3품 당하관이 되었다가 준직을 거쳐지 않고 특지를 통해 정3품 당상관에 승진하면서 승지나 참의 등에 발탁되었다.130) 또 당상관의 승진은 座目에 의하도록 규정되었지만, 청주한씨 등은 국왕의 신료에 대한 신임, 외척우대 등과 관련되어 특지를 통한 승진이 중심이 되었다.131)

그리하여 다음의 표에서와 같이 청주한씨 등 11성관의 당상관에 승진된 평균연령이 정3품당상관은 33.1(고령신)~44.8(전의이)세, 종2품관은 34.5(신)~46(광산김)세, 정2품관은 38.5(청주한)~53.9(광주이)세, 종1품관은 46.5(신)~60.5(문화유)세였다. 그런데 이 연령을 단종~성종대의 정치를 주도하였던 5공신, 조선초기의 문과급제자 및 음서자의 연령과 비교하여 보면 5공신과는 정3·종2품관은 비슷하고 정2·종1품관은 3~5년이 늦었으며, 문과자와는 정3~종1품관 모두가 5년 정도 빨랐으며, 음서자와는 정3품관은 2년이

---

130) 예컨대 파평윤씨와 청주한씨로서 단종~성종대에 이 경우에 해당하는 인물은 다음의 표와 같다(졸저, 『조선초기 관인이력』에서 종합).

|  | 파평윤씨 | 청주한씨 |  | 파평윤씨 | 청주한씨 |
|---|---|---|---|---|---|
| 판사등 정3품직→ 참의, 승지 등 | 土昐, 慈, 欽 | 致仁 | 정3당상 3년이내→ 종2품 | 敏, 土昐, 土昕, 殷老, 慈, 贊, 壕, 欽 | 계순, 계희, 堡, 서구, 의, 價, 致禮, 치의, 치형 |
| 부정등 종3품직→ 참의, 승지 등 | 敏, 垓, | 終孫, 致義 | 종2품 3년이내 → 정2품 | 土昀, 土昐 | 계미, 계순, 명회, 치례, 치의, 치인 |
| 정4품 이하직→ 참의, 승지 등 | 繼謙, 土昀, 土昕, 殷老, 弼商 | 繼美, 繼純, 繼禧, 明澮, 瑞龜, 巁, 磾, 千孫, 致亨, 僩, 懽 | 정2품 3년이내 → 종1품 | 土昐, 土昕, 弼商 | 계미, 계희, 명회, 치례 |
| 계(명) | 10 | 14 |  |  |  |

131) 동 상조 .

빨랐고 종2·정2품관은 비슷하였고 종1품관은 6년이 늦었다. 그런데 조선초기 사관자의 평균연령이 문과급제자는 25세이고 음서자는 20세 내외이니[132] 사관한 지 13년 내외에 정3품 당상관이 되었고, 그 후 4~15년 내외에 종2~종1 품관에까지 승진하였으니 그 승진이 얼마나 신속하였는가를 알 수 있다.

〈표 11-9〉 조선초기 상위유력 11성관 등 당상관 승진 소요기간
(단위 연령/출사후 소요기간, ( ) 표집인원)[133]

| | 정3 당상 | 종2 | 정2 | 종1 | 정1 | 비고 (표집인원) | | 정3 당상 | 종2 | 정2 | 종1 | 정1 | 비고 (표집인원) |
|---|---|---|---|---|---|---|---|---|---|---|---|---|---|
| 파평윤 | 34.2 | 39.6 | 43.2 | 49.3 | 51 | | 광산김 | 42.4 | 46 | 48.3 | 53 | 56 | 9 |
| 청주한 | 33.5 | 42.3 | 38.5 | 47.5 | | | 문화유 | 40.3 | 44.1 | 52.4 | 60.5 | 66.7 | 8 |
| 진주강 | 42 | 46 | 45 | 50 | | | 전의이 | 44.8 | 46 | 55 | | | 13 |
| 창녕성 | 38 | 42.5 | 50.1 | 56.2 | 65.5 | | 계 | 38.6 | 42.7 | 48 | 53.4 | 60.1 | |
| 고령신 | 33.1 | 34.5 | 41.7 | 46.5 | 61 | | 5공신[*1] | 38.1 | 41.1 | 45.4 | 47.5 | | |
| 광주이 | 41 | 43.9 | 53.9 | 56.8 | | | 문과자 | 42.2 | 47.8 | 53.9 | 58 | 60.4 | 12 |
| 한산이 | 37.3 | 42.6 | 48.9 | 57.6 | 60 | | 음서자 | 40.5 | 43.2 | 47.3 | 47.7 | 49 | 8 |
| 안동권 | 37.6 | 41.8 | 51 | 56.8 | | 11 | | | | | | | |

*1 정난, 좌익, 적개, 익대, 좌리공신.

---

132) 졸저, 『조선초기 관인연구』, 226쪽 〈표 10-1〉, 175~177쪽 〈표 8-5〉에서 종합.

133) 앞 〈표 2-7〉, 〈표 3-7〉, 〈표 4-7〉, 〈표 5-5〉, 〈표 6-5〉, 〈표 7-5〉, 〈표 8-5〉, 〈표 9-4~7〉과 졸저, 『조선초기 관인이력』(안동권·광산김·문화유·전의이씨), 『조선초기 관인연구』〈표 8-1, 5〉(문과·음서자)에서 종합, 각성씨별 계파는 앞 〈표 9-5~8〉 참조), 안동권씨 등 4성관의 표집관인은 다음과 같다.
안동권 : 衷, 近, 踶, 蹲, 採, 綸, 覽, 攀, 傑, 健, 遇.
광산김 : 伯謙, 仲謙, 若恒, 閑, 國光, 謙光, 忸, 汝碩, 若采.
문화유 : 寬, 士訥, 季聞, 洙, 洵, 廷顯, 亮, 河.
전의이 : 永禧, 宜洽, 士寬, 禮長, 咸長, 孝長, 秉正, 世珤, 時珤, 德良, 壽男, 恕長.

# 제12장 兩班家門과 樞要職·政治

## 1. 兩班家門과 樞要職

추요직은 국정운영의 중심이 된 관직인데, 당상관으로는 의정, 찬성, 판서, 승지, 대사헌, 대사간, 홍문관부제학, 관찰사 등, 당하관으로는 의정부·이조· 병조의 낭관과 삼사관원이 망라된다.

또 관직은 아니지만 공신은 정치에 큰 영향력을 발휘하였다. 상기에 망라된 당상관직자 외의 정1~종2품 관직(관계자)자는 대소 국정논의에 참여하고 자손에게 음직을 제수시킬 수 있고, 문과출신자는 엘리트이기도 하지만 추요직의 대부분을 점하였다. 이하에서는 조선초기 파평윤씨 등 상위유력 11성관의 추요직 점유가 어떠한가를 정치운영과 관련된 4시기로 구분하면서 살펴본다.

### 1) 태조~태종대

태조~태종대의 27년간에는 다음의 표와 같이 의정은 청주한·창녕성·안동 권씨 각1명의 3명이고, 판서는 문화유씨 3명과 파평윤씨 등 4성관 각1명의 7명이며, 승지는 청주한씨 2명과 파평윤씨 등 5성관 각1명의 7명이며, 찬성 등이 안동권씨 등 9성관 1~8명의 26명이다. 문과급제자가 문화유씨 등 9성관 1~7명의 26명이고(고려말 급제자 포함), 공신이 파평윤·청주한·안동권·문화 유씨 각1명의 4명이다. 관직별 비율은 의정이 2%(3/18), 판서가 32%(7/22),

승지가 29%(7/24), 문과급제자가 5%(20/315), 공신이 4%(4/98)이다.

〈표 12-1〉 조선초기 상위유력 11성관 주요직 역임자 수(/전체)[1]

| | 1대(태조~태종)[1] | | | | | | | 2대(세종~문종)[1] | | | | | | |
|---|---|---|---|---|---|---|---|---|---|---|---|---|---|---|
| | 의정 | 판서 | 승지 | 1~2품[2] | 문과 | 공신[3] | 계[4] | 의정 | 판서 | 승지 | 1~2품[2] | 문과 | 공신 | 계[4] |
| 파평윤 | | 1 | 1 | 1 | | 1 | | | 3 | | 1 | 9 | | |
| 청주한 | 1 | | 2 | 4 | 1 | 1 | | | 1 | 1 | 5 | 1 | 1 | |
| 진주강 | | | | 1 | 1 | | | | | 2 | 6 | 3 | | |
| 창녕성 | 1 | 1 | 1 | 2 | 1 | | | | 3 | 2 | 10 | 3 | | |
| 고령신 | | | | | | | | | | | 1 | 3 | | |
| 광주이 | | | | | 2 | | | | 1 | | 1 | 5 | | |
| 한산이 | | | | 1 | 1 | | | | 4 | 2 | 5 | 5 | | |
| 안동권 | | 1 | 1 | 8 | 4 | 1 | | 1 | 5 | 5 | 7 | 8 | | |
| 광산김 | | 1 | | 2 | 1 | | | | | | | | 1 | |
| 문화유 | 1 | 3 | 1 | 6 | 7 | 1 | | 3 | 1 | 2 | 8 | 3 | | |
| 전의이 | | | 1 | 1 | 2 | | | | | 1 | 2 | 8 | | |
| 합계 | 3/18 | 7/22 | 7/24 | 26 | 20/365 | 4/138 | | 4/22 | 18/69 | 15/79 | 46 | 49/545 | | |

| | 3대(단종~예종)[1] | | | | | | | 4대(성종)[1] | | | | | | |
|---|---|---|---|---|---|---|---|---|---|---|---|---|---|---|
| | 의정 | 판서 | 승지 | 1~2품[2] | 문과 | 공신 | 계[4] | 의정 | 판서 | 승지 | 1~2품[2] | 문과 | 공신 | 계[4] |
| 파평윤 | 1 | 2 | 4 | 8 | 1 | 6 | | 3 | 2 | 4 | 7 | 4 | 6 | |
| 청주한 | 2 | 3 | 5 | 3 | 1 | 7 | | 2 | 4 | 6 | 11 | 2 | 9 | |
| 진주강 | 1 | | 2 | 2 | 1 | 2 | | | 1 | 2 | 2 | 6 | 1 | |
| 창녕성 | | 2 | 2 | 2 | 5 | 1 | | 1 | 4 | 3 | 7 | 3 | 1 | |
| 고령신 | 1 | 1 | 2 | 1 | 5 | 1 | | 1 | 1 | 2 | 3 | 3 | 3 | |
| 광주이 | 1 | 2 | 1 | 2 | 4 | 2 | | 1 | 3 | 6 | 9 | 13 | 4 | |
| 한산이 | | 1 | 3 | 6 | 5 | 2 | | | 2 | | 2 | 4 | 3 | |
| 안동권 | 1 | 4 | 6 | 7 | 7 | 8 | | | 2 | 3 | 4 | 4 | 4 | |
| 광산김 | | 1 | 3 | 2 | 4 | 2 | | 1 | 2 | 1 | 4 | 3 | 3 | |
| 문화유 | | | | 4 | 5 | 3 | | | 2 | 3 | 3 | 7 | 3 | |
| 전의이 | | | 3 | 3 | 6 | 3 | | | 1 | 1 | 1 | 8 | 3 | |
| 합계 | 7/24 | 16/61 | 31/73 | 40/ | 44/449 | 37/138 | | 9/20 | 24/51 | 31/96 | 46/ | 57/455 | 40/114 | |

| | 합계(1~4대)[1] | | | | | | | 비고 |
|---|---|---|---|---|---|---|---|---|
| | 의정 | 판서 | 승지 | 1~2품[2] | 문과 | 공신 | 계[4] | |
| 파평윤씨 陜系 | 4 | 8 | 13 | | 22 | 10 | | 왕비2 |
| 청주한 | 4 | 9 | 13 | | 9 | 18 | | 왕비4 |
| 진주강 | 1 | 1 | 5 | | 30 | 2 | | |
| 창녕성 | 2 | 9 | 9 | | 26 | 3 | | |
| 고령신 | 1 | 2 | 5 | | 13 | 3 | | |
| 광주이 | 1 | 7 | 9 | | 25 | 4 | | |

| 한산이 | 0 | 7 | 7 | | 16 | 3 | | |
|---|---|---|---|---|---|---|---|---|
| 안동권 | 1 | 9 | 13 | | 51 | 11 | | |
| 광산김 | 1 | 4 | 3 | | 24 | 3 | | |
| 문화유 | 3 | 6 | 5 | | 28 | 6 | | |
| 전의이 | 0 | 1 | 2 | | 27 | 4 | | |
| 합계 | 28 | 63 | 74 | | 267 | 57 | | |
| 비율(총수) | 42/67 | 33/189 | 27/279 | 158 | 18/1,815 | /350 | | |

*1 각 성관별 1~4대는 앞 참조.
*2 영중추·찬성·참찬·도총제·참판 등이다(의정·판서 제외).
*3 태조~태종대는 개국·정사·좌명공신이고, 단종~성종대는 정난·좌익·적개·익대·좌리공신이다.
*4 문과·중복자 제외.

## 2) 세종~문종대

세종~문종대의 34년간에는 의정이 문화유씨 3명과 청주한씨 1명의 4명이고, 판서가 안동권씨 5명 등 1(청주한·광주이·문화유)~4(한산이)명의 18명이고, 승지가 안동권씨 5명 등 1(청주한·전의이)~2(진주강·창녕성·한산이·문화유)명의 15명이고, 1~2품관이 창녕성씨 10명 등 1(판평윤 등)~8(문화유)명의 26명이며(중복 포함), 문과자가 파평윤씨 9명 등 1(청주한·광산김)~8(안동권·전의이)명의 49명이다. 관직별 비율은 의정이 18%(4/22), 판서가 26%(18/69), 승지가 19%(15/79), 문과급제자가 8%(49/545)이다.

## 3) 단종~예종대

단종~예종대의 18년간에는 의정이 청주한씨 2명과 판평윤씨 등 5성관

---

1) 본서에서는 5대를 파악하였지만 각 세대별 재직시기를 보면 대개 1세대는 고려말~태종대, 2세대는 세종대, 3세대는 세종말~세조대, 4세대는 세조말~성종대, 5세대는 성종말~중종중기였다. 여기에서는 이러한 재직시기 및 정치운영과 관련하여 1대는 태조~태종대, 2대는 세종~문종대, 3대는 단종~예종대, 4대는 성종대로 설정하여 파악한다(앞 〈표 2-4〉, 〈표 3-12〉, 〈표 4-13〉, 〈표 5-11〉, 〈표 6-11〉, 〈표 7-12〉, 〈표 8-12〉, 〈표 9-4~7〉에서 종합).

1명의 7명, 판서가 안동권씨 4명과 청주한씨 등 7성관 1~3명의 16명, 승지가 안동권씨·청주한씨 등 8성관 1~5명의 31명, 1~2품관이 파평윤씨 8명과 안동권씨 등 10성관 1~7명의 40명, 문과급제자가 안동권씨 7명과 전의이씨 등 1~6명의 44명, 공신이 안동권씨 8명과 청주한씨 등 10성관 1~7명의 37명이다. 관직별 비율은 의정이 29%(7/24), 판서가 26%(16/61), 승지가 42%(31/73), 문과급제자가 10%(44/449), 공신이 27%(37/138)이다.

〈표 12-2〉 조선초기 상위유력 11성관 주요직 재직자[2]

| | 태조~태종대 | | | | | |
| | 의정 | 판서 | 승지 | 정1~종2 | 공신 | 계 |
|---|---|---|---|---|---|---|
| 파평윤 | | 向 | 향 | 坤(3) | 곤(좌) | 2 |
| 청주한 | 尙敬 | | 尙德, 承顔 | 劍(1), 珪(1·4), 상경(3), 尙質(3), | 상경(개) | 6 |
| 진주강 | | | | 箟(1), | | 1 |
| 창녕성 | 石璘 | 石珚 | 允文 | 석린(1·2), 석연(5), | | 3 |
| 고령신 | | | | | | 0 |
| 광주이 | | | | | | 0 |
| 한산이 | | | | 種善(5) | | 1 |
| 안동권 | | 弘 | 瑗 | 踶(3·4), 近(2·3), 원(3), 惟(2·3), 仲和(1·2), 홍(3), 僖(1), 希達(4) | 근(좌) | 8 |
| 광산김 | | 漢老 | | 瞻(3·5), 한로(2·3·5) | | 2 |
| 문화유 | 廷顯 | 季聞, 寬, 정현 | 思訥 | 계문(5), 관(2·3), 蔓殊(2), 사눌(5), 殷지(4·5), 정현(2·3) | 亮(좌) | 7 |
| 전의이 | | | 承幹 | 승간(5) | | 1 |
| 합계 | 3 | 7 | 8 | 26 | 4 | 31 |
| | 세종~문종대 | | | | | |
| | 의정 | 판서 | 승지 | 정1~종2 | 공신 | 계 |
| 파평윤 | | 坤, 璠, 炯 | | 곤(2), 번(3·5) | | 3 |
| 청주한 | | 惠, 確 | 혜 | 尙敬(1), 尙德(5), 承顔(5), 혜(5), 확(2·4) | 상경 | 5 |
| 진주강 | | | 孟卿, 碩德 | 思德(4), 尙仁(5), 석덕(5), 蓍(2), 籌(5), 淮中(4·5) | | 7 |
| 창녕성 | | 達生, 發道, 抑 | 念祖, 揜 | 槪(5), 염조(4·5), 달생(2·4·5), 발도(4·5), 奉祖(5), 石璘(1), 勝(5), 억(2·4·5), 엄(5), 允文(5) | | 10 |
| 고령신 | | | | 檣(5) | | 1 |
| 광주이 | | 지강 | | 지강(3·4·5) | | 1 |
| 한산이 | | 季瞞, 孟畇, 叔畝, 叔畤 | 계린, 季甸 | 계린(5), 맹균(2·3·5), 숙무(5), 숙치(3·5), 種善(4·5) | | 6 |
| 안동권 | 軫 | 踶, 진, 袠, 弘, 孟孫 | 自恭, 제, 採, 맹손 | 克和(5), 제(2·3), 진(2·4), 충(4), 홍(1), 希達(4), 맹손(5) | | 8 |

| | | | | | | |
|---|---|---|---|---|---|---|
| 광산김 | | | | | | 0 |
| 문화유 | 寬,亮,廷顯 | 량 | 守剛, 穎 | 관(2),량(1·2·3), 孟聞(5), 思訥(5), 수강(5), 영(5), 殷之(4), 暲(5) | | 9 |
| 전의이 | | | 宜洽 | 士寬(3), 貞幹(4) | | 3 |
| 합계 | 4 | 17 | 14 | 46 | 1 | 53 |

단종~예종대

| | 의정 | 판서 | 승지 | 정1~종2 | 공신 | 계 |
|---|---|---|---|---|---|---|
| 파평윤 | 士昐 | 士畇, 士昕, | 사흔, 欽, 弼商,繼謙 | 사윤(5), 師路(1·2), 사분(2·5), 사흔(5), 쑥(5), 贊(5), 필상(3), 炯(3·5), 壕(5), 흠(5) | 계겸(익), 사윤(난·익),師路(익), 巖(익), 필상(적), 형(익, 추증) | 12 |
| 청주한 | 明澮, 確 | 繼美, 繼禧, 명회 | 계미, 繼純, 계희 , 명회, 贇 | 계미(1·2·5), 伯倫(4), 懽(5) | 계미(익·적), 계순(대), 계희(익), 명회(난·익·대), 백륜(익), 終孫(익), 확(난·익) | 9 |
| 진주강 | 孟卿 | | 龜孫, 子平 | 맹경(2·3·5), 希孟(5) | 맹경(익), 희맹(대) | 4 |
| 창녕성 | | 奉祖, 任 | 三問, 임 | 봉조(1·2·3·5), 임(5) | 삼문(난·익) | 3 |
| 고령신 | 叔舟 | 숙주 | 泗,숙주 | 숙주(1·2) | 숙주(난·익·대) | 2 |
| 광주이 | 仁孫 | 克培, 인손 | 克增, | 극배(5), 인손(2·5) | 극배(익), 극증(대) | 3 |
| 한산이 | | 季甸 | 封, 永垠, 坡 | 季疄(2·3), 계전(1), 봉(5), 영은(5), 파(5), 塤(5) | 계린(익), 계전(익) | 6 |
| 안동권 | 覽 | 瑊, 남, 專, 蹲 | 감,남, 孟禧, 自愼, 준, 摯 | 擎(5), 남(5), 攀(5), 자신(5), 전(5), 지(5), 至(5) | 감(대), 경(난), 남(난·익), 반(익), 攬(난), 자신(익), 준(난), 攢(대) | 11 |
| 광산김 | | 謙光 | 겸광, 國光, 禮蒙 | 국광(2·3), 伯謙(5) | 국광(적), 백겸(적) | 4 |
| 문화유 | | | | 泗(5), 洙(3·5), 守剛(5), 河(5) | 사(난), 수(난), 하(난) | 3 |
| 전의이 | | | 德良, 德崇, 壽男 | 덕량(5), 誠長(5), 孝長(5) | 덕량(적), 恕長(적), 禮長(난·익) | 7 |
| 합계 | 7 | 16 | 31 | 40 | 37 | 64 |

성종대

| | 의정 | 판서 | 승지 | 정1~종2 | 공신 | 계 |
|---|---|---|---|---|---|---|
| 파평윤 | 士昕, 壕, 弼商 | 繼謙 | 계겸, 殷老, 垣, | 계겸(5), 敏(5), 사흔(1), 殷老(5), 필상(1·2), 欽(4) | 계겸(익·리), 士畇(난·익), 師路(익), 사흔(리), 巖(익), 필상(적·리) | 12 |
| 청주한 | 明澮, 伯倫 | 繼純, 致禮, 致義, 致亨 | 健, 계순, 斯文, 堰, 치형, 한 | 健(5), 계희(2), 명회(1), 堡(5), 언(5), 巇(5), 치례(3·5), 치의(5), 致仁(5), 치형(2·3·5), 한(5) | 계미(익·적·리), 계순(대), 계희(익·리), 명회(난·익·대·리),백륜(대·리), 치례(리), 치의(리), 치인(리), 치형(리) | 13 |
| 진주강 | | 希孟 | 子平 | 희맹(2), 希顔(5) | 희맹(대·리) | 3 |
| 창녕성 | 奉祖 | 健, 俊, 倪 | 건, 준, 崇지 | 건(3·5), 貴達(5), 俶(5), 順祖(5), 任(3), 준(3), 현(4) | 봉조(리) | 8 |
| 고령신 | 叔舟 | 浚 | 瀞, 從濩, 준 | 정(5), 종호(5), 준(5) | 숙주(정·익·대·리), 정(리), 준(리) | 4 |
| 광주이 | 克培 | 克堪, 克均, 克敦, 克增, 封 | 극감, 克基, 극증, 世匡, 世佑, 世佐, 世弼 | 극감(5), 극균(3·5), 극기(5), 극돈(3·5), 극배(1),극증(3), 세좌(5),세필(5),봉(5) | 극감(익), 극돈(리), 극배(익·리), 극증(대) | 11 |

| | | | | | | |
|---|---|---|---|---|---|---|
| 한산이 | | 坡 | | 파(2·3), 塡(3) | 永垠(리), 훈(리) | 3 |
| 안동권 | | 瑊, 攢 | 健, 景祐 | 감(3), 건(5), 恭(4), 倧(5) | 감(대), 경(난), 반(익), 攢(대) | 7 |
| 광산김 | 國光 | 謙光, 良璥 | 양경 | 겸광(3), 국광(1), 伯謙(5), 양경(5) | 겸광(리), 국광(적·리), 백겸(적) | 4 |
| 문화유 | | 泗, 洵, 輊 | 睕, 순, 지 | 권(5), 순(5), 지(5) | 사(난·리), 수(난), 하(난) | 4 |
| 전의이 | | | | 恕長(5) | 德良(적), 서장(적), 壽男(리) | 3 |
| 합계 | 9 | 24 | 31 | 46 | 40 | 72 |

| | 합계(태조~성종대) | | | | | | 비고(*중복제외, 1~4대) |
|---|---|---|---|---|---|---|---|
| | 의정 | 판서 | 승지 | 정1~종2 | 공신 | 계* | |
| 파평윤씨 | 4 | 7 | 7 | 38 | 8 | 35 | |
| 청주한씨 | 4 | 9 | 13 | 30 | 12 | 29 | |
| 진주강씨 | 1 | 1 | 5 | 15 | 2 | 13 | |
| 창녕성씨 | 2 | 7 | 7 | 27 | 2 | 26 | |
| 고령신씨 | 1 | 2 | 5 | 12 | 3 | 12 | |
| 광주이씨 | 2 | 8 | 7 | 10 | 4 | 9 | |
| 한산이씨 | 0 | 6 | 6 | 17 | 4 | 17 | |
| 안동권씨 | 2 | 10 | 14 | 47 | 9 | 44 | |
| 광산김씨 | 1 | 4 | 4 | 15 | 3 | 15 | |
| 문화유씨 | 3 | 7 | 10 | 33 | 4 | 33 | |
| 전의이씨 | 0 | 0 | 5 | 27 | 4 | 26 | |
| 합계 | 22 | 61 | 83 | 271 | 55 | 259 | |

*정1~종2(1-영중추등 정1, 2-찬성, 3-참찬등, 4-도총제등, 5-참판등)
*공신(개-개국, 정-정사, 좌-좌명공신, 난-정난, 익-좌익, 적-적개, 대-익대공신, 리-좌리공신)

## 4) 성종대

성종대 25년간에는 의정이 파평윤씨 3명과 청주한씨 등 5성관 1~2명의 9명, 판서는 청주한·창녕성씨 각4명과 광주이씨 등 9성관 1~3명의 24명, 승지는 청주한·광주이 각6명과 파평윤씨 등 8성관 1~4명의 31명, 1~2품관이 청주한씨 11명과 광주이씨 등 10성관 1~9명의 46명, 문과급제자가 광주이씨 13명과 전의이씨 등 10성관 2~8명의 57명, 공신이 청주한씨 9명과 파평윤씨 등 1~6명의 40명이다. 관직별 비율은 의정이 45%(9/20), 판서가 44%(24/54), 승지가 32%(31/96), 문과급제자가 13%(57/456), 공신이 35%(40/114)이다.

---

2) 졸저, 『조선초기 관인이력』 각 성관조에서 종합.

## 5) 태조~성종대

태조~성종대 103년간에는 의정은 파평윤·청주한씨 각4명과 문화유씨 등 7성관 1~3명의 28명, 판서는 청주한·안동권 각9명과 파평윤씨 등 9성관 1~8명의 33명, 승지는 파평윤·청주한 각13명과 창녕성씨 등 9성관 2~9명의 27명, 1~2품관은 안동권씨 26명과 청주한씨 등 10성관 7~23명의 178명, 문과급제자는 안동권씨 51명과 진주강씨 등 10성관 9~30명의 267명, 공신은 청주한씨 18명과 파평윤씨 등 10성관 2~10명의 67명이다. 관직별 비율은 의정이 42%(28/67), 판서가 33%(63/189), 승지가 27%(74/279), 문과급제자가 18%(267/1,815), 공신이 19%(67/350)이다.

그런데 11성관이 배출한 의정 등의 수와 비율을 시대별로 비교하여 보면 파악시기와 관련되어 다소의 차이는 있지만 의정은 2/3〈4/18〈7/29〈9명/45%, 판서는 7/32〈18/26=16/26〈24명/44%, 승지는 7/29〉15/19〈31/42=31명/32%, 문과급제자는 20/5〈49/8〈44/10〈57명/13%, 공신은 4/4〈37/27〈40명/35%로서 모든 관직이 태조~태종대가 가장 적고, 세종~문종대, 단종~예종대, 성종대가 점차로 많아졌다.[3] 이러한 경향은 11성관도 같다.[4] 이점은 청주한씨 등 11성관이 조선왕조의 이행과 함께 점진적으로 사관자와 당상관이 증가되면서 정치적 영향력을 확대하고 가세를 강화하면서 유력(거족)성관으로 정착되었음을 잘 보여주고 있다고 하겠다.

---

3) 각 시대별 의정 등의 비율은 다음과 같다(수/비율, 위 표, 뒤 〈표 11-8〉에서 종합).

| | 의정 | 판서 | 승지 | 1~2품 | 문과 | 공신 | 계(명,문과·중복제외) |
|---|---|---|---|---|---|---|---|
| 태조~태종 | 2명/3% | 7/32% | 7/29 | 26/ | 20/5 | 4/4 | 31 |
| 세종~문종 | 4/18 | 18/26 | 15/19 | 46/ | 49/8 | 1/ | 53 |
| 단종~예종 | 7/29 | 16/26 | 31/42 | 40/ | 44/10 | 37/27 | 64 |
| 성종 | 9/45 | 24/44 | 31/32 | 46/ | 57/13 | 40/35 | 72 |
| 합계(평균) | 28/42 | 63/33 | 74/27 | 158/? | 18/257 | 67/19 | |

4) 각 성관의 의정 등의 수는 다음과 같다(단위 명, 위 표, 뒤 〈표 11-8〉에서 종합

　지금까지 살핀 추요직 역임자 중 당상관 역임자의 성명과 관직을 정리하여 제시하면 다음의 표와 같다.

　그런데 이 추요직 역임자를 정종 2~문종 2년과 단종 1~성종 25년의 시기로 구분하여 그 비율을 보면 각각 의정은 14·22%(/72명)였고, 판서는 11·17%(/227)였고, 승지는 10·28%(/219)였으며, 공신은 3%(/95)·40%(/193)였다. 이러한 11성관의 관직점유는 가문 수는 적지만 순조대 이후 세도가를 중심으로 벌열 20여 가문이 연합하면서 정치를 주도하였 때의 그것과 큰 차이가 큰 차이가 없다.[5] 이점은 비록 단종~성종대의 11성관은 상호간 연합하지 않았고, 정치에 끼친 영향력에서 차이가 있기는 하지만 벌열정치기

| | 의정(1/2/3/4기, 좌동) | 판서 | 승지 | 1~2품 | 문과 | 공신 | 비고 |
|---|---|---|---|---|---|---|---|
| 파평윤 | 0/0/1/3 | 1/3/2/2 | 1/0/4/4 | 1/1/8/7 | 1/9/8/4 | 0/0/6/6 | 35 |
| 청주한 | 1/0/2/2 | 0/1/3/4 | 2/1/5/6 | 4/5/5/11 | 1/1/1/6 | 1/0/7/11 | 29 |
| 진주강 | 0/0/1/0 | 0/0/0/1 | 0/2/2/2 | 2/4/2/2 | 1/3/1/6 | 0/0/2/1 | 13 |
| 창녕성 | 1/0/0/1 | 1/3/2/4 | 1/2/2/2 | 2/10/2/7 | 1/3/5/3 | 0/0/1/1 | 26 |
| 고령신 | 0/0/1/1 | 0/0/1/1 | 0/0/2/2 | 0/1/1/3 | 0/3/5/3 | 0/0/1/3 | 12 |
| 광주이 | 0/0/1/1 | 0/1/2/3 | 0/0/1/6 | 0/1/2/9 | 2/5/4/13 | 0/0/2/4 | 9 |
| 한산이 | 0/0/0/0 | 0/4/1/2 | 1/2/3/0 | 1/5/6/2 | 1/5/5/4 | 0/0/2/3 | 17 |
| 안동권 | 0/1/1/0 | 1/5/4/2 | 1/5/6/3 | 8/7/7/4 | 4/8/7/4 | 1/0/8/4 | 44 |
| 광산김 | 0/0/0/1 | 1/0/1/2 | 0/0/3/1 | 2/0/2/3 | 1/1/4/3 | 0/0/2/3 | 15 |
| 문화유 | 1/3/0/0 | 3/1/0/2 | 1/1/0/3 | 6/8/4/3 | 7/3/5/7 | 1/0/3/3 | 13 |
| 전의이 | 0/0/0/0 | 0/0/0/1 | 1/1/3/1 | 1/2/3/1 | 2/8/6/8 | 0/0/3/3 | 26 |
| 계 | 7/16 | 25/39 | 22/61 | 69/91 | 70/112 | 3/78 | 239 |

5) 11성관의 두 시기 추요직 점유율과 벌열정치기 가장 번창한 안동김씨 등 15 가문의 추요직 점유는 다음의 표와 같다(졸저, 『조선전기의 의정부와 정치』, 379~383쪽 〈별표 1〉 : 『조선초기 육조와 통치체계』, 241~268쪽, 〈별표 1〉, 한국역사연구회, 1990, 『조선정치사』 하, 777~788쪽 〈부표 23〉에서 종합, (수/계).

| | 의정부·육조 | | | 비변사 | | |
|---|---|---|---|---|---|---|
| | 의정 | 판서 | 계 | 중신(예겸·유사·전임·경제당상*) | 도제조 | 계(*군영대장 제외) |
| 정종1~문종2 | 19% (6/31) | 17% (21/125) | 17% (19/114) | | | |
| 단종1~성종25 | 34% (14/41) | 60% (61/102) | 58% (62/106) | | | |
| 순조1~철종13 | | | | 69% (177/258) | 77% (20/26) | 73% (208/284) |

의 단초를 보여주는 것이 아닌가 한다.

이상에서 조선초기의 최상위 양반가문은 1392년(태조 1)~1452년(문종 2)에 족세가 흥기하였고, 1453년(단종 1)~1494년(성종 25)에 수십명이 공신에 책록되고 의정·판서·승지 등 추요직을 역임하고 이와 동시에 그 자손에게 출사·승자·승직 등의 혜택을 주면서 거족으로 인식됨을 물론 가장 유력한 양반가문으로 대두되었다고 하겠다. 조선초기 상위유력 11성관 사관자의 출사율과 최고관직 비율을 재정리하여 제시하면 다음의 표와 같다.

〈표 12-3〉 조선초기 상위유력 11성관 출사율, 출사로와 최고관직 비율[6]

| | 출사율<br>(출사자/미출<br>사자/계) | 출사로별 비율/인원<br>(*음서후문과 포함) | | | | | 본인 최고관직율/인원(7~9·불명 포함) | | | | |
|---|---|---|---|---|---|---|---|---|---|---|---|
| | | 문과 | 무과 | 음서* | 기타 | 계 | 1~2품 | 3상 | 3~6 | 기타* | 계 |
| 파평윤 | 48(259/314/608) | 6/15 | 5/14 | 39/102 | 49/128 | 100/259 | 17/48 | 7/18 | 57/148 | 17/45 | 100/259 |
| 청주한 | 69(/192/96/288) | 6/12 | 9/17 | 46/88 | 39/75 | 100/192 | 21/41 | 10/20 | 56/107 | 13/24 | /192 |
| 진주강 | 52(209/193/402) | 6/12 | 3/6 | 56/116 | 36/75 | 100/209 | 8/16 | 3/6 | 70/146 | 20/41 | 100/209 |
| 창녕성 | 54(159/133/292) | 14/15 | 1/2 | 41/65 | 48/77 | 100/159 | 22/35 | 14/22 | 56/89 | 8/13 | 100/159 |
| 고령신 | 46(81/97/178) | 16/13 | 6/5 | 33/27 | 44/36 | 100/81 | 16/13 | 10/8 | 59/48 | 15/12 | 100/81 |
| 광주이 | 48(97/106/203) | 22/21 | 0/0 | 58/56 | 21/20 | 100/97 | 12/12 | 15/15 | 62/60 | 10/10 | 100/97 |
| 한산이 | 57(113/87/190) | 13/15 | 3/3 | 81/92 | 3/3 | 100/113 | 18/20 | 11/12 | 55/62 | 17/19 | 100/113 |
| 소계 | 51(1,110/2,161) | /103 | /47 | /546 | /414 | 100/1,110 | /185 | /101 | /660 | /164 | 1,110 |
| 안동권 | | 12/33 | 4/10 | 51/138 | 33/88 | 100/269 | 19/52 | 6/17 | 61/165 | 13/35 | 100/269 |
| 광산김 | | 11/21 | 4/7 | 29/57 | 58/115 | 100/200 | 11/21 | 6/11 | 63/126 | 21/42 | 100/200 |
| 문화유 | | 9/27 | 4/12 | 46/143 | 42/132 | 100/314 | 11/36 | 5/17 | 66/208 | 17/53 | 100/314 |
| 전의이 | | 10/41 | 7/27 | 30/116 | 53/208 | 100/392 | 9/34 | 6/22 | 64/249 | 15/57 | 100/392 |
| 소계 | | 10/122 | 5/56 | 39/454 | 46/543 | 100/1,175 | 12/143 | 6/67 | 64/748 | 16/187 | 100/1,175 |
| 합계 | | 10/225 | 5/103 | 44/1,000 | 42/957 | 100/2,285 | 14/328 | 7/168 | 62/1,408 | 15/351 | /2,285 |

| | 부조 최고관직율/인원 | | | | | 비고 |
|---|---|---|---|---|---|---|
| | 1~2 | 3상 | 3~6 | 7~9[*3] | 계 | |
| 파평윤 | 59/153 | /29 | /59 | /18 | 100/259 | |
| 청주한 | 66/126 | /26 | /38 | /2 | 100/192 | |
| 진주강 | 42/87 | /6 | /95 | /21 | 100/209 | |
| 창녕성 | 52/82 | /27 | /46 | /4 | 100/159 | |
| 고령신 | 60/49 | /6 | /24 | /2 | 100/81 | |
| 광주이 | 52/50 | /20 | /21 | /6 | 100/97 | |
| 한산이 | 73/82 | /19 | /12 | /0 | 100/113 | |
| 소계 | 57/629 | /133 | /295 | /53 | 100/1,110 | |
| 안동권 | 68/184 | /15 | /65 | /5 | 100/269 | |
| 광산김 | 27/53 | /28 | /110 | /9 | 100/200 | |
| 문화유 | 59/184 | /18 | /104 | /8 | 100/314 | |

| 전의이 | 47/184 | /28 | /167 | /13 | 100/392 | |
| 소계 | 51/605 | /89 | /446 | /35 | 1,175 | |
| 합계 | 54/1,234 | /222 | /741 | /88 | 2,285 | |

## 2. 兩班家門과 政治運營

### 1) 태조~문종대

태조~문종대의 정치는 태조대에는 鄭道傳이 중심이 된 개국공신으로서 都評議使司 判事·同判事·使를 겸직한 정1~정2품직인 문하부 정승·찬성사·참 찬사와 中樞院 判事[7] 등이 정치를 주도하였다. 정종 즉위~태종 13년에는 1400년(정종 2) 도평의사사가 議政府로 개칭된 뒤에는 河崙·李叔蕃 등이 중심이 된 定社·佐命功臣인 의정부 의정·찬성과 6조 판서 등이 정치를 주도하 였다. 태종 14년~세종 17년에는 1414년(태종 14) 육조직계제가 실시되면서 육조가 서무를 분장함과 관련되어 의정부 의정과 6조판서 등이 정치를 주도하 였다. 세종 18년~문종 2년에는 1436년(세종 18)에 의정부서사제가 실시되면 서 기능이 강력해진 의정이 판서 등과 함께 정치를 주도하였다.[8]

---

6) 앞 〈표 2-2·〉, 〈표 3-2·3〉, 〈표 4-4·5〉, 〈표 5-2·3〉, 〈표 6-2·3〉, 〈표 7-2·3〉, 〈표 8-2·3〉, 〈표 12-4~7〉(안동권·광산김·문화유·전의이씨)에서 종합.

7) 도평의사사 당상직을 겸대한 관직은 다음의 표와 같다(졸저, 앞『조선전기 의 의정부와 정치』, 48쪽 〈표 4·5〉에서 종합(태조실록 권1, 1년 7월 정미).

| | 직질/관직수 | 문하부 | 삼사 | 중추원 | 비고 |
|---|---|---|---|---|---|
| 判事 | 정1/2 | 좌·우시중* | | | *태조3년 10월 좌·우정승 |
| 同判事 | 종1~정2/11 | 찬성사2(종1), 참찬사4·知事1·정당문학4(정2) | 判事1(종1), 左·右僕射각1(정2) | | |
| 使 | 정2/1 | | | 判事1 | |
| 府使 | 종2/15 | | | 使1·知事2·同知事4·簽書使1·副使6·學士1 | |

8) 졸저, 1998,『조선초기 육조와 통치체계』, 계명대학교출판부를 토대로 간추리고 보완하면서 정리.

이러한 정치체제 및 정치주도 관직·집단과 관련시켜 이 시기에 청주한씨 등 단종~성종대에 가장 번창하였던 10여 양반가문이 배출한 의정(정승, 태조대)과 공신을 보면 양자를 합해 3·4명에 불과하였다.9)

그리고 의정 등 역임자에 있어서도 정치에 큰 영향력을 발휘한 인물이 없었다. 또 11개 성관 중에서는 창녕성씨와 문화유씨가 가장 번창하였는데 이 경우에 있어서도 그 수가 적기도 하거니와10) 태종이 척족세력과 권신을 경계하여 원경왕후의 처남과 그 추종세력·세종국구인 심온과 그 형제, 이숙번을 제거하였듯이11) 특정 가문이 대두될 수 없었다. 세종~문종대에는 문과출신인 의정·판서가 주도하였는데, 문과출신의 성관이 많아졌기 때문에12) 다수의 추요직을 역임한 가문이 없었다.

---

9) 앞 〈표 12-2〉. 의정은 韓尙敬·成石璘·柳廷顯이고, 공신은 尹坤·韓尙敬·權近·柳亮이다.
10) 창녕성씨는 石璘(의정)·石珚(판서)·允文(승지)의 3명이고, 문화유씨는 廷顯(의정)·季聞(판서)·寬(판서)·思訥(승지)·殷之(도총제)의 5명이다(앞 〈표12-2〉).
11) 태종의 외척과 권신제거는 김성준, 1962, 「태종조의 외척제거에 대하여」, 『역사학보』, 17·18합호 참조.
12) 문과출신인 의정·판서의 성관은 다음과 같다(졸저, 『조선전기의 의정부와 정치』, 379~387쪽 〈별표 1〉 ; 『조선초기의 육조와 통치체계』, 241~268쪽 〈별표 1〉에서 종합.

| | 의정 | 판서 | 계 | 비고 | | 의정 | 판서 | 계 | 비고 |
|---|---|---|---|---|---|---|---|---|---|
| 문화유 | 2 | 1 | 3 | | 경주김씨 등 8성관 각2 | | 16 | 16 | 평산신·창녕성·동래정·하동정·전주최·여흥민·연안김. |
| 성주이씨 등 17성관 각1 | 17 | | 17 | 반남박·고성이·청송심·청주정·한양조·장수황·신창맹·통천최·교하노·하양허·평산신·진주하·영천황보·의령남·순천김·진주정. | 연안김씨 등 37성관 각1 | | 37 | 37 | 함양박·해주정 순흥안·광주이·창녕조·통천최·성산이·봉화정·동복오·은풍신·평해황·이천서·교하노·봉산이·공주이·진주하·부유심·운봉박·영일정·영천황보·예안이·남양홍·상주박·청주한·의령남·순천김·순흥안·진주정·영산신·예천권·장수황·성주이·개성이·탐진안·영천이·전주이. |
| 안동권 | 1 | 4 | 5 | | 불명 | | 4 | 4 | |
| 파평윤등 4성관 각3 | | 12 | | 양주조·하양허·한산이. | 계 | 20 | 69 | ? | |

## 2) 단종~성종대

단종~성종대는 세조왕권의 정통성 결여, 예종의 조서, 유년의 성종즉위 등으로 왕권이 동요되었고, 이를 타개하고 왕권을 강화·행사히기 위하여 육조직계제를 실시하고 공신·외척을 중용함은 물론 자주 백관의 위무책을 실시하였다.[13]

단종~세조 12년에는 국정운영체계가 육조직계제로 전환되기는 하나 정난·좌익공신으로 장기간 의정에 재직한 韓明澮·申叔舟·權覽 등이 중심이 된 의정·판서가 정치를 주도하였다.[14] 세조 13~14년에는 李施愛亂 토벌 후에 책봉된 적개공신이고 의정인 康純·판서인 南怡 등이 소수이지만 세조의 총애를 토대로 정치를 주도하였다.[15] 예종 즉위~성종 6년에는 국상과 유년인 성종의 즉위에 따라 섭정한 세조비 貞熹王后의 국정운영을 보좌하기 위한 院相制가 운영되면서[16] 원상을 겸한 의정 등이 판서와 함께 국정운영을 주도하였다.[17] 성종 7~25년에는 적개공신의 정치주도를 타개하고 책봉된 익대공신·성종즉위를 주도하고 책봉된 좌리공신으로서 의정 등을 역임한 한명회·신숙주 등과 의정·판서가 정치를 주도하였다.[18]

이 시기 청주한씨 등 가장 번창하였던 11 유력성관 양반가문이 역임한 의정·판서·승지와 공신의 수를 보면 총 77명으로 의정은 동기 의정의 34%(14/41), 판서는 36%(37/102), 승지는 57%(58/102), 공신은 71%(49/69)

---

13) 졸고, 앞 「조선 세조~성종대의 가자남발에 대하여」, 168~171쪽.

14) 졸저, 앞 『조선전기의 의정부와 정치』, 235~236쪽.

15) 졸고, 1995, 「왕권의 재확립과 제도의 완성」, 『한국사』 22, 132쪽. 이시애난 중에 당시의 실권자인 한명회·신숙주가 이시애와 연통화였다는 혐의를 받고 수금되었다가 방면되는 등 실권하였고, 그 반면에 이시애난 후에 그 토벌 사령관인 도총사 龜城君 李浚 등이 의정부와 육조의 요직에 제수되어 정치를 주도하다가 1468년(예종 즉) 한명회·유자광 등이 주도한 남이역모사건을 계기로 구성군 준 등이 유배되거나 사사되면서 종결되었다. 세조 13년 9월~예종 즉위년 12월의 의정·판서는 다음의 표와 같다(『조선왕조실록』 세조 13년 9월~예종 즉위년 12월조 등에서 종합).

였다.[19] 특히 이 중에는 예종~성종대의 정치를 주도한 의정인 韓明澮·申叔舟 등을 위시하여 정치에 큰 영향력을 발휘한 판서 韓繼美·承旨 權瑊 등 10여 명이 망라되었다.[20] 또 당시는 '壻留夫家制'의 혼속 등과[21] 관련되어 사위와

| | 성명 | 재직기간 | 난중관직 | 비고 | | 성명 | 재직기간 | 난중관직 | 비고 |
|---|---|---|---|---|---|---|---|---|---|
| 영의정 | 최항<br>조석문<br>이준<br>박원형 | 세13.9~<br>13.12~<br>14.7~<br>예즉12~ | 좌의정<br>좌의정<br>도총사<br>우의정 | 적개1<br>적개1 | 병판 | 박중선<br>남이<br>박중선 | 세13.9~<br>14.8~<br>예즉.9~ | 병참판<br>행부호군<br>병참판 | 적개1<br>적개1<br>적개1 |
| 좌의정 | 조석문<br>홍달손<br>박원형<br>김질 | 세조13.9~<br>13.12~<br>14.3~<br>예즉12~ | 부총사<br>도총관<br>우의정<br>경상관 | 적개1 | 형판 | 서거정<br>강희맹 | 세13.1~<br>13.12~ | 예참판<br>예판 | |
| 우의정 | 강순<br>김질<br>윤사분 | 세13.9~<br>14.7~<br>예즉.12 | 토벌대장<br>경상관<br>지중 | 적개1 | 공판 | 임원준<br>어유소<br>서거정<br>남이<br>김예몽<br>양성지 | 세12.10~<br>13.10~<br>13.12~<br>13.12~<br>14.8~<br>예즉.윤2~ | 공판<br>토벌대장<br>예참판<br>선봉장<br>예참판<br>대사헌 | 적개1<br>적개1 |
| 이판 | 한계희<br>성임<br>홍응<br>권감 | 세11.2~<br>13.9~<br>예즉.윤2~<br>즉.12~ | 이판<br>중부<br>겸도승지<br>좌승지 | | 도승지 | 권맹희<br>권감 | 세13.8~<br>13.12~ | 도승지<br>좌승지 | |
| 호판 | 노사신 | 세12.5~ | 호판 | | 계(적개<br>공신) | | 의정3, 판서4<br>(중복제외) | | 7 |
| 예판 | 김겸광<br>임원준<br>김겸광 | 세13.9~<br>14.2~<br>예즉.8~ | 의금지사<br>공판<br>의금지사 | | | | | | |

16) 원상제의 설치배경, 운영시기, 역임자, 기능 등은 김갑주, 1973, 「원상제의 성립과 기능」, 『역사학보』 12 참조.

17) 졸저, 『조선전기의 의정부와 정치』, 237~238쪽.

18) 한명회·신숙주 외의 인물은 다음과 같다(졸저, 『조선전기의 의정부와 정치』, 238~240 쪽 ; 졸고, 「조선초기 육조연구첨보」, 43~42쪽 등에서 종합).
의정 : 정창손(6~16 영의정), 윤필상(9~24 우·좌·영), 홍응(16~23 우·좌), 노사신(18~25 우좌), 허종(23~25 우).
판서 : 이극증(1~8 이, 호, 10·14~15 병, 12~13 형), 허종(8 예, 12~13 호, 19~20 병), 강희맹(8~10 이판), 이승소(2~13 예·이·형판), 한치형(12 호, 17~18 형, 22~24 병), 외).

19) 앞 〈표 12-2〉.

20) 이들이 정치에 큰 영향력을 발휘한 관직과 재직기간은 다음과 같다(졸고, 1987, 「조선초기 육조연구첨보」, 『대구사학』 33, 32~33, 34~37쪽, 41~43쪽에서 종합).
의정 : 신숙주(세조4~성종6 우·좌·영의정), 한명회(세조8~13·예종즉위~1·성종5~7 3의정), 윤필상(성종9~24 3의정).

외손의 사관생활에 직·간접으로 영향을 끼쳤는데, 위 11가문의 자녀와 통혼한 가문의 처부·사위의 부로서 정1~정2품당상 추요직인 의정·찬성·참찬·판서 등이 40여 명이나 되었다.[22]

또 청주한씨 등 11성관 당상관의 정1~정3품 재직기간을 보면 평균 39세에 당상관에 승진하였으니[23] 졸년에[24] 따라 차이는 있겠지만 치사가 70세였음을[25] 감안하면 26~30여년 전후에 달하였다.

이상에서 청주한씨 등 유력 11성관은 태조~세종대에는 정치상황·배출된

---

판서 : 신숙주(세조 병판), 한명회(세조3~7, 이·병판), 한계미(세조10~11 이판), 한계희(세조11~13 이판), 김국광(세조10~13 호·병판), 이극증(성종1~8 이·호판, 10~15 병판), 강희맹(세조11~성종4 예, 성종4~5 병, 8~10 이판).
승지 : 한명회(단종2~세조4 6승지), 김국광(세조6~7 동부~좌부승지), 윤필상(세조9~13 동부·좌부·좌·도승지), 권감(세조13~성종1 동부·좌부·도승지), 유지(성종1~7 동부~좌부·도승지).

21) 서유부가제의 내용과 영향은 앞 2장 주(64) 참조.
22) 이들 가문의 성명과 관직, 통혼관계 등은 다음의 표와 같다(앞 2~8장, 12장 각성관 배우자 종합표에서 종합).

|  | 관직·성명과 통혼관계(*처부, **壻父) |  | 관직·성명과 통혼관계(*처부, **壻父) |
| --- | --- | --- | --- |
| 파평윤 | 좌의정 정괄(접*), 이판 어효첨(지강*), 판돈령 박중선(여필*), 형판 김여석(림*), 영중 이변(여필*) | 한산이 | 판서 원효연(윤필*), 지중 이사검(계주**), 영상 노사신(숙**) |
| 청주한 | 판서 金礒(명진**), 판서 조경(안세*부),능성군 구문신(언륜*), 참찬 이숭원(의*), 우찬성 김개(종손*8, 이판 이식(휘**), 판서 변종인(만손**, 영상 신승선(백륜·겸**), 판서 오준(변*), 찬성 김감(경록*), 판윤 이사후(확**, 금천군 박강(치원*), 판중 박중선(익*), 병판 여자신(담*), 영중 노공필(간**, 판윤 김종순(세걸*), 판윤 홍영손(봉·학유*) | 진주강 | 판서 이효례(안복**), 지중 이약동(효손*), 영상 황수신(석덕**), 찬성 최사강(혜*), 이판 신후갑(이경*), 판중 남경우(맹경**, 참찬 김개(희안**), 좌상 어세겸(희안**) |
| 창녕성 |  | 안동권 | 판윤 신숙(적*) |
| 고령신 | 참찬 박건(용개*), 판서 신수영(부**) | 광산김 | 판중 김세신(중구*), 찬성 구종직(굉*) |
| 광주이 | 형판 김흡(인손**), 지중 이념의(극기*), 남성군 홍석(극견*) | 전의이 | 영상 정괄(익희*), 판서 이승소(맹사*), 영상 황수신(계중*), 부원군 변상복(수봉*), 군 강곤(지지*), 영상 정창손(엽*), 판윤 안지귀(순형*), 판중 조혜(량*) |
| 문화유 |  | 계 | 49(처부 34, 서부 15) |

23) 앞 〈표 11-9〉 참조.
24) 조선초기에 졸년이 확인된 신개 등 30여명의 평균연령을 보면 64.5세였다. 표집 관인의 생년은 다음의 표와 같다(졸저, 『조선초기 관인이력』, 〈표 8-2~8〉에서 종합).

의정·판서·공신 수와 관련되어 정치에 큰 영향력을 발휘하지 못하고, 가세도 떨치지 못하였다. 그러나 단종~성종대에는 정치상황·외척과 공신의 중용, 의정·판서가 중심이 된 국정운영 등과 관련되어 당시의 정치를 주도하면서 가세를 떨쳤다고 하겠다.

조선초기(태조~성종대)의 정치체제와 정치주도 관직·정치집단을 재정리하면 다음과 같다.

<표 12-4> 조선초기 통치체계와 정치주도 관직·정치집단26)

| | | 국정운영체계 | 정치주도 관직 | 정치주도집단 | 비고 |
|---|---|---|---|---|---|
| 태조 ~ 문종 | 태조 | 왕-都評議使司-6曹·百司 | 문하부 정1~정2 | 개국공신 | 도평의사사체제기 |
| | 정종1~태종13 | 왕-議政府-6조-백사 | 의정·판서 | 정사·좌명공신 | 의정부서사기 |
| | 태종14~세종17 | 왕(-의정부)-6조-백사 | 동상 | 문과출신 | 육조직계기 |
| | 세종18~문종 | 왕-의정부-6조-백사 | 동상 | 문과출신 | 의정부서사기 |
| 단종 ~ 성종 | 단종1~세조12 | 왕(-의정부)-6조-백사 | 동상 | 정난·좌익공신 | 육조직계기 |
| | 세조13~14 | 동상 | 동상 | 적개공신 | 동상 |
| | 예종1~성종6 | 왕-院相-의정부·6조-백사 | 원상인 의정·찬성, 판서 | 익대·좌리공신 | 원상운영기 |
| | 성종7~25 | 왕(-의정부)-6조-백사 | 의정·판서 | 좌리공신 | 육조직계기 |

| | 생년<br>(졸년) | 비고<br>(최고관직) | | 생년<br>(졸년) | 비고<br>(최고관직) | | 생년<br>(졸년) | 비고<br>(최고관직) |
|---|---|---|---|---|---|---|---|---|
| 신개 | 73(1446) | 좌의정 | 양희지 | 68(1504) | 호참판 | 성념조 | 51(1450) | 판한성 |
| 하연 | 78(1453) | 영의정 | 정광필 | 77(1538) | 영의정, 이상 문과자 | 이교연 | 53(1475) | 형참판 |
| 윤회 | 57(1436) | 대제학 | 조비형 | 65(1440) | 도총제, 무과 | 成健 | 58(1495) | 예판 |
| 정척 | 86(1475) | 지중추 | 노한 | 52(1427) | 우의정 | 李陸 | 61(1498) | 병참판, 이상 음·문 |
| 최항 | 76(1474) | 좌의정 | 강석덕 | 65(1459) | 지돈령 | 최윤덕 | 70(1445) | 좌의정 |
| 양성지 | 68(1482) | 이판 | 성봉조 | 74(1474) | 우의정 | 성달생 | 67(1444) | 판중추 |
| 강희맹 | 60(1483) | 좌찬성 | 權摯 | 59(1472) | 동중 | 박중선 | 57(1481) | 판돈령 |
| 朴楗 | 76(1509) | 좌찬성 | 신수근 | 57(1506) | 좌의정, 이상 음서자 | 權健 | 44(1501) | 호참판, 이상 음·무 |
| 홍귀달 | 67(1504) | 좌참찬 | 권제 | 59(1445) | 우찬성 | 평균 | 64.5세 | |

25) 70세가 되면 치사함이 원칙이었지만 정치상황, 그 대상자에 대한 국왕의 신임 등과 관련되어 예컨대 정인지(1396~1478), 정창손(1402~1487), 윤필상(1427~1504), 이극배(1422~1495), 정문형(1427~1501) 등은 几杖을 받고 졸하기까지 증경의정, 부원군 등으로서 정치에 참여하였다.

26) 앞 539~543쪽에서 종합.

# 결 어

지금까지 양반·거족가문의 형성과정, 조선초기에 가장 번창한 거족가문인 坡平尹·淸州韓·晉州姜·昌寧成·高寧申·廣州李·韓山李氏를 표집하여 가문의 전개, 가문의 인물과 인사행정, 가문의 통혼권과 가계의식을 고찰하였다. 또 이들 7가문과 가세가 대등하지만 제외된 安東權·光山金·文化柳·全義李氏를 가미한 11가문의 통혼·경제와 가문출신 관인이 조선초기의 인사행정·정치운영과 어떻게 연관되었는가를 검토하였다. 이를 요약·정리하면 다음과 같다.

1. 兩班家門은 고려초에 문·무반관인을 배출한 집(家)을 지칭하면서 비롯되었고, 고려 중기에 대대로 고위관직을 점유하면서 정치를 주도하였던 門閥家門과 통용되면서 지배신분층의 가문-양반가문으로 정착되었다. 이 양반가문이 조선개국과 함께 조선으로 계승되다가 세조대 이후에 그 중에서 다수의 공신과 최고위 관직을 배출하면서 족세가 번창한 가문이 여타 가문과 구별되면서 有力姓貫-鉅族家門으로 지칭되면서 정착되었다.

2. 조선초기의 양반가문은 가문 간에 차이는 있지만 신분적 특권을 누리면서 조선의 정치를 주도하였는데, 그 중에서도 청주한·파평윤·안동권씨를 필두로 한 11유력성관은 다수가 왕실과의 혼인, 공신책록·의정과 판서 등 추요직 역임을 통해 여타 유력(거족)성관보다 우월한 지위를 누렸다.

3. 조선초기 청주한씨 등 11성관 자손은 여타 양반가문 자손과 같이 문·무과, 음서, 천거 등을 통해 출사하였지만, 수십명이 음서로 자손에게 관직을 제수할 수 있는 당상관이 되었기에 음서가 중심이 된 과거 등을 통해 자손의 89%(한산이)~42%(광산김)가 출사하였다.

4. 조선초기 청주한씨 등 11성관 사관자는 국왕과의 관계, 공신책록, 단종대 이후의 수십회에 걸친 백관 등에게 수여한 加資·代加, 의정이하 당상 추요직을 역임한 부조의 직·간접적인 후원으로 21명(광주이)~66명(파평윤) 총 500여 명이 정1~정3품 당상관까지 승진하였다.

5. 당상관에 진출한 청주한씨 등 11성관 사관자는 과거·음서를 통해 자손의 31%(전의이)~74%(한산이)를 출사시켰고, 그 중 수십 명이 다시 당상관에 진출하여 자손에게 음서의 혜택을 줄 수 있었다. 이점에서 음서는 일시에 다수의 문과급제자를 배출하면서 명문이 된 광주이씨는 물론 대다수 유력 양반가문이 가세를 유지하고 지속시키는 가장 중요한 토대가 되었다.

6. 조선초기 양반가문은 가격을 유지하고 정치적인 영향력을 확대하기 위하여 가격이 비슷하거나 우월한 가문과 통혼을 도모하였다. 그 중 파평윤씨 등 7성관은 종친·가격이 비슷한 청주한씨 등 10가문·거족성관과 21%(창녕성)~56%(청주한)가 통혼하였다.

7. 청주한씨 등 7가문과 여러 번에 걸쳐 통혼한 파평윤씨 등 20여 가문 중 부조의 가계가 명확한 인물의 경우 반수 내외가 10촌 이내의 근촌이었고, 양가부모가 당상관인 경우 그 관직이 상응되었다.

8. 조선초기 양반의 경제적 토대는 조상전래의 사전·노비가 중심이 된 직전·공신전·별사전과 매입한 토지·노비였다. 그러나 단종~성종대에는 다수가 공신에 책록된 관인의 가문은 공신전이 중심이 되었다.

9. 조선초기 관인의 승자·승직은 고과·포폄제에 의하도록 규정되었다. 그러나 단종~성종대에는 백관 등 수천명 이하를 대상으로 한 가자·대가에 의해 단기간에 정3품 당하관 이하에 승자·승직하였는데, 특히 가세가 가장 번창한 청주한씨 등 11가문의 자손은 그 경향이 현저하였다.

10. 청주한씨 등 11가문 관인은 조기에 당하관에 승진한 토대 위에서 조기에 당상관에 승진하였는데 그 평균연령을 보면 33~45세(정3), 34~48세(종2), 38~54세(정2), 47~61세(종1)였다. 이 연령은 단종~세조대에 정치를

주도한 5공신과 비슷하거나 빨랐을 정도였다.

11. 조선초기 청주한씨 등 11성관은 자질·가계, 이를 토대로 한 왕실의 후원과 파격적인 승자·승직 등을 통해 공신 50여 명, 정1~정3품 당상관 500여 명, 문과급제자 250여 명을 배출하였다.

12. 조선초기 청주한씨 등 11성관은 자질·가계, 이를 토대로 한 왕실의 후원을 통해 정치에 큰 영향력을 행사한 당상관 추요직인 의정에 20명 25%, 판서 60명 27%, 승지 83명 30% 등을 배출하였다. 이들이 배출한 의정·판서는 정종~문종대에는 각각 19·17%였고, 단종~성종대에는 34·61%나 되었다.

13. 청주한씨 등 11성관은 지속적으로 다수의 당상관 추요직 역임자를 배출하였는데, 단종~성종대에는 그 비율이 50% 내외였고, 그 중에는 의정, 판서, 승지 등으로서 당시의 정치를 주도한 30여 명이 망라되었듯이 명문가문으로서 위세를 떨치면서 정치를 주도하는 영향력을 발휘하였다.

이상에서 조선초기, 특히 단종대 이후에 가장 번창하였던 청주한씨 등 11성관은 다수의 공신과 재상·문과급제자를 배출하고 음서를 통해 대대로 관직을 계승시키고 거족가문과 통혼하면서 명문가문으로서의 가격을 유지하고 계승시켰다고 하겠다.[1] 또 파평윤씨 등 소수 유력성관이 500여 명의 당상관을 배출하고 120여 명이 당상 추요직을 역임하고 당상관 추요직을 역임한 사돈과 직·간접적으로 협조하면서 단종~성종대의 정치를 주도하였다고 하겠다. 파평윤씨 11성관의 이러한 관직점유와 정치력 발휘는 비록 세도기 벌열양반집단에 비할 바는 아니지만 순조대 이후의 세도정치의 단초가 되었음을 시사하는 것이 아닌가 한다.

끝으로 파평윤씨 등 11성관의 출사율·통혼한 유력성관의 비율, 의정·판서·

---

1) 이 점은 이미 졸고, 1987, 「조선초기 육조연구 첨보」, 『대구사학』 33, 9쪽 ; 1987, 「조선초기 승정원연구」, 『한국사연구』 59, 100~101쪽에서도 개진되었다. 승지·참·판·판서의 출사 역관이 가계적인 요인과 밀접히 연관되었다는 분석은 본서에서의 고찰과 함께 조선초기 사회의 성격이 혈연·신분에 토대한 귀족제적 성격이 강렬하였음을 보강한다고 하겠다.

승지역임자·공신·당상관 수를 종합하여 표로 제시하면 다음과 같다.

〈표 13-1〉 조선초기 유력 11성관 출사율과 주요직 역임자 등 비율 종합표(/태조~성종대)[2]

| | 출사율(%) | 유력성관 통혼비율[*1] | 의정[*2] | 판서[*3] | 승지[*4] | 공신[*5] | 당상관[*6] |
|---|---|---|---|---|---|---|---|
| 파평윤 | 58(171/295) | 74(/) | 4 | 7 | 7 | 8 | 66 |
| 청주한 | 61(117/192) | 88(/) | 4 | 8 | 13 | 12 | 61 |
| 진주강 | 71(149/209) | 60(/) | 1 | 1 | 5 | 2 | 22 |
| 창녕성 | 48(77/159) | 69(/) | 2 | 8 | 7 | 2 | 57 |
| 고령신 | 56(45/81) | 68(/) | 1 | 2 | 5 | 3 | 21 |
| 광주이 | 79(77/97) | 63(/) | 2 | 8 | 7 | 4 | 27 |
| 한산이 | 89(101/113) | 64(/) | 0 | 6 | 6 | 4 | 32 |
| 안동권 | 58(192/329) | | 2 | 10 | 14 | 9 | 69 |
| 광산김 | 42(79/190) | | 1 | 3 | 4 | 3 | 32 |
| 문화유 | 60(166/276) | | 3 | 7 | 10 | 4 | 53 |
| 전의이 | 43(184/374) | | 0 | 0 | 5 | 4 | 56 |
| 계 (/전체) | 59% (1,359/2,315) | ? (/, 7성관) | 25 (20/79) | 27 (60/226) | 30 (83/274) | 20 (55/277) | 36 (496/1,359) |

*1 성관불명 제외,    *4 정종 2~성종 25,
*2 태종 1~성종 25,    *5 개국(태조1)~좌리공신(성종2),
*3 태종 5~성종 25,    *6 의정·판서·승지·공신 포함.

---

2) 앞 〈표 2-2·〉, 〈표 3-2·3〉, 〈표 4-4·5〉, 〈표 5-2·3〉, 〈표 6-2·3〉, 〈표 7-2·3〉, 〈표 8-2·3〉, 〈표 12-4~7〉(안동권·광산김·문화유·전의이씨)에서 종합. 졸저, 앞 『조선전기의 의정부와 정치』, 245~247쪽 〈표 35〉 ; 『조선초기 육조와 통치체계』, 241~268쪽 〈별표 1〉 ; 졸고, 1987, 「조선초기 승정원연구」, 『한국사연구』 59, 38쪽 〈표 5〉에서 종합.

# 朝鮮 世祖代(1455~1468) 宗親研究[*]

## 1. 序言

세조는 1453년(단종 1)에 정변을 일으켜 영의정 皇甫仁, 좌의정 金宗瑞 등을 살해하고 정권을 장악하였고, 2년 후에 강압으로 단종의 양위를 받아 즉위하였다. 세조는 14년간 재위하면서 영특하고 과단한 자질을 토대로 국왕중심의 국정운영체제(六曹直啓制)를 확립하고, 靖難·佐翼·敵愾功臣과 종친을 중용하여 세력기반으로 삼으며, 문무반의 인사권을 강력히 행사 및 군권을 철저히 장악하는 등으로써 강력한 왕권을 구축하고 행사하였다.[1] 이처럼 세조대의 종친은 중용되면서 세조의 왕권을 뒷받침하는 한 토대가

---

[*]  졸고, 1995, 「朝鮮世祖代(1455~1468) 宗親研究」, 『韓國學論集』 22에 오탈자를 교정하면서 전재.

1)  韓永愚, 1974, 「王權의 確立과 制度의 完成(世祖-成宗)」, 『한국사』 9, 국사편찬위원회, 198~218쪽 ; 鄭杜熙, 1983, 『朝鮮初期 政治支配勢力研究』, 一潮閣, 196~231쪽 ; 金成俊, 1964, 「宗親府考」, 『史學研究』 18, 31~34쪽 ; 韓忠熙, 1995, 「王權의 再確立과 制度의 完成」, 『한국사』 24, 국사편찬위원회, 104~120쪽에서 종합.
종친은 일반적으로 父系의 모든 일가친척을 의미한다(정신문화연구원, 1991, 『한국민족문화대백과사전』 권20, 종친조). 그러나 본고에서는 그 범위를 조선의 왕족인 全州李氏에 한정하였고, 또 세종대에 "盡親(왕의 5대손)則仕進依文武官子孫例"(『세종실록』 권101, 세종 26년 12월 을축)라고 한 傳敎와 『經國大典』에 "盡親則文武官子孫例入仕"(권1, 이전 종친부조)라고 한 규정과 관련하여 세조대에 생존한 태조·정종·태종·세종의 4대손까지로 한정하여 사용하였다.

되었다.

세조대의 종친에 대해서는 이를 주제로 한 연구는 없었지만 종친부와 세조~성종대 왕권의 재확립에 대한 연구[2] 등[3]을 통하여 통괄적이기는 하나 세조대에 임용되고 중용된 종친과 그들이 왕권의 한 토대가 되었음이 고찰되었다. 즉, 세조대에는 龜城君 浚 등 20여 명의 종친이 문무 고위직에 등용되거나 왕측근에 시종하면서 왕명을 출납하였으며, 세조 13년 이후에는 구성군이 領議政이 되면서 敵愾功臣과 함께 韓明澮 등 세조초 이래의 원로대신을 견제하면서 왕권을 협찬하였음이 논급되었다.

그러나 지금까지의 연구에서는 그 논제와 관련되어 종친이 세조대에 성장하고 중용되게 된 배경, 종친이 발휘한 기능, 그리고 종친이 세조의 왕권을 어떻게 협찬하였는가가 구체적으로 논급되지 못하였다.

이 글에서는 지금까지의 연구성과를 수렴하면서 위에서 제기된 문제들을 중심으로 세조대의 종친과 왕권을 고찰하고자 한다. 이러한 연구를 통하여 세조대 종친과 왕권의 실체를 보다 깊이 있게 이해할 수 있을 것으로 생각한다.


## 2. 宗親의 仕官

왕족은 삼국시대와 통일신라시대까지는 최고의 爵祿은 물론 내외의 중요관직을 독점하고 있었다. 그러나 고려시대에는 왕족이 왕권에 위협이 되는 것을 방지하기 위하여 "죄를 다스리면 은혜를 상하게 되고, 죄를 다스리지 아니하면 법을 폐하게 된다"는 이유를 내세워 왕족의 정치참여를 금지하였다.[4]

---

2) 동 상조.

3) 韓忠熙, 1987, 「朝鮮初期 承政院研究」, 『韓國史研究』 59, 91~92쪽.

4) 김성준, 앞 논문, 2쪽. 그러면서도 김성준은 같은 논문 11~13쪽에 제시된 표에서

조선개국 초에는 태조-정종대에는 조선의 문물제도가 고려의 제도를 계승하기는 하나, 종친의 사관에 있어서는 왕조개창과 관련되어 인심의 불안정과 예측하지 못한 변란에 대비해야 할 필요성이 제기되면서[5] 고려시대와는 달리 많은 종친이 주로 무관 고위직에 제수되면서 강력한 군사기능을 발휘하였다. 즉 다음의 〈표 1〉에서와 같이 태조직계인 永安君 芳果·益安君 芳毅·懷安君 芳幹·靖安君 芳遠·撫安君 芳蕃 등이 조선초 군사의 중추가 된 義興親軍衛와 義興三軍府의 領事·節制使, 諸道兵을 사적으로 지휘하는 都節制使 등이 되어 각각에 소속된 군사를 지휘하면서 왕실과 국가안정의 군사적인 기반이 되었다. 태조 傍系인[6] 李和·李至·李天祐·李朝·李蘭·李淑 李澄 등이 判議政府事로부터 承旨, 義興三軍府 領事로부터 諸衛 將軍 등이 되어 정치 군사력을 발휘하면서 왕실과 국가안정의 정치 군사적인 기반이 되었다. 특히 이화와 이천우는 문무 요직을 두루 역임하면서 큰 영향력을 발휘하였다.

태종대에는 태종 12년 5월까지는 태조·정종대와 마찬가지로 종친은 문무의 고위직에 제한 없이 등용되었다. 즉 위의 표에서와 같이 태조 직계는

---

사관한 종친으로 琳(태조 손자, 尙書左僕射), 禎(태조 손자, 太子詹事輕車都尉), 淑(현종의 10대손, 三司使), 瑛(문종의 3대손, 殿中內給事), 瑀(공양왕 아우, 判門下領三司事宗簿寺事) 등을 들었다. 또 22쪽에서 고려말에는 정치의 문란과 함께 종친이 成衆愛馬나 倉庫와 宮司의 提調가 되었다고 하였다.

5) 『정종실록』 권4, 정종 2년 4월.

6) 이들은 국초에는 태조의 직계와 동일한 종친의 대우를 받았으나, 태종 12년에 왕위계승을 태조직계에 한정시키려는 태종의 의지에 따라 종친에서 탈락되었으며(『태종실록』 권23, 태종 12년 4월 병술 및 같은 책 권24, 태종 12년 10월 무인), 이후 비태조계는 제한 없이 문무관직에 제수될 수 있게 되었다. 그 가계는 다음의 가계도와 같다(『전주이씨완창대군파대동보』(천성출판사, 1987), 『전주이씨양도공파보』에서 종합).

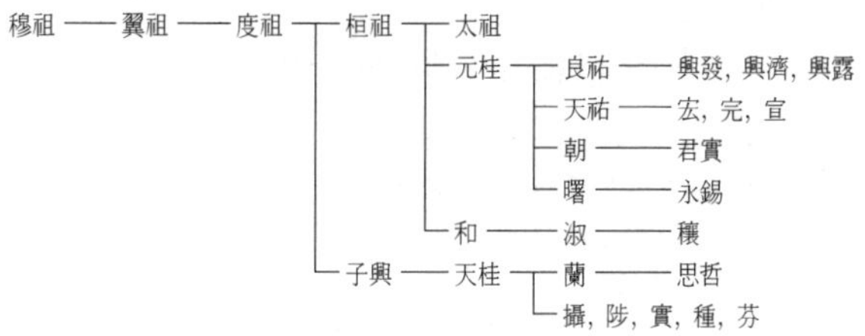

〈표 1〉 태조~정종대 사관 종친과 관력7)

| | | 관력(제수일) | | 비고 |
| --- | --- | --- | --- | --- |
| | | 태조~정종대 | 태종대 | |
| 태조직계 | 방과 | 의흥친군위절제사(태조 1년 7월), 삼군부중군절제사(2.7), 도절제사(태조대) | | 태조 자 |
| | 방의 | 삼군부중군절제사(태7.9), 도절제사(태조대), 경기충청도 도도절제사(정종 1년 1월) | | 자 |
| | 방간 | 삼군부좌군절제사(태7.9),도절제사(태 조대), 서북면황해 도도절제사(정1.11) | | 자 |
| | 방원 | 동북면도절제사(태1), 전라도도절제사(태1~7), 삼군부우군절제사(태7.9), 겸판상서사사(태7.9), 동북면강원도도절제사(정1.11) | | 자 |
| | 방번 | 의흥친군위절제사(태1.8), 동북면도절제사(태1~7), 삼군부좌군절제사(태2. 10) | | 자 |
| 태조방계 | 화 | 상의문하부사(태1.7), 의흥친군위도절제사(태1.8), 판문하부사영의흥삼군부사(태7.9), 영삼사사(정1.12), 영삼사사판의정부사(정2.4) | 영의정부사(7년 7월) | 태조 제 |
| | 지 | 상호군(태1.), 이, 호, 예전서(태) | | 종제 |
| | 양우 | | 좌군도총제(2.12), 찬성(2.12) | 질 |
| | 천우 | 상의중추원사(태3.9), 강원도조전절제사(5.8), 동지중추겸병조전서의흥시위사상장군지삼군부사(7.9), 내갑사제조(정2.1이전), 판중추원사(2.2), 삼군부지절제사(2.2) | | 질 |
| | 조 | 상장군(태3.3) | | 질 |
| | 난 | 장군(정2.2) | | 질 |
| | 숙 | 응양위전령장군(태1.7), 우부승지(7. 9), 우승지(7.9), 우군도총제(정2.12) | 찬성사(5.12) | 질 |
| | 징 | 낭장, 장군(태종 2년 이전) | | 질 |
| | 담 | | 중군동지총제(7.9) | 질 |

仕官者가 없었지만 태조 방계는 李和, 李良祐, 李天祐, 李淑, 李湛이 영의정부사, 찬성사, 도총제 등의 문무직을 역임하면서 정치 군사에 큰 영향력을 발휘하였다. 그러나 태종 12년 5월 이후에는 그간에 걸친 태종의 통치질서 확립과 왕권강화를 위한 노력이8) 실적을 거둠에 따라 종친이 중용되던 개국초와는

---

7) 김성준, 위 논문, 25쪽 〈표 1〉 ; 韓忠熙, 1994, 「朝鮮初(太祖 2년-太宗 1년) 義興三軍府研究」, 『啓明史學』 5, 15~17쪽 〈표 2〉 ; 『조선왕조실록』에서 종합.

8) 태종은 군권장악에 유념하여 즉위와 함께 甲土, 別侍衛, 膺揚衛, 內禁衛, 內侍衛 등 국왕 개인을 위한 군대를 존치하였고, 兵政을 軍政과 軍令으로 나누어 兵曹와 三軍都摠

상황이 달랐다. 또 태종은 태종 12년 5월에 강력한 왕권을 토대로 왕위계승을 태조 직계에 한정시키려는 의도하에 실시된 태조 방계의 태조 직계와의 구별 및 封爵제외와 관련하여 태조 방계는 일반 관인과 같이 문무관직에 제한없이 제수될 수 있었지만,[9] 태조 직계는『元六典』에 사관금지가 명문화되면서[10] 사관이 금지되었다. 그리하여 태종 12년 5월 이후에는 태조직계는 大君 이하에 봉작될 뿐[11] 문무관직의 사관은 원칙적으로 금지되었다.

세종과 문종대에는『원육전』의 宗親仕官禁止規定이 계승되면서 종친은

---

制府(3-5년) 및 三軍鎭撫所(9년 이후)로 하여금 분장시켰다. 李居易, 李伫, 李伯剛, 李茂, 趙希閔, 趙湖, 閔無咎, 閔無疾, 閔無恤, 閔無悔 등의 공신과 척족을 제거하였다. 대간을 탄압하였고, 경기내에 소재한 私田의 일부를 下三道로 移給하였다. 의정부와 의정부 대신의 세력을 점진적으로 약화시켜 나갔다.(韓忠熙, 1980,「朝鮮初期 議政府研究」上,『韓國史研究』31, 124~128쪽에서 종합).

9)『태종실록』권23, 태종 12년 4월 병술 및 같은 책 권24, 태종 12년 10월 무인. 태조 방계는 태조 직계가 璿源錄에 재록되었음과는 달리 宗親錄에 재록되었고, 君, 元尹, 正尹 봉작자는 모두 이를 혁파당하고 신설된 領恭安府事(順寧君 李枝), 判仁寧府事(完城君 李之崇), 中軍都摠制(元尹 李伯溫) 등에 제수되었다.

10)『문종실록』권13, 문종 2년 4월 무자.

11) 종친은 국초에는 大君(정1품), 君(종1), 元尹(정2), 正尹(종2)에 봉작되었다. 그후 봉작은 태종 11년 4월에 대군(정1), 군(종1), 원윤(종2), 副元尹(정3), 정윤(종3), 부정윤(정4), 태종 14년 1월에 정윤과 부정윤이 정4품과 종4품으로 각각 개정되었으며, 세종 25년 12월과 세조 3년 1월 및 7년 3월에 크게 정비 보완되었다가『경국대전』에 다음의 표와 같이 법제화되었다(권1, 이전 종친부조).

『경국대전』 종친 봉작(양첩소생은 降1등, 천첩소생은 강2등)

| 품계 | 봉작 | 봉작자격(적출소생) | 품계 | 봉작 | 봉작자격(적출) |
|---|---|---|---|---|---|
| 무품 | 대군 | 왕의 적자 | 정3하 | 正 | 왕세자 중증손, 대군 중손, 왕자군승습 적장증손 |
| 무품 | 군 | 서자 | 종3 | 副正 | 대군 중증손, 왕자군 중손 |
| 정1 | 군 |  | 정4 | 守 |  |
| 종1 | 군 | 대군승습 적장자(초수, 이하 동) | 종4 | 副守 |  |
| 정2 | 군 | 왕세자 중자, 대군승습적장손, 왕자군승습 적장자 | 정5 | 令 |  |
| 종2 | 군 | 왕세자 중손, 대군 중자, 대군승습 적장증손, 왕자군승습 적장손 | 종5 | 副令 |  |
| 정3 당상 | 都正 |  | 정6 | 監 |  |

몇 명만이 임시직인 節制使나 말단의 忠義衛 등에 제수될 뿐이었다. 益平君
石根(익안대군의 아들)이 세종 3년 大閱과 관련되어 임시로 충의위절제사에
제수되고, 세종 9년에 愼宜君 仁·愼城君 義·潘南都正 禮(모두 익평군의 아들)이
충의위에 제수되며, 首陽大君 瑈(세종의 아들)가 세종 25년에 田制詳定都監
都提調, 세종 26년에 壽春色 제조, 문종 2년 4월 慣習都監 도제조에 제수될
뿐이었다.12)

단종대에는 왕 1년 癸酉靖難 이전에는 단종의 왕권을 보호하려는 皇甫仁·金
宗瑞 등 집정대신의 종친견제책에 따라 정치참여와 영향력행사가 억제되었
다. 그러나 계유정난 이후에는 정변으로 집권한 首陽大君이 領議政으로서
判吏·兵曹事와 內外兵馬都統使를 겸하면서 모든 국정을 총관하였다.

세조대에는 종친 290여 명이 생존하고 있었는데13) 이중 세조 7년 10월에
翊峴君 瑾(세종 자)이 講武大將에 임명된 것을 시작으로 이후 세조 14년까지
龜城君 浚(세조 조카)이 議政府 領議政에까지 오르는 등 30여 명이 議政府·六曹·
五衛都摠府 등의 당상직, 諸都監·六曹屬衙門의 都提調·提調, 講武·巡幸 등 때의
각급 將帥에 임명되었다(사관 종친은 뒤 〈표 2, 3〉 참조).

그러면 세조 7년 이후에 이처럼 많은 종친이 고위직에 파격적으로 등용된
배경은 무엇이겠는가? 세조는 세조 7년 이전에 이미 河緯地 등을 억압하면서
六曹直啓制의 실시를 강행하였고(1년), 왕권에 도전하는 錦城大君 瑜, 成三問
등을 가차없이 처단하고 經筵을 폐지하고 集賢殿을 혁파하였으며(2-3년),
사소한 일로 의정인 鄭麟趾·姜孟卿·權擥을 수금하고 파직하는(4~5년) 등과

---

12) 김성준, 앞 논문, 28~29쪽.

13) 『萬姓大同譜』 상(명문당, 1983), 『萬家譜』 1(민창문화사, 1992), 『全州李氏(孝寧大君)派
譜 상(李敦榮편), 『敬寧君派世譜』(회상사, 1990), 『全州李氏順平君派譜』(제일족보연구
소, 1990), 『조선왕조실록』 등에서 종합. 태종의 1남과 2남인 讓寧大君 禔와 孝寧大君
補를 위시하여 양녕대군의 손자인 湖山君 鉉과 臨瀛大君 璆의 아들인 龜城君 浚 등
태조의 손 증손 고손 290여 명이 확인되었다. 필자가 확인하지 못한 제파보의 종친을
고려하면 그 수는 400여 명을 훨씬 상화할 것으로 생각된다. 290여 명의 면모는
뒤 〈부표〉 참조.

552

같이 무단적인 통치를 행하였다. 세조 7년 이후에도 사소한 일로 의정인 鄭昌孫을 파직하였고(8), 가장 신임하였던 韓明澮·申叔舟를 李施愛亂에 연루되었다는 소문만 가지고 囚禁하였다(13). 寶城卿 峇, 居平正 復, 進禮正 衡을 五衛鎭撫所 都鎭撫와 五衛將에 제수한 것을 두고 司諫院이 "종친을 임용하여 혹 죄와 허물이 있게 될 때 죄를 주면 은혜를 상하게 되고 죄를 주지 않으면 법을 폐하게 되기 때문에 종친을 임용(군사를 지휘하게)함은 옳지 못하다"고 하자 세조는

> 육전의 법률조목은 내가 변경한 것이 많은데 너희는 어찌 (그때는) 한마디도 하지 않더니 유독 이 일을 (불가하다고) 말하는가? 종친을 임용하지 않은 것은 옛 사람들이 취할 바가 있었기 때문이다. 또 공신에게 직사를 맡기지 않는다는 말이 있다. 공신과 종친은 하나인데 지금 (공신인) 신숙주 이하를 모두 버리고 임용하지 말라는 말이냐?(저자 보)[14]

라고 하면서 간관을 억압하는 등 무단적인 통치를 행하였다.

또 세조는 치세를 통하여 왕권과 중앙집권을 강화하는 방향으로 정치·군사·경제제도를 정비하였고,[15] 靖難功臣과 佐翼功臣을 중용하여 왕권과 국가통치의 기반으로 삼아[16] 강력한 왕권을 구축하고 행사하였다. 그러면서도

---

14) 『세조실록』 권30, 세조 9년 6월 경진 六典科條予所變更者多 汝河不一言 獨言此乎 不任宗親 古人有不取者 又有功臣不可任事之說 功親一般 今也者申叔舟以下 盡棄而勿用乎.

15) 세조치세를 통하여 정비되고 개창된 제도에는 경외 정치기구, 『經國大典』 편찬(미완), 內禁衛·別侍衛·甲士 증액, 保法 鎭管體制, 戶籍, 號牌制, 財政制度(橫看貢案制定, 計出制入制 실시), 直田法 등이 있었다(구체적인 내용은 한충희, 앞 논문 107~115쪽 참조).

16) 세조 1년 12월까지 정2품직 이상에 오른 정난 좌익공신은 鄭麟趾 등 11명(종친부마 제외)에 불과하였고, 그나마 정인지 등 9명은 단종대에 이미 정2품직 이상에 오른 자였다. 그러나 세조 8년까지는 다음과 같이 申叔舟 權擥 韓明澮가 의정에까지 오르는 등 생존한 공신으로 종친 부마 내시를 제외한 50명 중 30여 명이 판서 이상의 요직에 진출하거나 역임하였다(『조선왕조실록』에서 종합. ( )는 세조 즉위 이전의 진출관직). 의정 : 鄭麟趾(의정), 鄭昌孫(찬성), 韓確(정1, 의정), 姜孟卿·李思哲(찬성). 영중추(정1) : 李季甸, 洪達孫.

承旨를 신임하고 승지출신을 중용하였고,[17] 세조 13년 이후에는 중병으로 韓明澮·申叔舟 등을 院相으로 삼아 世子와 함께 서무를 처리케 하면서도 인사와 군사는 親掌하고 신병에 차도가 있으면 정사를 친결하며,[18] 內宗親의 기능을 강화하고 조카인 龜城君 浚(부 臨瀛大君 璆)을 영의정에 중용하였다. 또 14년에는 세자에게

> 대저 국가를 다스리는 방도는 반드시 내외가 서로 의지가 된 연후에 순조로이 다스릴 수 있다. 안이 비고 밖이 차도 불가하고 밖이 비고 안이 차도 불가하다. 전날에 이시애가 모반하였을 때 나의 안위가 어떻게 될지 알지 못하였다. (중략) 만약 구성군의 (토벌이) 없었다면 어찌 오늘이 있었겠는가. 이런 까닭으로 종실친척이 내외에 분포되고 조정에 배열시키는 것이 곧 국가를 유지시키는 요체다.[19]

라고 한 것과 같이 종친의 육성과 등용에 대한 강한 의지를 보였다.

이를 볼 때 세조 9년 이후에 종친이 대거 등용되고 중용된 것은 세조의 무단적인 성격과 창업주를 자처한 세조의 통치관, 왕권강화를 위한 정난·좌익 공신의 견제요청, 이시애난 및 신병 등으로 인한 측근세력의 요청, 세조의

---

부원군(정1) : 具致寬, 黃守身.
찬성 : 李季甸.
판중추 : 李澄石, 洪允成.
판서 : 權躽, 朴元亨, 朴仲孫, 楊汀, 尹士昐, 尹子雲, 李克堪, 曹錫文, 崔恒.
기타(정2) : 郭連城, 朴薑, 李克培, 鄭守忠.

17) 그 대표적인 인물로는 金國光(6-7년에 동부, 우부, 좌부승지), 尹弼商(9-13년에 동부, 좌부, 좌, 도승지), 盧思愼(8-11년에 동부, 우부, 도승지), 權瑊(13년 이후에 동부, 좌부, 도승지)등이 있었다(이들의 구체적인 활동상은 졸고, 1987, 「조선초기 승정원연구」, 『한국사연구』59, 72쪽, 85~86쪽 참조).

18) 『세조실록』 권47, 세조 14년 7월 무인.

19) 『세조실록』 권46, 세조 14년 6월 임진 大抵爲國之道 必內外相資 然後乃治平 內虛外實不可也 外許乃實不可也 曩者李施愛之謀亂 以爲未知予安否何如 (중략) 若非龜城(君)則 焉能有今日 是故宗室親戚 分布內外 列于朝庭 則國家維持之術也.

554

종친등용에 대한 의지 등이 복합적으로 작용하면서 있게 되었다고 하겠다.


## 3. 宗親의 機能

### 1) 大小 公私行事 參加

종친은 常參, 視事, (국왕)誕辰宴, 正朝會禮宴, 宗廟大祭 등 飮福宴, 功臣會盟宴, 講武, 觀(狩)獵, 巡幸 등 공식적인 행사, 궁내외에서 행해진 觀放鷹, 觀兵船(水戰, 漕船), 觀射, 觀捧戲(擊毬), 觀儺(儺禮)와 각종 연회(設宴, 設酌) 등 사적인 행사에 참가하였다.

常參은 매일 아침에 6품 이상의 文武(常參)官이[20] 便殿에서 국왕을 배알하던 약식조회이고, 시사는 매월 수회에 걸쳐 6조참판(급) 이상 등의 중신이 국왕에게 소관의 업무를 보고하고 지시받으면서 정사를 논의하는 모임이었다. 종친은 세조 1년 11월부터 3교대로 상참에 참여하기 시작하였고,[21] 이후 세조치세를 통하여 상참에 대개 참여하였다. 상참에는 처음에는 세종의 여러 왕자가 참가하였고, 3년 5월경부터는 대개 桂陽君 璔, 永順君 溥, 龜城君 浚 등 內宗親을[22] 중심으로 寧海君 瑭(세종 17자) 이상이[23] 참석하였다.

---

20) 세조대에 상참에 참여한 문무관은 명확하지 못하다. 그런데 세종 11년 4월의 常參儀에는 종6품 집현전 부수찬 이상(동반)과 정6품 공조좌랑 이상(서반)이 상참에 참가하도록 규정되었고(『세종실록』 권44, 세종 11년 4월 정유), 성종 18년에 조회에 참여할 수 있는 6품 이상을 參上(관)이라고 불렀음이 확인되었다.(『성종실록』 권199, 성종 18년 1월 갑자) 이를 볼 때 세조대의 상참에는 6품 이상관이 참여하였을 것이라고 생각된다.

21) 『세조실록』 권2, 세조 1년 11월 기묘.

22) 『세조실록』 권7, 세조 3년 5월 정미 御思政殿受常參 內宗親寧海君以上 領議政鄭麟趾(하략). 내종친의 용례는 세조 3년 1월부터 확인되는데(『세조실록』 권6, 세조 3년 1월 정묘), 내종친과 같은 의미로 사용된 兒宗이 궐내에서 교대로 숙위한 영순군 부, 구성군 준, 銀山副正 徹, 河城尉 鄭顯祖 등을 지칭하였음에서(『세조실록』 권32, 세조

視事는 대개 상참에 이어 열렸지만(受常參視事), 일부는 독립적으로 열렸다. 시사에 참가한 종친은 상참에 이어 열린 때는 물론 독립적으로 열린 때에 있어서도 상참에 참여한 종친과 거의 같았다.

종친은 國王 誕辰宴, 王妃와 世子 生辰宴, 왕비와 세자 冊封宴, 正朝와 冬至 會禮宴, 宗廟祭, 圜丘祭 社稷祭, 文昭殿祭, 文廟祭 등 행사후에 행해지는 飮福宴, 功臣會盟宴, 功臣仲朔宴, 養老宴, 耆老宴, 明使와 倭使 歡迎宴 등 공식적인 연회에 국왕을 시종하면서 참여하였다. 이러한 연회에는 그 행사의 성격상 의정부 육조 등의 宰樞도 함께 참여하였다. 이들 연회에 참가한 종친은 대개 寧海君 瑭 이상이[24) 중심이 되었고, 일부의 경우에는 定宗, 讓寧大君 禔, 孝寧大君 補 등의 자손도 참여하였다.[25)

종친은 교외나 경기도·강원도 등지에서 행해진 講武·觀獵·陣法訓鍊·閱武 등 군사훈련과 국왕이 경기·강원·충청도 등으로 巡行할 때에 각급 衛將 등이 되어 동 행사를 지휘하였고,[26) 宰樞 등과 함께 국왕을 扈從하면서 참가하였다. 이들 행사에 참가한 종친은 대개 영해군 당 이상이 중심이 되었고, 일부는 내종친을 중심으로 영해군 이상과 정종, 양녕대군, 효령대군 등의 자손이 참가하였다. 이때 내종친은 국왕의 총애 및 왕명출납과 관련하여 국왕의 최측근에서 시종하였다.

---

10년 1월 갑인) 궐내에서 숙위한 종친을 의미하였다고 하겠다. 내종친은 세조 7년까지 는 桂陽君 璔, 翼峴君 璭, 義昌君 玒, 順城君 誈가, 8년 이후에는 永順君 溥·龜城君 浚·勿巨尹 徹(河城尉 鄭顯祖)이 각각 망라된 것으로 생각된다.

23) 영해군 당 이상은 세조대에 생존한 讓寧大君 禔, 孝寧大君 補, 敬寧君 裶, 咸寧君 裀, 謹寧君 禮, 熙寧君 袘, 益寧君 袳(이상 태종왕자), 臨瀛大君 璆, 永膺大君 琰, 桂陽君 璔, 義昌君 玒, 密城君 琛, 翼峴君 璭을 통칭하는 말이었다.

24) 영해군 당은 세종의 9번째 서왕자이니 당시에 생존한 태종자 양녕·효령대군과 경녕· 함녕·온녕·근녕·희령·후령·익녕군과 세종자 임영·영응대군과 계양·의창·밀성·익 현군이 포함된다.

25) 『세조실록』 권14, 세조 4년 10월 갑자(冬享大祭飮福宴) ; 같은 책 권19, 세조 6년 2월 임신(음복연) ; 같은 책 권37, 세조 11년 12월 병신(음복연).

26) 강무·습진·순행 등 때의 위장 등은 뒤 〈표 3〉 참조.

556

종친은 국왕이 궁내외에서 행하는 觀射·觀儺·觀捧(戲) 등 때에 국왕을 시종하여 동 행사를 참관하거나 동행사에 동원되었다. 觀射는 국왕이 측근에서 시위한 兼司僕·內禁衛 등의 활쏘기를 관람하는 행사이고, 觀儺는 묵은 해의 잡귀를 몰아내기 위해 벌이는 儺禮(歐儺)를 관람하는 행사이고, 觀捧은 국왕이 측근에서 시위하는 군사가 擊毬하는 것을 관람하는 행사였다. 이들 행사 때에 종친은 대개 국왕을 시종하면서 참가하였다. 이때에 참가한 종친은 대개 내종친을 중심으로 한 영해군 이상이었다. 또 종친은 직접 격구나 활쏘기를 하기도 하였는데, 관사 때에 성적이 좋은 종친은 加資나 賜物 등의 우대를 받았다.27) 그외에도 종친은 국왕이 교외에서 매사냥을 하는 放鷹, 農作을 시찰하는 觀稼, 한강변에서 兵船과 漕船의 운행을 참관하는 관병선과 관조선, 궁내에서 火砲발사를 참관하는 觀放砲, 소규모의 習陣(小形名習陣)을 참관하는 觀習陣 등 때에 국왕을 시종하여 참가하였다.

이들 행사는 觀射를 두고 사관이

> 임금이 즉위 초부터 신하들의 마음을 헤아린다는 핑계로 자주 관사를 열고 심복 신하들을 순차로 방문하였다.28)

이라고 하였듯이 고굉의 신하를 자주 면대하면서 신하들과의 친분을 두터이 하려는 세조의 의도에서 있게 된 것이었다. 또 이들 행사의 실시회수를 보면 행사별로 차이가 있기는 하지만 세조 1~10년까지는 자주 열렸고, 그 이후에는 드물게 열렸다.29)

세조대에는 세조의 취향과 관련되어 치세내내 국왕이 임석한 대소의 宴會

---

27) 『세조실록』 권46, 세조 14년 5월 갑자, 외.
28) 『세조실록』 권10, 세조 3년 11월 신유 上即位未久 務達下情 數憑觀射 延訪股肱之臣.
29) 가장 많이 열린 관사 관렵 등의 실시회수를 연대별로 보면 다음과 같다.(『세조실록』에서 종합, 순행중에 행해진 관사, 관렵 등은 제외).

가 많이 열렸다. 연회는 상참 후, 상참과 시사 후, 상참과 시사 및 輪對 후, 명사와 왜사 인견 후, 근교나 지방 순행 때, 관사나 관봉 등의 실시 후, 세자나 종친 또는 의정부 육조 등이 豊물을 올린 후, 궁내로 재추의 일부를 소견한 후에 열리거나 燕居 때에 시종한 종친 衛將 宣傳官 侍衛軍士(겸 사복 내금위 등) 등에게 연회를 베푸는 경우가 있었다. 연회에 참석한 인물을 보면 전자에는 대개 宰樞와 승지 등이 망라되면서 많은 인원이 참석하였다. 후자는 의정부 등이 풍정을 올린 후에 행해지는 연회에는 재추·승지 등 많은 인원이 참석하였지만, 그외는 대개 소수의 재추·승지 등이 참석하였다.

종친은 후자는 물론 전자의 경우에도 대개 참여하였다. 특히 세조대에는 후자의 연회가 번다하게 열렸는데, 종친은 대개 내종친을 중심한 영해군 당 이상이 참여하였고,30) 재추는 세조가 신임하는 10여 명 가량이 교대로 참가하였다.31) 또 五衛將, 兼司僕, 內禁衛 등은 그 지위는 높지 않지만 세조의 배려로 대소 연회에 참석하는 경우가 많았다. 특히 세조말에는 내종친과 승지가 중심이 되어 개최된 연회가 많았는데, 이들 연회와 관사 등에 자주 참석한 종친은 왕측근에서 왕명을 출납하고 문무관직에 제수되는 등 큰

| | 1년 | 2 | 3 | 4 | 5 | 6 | 7 | 8 | 9 | 10 | 11 | 12 | 13 | 14 |
|---|---|---|---|---|---|---|---|---|---|---|---|---|---|---|
| 관사 | 4 | 4 | 5 | 7 | 14 | 8 | 4 | 11 | 12 | 3 | 4 | 2 | 1 | 1 |
| 관렵 | 3 | 8 | 27 | 44 | 40 | 44 | 12 | 11 | 13 | 2 | 6 | 13 | 6 | 3 |
| 관봉 | 8 | 3 | 2 | 1 | | 2 | | 1 | 1 | 4 | 1 | 1 | | |
| 관나 | | | | 2 | | | 1 | | | 5 | 2 | 1 | 1 | |
| 습진 | 3 | | 1 | 2 | 4 | 3 | 1 | | | | | | 1 | |
| 방응 | 1 | 5 | | 3 | 2 | 4 | 3 | | | | | 1 | 2 | |

30) 일부의 연회에 있어서는 이들 외에 정종·양녕대군·효령대군의 자손이 참가하였다 (『세조실록』 권18, 세조 5년 10월 신미, 같은 책 권31, 세조 9년 11월 임술, 외).

31) 예컨대 세조 9년 윤7월 무진에는 내종친과 領議政 申叔舟, 右議政 韓明澮, 右贊成 具致寬, 諸將, 承旨가 참석하였고(『세조실록』 권31), 같은 달 을유에는 영순군 부, 구성군 준, 銀山副正 徹(이상 내종친)과 仁山君 洪允成, 兵曹參判 金國光, 승지 등이 참석하였으며(같은 책), 세조 9년 8월 정해에는 임영대군 구, 영응대군 염, 영순군, 구성군, 은산부정과 영의정 신숙주, 中樞副使 崔恒, 兵曹判書 尹子雲, 吏曹參判 洪應, 병조참판 김국광, 立直諸將 승지 등이 참석하였다(같은 책).

558

정치력을 발휘하였다. 즉 永順君 溥, 龜城君 浚, 銀山副正(勿巨尹) 徹은 왕측근에 시종하고 왕명을 출납하였으며, 구성군 浚·烏山君 澍·寶城君 㝓·銀川君 欑·順城君 誈·新宗君 孝伯·玉山君 躋·鎭南君 終生 등은 영의정 이하 재추직과 임시로 제수되는 강무 등 행사에 각급 대장에[32] 제수되었다. 그러나 영해군 당 이상은 국왕의 지친인 지위에서 密城君 琛이 세조말에 오위도총관에 제수되었을 뿐 문무관직에 제수되지 못하였다.[33]

그런데 세조는 강력한 왕권을 구축하고 이를 토대로 왕 9년부터 본격적으로 종친을 등용하기 시작하였으며, 세조 12년 이후에는 신병과 관련하여 院相에게 국정을 일임하면서도 그들을 견제하기 위하여 승지(출신)와 내종친 등 종친을 대거 중용하였다. 또 세조대에 등용된 종친은 모두 국왕이 임석한 대소 공사 행사에 자주 참석한 인물이었다. 이를 볼 때 궁내에서 개최된 연회, 관사 등에 참가한 종친은 이를 계기로 세조의 신임과 총애를 받고 무예를 연마하여 문무의 요직에 중용되는 계기가 되었고, 세조는 이들을 측근세력화하여 원상 등 원로대신을 견제하는 한 토대로 삼았다고 하겠다.

### 2) 侍從과 直宿 및 王命出納 瞻

종친은 왕을 측근에서 侍從하였고, 王命을 出納하였다. 종친은 세조 1년에 조회에 참가한 鎭南君 終生과 德泉君 厚生에게 예궐한 종친의 예에 따라 시위를 명한 것에서[34] 세조 즉위와 함께 왕측근에서 국왕을 시종하였던 것으로 보인다. 이후 어떠한 종친이 시종하였는가는 명확하지 못하나, 桂陽君 璔·翊峴君 璭·義昌君 玒·順城君 誈(세조 7년 이전), 永順君 溥·龜城君 浚·銀山副

---

32) 『세조실록』 권3, 세조 2년 3월 정유 (전략) 觀獵等事 臨時命將 常時則無大將.

33) 이들의 구체적인 역관은 뒤 〈표 2, 3〉 참조.

34) 『세조실록』 권2, 세조 1년 8월 임술. 이때에 시위에서 종친이 수행한 시위는, 종친의 지위상 병기를 휴대하고 왕측근에서 시위한 兼司僕·內禁衛·別侍衛 등 禁軍의 시위와는 다른 즉, 시종을 행한 것으로 생각되어 시종으로 파악하였다.

正 徹·河城尉 鄭顯祖(8년 이후)가 내종친이라고 불리고 승정원 등에 왕명을
출납하였음에서 대개 이들이 시종기능을 수행한 것으로 보인다. 또 종친은
시종기능과 관련되어 단독으로 은밀히 궐내제사를 순행하는 왕과 왕비를
隨從하였다.[35]

　　종친은 궐내에서 숙직하였다. 종친의 궐내직숙은 세조 2년 1월부터 시작되
었고,[36] 이후 세조치세를 통하여 계속되었다. 종친의 직숙은 처음에는 1인이
윤번으로 담당하였으나, 세조 10년에는 兒宗(內宗親)인 영순군·구성군·은산
부정·하성위가 2교대로 담당하였다.[37] 세조 10년 이전에 직숙한 종친은
불명하나, 세조 10년 이후에 내종친인 영순군 등이 직숙을 한 것에서 7년까지
는 계양군 등 내종친이, 그 이후에는 영순군 등 내종친이 직숙을 한 것으로
추측된다. 그외에 세조 13년에 李施愛亂이 일어나자 종친과 고위 문무관을
선전관에 제수하여 매일 교대로 직숙하게 하였는데, 이때 湖山都正 鉉과
壽城都正 葚도 그 일원이 되어 직숙하였다.[38] 이때 직숙한 종친은 국왕의
지친이고 국왕의 총애가 지극하였음과 관련되어[39] 세조 12년에

　　임금이 병이 든 지가 수일이 되었다. 한밤중에 한계희, 임원준, 김상진을
　　부른 후 내전에 들어와 약을 먹는 것을 거들도록 했다. 날이 샐 무렵에
　　忠順堂으로 가면서 후원 문 밖에 이르자 임금이 구성군 준의 어깨에 기대어
　　충순당에 도착하였다.[40]

---


35) 『세조실록』 권32, 세조 10년 2월 계사.

36) 『세조실록』 권3, 세조 2년 1월 신미.

37) 『세조실록』 권32, 세조 10년 1월 갑인.

38) 『세조실록』 권42, 세조 13년 5월 병자.

39) 『세조실록』 권31, 세조 9년 8월 갑인 (전략) 此四人(영순군 구성군 물거윤 하성위)者
　　予甚愛之 不離左右 使勤勞從事者.

40) 『세조실록』 권39, 세조 12년 9월 병신 上不豫有日 夜五鼓 召韓繼禧任元濬金尙珍 入內侍藥
　　遲明將移御忠順堂 至後苑門外 上憑龜城君浚肩 至忠順堂.

라고 한 구성군의 예처럼 국왕과 기거를 같이 하면서 시중을 들기도 하였다.

종친은 왕측근에 시종하면서 왕명을 출납하였다. 종친의 왕명출납은 세조 2년에 계양군이 왕명에 따라 領議政 鄭麟趾에게 "대간이 수렵시에 정부대신을 모두 입시하게 하라"고 청한 경위를 묻고 그 대답을 복명하면서[41] 시작되었고, 이후 세조일대를 통하여 계속되었다. 왕명을 출납한 종친은 세조 7년까지는 臨瀛大君 璆와 永膺大君 琰이 포함되기도 하나,[42] 桂陽君, 義昌君, 翼峴君, 順城君 등 내종친이 중심이 되었다. 세조 8년 이후에는 세조 8년에 임영대군이 왕명을 출납하기는 하나,[43] 永順君, 龜城君, 勿巨尹 등 內宗親을 중심으로 전개되었다.

종친의 왕명출납은 대개 종친 단독으로 수행하였다. 그러나 때로는 승지나 承傳宦官 또는 승지·승전환관과 공동으로 수행하였다.[44] 또 종친이 왕명을 출납한 대상이 대개는 議政府 이하 百司와 領議政 이하 百官이었지만, 때로는 승정원과 승지가[45] 그 대상이 되었다. 이러한 종친의 왕명출납은 종래까지의 '王-承傳宦官-承旨, 王-承旨'의 체계에 덧붙여 '王-宗親-承旨, 王-宗親·承傳宦官-承旨'의 왕명출납체계를 출현시켰다고 하겠다. 그리고 이 왕명출납은 세조말기로 가면서 더욱 확대되었는데, 특히 세조의 신병 및 이시애난과 관련되어 세조 13년 이후에 현저하였다.

왕명출납을 한 종친은 대개 위의 계양군의 예에서와 같이 단순히 왕명을 출납하였다. 그러면서도 이들은 국왕의 총애를 받는 至親이였기에 때로는 정치, 군사, 경제, 문화 등의 국정논의에 참여하였다.[46] 이러한 종친의 국정참

---

41) 『세조실록』 권42, 세조 ; 『세조실록』 권5, 세조 2년 10월 무 무술.
42) 『세조실록』 권19, 세조 6년 2월 기사 ; 같은 책 권26, 세조 7년 12월 갑술.
43) 『세조실록』 권29, 세조 8년 10월 임오.
44) 『세조실록』 권8, 세조 3년 6월 기미 ; 같은 책 권6, 세조 3년 1월 기미 ; 같은 책 권15, 세조 5년 1월 신해.
45) 『세조실록』 권7, 세조 3년 4월 을미 ; 같은 책 권8, 세조 3년 6월 임자, 외.
46) 구체적인 내용은 뒤 566~567쪽 참조.

여는 세조 11년에 예조에

> 영순군 부, 하성위 정현조, 물거윤 철, 승전환관 이효지 등이 독단적으로
> 여러 관아 관리를 불러 공사를 물었다. 지금으로부터 諸司 관리는 승정원
> 패소 외에는 오지 못하도록 명령하라. 만약 牌召가 없는데도 오는 자는
> 곧 붙잡아 전옥서에 보내고 승정원에 고하여라.[47]

라고 전교하였음과 같이 무단히 제사의 관리를 불러 그 관아의 공사를 묻는
등 제사의 정사에 깊숙이 관여하였다.

이처럼 내종친이 중심이 된 종친의 왕명출납 기능은 세조치세를 통하여
지속적으로 발휘되면서 점차로 확대되었다. 그런데 세조는 치세를 통하여
대간을 억압하고 상벌을 자의로 행하는 등 무단적이고 강력한 왕권을 행사하
였다. 따라서 종친의 시종 직숙 왕명출납 기능은 세조대 종친기능의 중심이
되고, 세조 9년경 이후에 종친이 강력한 정치 군사력을 발휘하는 토대가
되었다고 하겠다.


### 3) 大小 國政運營 參與


종친은 議政府·六曹 등의 당상관과 諸都監·六曹屬衙門의 都提調·提調 등에
임명되어 그 직에 부여된 정사를 수행하고, 그외의 각종 정사논의에 참여하여
의견을 개진함으로써 국정운영에 참여하였다.

종친이 專任(祿)官에 임명되어 국정운영에 참여한 것은 세조 7년 方山鎭守에
임명된 栗元君 悰으로부터 시작되었다.[48] 그후 세조 10년까지는 문무관직에

---

47) 『세조실록』 권36, 세조 11년 5월 을묘 永順君溥河城尉鄭顯祖勿巨尹徹承傳宦官李孝智等
　　擅招諸司官吏 問公事 自今諸司官吏 承政院牌召外 勿令進來 如非牌召而來者 則拿送典獄
　　告于承政院.
48) 김성준, 앞 논문, 32쪽.

제수된 종친이 없다가 세조 11년과 12년에 春陽君 徠와 居平正 復이 차례로 충청도병마절도사에 임명됨을[49] 계기로 세조 14년까지 다수의 종친이 의정부 영의정 이하 관직에 임명되었다. 즉 세조 13년에는 春陽君 徠와 金山君 衍이 각각 병조참판과 병조참의에 임명되고,[50] 栗元君 倧이 함길남도병마절도사(곧 수군절도사를 겸임)에 제수되었다.[51] 세조 14년에 龜城君 浚은 의정부 영의정에 제수되고, 춘양군은 이조참판에 제수되었다.[52]

종친은 六曹屬衙門 등의 都提調 등을 겸대하면서 그 아문의 정사를 지휘하고 감독하였다. 세조 10년에 銀川君 銀川君 欑은 兼大司憲이 되어 圓覺射役을 督察하고,[53] 세조 2년에 鎭南君 終生은 司饔院과 掌苑署 提調가 되며,[54] 烏山君 澍는 文昭殿과 사옹원의 도제조가 되었다.[55]

종친은 수시로 왕명을 받고 사찰조성, 재정제도 등 상정, 외방에 파견되어 수령의 불법사와 민폐를 규찰하는 등의 일에 종사하였다. 세조 10년에 孝寧大君 補·臨瀛大君 璆·永膺大君 琰·永順君 溥는 興福寺조성 도제조가 되어 흥복사역을 총관하고, 玉山君 躋는 圓覺寺監役督察官이 되어 원각사역을 독찰하며, 銀川君 欑과 勿巨尹 徹은 式例詳定所 제조가 되어 橫看을 詳定하였다.[56] 세조 11년 이전부터 은천군과 玉山君은 圓覺寺造成提調가 되어 원각사역을 지휘하였다.[57] 세조 12년에 金山君 衍, 은천군, 옥산군, 湖山君 鉉, 桃平都正 末生,

---

49) 『세조실록』 권38, 세조 12년 1월 임술.
50) 『세조실록』 권42, 세조 13년 5월 갑신 ; 같은 책 권43, 세조 13년 9월 무진.
51) 『세조실록』 권43, 세조 13년 9월 임오 ; 같은 책 권44, 세조 13년 11월 갑자.
52) 『세조실록』 권47, 세조 14년 7월 갑술 ; 같은 책 권46, 세조 14년 6월 갑진.
53) 『세조실록』 권33, 세조 10년 6월 갑오 ; 『성종실록』 권134, 성종 12년 10월 병진 졸기.
54) 『성종실록』 권8, 성종 1년 12월 졸기.
55) 『성종실록』 권243, 성종 21년 8월 임오 졸기. 도제조를 겸대한 구체적인 시기는 알 수 없으나, 종친의 정치 군사참여가 세조 12년 이후에 본격화 고 진남군 終生이 사옹원제조를 역임한 등을 볼 때 세조 12년경 이후가 아닌가 생각된다.
56) 『세조실록』 권33, 세조 10년 5월 을묘 ; 같은 책 6월 갑오 ; 같은 책 5월 기미.
57) 『세조실록』 권35, 세조 11년 2월 갑진.

茂林都正 善生, 福城守 穎은 道問弊使로 파견되어 수령의 불법탐학과 代納
등사를 규찰하고,[58] 13년에 은천군은 경상도순찰사로 파견되어 수령의 불법
사·목장적간·방납폐단 등을 규찰하였다.[59] 또 세조 14년 壽城正 苔은 兵曹假參
議에 임명되어 세조의 온양거동과 관련된 군정실무를 담당하고, 密城君 琛은
知留都將相公事에 임명되어 온양에 행행 중인 세조를 대신하여 일상적인
정치 군사를 총관하였다.[60] 이때 국왕의 관심사인 흥복사역, 수령의 불법적간
사에 동원된 종친은 전자는 총 8명 중 4명이고(도제조) 후자는 13명 중
7명이나 되었음에서 국왕의 관심사는 종친을 중심으로 수행되는 경향이
있었다고 하겠다. 즉 종친은 정식의 관직으로서 보다는 왕측근에 시종하는
측근세력이 되어 주로 국왕의 관심사를 처리하였다고 하겠다.

  또 종친은 수시로 의정부 육조 당상, 승지 등과 함께 국왕을 인견한 자리에서
나 왕명을 받고 정치·경제·군사 등의 국정논의와 운영에 광범하게 참여하였
다. 세조 10년에 무과시험을 주관하였고(1),[61] 11년에는 用人의 논의에 참여
하고(2), 13년에는 李施愛토벌을 위한 親征(미실시)·扈駕諸將의 議定에 참여하
였다(3). 세조 6년에 諸道蘇復條件의 논의에 참여하고(4), 9년에는 號牌事目의
의정에 참여하며(5), 11년에는 橫看詳定에 참여하였다(6). 세조 3년과 9년에
는 世子와 元孫의 장지선정에 참여하고(7, 8), 6년에 世子嘉禮儀의 논의와
『明皇誡鑑註釋』의 교정에 참여하고(9, 10), 9년에『明皇誡鑑』의 수교와 가사번
역(11, 12) 10년에『東國通鑑』의 교정(13) 10년과 13년에는『六典』 상정(14,
15) 등의 일에 각각 참여하였다. 세조 3년과 5년에 陣法詳定(16, 17), 6년에
造甲(18), 7년과 12년에 목장설치(19, 20), 7년에 평안도방어(21) 등 일의
논의에 참여하였다. 세조 5년에 고변자를 국문하고(22), 6년에 弭盜事의

---

58)『세조실록』권39, 세조 12년 8월 신유.
59)『세조실록』권44, 세조 13년 11월 정축.
60)『세조실록』권45, 세조 14년 2월 임진 ; 같은 책 1월 무자.
61)『세조실록』권32, 세조 10년 3월 정사. 이하 2-28사례의 전거제시는 번다함을 피하여
   생략한다.

564

논의에 참여하며(23), 7년과 10년에 義盈庫 관리와 奉石柱의 국문에 참여하였다(24, 25). 세조 7년에 궁성확장지의 審定에 참여하고(26), 10년에 堀浦에 파견되어 수로개착여부를 심찰하고(27), 12년에 固城溫井 行宮의 수리사를 감장하였다(28). 이들 종친이 수행하거나 참여한 정사를 보면 대개 내종친인 桂陽君 璔·永順君 溥·龜城君 浚 등을 중심으로 세조의 至親인 臨瀛大君 璆·永膺大君 琰 등에 의하여 수행되었다.[62]

종친은 그 외에도 세조 7년에 계양군이 校書館 관리의 근무태만을 상계하고, 세조 9년에 行春陽副正 徠이 진법사를 상서한[63] 것과 같이 개인적으로 국정에 대해 의견을 개진하였다. 또 세조 2년에 宗學博士의 충원을 상계하고,[64] 3년에 魯山君 방출사와 錦城大君 瑜 등의 청죄사 및 종친의 봉작사를 상계하는[65] 등 종친과 관련된 정사에 참여하였다.

이와 같이 세조대의 종친은 세조의 무단적인 통치 및 강력한 왕권에 힘입어 세조 10년경으로부터 상정소 제조, 사옹원 등 도제조, 이 병조 참판 의정부 영의정 등에 제수되면서 그 정치기능을 크게 확대하였다. 그러나 이들 관직을 통하여 국정운영에 발휘한 영향력은 그 관직수가 적고, 종친이 본격적으로 추요직에 등용된 세조 12년 이후는 세조의 신병으로 왕권이 동요되고 원상이 국정운영을 주도하였기[66] 때문에 큰 영향력을 발휘하지 못하였다. 참고로

---

62) 1-28의 정사와 동사를 수행한 종친을 표로 정리하면 다음과 같다(『세조실록』).

| 종친 | 수행정사 | 비고 | 종친 | 수행정사 | 비고 |
|---|---|---|---|---|---|
| 계양군 증 | 4, 5, 7, 9, 10, 16, 17, 19, 20, 22, 23, 25 | 내종친 | 오산군 주 | 20 | 세조 질 |
| 익현군 관 | 19, 20 | 세조 제 | 옥산군 제 | 15 | 태종 손 |
| 영순군 부 | 3, 6, 8, 13, 24, 27 | 세조 제 | 은천군 찬 | 11, 15 | 태종 손 |
| 구성군 준 | 13, 21, 27, 28 | 내종친, 세조 질 | 무양도정 직 | 15 | 찬 제 |
| 임영대군 구 | 1, 2, 20, 27 | 세조 제 | 복성수 영 | 15 | 찬 제 |
| 영응대군 염 | 1, 2, 12, 14, 22, 27 | 세조 제 | 종친 | 18, 25 | |

63) 『세조실록』 권25, 세조 7년 7월 병진 ; 같은 책 권31, 세조 9년 8월 정해.

64) 『세조실록』 권3, 세조 2년 4월 임인.

65) 『세조실록』 권6, 세조 3년 1월 갑오 ; 같은 책 권9, 세조 3년 10월 병오·무진·경술 ; 같은 책 권6, 세조 3년 1월 을유.

세조대에 의정부·육조·제도감·육조속아문 등의 관직에 제수된 종친을 표로
재정리하면 다음과 같다.

〈표 2〉 세조대 의정부 등 문관직 역임 종친(재직시기)[67]

| 성명 | 녹직 | 겸직 | 기타 | 비고 |
|---|---|---|---|---|
| 율원군 종 | 방산진수(7), 함길남도 병마수군절도사(13.11) | | | 효령대군 손 |
| 거평정 복 | 충청도병마도절제사(12.1) | | | 정종 손 |
| 춘양군 래 | 충청도병마도절제사(~12.1), 병참판(13.5), 이참판(13.6) | | | 효령대군 손 |
| 금산군 연 | 병참의(13.9) | | 문폐사(12.8) | 정종 손 |
| 진례군 형 | 경상좌도병마도절제사(14.3이전) | | 상정소제조(10.5이전) | 정종 손 |
| 구성군 준 | 영의정(14.7) | | 이시애난토벌도총사(13.) | 임영대군 자 |
| 은천군 찬 | | 겸대사헌 | 상정소제조(10.5이전), 원각사감역독찰관(10.6), 원각사조성제조(11.2이전), 道問弊使(12), 경상도순찰사(13.11) | 경령군 자 |
| 진남군 종생 | | 사옹원, 장원서제조(12) | | 정종 자 |
| 오산군 주 | | 문소전, 사옹원도제조(12) | | 구성군 형 |
| 옥산군 제 | | | 원각사감역독찰관(10.6), 원각사조성제조(11.2이전), 경기문폐사(12.8) | 근령군 자 |
| 효령대군 보 | | | 흥복사조성도제조(10.5) | 태종 자 |
| 임영대군 구 | | | 동상 | 세종 자 |
| 영응대군 염 | | | 동상 | 세종 자 |
| 영순군 부 | | | 동상 | 광평대군 자 |
| 물거윤 철 | | | 상정소제조(10.5이전) | 효령대군 손 |
| 호산군 현 | | | 도문폐사(12.8) | 양녕대군 손 |
| 도평도정 말생 | | | 동상 | 정종 자 |
| 무림도정 선생 | | | 동상 | 정종 자 |
| 복성수 영 | | | 동상 | 은천군 제 |
| 수성정 창 | | | 병조가참의(14.2) | 정종 손 |
| 밀성군 琛 | | | 知留都將相公事(14.1) | 세종 자 |

66) 金甲周, 1973, 「院相制의 成立과 機能」, 『東國史學』 12, 61~63쪽.

## 4) 侍衛軍과 大小 軍事活動 指揮

세조대 종친은 시위에 종사하였고, 五衛都總府와 五衛 堂上職, 兼司僕將 內禁衛將 등 겸대, 講武 觀獵 陣法訓鍊 등 때에 장수가 되어 그와 관련된 군사를 지휘하였다.

종친의 시위는 세조 즉위초부터 시작되었고,[68] 세조 치세를 통하여 계속되었다. 內宗(內宗親)·陣宗·射宗·任宗·願宗으로 불리면서 燕居 때나 巡行 때에 측근에서 시위하고,[69] 세조 12년 경기도 일대에서의 강무 때에 寶城君 峇이 海青衛將이 되어 彎强에 탁월한 25명으로 구성된 海青衛를 거느리고 호위한 것처럼[70] 시위군을 지휘하였다. 또 세조 9년에 시위 중인 居平正 復·進禮正 衡·金山正 衍은 왕명을 받고 각기 보졸 2백명을 거느리고 도성 밖에서 捕虎를 행하였음과[71] 같이 긴급하게 동원되는 군사를 지휘하기도 하였다.

종친은 오위도총부 도총관과 오위 위장직을 겸대하면서 금군을 지휘하였다.[72] 도총관 등 겸대는 세조 9년경에 寶城卿 峇이 五衛鎭撫所 都鎭撫, 居平正 復과 進禮正 衡이 五衛將에 각각 임명되면서 비롯되었다.[73] 이후 세조 11년까

---

67) 김성준, 앞 논문 32~33쪽 표 및 『세조실록』 등에서 종합.

68) 세조 1년 8월 임술 朝參에 참석한 鎭南君 從生과 德泉君 厚生에게 '예궐한 종친의 예에 따라 시위하라'(『세조실록』 권2)고 한 것에서 세조 즉위와 함께 종친이 왕측근에서 시위를 담당한 것으로 보인다.

69) 『세조실록』 권9, 세조 9년 9월 계해(내종·진종·사종) ; 같은 책 권34, 세조 10년 10월 임오(아종·진종·사종·원종) ; 같은 책 권45, 세조 14년 1월 정축(내종·사종·임종). 내종(아종)은 궐내에서 속위하는 종친이고, 원종은 국왕의 순행때에 자원하여 호종하는 종친이고,(『세조실록』 권34, 세조 10년 10월 임오) 진종과 사종은 진법과 궁사로 선발된 종친이었다(『성종실록』 권63, 성종 7년 1월 계해 율원군 종 졸기). 임종은 진종 등의 용례를 볼 때 관직을 띤 종친을 지칭하였다고 추측된다.

70) 『세조실록』 권39, 세조 12년 9월 갑오.

71) 『세조실록』 권31, 세조 9년 12월 갑오.

72) 오위도총관과 오위장의 기능에 대해서는 한우근 등 편, 1986,『역주경국대전』 주석편, 정신문화연구원, 병전 오위도총관 및 오위장조 참조.

73) 『세조실록』 권30, 세조 9년 6월 경진.

지는 이들 관직에 제수된 자가 없다가 세조 12년부터 많은 종친이 제수되었다. 즉 세조 12년경에 壽城君 昌·金山君 衍·坪城君 偉·堤提川副尹 蓋이 오위장, 13년에 龜城君 浚과 密城君 琛(14년까지 겸대)이 도총관, 春陽君 徠가 부총관, 提川君 蓋이 오위장에 각각 제수되었다.[74] 또 세조 13년에 壽城君 菖과 湖山君 鉉은 선전관에 제수되었다.[75]

　종친은 국왕이 임석한 강무, 수렵, 진법훈련시에 각종 장수에 제수되어 동 훈련에 동원되거나 참여한 군사를 지휘하거나 국왕을 호위하였다. 講武는 왕의 임석하에 실시되는 군사훈련을 겸한 수렵대회였다. 종친의 강무시 위장 등의 겸대는 세조 7년에 翊峴君 瑾이 풍양일대에서 행해진 강무 때에 大將에 임명되면서[76] 시작되었다. 이어 세조 8년 9월 箭串平 일대에서 행해진 강무 때에는 거평정·진례정·금산군·춘양군·新宗君 孝伯이 각각 각급 위장이 되었다.[77] 세조 10년 8월에 南山 일대와 10년 10월 豊壤 일대에서 행해진 강무 때에는 진례정·거평정·수성정·금산정·춘양정·巨濟正(勿巨尹) 徹·坪城 正이 각종 장수가 되었다.[78]

　狩獵은 군사훈련을 겸한 사냥이었다. 세조 9년 8월 西郊와 9년 9월 瑞山지역 에서 행해진 수렵 때에는 銀川君 襸·栗元副正 悰·평성정·銀川副正(물거윤)과 은천군,[79] 12년 윤3월 금강산 행행 중의 峨嵯山 일대에서의 수렵 때에는 금산군·은천군·평성군·玉山君 躋가 각종 대장이 되었다.[80]

---

74) 『세조실록』 권40, 세조 12년 12월 무오, 계해 ; 같은 책 권41, 세조 13년 1월 병자 ; 같은 책 권43, 세조 13년 9월 임오(구성군) ; 같은 책 권41, 세조 13년 1월 기사 ; 같은 책 권47, 세조 14년 8월 을사(밀성군) ; 같은 책 권42, 세조 13년 4월 무신(춘양군).
75) 『세조실록』 권42, 세조 13년 5월 병자.
76) 『세조실록』 권26, 세조 7년 10월 병자.
77) 『세조실록』 권29, 세조 8년 9월 무오. 종친이 역임한 각종 대장의 명칭은 뒤의 〈표 3〉에서 제시되므로 번다함을 피하여 생략하였다. 이하도 같다.
78) 『세조실록』 권34, 세조 10년 8월 기축 ; 같은 책 10월 임오.
79) 『세조실록』 권31, 세조 9년 8월 기축 ; 같은 책 9년 9월 갑술.
80) 『세조실록』 권38, 세조 12년 윤3월 을미.

巡行은 왕이 국내의 각지를 巡歷하는 것이었는데, 세조대에는 순수한 순행
은 물론 질병치료를 겸한 순행이 행해졌다. 세조 12년 3월 高城湯井 행행
때에는 물거윤,[81] 12년 1월~2월의 온양온천 행행 때에는 보성군·富潤守
孝叔·신종군·평성군·雲水君 孝誠·수성군이 각종 장수가 되어 시위를 지휘하
였다.[82]

習陣은 陣法을 훈련하는 것이었다. 세조 13년 8월 모화관 앞산 일대에서의
습진 때에는 수성도정·제천부윤·호산도정·금산도정·부윤수·신종윤·鵲城
副守 金孫·雲水副守가 각종 장수로 참여하였다.[83]

또 세조 13년 5월 李施愛亂이 일어났을 때에는 龜城君이 平安咸吉黃海江原四
道都摠使가 되어 동난의 토벌을 총관하였고, 율원도정이 銃筒都將으로 동난
의 토벌에 참여하였다.[84] 그 외에 세조 13년 7월에 將才를 선임할 때에는
옥산군·은천군·춘양부윤·금산도정·제천부윤·평성도정·園山令 行·寧仁令
楯이 뽑혔다.[85]

이처럼 종친은 세조 9년 이후에 대거 오위도총부와 오위의 위장이 되어
금군을 지휘하면서 국왕을 호위하였고, 강무와 전렵·진법훈련·국내 순행 등
때에 각종 대장이 되어 동행사를 지휘하고 국왕을 호위하였으며, 구성군이
사령관이 되어 이시애 반란을 진압하는 등 그 기능을 크게 확대되고 강화하였다.

그러나 이들 군사활동을 통한 종친의 영향력 발휘는 가장 부각된 구성군의
경우에 이시애난의 토벌을 총관하였다고는 하나, 그의 군사지휘가 전적으로
세조의 지휘를 받아 행하였기에 강력한 영향력을 발휘하지 못하였다.[86]

---


81) 『세조실록』 권38, 세조 12년 3월 정사.
82) 『세조실록』 권38, 세조 12년 3월 정사 ; 같은 책 권45, 세조 14년 1월 무자 및 2월
    신축.
83) 『세조실록』 권43, 세조 13년 8월 병오.
84) 『세조실록』 권42, 세조 13년 5월 신사 ; 같은 책 권43, 세조 13년 7월 을축.
85) 『세조실록』 권43, 세조 13년 7월 경인.
86) 세조는 중앙에서 구성군의 진퇴를 일일이 지휘하였고, 부총사에 寵信하는 左贊成

또 도총관·부총관과 오위장도 그 정원이 10명(도총관과 부총관)과 12명이나
되고 1년 기간으로 교체되며,[87] 오위도총부는 법제상으로는 병조와 병렬되고
군기를 전장하도록 되었지만 병조의 지휘를 받았기에 큰 영향력을 발휘하지
못하였다. 반면에 임시로 임명된 강무 등의 각종 대장은 다음과 같이 종친이
동행사를 지휘한 장수의 1/4~1/3을 점하였다(종친/총수).

  세조 8년 전곶평 강무 때 : 5/20
  세조 10년 풍양 강무 때 : 7/22
  세조 12년 윤3월 아차산 수렵 때 : 4/10
  세조 13년 장재선임 때 : 8/30
  13년 모화관 습진 때 : 8/23

따라서 세조대의 종친의 세조 9년부터 오위도총부 오위의 당상직을 겸대하
고 강무 등 때의 각종 장수가 되어 국왕을 호위하고, 강무 등사를 지휘하였다고
하겠다. 즉 세조대의 종친은 국왕의 측근 군사세력이 되어 국왕을 호위하고
국왕을 중심한 각종 군사활동을 지휘하였다고 하겠다. 참고로 세조대에
오위도총부·오위 당상관직과 강무 등 때에 각종 대장에 제수된 종친을 표로
재정리하면 다음과 같다.

〈표 3〉 세조대 도총관 등 무관직 역임 종친

| 성명 | 겸직 | 기타 | 비고 |
|---|---|---|---|
| 보성군 갑 | 오위도진무(9.6전) | 해청위장(12.9), 호가대장(14.1) | 효령대군 자 |
| 거평정 복 | 오위위장(9.6전) | 강무위장(8.9, 10.8), 강무공현위장(10.10) | 정종 손 |
| 진례정 형 | 동상 | 강무위장(8.9, 10.10), 호가수렵위장(10.2) | 정종 손 |

---

曹錫文을 임명하여 구성군을 보좌케 하였다. 또 중망이 있고 당시의 대표적인 명장인
康純·朴仲孫·魚有沼·許琮·魚世恭 등을 토벌의 중추가 된 鎭北, 平虜將軍과 함길도
절도사, 관찰사 등에 임명하고, 직접 이들에게 지시하고 보고를 받으면서 작전을
전개하였다.(『세조실록』 13년 5월-8월조 참조).
87) 『성종실록』 권1, 성종 즉위년 12월 경신, 계해.

| 수성군 창 | 오위위장(12.12전), 선전관(13.5) | 강무만강대장(10.10), 습진좌위장(13.8) | 정종 손 |
|---|---|---|---|
| 제천도정 온 | 오위위장(12.12전, 13.4) | 습진우위장(13.8), 호가위장(14.2) | 효령대군 손 |
| 금산군 연 | 오위위장(12.12이전) | 강무위장(8.9, 10.10), 호가수렵위장(10.2), 수렵백관장(12.윤3), 습진전령위장(13.8) | 정종 손 |
| 평성군 위 | 오위위장(12.12이전) | 수렵만강대장(9.8), 강무사자위장(10.10), 수렵백관장(12.윤3), 호가내금위장(14.1) | 보성군 자 |
| 구성군 준 | 오위도총관(13.1, 13.9) | 이시애난토벌4도도총사(13.5) | 임영대군 자 |
| 밀성군 침 | 선전관(13.6전) |  | 세종 자 |
| 호산군 현 | 오위부총관(13.7) | 습진좌위장(13.8) | 양녕대군 손 |
| 춘양군 래 |  | 강무위장(8.9, 10.10) | 보성군 자 |
| 익현군 관 |  | 강무대장(7.10) | 세종 자 |
| 신종군 효백 |  | 강무사자위장(8.9), 습진겸사복장(13.8), 호가사복장(14.1) | 정종 손 |
| 물거윤 철 |  | 수렵장용대장(9.8), 강무잡류장겸대장(10.10), 호가치중장(12.3) | 보성군 자 |
| 은천군 찬 |  | 수렵잡류장(9.8, 9.9, 12.윤3) | 경령군 자 |
| 율원군 종 |  | 수렵공현위장(9.8), 이시애토벌총통대장(13.7) | 보성군 자 |
| 옥산군 제 |  | 수렵잡류장(12.윤3) | 근령군 자 |
| 운수군 효성 |  | 습진공현위장(13.8), 호가위장(14.2) | 신종군 제 |
| 부윤수 효숙 |  | 습진사자위장(13.8), 호가사자위장(14.1) | 정종 손 |
| 곡성부수 금손 |  | 습진총통장(13.8) | 정종 손 |

# 4. 宗親과 王權

세조대의 종친은 다음의 표에서와 같이 세조 1~6년에는 내종친이 중심이 되어 왕명을 출납하고 시종 및 직숙을 행하며, 내종친과 태종·세종왕자(영해군 당 이상)가 중심이 되어 상참·시사·대소연회·강무 등에 참가 및 정사논의 등에 참여하였다.

왕 7~11년에는 왕명출납 시종 직숙을 행하고 상참, 시사, 대소연회, 강무 등에 참가 및 제정사에 참여함은 물론, 도총관 등이 되어 금군을 지휘하면서 국왕을 호위하고 제아문·제도감의 도제조 및 강무대장 등이 되어 그와 관련된 일을 지휘하는 등 기능이 확대되었다. 12-14년에는 그 이전까지의 기능이 계속됨은 물론, 녹직인 의정, 참판, 제도병마절도사에까지 제수되는 등 다시

<표 4> 세조대 종친 활동(앞 <표 2, 3>에서 종합)

| | | 1년 | 2~6 | 7 | 8 | 9 | 10 | 11 | 12 | 13 | 14 | 비고 |
|---|---|---|---|---|---|---|---|---|---|---|---|---|
| 상참, 시사, 대소 연회, 강무 등 | | <- | -- | - | - | - | -- | -- | -- | -- | → | 내종친, 태종·세종왕자 |
| 왕명출납, 시종, 직숙 | | <- | -- | - | - | - | -- | -- | -- | -- | → | 내종친 |
| 정사참여 | | | | <- | - | - | → | | | | | 내종친, 세종왕자 |
| 강무 등 대장 | | | | <- | - | - | -- | -- | -- | -- | → | 정종·태종·효령대군 손자 등 |
| 겸직 | 도총사 등 | | | | | <→ | | | <- | -- | → | 구성군 등 |
| | 도제조 등 | | | | | | <- | -- | -- | → | | 효령대군 등 |
| 녹직 | 의정, 참판 | | | | | | | | | <- | → | 구성군 등 |
| | 병사 | | | | | | | | <- | -- | → | 율원군 등 |

그 기능이 강화되고 확대되었다.

그런데 세조 7년 이후에 추요관직에 제수된 종친을 보면 다음의 표와 같이 7~10년에는 녹직에 제수된 종친은 없고, 겸직에 제수된 자는 都鎭撫 1명과 五衛將 2명에 불과하며, 강무대장 등에 제수된 자는 17명의 다수였다. 12~14년에는 녹직에 5명이 제수되고, 겸직과 강무대장 등에 제수된 자도 9명과 22명으로 크게 증가하였다.

이를 볼 때 세조대 종친의 기능은 세조치세의 이행과 함께 지속적으로 그 기능이 확대되고 강화되었다고 하겠다. 관직을 통한 활동은 7년에 시작되기는 하나 12년부터 본격화되고, 그 수를 볼 때 정직인 의정 등 보다도 임시직인 강무대장 등이 중심이 되었다고 하겠다.

한편 세조대에 등용된 종친의 면모를 보면 왕측근에 시종·직숙하면서 왕명을 출납하는 등 가장 중용된 계양군 증(내종친)·영순군(내종친)·밀성군 침(도총관)·구성군 준(내종친, 도총관, 도총사, 영의정)·물거윤 철(내종친, 수렵 강무 등 대장)·보성군 합(도진무 호가대장)의 경우에 계양군·밀성군은 세조의 寵弟이고, 영순군·구성군은 寵姪이며, 보성군과 그의 아들인 물거윤은 寵臣이었다.[88]

<표 5> 세조대 주요관직 역임 종친수(내종친 제외, 앞 <표 2, 3>에서 종합)

| | | 7년 | 8 | 9 | 10 | 11 | 12 | 13 | 14 | 계 | 비고 |
|---|---|---|---|---|---|---|---|---|---|---|---|
| 녹직 | 의정 | | | | | | | | 1 | 1 | 1 구성군 |
| | 참판 | | | | | | | 1 | | 1 | 2 춘양군 |
| | 병마절도사 | | | | | | 2 | 1 | 1 | 4 | 3 율원군, 4거평정, 2 춘양군, 5 진례정 |
| | 소계 | | | | | | 2 | 2 | 2 | 5 | |
| 겸직 | 도총관 | | | 1 | | | | 2 | 1 | 3 | 6 보성군, 1 구성군, 7 밀성군(2) |
| | 부총관 | | | | | | | 1 | | 1 | 2 춘양군 |
| | 오위장 | | | 2 | | | 4 | | | 6 | 4 거평정, 5 진례정, 8 수성군, 9 제천도정, 10 금천군, 11 평성군 |
| | 도제조, 제조 | | | | | | 2 | | | 2 | 12 오산군, 13 진남군 |
| | 소계 | | | 3 | | | 6 | 3 | 1 | 12 | |
| 임시직 | 도총사 | | | | | | | 1 | | 1 | 1 구성군 |
| | 총통대장 | | | | | | | 1 | | 1 | 3 율원군 |
| | 강무, 습진, 수렵, 순행호가장 | 1 | 5 | 4 | 7 | | 6 | 8 | 6 | 17 | 14 익현군, 4 거평정(2), 5 진례정(2), 10 금산군(4), 2 춘양군(2), 15 신종군(3), 11 평성군(4), 16 물거윤(3), 17 은천군(2), 3 율원군, 8 수성군(2), 6 보성군(2), 18 옥산군, 9 제천도정(2), 19 호산군, 20 운수군, 21 부윤수, 22 곡성부수 |
| | 소계 | 1 | 5 | 4 | 7 | | 6 | 10 | 6 | 18 | |
| 합계 | | 1 | 5 | 7 | 7 | | 14 | 16 | 9 | 22 | |

그 외에 익현군 운·의창군 玉·순성군 애(내종친), 춘양군 섬(병사, 참판, 부총관), 거평정 복·진례정 형·수성군 창·제천도정 운·금산군 연·평성군 위(오위장, 강무등 대장), 율원군 종(병사, 강무등 대장), 신종군 효백·은천군 찬·옥산군 제·호산군 현·운수군 효성·부윤수 효숙·곡성부수 금손(강무등 대장)은 세조와 6촌 이내의 근친이고,[89] 대개 무재가 있었다.[90] 또 상참·시사·

88) 영순군·구성군·물거윤은 세조가 "文永(順君)武龜(城君)"라 하고(『세조실록』 권47, 세조 14년 7월 갑술), "予甚愛之 不離左右 使勎勞從事者"(같은 책, 권31, 세조 9년 8월 갑인)라는 寵信을 받았다. 桂陽君과 密城君은 "上之寵第也 凡發號施令 出入起居 未嘗暫離"(같은 책 권9, 세조 3년 10월 을미)와 "明辨有幹局 世祖奇之 凡有大事 必命委之 於宗室中最見委任"(『성종실록』 권11, 성종 10년 1월 무오)라고 하였듯이 세조의 총신을 받았다.

89) 앞 <표 2, 3> 비고 참조. 익현군·의창군은 동생이고, 오산군은 조카이고, 순성군, 은천군, 옥산군은 종형제이고, 호산군 제천도정, 율원군, 춘양군, 평성군은 종질이며, 금산군, 거평군, 진례군, 신종군, 부윤수, 운수군, 곡성부수, 수성군은 재종형제였다.

탄신연·제사음복연·관사·관봉·관나, 궁내에서 열린 각종 연회 등 국왕과 관련된 행사에 참가하는 우대를 받았고, 이를 계기로 국왕과의 친분을 두터이 하고 신임을 받았다(앞 3장 1절 참조).

이처럼 세조대에 등용된 종친은 세조의 총애가 지극한 세조의 동생과 조카가 중심이 된 내종친이 핵심이 되고 정종의 손자와 효령대군의 손자 등이 망라되었다.

그런데 세조대의 왕권과 국정운영을 보면 세조 1~11년에는 단종복위기도 와 관련된 왕권의 동요를 극복하고, 쿠데타를 일으켜 즉위한 정치분위기와 영특하고 과단한 자질을 토대로 강력한 왕권을 구축하고 행사하였다. 세조 1~3년에는 국왕이 중심이 된 정치체계를 확립하고 정치 군사를 총람하기는 하나, 단종을 강압적으로 몰아내고 즉위한 후유증에서 2차에 걸친 단종복위 사건과 관련하여 다소 왕권이 동요하였다. 그러면서도 단종복위사건을 계기 로 왕권에 장애가 되는 관료와 단종을 제거하고, 세자 暲이 죽자 차남인 海陽大君 晄을 세자에 책봉하여(3년 12월, 暲은 3년 9월에 사망) 왕통을 확고히 하는 등 왕권이 안정되고 강화될 수 있는 기반을 구축하였다. 4~11년에 는 중용한 정난, 좌익공신을 토대로 정치·군사 등을 친장하고, 정치·군사·재 정제도를 정비·개편 및 『경국대전』을 편찬하는 등 강력한 왕권을 구축하고 국정운영을 주도하였다.

그러나 세조 12~14년에는 신병으로 인해 世子와 院相에게 서정을 위임하고, 강력한 중앙집권화시책에 반발하여 이시애가 난을 일으키는[91] 등과 관련되 어 왕권은 외형적으로는 강력하나 내면적으로는 동요됨을 면하지 못하였다. 즉 세조 12년 초만 하여도 인사를 친히 주관하였으나,[92] 12년 10월에는

---

90) 율원군은 문무를 겸비하고(『성종실록』 권63, 성종 7년 1월 계해), 진례정, 가평정, 춘양군 등은 학식이 있고(通經書, 『세조실록』), 은천군, 옥산군, 제천군, 평성정, 금산군, 춘양부윤은 장재로 선임되었다(『세조실록』 권43, 세조 13년 7월 경인). 그 외에 신종군, 부윤수 등은 궁사에 능하였다(『세조실록』).

91) 金相五, 1978, 「李施愛의 亂에 對하여」 상, 『全北史私』 2, 3~21쪽.

574

신병으로 정무총람이 어렵게 되자 승지 등이 올린 정사를 세자와 鄭麟趾·鄭昌
孫·申叔舟·韓明澮·具致寬 등과 논의하여 처리하게 하였고,93) 세조 13년 2월에
는 국왕의 승인을 요하지 않는 常行公事는 신숙주·한명회 등으로 하여금
議定하여 시행하게 하였다.94) 그리고 이 직후인 13년 5월에 이시애난이
일어나자 세조는 이시애난에 연루되었다는 풍문만을 가지고 한명회와 신숙
주를 의금부에 하옥하고 이들의 枷鎖를 느슨하게 한 일로 義禁府郎官 南用信을
처형 및 成任을 제외한 모든 의금부제조와 낭관을 수금하며, 한명회·신숙주를
關雎殿에 移置하고 銀川君 襸과 金山君 衍으로 하여금 군사를 거느리고 엄히
지키게 하였다.95)

　이시애난이 평정된 1개월 후인 13년 9월에는 敵愾功臣을 대거 의정부와
육조에 등용하였고,96) 이와 관련되어 적개공신이 의정부와 육조 재상의
과반수를 점하는, 즉 외형상으로는 세조즉위 이래로 정권을 주도한 정난·좌익
공신과 적개공신이 균형을 이루게 되었으며, 이것이 큰 변동없이 세조말까지
계속되었다.97) 이와 같이 적개공신이 대거 의정부 등에 기용한 것은 적개공신

---

92) 『세조실록』 권38, 세조 12년 1월 기유.
93) 『세조실록』 권40, 세조 12년 10월 기해.
94) 『세조실록』 권41, 세조 13년 2월 임자.
95) 『세조실록』 권42, 세조 13년 5월 을유, 병술.
96) 『세조실록』 권43, 세조 13년 9월 임오. 이 때에 의정부 등에 중용된 적개공신은
　　다음과 같다(책록등급).
　　曹錫文(좌의정, 1등)　　　尹弼商(우참찬, 1)　　　李恕長(형참판, 2)
　　康純(우의정, 1)　　　　　朴仲善(병판, 1)　　　　崔有臨(오위장, 3)
　　金國光(좌찬성, 2)　　　　龜城君(도총관, 1)　　　魚有沼(1) 등 6명(병마절도사)
　　韓繼美(우찬성, 3)　　　　李淑琦(이참판, 1)　　　南怡(1) 등 12명(봉군)
97) 세조 13년 9월 이후에 개수되거나 새로이 의정부 등에 재직한 종친은 다음과 같다.(『세
　　조실록』에서 발췌)
　　조석문　영의정(13. 12), 昌寧君兼判戶曹事五衛都摠管(14. 7)
　　강순　山陽君兼都摠管(14. 7)
　　구성군　영의정(14. 7)
　　남이　공판(13. 12), 병판(14. 8)
　　어유소　공판(13. 10)

에 대한 논공과 관계되기도 하였다. 그러나 보다 중요한 이유는 이시애난에 연루되었다는 풍문만 가지고 훈신의 대표인 한명회와 신숙주를 구금하고, 세조 14년에 세자에게 종친을 대폭으로 등용시켜 종친과 양반관료가 균형을 이루어야만 治平을 이룰 수 있음을 역설하며,98) 구성군 준을 파격적으로 영의정에 등용한 것에서 한명회 등 정난·좌익공신을 견제하면서 동요된 왕권을 안정시키려는 세조의 의도가 있었다고 하겠다. 이러한 세조의 의도는 나날이 신병이 악화되어 겨우 병조와 도총부의 공사만 친히 관장한 반면에99) 한명회·신숙주 등 院相이 4교대로 입궐하여 세자와 함께 서정을 의결하는100) 등 원상의 영향력이 확대됨에 따라 실현되지 못하였다. 또 이점에서 세조 12년 이후에 종친은 다수가 영의정, 참판, 도총관 등에 중용되었지만, 영의정인 구성군 준 조차 세자와 함께 서사를 의정하기도 하나101) 원상의 열에 끼지 못하였듯이 큰 영향력을 발휘하지 못하였다.

한편 세조의 종친에 대한 인식은 세조 1~11년에는 3년에 宗簿寺가 불법을 자행한 豊山令 畏의 징치를 청하자 "대저 종친 등은 공로가 없이 극진한 食祿과 尊榮을 누리는데 이와 같은 일을 할 수 있느냐?"102)라고 하고, 9년에 대간이 寶城卿 峹 등을 都鎭撫 등에 제수한 것을 반대하자 "공신과 종친은 같다. 신숙주 이하 공신을 모두 버리고 등용하지 말라는 말이냐?"103)라고

---

密城君 도총관(13-14)

98) 앞 주14) 참조.

99) 『세조실록』 권47, 세조 14년 7월 무신.

100) 『세조실록』 권47, 세조 14년 7월 기묘. 4번교대로 예궐한 중신은 다음과 같다.
　　1번 정인지·구치관·洪允成·金礩
　　2번 정창손·桂陽君 증·조석문·김국광
　　3번 신숙주·朴元亨·洪達孫·盧思愼
　　4번 한명회·崔恒·강순

101) 『세조실록』 권47, 세조 14년 8월 을미, 을사.

102) 『세조실록』 권3, 세조 2년 3월 임신.

103) 앞 주14) 참조.

한 것에서 이 시기에는 종친을 등용하여 정치를 주도하는 靖難·佐翊功臣을 견제하려는 의도는 없었던 것으로 생각된다. 그러나 세조 12년 이후에는 신병으로 인한 정무총람의 한계, 이시애난 발생으로 인한 왕권의 동요와 관련되어 많은 종친을 등용하여 정난·좌익공신을 견제하면서 동요되는 왕권을 안정시키고 계속 강력한 왕권을 행사하는 세력기반으로 삼고자 하였다.

이상에서와 같이 세조 1~11년에는 내종친이 중심이 된 태종·세종 왕자 등이 왕의 측근에서 왕명출납·시종·직숙을 행하고 강무대장 등이 되어 강무를 지휘하고 동 행사에 임석한 국왕을 호위함으로써 왕권의 한 기반이 되었다. 세조 12~14년에는 시종·왕명출납과 강무대장 등으로서의 기능발휘는 물론, 다수가 의정부·육조·오위도총부 등의 당상과 강무대장 등이 되어 그와 관련된 일을 수행하고 지휘하는 광범하고도 강력한 기능을 발휘함으로써 동요되는 왕권을 안정시키는 한 기반이 되었다. 그런데 세조 12년 이후에 영의정, 도총관, 참판에 중용된 종친이 발휘한 영향력은 그 수가 많지 못하고, 세조가 신병에서 서무를 세자와 원상으로 하여금 의정하여 처리하게 함에 따라 큰 영향력을 발휘하지는 못하였다. 이점에서 세조 12년 이후도 종친은 영의정 등 정식의 관직으로서 보다는 내종친과 강무대장 등이 되어 국왕의 측근세력을 이루면서 왕명출납과 제군사행사를 지휘하고 국왕을 호위하였다고 하겠다.

따라서 세조대의 종친은 국왕의 강력한 의지에 따라 등용되어 왕명을 출납 및 시종·직숙을 하고, 국왕을 중심한 각종 대소 행사에 참여 및 군사활동을 지휘하며, 대소정치에 참여하였다고 하겠다. 반면에 세조는 다수의 종친을 내종친과 재추직 및 강무대장 등에 등용하여 측근세력으로 삼고, 이를 왕권을 안정시키고 강화시키는 한 토대로 활용하였다고 하겠다.

# 5. 결어

지금까지 세조대에 종친이 대거 등용되게 된 배경, 종친이 발휘한 정치·군사기능, 종친과 세조왕권의 상호관계 등을 살펴 보았다. 지금까지 고찰한 바를 요약하면서 결론을 지어보면 다음과 같다.

세조대의 종친은 강력한 왕권, 창업주를 자처하면서 치세를 통해 무단적인 통치를 감행한 세조의 인사정책에 힘입어 측근과 문무반직에 대거 등용되고 중용되었다. 세조 1~6년에는 왕측근에 사적으로 등용되고, 7~14년에는 이에 덧붙여 7년에 栗元君 悰이 鎭守에 제수된 것을 시작으로 이후 세조 14년까지 30여명이 領議政, 都摠管 등의 문무직과 講武大將 등의 임시직에 등용되며, 세조 12년 이후에는 영의정 등의 재추직에 본격적으로 등용되었다.

세조대에 寧海君 瑭 이상(세종과 태종의 왕자)이 중심이 된 종친은 상참, 시사, 공사 대소연, 강무, 순행, 관렵, 관사, 관봉 등에 참가하였고, 이를 계기로 국왕의 신임을 받으면서 문무관직 등에 등용되었다. 또 寵信을 받은 桂陽君 璔, 永順君 溥, 龜城君 浚 등은 內宗親으로 불리면서 시종·직숙하면서 왕명을 출납하고, 내종친이 중심이 된 세종 왕자 등은 왕명을 받고 정치·경제·군사 등 국정논의에 참여하거나 독자적으로 의견을 개진하는 영향력을 벌휘하였다.

세조대의 종친은 12년 이후에 영의정, 참판, 도총관 등에 제수됨에 따라 군국정사에 참여하고 禁軍을 지휘하게 되었다. 그러나 이들 관직에 제수된 종친은 그 수가 미미하고, 또 당시는 院相이 정치운영을 주도하였기에 그 관직에 상응되는 영향력을 발휘하지 못하였다.

세조대의 종친은 왕측근에서 시위를 담당하고, 7년부터는 20여 명이 講武, 狩獵, 陣法訓鍊, 巡行 등 때에 각종 장수가 되어 군사를 지휘하고 동 행사에 임석한 국왕을 호위하는 군사력을 발휘하였다. 講武大將 등은 임시직이기는 하나 그 수가 동 행사를 위해 임명된 장수의 과반수에 육박하였다. 이러한 시위기능은 내종친이 수행한 시종기능과 함께 종친이 큰 정치 군사력을 발휘하는 토대가 되었다.

세조대에는 1~11년에는 세조는 정변으로 즉위한 정치분위기에 과단하고 영민한 자질을 토대로 즉위초 端宗復位事件으로 동요된 왕권을 안정시키면서 강력한 왕권을 구축하고 행사하였다. 12~14년에는 외형적으로는 이전과 같이 강력한 왕권을 행사하였지만, 내면적으로는 악화된 신병으로 庶務裁決을 세자와 원상에게 맡겨야 하였고 李施愛亂이 일어나는 등에서 왕권이 동요되었다.

세조는 동요된 왕권을 안정, 강화시키기 위하여 일부 종친을 영의정과 도총관 등에 제수하고 敵愾功臣을 대거 의정부와 육조에 등용시켜 즉위 이래로 당시까지 정치를 주도해온 靖難·佐翼功臣을 견제하고자 하였다. 그러나 세조의 이러한 의도는 세조의 신병이 계속 악화되고 원상의 정치력이 강화되면서 실현되지 못하였다.

세조대의 종친은 세조의 정국주도책과 관련되어 몇 명이 세조 12년 이후에 영의정, 도총관 등 樞要職에 제수되기도 하나 대부분은 내종친·강무대장 등으로서 국왕의 측근에서 왕명을 출납하고 시위를 행함으로써 왕권을 보좌하였다. 반면에 세조는 이들 종친을 왕명출납과 각종 국왕의 관심사에 동원시켜 효과적으로 국정을 운영하고 왕권을 행사하는 토대로 삼았다.

요컨대 세조대의 종친은 세조의 의지에 따라 등용 및 중용되고, 정식의 문무관직을 띠고 일반 정치운영에 참여하기보다는 왕명을 출납하고 시위를 행하는, 즉 侍從·侍衛之臣-측근세력-이 되어 왕권을 보좌하였다고 하겠다. 참고로 조선초기 종친 사관자와 세조대에 사관한 종친의 가계도를 첨부한다.

〈표 6〉 조선초기 종친 사관자

| 성명 | 생몰년 | 출사로 | 가계(부/조) | 봉작과 관직 | 비고 |
|---|---|---|---|---|---|
| 定宗 | | | 太祖/桓祖 | 의흥친군위절제사(태조 1년 7월), 삼군부중군절제사(2. 7), 도절제사(태조대) | 환조-태조-정종계 |
| 元生 | ?~1461 | | 정종/ | 義平君 | |
| 羣生 | ?~1456 | | | 順平君 | |
| 義生 | | | | 錦平君 | |
| 茂生 | | | | 宣城君 | |
| 貴生 | | | | 從義君 | |
| 終生 | 1406~1470 | | | 鎭南君, 사옹원, 장원서제조(세조 12년) | |
| 德生 | | | | 守道君 | |
| 祿生 | | | | 林堰君 | |
| 福生 | | | | 石保君 | |
| 厚生 | | | | 德泉君 | |
| 好生 | | | | 任城君 | |
| 末生 | | | | 桃平都正, 도문폐사(세조 12년 8월) | |
| 普生 | | | | 長川君 | |
| 隆生 | | | | 貞石君 | |
| 善生 | | | | 茂林都正, 도문폐사(세조 12년 8월), | |
| 孝孫 | | | 1 원생, 2 정종 | | |
| 福重 | | | | | |
| 孝榮 | | | | | |
| 伯平 | | | 1 군생 | | |
| 叔平 | 1423~1490 | | | 義新副正 | |
| 貴孫 | | | 1 무생 | | |
| 金丁 | | | | | |
| 鐵丁 | | | | | |
| 銀丁 | | | | | |
| 末丁 | | | | | |
| 千丁 | | | | | |
| 衍 | | | 1 귀생 | 金山君, 문폐사(세조 12년 8월), 병조참의(13. 9) | |
| 衡 | 1426~1498 | | 1 종생 | 進禮君, 경상좌도병마도절제사(세조 14년 3월 이전) | 생부 종생 |
| 復 | 1420~1485 | | | 居平君, 충청도병마도절제사(세조 12년 1월) | |
| 俅 | 1428~1490 | | | 鳳城君 | |
| 儉 | | | 1 덕생 | 語山正 | |
| [illegible] | | | | 洞林副正 | |
| 孝慈 | | | 1 녹생 | 豊山副正 | |
| 孝義 | | | | | |
| 勑 | | | 1 복생 | | |
| 整 | | | | | |

| | | | | | |
|---|---|---|---|---|---|
| 金山 | | | | | |
| 孝伯 | 1426~1487 | | 1 후생 | 新宗君 | |
| 孝叔 | 1440~1487 | | | 富潤都正 | |
| 孝誠 | 1445~1518 | 문 | | 雲水君 | |
| 孝昌 | 1450~1529 | 무 | | 松林君 | |
| 金孫 | | | 1 호생 | | |
| 昌 | | | 1 말생 | | |
| 炯 | | | 1 보생 | 缶林君 | |
| 煃 | | | | 岳陽副正 | |
| 燿 | | | | 眞安부정 | |
| 石童 | | | | 三陽부정 | |
| 長孫 | | | | | |
| 愉 | | | 1 융생 | | |
| 燐 | | | | | |
| 怡 | | | | | |
| 濂 | | | | | |
| 勅 | | | | | |
| 長孫 | 1434~1505 | | 1 선생 | 明正都正 | |
| 終孫 | 1437~1491 | | | 新坪도정 | |
| 晟 | | | 1 효손 | | |
| 暹 | | | | | |
| 碩孫 | | | 1 효영 | | |
| 伸 | | | 1 숙평 | | |
| 繼孫 | | | 1 귀손 | | |
| 玉荊 | | | 1 금정 | | |
| 玉昆 | | | | | |
| 崇德 | | | | | |
| 玉石 | | | | | |
| 千壽 | | | 1 말정 | | |
| 眉壽 | | | 1 천정 | | |
| 均 | | | 1 형 | | |
| 潤 | | | 1 복 | | |
| 源 | | | 1 형 | | |
| 汶 | | | | | |
| 徒 | | | | | |
| 如意 | | | | | |
| 淑祚 | | | 1 검 | | |
| 淑禮 | | | 1 외 | | |
| 長孫 | | | 1 효자 | | |
| 終孫 | | | | | |
| 壽孫 | | | 1 효의 | | |
| 敬孫 | | | | | |

| | | | | | |
|---|---|---|---|---|---|
| 驥 | | | 1 래 | | |
| 燕同 | | | | | |
| 壽利 | | | 1 정 | | |
| 壽堅 | | | 1 금산 | | |
| 貴丁 | | | 1 효백 | | |
| 順丁 | | | | | |
| 文丁 | | | | | |
| 連丁 | | | | | |
| 銀仝 | | | | | |
| 末孫 | | | | | |
| 敬孫 | | | | | |
| 盛陰 | | | | | |
| 哲山 | | | 1 숙서 | | |
| 長童 | | | | | |
| 盛終 | | | 1 효창 | | |
| 轍 | | | 1 효성 | | |
| 孝元 | | | 1 금손 | | |
| 孝亨 | | | | | |
| 孝利 | | | | | |
| 性同 | | | | | |
| 塀 | | | 1 창 | | |
| 健 | | | | | |
| 佑 | | | | | |
| 彭祖 | | | 1 곤 | 保寧守 | |
| 福禎 | | | 1 요 | 德仁守 | |
| 眉壽 | | | | 呂城守 | |
| 彭年 | | | 1 형 | 花山守 | 생부 곤 |
| 殷同 | | | 1 석동 | 晉川守? | |
| 世榮 | | | | 晉山守? | |
| 堅 | | | 1 유 | 晉原守? | |
| 堅 | | | | | |
| 漬 | | | 1 린 | | |
| 漱 | | | | | |
| 倫 | | | 1 이 | | |
| 傑 | | | | | |
| 僅 | | | 1 렴 | | |
| 脩 | | | | | |
| 住 | | | | | |
| 山同 | | | 1 장손 | | |
| 克昌 | | | 1 종손 | | |
| 嗣昌 | | | | | |
| 太宗 | | | 1 太祖, 2 桓祖 | | 태조-태종- |

| | | | | | |
|---|---|---|---|---|---|
| | | | | | 세종계 |
| 世宗 | | | 1 태종, 2 태조 | | |
| 禔 | 1394~1462 | | | 讓寧大君 | |
| 補 | 1396~1486 | | | 孝寧大君 | |
| 褈 | | | | 誠寧大君 | |
| 裶 | ?~1458 | | | 敬寧君 | |
| 裀 | ?~1467 | | | 誠寧君 | |
| 裎 | | | | 溫寧君 | |
| 襛 | ?~1461 | | | 謹寧君 | |
| 祉 | | | | 惠寧君 | |
| 袉 | ?~1465이전 | | | 熙寧君 | |
| 衦 | | | | 厚寧君 | |
| 袳 | ?~1464 | | | 益寧君 | |
| 문종 | | | 1 세종, 2 태종 | | |
| 세조 | | | | | |
| 瑢 | 1418~1453 | | | 安平大君 | |
| 璆 | 1420~1469 | | | 臨瀛大君 | |
| 璵 | | | | 廣平大君 | |
| 瑜 | 1426~1457 | | | 錦城大君 | |
| 琳 | | | | 平原大君 | |
| 琰 | 1424~1467 | | | 永膺大君 | |
| 瓔 | | | | 和義君 | |
| 璔 | ?~1464 | | | 桂陽君 | |
| 玒 | ?~1460 | | | 義昌君 | |
| 瑹 | | | | 漢南君 | |
| 琛 | 1430~1479 | | | 密城君, 知留都將相公事(세조 14년 1월) | |
| 玹 | ?~1455 | | | 壽春君 | |
| 璭 | ?~1463 | | | 翼峴君 | |
| 璟 | | | | 永興君 | |
| 瑭 | 1435~1477 | | | 寧海君 | |
| 璖 | | | | 潭陽君 | |
| 譴 | ?~1462 | | 1 제, 2 태종 | 順城君 | |
| 諦 | | | | | |
| 譓 | | | | | |
| 謙 | | | | | |
| 訢 | | | | | |
| 諶 | | | | | |
| 惇 | | | | | |
| 宲 | | | 1 보 | | |
| 宰 | 1412~1475 | | | | |
| 杳 | | | | | |
| 寧 | | | | | |

| | | | | | |
|---|---|---|---|---|---|
| 定 | | | | | |
| 宸 | | | | | |
| 宜 | ?~1476 | | 1 종 | | 생부 보 |
| 秩 | | | 1 비 | | |
| 橫 | 1421~1481 | | | 銀川君, 상정소제조(세조 10), 원각사조성제조(11), 경상도순찰사(13. 11) | |
| 微 | | | | | |
| 穎 | | | | 福城守, 도문폐사(세조 12년 8월) | |
| 稙 | | | | | |
| 秋 | | | | | |
| 穗 | | | | | |
| 敏 | 1431~1473 | | 1 인 | | |
| 踵 | | | 1 정 | | 생부 농, 병자피화 |
| 蹖 | | | 1 농 | | |
| 蹟 | 1429~1490 | | | 玉山君, 원각사감역독찰관(세조 10년 6월), 원각사조성제조(11. 2), 경기도문폐사(12. 8) | |
| 洙 | | | 1 지 | | |
| 均 | | | | | |
| 堪 | ?~1465이전 | | 1 타 | | |
| 培 | | | | | |
| 緝 | | | 1 천 | | |
| 綸 | | | | | |
| 承恩 | | | 1 이 | | |
| 貞恩 | | | | | |
| 嗣宗 | | | 1 근 | | |
| 嗣祖 | | | | | |
| 鎭 | | | | | |
| 鉉 | | | | | |
| 終南 | | | | | |
| 終巖 | | | | | |
| 頤 | | | 1 혜 | | |
| 頲 | | | | | |
| 顥 | | | | | |
| 靖 | | | 1 겸 | | |
| 順 | | | 1 흔 | | |
| 碩 | | | | | |
| 楓 | | | 1 심 | | |
| 植 | | | | | |
| 怪 | | | 1 채 | | |

| | | | | |
|---|---|---|---|---|
| 惇 | | | | |
| 愊 | | | | |
| 低 | | | | |
| 恒 | | | | |
| 怡 | | | | |
| 愼 | | | | |
| 菆 | | 1 천 | | |
| 蒳 | | | | |
| 蓝 | | | | |
| 蒔 | | | | |
| 薰 | | | | |
| 蕙 | | | | |
| 循 | | 1 합 | | |
| 徖 | | | | |
| 勑 | | | | |
| 緯 | | | | |
| 徹 | | | | |
| 行 | | | | |
| 徐 | | | | |
| 霖 | | 1 영 | | |
| 仝 | | 1 정 | | |
| 全 | | | | |
| 孝仁 | | 1 양 | | |
| 孝義 | | | | |
| 孝禮 | | | | |
| 孝智 | | | | |
| 孝孫 | | | | |
| 孝根 | | | | |
| 孝堅 | | | | |
| 偕 | | 1 의 | | |
| 偵 | | | | |
| 份 | | | | |
| 槙 | | 1 찬 | | |
| 橝 | | | | |
| 杠 | | 1 치 | | |
| 金山 | | 1 영 | | |
| 玉山 | | | | |
| 承孫 | | | | |
| 槙 | | 1 추 | | |
| 權 | | 1 수 | | |
| 桓 | | | | |
| 翊 | | | | |

| | | | | |
|---|---|---|---|---|
| 淨 | | 1 민 | | |
| 援 | | 1 종 | | |
| 摠 | | | | 갑자피화 |
| 挺 | | | | |
| 揀 | | | | |
| 扑 | | | | |
| 撻 | | | | |
| 擢 | | 1 제 | | |
| 振 | | | | |
| 搢 | | | | |
| 攢 | | | | |
| 揖 | | | | |
| 揞 | | | | |
| 整 | | | | |
| 孝植 | | 1 수 | | |
| 德植 | | | | |
| 漲 | | 1 감 | | |
| 欽 | | 1 배 | | |
| 範 | | 1 집 | | |
| 凡讚 | | | | |
| 培 | | 1 륜 | | |
| 墩 | | | | |
| 彪 | | 1 정은 | | |
| 玄 | | | | |
| 繼男 | | 1 진 | | |
| 任 | | | | |
| 儔 | | | | |
| 子謙 | | | | |
| 深源 | | | | |
| 단종 | | 문종/세종 | | |
| 덕종 | | 1 세조 | | |
| 예종 | | | | |
| 曙 | | | 德原君 | |
| 晟 | 1457~1484 | | 昌原君 | |
| 友直 | ?~1454 | 1 용 | | |
| 友諒 | ?~1454 | | | |
| 承胤 | | | | |
| 澍 | 1437~1490 | 1 구 | 烏山君 | |
| 浚 | 1441~1479 | | 龜城君, 도총사, 영의정 | |
| 淳 | | | 定陽君 | |
| 淨 | | | 八溪君 | |
| 澄 | | | 歡城君 | |

| | | | | |
|---|---|---|---|---|
| 涵 | 1458~? | | 英陽副正 | |
| 濯 | | | 丹溪副正 | |
| 植 | | | 輪山副正 | |
| 孟漢 | 1455~1529 | 1 유 | 玉川君 | |
| 銅 | | | | |
| 堈 | 1466~? | 1 림 | 齊安大君 | 생부 예종 |
| 源 | | 1 염 | 淸風君 | |
| 轅 | | 1 영 | 驪興君 | |
| 轓 | | | | |
| 灃 | | 1 증 | 寧原君 | |
| 瀜 | | | | |
| 湜 | ?~1489 | | 富林君 | |
| 灝 | | 1 강 | | |
| 誠 | 1453~1510 | 1 침 | 雲山君 | |
| 鎧 | | | | |
| 譌 | | | 石陽君 | |
| 讚 | | 1 현 | 春城君 | 생부 침 |
| 潰 | ?~1467 | 1 운 | 槐山君 | |
| 仁 | | 1 당 | | |
| 義 | | | | |
| 潚 | | 1 거 | | |
| 瀜 | | | | |
| 侃 | | 1 원 | | |
| 성종 | 1457~1494 | 1 덕종 | | |
| 婷 | 1454~1488 | | 月山君 | |
| 糞 | 조졸 | 1 예종 | 仁城大君 | |
| 堈 | | | 齊安大君 | |
| 悰 | | 1 정 | | |
| 漸 | | 1 서 | | |
| 蘫 | | 1 성 | | 생부 서 |
| 淦 | | | | |
| 연산군 | | 1 성종, 2 세조 | | |
| 중종 | | | | |
| 1녀 | 조졸 | | | |
| 恂 | | | 桂城君 | |
| 忻 | | | 安陽君 | |
| 懌 | | | 完原君 | |
| 恬 | | | 檜山君 | |
| 㤚 | | | 鳳安君 | |
| 惇 | | | 甄城君 | |
| 懷 | | | 益陽君 | |
| 慣 | | | 利城君 | |

| | | | | |
|---|---|---|---|---|
| 忱 | | | 景明君 | |
| 忬 | | | 全城君 | |
| 悰 | | | 茂山君 | |
| 怪 | | | 寧山君 | |
| 愼 | | | 雲川君 | |
| 憘 | | | 楊原君 | |
| 芳雨 | | 태조 | | 태조-방우계 |
| 福根 | | 방우 | 奉寧府院君 | |
| 德根 | | | 元尹 | |
| 碩 | | 복근 | 副元尹 | |
| 頎 | | | 洞鶴正 | |
| 仁 | | 덕근 | | 생부 석근 |
| 銀生 | | 석 | | |
| 義童 | | 기 | | |
| 咸童 | | | | |
| 有英 | | 인 | | |
| 芳毅 | | 태조 | 益安大君, 삼군부중군절제사(태조7년 9월), 도절제사(태조대), 경기충청도도절제사(정종 1.11) | 태조-방의계 |
| 石根 | | 방의 | 益平府院君 | |
| 昇 | | | 承可正 | |
| 義 | | | 愼城君 | |
| 禮 | | | 潘南都正 | |
| 智 | | | 楊津正 | |
| 信 | | | 大林都正 | |
| 綱 | | | 白波都正 | |
| 常 | | | | |
| 頎 | | | | |
| 有康 | | 승 | 多慶正 | |
| 克文 | | | 小利守 | |
| 克明 | | | 東平守 | |
| 伯規 | | 의 | | |
| 仲規 | | | | |
| 偉 | | 예 | | |
| 倩 | | 지 | | |
| 孝全 | | 강 | | |
| 孝明 | | | | |
| 孝敦 | | | | |
| 孝深 | | | | |
| 孝仝 | | | | |
| 賢童 | | 상 | | |

| | | | | |
|---|---|---|---|---|
| 賢孫 | | | | |
| 俊 | | | | |
| 文昌 | | 유강 | | |
| 義昌 | | | | |
| 誠孫 | | 극명 | | |
| 芳幹 | | 태조 | 懷安大君, 삼군부좌군절제사(태조 7.9), 도절제사(태조대), 서북면황해도도절제사(정종 1.11) | 태조-방간계 |
| 孟衆 | | 방간 | | |
| 泰 | | | | |
| 善 | 1409~1468 | | 金城君 | |
| 仲寠 | | | | |
| 溫 | | 맹중 | 永平正 | |
| 栢 | | 태 | 德林正 | |
| 檜 | | | 湖山正 | |
| 衡 | 1427~1502 | 선 | 長山正 | |
| 末同 | 1449~? | | 平山正 | |
| 芬 | | 중군 | 定安正 | |
| 終同 | | | 定平君 | |
| 克宗 | | 온 | | |
| 長孫 | | 백 | | |
| 哲顯 | | 회 | | |
| 思文 | | 형 | | |
| 思安 | | | | |
| 枝茂 | | 분 | | |
| 銀孫 | | 종동 | | |
| 謁山 | | | | |
| 阿全 | | | | |
| 明孫 | | | | |
| 芳衍 | 미취졸 | | 德安大君, | 태조-방연계 |
| 芳蕃 | | 태조 | 撫安大君, 의흥친군위절제사(태조 1.8), 동북면도절제사(태조 1~7), 삼군부좌군절제사(태조 2.10) | 태조-방번계 |
| 璉 | | 방번 | | |
| 溥 | 1444~1470 | 여 | | |
| 崎 | | 부 | | |
| 嶸 | | | | |
| 崝 | | | | |
| 芳碩 | | 태조 | 宜安大君 | 태조-방석계 |
| 譜 | 1450~1485 | 방석 | 春城君 | 생부 밀성군 침 |
| 綱 | | 당 | | |

| | | | | |
|---|---|---|---|---|
| 沆 | | 강 | | |
| 齡壽 | | | | |
| 元桂 | | 환조 | | 환조-완성군계 |
| 蘭 | | | 장군(정종 2년 2월) | |
| 攝 | | | | |
| 陟 | | | | |
| 實 | | | | |
| 種 | | | | |
| 芬 | | | | |
| 陽德 | | 난 | | |
| 思明 | | | | |
| 思哲 | | | | |
| 重卿 | | 섭 | | |
| 重寶 | | | | |
| 守仁 | | | | |
| 守義 | | | | |
| 重芳 | | | | |
| 夏生 | | 척 | | |
| 夏成 | | | | |
| 夏雲 | | | | |
| 夏恭 | | | | |
| 夏秀 | | | | |
| 熙文 | | | | |
| 得成 | | 실 | | |
| 守成 | | | | |
| 裕生 | | 종 | | |
| 陽秀 | | | | |
| 方 | | 분 | | |
| 元桂 | | 환조 | | 환조-완풍군계 |
| 良祐 | | 원계 | 좌군도총제(태종 2년 12월), 찬성(2년 12월) | |
| 天祐 | | | 동지중추겸병조전서의흥시위사상장군지삼군부사(태조 7년 9월), 내갑사제조(정종1), 판중추(2. 2), 삼군부지절제사(2.2), 중군도총제(태종2.12), 판사평부사(4.12), 찬성사(8. 12, 9.8), 병판(9.3), 3군진 무소도총제(9.8), 찬성사겸판의흥부사(9.9), 찬성겸판의용순금사사(10.9) | |
| 朝 | | | 상장군(태조 3년 3월) | |
| 曙 | | | | |
| 興發 | | 양우 | | |

| | | | | | |
|---|---|---|---|---|---|
| 興濟 | | | | | |
| 興露 | | | | | |
| 興美 | | | | | |
| 宏 | | | 천우 | | |
| 完 | | | | | |
| 宣 | | | | | |
| 君實 | | | 조 | | |
| 永錫 | | | 서 | | |
| 和 | | | 환조 | 宜安大君, 의흥친군위도절제사(태조 1년 7월), 판문하부사영의흥삼군부사(7. 9), 영삼사사(정종 1년 12월), 영삼사사판의정부사(2. 4), 영의정부사(태종 7년 7월) | 환조-의안대군계 |
| 之崇 | | | 화 | | |
| 淑 | | | | 응양위전령장군(태조 1년 7월), 우부승지(7. 9), 우승지(7. 9), 우군도총제(정종 2년 12월), 찬성사(태종 5년 12월) | |
| 澄 | | | | 장군(태종 2년 이전) | |
| 湛 | | | | 중군동지총제(태종 7.9) | |
| 皎 | | | | | |
| 淮 | | | | | |
| 漸 | | | | | |
| 壽長 | | | 지숭 | | |
| 吾望 | | | 숙 | | |
| 之發 | | | | | |
| 義敬 | | | 징 | | |
| 微童 | | | | | |
| 孝孫 | | | 담 | | |
| 福同 | | | 회 | | |
| 實堅 | | | 점 | | |

<도 1> 세조대 등용종친 가계도(*내종친, **강무등 대장)

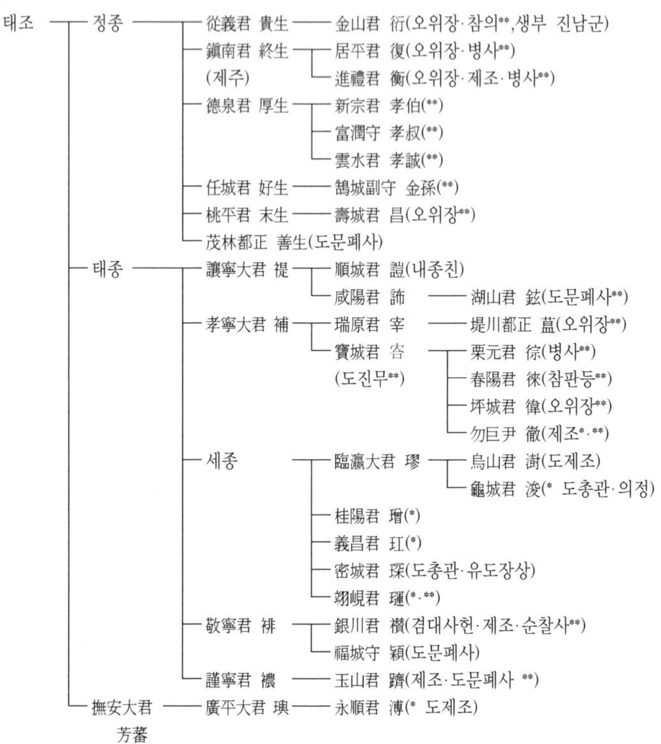

<별표 1> 조선초·중기 유력가문[104]

| | 신동 | 용총 | 저자교정 | | 신동 | 용총 | 저자교정 |
|---|---|---|---|---|---|---|---|
| 신천강 | * | * | | 서산유 | * | | 거 |
| 진주강 | * | * | 거족 | 영광유 | * | | |
| 청주경 | | * | 거 | 진주유 | | | 유 |
| 개성고 | * | | | 옥천육 | | * | |
| 청주곽 | | | 유력가문 | 무장(무송)윤 | * | | 거 |
| 제주고 | * | * | 거 | 칠원윤 | | * | |
| 능성구 | | * | 거 | 파평윤 | * | * | 거 |
| 안동권 | * | * | 거 | 해평윤 | | | 유 |
| 행주기 | * | | | 경주이 | * | * | 거 |
| 강릉김 | * | | 거 | 고성이 | * | | 거 |
| 경주김 | * | * | 거 | 廣州이 | * | * | 거 |
| 광산김 | * | * | 거 | 덕수이 | * | * | |
| 김해김 | * | * | 거 | 성주이 | * | | 거 |
| 상주김 | * | * | 거 | 양성이 | * | * | 거 |
| 선산김 | * | * | 거 | 여주이 | | | 유 |
| 안동김 | * | * | 거 | 연안이 | * | * | 거 |
| 연안김 | * | | 거 | 영천이 | * | | 거 |
| 의성김 | * | | 거 | 용인이 | * | * | 거 |
| 청풍김 | | | 유 | 인천이 | | * | 거 |
| 의령남 | * | * | 거 | 전의이 | * | * | 거 |
| 교하노 | * | * | 거 | 전주이 | * | * | 거 |
| 신창맹 | * | * | | 한산이 | * | * | 거 |
| 남평문 | | | 유 | 흥양이 | * | | |
| 여흥민 | | * | 거 | 풍천任 | | * | 거 |
| 고령박 | * | | | 동래정 | * | * | 거 |
| 나주(반남)박 | | * | 거 | 봉화정 | * | | 거 |
| 밀양박 | * | * | 거 | 靈光丁 | | * | |
| 순천박 | * | | 거 | 영일정 | | * | 거 |
| 죽산박 | | * | 거 | 청주정 | * | | |
| 함양박 | | | 유 | 초계정 | | | 유 |
| 성산배 | * | | | 하동정 | * | * | 거 |
| 원주변 | | | 유 | 해주정 | | | 유 |
| 강화봉 | | * | | 배천조 | * | * | 거 |
| 이천서 | | * | 거 | 양주조 | * | | 거 |
| 창녕성 | * | | 거 | 평양조 | * | * | 거 |
| 밀양손 | | * | | 한양조 | * | * | 거 |
| 여산송 | * | | 거 | 창녕曺 | * | * | 거 |
| 진천송 | | * | | 강릉최 | * | * | 거 |
| 거창신 | * | | 거 | 수원최 | * | | |
| 고령신 | * | | 거 | 전주최 | * | | 거 |
| 평산신 | * | | 거 | 해주최 | | * | |
| 靈山辛 | * | | 거 | 화순최 | * | | 거 |

| 청송심 | * |   | 거 | 진양하 | * | * | 거 |
|---|---|---|---|---|---|---|---|
| 순흥안 | * |   | 거 | 청주한 | * | * | 거 |
| 죽산안 | * |   | 거 | 강릉함 | * | * |   |
| 南原梁 | * |   | 거 | 양천허 | * | * | 거 |
| 淸州楊 |   |   | 유 | 하양허 | * | * | 거 |
| 함종어 | * |   | 거 | 남양홍 | * | * | 거 |
| 단양우 |   | * | 거 | 장수황 | * | * | 거 |
| 원주원 |   | * | 거 | 합계 | 71 | 57 | 80(거족 69, |
| 문화유 | * |   | 거 | (89) |   |   | 유력가문 11) |

〈별표 2〉 朝鮮初期 官階와 主要 官衙·官職(『경국대전』)[105]

| | 문산계 | 무산계 | 의정부 | 중추부 | 육조 | 한성부 | 승정원 |
|---|---|---|---|---|---|---|---|
| 정1품 | 大匡輔國崇祿大夫<br>輔國崇祿大夫 | 좌동 | 領, 左,<br>右議政 | 領事 |   |   |   |
| 종1 | 崇祿大夫<br>崇政大夫 | 좌동 | 左, 右贊成 | 判事 |   |   |   |
| 정2 | 正憲大夫<br>資憲大夫 | 좌동 | 左, 右參贊 | 知事 | 判書 | 判尹 |   |
| 종2 | 嘉靖大夫<br>嘉善大夫 | 좌동 |   | 同知事 | 參判 | 좌, 우윤 |   |
| 정3상 | 通政大夫 | 折衝將軍 |   | 僉知事 | 參議,<br>參知(병조) | | 都,左,右,左副,<br>右副,同副承旨 |
| 정3 | 通訓大夫 | 禦侮將軍 |   |   |   |   |   |
| 종3 | 中直大夫<br>中訓大夫 | 建功將軍<br>保功將軍 |   |   |   |   | . |
| 정4 | 奉正大夫<br>奉列大夫 | 振威將軍<br>昭威將軍 | 舍人 |   |   |   |   |
| 종4 | 朝散大夫<br>朝奉大夫 | 定略將軍<br>宣略將軍 |   | 經歷 |   | 庶尹 |   |
| 정5 | 通德郎<br>通善郎 | 果毅校尉<br>忠毅校尉 | 檢詳 |   | 正郎 |   |   |
| 종5 | 奉直郎<br>奉訓郎 | 顯信校尉<br>彰信校尉 |   | 都事 |   | 判官 |   |
| 정6 | 承議郎 | 敦勇校尉 |   |   | 佐郎 |   |   |

104) 용은 成俔이 『용재총화』에서 거족성관으로 적기한 성씨이고, 증은 李泰鎭이 『신증동국
여지승람』 본조(조선)항 인물조에 2인 이상 기재된 성씨를 거족으로 파악한 성씨이고,
유는 저자가 양반가문이 15세기 후반에 배출한 공신, 의정, 판서, 총 관인 수 등을
고려하여 거족성관과 같은 가세를 누렸다고 판정하여 추가한 성씨이다(유력가문
판정기준은 앞 2장 33~34쪽 참조).

594

| 품계 | | | | | | | |
|---|---|---|---|---|---|---|---|
| | 承訓郎 | 進勇校尉 | | | | | |
| 종6 | 宣敎郎<br>宣務郎 | 勵節校尉<br>秉節校尉 | | | 敎授,別提 | | |
| 정7 | 務功郎 | 迪順副尉 | | | | 參軍 | 注書 |
| 종7 | 啓功郎 | 奮順副尉 | | | | | |
| 정8 | 通仕郎 | 承義副尉 | 司祿 | | | | |
| 종8 | 承仕郎 | 修義副尉 | | | | | |
| 정9 | 從仕郎 | 效力副尉 | | | | | |
| 종9 | 將仕郎 | 展力副尉 | | | | | |

| 품계 | 사헌부 | 사간원 | 홍문관 | 성균관 | 시·감·원 | 사·창·고·서 | 오위 |
|---|---|---|---|---|---|---|---|
| 정1품 | | | | | 都提調(겸) | | |
| 종1 | | | | | 提調(~종2, 겸) | | |
| 정2 | | | 大提學(겸) | | | | |
| 종2 | 大司憲 | | 提學(겸) | | | | 將 |
| 정3상 | | 大司諫 | 副提學 | 大司成 | 判決事. 都正, 副提調(겸) | | |
| 정3 | | | 直提學 | | 正, 判校, 通禮 | | 上護軍 |
| 종3 | 執義 | 司諫 | 典翰 | 司成 | 副正,參校, 相禮, 輔德 | | 大護軍 |
| 정4 | 掌令 | | 應敎 | 司藝 | 奉禮, 弼善 | 守, 提檢 | 護軍 |
| 종4 | | | 副應敎 | | 僉正, 校勘 | | 副護軍 |
| 정5 | 持平 | 獻納 | 校理 | 直講 | 司議, 贊儀, 文學 | | 司直 |
| 종5 | | | 副校理 | | 校理, 判官, 別坐 | 令, 典需, 別坐 | 副司直 |
| 정6 | 監察 | 正言 | 修撰 | 典籍 | 司評, 校檢, 司書 | 掌苑, 司圃, 司畜, 司紙, | 司果 |
| 종6 | | | 副修撰 | | 主簿, 引儀, 別提, 敎授 | 주부, 副典需, 별제 | 部將, 副司果 |
| 정7 | | | 博士 | 박사 | 박사, 說書 | | 司正 |
| 종7 | | | | | 直長 | 직장, 典會 | 副司正 |
| 정8 | | | 著作 | 學正 | 저작 | | 司猛 |
| 종8 | | | | | 奉事 | 봉사, 典穀, 別檢 | 副司猛 |
| 정9 | | | 正字 | 學錄 | 정자, 副奉事, 訓導 | 부봉사 | 司勇 |
| 종9 | | | | 學諭 | 副正字, 參奉 | 참봉, 典貨 | 副司勇 |

| 품계 | 도 | 군현 | 제진 | 내시부(국초) | 액정서 |
|---|---|---|---|---|---|
| 정1품 | | | | | |
| 종1 | | | | | |
| 정2 | | | | | |
| 종2 | 觀察使, 兵馬節度使 | 府尹 | | 尙膳(判事) | |
| 정3상 | 水軍節度使 | | | (同判事) | |

---

105)『경국대전』권1, 이전·권4 병전 경관·외관직.

| | | | | | |
|---|---|---|---|---|---|
| 정3 | | 大都護府使, 牧使 | | 尙醞,尙茶(知事) | |
| 종3 | 兵馬虞候 | 都護府使 | 水軍僉節制使 | 尙藥(僉知事) | |
| 정4 | 水軍虞候 | | | 尙傳(동첨사) | |
| 종4 | | 郡守 | 兵馬萬戶, 水軍萬戶 | 尙冊 | |
| 정5 | | | | 尙弧 | |
| 종5 | 都事 | 縣令, 判官 | | 尙帑 | |
| 정6 | | | | 尙洗 | 司謁, 司鑰 |
| 종6 | 察訪 | 縣監, 敎授 | 監牧(수령겸) | 尙燭 | 부사약 |
| 정7 | | | | 尙烜 | 司案 |
| 종7 | | | | 尙設 | 부사안 |
| 정8 | | | | 尙除 | 司鋪 |
| 종8 | | | | 尙門 | 부사포 |
| 정9 | | | | 尙更 | 司掃 |
| 종9 | 訓導, 審藥, 檢律, 驛丞 | 訓導 | | 尙苑 | 부사소 |

## 1. 자료


『조선왕조실록』태조 1년~중종 38년조.
『고려사』(열전·백관지)
『고려사절요』
『경국대전』
『국조인물고』
『국조문과방목』
『고려예부시등과록』
『신증동국여지승람』
『청선고』
『燃藜室記述』
『瀨齋集』
『訥齋集』
『木溪逸稿』
『牧隱集』
『圃隱集』
『사숙재집』
『양촌집』
『용재총화』
『조선경국전』
『포은집』

『虛白亭集』
『湖陰雜稿』
『이낙정집』
『전고대방』
『만성대동보』
『청구씨보』
『만가보』
『진주강씨대동보』(광일사, 1994).
『진주강씨 승지공파세보』
『창녕성씨대동보』
『창녕성씨문숙공파세보』(보전출판사, 1981)
『창녕성씨대동보』
『고령신씨대동보』
『파평윤씨상호군파세보』(농경출판사, 1983).
『파평윤씨대동보』(한국족보편찬위원회, 2011)
『광주이씨대동보』(회상사, 1988)
『파평윤씨연안공파보』(대보사, 1989).
『전의이씨대동보』
『전주이씨경령군파세보』(회상사, 1990)
『전주이씨순평군파세보』(제일족보연구소, 1990)
『전주이씨양도공파세보』
『전주이씨완창대군파대동보』(천성출판사, 1987)
『전주이씨효령대군파보』(이돈영편, 민창문화사, 1992)
『한산이씨세보』(농경출판사, 1977)
『한산이씨양경공파세보』(회상사, 1982).
『한산이씨인제공파세보』
『한산이씨문양공파세보』(회상사, 1995)
『청주한씨대동보』(5교첨수본, 1920 : 6교정묘본, 1993).
『안동권씨대동보』
『광산김씨대동보』
『문화유씨대동보』
『명사』
『춘추좌전』

## 2 논저

김갑주, 1973, 「원상제의 성립과 기능」, 『동국사학』 12.

김상오, 1978, 「이시애의 난에 대하여」 상, 『전북사학』 2.

김성준, 1964, 「종친부고」, 『사학연구』 18.

김용선, 1990, 「조선전기의 음서제도」, 『(한림대)아시아문화』 6.

김용선, 1991, 『고려음서제도연구』, 한국연구원.

김창현, 1994, 「조선초기의 문음제도에 관한 연구」, 『국사관논총』 56.

김태영, 1994, 「토지제도」, 『한국사』 24.

남도영, 1994, 「마정」, 『한국사』 24.

문형만, 1980, 「하륜의 세력기반과 그 가계」, 『벽사이우성교수 정년퇴직기념논총』 상.

민현구, 1974, 「조선후기의 권문세족」, 『한국사』 8.

박병호, 1995, 「경국대전의 편찬과 반행」, 『한국사』 22.

박용운, 1990, 『고려시대 음서제와 과거제연구』, 일지사.

박용운, 2012, 『고려시대사(증보5쇄)』, 일지사.

송준호, 1976, 「조선시대의 과거와 양반 및 양인」, 『역사학보』 69.

연세대학교 언어정보연구개발원, 1998, 『연세한국어사전』, 두산동아.

연세대학교 국학연구원편, 『經濟六典輯錄』, 다은.

유성원, 1973, 「조선초기의 신량역천계층」, 『한국사론』 1.

이성무, 1976, 「조선초기의 신분제도」, 『동아문화』 13.

이성무, 1983, 『조선초기 양반연구』, 일조각.

이성무, 1994, 『개정증보 한국의 과거제도』, 집문당.

이수건, 1989, 『조선시대 지방행정사』, 민음사.

이연복·이현복, 1996, 「목은 이색의 연보」, 『목은 이색의 생애와 사상』, 일조각.

이태진, 1985, 「15세기 후반기의 '거족'과 명족의식-『동국여지승람』 인물조의 분석을
        통하여-」, 『한국사론』 3.

장삼식편, 1964, 『대한한사전』, 성문사.

전봉덕, 1989, 『경제육전습유』, 아세아문화사.

정두희, 1983, 『조선초기 정치지배세력연구』, 일조각.

정두희, 1986, 「조선 성종대 대간의 탄핵활동」, 『역사학보』 109.

차장섭, 1974, 「조선전기 문과급제자의 성분」, 『조선사연구』 3.

최승희, 1985, 「조선시대 양반의 대가제」, 『진단학보』 60.

최양규, 2011, 『한국족보발달사』, 도서출판 혜안.

최이돈, 1986, 「성종대 홍문관의 언관화 과정」, 『진단학보』 61.

최재석, 1995, 「가족제도」, 『한국사』 25.

편찬위원회, 1977, 『한국인의 족보』, 일신각.

한상진, 「始祖(蘭)遺基敍事碑文」.

한영우, 1971, 「조선초기 상급서리 성중관」, 『동아문화』 10.

한영우, 1974, 「왕권의 확립과 제도의 완성(세조~성종)」, 『한국사』 9.

한충희, 1980, 「조선초기 의정부연구」 상, 『한국사연구』 31.

한충희, 1985, 「조선 세조~성종대의 가자남발에 대하여」, 『한국학논집』 12.

한충희, 1985, 「조선초기 판이·병조사연구」, 『한국학논집』 11.

한충희, 1987, 「조선초기 승정원연구」, 『한국사연구』 59.

한충희, 1987, 「조선초기 육조연구 첨보」, 『대구사학』 33.

한충희, 1990, 「조선초기 육조정랑·좌랑의 관인적 지위」, 『한국학논집』 17.

한충희, 1990, 「조선초기 의정부 사인·검상의 관인적 지위」, 『(경북대)역사교육논집』 13·14
　　　　합호.

한충희, 1994, 「조선초(태조 2년~태종 1년) 의흥삼군부연구」, 『계명사학』 5.

한충희, 1995, 「조선초기 음서의 실제와 역할-추요직역임자와 거족출신사관자의 역관분석
　　　　을 중심으로-」, 『한국사연구』 91.

한충희, 1995, 「왕권의 재확립과 제도의 완성」, 『한국사』 24.

한충희, 1995, 「조선세조대(1455~1468) 종친연구」, 『한국학논집』 22.

한충희, 1995, 「조선초기 청주한씨 영정(?~1417 이전, 지군사증영의정)계 가계연구-역관경
　　　　향과 통혼권을 중심으로-」, 『계명사학』 6.

한충희, 1997, 「조선초기 한산이씨 색(-종덕, 종학, 종선)계 가계연구」, 『계명사학』 8.

한충희, 1998, 「조선 세조대(1455~1468)의 내종친에 대하여」, 『경북사학』 21.

한충희, 1998, 『조선초기 육조와 통치체계』, 계명대학교출판부.

한충희, 2003, 「조선초기 '청직', '요직', '청요직'의 용례에 대하여」, 『대구사학』 73.

한충희, 2006, 『조선초기의 정치제도와 정치』, 계명대학교출판부.

한충희, 2008, 『조선초기 관직과 정치』, 계명대학교출판부.

한충희, 2011, 『조선전기의 의정부와 정치』, 계명대학교출판부.

한충희, 2020, 『조선초기 관인이력』, 도서출판 혜안.

한충희, 2024, 『조선초기 관인연구』, 도서출판 혜안.

허흥식, 2003, 「조선개국과 급제자의 상반된 대응」, 『조선시대의 과거와 벼슬』, 집문당.

藤田亮策, 1933·1934, 「李子淵과 그의 家系」, 『靑丘學叢』 13·15.

# A study of the *Yangban* Family(兩班家門) and politics in the early *Joseon* Dynasty

This book studied the substance of the 11 most prosperous *Yangban* families among the whole *Yangban* families which led politics in the early *Joseon* Dynasty when looking at their influence on governance, marriage, economy, and politics.

The "*Yangban* Family(兩班家門)" originated in the early *Goryeo* Dynasty, referring to a family that produced civil and military officials, and was established as a family of the ruling class as it was commonly used with the *Munbeol* Family(門閥家門, powerful aristocratic families of *Goryeo* Dynasty), which led politics by occupying high-ranking officials for generations since the middle of *Goryeo*. After the reign of King *Se-jo*, it was called the "*Geojok* Family(鉅族家門, influential leading family of *Joseon* Dynasty)" as it was distinguished from other families.

Among the these *Yangban* families, Papyeong Yoon(尹), Cheongju Han(韓), Andong Gwon(權), Jinju Kang(姜), Gwangsan Kim(金), Munhwa Yoo(柳), Changnyeong Seong(成), Goryeong Shin(申), Gwangju Yi(李), Hansan Yi(李), and Jeonui Yi(李) were the most influential and overwhelmed other families.

In the early *Joseon* Dynasty, about 50% of the descendants of the above 11 families entered government offices through *Eumseo* System(蔭敍制). *Eumseo* is a system in which the descendants are given to government offices by the contributions of their ancestors. More than 35% members of these 11 *Yangban* families were promoted to the top of official positions and their decendants inherited the same positions just like their ancestors. In addition, the leading officials of these 11 *Yangban* familes married similar or superior families in order to maintain the dignity of their families and expand their political influence. Estate, *Nokbong*(祿俸, Government salary), and *Nobi*(奴婢, hereditary slaves) were the basis for their economy, and the the influence of land ownership of these families grew stronger after the reign of King *Danjong*.

To summarize the above, these prominent 11 *Yangban* families led politics from the reign of King *Danjong* to the reign of King *Seongjong*, expanding their political influence. Finally became the foundation for the *Buelyeol*(閥閱) politics(Politics dominated by powerful aristocratic clans) after the reign of King *Sunjo*.

## ㅁ



## ㅂ



## ㅅ

**명재 한충희** 明齋 韓忠熙

1947년 경북 김천시 아포읍 예리에서 출생
1968. 3~1992. 8 계명대학교 학사·석사, 고려대학교 박사
1983. 3~2013. 2 계명대학교 교수
2004. 7~2008. 6 계명대학교 인문대학장
2013. 2~2025 현재 계명대학교 사학과 명예교수

주요논저
1980·1981, 「朝鮮初期 議政府研究」(상·하), 『韓國史研究』 31·32
1994·1995, 『한국사』 권22·23(공저, 국사편찬위원회)
1998, 『朝鮮初期 六曹와 統治體系』(계명대학교출판부)
2006, 『조선초기의 정치제도와 정치』(계명대학교출판부)
2011, 『朝鮮前期 議政府와 政治』(계명대학교출판부)
2014, 『朝鮮의 覇王 太宗』(계명대학교출판부)
2020, 『조선초기 관인 이력(태조~성종대)』(도서출판 혜안)
2022, 『조선 중·후기 정치제도 연구』(도서출판 혜안)
2023, 『조선 중·후기의 정치제도와 정치』(도서출판 혜안)
2024, 『조선초기 관인 연구』(도서출판 혜안)

## 조선 초·중기 양반가문 연구 1

한충희 지음

**초판 1쇄 발행** 2026년 2월 27일

**펴낸이** 오일주
**펴낸곳** 도서출판 혜안

**등록번호** 제22-471호
**등록일자** 1993년 7월 30일

**주 소** ㉾04052 서울시 마포구 와우산로 35길 3(서교동) 102호
**전 화** 3141-3711~2
**팩 스** 3141-3710
**이메일** hyeanpub@daum.net

ISBN 978-89-8494-765-8  93910

값 45,000 원